일본이 저지른 인간대학살-Genocide

MAGMA
마 그 마

정리·구성 / 전 재 진(田在鎭)

-우키시마호폭침사건진상보고서 浮島丸爆沈事件眞相報告書-

-1997년 8월 24일 충남 천안문화원 대강당에서 치른 전국합동위령제-

Organization of Fact-finding Investigation of the
Wookishimaho Sinking
by the Explosion

백산자료원

서 문

2차세계대전이 끝난 뒤에 일본 교토부 마이즈루만에서 조선인 귀국선인 일본 해군특설운송함 우키시마호가 많은 의혹 속에 폭파 침몰당하여 수 천 명의 양민이 수장된 《우키시마호폭침사건》은 전후 보상 문제를 끝까지 회피해 온 평화 일본의 참모습을 극명하게 보여주는 상징적인 사건이다.

《우키시마호폭침사건》에 대한 보상요구 소송은 교토 지법에서 부분 승소 판결을 받았으나 오사카 고법에서의 완전 패소 그리고 최고재판소에서 기각결정으로 끝내 패소하고 말았다. 전전(戰前)의 강제연행, 강제노역 및 임금 미불에 대한 소송은 이 밖에도 〈나고야 미츠비시 여자 근로정신대 소송〉가 〈후지코시 강제연행 소송〉 등이 아직 고법에 계류 중인데 모든 심리에서 강제 연행, 노역에 대한 사실 인정이 이루어졌음에도 불구하고 구 헌법의 無蓉責 조항이나 시효론, 한일기본조약상의 해결 마무리론 등으로 전후보상 문제를 부인하고 있는 것이 오늘의 일본이다.

저자는 1993년 우키시마호의 비극을 처음 알게 되자 즉시 현지인 일본의 최북단 시모키타반도를 답사하고 중앙과 지방의 행정기관에 협조 요청하여 《우키시마호폭침사건》 생존자를 찾아 나섰다. 그리하여 1995년에는 전국의 생존자 약 60여명이 천안시에 회동하여 서로 확인하는 감격스러운 기회를 마련하였다. 저자는 이들의 자택을 일일이 방문하여 생생한 증언을 채록함은 두말할 나위도 없고 이어서 한권의 책으로 엮어져 나왔다. 혼자의 힘으로 불과 4년 만에 이러한 일을 이루어낸 저자의 끈기와 저력에는 진상규명회의 지도위원이었던 본인도 경탄할 수 밖에 없었다. 통일부의 협조를 얻어 북한의 생존자까지 더듬기로 하였다는 말은 들은 지 벌써 8년이 되었다.

우키시마호 비극의 진상 규명에 나선지 만 15년을 맞는 올해 저자가 그간 경주해온 노력과 성과가 이번에 상재된다 하니 기쁘기 그지없는 일이다. 이 사업이 아직 완결되지 않은 만큼 규명 사업은 멈출 수 없는 일이며, 이것은 반드시 오만한 일본으로 하여금 전전의 만행에 대한 진심어린 사과와 전후보상을 이행시킴으로써 강제연행되었다가 고혼이 된 영령들을 위로하는 길이 될 것이다.

저자의 그간의 노고에 대하여 깊이 감사를 드리고, 동시에 많은 독자들의 애정과 격려가 있기를 바라며 축하의 인사를 마친다.

무자년 2월

한일민중연대 네트워크 대표 朴 賢 緖 씀

평화의 성채로 삼자

가끔씩은 살아온 날을 뒤돌아본다. 그러면서 느끼기는 내가 살아 온 궤적을 모두 결산하여 본다면 글로 적어 몇 자 되지 못하리라는 사실을 절감한다. 생계를 벌고, 자식들 키우고, 나름대로 좋아하는 일에 시간을 쓰고, 여행을 다니고, 많은 사람을 만났지만, 그 동안 내가 다녔던 도시와 만났던 사람의 얼굴들을 세어본다. 이제 와서 소망하기는 좀 더 길게 내가 몰입할 수 있는 어떤 일은 어디에 없을까하고 찾아보는 것이다. 나는 넘칠 것처럼 많아 보였던 저 젊음의 시간에 더 긴 시간을 투자하여 연구하고 정리할 수 있는 어떤 일을 가졌어야 했다. 지금이라도 그런 일을 가졌으면 좋겠다.

10년여 전의 일이 생각난다. 아주 추운 한겨울이던 1월에 일본 본토 북쪽에 있는 아오모리현의 무츠시에 갔던 일이 있다. 천지가 온통 흰 눈으로 덮였고, 도시는 춥고 어두워 보였다. 이 도시에서 우리는 일본이 우리나라를 강점했던 그 시대상을 토론했다. 일제가 전쟁에서 졌던 바로 그 직후, 일본 통치자들은 징병과 징용으로 일본까지 끌려가서 짐승처럼 부림을 당하고 이제 곧 해방의 시간을 맞이하려는 우리 민족을 우키시마호에 태워 송환하던 중에 고의로 폭침시켜서 그 대부분의 사람들을 수장시켰다는 역사적 사실을 조사, 연구하자는 내용이었다. 어떻게 해야 그 억울한 죽음 앞에 용서를 구하고, 그 억울함을 달래서, 죽어서라도 가족들의 품으로 고이 돌아가게 인도할 수 있을까에 관해서 진지하게 의견을 발표하고, 토론하고, 미래의 계획을 만들고자 하였다. 토론은 다음 날 무츠시 시청회의실로 계속 이어졌다. 우리는 말로 만들어지는 토론에 그치지 않고, 몸으로 체험할 것을 결의했다. 그리하여, 우리 동포들이 일하던 현장, 우키시마호가 출항한 바다가 바라보이는 부두, 그들이 묵었던 숙소 등을 찾아보았다. 우리는 버려진 공사장에서 삽과 곡괭이로 강제노동 실상을 재현했다. 얼기설기 터널입구를 막아 놓은 철조망을 헤치고 터널 안으로 한 발을 들여 놓자마자 암흑천지여서 아무 것도 보이지 않았지만 어깨동무를 한 우리들은 터널에 괜물로 허벅지까지 잠기어 가면서 끝까지 걸어 끝이 막혀 있는 공사의 마지막 지점까지 다다라서 한참을 숨죽이고 서 있다가 돌아섰다.

다음 날 들렀던 대안사, 하늘을 가를 듯한 아름드리 노송들이 이 절의 역사를 대변했다. 절의 납골당에 한 줌 재로 변한 선조들의 유해가 이름 석자 구별없이 고즈넉히 있었다. 이 주검 앞에서 더 큰 분함으로 몸을 떨었다. 오미나토 부두에서 바라보이는 해상자위대 군함 몇 척만이 눈에 보일 뿐, 우키시마호가 출항하던 당시를 짐작하게 하는 모습은 어느 것도 없었다. 이 곳을 오가는 모든 사람들의 눈에 금방 띌 수 있는 커다란 글씨로 "한을 지고 죽어간 우리 동포가 7천"이라는 게시판을 세워, 앞으로 천년 뒤까지 동포들의 한을 웅변하게 할 책임은 우리의 것이리라.

무츠시를 떠나오던 날 일본 사람들과 다시 만나기로 하고 헤어졌고, 그 다음 해에는 우리나라에서 다시 만났다. 일제 강점기에 징병, 징용으로 불구가 되고, 혹은 죽고, 가족과 생이별한 채 다시 만나지 못한 그런 슬픈 사람들의 마음과 혼을 위로하기 위한 노력은 그 뒤에도 계속되었다. 만나서 실천을 위한 강령을 만들고, 그 계획을 실천하여 일본에, 우리 정부에 해결을 촉구하고, 일인 시위를 하고, 일본정부를 상대로 사죄와 배상을 촉구하고, 유해송환 운동을 벌였다. 내가 했던 그런 일의 앞에는 항상 전재진 선생님이 있었다. 이 《우키시마호폭침사건진상보고서-마그마》가 바로 그런 성과들이 피어나는 것임을 누구도 부정해서는 안 될 것으로 생각한다. 이 일은 인류의 보편적인 인격과 양심에 관한 일이기에 더 큰 의미를 갖는 것이다. 지난 15년여 동안 지구를 한바퀴를 돌았다고 할 만한 일을 하여 우키시마호사건의 진상을 책으로 정리하셨다. 이 책은 역사적 가치가 역력함은 물론이고, 일제가 저질렀던 참혹했던 침략 전쟁 재발을 방지하는 평화의 성채로 삼자.

2008. 2.

한 종 술

(국제변호사, 우키시마호폭침진상규명회 법률자문위원)

추천에 갈음하며

새 천년이 밝아오며 열광적인 환희를 기억한다. 모두 새 시대에 대한 긍정의 기대였으리라. 그로부터 7년의 세월이 흐르며 그 환희의 열망이 얼마나 희망적이 되었을까?

2007년! 올해를 대표하는 사자성어로 자기기인(自欺欺人)이 선택되었다고 한다. “자기를 속이고 남을 속이는 것”이라는 의미를 가지고 있다. 주자집해나 불경에서 등장하는 이 용어는 “1년 내내 한국사회를 뒤흔든 논문표절, 학력위조, 정치인과 대기업의 도덕 불감증 등이 분수를 모르는 탐욕에서 기인했다."는 것이 그 선정 이유다.

매년 우리 사회에서 벌어지고 여러 사건들은 즐거움보다는 우울함을 주는 것이 많은 것 같다. 희망의 빛을 키우기보다는 탐욕을 드러내는 모습이었다.

아!! 이것은 어디에서 오는 것일까? 혹은 우리의 아름다운 전통을 잊어서 생기는 것은 아닐까? 이웃과 나를 사랑하고 널리 이롭게 하는 정신이 엷어져서가 아닐까? 그러나 여기에 희망과 따스한 햇볕의 서광이 비추는 작업이 있었다. 단지 홍익인간(弘益人間)의 정신으로 묵묵히 자그마한 실천을 하는 몸짓이 하나하나 겹을 쌓았다. 강산이 한 번 반이나 변하는 동안, 꾸준히 그 진실의 샘터를 찾아 피해지역을 돌며 목마름에 우물을 파서 갈증을 해소하는 지식인이 있었다. 피해자가 있는 곳이면 우리나라, 중국, 일본 어느 곳이나 발품을 파는 그 사람이 있었다. 바로 이 책을 완성한 전재진 선생님이다.

이 책은 때로는 심장이 멎을 긴장감으로 혹은 담담한 한 시대의 허무한 인생담으로 또는 장황한 기록으로 “우키시마호폭침사건”을 증언하고 있다. 60년, 환갑이 지나버리도록 버려진 영혼의 아픔을, 거기에 비해서는 어찌 보면 너무 짧은 600여 쪽의 종이 위에 어루만지고 있다.

감히 말할 수 있다. 이 책이 도서관의 서고에서 그리고 개인의 소장품으로 널리 곳곳에 꽂혀 빛을 발해야 한다. 이는 버려진 역사의 한 부분을 기록한 문서일 뿐 아니라 진실의 불빛이요, 나아가 인생의 짧은 여정이기 때문이다.

너무 늦었지만 “우키시마호폭침사건”은 그 진실이 세상에 밝혀져야 한다. 알고 보면 단순한 사건인데도 일본보다 우리나라에서 진실에 대한 열망을 찾아볼 수 없다는 사실이 서글프다. 국가에서 관심을 기울였다면 이 책은 산고를 덜 겪었을 것이며, 그 때 희생된 징병·징용 희생자 넋의 씻김도 훨씬 빨랐으리라. 모두가 씻김을 받는 책이 되었으면 하는 마음 간절하다.

민족문제연구소 지부장(전), 대학강사(현) 문 병 준

목 차

• 목 차

• 목 차

우키시마호폭침사건진상보고서
浮島丸爆沈事件眞相報告書

1. 전문

1-1. 역사적 의의와 시대적 사명

일본은 1868년에 봉건시대의 무사인 사무라이 맹종자들이 각료회의에서 소위 명치유신을 가동하면서 정권 교체를 계기삼아 조선을 침략하기로 의결한 나라이다. 메이지(明治)정권 각의에서 의결한 침한론(侵韓論)을 바탕으로 치밀한 전략을 세워 대륙침략을 참혹하게 감행함으로서 지구상에서 악독하기로 유일한 제국·침략주의 국가가 바로 일본이다. 다시 말하면 일본인은 대륙을 침략하여 영토를 넓히지 아니하면 민족자체가 생존할 수 없다고 주장하는 전쟁론자 즉 사무라이들이 모여 사는 나라이다. 이제 이 칼잡이들의 손에는 칼(日本刀) 대신 자동소총과 이지스함과 플루토늄이 들려있다.

이러한 국가를 세운 일왕의 일가가 조몬족의 후예인 아이누족인지, 중국의 남방에서 올라온 족속과 혼혈족인지는 알려지지 않았다. 다만 왜국의 민족인 것 만큼은 사실이다. 그 중에 "연약하고 나태한 성격의 소유자로서 메이지(明治) 유신으로 정권을 탈취한 무츠히토를 두목으로, 정치력에 대담한 요시히토가 두목의 아들로서 다이쇼(大正) 일왕의 자리를 누렸고, 요시히토의 아들인 히로히토는 우유부단하면서도 괴팍한 성격으로 쇼와(昭和) 일왕의 자리를 이어받았고, 히로히토의 아들 아키히토가 헤이세이(平成) 일왕으로 21세기를 맞이하였다. 21세기를 맞이한 아키히토는 그의 고조부가 각의에서 의결한 침한론을 철폐하지 아니하고, 선친들의 침략의 피를 이어받아 군사대국화와 플루토늄대량비축에 성공했고, 지상에서 가장 가까운 짝궁인 미국과 패권 · 침략 · 제국주의라는 삼침탕을 배부르게 먹고 마시며, 그 땅의 군국 · 전쟁론자들과 영광과 탐욕이라는 혼합주에 취해 흥청거리고 있다."〈「일본인도 모르는 천황의 얼굴－S.시그레이브 · P.시그레이브 공저. 강만진 옮김. (주)신영미디어」25～34쪽에서 뽑음. 참조〉 이 같은 일왕의 일가는 지구상에서 어디를 가든지 하늘의 덕망과 인간의 정의와 평화를 말할 자격이 없게 되었다. 러일전쟁과 중일전쟁에 이어 태평양전쟁을 감행하면서 일본제국주의가 아시아 민중에게 저지른 만행은 우리가 익히 잘 알고 있다. 세월이 몇 만 년이 흐른다 해도 그 침략과 인권유린의 역사는 아시아 민중들의 가슴속에서 지워지지 않을 것이다. 이 같은 일본의 침략제국주의를 정면에서 막아낸 민족이 바로 한민족(韓民族)인 우리민족이다.

우리는 이 시점에서 과연 일본은 대동아 공영으로 위장한 "침한론"을 철폐했는가? 과연 일본은 전쟁총지휘본부인 "대본영"을 해체했는가? 과연 일본은 1943년에 선을 그은 "절대방위권"에서 물러났는가? 그렇지 않다. 야스쿠니신사(靖國神社)의 검은 후막 어딘가에 건재하고 있을 대본영의 벽에 걸린 군사작전지도에는 지금도 한반도가 일본 영토로 까맣게 칠해져 있다는 것을 알아야 한다. 그런데도 한일 양국 국민 대부분이 이 위험한 전략을 모르고 있다. 이를 경계하지 않으면 안 된다. 일본의 전쟁론자들은 결코 그들의 침략 깃발인 일욱승천기를 내리지 않았다. 그러고 보면 앞으로도 우리민족이 일본침략제국주의를 정면에서 막아야 하는데 ≪우키시마호폭침사건 진상규명과 완전한 해결≫은 반일, 항일, 반제국의 역사적 의의를 가지고 있다. 과거의 잘못을 반성하지 않는 자(국가)는 그와 유사한 범죄를 다시 저지르기 때문이다.

우리 국민은 일본의 어느 한 개인이 신문에 일본의 과거침략전쟁과 일본군의 만행을 사죄하며 자신의 양심을 호소하는 기사를 읽고 마치 일본 정부가 과거침략만행을 모두 사죄하고 반성한 양 생각한다. 그러나 그렇지 않다. 지금까지 국내외 신문지상에 게재한 일본인의 칼럼이나 기고문은 개인의 생각일 뿐이다. 일본인들은 자신과 국가의 양심을 호소하는 정도이지 진정한 사죄와 반성이 아니다. 왜냐하면 일본정부가 진정한 배상행동을 취하지 않기 때문이다. 특히 일본인은 우키시마호 사건처럼 전쟁이 끝난 뒤에 일어난 일에 대해서는 알려고 하지 않았다. 그래서 60년이 지난 지금에 와서는 '그러한 일이 있었는지 조차도 알지 못했다.'고 말한다.

일본대본영이 해군성 소속 공무원인 우키시마호 승무원에게 명령하여 그들이 저지른 이른바 《우키시마호폭침사건》은 너무나 많은 우리 동포를 집단적으로 학살하였기에 태평양전쟁 승전국인 연합군 대표국격인 미국으로서도 인류의 양심 앞에서 감당해 낼 수 없었을 것이다. 사건이 발생한 같은 해 12월 7일에 재일조선인연맹 아오모리현 본부 손일 위원장이 일본정부를 제소(수신:진주군사령관 귀하)했으나 당시 GHQ 법무국 검찰과는 "지금까지 입수된 정보의 모든 것은 신빙성이 없으며 확실한 범행사실이 밝혀진 것이 없다." 며 사건조사를 중단하고 1946년 1월에 "증거불충분"으로 소를 기각했다. 지상 최고 수준의 정보능력을 갖춘 미국이라는 점에서 있을 수 없는 일이었다. 이것은 바로 미국으로서는 차라리 관심하지 않는 것이 전략적으로 유리했기 때문이었다. 왜냐하면 당시 미국은 아시아에서 사회주의 팽창을 막을 군사력을 대륙의 코밑에 둬야 했는데, 지정학적으로 유리한 지역에서 그 군사력을 운용할 만한 경제와 군사기술을 보유한 나라는 적국이자 패전국인 일본이라고 판단하고, 적국이었던 일본이 전후협상에서 불리해지는 것을 바라지 않았다. 미국은 아시아 대륙 사회주의 팽창을 저지하려고 제국주의 일본을 선택한 것이다. 그 뒤로 자유와 인권을 표방한 미국도 군

⇨ 1945년 8월 24일.
일본 교토부 마이즈루만 해상에서 침몰한 일본 해군특설군함 우키시마호. 이 배에는 광복을 맞아 귀국하던 조선인 7천여명이 타고 있었다.

사패권주의로 전락하면서 일본의 침략제국주의를 저지할 양심을 매각하고 말았다. 그러므로 일본의 대륙 재침략과 《우키시마호폭침사건》과 같은 비정상적인 사건이 발생하지 않도록 정면에 나서서 막아야 할 민족은 바로 우리 《한민족=韓民族》뿐이라는 시대적 사명이 주어진 것이다.

그러므로 본 우키시마호폭침사건진상보고서는 한국 정부와 한국 정치인이 취해 온 과거와 현재의 굴욕적인 자세에서 벗어나야 한다는 점을 일깨워 주자는 것과 자성의 계기를 마련해 주자는 것, 과거 일본제국주의가 저지른 아시아 침략과 태평양전쟁이 남긴 모든 피해는 현 일본 정부에게 전적인 책임이 있다는 점을 명확히 한다는 것, 미국의 패권, 군국주의 종식을 촉구하며 GHQ가 주도한 대일본 전후처리문제를 원점으로 돌리자는 것, 일본의 과거청산문제는 한국인에게만 특정된 것이 아니라는 점을 한국인이 알아야 할 것과 아시아를 비롯한 세계인에게 주어진 문제라는 시각에서 일본제국주의의 과거침략전쟁문제를 세계마당으로 이끌어 내자는 것, 미국과 일본이 약소국 식민지 지배와 약탈로 달성한 경제력을 뒷심으로 한 패권, 군국, 침략으로 '세계맹주'라든가 '세계리더'가 되겠다는 망상을 버리도록 하는 '조직력'이야말로 진정한 '세계인의 힘'이라는 것, 이제 우리는 협약한 민족주의에서 벗어나 세계를 향한 인도주의 평화운동을 지향할 것을 전하면서, 마지막으로 일본제국주의가 저지른 조선인 강제연행・강제노동 실태, 우키시마호폭침사건의 전모, 사후처리의 부당성, 해결 방안 등을 명시하고 범국민적 공동사안으로서 조속히 해결되는데 작은 힘이나마 되고자 한다.

1-2. 한・일 양국 정부가 풀어야 할 과제

1-2-1. 풀어야할 의혹

≪**의혹01**≫ 왜 서둘러서 조선인을 시모키타반도에서 내보내려 했는가?
≪**의혹02**≫ 왜 조선인이 폭동을 일으킬 거라는 유언비어를 유포했는가?
≪**의혹03**≫ 왜 강제승선을 명령했는가?
≪**의혹04**≫ 왜 서둘러서 출항했는가?
≪**의혹05**≫ 대본영의 송환명령은 있었는가?
≪**의혹06**≫ 과연 안전항해를 위한 사전 조치사항을 성실히 이행했는가?
≪**의혹07**≫ 왜 우키시마호 선명을 페인트를 칠해 지웠는가?
≪**의혹08**≫ 왜 시모키타반도 조선인 연행·노동사 기록을 소각했는가?
≪**의혹09**≫ 해군들이 '너희가 3일을 안전할 수 있다면 이 물건을 주는 것이 어찌 아깝겠는가' 라는 말은 어떤 의도인가?
≪**의혹10**≫ 오미나토해군경비부의 단독소행은 아닌가?

⇧ 일본 큐슈와 오키나와를 연결하던 화객선이었던 우키시마호는 1941년 9월 3일 일본이 진주만 기습을 앞두고 군용으로 징발하여 일본 본토의 오미나토해군경비부와 홋카이도의 하코다테해군기지를 잇는 특설운송함으로 쓰이다가 패전 직후인 1945년 8월 24일 교토부 마이즈루만에서 조선양민을 집단학살함으로서 태평양전쟁 임무를 완수하고 항해의 닻을 내렸다.

≪**의혹11**≫ 당시 오미나토 세간에는 '이 배는 부산으로 가지 아니하고 어디론가 들어가는데 그 때 무슨 일이 있을 것이다.'는 소문이 자자했다. 이 소문은 무엇을 의미하는가?

≪**의혹12**≫ 왜 승선자 명단를 작성하지 않았는가?

≪**의혹13**≫ 출항명령은 대본영이 내렸는가? 해군성이 내렸는가?

≪**의혹14**≫ 대본영의 계획에 따른 조선인 송환이었는가?

≪**의혹15**≫ 밤 10시인 야간에 출항한 이유는 무엇인가?

≪**의혹16**≫ 연합군 측의 명령대로 8월 24일 오후 5시까지 부산에 도착하지 못한다거나 일본 영해를 벗어나지 못한다면 왜 출항했는가?

≪**의혹17**≫ 왜 처음부터 직항로를 택하지 않았는가?

≪**의혹18**≫ 해군 승무원들이 자신의 소지품을 바다에 던져버리면서 '가다가 적을 만나면 싸워야 한다. 배안에 폭탄도 많이 실려 있다.'고 말했는데 이 말이 나오기까지의 경위는 무

엇인가?

≪**의혹19**≫ 왜 일본 본토의 해안선을 따라 남하했는가?

≪**의혹20**≫ 왜 마이즈루만으로 회항했는가?

≪**의혹21**≫ 왜 마이즈루항 도크에 접안하지 아니하고 해상에서 멈췄는가?

≪**의혹22**≫ 왜 승무원들이 몽둥이를 휘두르며 조선인을 선실 안으로 몰아 넣었는가?

≪**의혹23**≫ 해군들의 선상회의 내용은 과연 무엇인가?

≪**의혹24**≫ 왜 배를 세워 놓고 해군들이 모선을 탈출하였는가?

≪**의혹25**≫ 해군이 탈출한 뒤에 폭발소리가 연속해서 일어났다. 그 까닭은 무엇인가?

≪**의혹26**≫ 왜 해군은 구조에 나서지 않았는가? 또 조선인들이 매달려 있는 로프를 잘라 더 많은 조선인을 죽게 했는가?

≪**의혹27**≫ 조사도 하지 아니하고 일주일 만에 사건 전모를 발표한 의도는 무엇인가?

≪**의혹28**≫ 왜 침몰한 배를 즉시 인양하지 않았는가?

≪**의혹29**≫ 사건 전모를 발표하면서 생존자 수는 왜 언급하지 않았는가?

≪**의혹30**≫ 왜 사망자수를 축소 발표했는가?

≪**의혹31**≫ GHQ에 사망자수를 축소·조작하여 보고한 의도는 무엇인가?

≪**의혹32**≫ 사망자와 실종자, 부상자에 대한 조사를 왜 회피했는가?

≪**의혹33**≫ 단순히 기뢰에 닿아 폭발 침몰했다고 발표하고 이에 구체적인 사항은 왜 밝히지 않는가?

≪**의혹34**≫ 사건 발생 후 GHQ에 보고한 내용은 어떤 것인가?

≪**의혹35**≫ 왜 60여년이 지나도록 사건을 은폐하고 있는가?

≪**의혹36**≫ 왜 조선인 사체를 유기했는가?

≪**의혹37**≫ 1950년과 1954년 두 차례에 걸쳐 우키시마호를 인양할 때

조선인의 유해와 관련되었으므로 한국 정부에 그 인양시행 계획을 통보해야 했다. 과연 통보는 했는가?

≪**의혹38**≫ 관련 자료를 공개하지 않는 이유는 무엇인가?

≪**의혹39**≫ 피해자가 제소한 소를 왜 기각했는가?

≪**의혹40**≫ 우키시마호에 승선했던 생존자와 피해자를 인정하지 않는 이유는 무엇인가?

≪**의혹41**≫ 과연 사건 해결을 위한 성실한 자세를 가질 용의는 있는가?

≪**의혹42**≫ 본 사건 발생 직후에 요코하마연합군사령부로 불려간 우키시마호 도리우미 함장은 사건에 대해 어떤 내용으로 진술했는가?

≪**의혹43**≫ 요코하마연합군사령부는 폭침사건과 관련하여 도리우미 함장에게 어떤 조치를 내렸는가?

≪**의혹44**≫ 마이즈루만 침몰현장에서 조선인 유골을 추가로 수습할 용의는 있는가?

1-2-2. 일본정부 과제

〔과제의 전제〕

(1) 일본정부는 우키시마호폭침사건은 자국의 공무원이 저지른 외국양민집단학살(Gnoocide)임을 시인해야 한다.

(2) 일본정부는 1945년 9월 일본주둔 연합국총사령관에 제출한 보고서가 조작된 것이었으므로 재조사·재보고할 것을 해당기관에 통보해야 한다.

(3) 일본정부는 우키시마호폭침사건을 피해자가 납득할 만한 수준에서 종결할 의지를 만천하에 천명해야 한다.

〔시행 과제〕

(1) 일본 정부는 한국정부가 요구한 폭침사건에 관련된 일체의 자료를 제공해야 한다.

(2) 일본정부는 역사적 진실에 입각하여 폭침사건의 전모를 공개해야 한다.

(3) 일본정부는 폭침사건 희생자와 그 유족 그리고 생존자들의 소재를 철저하게 파악해야 한다.

(4) 일본정부는 한국정부에게 우키시마호폭침사건 해결에 관한 협상을 제의해야 한다.

(5) 일본정부는 우키시마호폭침사건 피해자에게 실질적으로 배상한다는 배상시행 일정을 한국정부에 통보해야 한다.

(6) 일본정부는 마이즈루만 해저에 묻혀있는 조선인 유해를 발굴·수습·송환한다는 계획을 한국정부에 통보해야 한다.

(7) 일본정부는 우키시마호폭침사건의 진상규명을 위한 대한민국 민간인의 자주적 노력에 대하여 전폭적으로 지원해야 한다.

(8) 일본정부는 매년 8월 24일 폭침 당일에 치르는 희생자합동위령제 행사를 국고에서 지원해야 한다.

(9) 기타 피해자단체가 요구하는 사항을 지원해야 한다.

1-2-3. 한국정부 과제

〔과제의 전제〕

(1) 1965년 한일기본조약 당시 한국정부는 우키시마호폭침사건 자체를 협상 대상에서 빠뜨렸으므로 이를 다시 시작해야 한다.

(2) 우키시마호폭침사건은 전쟁시기가 아닌 평화시기에 발생한 사건이라는 점과 반인륜적 범죄행위라는 점으로 공소시효 적용 대상이 아니므로 한국정부는 일본정부에게 본 사건을 성실하게 종결할 것을

촉구하여 그 결과가 피해자 개인배상으로 이어지도록 해야 한다.

(3) 한국정부가 폭침사건을 해결하는 것은 민족의 자존심을 회복하는 길임을 인식하고 폭침사건 해결에 만전을 기해야 한다.

(4) 정부는 우키시마호폭침사건을 해결하겠다는 확고한 의지를 국내외에 명확하게 천명해야 한다.

〔시행 과제〕

(1) 한국정부는 폭침사건을 진실에 입각하여 다각도로 철저하게 조사해야 한다.

(2) 한국정부는 일본정부에게 폭침사건에 관련된 일체의 자료를 요구하여 받아내야 한다.

(3) 한국정부는 폭침사건 희생자와 그 유족 그리고 생존자들의 소재를 파악해야 한다.

(4) 한국정부는 일본정부에 우키시마호폭침사건 해결에 관한 문제를 제기하고 일본정부가 피해자에게 실질적으로 배상한다는 시행 일정을 확답 받아야 한다.

(5) 한국정부는 일본정부와 사건의 종결을 향한 협의를 할 것은 물론 일본정부가 이에 상응하는 조치를 취하지 않을 경우에는 UN인권위에 공정 및 객관적 조사를 의뢰하여 국제사법재판소에 제소해야 한다.

(6) 한국정부는 우키시마호폭침사건의 진상규명을 위한 대한민국 민간인의 자주적 노력에 대하여 전폭적으로 지원해야 한다.

(7) 한국정부는 우키시마호폭침사건의 진상규명 및 배상문제를 해결할 특별기구를 설치하여 지체없이 업무에 착수해야 한다.

(8) 한국정부는 매년 8월 24일 폭침 당일에 치르는 희생자합동위령제 행사를 국고에서 지원해야 한다.

(9) 기타 피해자단체가 요구하는 사항을 지원해야 한다.

⇧ 서울 탑골공원에서 한국 정부가 나서서 해결해 줄 것을 호소하는 생존자와 유족. 오른쪽부터 이철우, 지윤식, 오병춘, 김동천(오른쪽). 주한일본대사관을 항의 방문하려던 피해자를 완벽하게 봉쇄했다.(왼쪽) 〈촬영:전재진〉

1-3. 생존자 증언 취재와 조사에 대하여

〔우키시마호폭침사건이 일어난 지 50년이 지났으나 사건 발생 당시 사망·실종된 한국인, 피해자의 유가족, 생존자들에게 아무런 배려도 없었다. 되레 일본 정부는 이 사건을 기억에서 조차 지워버리려는 속셈으로 일관했다. 그 동안 생존자와 유가족들이 일본 정부를 상대로 재판을 제기하여 사죄와 배상을 촉구하고 있으나 일본재판부는 성의를 전혀 보이지 않았다. 물론 진상은 규명돼지 않았다고 말할 수 있다. 그것은 순전히 일본정부의 낯 두꺼움 때문이었다. 피해자가 호소하고 청원하고 재판해도 한일 양국 정부는 눈을 딱 감았다. 그래서 해결되지 않았다. 이런 상황에서 '우키시마호폭침진상규명회'는 생존자 증언 취재단을 구성하였다. 일본제국주의에 의해 강제연행되어 노예적 강제노동에 시달렸던 한국인들은 거짓말을 하지 않았다. 그리고 모든 걸 다 말했다. 생존자의 증언과 자료를 확보하여 국민들에게 널리 알리고 사건의 증거물로 남기고자 취재·조사에 착수했다.〕

□ 조사단

*박현서(한국인강제연행·강제노동실태조사위원회 대표. 한양대 교수)

*전재진(우키시마호폭침진상규명회 회장)

*무카이 미도리(우키시마호폭침진상규명회 위원, 일본활동가, 통역)

*우희창(동양일보 취재2부 기자)

*한경희(동양일보 사진부 기자)

*후원 : 동양일보(충청북도 청주시)

□ 구성년월일: 1995년 4월 29일

□ 조사대상: 생존자, 유가족, 해군승무원, 사건 관련 연구가와 활동가 국내 외 관련 시민사회단체, 일본현지 공사현장, 출항지, 사고지역, 기타 사건과 관련된 건.

□ 질문 요지

1. 성명과 올해 연세는 어떻게 되셨습니까? 또 당시의 가족 사항은 어떠했습니까?
2. 일본으로는 몇 년도 몇 살 때 끌려가셨습니까? 또 당시 직업은 무엇이었습니까?
3. 「제1차국민징용영장」이라는 영장을 받고 끌려가게 되었을텐데 혹시 징용영장과 관계없이 일본 기업 모집인들이 연행한 것은 아니었습니까?
4. 부산항에서 배를 타고 출발하여 도착한 곳은 어디였습니까?
5. 타고 간 배 이름은 무엇입니까?
6. 일본에 도착했을 때 항구나 기차역 주변 상황은 어떠했는지 기억나는 대로 말씀하십시오?
7. 아오모리현 공사현장까지 가게 된 경위를 말씀해 보시지요?
8. 일하던 지역의 동네 이름은 뭐라고 하던가요?
9. 우리가 알기로는 군인으로 징용된 것이 아니라고 생각되는데 현지

⇧ 생존자증언대회. 우키시마호사건을 소재로 제작한 “아시안블루—우키시마호사건” 영화 상영을 성공시키는회” 와 사건 관련 생존자 증언을 교류함. 〈청주.1995.7.6〉

에 도착해서 군사교육을 받으셨습니까? 아니면 곧바로 공사장에 투입되었습니까?

10. 입은 옷은 군복이었습니까? 작업복이었습니까? 또 신발은 어떤 것이었습니까?
11. 아마 군인은 아니었다 해도 일본 군인처럼 군대식으로 통제를 받았을 텐데 작업시간과 식사기간에 대해서 말씀해 보십시오.
12. 어떤 일을 하셨습니까?
13. 군사시설을 하셨는데 군사시설이라면 활주로, 격납고, 방공호, 지학탄약고들과 같은 일이었나요?
14. 시모키타반도에는 많은 조선인이 끌려가 강제노동을 당한 곳입니다. 공사장(미사와, 시모키타반도)에서 일하실 때 감독하는 사람의 신분은 무엇이었습니까? 예를 들면 해군, 경찰, 헌병, 일반인 아니면 용역업체 직원이었을 것으로 생각되는데 어떻습니까?
15. 일할 때 해군부대(오미나토해군경비부 또는 해군부대)나 토건업 하청업체(기업체) 둘 가운데 어디에 소속되어 있었는지 아십니까?

16. 숙소의 구조에 대해 말씀해 보십시오.
17. 숙사에서는 몇 명씩 숙식하였습니까?
18. 겨울에는 추위를 어떻게 견뎠습니까?
19. 월급은 얼마를 받았습니까? 또 어떻게 썼습니까?
20. 조선인 외에 다른 사람도 함께 일했다면 어느 나라 사람이었습니까?
21. 다른 나라 사람이 일본인이었다면 그들과 차별대우는 받지 않았는지요?
22. 차별이 있었다면 좀 구체적으로 말씀해 보시기 바랍니다. 월급차이나 음식차이 또는 노동시간이나 노동의 종류에서 차이가 있었을 것으로 생각되는데 어떠했습니까?
23. 공사장(미사와비행장, 시모키타반도)에서 일할 때 노동자들의 규모는 얼마나 되었다고 생각되십니까? 그 가운데 우리나라 사람들은 몇 명 정도나 되었을 것으로 기억되십니까?
24. 숙소의 형태와 규모에서 인원수를 파악하실 수 있을 것입니다. 다시 한번 더 숙소의 규모와 구조에 대해 말씀해 주시기 바랍니다.
25. 일하던 기간 동안 아파서 누워본 적은 있었는지요? 아플 때나 다쳤을 때는 어떤 처치를 받았습니까?
26. 안전사고가 발생했을 경우를 목격하셨겠지요? 어떤 사고였습니까?
27. 증언에 따르면 낙반사고를 예방한답시고 조선인을 산 채로 생매장했다는데 목격한 사실이 있습니까?
28. 조선인들이 노동에 견디다 못해 자주 탈출을 시도했다는데 그 같은 경험은 있으십니까? 있으시다면 어떤 방법으로 탈출할 계획을 세웠습니까?
29. 아침조회가 있었을 것이고, 일이 끝나면 인원 점검이 있었을 텐데 그 때 감독하던 사람은 누구였을까요? 탈출했는지 확인하려고 이름을 불렀을 것이고, 노무자 명부도 있었을 텐데 그런 서류를 가지고

다니는 사람을 보았습니까?

30. 격납고, 터널, 제방, 방공호들과 같은 군사시설을 만드는 방법을 구체적으로 말씀해 주십시오.
31. 조선인 노동자 가운데 혹시 결혼한 사람이나 가족이 모두 건너간 경우는 없었습니까? 나이는 대개 몇 살 정도였나요?
32. 쉬는 날이 있었다면 한달에 며칠씩 쉬었나요?
33. 월급을 타서 그 돈을 써본 적은 있습니까?
34. 광복이라는 소식은 언제 들었습니까? 15일이었나요 아니면 며칠 뒤였나요?
35. 당시에 일본 정부가 조선인을 송환한다는 계획을 알고 있었나요?
36. 우키시마호가 조선인을 송환한다는 소식을 어떻게, 언제 알게 되었습니까? 누군가가 말해줬습니까? 아니면 일본 해군이나 하청업체 관계자가 얘기했습니까?

○(37~44) 미사와비행장에서 일하셨던 분들께

37. 미사와비행장에서 오미나토까지는 꽤 먼 거리입니다. 그런데 어떻게 오미나토까지 갔습니까?
38. 오미나토로 가라는 명령은 누가 내렸습니까? 무슨 말을 하면서 오미나토로 가라고 하던가요?
39. 오미나토로 몇 명이 이동하였습니까?
40. 우키시마호를 타려고 오미나토에 도착한 때는 아침이었나요? 저녁이었나요? 대낮이었습니까? 밤중이었습니까?
41. 증언에 따르면 우키시마호를 타려고 모인 조선인이 7천명 정도였는데 줄잡아도 5천명은 충분했다 합니다. 몇 명쯤이나 되었다고 생각하십니까?
42. 오미나토에 도착했을 때 첫 인상이 어떠했습니까? 주변상황은 어땠지요?

43. 증언에 따르면 수많은 조선인들이 운집해 있었는데 그 많은 사람들이 어떤 모습으로 있었습니까?
44. 배를 타고 있었습니까 아니면 길바닥에 앉아 있었습니까? 아니면 승선이 완료된 상태였나요? 사람들이 배를 타고 있었습니까?
45. 우키시마호에 오를 때 승선자 명단을 작성한다거나 인원수를 센다거나 하는 일이 있었습니까?
46. 무조건 배를 타라는 식었다면 당연히 의문이 생겼을 텐데 당시 기분은 어떠했습니까?
47. 주로 일하던 젊은이들이 많았을 텐데 증언에 따르면 어린아이들이나 부녀자들도 많았다더군요. 이 점에 대해서는 어떻게 생각하십니까?
48. 배를 탈 때 통제하던 사람은 해군이었겠지요?
49. 오미나토 주변 주민들은 조선인에 대해 어떤 감정으로 대했다고 생각되십니까?
50. 거룻배를 타고 우키시마호에 옮겨 탈 때 그 배를 이동시킨 사람은 일본 해군이었습니까? 아니면 일반 시민이었습니까?
51. 우리나라 사람들이 모두 타고 난 뒤 하루를 그 자리에서 묶다가 출항했다는데 기억나십니까?
52. 하루 머뭇거린 것이 확실하다면 왜 늑장을 부렸다고 생각하십니까?
53. 우키시마호가 부산항으로 갈 것으로 알고 있었습니까? 아니면 원산항이나 다른 항으로 도착할 것으로 알고 있었습니까?
54. 우키시마호를 타고 난 뒤 어딘가 불길하다는 예감은 없었는지요?
55. 승선 당시 우키시마호가 북해도 지역에서 퇴각해 오던 중이라는 소문을 듣지 못했던가요?
56. 다른 동료들과 대화를 나눴을 텐데요, 그 때 나눈 대화가 생각나면 얘기해 주십시오.

57. 혹시 우키시마호에 탔던 조선인 가운데 북해도에서 일했던 사람이 있다는 소문은 듣지 못했는지요?
58. 일본 해군이 지껄이는 소리를 들을 때 일본말을 알아들었겠지요? 그렇다면 이상한 말을 들은 기억이 납니까?
59. 우키시마호가 하루 동안 머물 때 배에 기름을 싣는다거나 항해에 필요한 다른 물건이나 식품이나 물 아니면 이상한 물건을 싣는 것을 보셨습니까?
60. 항해할 때 식사 배급은 무엇으로 하던가요?
61. 일본 해군들은 몇 명이나 탔던 것 같습니까? 해군들의 계급이 제일 높은 계급이라면 어떤 계급을 보셨습니까?
62. 이틀 동안 항해하면서 우리나라 사람들의 모습은 어떠했습니까? 아무 말 없이 앉아 있기만 하지는 않았을 텐데요? 배안에서의 상황을 기억나는 대로 말씀해 보십시오.
63. 증언에 따르면 조선인 일본 헌병이었던 남(南)이라는 사람도 배에 타고 있었는데 그 사람을 보셨거나 그 사람과 이야기를 나누지는 않았습니까?
64. 우키시마호가 교토 부근에서 갑자기 마이즈루만으로 뱃머리를 돌렸습니다. 그 때 당시의 상황을 설명하실 수 있겠습니까? 왜 뱃머리를 돌렸다고 생각하십니까?
65. 마이즈루만에 천천히 들어가면서 일본 해군들은 어떤 이상한 행동을 하지는 않았던가요?
66. 해군들이 모여서 서로 수군대거나 비밀스런 행동을 하지는 않았던가요?
67. 우키시마호가 마이즈루만으로 들어갈 때 앞에서 호위하며 안내하던 작은 함정을 보신 기억이 납니까?

⇧ 생존자증언대회. 왼쪽 한국인강제연행강제노동실태조사위원회 대표 박현서 교수와 생존자 김태석, 박재하씨. 〈주관: 동양일보. 1995.7.6〉

68. 뱃길을 표시하던 깃발이 있었다던데요? 아니면 항해금지구역 표시 깃발이 설치되었을 텐데 그 같은 깃발을 보셨습니까?
69. 폭발하기 바로 전에 일본 해군들의 수상쩍은 행동이 있었다면 기억에 떠오르는 대로 말씀해 주십시오.
70. 일본 해군들이 소지품을 모두 바다에 던져버렸거나 구명보트를 내렸다거나 술에 취해 있었다는 증언이 있습니다만 어떻게 생각하십니까?
71. "쾅! – 하는 폭발소리를 몇 번 들었습니까?
72. 폭발소리와 함께 물기둥은 솟구쳤던가요?
73. 사고가 난 뒤 구조하던 사람은 누구였나요?
74. 혹시 물에 빠진 사람을 구조하려고 가까이에 있는 부대에서 출동했다거나 일본 정부 측의 구조대가 출동하였던가요?

75. 우키시마호는 육지와 얼마나 떨어진 곳에서 침몰했나요?
76. 배가 완전히 가라앉을 때까지 시간이 얼마나 걸렸을까요?
77. 배가 갑자기 폭발하는 바람에 아래층에 타고 있던 사람들은 미처 밖으로 빠져 나올 시간이 없었겠지요?
78. 헤엄쳐 나왔습니까? 아니면 구조선에 올라탔습니까?
79. 배가 가라앉기 시작했을 때 배 안에 있던 해군들이 무슨 말을 하던가요? 예를 들면 안심시키는 방송이라든가 행동요령이라든가?
80. 마이즈루만까지 경과하면서 느끼셨을 텐데 우키시마호에는 몇 명 정도의 조선인이 타고 있었다고 생각하십니까?
81. 일단 구조된 사람은 어디로 갔나요?
82. 임시 수용된 숙소에서는 다른 일이 일어나지는 않았습니까? 조선인들의 강력한 반발이라던가 아니면 해군들이 또 다시 난동을 부렸다거나 또는 어떤 사고 같은 것은 일어나지 않았습니까?
83. 사고 당시 바다에서 죽은 사람이 둥둥 떠 다녔을 텐데 그 죽은 사람들을 꺼내는 일을 누가했습니까?
84. 우키시마호가 미군이 부설한 기뢰에 닿아 침몰했다는 주장에 대해 어떻게 생각하십니까?
85. 일본 해군이 고의로 침몰시켰다면 그 수많은 조선인을 왜 죽이려 했을까요?
86. 임시수용소에는 며칠 동안 있었으며 우리나라에 돌아올 때까지 어떻게 지내셨습니까?
87. 물에 빠져 입을 옷도 없었을 텐데 옷은 주던가요?
88. 배에 같이 탔던 일본 해군들은 어떻게 되었는지 소식을 들었습니까?
89. 고향까지 오신 경로를 말씀해 주십시오.
90. 고국에 돌아오셔서 지금까지 어떻게 생활하셨습니까?
91. 그 동안 얼마나 많은 고생을 하셨는지 알 수 있습니다. 그 억울함을

호소해 본 적은 있으신지요?

92. 일본 정부는 우키시마호폭침사건으로 사망한 조선인이 524명이라고 기록하고 있습니다. 이에 대한 견해는 어떤 것입니까?
93. 일본 해군이나 헌병들 그리고 현장 감독들의 잔인성이 어느 정도였다고 기억되는지 말씀해 주십시오.
94. 우키시마호폭침사건을 당한 뒤 일본이나 한국 정부한테 보상이나 경제적인 지원을 받았습니까?
95. 문제를 해결하기 위해 무슨 필요한 조치라도 있어야 할 텐데 어떻게 생각하십니까?
96. 광복 50년이 지났는데 왜 이 문제가 아직도 풀리지 않고 있다고 생각하십니까?
97. 당신들의 후손이나 이 나라의 정부에게 하고 싶은 얘기를 말씀해 주십시오.
98. 어느 누가 이 문제를 해결하기 위해 접근해 왔을 것으로 생각되는데 어떤 사람들이었습니까? 혹시 일본사람들을 만나본 적은 있으신지요?
99. 구사일생으로 살아 돌아오셨습니다. 당시 죽음을 당한 동료들에게 하고 싶은 얘기가 있으시면 이 기회에 말씀하시지요?
100. 강제노동을 당하던 미사와나 시모키타반도를 저희 조사단이 가 볼 계획입니다. 혹시 건강이 괜찮으시다면 함께 가시겠습니까?
101. 오는 8월 24일 오후 5시20분에 청주 동양일보 주관으로 이 사건으로 돌아가신 분들을 위한 위령제를 지낼 계획도 있습니다. 마이즈루에서 위령제를 지내는 것도 좋겠으나 이번에는 국내 홍보차원에서 의식을 갖추겠으니 참석해 주시기 바랍니다. 그 위령제를 지내는 방법을 어떻게 하면 조금이나마 속이 풀리겠습니까?
102. 사실 조선인 강제연행과 강제노동에 대하여 우키시마호가 출항한 오미나토 주변 도시인 무츠시와 시모키타반도 일대에서는 시모키

타지역문화연구소 회원들의 노력으로 많은 증언들이 쏟아져 나왔고, 20년여 전부터 일본의 많은 양심인들이 이 사건에 대해 진상조사를 계속해 왔습니다. 사건을 해결하려면 한일간 민간교류도 필요하다고 생각합니다. 그런데도 정작 피해자인 우리들은 이제야 우키시마호폭침사건에 접근하기 시작했습니다. 이 일이 국민적 관심사가 될 수 있도록 지금까지 지녀 온 대국민적 감정을 한마디로 말씀해 주실 것을 부탁드립니다.

103. 다음은 〈그렇습니다〉, 〈아니오〉라고 표시해 주시고 가능하면 설명도 덧 부쳐 주시기 바랍니다.

①우키시마호 폭침사건은 조선인 강제연행 강제노동에 대한 증거를 인멸하려고 일본해군이 저지른 조선인집단학살 만행이다.〈그렇습니다〉, 〈아니오〉

②전쟁이 패한 일본해군이 부산까지 가는 것을 두려워한 나머지 뱃머리를 마이즈루만으로 돌려 이미 계획한대로 의도적으로 침몰시켰다.〈그렇습니다〉, 〈아니오〉

③우키시마호는 미군이 투하한 기뢰에 닿아 침몰되었다고 생각한다.〈그렇습니다〉, 〈아니오〉

④우키시마호는 일본해군이 폭약을 장치하여 폭파시킨 것이 틀림없으며 이를 위장하려고 배를 기뢰가 있다는 마이즈루만으로 끌고 들어갔다.〈그렇습니다〉, 〈아니오〉

⑤우키시마호를 폭침시키라는 명령을 내린 것은 일본 해군성의 고급 장교라고 생각한다.〈그렇습니다〉, 〈아니오〉

⑥우키시마호 출항 명령은 단연코 일본 대본영에서 내렸다고 판단한다.〈그렇습니다〉, 〈아니오〉

⑦우키시마호가 미군 기뢰에 닿아 침몰했던지, 일본 해군이 저지른 폭침이던 그 시비에 관계없이 배의 주인인 일본정부에게 모든

⇧ 전국생존자합동증언대회에서 일본의 만행을 규탄하며 우키시마호 침몰은 촉뢰가 아니라는 논리 근거를 설명하고 있는 김동연씨. 미나미(南)헌병의 행동을 낱낱이 기억하고 있는 김동연씨는 우키시마호가 마이즈루만으로 들어간 것은 오미나토해군시설부의 사전 계획에 따른 것이라고 잘라 말했다. 이 날 증언을 본 보고서 증인편에 수록하였음.〈1995.12.2. 천안시민회관〉

책임이 있다.〈그렇습니다〉, 〈아니오〉

⑧광복 50년이 지나는 동안 이 같은 엄청난 사건을 적당하게 넘겨온 한국 정부에게도 도의적인 책임이 있다.〈그렇습니다〉, 〈아니오〉

1-4. 생존자들의 공통된 증언

1-4-1. 강제연행 상황

① 제1국민징용영장을 발부하였다.

② 징용영장 없이 끌려갔다

③ 아버지나 형 대신 끌려갔다.

④ 당시에 미성년이었다.

⑤ 가족을 협박하고 못살게 굴어 징용을 피할 수 없었다.
⑥ 끌어갈 때 군·면 노무계원, 경찰, 헌병이 동행했다.
⑦ 경부선으로 부산에 도착하여 신체검사를 받고 배를 타고 일본으로 가 시모노세키에서 기차를 타고 아오모리까지 갔다.
⑧ 징용대상이란 자신의 의사와는 전혀 관계가 없었다.

1-4-2. 강제노동현장 상황

① 참혹함을 잊을 수 없다
② 휴일이 없었다.
③ 주식은 밀밥, 보리밥이었다.
④ 반찬은 청어 한토막이나 오징어 한 가닥이었다.
⑤ 판잣집에서 양쪽으로 다다미를 깔고 잤다.
⑥ 의복이 허술하여 춥고 배고픈 게 가장 어려웠다.
⑦ 외출이 금지되었다.
⑧ 군사시설 공사장에서 일했다.
⑨ 현장에서 일하다가 죽은 조선인도 많았다.
⑩ 약속된 귀국 시기를 어기고 군부가 일방적으로 연기했다.
⑪ 현장 감독들의 감독이 살벌했고 매질이 심했다.

1-4-3. 출항과 항해 상황

① 누구나 다 귀국의 기쁨에 배를 탔다.
② 오미나토항에 정박해 있는 우키시마호에는 거룻배로 옮겨탔다.
③ 배를 탄 뒤 꼬박 하루가 지나 출항했다.
④ 해군 승무원들이 자신의 소지품을 바다에 버렸다.
⑤ 배가 일본 본토의 해안선을 따라 남쪽으로만 향했다.
⑥ 어디론가 들어가는 느낌이었는데 그 곳이 마이즈루만이었다.

1-4-4. 마이즈루만 입항 상황

① 해군승무원들이 몽둥이를 휘두르며 갑판위에 있던 조선인을 선실 안으로 몰아넣었다.
② 우키시마호 옆으로 다른 배도 다녔다.
③ 바다위에 항로를 표시하는 깃대가 서 있었다.

1-4-5. 침몰 전후 상황

① 배가 바다 한 가운데서 완전히 멈춰 섰다.
② 해군들이 구명보트를 내리고 모선을 빠져 나갔다.
③ 해군들이 빠져 나간 뒤 곧 폭발소리가 났다.
④ 배의 가운데가 꺾이면서 가라앉았다.
⑤ 물기둥은 보이지 않았다.
⑥ 바다는 온통 중유로 덮였다.
⑦ 인근 마을 어민들이 몰고 온 작은 배를 타고 구조되었다.
⑧ 선실 안에 있는 사람은 다 죽었을 것이다.
⑨ 해군이 로프를 잘라 더 많은 조선인이 죽었다.

⇧ 멀리 정박해 있는 우키시마호에 옮겨 타려고 작은 거룻배를 탔던 오미나토항에 있는 기구치 잔교. 조선인들의 마지막 발자취 지점이다.

1-4-6. 사건 발생 다음 상황

① 모두들 벌거벗고 수용소까지 밤길을 맨발로 걸어갔다.
② 수용소에서 헌 군복을 나눠줬다.
③ 다음날 바닷가에 시체가 꽉 차게 밀려들었다.
④ 시신이 모두 기름으로 덮여 얼굴을 알아볼 수 없었다.

⑤ 시신을 밧줄로 줄줄이 엮어 바닷가에 매놨다.

⑥ 해군들이 시신을 한데 모아 태웠다.

1-5. 보고단체

*우키시마호폭침진상규명회(회장:전재진)

*우키시마호사건피해자배상추진위원회(위원장:한영용)

(1) 본 우키시마호폭침사건을 조사하면서 피해자를 "한국인" 으로 표기해야 하는가 "조선인" 으로 표기해야 하는가에 대한 토론이 있었다. 본 보고서에는 두 용어 중 우키시마호폭침사건과 관련된 피해자를 "한국인"으로 표기하되, 일본 정부, 시민단체, 역사학자, 현지 주민측에서 "조선인"으로 진술하거나 조사 내용, 증언, 발언, 또는 문건은 사실 그대로 "조선인" 으로 쓰고, 피해자가 증언하는 과정에서 "조선인" 혹은 "한국인"이라 진술한 대로 표기하였다.

(2) 본 보고서에서 사진은 역사적 사실의 근거가치와 인식의 효과가 크고, 글로써 표현하기 힘든 많은 내용을 담고 있기 때문에 개인의 인격이나 품위가 침해되지 않는 범위 안에서 수록했다.

(3) 일본 시민단체의 견해를 수록함에 있어서 사실에 입각한 내용만 수록하고자 했으나 상충되는 부분과 사건 접근에 시각차이를 보이는 부분도 그대로 수록하였다.

(4) 일본 시모키타지역문화연구소가 제공한 사진은 수록하였으나 본 진상규명회가 촬영하지 아니한 사진은 수록을 제한했다.

(5) 생존자의 인물 증명사진은 모두 수록하였다.

(6) 일본 정부는 우키시마호폭침사건이 발생한 지 62년이 지난 2007년까지 피해자들의 외침에 대해 단 한마디 대꾸도 없다. 오로지 생존자의 증언, 현장조사, 활동가들의 조사·분석·검토·토론과 결론에서 얻어진 사항으로 보고서를 작성할 수 밖에 없는 현실에

안타까움을 금치 못하며 독자 여러분께 양해를 구한다.

(7) 일본 정부가 입을 다물고 있는 상황에서 원전자료가 없으니 진상 규명이 곤란하다는 식이라 해도 본 보고서는 멈출 수 없다. 지금이라도 일본 정부가 더러운 오물로 얼룩진 두꺼운 얼굴을 벗어던지고 인간적인 자세로 나오면 본 보고서는 정설로 자리잡게 될 것으로 확신한다.

(8) 최근 국내 연구서적이나 연구성과물은 문헌중심이지만 이 책은 현장중심이라는 점에서 "보고서"라는 이름을 달았다.

1-6. 사건의 서막

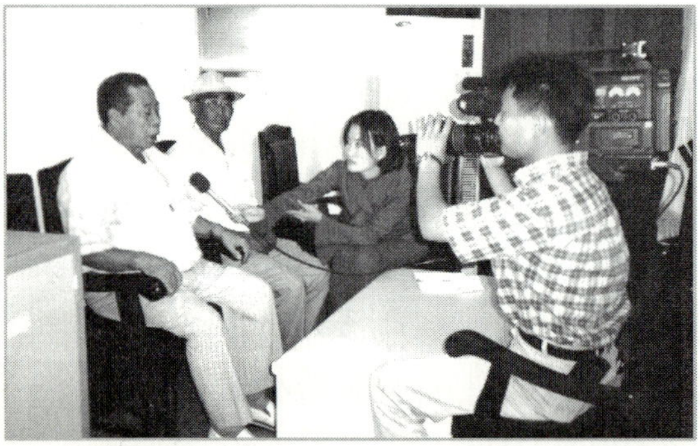

⇧ 증언하는 정기영, 이철우씨. 본회 진상규명회 사무실. 취재: 한국케이블TV천안방송국 방송과. 1998.9.18.

우키시마호폭침사건은 일본 아오모리현 시모키타반도로 강제연행되었던 조선 사람들이 일제의 패망과 동시에 해방되어 귀국하려고 탄 배가 바다 가운데서 침몰하여 수 천 명이 죽은 사건이라고 단순하게만 여길 일이 아니다. 수 천 명의 조선인이 왜 우키시마호를 타게 되었는가? 그 원인과 과정과 결과는 어떠했는가? 를 면밀하게 분석하고 밝혀낼 때 비로소 사건의 진상을 알게 되는 것이고, 사건의 전모가 밝혀질 때 실질적인 해결점에 도달할 수 있다.

"어린아이에게 무슨 죄가 있겠느냐! 태어나 피어 보지도 못하고 곧 사라지겠구나!"

"여보시오. 해군하사! 지금 무슨 말을 하는 거요. 거기 서지 못하겠소!"

이 장면은 우키시마호가 마이즈루만으로 들어가기 다섯 시간쯤 전에 있었던 일이다. 20대 중반의 조선인 여인이 우키시마호 갑판에서 세살쯤 돼 보이는 남자 아이를 옆에 두고 아직 백일도 안 지나 보이는 젖먹이에게 젖을 물리고 있었다. 이 광경을 본 우키시마호 승무원인 해군하사가 여인의 곁을 지나가면서 내 뱉은 말에 충남 천안에서 간 정기영씨가 뒤쫓으며 따져 물었다. 해군 병사는 갑판 왼편으로 줄달음쳐 도망치 듯 사라졌다. 인간 학살선 우키시마호가 항해하면서 일어난 비정상적인 일은 이 뿐이 아니다. 해마다 8월이 오면 우키시마호폭침사건 때문에 가슴이 집 채 만한 바위로 눌리면서 답답해진다는 정기영씨의 말을 듣고 보면 과연 사건에 얽힌 사연을 알만하다.

인류가 바다에서 배를 이용하여 교통수단으로 삼기 시작하고 나서부터 역사상 가장 큰 해난사건이 바로 우키시마호 폭파 침몰 사건이다. 사건의 규모가 가장 크다는 것은 가장 짧은 시간에 그 모습이 바다 속으로 사라졌고, 가장 많은 수의 사람이 죽었고, 가장 참혹했으며, 가해국의 국민이 아닌 외국양민이라는 점과 피해자와 희생자는 모두 가해국의 침략전쟁 감행 수단으로 노예처럼 이용당했던 외국인이라는 점이다. 여기서 가해국은 바로 다름 아닌 일본을 이르는 말이다.

그런데 왜 이처럼 엄청난 사건이 세상 사람들에게 알려지지 않았으며 역사 속에서 풍화돼 가며 한·일 양국 국민의 기억에서 사라지고 있을까?

〈지금 막(2003.5.30. 14:35) 경향신문사 배모 기자한테서 오사카고등법원 공판에서 피해자인 원고가 패소했다는 소식이 들려왔다. 일본 재판부가 자기네 정부의 손을 들어주면서 또 다시 피해자를 우롱한 것이다. 이 재판은 2002년 8월에 교토지방재판소에서 "일본정부는 피해자 1인당 일화 3백만엔을 지급하라"는 것이었다. 이 판결에 일본 정부는 보상금을 지급하지 못하겠다는 사유로 오사카고등법원에 항소한 것이다.

피해자 원고단(태평양전쟁희생자광주유족회)측에서는 1심에 불복하였으나 재정이 어려워 항소하지 못했는데 일본 정부가 항소하는 바람에 동시 항소로 처리되었다. 결국 오사카고등법원은 1심을 뒤집어 자국 정부의 손을 들어주었다. 이로서 일본은 양심이 새까맣게 물든 야만국이다. 그리고 야만인이 사는 땅이다.〉

「최변호사님! 저는 왜놈들이라면 누구든지 인정하지 않겠으며 이 사건을 국제회의 석상에서 발언할 것입니다. 일본에는 지식인이나 양식인이 한 명도 없습니다. 그 놈들은 결국 뒤통수를 치는 놈들입니다. 저는 이 사건에 대해 포기하지 않을 것입니다. 다만, 또 애석한 일입니다만 기다리면서 총괄적으로 해결하는 방식을 추구하겠습니다. 또 다시 지난날처럼 왜놈들 재판소에서, 왜놈들 법에 따라, 왜놈들 법관에 의해, 왜국의 죄인을 심판한다는 생각은 하지 않겠습니다. 저는 법 논리를 잘 모릅니다. 그러나 인간적인 덕과 의리는 알고 있습니다. 국제 여론화를 꾀하는 일에 대해 다년간 추진했으나 미국과 일본의 군국주의, 제국주의 때문에 어렵다는 것을 느끼고 있습니다. 유엔 인권위에 호소하는 문제도 이 점을 유념해야 될 것으로 생각합니다. 남북이 함께 문제제기하는 것이 바람직하다고 보면서 총체적인 해결을 추진해 나가야 한다고 주장합니다. 왜놈들에게 강제연행당하여 사선을 넘나들다가 겨우 살아 귀국하던 길에 그 참혹함을 당하였으니 그 억울함을 어찌 말로 다 형용하오리까! 민초들의 인권회복운동을 돈 많다는 왜국이 뭉개버렸습니다. 일본 정부는 이미 침략전쟁론으로 짙게 염색되었습니다. 동양평화운동을 다시 시작해야 합니다.」

일본은 1867년에 의결한 정한론(침한론)과 태평양 전역을 피로 물들였던 전쟁총지휘본부인 대본영을 해체하지 않았다. 우키시마호 사건의 발상지인 아오모리현 시모키타반도 오미나토항 해상자위대도 여전히 날로 증강하고 있다. 또 우키시마호가 침몰한 마이즈루만에는 대형 화력

⇧ 우키시마호가 출항한 아오모리현 시모키타반도 오미나토항 해상자위대 함정들. 촬영:전재진

발전소가 건설되었고 군항으로서 재정비하고 있다. 이 전쟁론자들과 침략자들의 속셈은 과연 무엇일까? 우리는 그 동안 사고가 아닌 사건이 가지고 있는 의혹을 풀려고 수많은 세월을 소모했고 피나는 노력을 기울여 왔다. 그러나 갈 수 록 의혹만 커지고 다양해져 오히려 일본 정부를 엄호 사격해 왔다. 왜냐하면 우리가 조사한 결과를 세상에 알리고, 해결을 촉구하는 사항에 대해 일본 정부는 철저하고도 집요하게 외면하면서 사실을 교묘하게 은폐해 왔기 때문이다. 한국 정부가 이 사건을 해결코자 하는 의지를 보이지 않은 점과 국민들의 무관심도 사건이 종결되지 않은 큰 걸림돌이었다.

우키시마호 폭침사건은 수 천 명의 조선인을 실은 일본 해군 군함이 침몰하여 귀국하던 조선인이 바다에 수장되었다는 단순한 사고(思考)에 그쳐서는 안 된다. 이 사건에 앞서 조선인이 왜 아오모리현으로 강제로 연행되었고, 왜 강제노동에 시달려야 했고, 누구에 의한 참혹한 역사이었는지를 알아야 하고, 승선자 수는 몇이며, 왜 승선할 수 밖에 없었는가, 항해의 문제점은 무엇이고, 입항의 문제점은 또 무엇인가, 침몰당한 뒤 사망자는 몇 명이며, 그 시신은 어떻게 처리되었는가, 또한 생존한 조선인들의 귀국 과정은 어떠했으며, 사망자의 유골은 어떤 상태로 안치돼 왔으며, 과연 실종자의 유해는 찾을 수 없었을까, 그리고 사후처리의 부당성에 대해 비난의 목소리를 강력하게 높여야 할 것이며, 이 사건의 뒷면에는 어떤 음모가 있었는가를 모두 알아야 비로소 사건의 진상을 말 할 수 있는 것이다.

충청남도 공주시 정안면 사현리가 고향인 신환철씨는 1944년에 아오모리현 시모키타반도로 강제연행되었다. 그는 충남 청양군과 전북 진안군 일대에서 연행돼 온 조선인들과 10개 중대로 편성되어 가바야마 비행장에서 활주로와 비행기 격납고들을 시설하는 공사장에 배치되었다. 그는 일본어에 능숙했으므로 병영내 내무반 사감의 비서격으로 내무반에서 일했다. 내무반 사감의 책상에서 부대의 업무일지를 일본어로 쓸 정도였기에 노동현장에서 내무반으로 자주 불려 들어왔다. 그래서 그는 혹독한 노동에 시달리는 편은 아니었다. 그러던 어느 날 군법에 회부된 고향의 장기덕을 심문하는데 통역을 맡게 되었다. 신씨가 고향 공주군에서 연행되던 때에 장기덕과 면사무소 백서기간의 송사 사건이 오미나토사령부에 이첩된 것이었다. 당시 장기덕은 백서기의 부친이 식량배급소에서 부정을 저질렀다고 공주경찰서에 고발한 건이 있었다. 신씨는 고향사람이 "잘못을 저질렀으면 얼마나 저질렀겠는가, 왜놈들보다 더 하지는 않았을진데 왜 왜놈들한테 재판을 받아야하는가" 고 괘씸하게 생각하며 법관이 묻는 말에 자신의 생각을 담아 장기덕을 유리하게 통역하였다. 이를 알아차리지 못할 리 없는 일본인 법관은 신씨를 즉각 헌병대에 넘겼다. 넘겨진 당일 신씨는 지하 고문실로 끌려 들어갔다. 이유는 통역을 거짓으로 했기 때문이다. 신씨는 일본놈이 조선말을 자세히 알아들을 수 있을까 생각했던 것이다. 지하고문실에서 "그날 나는 천장에 거꾸로 매달려 몽둥이로 정확하게 백대를 맞았습니다. 밤새도록 괴롭힘과 치욕을 당했지요. 밤새 당한 고문과 몽둥이찜질로 온몸이 피투성이였고 허리와 다리를 제대로 쓸 수 없었습니다. 열흘이 지나서야 헌병대에서는 다른 때와는 달리 나를 석방하며 잘 보살피라는 것이었습니다. 내무반 사감이 나를 오하타를 지나 그 보다 더 먼데 있는 온천탕으로 안내하였습니다. 거기서 나는 약도 바르고 목욕도 하면서 일주일간 휴양했습니다. 그 뒤 가바야마비행장 해군부대로 다시 복귀하여 일을 시작했습니다."고 "우키시마호폭침진상규명회"에 증언한 사실이 있다.

1-7. 원전자료(原典資料)의 실체

⇧ 원전자료의 실체에 대해 토론하는 한국인강제연행·강제노동실태조사위원회 대표 박현서 교수와 일본 시모키타지역문화연구소 사이토 사쿠지 소장, 생존자와 한종술 변호사가 동석함

먼저-원전자료는 어떤 기능을 가져야 하는가? 원전자료만이 사건을 해결할 수 있는 법적효력을 가지고 있는 것인가? 원전자료가 없으므로 엄연히 존재하고 있는 사건의 전모에 대해 토론도 못하고 조사도 못한단 말인가? 원전자료가 없으므로 사후처리의 부당성에 대해 문제제기도 못하고 배상청구도 못한단 말인가? 과연 우키시마호폭침사건을 밝혀낼 원전자료의 실체는 무엇인가?-에 대해 문제를 제기한다.

본 보고서는 우키시마호폭침사건처럼 참혹하고 끔찍한 사건을 단순한 얘깃거리로서 흥미롭게 묘사하려는 의도가 아니다. 일생을 원한과 고통으로 살아온 피해자들을 과거 그 시절로 다시 돌려보내 그들의 파란만장했던 세월을 말 할 수 있도록 했다. 이것만이 역사를 올곧게 적는 일이다. 생존자의 증언을 채록하고 조사하는 과정에서 토론한 사람들, 증언한 분들, 사건 현장을 조사한 사람들, 현장 사진들을 있는 대로 편집했다. 특히 생존자의 증언은 법적 효력이 있으므로 빠뜨리지 않도록 노력했다. 또한 마이즈루시 우키시마호희생자구명위원회 리병만 대표, 교토시 조선인역사조사회 류구채 회장, 도쿄 조선인강제동원진상조사단 홍상진 사무국장과 리일만 상임고문들과 교류와 토론을 통해 얻어진 결과를 수록하였으며, 아오모리현 시모키타지역문화연구소 사이토 사쿠지(齊藤作治) 소장이 발간한 '아이고의 바다'에 수록한 내용도 포함했다. 왜냐하면 수차례에 걸쳐 현장조사와 토론을 함께 하며, 사건의 진상규명에 뜻을 같이 했으며, 양측 시민단체가 양국을 오가며 증언대회와 보고대회도 갖는 가운데 공유한 내용이기 때문이다. 이 같은 교류에서 얻은 결과물을 사건의 진상규명과 법적 해결에 필요한 원전사료와 근거자료로서 만족스럽지 않다고만 방치해서는 안 된다고 생각한다.

우키시마호폭침사건의 진상을 규명할 원전자료는 오미나토해군경비부에서 소각했을 가능성이 아주 높아 존재할 가능성이 희박하고, 사건 발생 뒤에 조사한 근거자료도 일본 정부가 가지고 있다 해도 공개 또는 제공하지 않기 때문에 (2007년 현재까지 공개 또는 제공하지 아니함) 실체로서 존재가치나 법적 효력을 발휘하지 못하고 있다. 실제로 시모키타지역문화연구소에 따르면 "관계 자료가 소각되는 일도 있었다. 정부당국에서는 공개하기 싫은 문제이기 때문에 관계 자료를 불태워 버렸고…" 라고 원로 조사자들의 좌담회에서 확실하게 밝히고 있다. 또한 〈중략〉 일본은 패전 직전 내무차관의 극비명령서를 통해 전국의 각 경찰서로 하여금 조선인의 징용에 관한 공식기록이나 관계문서와 사진들을 완전 폐기처분토록 하였기 때문에 일본의 과거를 반성하는..........〈중략〉. (뉴스메이커 1995.1.12. 22쪽)

그렇다면 우키시마호 출항지인 시모키타반도에서 그 같은 비정상적인 일이 일어났을 때 폭침과 직접 관련된 마이즈루에서 과연 관련자

우키시마호폭침사건생존자개인기록부

일련번호	OFIWE1945001			①주민등록번호	270921-1411715		
②성 명	(한글) 정 기 영 (한자) 鄭 基 永			③생년월일	1927. 9. 21	④성별	男
⑤현주소	충청남도 천안시 사직동 279-7번지			⑥전화번호	041-565-5987		
⑦본 적	충남 천안군 광덕면 대덕리 16번지			⑧연행 당시 주소	충남 천안군 광덕면 대덕리 16		
⑨일본명	瀧井基永	⑩연행 당시 직업	농업 (農業)	⑪연행 당시 나이	17세		

⑫연행되던 때 가족 상황				⑬현재 가족 상황		
관계	성 명	주 소	주민등록번호	관계	성 명	주 소/주민등록번호
조부	정 춘 교	충남 천안군 광덕면 대덕리 16		본인	정기영	충남 천안시 사직동 279-7번지
조모	한 씨	〃 〃		처	맹 섭	
부	정 순 호	〃 〃		자	정낙일	690301-1411711
모	한 씨	〃 〃		자	정낙광	710624-1411717
본인, 정순영(여동생), 정필영(남동생)				⑭슬하자녀	2남	

연 행 경 위

⑮연행 년월일	1944. 12. 22	⑯연행된 장소	자택	⑰연행 자격	노무자

⑱연행 당시 상황을 구체적으로 써 주십시오 : 광덕소학교로 나오라는 통지서를 받고 나갔더니 군 노무주임이 일본 보국단(산업보국대)으로 가야한다고 했다. 나는 아직 미성년이라서 거절했으나 "가지 않으려면 감옥으로 가라"고 하였다. 그래서 다시 "내가 무슨 죄가 있길래 감옥으로 가느냐"고 했더니 헌병 차림의 사내가 발로 걷어차고 얼굴을 올려치며 "네가 가지 않으면 네 아버지가 대신간다"고 하여 어찌할 도리가 없었다. 천안에 있는 서양여관에 이틀 묵다가 부산을 거쳐 아오모리까지 갔다. "국민제1징용영장"이 아닌가 생각된다.

⑲일하던 장소	오미나토 항만	⑳소속부대 또는 기업(하청업체)	일본통운주식회사

노 동 실 태 와 의 식 주

㉑일당 또는 월급액	매월 35엔	㉒무슨 일을 하였나	군수품과 석탄을 싣고 내리는 일		
㉓임금 지급 형태	회사직원이 나눠줌	㉔임금 수령 형태	매월지급	㉕받지 못한 임금	국민저축 예치금

㉖입고(衣) 먹고(食) 잠자던(住) 사정을 구체적으로 써 주십시오.: 처음 일본통운주식회사에 배속되었을 때 푸른색 헌 작업복 한벌과 모자를 받았고 양말은 없었다. 하루 세끼 식판밥을 먹었으나 양이 형편없이 부족했다. 어느 날은 바닷물을 끓여 국이라고 먹으라 해서 일대 소동을 벌인일이 있다. 합숙소에서 다다미를 깔고 잤는데 50명이 1개 소대가 되어 아래위층으로 나뉘었다. 작업장 밖으로는 절대 나갈 수 없어 다른 지역 사정을 도무지 알 수 없었다.

우키시마호 승선과 폭파 침몰 당시 상황에 대하여

㉗승선일	1945. 8. 21. 오전	㉘배를 탄 장소	오미나토항(大湊港)	㉙배에 타고 있던 위치	맨 아래층
㉚침몰 원인은?	폭발물에 의한 침몰	㉛몇 명 탔는가?	7천명 이상	㉜폭발소리는 몇번 들었나?	3회

㉝침몰 당시 상황을 구체적으로 써 주십시오 : 배안에는 많은 사람이 꽉 차 있었다. 나는 누워있는데 갑자기 "쾅!"하는 폭발소리와 동시에 몸이 1미터 정도 튕겼다가 떨어졌다. 밖으로 나갈려고 사다리에 올라갔는데 사람이 많아 사다리가 부러졌다. 다른 사다리를 타고 밖으로 나와보니 이미 배가 두동강으로 반 이상 가라앉아있었다. 한쪽에서는 불이 났고 바다는 온통 기름으로 덮였다. 헤엄쳐 뭍위로 올라오려 해도 아우성치는 사람들에 걸려 올라오를 수 없었다. 잠수하여 멀리 갔더니 다침 떠내려가는 원자가 있어 그것을 붙잡고 헤엄쳐 나왔다. 일본 주민들이 구조하러 나왔는데 사람은 구조하지 않고 보따리만 건져 주워 모으는 것을 보았다.

㉞피해배상은 받았는가?	못 받았음.	㉟피해배상은 어떻게 받고 싶은가?	진상규명 →유해반환 →현금배상
㊱마이즈루만에 버린 돈과 물건은?	1년간 받은 임금 전액	㊲어떻게 구조되었나?	떠내려가는 원자를 잡고 헤엄침

㊳항해 도중 들은 소문이 있다면 무엇인가? : 우키시마호가 항해하여 하루쯤 지났을 때 갑판위를 돌아 다니는 해군들에게 이상한 말을 들었다. 갑판위 한 귀퉁이에서 한국인 여성이 아이에게 젖을 먹이는데 이 광경을 본 해군 병사 둘이서 "어린 아이에게 무슨죄가 있는나! 태어나 피어보지도 못하고 사라지겠구나"고 말했다. 내가 해군들의 뒤를 쫓아가며 "무슨말입니까?"고 물었으나 "아무것도 아니다"고 황급히 사라져 버렸다.

㊴우키시마호 승선자가 폭침 당시와 그 후에 사망한 사람을 아는대로 진술하시오.: 광덕면 대덕리 유제근의 삼촌과 임헌봉. 매당리 이장우, 이영우, 윤주병, 아산시 남동 박금동.

㊵관련 사진이나 증빙서류를 제시해 주십시오. 기타 증언을 진술하시오 : 나는 광덕면에서 친구인 임창문, 이철우, 전우영, 고종환, 원종봉 그리고 많은 선배들과 같이 연행되었다. 돌아오다 죽은 사람도 있고 와서 죽은 사람도 있다. 철저하게 조사하여 역사를 바르게 세워주기 바란다.

㊶추가로 하고 싶은 얘기는 무엇인가? : ◇나는 무엇보다도 한 집안의 장남으로서 조부모와 부모 그리고 어린 동생들을 두고 남의 나라 전쟁터로 끌려간 것이 너무 억울하다. 더구나 미성년인 상태에서 말이다. 태평양전쟁은 우리나라가 일으킨 것도 아니고 자기들이 저질러 놓고 자기들이 진 전쟁이다. 이 전쟁에 남의 국민을 데려다 부려 먹었으면 곱게 돌려 보내야지 배를 계획적으로 폭파하여 수천명의 양민을 죽였다는 것은 참을 수 없다. 당시 죽은 수많은 한국의 젊은이들에게 내가 오히려 부끄럽다. 내가 죽기전에 사건의 전반적인 문제가 진상규명되어 억울한 사람들의 원한을 풀어주길 바라는 맘이다.

㊷작성 년월일	1996. 10.	㊸작성자	전 재 신	㊹작성자 서명	

우키시마호폭침진상규명회/浮島丸爆沈眞相糾明會

⇧ 전문가가 원전자료로 인정한 생존자개인기록부

료가 온전하다고 볼 수 있을까? 절대로 그렇지 않다. 우키시마호에 싣고 다니던 자료조차도 태울 수 있는 것은 모두 태웠을 것으로 본다.

그리하여 2007년 현재 원전사료와 근거자료의 실체는 생존자의 증언, 조선인 강제노동현장 조사 결과, 한일 양국의 시민단체와 개인 활동가들이 조사·연구하여 분석한 결과, 정황으로 채록이 가능한 사실들 밖에는 없다. 이에 추가될 수 있는 근거의 실체는 일본 정부가 현재 가지고 있을 관련 자료이다. 일본이 이를 공개함으로서 진상규명과 해결을 마무리할 수 있는 본래의 법적 기준이 성립될 것이다.

일본 정부가 조사·연구가들과 피해자 측에서 요구하는 관련 자료를 제공하지 못하는 원전자료의 실체를 다음과 같이 해부할 수 있다.

(1) 일본이 강제연행한 조선인 징용, 징병, 군인, 군속자의 명단을 패전과 동시에 증거인멸 목적으로 소각했으므로 제공하지 못한다.
(2) 우키시마호 승선자 명부는 승선 당시 조선인이 구름처럼 몰려들어 오미나토항 주변 일대가 대단히 혼잡했다는 이유로 명단을 작성하지 않았으므로 승선자명부가 없어 제공하지 못한다.
(3) 사망자를 조사하지 않았고 사건 발생 후 생존자 명단을 작성하지 않았기 때문에 사망자 명단과 생존자 명단을 제공하지 못한다.
(4) 1945년 9월 1일 우키시마호 함장인 도리우미가 발표한 사건의 전모는 거짓자료이기 때문에 제공하지 못한다. 인과 관계가 맞지 않기 때문에 제공하지 못한다.
(5) 아오모리현 군사시설 공사 하청업체에서 노무자관리명부를 제공받기는 기대하기 어렵다. 하청업체에서 노무자관리명부를 패전과 동시에 상부인 오미나토해군시설부나 해군성, 대본영에 제출했다고 볼 수 없다. 제출했다 해도 소각했다. 그러므로 피해자가 요구하는 자료를 제공하지 못한다.

1943년에 들어서면서 오미나토해군경비부를 위시한 시모키타반도 일대는 연합군의 본토 상륙이라는 긴박한 전운이 돌기 시작했다. 이에 대비한 작전으로 일본 본토의 최북단인 오마사키 포병부대를 강화하고 하코다테의 해군기지를 지원하기 위하여 총연장 49.7Km의 군사용철도를 건설하기로 했다. 이름하여 오마철도인데 해안절벽과 산간오지를 통과해야 하므로 계곡 사이를 잇는 교량 건설이 불가피하였다. 사진은 시모키타반도의 니마이바시에 있는 교량으로 교각이 8개이며 그 높이는 10여 미터에 이른다. 이 교량위로 대포와 포탄을 실은 일제의 쇠귀신이 달렸다면 강제연행됐던 한국인들의 운명과 태평양 전쟁터는 더욱 처절했을 것이다.

1943年に入ってから大湊海軍警備部を始めとした下北半島一帶は,聯合軍の本土上陸という緊迫な 戰雲が漂い始めた. これに對備した作戰として,日本本土の最北端である大間岐砲兵部隊を强化し,函館の海軍基地を支援する爲に,總延長49.7Kmの軍事用鐵道を建設することにした. 名づけて大間鐵道であるが海岸絶壁と山間奥地を通過しなければならないので溪谷の間を橋梁建設が不可避であった. 寫眞は下北半島の二枚橋にある橋梁で橋脚が8個ありその高さは10余メートルにも至る. この橋梁の上を大砲と砲彈を積んだ日帝の鐵魔が走ったとしたら强制連行された韓國人達の運命と太平洋戰爭の戰場は更に悽絶だったであろ.

⇧ 우키시마호폭침진상규명회에서 만든 강제노동현장 자료를 원전자료로 인정함.

(6) 일본 후생성과 내무성이 과연 우키시마호폭침사건 관련자료를 얼마나 성실하게 보관하고 있을지 의혹을 던지지 않을 수 없다. 그러므로 제공하지 못한다.

(7) 우키시마호가 미군이 투하한 기뢰에 닿아 침몰했다면 일본은 보란듯이 관련 증거를 세상에 낱낱이 알렸을 것이다. 그러하지 못하는 일본 정부의 속내는 거짓투성이기 때문에 거짓자료를 공개하면 오히려 더 큰 비난과 혼란을 빚을 것이므로 제공하지 못한다.

(8) 일본 정부가 GHQ에 제출한 보고서는 사망자 260명이라는 엉터리 조작 문서이므로 일본 정부가 공개하지 못한다.

⇧ 평양 인민문화궁전 기둥에 설치한 광고판. 〈촬영:전재진〉

남측의 '우키시마호폭침진상규명회'는 북측의 '조선 일본군≪위안부≫및 강제련행피해보상대책위원회'와 우키시마호폭침사건 조사와 관련하여 사전에 직접적이 교류가 없었지만, 사건의 본질과 진상규명의 대단원이 민족적 사명으로 일치하고 있음을 2003년 9월에 개최한 ≪우키시마마루 진상규명을 위한 평양토론회≫에서 확인할 수 있었다. 이 평양토론회에서 발표하고 토론한 자료와 그 결론은 우키시마호폭침사건의 진상을 밝혀줄 원전자료로서 손색이 없음을 명시한다.

이런 어려움 속에 사건에 대한 원전자료를 확보해야만 진상을 규명할 수 있다는 일부 주장은 가해국인 일본의 입장을 두둔하면서 일본측에 동조하는 조사·규명 방식이다. 왜냐하면 우키시마호폭침사건과 관련한 제반 원전자료를 일본 정부가 공개하지 아니하여 곤란에 처했는데도 그 원전자료를 한국인 피해자가 제시하기를 요구하는 방식이기 때문이다. 60년 전 풍비박산된 피해자가 어떻게 원전자료를 확보하여 제시할 수 있겠는가? 더구나 원전자료로서 효력이 있을 만한 자료를 애초부터 오미나토해군시설부가 과연 작성하기는 했는지의 의문 속에서, 또 오미나토 해군 군부가 소각하지는 않았는지의 의혹 속에서 원전자료만을 추구하는 것은 《살아있는 원전자료인 생존자의 증언》을 도외시하는 행위이다. 그러므로 피해자의 신상과 기억에서 추출된 증언과 역사적 사실이 원전자료인 것이다. 남측 정부기관인 국무총리소속 《일제강점하조선인강제동원피해진상규명회》는 피해자의 「신상」과 「증언」과 「역사적 사실」을 원전자료화하고 인정해야 한다.

1-8. 일본 정부는 양심자판기

일본대본영(日本大本營:태평양전쟁총지휘본부)은 우키시마호폭침사건의 전말을 연합군최고사령관 총사령부(GHQ)에 보고해야 했다. 사건 발생 일주일만인 1945년 9월 1일에 그 엄청난 사건을 처음부터 끝까지 조사를 마치고 보고했다는 그 자체가 웃음거리가 아닐 수 없다. 더구나 수 천 명의 조선인 남녀노소를 폭식한 《일본해군특설운송함 우키시마호》는 마이즈루만 해저에서 식곤증에 빠져 잠들어 있었다. 다른 건 다 마지막 조사시기로 미루더라도 최소한 사망자가 몇 명인지, 실종자는 몇 명인지, 생존자는 몇 명인지, 부상자는 몇 명이었는지에 대해서는 조사한 다음에 보고서를 작성하는 것이 국가기관이 가져야 할 도리였다. 그런데도 일본대본영은 조선인 사망자를 524명이라고 ≪축소・조작≫하여 우키시마호 함장의 입을 빌어 발표하였다. 더구나 연합군총사령부에는 이 ≪축소・조작≫한 524명을 또 반으로 줄여 260명이라고 보고하였다. 또한 일본대본영이 연합군총사령부에 제출한 보고서의 「우키시마호 행동 개요」부분에는 다음과 같이 적혀있다.

≪종전 직후 大湊지구에 있던 구해군군속 조선인 工員 다수는 련합군의 進駐를 극도로 무서워하며 歸鮮의 열망을 호소해 不穩한 기색이 나타났다. 일본 해군으로서는 이미 解員수속을 완료한 元工員에 대해서 이를 歸鮮시킬 의무는 없었지만 사태의 不穩한 해결을 바랐으므로 특히 특설운송함 우키시마호(4,730톤)에 그들을 便乘하게 하고 이를 南鮮에 수송할 준비해....(이하 생략) 또 보고서의 「금후 일본정부의 자주적 처리방침」부분에는 ≪조선측이 구해군의 책임을 추궁해 배상요구를 제기해도 이를 용인하지 못한다. 뭐라고 하면 鮮人의 편승 수송은 해군의 의무는 아니고 완전한 호의에 근거하는 것이며 아울러 조난사건은 완전히 불가항력에 기인한 것이기 때문이다.≫이라고 썼다.〈뒤 평양토론회 해외발표문 홍상진 편 참조〉

특히 이 보고서에 《…鮮人의 편승 수송은 해군의 의무는 아니고 완전한 호의에 근거하는 것…》이라고 표기한 것은 본국으로 돌아갈 수 없는 사람을 기왕 남쪽으로 가는 배인 우키시마호에 태워 조금이라도 가깝게 데려다 주는 호의를 베풀었을 뿐이라는 뜻이다.

《미군이 투하한 기뢰에 닿아 침몰했다면 일본 국내 각 신문사나 각종 자료에 기록이 없다는 것이 참으로 이상하다.》고 도쿄 조선인강제련행진상조사단 홍상진 사무국장이 지적하고 있다. 정말로 미군이 투하한 기뢰를 맞아 침몰했다면 대본영의 최고지휘자인 일왕이 웅크리고 앉아 있지만은 않았을 것이다. 미국에 찰거머리처럼 달라붙어 지독하게 끝까지 피를 빨아 먹었을 것이다. 이 시점에서 미국과 모종의 모략이 있었을 개연성이 충분하다. 아주 의문스런 대목이 아닐 수 없다.

사실상 일본 정부는 이 때부터 양심을 까맣게 물들이기 시작하여 오늘에 이르고 있다. 그 일례를 들어보면 이해가 쉽고 빠르다.

〔가정이 빈곤하지만 장래가 촉망되는 고교생이 하교 길에 공원을 거닐며 사색에 잠겨 있었다. 어깨에는 가방을 메고 있었고, 손에는 그가

좋아하는 한국단편문학집이 들려있었다. 이 때 젊은 부동산소개업자가 애완용으로 데리고 나온 잘 훈련된 개(犬)한테 기습적으로 물렸다. 한쪽 넓적다리는 피부와 근육이 박리될 정도이고, 양쪽 겨드랑이는 성형수술을 받지 않으면 팔을 쓸 수 없을 정도로 가히 중상이다. 피해자인 고교생의 가족은 설사 고의적이지는 않았지만 우발적이었다 해도 도의적인 책임으로 치료비와 보상금을 요구했다. 이 때 가해자인 젊은 사장은 이 개(犬)상해사건을 보험으로 처리하려고 했다. 보험회사에서는 피해자한테 개(犬)에게 물렸다는 증명을 요구했다. 그러나 사고가 발생할 당시 주위에는 목격자가 없었으므로 증인이 될 만한 사람이 없었다. 증거자료는 오로지 개(犬)의 진술에 의존할 수 밖에 없었다. 그러나 그 개(犬)에게는 말과 글이 없어 진술서를 받을 수도 없거니와 증명할 수단이 없었다. 더구나 그 개(犬)를 주인이 숨겨둠으로서 사건 해결에 필요한 증거사진을 확보해야 하는 경찰의 요구도 외면당했다. 결국 학생은 피해보상금을 퇴원 뒤에 계산하기로 합의하고 자비로 치료받았다. 그러나 치료가 끝나고 세월도 흐르고 나니 젊은 사장은 이 사고에 대해 '언제 그런 일이 있었는가! 그런 일은 없었다.'며 되레 화를 냈다. 그 동안 개(犬)도 어디론가 사라지고 없었다. 증거를 완벽하게 인멸한 것이다. 젊은 사장은 개(犬)기름이 줄줄 흐르는 거만한 얼굴로 '내 개(犬)가 물었다는 원전자료를 가져오면 언제든지 배상하겠다.'며 뒤돌아서 유유히 사라졌다. 이렇게 학생을 참혹하게 물어뜯은 개(犬)에게는 아무런 책임이 주어지지 않았다. 물론 개(犬) 주인의 얼굴에도 개(犬)기름이 흐르고 있다.〕

일본 정부가 우키시마호폭침사건과 관련하여 예나 지금이나 여전히 스스로 양심을 매각하고 있다는 실례는 다음과 같다.

첫째는 외국의 선량한 국민의 시신을 대량으로 유기했다는 점이다. 1945년 8월 24일 오후 5시20분에 우키시마호가 폭파 침몰당하여 마이즈루만에 완전히 가라앉았다. 이 사고로 죽은 조선인은 사건 당시부터 지금까지 그 수를 헤아릴 수 없을 정도로 많다. 신원을 파악할 수도 없는 상황이었다. 사건 발생 다음 날부터 시모사바가 해안에 밀려든 시신은 해안가를 거의 덮을 정도였다고 생존자들은 회상한다. 이 때 일본 해군 군부에서는 밀려든 시신을 한데 모아 기름을 붓고 태워 타히라해병단 뒷산 산골짜기와 마츠자키해병단 빈터와 고구마밭 이랑에 집단으로 매립했다. 뿐 만 아니라 침몰한 배를 인양하지 아니한 채 물속에 9년 동안 방치했다가 인양했는데 인양 당시에도 해저에서 수습한 유골을 한데 모아 태워 9년 전에 발표한 사망자 524명 수에 맞춰 나눴다. 이 같은 행위는 사체유기로서 반인륜적 범죄에 해당하는데도 두꺼운 얼굴로 철저하게 양심을 팔고 있다.

두 번째는 사건 은폐이다. 사건이 발생한 지 62년이 지난 2007년 현재 일본 정부는 "그런 일이 언제 있었는가?" "잘 모르겠는데.....," "그런 일이 있기는 있었던 것 같는데.....," 라는 식으로 사건을 인정하지 아니한다. 일본정부의 양심판매는 이렇게 진행되고 있다.

세 번째는 책임 외면이다. 우키시마호폭침사건과 같은 외국양민대량학살은 지구상에서 유례없는 대참사로 반인륜적 범죄에 해당되며 인권유린이라는 점에서 공소시효가 적용되지 않는다. 그럼에도 일본 정부는 사건 발생 일주일 만에 사건의 전말을 발표하고 덮어버렸는가 하면 62년이 지난 지금 피해자가 요구한 사죄와 진상규명과 유골송환과 실질적인 배상청구에 대해 묵묵부답으로 외면하고 있다.

네 번째는 자료 공개 회피이다. 미국과 일본은 우키시마호폭침사건에 대해 조사한 것으로 예측되는 만큼 그 관련 자료를 모두 공개해야 한다. 특히 50년 이상 지난 문서는 정보공개법에 따라 관련자의 요청이 있을 때는 자료를 제공 또는 공개하게 되었으나 일본은 자료공개를 회피하고 있다. 이 사건에 대한 자료는 일본 내무성과 후생성이 보관하고 있는 것으로 밝혀졌으나 재일동포 관계기관에서 여러 차례 공개를 요청했으나 모두 거절하였다.

다섯 번째는 교토지방재판소의 무식한 판결이다. 우키시마호폭침사건 피해자 (태평양전쟁희생자광주유족회 회원) 일부가 일본 정부를 상대로 사죄와 배상을 요구하는 소를 1992년 8월22일 교토지방재판소에 제소했다. 그 제소한 건에 대해 9년 뒤인 2001년 8월23일 결심공판에서 일본 정부는 생존자 15명에게 위로금으로 300만엔씩 지급하라고 판결하였다, 그러나 이 판결도 일본 정부는 불복하고 오사카고등법원에 항소했다. 보상금을 지급하지 못하겠다는 뜻의 항소였다. 이 교토지방재판소의 판결이 부당할 뿐 만 아니라 무식한 판결이 아닐 수 없다. 왜냐하면 사건이 초래한 사망자, 실종자, 사망자의 유족, 생존자(15명 외 생존자)에 대한 판결이 빠졌고 사죄요구는 기각해 버렸기 때문이다. 사망한 자에 대해서는 당사자가 없기 때문에 판결할 수 없다는 것으로 알려지고 있다. 그렇다면 죽은 자가 살아 돌아와 소를 제기하란 말인가? 참으로 무식의 소치가 아닐 수 없다.

여섯 번째는 후안무치이다. 일본은 아시아침략전쟁을 일으켜 수 천만 명(3천만명)의 아시아인을 살상했고 수 십 만 명의 여성을 일본군의 성폭행 노리개감으로 농락하였다. 특히 히로히토의 셋째동생 치치부는 패전 3년 전부터 폐결핵에 걸려 치료한답시고 군함을 병원선으로 위장하여 피침략국에서 자연자원과 문화재, 황금불상 등 온갖 재원을 약탈해 갔다. 이것은 패전 준비단계였다. 이처럼 일본의 침략에 따른 아시아 각국의 피해는 이루 말 할 수 없이 크다. 그러나 일본은 21세기를 맞이해서도 자신들의 잘못에 대해 사죄의 말 한마디 아니하고, 되레 플루토늄대량비축과 군사대국화로 자위대해외파병까지 재침략의 발판을 구축했다. 일본은 2045년이 되면 종전 100주년 기념행사를 대륙침략으로 감행하고자 준비할 정도로 위험하다. 한마디로 얼굴이 두

꺼워 부끄러움을 모르므로 앞으로도 과거처럼 다른 나라를 침략하려는 의도가 분명하다.

⇦ 일본 요코하마에서 열린 세계NGO환경회의에 참석하여 일본의 군사대국화, 플루토늄대량비축계획, 핵발전소 수출, 자위대해외파병을 저지할 것을 호소함.
〈전재진, 1992.6.29〉

1-9. 한·미·일 3국 정부의 공동책임

1-10-1. 한국 정부의 책임

① 1965년 이전 한일 수교 협상 과정에서 우키시마호폭침사건 자체를 인지하지 못한 책임이 있다.

② 1965년 한일기본조약 체결로 종결되지 아니하였는데도 그 뒤로 사건 해결에 힘쓰지 아니한 책임이 있다.

③ 일본에 대해 "과거는 묻지 않겠다." "일본과 외교적 마찰이 우려되는 부분은 조사하지 않는다."고 해 온 한국정부의 자세는 자국민의 존엄과 인권을 무시한 독재적 발상에서 나온 굴욕적 소치이므로 이에 대한 책임이 있다.

④ 일본은 자국이 감행한 태평양전쟁에서 자국민이 인간 이하의 만

행을 저지른 점에 수치인지 자긍인지는 몰라도 패전 이후부터 지금까지 해외에 있는 자국민의 유해를 찾는데 600억엔을 투자했고, 유해를 찾지 못하면 죽은 장소의 모래와 자갈을 파다가 전쟁인양기념관 전시실에 전시해 놓고 추모하고 있다. 반면에 한국 정부는 일제에 강제연행되어 귀국 도중 억울하게 죽은 수백 수천구의 조선인 유해가 한 장소에 있는데도 발굴, 수습, 봉환하지 않았다. 이에 대한 책임이 있다.

1-10-2. 미국 정부의 책임

① 전후처리에 대한 연합군국의 의사를 무시한 미국은 동북아에서 러시아와 중국의 사회주의의 팽창을 막는다는 일방적인 전략으로 패전국 일본의 위신을 세워야 했다. 그래서 전쟁총지휘자였던 일왕을 전범처리하지 아니하였으며, 특히 당시 우키시마호폭침사건이 국제문제로 확산되면 패전국 일본의 위상을 회복하는데 국제사회에서 불리하게 될 것이므로 전후 처리 가운데 일본이 불리한 사건은 덮었고, 조사하는 것조차도 방해하였으므로 그에 대한 책임이 있다.

② 나치 동맹국인 일본의 전범처리를 유기한 점과 같은 2차대전 전범인 독일에 대해서는 조사·공개하고 일본에 대해서는 미적지근했으며 특히 우키시마호 사건을 인지하고도 사후처리를 하지 않는 것은 연합국 대표국으로서 인권유린에 해당되므로 책임이 있다.

③ 일본의 약탈에 대한 공식조사는 한 번도 없었다. 2차 세계대전 후 미국은 일본의 비공산화에만 열을 올린 나머지 조사를 하자는 연합국의 요구를 반대했으며, 일본에 불리한 어떤 조사도 실시되지 않도록 방패막이가 되어 주었다. 〈일본인도 모르는 천황의 얼굴-S.시그레이브·P.시그레이브 공저·강만진 옮김. (주)신영미디어, 387쪽〉 그러므로 전범국을 비호하여 우키시마호폭침사건을 조사하지 못하도록 한 책임이 있다.

1-10-3. 일본 정부의 책임

① 우키시마호폭침사건은 1965년 한일기본조약 체결로 종결하지 아니하였다. 1965년 한일기본조약은 외교문제와 경제문제였지 인도에 관한 사항은 없고 시행하지도 않았다. 그러므로 외국양민집단학살은 국제법에 따라 반인륜적 범죄행위로서 그에 따른 인도적 책임이 있다.

② 일본 정부가 GHQ에 보고한 ≪今後의 日本政府의 自主的인 處理方針≫에서 《…鮮人의 편승 수송은 해군의 의무는 아니고 완전한 호의에 근거하는 것이며 아울러 조난사건은 완전히 불가항력에 기인한 것이기 때문이다.》는 완전한 조작이므로 책임이 있다.〈평양토론회 해외측 발표문〉

③《便乘者의 員數에 관해 日鮮兩者의 조사에는 상당한 차이가 있는 것이지만 二復으로서는 當部調査의 성과를 현 단계에 있어서 최선의 것이라고 확신하기 때문에 鮮人측의 6천 수백 명 또는 8천 수백 명 등과의 망언에 대해서는 특히 명확한 근거를 요구하지 않으면 안된다.〈이하 생략〉》는 완전한 조작이므로 책임이 있다.〈평양토론회 해외측 발표문〉

④ 일본은 조선인에 대해 「내선일체(內鮮一體), 황국신민(皇國臣民)」을 외치며 "동원"이라는 명목으로 조선인을 전쟁터로 몰아넣었다. 그러다가 패전 뒤에 일본군(일본인전쟁피해자)에게는 일반연금과 장애연금을 지급하고 있으나 재일조선인전쟁피해자에게는 「일본 국적이 아니다」는 이유로 연금지급을 하지 않았다. 그러므로 일본 정부는 태평양전쟁이 남긴 조선인 피해자에게 배상할 책임이 있다.

⑤ 일본은 폭파 침몰 자체의 잘못 외에도 사건은폐, 사체 유기라는 중대한 잘못이 있다. 60년여 동안 피해자를 기만한 잘못도 빼놓을 수 없다. 그러므로 이에 대한 책임이 있다.

⇧ 천안문화원 대강당에서 올린 위령제에 참석한 피해생존자들이 동료를 추모함(위쪽). 일본 마이즈루만에서 열린 위령제에 참석한 재일동포학생들이 희생자를 추도함(아래쪽) ⇔ 60여년이 지난 2007년 현재 한·일 양국 정부는 두 눈을 딱 감고 있음.

2. 사건 개요

일본이 포츠담선언을 정식으로 수락하고 연합국 측에 무조건 항복함으로서 아시아침략만행과 태평양전쟁이 끝남과 동시에 조선총독부의 패망을 가져온 것이 1945년 8월 15일이다. 그 역사적인 날부터 겨우 일주일 뒤인 8월 22일 오후 10시에 아오모리현 시모키타반도의 오미나토항에서 일본 제국 해군 특설 군함인 우키시마호(4,730톤)가 닻을 올리고 출항을 감행하였다. 그 임무는 일본이 포츠담선언을 수락함과 동시에 광복을 찾은 조선인 징용·징병, 자유노동자와 그 가족들을 포함한 3천 7백35명과 유골 19위(位)를 그들의 조국으로 귀환시키려고 부산으로 가는 길이었다.

우키시마호 갑판위에 멈춰 선 조선인들은 정말 감개무량함이 가슴에 넘쳐흐르고 있었다. 왜냐하면 그것은 36년이란 오랜 세월에 걸친 일제의 지독한 식민지시대도 끝났고 광복되었을 뿐만 아니라 카이로회담에서 조선인에 대해 자유와 독립을 보장하는 결의를 기조로 독립을 약속받은 경사스런 날이었기 때문이다.

이처럼 경사스런 날에 귀국의 희망에 가득 찼던 조선인들은 일본 해군 군함이자 귀국선인 우키시마호를 타려고 오미나토항으로 모여들기 시작했다. 멀리는 북해도에서 남하하여 오미나토에 도착했고, 미사와비행장에서 일하던 사람들은 물론 이와테현과 아오모리현 전 지역에 흩어져 강제노동에 시달리던 사람들 모두가 구름처럼 모여들었다. 이때부터 우키시마호에 승선하는 과정이 《자발적인 승선이냐》 아니면 《강제승선이냐》 또는 《전후의 기묘한 사회적 혼란 속에 승선할 수 밖에 없었던 상황이었다.》 라는 여러 가지 주장이 있으나 일본 땅에서 추위와 배고픔과 강제노동에 시달리던 조선인들로서는 귀국이란 그 자체가 바로 부모형제 품으로 돌아가는 것이었기 때문에 우키시마호에 승선하는 것을 거부할 이유가 아무것도 없었다.

그런데 그 우키시마호는 일본 해안선을 따라 남하하면서 부산항으로 향하지 아니하고 뱃머리를 일본 본토를 향해 돌렸다. 그 날이 8월 24일이다. 그 날 오후 5시 20분 쯤 마이즈루만에 있는 두개의 작은 섬 사이에 이른 우키시마호는 바다 한 가운데 멈춰 서서 갑자기 원인모를 굉음과 함께 폭발을 일으키며 침몰하였다. 배가 폭발하기에 앞서 해군승무원은 구명보트를 타고 거의 다 빠져나갔다. 바다는 온통 기름으로 덮였고, 부상자와 부녀자와 어린아이들이 바다위에서 허우적대다가 물속으로 사라졌고, 선실 안에서는 숨도 제대로 쉬지 못하고 겹겹이 죽어갔다. 이 사건은 일본정부가 발표한 사망자 수만도 조선인이 5백24명이고 일본 해군 승무원이 25명이었다. 사망자 말고도 헤아릴 수 없는 실종자를 낸 참혹한 사건이었다. 5백24명이라는 조선인 사망자 수는 일본 정부가 공식으로 발표한 숫자에 지날 뿐 오미나토항에서 승선 경험으로 보면 승선자수와 사망자수는 조작되었음이 분명하다. 또한 강제연행에 따른 강제노동의 실태와 오미나토항 기구치잔교 광장에서 우키시마호에 승선할 당시 대단히 혼잡했던 상황을 감안하여 추산해 볼 때 확인된 사망자 밖에도 상당수의 사망자가 있을 것이라는 생존자들의 일치된 증언은 사건의 참혹성과 반인륜적 범죄성을 여실히 보여주고 있다. 이것이 소위 세상에서 말하는 우키시마호폭침사건인데 국내에 생존하고 있는 생존자들의 증언에 따르면 우키시마호에 승선한 조선인 수는 7천5백 명(1만2천명이라는 기록문서도 있음)에 이르지만 살아 돌아온 사람은 1천여 명에 불과하다. 이 같은 대참사가 발생 62년이 지났는데도 한·일 양국 정부는 해결의 실마리를 전혀 보여주지 않고 있다.

⇦ 분노하는 활화산 마그마. 일본 본토 지하 50Km에는 일본이 과거 침략전쟁을 스스로 청산하기를 기다리는 마그마가 숨쉬고 있다. 마그마는 극악무도한 일본의 전쟁론자들을 결코 용서치 않을 것이다. 《그것덜 다 땅속으로 넣어버리는거 없나. 있잖여. 지진같은거. 그 나쁜 놈들만 없애버리는..》 -생존자 강○○씨의 분노-

3. 강제연행

3-1. 조사 경위

우키시마호(浮島丸) 폭침사건의 진상을 규명하려고 생존자의 증언을 채록하는 과정에서 나타난 문제로서 당시 우키시마호에 탔던 조선인은 가족생활자와 자유도항자를 제외하면 모두 강제연행 당했다는 사실에 기인함.

3-2. 조사 대상

3-2-1. 1945년 8월 22일 아오모리현(青森縣) 오미나토항(大湊港)을 출항한 우키시마호에 승선한 조선인 가운데 배가 마이즈루만(舞鶴灣)에서 폭파 침몰할 당시 생존자를 대상으로 하였음.

3-2-2. 사건 발생 당시 일본인 목격자, 해군 승무원, 일본 현지 시민단체, 사회학자, 연구가, 활동가, 강제노동현장을 대상으로 함.

3-3. 조사 근거

3-3-1. 일본 현지 즉 홋카이도(北海道), 아오모리현(青森懸), 아키타현(秋田縣), 교토부(京都府) 마이즈루시(舞鶴市), 동경(東京), 기타 지역의 시민단체의 조사 내용과 증언을 바탕으로 하였음.

3-3-2. 우키시마호에 승선했던 조선인들은 일본의 아오모리현 시모키타군(下北郡)으로 연행되었던 군인, 군속과 자유노동자, 가족생활자들이고, 1945년 8월 15일 정오가 지난 뒤부터 홋카이도에서 남하한 사람과 인근의 미사와(三澤) 해군비행장에서 일한 사람 그리고 이와테현(岩手縣)에서 오미나토항으로 와 승선하였으므로 이들의 증언은 우키시마호 사건과 직접 관련됨. 따라서 우키시마호폭침사건 생존자의 증언은 곧 강제연행의 근거이므로 본 보고서에 채택함.

3-4. 연행 목적과 배경

3-4-1. 연행 목적

태평양전쟁이 난폭했던 1943년 대본영이 절대방위권을 설정할 당시 일본 본토의 최북단인 아오모리현 시모키타반도는 일본 본토의 최북단에 위치한 반도(半島)로서 홋카이도의 하코다테(函館) 해군기지와 마주보며 츠가루해협(津輕海峽)을 사이에 두고 있는 군사요충지였다. 츠가루해협은 연합군의 함정이 북태평양에서 동해로 진입할 수 있는 유일한 항로이므로 일본군이 해협의 제해·제공권을 장악하려면 각종 군사시설이 필요했다. 또한 미군의 본토 상륙에 대비하여 외부와 지원이 끊겨도 6만 명의 해군이 3개월간 지탱할 수 있는 식품, 의약품, 기타 군수품을 저장할 각종 군사시설 설치에 필요한 인력을 조선인으로 충당하려고 조선인 연행을 감행하였다.

3-4-2. 연행 배경

일제는 러일전쟁의 전리품으로 조선을 식민지로 하였다. 그러나 한일합병은 격심한 민족적 저항에 직면하여 4년간에 걸쳐 군사행동을 동반하게 되는데, 평화스런 합병이 이루어졌다는 모양새를 갖춰야만 했기 때문에 조선에 대한 식민지화 전쟁과 군사전략은 모두 비밀로 이루어졌다. 러일전쟁의 초기 선전보고에 앞서 임시파견대가 조선에 상륙하였고 이어서 제1군이 조선에 진주하여 그 압력 하에 1904년 2월 23일 "한일의정서"를 체결하여 일제는 군사상 필요한 지점으로 조선을 사실상 군사 점령 아래에 두었다. 이어 1904년 8월 22일 제1차 한일협약, 1905년 11월 27일 제2차 한일협약을 체결, 조선의 외교권을 박탈하고, 1906년 8월 1일 조선주둔군사령부 조례를 공포하였다. 이 같은 일제의 만행에 격노한 고종황제는 1907년 네덜란드의 헤이그에서 열린 만국평화 회의에 독립보장을 희망하는 밀사를 보냈는데, 이를 트집삼은 일제는 일거에 조선 식민지화 추진을 강행했다. 그 뒤 조선의 각지에서 민중과 의병이 일어나 격렬한 항일운동을 일으켰고 이 운동은 광복을 맞는 1945년 8월 15일까지 계속된 것이다.

1910년 8월22일 일제는 총칼로 무장한 군인을 동원하여 포열을 깔고 조선의 왕궁 주위를 경비케 한 다음 한일합방조약을 강압 조인한데 이어 9월 30일 조선총독부 관제를 공포하고 초대 총독에 육군대신 데라우치 마사다케(寺內正毅)를 배치하였다. 그 뒤 일제는 내선일체를 앞세우며 상호 친선우호를 표명하고 나섰으나, 토지몰수, 인권탄압, 창씨개명, 강제징용, 강제연행들과 같은 만행으로 우리 민족의 권리를 총칼로 짓밟았다.

1931년 9월 18일 유조구사건(柳條溝事件:일제가 유조구의 만주철도를 제 나라의 특무기관으로 하여금 폭파토록 하고 이를 중국군의 소행이라고 조작한 사건)으로 이 때부터 시작된 14년에 걸친 중일전쟁은 일본군부의 주도 아래

추진되었던 것이 분명하였고, 당시 조선의 전 국토는 일본군의 만주 침략의 발판이 되었다.

러일전쟁과 중일전쟁이 계속되면서 일본 본토 전체가 전시체제 일색으로 변하면서 이미 군수공업과 군사시설 공사장에 노동력이 부족하게 되어, 1938년 1월 국가총동원법의 사전계략이라고 할 수 있는 "군수공업동원법"을 공포하고 생산수단과 노동력 보충을 국가 권력만으로도 조선인을 동원할 수 있는 체제를 확립했다. 이 "군수공업동원법"과 "국가총동원법"은 의회의 비준없이 칙령(일왕의 명령 하나만으로도 그 군사적 정책을 행사할 수 있도록 함)으로 강권 발동이 가능했으며, 그 뒤 1939년 "노무동원실시계획 강령"을 매듭짓고 일제는 조선인을 집단 징용하기로 결정했고, "국가총동원법"에 따라 "국민징용령"이 1939년 7월4일 공포되었다. 이에 따라 본격적인 조선인 강제연행이 시작되었는데 사실 이 때의 "국민징용령"은 진주만 기습하려는 사전준비였다. 당시 고노에 후미마로(近衛文磨, 재직기간:1937~1939) 총리는 추밀원 비밀회의에서 '대동아 각 민족을 구미 제국으로부터 해방시켜야 한다.'며 미국과의 대결이 불가피하다고 판단하고 이에 필요한 노동력을 확보하려고 한반도에서 대규모 징용을 실시할 계획을 세웠다.

이미 중국과 러시아를 비롯하여 대륙으로 침략을 꾀했던 일제의 대동아공영 야욕은 독·소전에 충격을 받아 '정세의 추이에 따른 제국국책 요강'이라는 육·해군 안이 결정되었다. 그러면서 목적 달성을 위해서는 "대미, 대영전도 불사한다."고 선포하고 북방에 대해서는 소련을 상대로 무력전 준비를 정비하는 과정에서 역사상 유례없는 대대적인 동원이 있었는데 이 때 조선군 2개 사단이 충원되기도 하였다. 구미 열강들이 일본제국주의가 동남아 국가를 침략하여 식민지로 한다는 비난을 쏟아내는 가운데, 수출금지조치를 내린 미국과의 껄끄러운 관계를 핑계 삼아 1941년 12월 8일 진주만을 기습적으로 공습하여 시작된 태평양전쟁은 일제 대본영의 각본대로 진행되었다.

그러나 미드웨이 해전에서 크게 지고, 남·서 태평양 전선과 남방에서 잇따른 패배로 전운이 불리해지면서 패색이 짙어지자 일본 북방의 군사요충지인 홋카이도의 하코다테 해군기지와 시모키타반도의 오미나토 해군경비부를 중심으로 한 츠가루 해협의 제해·제공권을 확보하려 한 일본군은 이 지역에서 광범위한 군사시설의 필요성을 절감하게 된다. 이 같은 군사시설은 연합군의 일본 본토 상륙을 대비한 전략으로 6만여 명의 해군이 외부의 군수물자 공급 없이도 3개월을 버틸 작전을 세운 것이다.

앞서 기술한 바 중일전쟁과 러일전쟁이라는 두 전쟁을 겪으면서 인력부족을 체험했던 일제는 전쟁물자를 만드는 공장이나 군사시설 공사장에서 필요한 인력보충이 난감할 수 밖에 없었는데 그 이유는 제 나라의 젊은이들은 모두 태평양과 동남아 지역 전쟁터로 보내졌고, 본토 안에는 신체불구자, 노약자, 놀음쟁이나 사고뭉치들만 남아 있었기 때문이다. 그리하여 일제는 각료회의에서 '조선인 노동자 활용에 관한 방안'을 결정했고, 서슬 퍼런 조선총독부는 이 결정에 따라 '조선인 일본 본토 도입 알선 요강'을 제정하고 일본 안에 있는 각 기업체에서 필요로 하는 인원을 조선총독부 알선으로 모집하였던 것이다. 이것이 악명 높은 관(官) 알선에 따른 강제연행이다. 이 강제연행을 전문으로 취급하는 '조선노무회'라는 단체가 생겼고, 이 단체는 직업소개소와 협력하여 일본 본토의 기업에서 요구하는 조선인을 모집했던 것이다. 모집된 인원을 원활히 수송하려고 서울, 대구, 부산, 함흥, 평양, 신의주에 노무부 사무소를 설치했으며, 연행되는 조선인의 승선 알선을 도모하려고 부산 수상경찰서와 그 임무를 연계하여 감행하게 된 것이다. 이처럼 조선총독부에 따른 관 알선이 노골화 되고 일본제국주의 정부의 명령으로 조직적, 계획적으로 조선인을 징용할 수 있게 됨으로서 '조선인 인간사냥'이 공공기관에서 정면에 나서서 거침없이 자행한 것이다. 여기까지 이르러 더구나 태평양전쟁이 발발한 뒤로 군수공업, 각종 군사시설에 무차별 투입되는 등 전쟁터의 총알받이로 끌려갔다. 모집은 곧 강제연행이었다.

3-5. 시모키타반도로 연행당한 지역 분포

*경기 이천군,
*충남 천안시, 공주시, 청양군, 홍성군, 예산군, 서산군
*충북 충주시, 중원군, 보은군, 영동군
*전북 진안군, 김제군, 고창군, 무주군
*전남 장흥군, 목포시
*경북 상주시
*경남 삼량진
*부산시
*황해도와 평안도에서 연행된 사람도 우키시마호에 탔음.
*기타 지역에서도 연행되었을 것이 확실함.

3-6. 조선인 연행 과정

3-6-1. 일본의 각 기업체에서 필요한 인원수 결정 → 부·현 장관 앞으로 모집 신청 → 후생성에서 적정 여부 사정(査定) → 조선총독부가 모집할 도(道) 할당 → 후생성으로 통보 →각기업체장이 부·현 장관한테 허가증 수령 → 각 기업체의 모집인이 조선에 출장 → 조선총독부 알선과 동행 → 할당된 도청 관계자 동행 → 군청 모집계원 동행 → 면사무소 모집계원 동행 → 할당받은 인원수가 다 차면 군청 또는 일정 장소에 집결시킴 → 가까운 기차역으로 이송 → 부산수상경찰서의 협조로 신체검사 실시 → 배에 태워 시모노세키 항이나 하카다 항

으로 도항해 끌고 감 → 황국선서와 신사참배 강요 → 해당지역 기차역 광장에서 일본 대본영의 지시에 따라 군(해군)과 각 군수업체와 토건원청업체, 운수업체에서 요구하는 대로 군사시설현장, 탄광, 군수품 생산현장, 남방전선에 배치함.

3-6-2. 태평양전쟁 당시 일본의 전쟁터로 갈 의사를 밝힌 사람은 단 한사람도 없었으며, 만주나 산속으로 도주, 거주지 이동, 자해 같은 수단으로 연행의 올가미를 피하고자 했는데도 밧줄로 묶어 끌고 갔으므로 순전히 납치였다.

3-6-3. 조선총독부의 지시와 알선이었고 군·면사무소에 비치되어 있는 호적등본은 인질보증서였으므로 일본 대본영이 이를 이용하여 감행한 납치였다.

3-6-4. 앞서 언급한대로 대본영(일본전쟁총지휘본부)은 태평양전쟁 발발 이후 1943년부터 일본의 아오모리현 시모키타반도 일대와 미사와 비행장 군사시설에 필요한 인력으로 조선인 9천명을 투입하라고 지령한 바 있다. 이 때 시모키타반도 일대에는 11개의 민간토건업체와 2개 국영기업, 1개 민간기업, 오미나토해군시설부 관할 해군부대들이 산재해 있었다. 이들 기업과 해군부대는 군사용 시설을 설치할 목적으로 징발되었는데 이에 필요한 인력을 조선인으로 충당하려고 징용, 징병, 모집이라는 강제수단으로 연행하였다. 당시 연행의 극대화 수단으로 동원에 따르지 않는 조선인에 대해 「가족에게 공갈, 부모 협박, 개인 협박」을 일삼았다. 이 때 연행업무 수행자로는 군·면사무소 노무계원과 왜발이(일본 경찰 조선인 앞잡이)와 일본 경찰이 동행하며 그 임무를 맡았다. 또한 연행지역은 대도시와 인구 밀집지역을 피하여 산간오지를 우선으로 정했는데 그 이유는 강제적인 연행의 반대급부와 집단소요를 의식했던 것으로 풀이된다.

3-6-5. 우키시마호 승선자 연행과정

(1) 국민제1징용영장을 발급하고 일방 통보

(2) 징용영장 없이 연행

(3) 군청과 면사무소 노무계원, 인근 헌병대 소속 헌병, 관할경찰서 소속 경찰들이 동행하여 집집마다 찾아다니며 연행함.

(4) 자택・집결장소에서 징용영장 집행 또는 강제연행 ⇨ 관할 군청 또는 면사무소 집결 ⇨ 가까운 기차역에서 부산으로 보냄(경부선, 장항선, 전라선, 호남선. 중앙선) ⇨ 부산 영도에서 신체검사 ⇨ 부산항에서 금강호에 태워 시모노세키항으로 보냄 ⇨ 아오모리역・시모키타역 호송 기차에 태워 ⇨ 오미나토해군시설부 관할지역내 해군부대・하청업체・일반기업에 일방 배치 ⇨ 군사시설 공사장 강제 투입.

3-7. 통상적인 연행 수법

*조선반도 국민징용영장 발부
*지역별로 할당한 연행
*지나가는 사람을 트럭에 실어가는 연행
*한 집에 한 명씩 할당한 연행
*심야에 갑자기 찾아와 불문곡직하고 끌어갔다.
*논밭에서 일하는 사람을 끌어갔다.
*식사 도중에 끌어갔다.
*다짜고짜 신체검사를 받도록 하고 끌어갔다.
*미성년자를 끌어갔다.
*일본에 가지 않으려면 감옥으로 가라고 협박하여 끌어갔다.
*가족과 당사자에게 살인적으로 협박하고 끌어갔다.
*한 사람을 3회 이상 끌어갔다.

*홀어머니를 모시는 외아들도 끌어갔다.
*직장에 근무 중인 사람도 끌어갔다.
*직장에서 휴가 중인 사람을 끌어갔다.
*할당된 인원이 다 찰 때까지 여관에 대기시켰다가 인원이 다 차면 끌어갔다.
*토끼몰이식 연행이었다.

3-8. 강제연행 증언

3-8-1. 사례1. (정기영/충남 천안시 광덕면)

국민제1징용영장을 발부하여 집집마다 배달하고 도장을 받아갔다. 도장을 찍지 아니하면 한 두 번은 수월하게 넘어가지만 그 다음부터는 협박으로 가족을 못살게 구는 방법을 썼다. 1차 집결지를 광덕면사무소로 하였으나 면사무소 실내가 좁아 광덕초등학교 교실로 옮겼다. 군노무계원이 짜여진 명단대로 이름을 부르며 확인했고, 교실 앞 뒤 문에서는 헌병들이 총을 들고 경계했다. 광덕면에서는 17세의 미성년자들이 대거 징용대상자로 지목됐다. 당시 열일곱 살이었던 나는 교실 교단에서 이름을 부르기에 즉시 항변했다. "나는 미성년자이므로 징용대상자가 아니다. 갈 수 없다" 고 말했다. 이 때 칼을 찬 일본순사가 구두발로 걷어차고 뺨을 후려쳤다. 그 놈이 하는 말이 "네가 가지 아니하면 네 아버지가 대신 간다. 그리고 너는 감옥에 가야한다."고 말했다. 나로서는 감당하기 어려운 협박이었다.

3-8-2. 사례2. (신환철/충남 공주시 정안면)

나는 마을 구장(이장)이었으므로 평소 면장과도 친분이 두터웠다. 노부모와 처와 자식 둘을 둔 가장이었다. 어느 날 갑자기 징용영장도 없이 면장이 직원을 보내 면사무소로 나오라는 것이었다. 징용일 것이라는 예측은 했으나 공식적으로 받은 서류나 들은 얘기가 없었으므로 면장과 따져 볼 일이라고 생각하고 있었다. 면 직원의 성화에 못 이겨 면사무소에 나갔는데 이미 징용대상자 명단에 포함되어 있었다. 면사무소에서 "나는 지원한 사실도 없고 일본에 갈 의사도 없고 대상자도 아니다."고 따졌지만 잠시 후 들어 닥친 공주헌병대 소속 헌병에 의해 트럭으로 연행되었다. 나는 순전히 납치당했다는 기분에 지금도 분하고 억울함을 참을 수 없다.

3-8-3. 사례3. (최춘봉/충남 청양군 대치면)

면 노무계원과 순사가 찾아와 다짜고짜 같이 가자고 했다. 그 때 당시는 연행이 따르지 않으면 가족이 견디지 못하도록 협박당했기 때문에 피할 수 없었다. 일본으로 간 것은 자발적인 행동이 아니었다. 어린 처자와 부모를 두고 일본 순사를 따라가야 했다. 농사일을 막 시작해야 할 시기에 밭에서 일하다가 순사들에게 연행되었다.

3-8-4. 사례4. (정홍기/충남 공주시 사곡면)

중국 봉천 방직공장에서 일하다가 휴가 받아 고향에 왔는데 순사들이 징용영장이라며 가지고 와 연행되었다. 중국 공장으로 다시 복귀해야 할 형편이었으나 일본으로 끌려가는 꼴이 되었다.

3-8-5. 사례5. (충남지역 생존자들의 증언)

충남 지역은 경부선 철도를 이용하여 부산으로 후송하였으므로 모두 천안에 집결토록 하였다. 청양지역은 광천 역으로 가서 장항선 기차로 천안까지 호송되었고 서산 홍성지역은 홍성 역에서 예산과 신례원 지

⇧ 1944년 12월 연행당하던 때에 천안지역과 서산, 홍성, 예산지역 사람들이 대기했던 천안시 대흥동 서양여관 옛 건물 앞에서 증언하는 정기영씨와 이철우씨. 이날 천안문화원 전병규 (前)원장이 현장을 안내하고 일본인 사진작가 이토 다카시씨가 촬영함.〈1997.11.25〉

역은 예산 역에서 기차로 천안까지 호송했다. 천안의 서양여관과 천일여관은 충남지역에서 연행되는 사람들의 대기 장소였다. 할당 인원이 다 차면 그 때 헌병의 인솔로 천안 역에서 기차를 탔다. 부산에서 신체검사를 받게 한 다음 부관연락선인 금강호에 실려 시모노세키 항으로 넘겼다. 이 때 시모노세키 역에 이미 대기하고 있는 기차에 실려 최종 목적지인 아오모리 역에 내려 역 광장에서 트럭으로 이동되었다. 천안에 도착한 기차는 신의주에서 출발한 하행 기차였으므로 북쪽 지방의 사람들로 이미 꽉 차 있었고 대전, 영동을 거치면서 계속 조선인 징용자들을 실었다.

3-8-6. 사례6. (김예호/충북 충주시 살미면)

나는 평안북도, 만주, 충북 단양으로 세 번 징용 당했었는데 일본 보국대로 갈 때가 네 번째였다. 구장 앞으로 징용영장이 배포되었고, 그걸 가지고 면 노무계원이 찾아왔다. 네 번째 끌려가는 판이라 강력하게 항의하고 반대했으나 징용에 따르지 아니하면 가족을 못살게 괴롭히므로 어쩔 수 없이 따라갔다. 면사무소에 출두하라는 명령서(국민제1징용영장?)를 받고 몇 날을 망설이다가 출두를 하지 않으면 가족들이 봉변을 당하겠기에 면사무소로 나갔다. 면사무소에 출두했다가 상가에 조문하고 집에 돌아와 보니 아내가 출산하여 대문에 금줄이 쳐 있었다. 초상집에 들렀기에 부정스런 몸이라 집에 들어가지도 못하고 있다가, 이튿날 자식의 얼굴을 보지도 못하고 당일 연행되었다. 자식의 얼굴도 보지 못하고 떠나는 심정을 무엇으로 헤아릴 수 있겠는가? 지금도 자식에게 죄지은 마음을 씻을 수 없다.

3-8-7. 사례7. (박재하/충북 영동군 심천면 고당리)

내가 열아홉 살에 결혼하여 대전철도국에서 근무하는데 집에서 아버지가 나를 찾아왔다. 아버지는 "네가 징용에 응해야겠다. 네가 징용에 따르지 않으면 날마다 순사들이 찾아와 집안 식구들을 못살게 굴어 살 수 없으니 당장 집으로 내려가자" 는 것이었다. 아버지와 함께 집에 와 보니 "조선반도제1차징용영장"이 와 있었다. 그 뒤 영동군청에 집결하게 되었다. 일본 어디에서 무얼 하는지도 모르고 또 나 자신의 의사와는 전혀 상관없이 끌려가야 했다. 영동군청에 가 보니 영동군에서 1백50명이 와 있었고, 제천군, 단양군, 괴산군에서 온 5-6백 명의 장정들로 꽉 차 있었다. 대전철도국에서 일하다가 집에 돌아온 그 다음 날 처자식을 등 뒤에 두고 전쟁터인 일본으로 떠나야 했다.

3-8-8. 사례8. (손동배/전북 진안군 부귀면)

노부모와 처자식을 둔 30대 가장이었다. 연행 초기에는 대상자에서 제외되었는데 나중에는 인력이 부족했던지 창씨개명을 하지 않는다는 이유를 들어 순사들이 날마다 쫒아 다녔다. 새벽에 부르는 소리에 밖으로 나가 보니까 노무계원과 순사 세 명이 싸리문 앞에 서 있었다. 새벽바람에 잡혀갔다. 그 때 같이 갔던 사람들은 관촌 역에서 기차를 타고 갔다. 다시 경부선으로 갈아타고 부산을 거쳐 시모노세키에 넘겨졌다. 늙은 어머니와 처자식을 집에 두고 일본으로 가기 싫었지만 가족이 더 괴롭힘을 당하기 때문에 징용에 따랐을 뿐이다.

3-8-9. 사례9. (김종호/전북 진안군 성수면)

징용이 심하여 만주로 피신했다가 몇 달 만에 돌아왔는데 형 김채열은 1년 전에 끌려가고 집에 없었다. 집에 오자마자 순사들한테 붙잡혀 북해도로 연행되었는데 그 곳에서 형을 만났다.

3-8-10. 사례10. (박신우/전남 목포시 삼포면)

어느 날 갑자기 신체검사장으로 나오라는 것이었다. 내가 신체검사를 받을 이유가 없다고 항변하고 나가지 않았으나 매일같이 찾아와 가족들에게 행패를 부리고 봉변을 씌우기에 신체검사를 받았더니 당일로 연행되었다.

3-8-11. 사례11. (소중규/서울특별시 노원구 하계동)

일본에 가지 않으려고 몇날 며칠을 도망 다녔는데 결국 잡히고 말았다. 결혼 16일만의 일이었다.

3-8-12. 사례12. (생존자들이 일본 땅에서 듣고 말하는 증언)

낮에는 산에서 숨어 살고 밤이 깊으면 산에서 내려와 밥을 먹고 쉬다가 또 새벽에 산으로 피신하기를 몇 날인지 모른다. 그러던 어느 날 밤중에 밖에서 부르는 소리가 들려 나갔더니 면사무소 노무계원과 순사가 찾아와서 서류에 도장을 찍으라는 것이었다. 캄캄해서 글씨를 읽어 볼 수 없었지만 보여주지도 않고 도장을 찍는 부분을 내밀면서 도장만 찍으라는 것이었다. 꼼짝달싹도 못하고 도장을 찍었다. 그랬더니 "여기에 도장이 찍혔으니 내일 일찍 면사무소로 나오라는 것이었다. 만약 내가 면사무소에 나가지 않았다면 매일같이 찾아와 가족들을 못살게 협박했을 것이다.

3-9. 왜 강제연행인가?

3-9-1. 위 3-8항에 피해자가 증언한 바 있으므로 그 증언에 따라 강제연행이다.

3-9-2. 일본이 조선을 본격적으로 침략하려고 정한론(征韓論=侵韓論)을 의결하고 조선을 조직적으로 습격하기 시작하여 1910년에 이르러 강탈적으로 조선을 일본에 합쳤다. 일본이 합법이라고 주장하는 을사늑약(1095년), 정미7조약(1907년), 한일합방조약(1910년)은 모두 한국을 침탈하려는 수순이었다. 이로써 시작된 식민통치 자체가 불법이므로 일제가 1938년에 공포한 군수공업동원법, 1939년에 공포한 국가총동원법들과 같은 동원법은 모두 조선과 조선인에게는 적용될 수 없다. 따라서 1940년대에 조선인 사냥용으로 발부한 《국민제1징용영장》은 일본제국주의가 저지른 불법이다. 그러므로 일본이 일으킨 태평양전쟁 감행에 필요한 인력을 조선인으로 충당하려고 조선인을 동원(징용, 징병, 모집, 알선)한 것은 모두 국제법을 위반한 불법적인 강제연행이다.

3-9-3. 특히 일제 강점하 조선인 동원은 전쟁총지휘본부인 대본영의 지시와 일본기업의 요청과 조선총독부의 알선으로 자행되었다. 이 또한 피연행자 자신의 의사와는 어떠한 관계도 없었으므로 국제노동기구의 규정을 위반한 강제연행이다.

3-9-4. 일본의 역사학자들은 대체로 일본제국주의의 강제연행정책을 연행방식에 따라 3기로 분류하고 있다. 제1기는 1939년 9월부터 42년 2월까지 일본의 회사(주로 석탄, 철광, 비철광업소)들이 필요한 노동자를 직접 모집하던 이른바 '모집방식' 시기이며, 제2기는 1942년 3월부터 1944년 8월까지 조선총독부의 외곽단체인 '조선노무협회'가 노동자를 모집한 '관 알선' 시기이다. 제3기는 1944년 9월부터 패전 때까지의 '강

제연행기'로 분류한다. 그러나 한·일문제연구원이 찾아낸 일본 홋카이도에 있는 스미토모(住友) 광업소의 〈반도광원모집관계〉 문서철에는 제1기인 1940년에 이미 일본정부와 총독부 및 그 하부조직이 조직적으로 강제연행에 깊숙이 개입하고 있었다는 새로운 사실을 밝혀주고 있다. (뉴스메이커. 1995.1.12. 19쪽)

3-9-5. 조선인들은 자신들이 자원해서 건너갔다는 사실을 발견하기 어려울 뿐 만 아니라 깊은 산속으로 피해 다니기도 하고, 거주지를 자주 옮겨 주거지를 혼란시키고, 자신의 신체를 자해하거나 만주로 도피하는 식으로 징용과 연행의 소굴에 빠져들지 않으려고 했던 점으로 보아 일본 땅으로 끌려간 조선인은 모두 "강제연행"된 것으로 단정하게 되는 것이다.

3-9-6. 우키시마호에 승선했던 조선인 가운데 군인, 군속, 기업에 할당·배속되었던 사람들은 을사보호강제조약 때부터 불법을 자행한 일본이 저지른 일반적 연행의 수준을 상회하는 극악한 납치(拉致)이다.

3-9-7. 일본 정부가 태평양전쟁 당시 조선인에 대한 징병·징용의 강제성을 일본 법정에서 처음으로 공식인정해 주목된다. (중략)태평양전쟁한국인희생자유족회 강원지부 김경석 회장(강원도 춘천시 후평동)이 일본 변호인단에게서 전달받은 재판기록에 따르면 일본 정부는 태평양전쟁 당시 일본에 징병·징용 등으로 강제연행된 조선인 24명이 일본 정부를 상대로 낸 피해배상 소송 5차 공판에서 일본의 강제연행 사실을 인정했다. 〈중략〉도쿄지방재판소 민사제2부(재판장 아키야마) 심리로 지난 13일 열린 공판에서 일본 정부를 대리해 출석한 법무성 소속 야마다, 고하마, 히로유키 등 3명의 검사들은 1938년과 39년에 각각 제정된 국가총동원법과 국민징용령에 따라 처음에는 자유모집방법으로 징용자를 모집했으나 1942년 2월부터 관의 알선방식이 징용자 모집에 이용된 사실을 인정했다고 밝혔다.(1994년 4월 16일 한겨레신문)

4. 강제노동

4-1. 조사 경위

우키시마호(浮島丸) 폭침사건의 진상을 규명하려고 생존자의 증언을 채록하는 과정에서 나타난 문제로서 당시 우키시마호에 탔던 사람들은 아오모리현 시모키타반도 일대를 포함한 해당 노동현장에서 흡사 노예적 노동을 강요당했다는 사실에 기인함.

4-2. 조사 대상

4-2-1. 1945년 8월 22일 아오모리현(青森縣) 오미나토항(大湊港)을 출항한 우키시마호에 승선한 조선인 가운데 배가 마이즈루만(舞鶴灣)에서 폭파 침몰할 당시 생존자를 대상으로 조사였음.

4-2-2. 사건 발생 당시 일본인 목격자, 일본 현지 시민단체, 사회학자, 연구활동가, 강제노동현장을 대상으로 조사하였음.

4-3. 조사 근거

4-3-1. 일본 현지 즉 홋카이도(北海道), 아오모리현(青森縣), 아키타현(秋田縣), 교토부(京都府) 마이즈루시(舞鶴市), 동경(東京), 기타 지역의 시민단체의 조사 내용과 증언을 바탕으로 하였음.

4-3-2. 우키시마호에 승선했던 조선인들은 일본의 아오모리현 시모키타군(下北郡)으로 연행되었던 군인, 군속과 자유노동자, 가족생활자들이고, 1945년 8월 15일 정오가 지난 뒤부터 홋카이도에서 남하한 사람과 인근의 미사와(三澤) 해군비행장에서 일한 사람 그리고 이와테현(岩手縣)에서 오미나토항으로 와 승선한 조선인들은 모두 일본이 일으킨

태평양전쟁 감행에 필요한 군사시설 공사장에서 일했으므로, 우키시마호 사건 생존자의 증언은 곧 강제노동의 원천적인 근거이므로 본 보고서에서 채택함.

4-4. 시모키타반도에서 조선인은 무슨 일을 했나?

아오모리현 시모키타반도로 강제연행된 조선인들은 모두 태평양전쟁 감행에 필요한 군사시설 공사장에서 일했다. 군사시설로 가마부세산 요새화를 시행했다. 해군전용비행장으로는 미사와비행장, 가바야마비행장, 그리고 오미나토항 인근에도 해군전용비행장이 있었다. 또한 공사현장의 감독들이 악명 높기로 소문난 오마철도 공사장이 있다. 가마부세산 요새화는 산 전체를 벌집처럼 파헤쳐야 했다. 지하방공호, 탄약고, 포대가 산중턱 자락에 깔려있다. 작업은 도급제로서 할당했다. 해군전용 비행장에서는 활주로, 전투기 격납고, 지하탄약고들을 만들었고, 가마부세산 산자락과 이어진 오미나토 일대에서는 지하대피시설, 포대, 항만

〈표 1〉 지역별로 연행된 조선인노무자 공사장 배치 실태와 공사명

지역별	공사장 위치	공 사 명
충북 영동군 보은군	미사와 해군비행장 해군 11, 12, 13, 14부대	해군비행장 활주로 공사 지하탄약고 비행기 격납고
충남 천안시	오미나토 항만 (주)일본통운	상하역 석탄 운반
충남 공주시 청양군	가바야마 해군비행장	활주로, 격납고
전북 진안군	가바야마 해군비행장	활주로, 격납고
경기도 이천군	기타 지역(가마부세산)	포대, 방공호, 터널, 항만수리
기타 지역	기타 지역(우소리천변)	포대, 방공호, 터널, 오마철도

시설, 방공호, 군사도로와 터널들을 만들었다. 겨울이 긴 시모키타반도의 야마세 계절풍 속에서 2~3미터씩 쌓인 눈을 치우는 일 또한 굶주린 조선인에게는 더욱 고된 일이었다. 이들 비행장에서 일하던 조선 청년들이 해군들의 부당한 처사에 항의하면 즉시 포승줄로 낚아채 북방의 치시마열도나 이와테현 채석장으로 보냈다. 오미나토항 부두에서는 일본통운주식회사에 배속되어 우키시마호와 같은 군수물자 수송선이 들어오면 군수물자를 싣거나 내렸고, 석탄을 실은 기차가 들어오면 석탄을 내려 운반했다. 특히 잇본마츠 일대에 조선인이 많았고, 타나부 지역에서는 하천과 택지를 정리하기도 했다. 태평양전쟁을 대비하여 짜여진 전략으로 하코다테 해군기지로 무기를 공급하려 한 49.7Km의 오마철도 공사는 교량과 터널의 연속이었는데 이 노선의 해안 절벽을 깎아 내려 철길을 만들고 축대를 쌓는 일도 했다. 화강암으로 된 산을 뚫어 철길을 만드는 일을 하던 조선인들의 형편은 가히 상상하기 어려운 노예적 상황이었다. 가바야마에서는 비행장 활주로를 만들 때 산을 깎아 평평하게 해야 했다. 순전히 삽과 곡괭이로 흙과 바위를 파고 실어 나르는 일을 해야 했다. 방공호나 터널을 팔 때는 막장에서 발파장치를 하는 등 위험한 일은 일본사람에게는 시키지 아니하고 조선 사람에게만 하도록 했다. 부녀자들도 예외가 아니었다. 아이들은 학교에서 차별과 놀림을 받아 등교하기가 싫어져 대부분 학교를 다니지 않았다. 전쟁말기에는 군수물자 부족으로 곳곳에서 군사시설 공사가 중단되어 자유노동자로 골목을 헤매다가 조선인 노무관리자들을 따라 하청업체에 들어가 일했고, 헌병이나 해군에게 잡혀 다시 해군경비부 소속으로 되어 살벌한 감시 속에서 일해야 했다.

4-5. 의식주 실태

4-5-1. 옷(衣): 군속으로 배속 당했을 경우에만 지급했는데 해군 헌

군복 한 벌과 모자 한 개와 담요 한 장이었고 양말이나 속옷은 없었다. 신발(지까다비)은 한 켤레 뿐 이었다. 겨울에도 여름옷을 입어야 했고 신발이 없어 시멘트 부대를 발에 둘둘 말아 끈으로 묶고 다녔다. 죽은 사람의 옷을 다투어 벗겨 입었다.

⇧ 일본에서 만든 영화 "우키시마호사건-아시안블루"의 한 장면. 〈시모키타지역문화연구소 제공〉

4-5-2. 식사(食): 쌀밥은 없었고 주로 밀밥과 보리밥이었으며 반찬으로는 청어나 오징어 한 토막 정도였고 오징어를 건져 낸 물은 국이고, 건져 낸 오징어는 반찬이었다. 바닷물을 끓여 국이라고 먹으라 했다. 배고픔에 시달리던 조선인들이 고사리를 삶아 먹는데 식당에서 소금을 넣고 삶으면 먹기가 괜찮을 것이라며 소금을 갖다 주기도 했다. 감자밭에서 생감자를 캐 먹었고 밤중에 민가에 몰래 내려가 구정물통에서 감자껍질과 호박껍질을 건져 먹었다. 바닷가에서는 까마귀물고시를 캐 먹었다. 전쟁 말기에는 통제가 느슨해졌고 조선인 여인들이 돼지 내장을 삶아 팔기도 하여 그것을 사 먹기도 하였다.

다음은 일본 현지인의 증언이다.

*증언자: 사토 사도리(佐藤サトリ, 79歲, 女)

*증언 연월일: 1994년 8월 8일

*증언 취재 장소: 사토 사도리 씨 자택

*취재 경위: 강제노동현장조사 때 방문하여 면담함.

*증언: 사토씨는 시모키타군 오하타의 해안가 마을에서 딸 사토 미

⇧ 한국인들의 의식주에 대해 증언하는 사토 사도리씨 촬영:전재진

도리와 둘이서 살고 있다. 1943년 무렵 사토 씨의 남편은 전쟁터에 나가 끝내 돌아오지 못했다. 당시 그는 시아버지인 구니헤이(國平)와 한 살 된 딸과 오하타에서 살았다. 오하타는 오마철도 구간인 키노푸 터널 공사장과 멀지 않은 마을이라서 조선인 노무자들이 자주 드나들던 곳이다. 마을 근처에는 터널 공사장과 군사시설 공사장이 있었다. 전쟁물자가 부족하던 1943년 이후에는 조선인에게 주어지는 식량도 따라 부족했다.

'어느 날 아침에 일어나 보니 쓰레기통이 헤쳐져 있었습니다. 이상하다 하여 그 날 밤에 망을 봤는데 글쎄 조선 사람들이 와서 뭔가를 찾고 있었습니다. 무서워서 얼른 방으로 들어와 시아버지한테 일렀더니 시아버지가 밖으로 나가 그 청년들을 데리고 방으로 들어오더군요. 시아버지께서 밥을 차려 주라고 하여 부엌에 있는 밥을 다 꺼내 주었습니다. 청년들은 밥을 아주 맛있게 먹었습니다. 그 날 이후로 몇몇 조선 청년들이 저희 집에 자주 놀러왔습니다. 그 때마다 먹을 것을 내 놓고는 했습니다. 공사장에서 일하던 조선 청년들이 굶주림을 견디지 못하여 밤이면 마을로 내려와 쓰레기통이나 구정물통을 뒤져 감자껍질과 호박껍질을 건져 먹었던 것입니다.'

'시아버지는 조선 청년들을 나쁘게 보지 않았습니다. 아들 둘이 있었는데 모두 전쟁터에서 죽었습니다. 제 남편도 전쟁터에서 죽은 한 사람이지요. 시아버지는 아들과 같은 또래의 조선 청년을 보면 아들을 보는 기분이었을 것입니다. 전쟁이 끝나고 며칠이 지났는데 그 청년들이 저희 집에 찾아왔습니다. 전쟁이 끝났으니 조선으로 돌아가게 된 것이지요. 작별 인사하려고 온 것이었습니다. 착한 사람들이었습니다. 그 가운데 한사람이 돌아가 제게 편지를 보내 받았는데 경상도 울산에서 산다는 것으로 기억됩니다. 가네미치(金光)였습니다. 조선 청년들이 돌아갈 때 시아버지께서 축음기를 선물로 주었는데 나중에 들어보니 마이즈루만에서 사고가 나 축음기는 없어지고 청년도 죽었다더군요.'

'김광 씨를 보고 싶지 않으십니까? 제가 가서 광고하여 찾아볼 수 있습니다. 안부편지를 써 주시면 되겠는데요.'

'어렵지 않습니다. 편지를 쓰지요. 지금도 울산에 살고 있을런지요? 전에 받은 편지가 있으면 좋겠는데 몇 해 전에 심한 홍수로 집이 떠내려 갈 때 없어졌어요.'

'시아버지는 일본이 벌인 전쟁을 저주했습니다. 아들을 둘 다 전쟁터에서 잃었거든요. 제 남편 역시 전사했습니다. 가족을 잃었기 때문에 전쟁이 나쁘다기 보다는(전쟁도 나쁘지만?) 일본이 일으킨 전쟁 그 자체가 인류에게 특히 조선 사람들에게 억울한 희생을 강요했습니다.'며 숙연히 증언을 마쳤다.

'다음에 또 만나지요. 안녕히 계십시오.'

'안녕히 가십시오.'

4-5-3. 잠자리(住): 담요 한 장으로 다다미위에서 잤다. 다다미가 없는 데가 더 많았다. 보통 2층으로 된 판잣집이었으며 가운데에 난로가 있었다. 베개가 없고 통나무를 베개로 쓰게 하여 아침에 일어날 때 통나무를 빼내거나 두들기고 굴려 일어나도록 하였다. 조선인 노무자들은 거의 타코방에서 생활하였다. (※타코방: 일명 문어방으로 문어를 항아리에 가둬두고 먹을 것을 주지 않으면 제발을 뜯어 먹는다는 형태의 운영 방식임. 몇 푼의

돈을 선금으로 주고 월급에서 제외한다는 형식인데 그 선금에는 이자가 붙기 때문에 월급보다는 이자가 더 많아 계산이 될 수 없었음.)

4-6. 노동현장 실태

우선 1941년 12월 8일 태평양전쟁이 발발한 뒤에 시모노세키 항과 하카다 항을 거쳐 아오모리 역에서 하차하여 시모키타반도까지 끌려간 조선인들은 제1선 상비노동력으로 투입되었다는 점을 상기해야 한다. 태평양전쟁 발발 이전에는 주로 군수공업공장이나 석탄광산, 비철광산에 투입되었으나 개전 이후에는 군사요충지의 최전방인 북해도, 치시마열도, 사할린, 캄차카반도, 아오모리현 시모키타반도에서 연합군과 본토 결전을 대비한 군사시설 공사장에 투입되었다. 이 때 우키시마호에 승선했던 조선인들의 노동 현장은 험준한 산악지대인데다가 공사를 시급히 완공해야만 했기 때문에 그 운영 면에서 가혹하기 짝이 없었다. 그들은 짐승우리 보다도 더 열악한 타코방에 수용되었다. 가혹한 노동과 뭇매질에 못 이겨 탈출을 시도하여 거리나 기차역으로 나가면 일본 해군과 헌병에게 붙들려 다시 타코방으로 넘겨졌고, 타코방이나 노동현장 주위에서는 하청업체의 감독들이 감시의 눈초리를 늦추지 않았다. 이 점이 바로 강제연행과 강제노동은 일본 정부와 기업간의 공조체제로 이루어졌다는 것을 뒷받침하는 것이다. 이 같이 가혹한 노역장에 투입된 조선인들은 일본 기업이나

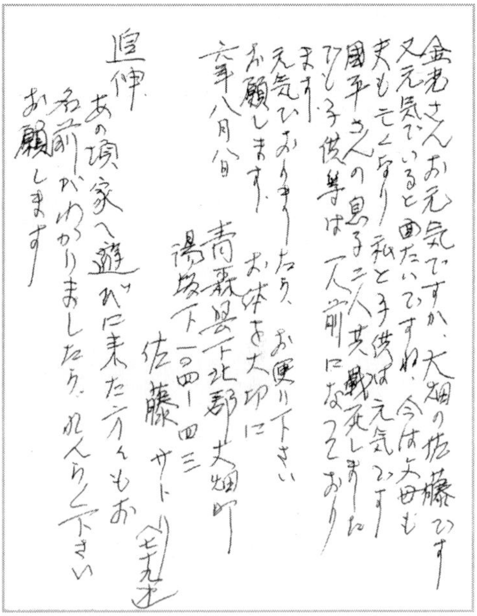
金君さんお元気ですか、大畑の佐藤です
又元気でいると思たいですね、今は父田も
夫もなくなり私と子供は元気です
國平さんの息子二人共戦死しました
乃で子供等は一人前になっており
ます
元気でおりましたら、お便り下さい
お願します。お体を大切に
六年八月八日 青森県下北郡大畑町
湯坂下一〇四一四三
佐藤サトリ（七十九才）
追伸
あの頃家へ遊びに来た方々もお
名前がわかりましたら、知らして下さい
お願します

⇧ 사토 사도리씨가 김광씨에게 쓴 편지

⇧ 일본 아오모리현 시모키타반도 오마철도 구간을 조사하고 있는 한국 남측 우키시마호 폭침진상규명회 조사단 일행. 사진은 일본인 안내자가 찍음. 〈1995.7.26〉

군부의 목적에 따라 해당지역으로 따로따로 배치되었다. 충남 천안군 사람들은 일본통운주식회사에 배속되어 오미나토 항에서 군수물자를 하역했고, 충남 청양군과 전북 진안군에서 끌려간 사람들은 해군 23부대와 24부대에 배속되어 가바야마 해군비행장을 만들었고, 충북 영동군, 보은군, 충주시 일대에서 끌려간 6백여 명은 미사와비행장을 만들면서 지하탄약고와 방공호를 만들었다. 미사와비행장 공사장에서 일할 때 반항하는 조선인들은 모두 홋카이도나 사할린의 해군 군사시설 공사장인 도로, 항만, 산림벌채, 탄광으로 보냈고, 이와테현에 있는 채석장으로도 강제 후송했다.

일본 대본영의 원청업체인 세자키조(瀨崎組), 아이자와조(相澤組), 고야나기조(小柳組), 지자키조(地崎組), 하기와라조(萩原組), 스가와라조

(菅原組), 우사미조(宇佐美組), 다케우치조(竹內組), 사사키조(佐佐木組), 사이토(濟藤組)는 홋카이도에서도 악명 높았던 타코방식 노무관리제를 도입하여 오미나토 해군시설부와 관련된 비행장 건설, 1만톤급 도-크 건설, 군항만 수리, 방공호 파기, 터널 뚫기, 석탄 운반, 산림 벌채 그리고 수많은 사상자를 낸 오마철도 공사를 조선인의 인력으로 강행한 것이다. 원청업체는 다시 하청업체한테 공사를 맡겼다. 이렇게 조선인을 고용한 하청업체는 우키시마호에 승선한 조선인들의 노동현장과 직접 관련된 시모키타반도의 "오미나토, 오하타, 시모후로, 키노푸, 카부도사키, 타나부, 구와하타, 쓰리야하마, 노헤지, 가바야마, 미사와"지역에서 참혹한 강제적 노동을 강요한 것이다. 원청업체인 '다케우치조'는 토건업체로 1999년 현재까지 무츠시에서 영업을 계속하고 있고, 일본통운주식회사는 세계적인 운수회사로 성장하여 미국에 지점을 두고 있다.

늙은 어머니를 홀로 남겨두고 가장으로서 끌려가야 했고, 어린 처자만을 남겨두고 떠나야만 했으며, 마음에도 없던 징용에 따라야만 했던 수많은 조선의 젊은이들은 낙반사고를 막는다는 왜놈들의 몰지각함 때문에 산 채로 제물로 매장당하고, 동료들이 보는 앞에서 화형당하고, 일하던 공사장 모퉁이 잿더미에 그대로 묻히고, 일하다가 입은 상처에서 구더기가 우글거려도 치료도 못 받고, 마른 고구마 줄기와 호박껍질과 감자껍질과 삶은 고사리로 굶주린 배를 달래야만 했다.

시모키타반도에 있는 공사장이 다 그랬지만 더욱 사고 위험 확률이 높았던 키노푸 터널 공사장에는 오마철도 공사장 가운데 가장 악명 높았던 타코방이 있었다. 이 곳이 바로 화형과 매질과 고문을 일상처럼 자행했던 곳이다. 키노푸 마을은 겨울에는 북풍한설을 정면으로 받아들이는 지형으로 눈이 많은데다가 뒤쪽은 깎아지른 듯한 산이 절벽처럼 가로막고 있으며 앞에는 검푸른 바다가 태평양으로 이어지고 있다. 먹

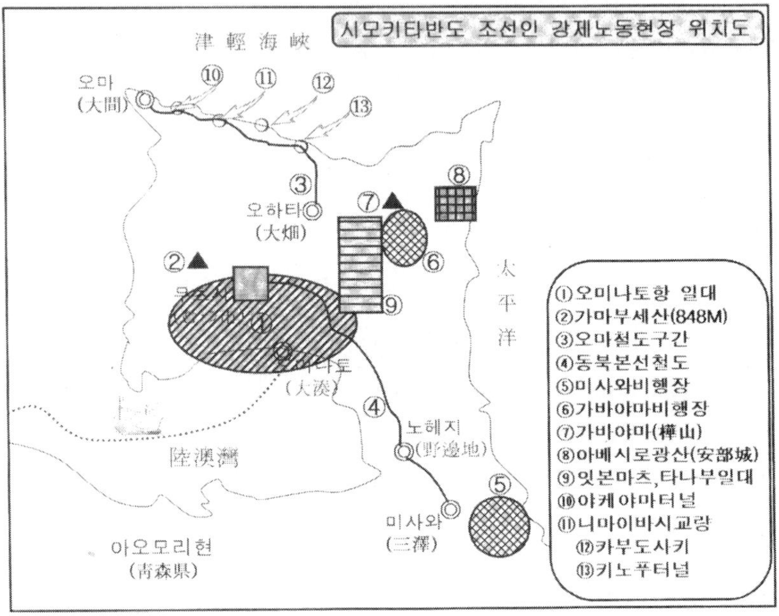

그림 1. 조선인 강제노동현장 위치도

을 것이란 주먹밥과 소금에 저린 짜디짠 청어 한 토막과 시래기 국물이 고작이었다. 일하던 조선인들이 산속으로 탈출을 시도하여 산에서 굶어 죽기도 했다. 시체가 계곡물에 잠겨 아래쪽에서 일하던 사람들이 송장 썩은 물을 마셨다고 거세게 항의하기도 했다. 먹을거리도 없고 입을 것도 없이 키노푸 해변에 매어있는 조각배에 몸을 싣고 망망대해인 태평양을 향하여 정처없이 흘러가던 그 광경을 당시 주민들은 직접 목격하기도 했다고 말하고 있다. 물론 도망자가 다시 잡혀오기라도 하면 그에게 가해지는 고문은 상상을 초월했다. 정신을 잃도록 두들겨 패다가 찬물을 끼얹는 것은 그래도 약한 고문이었다. 천정에 거꾸로 묶어 매달아 놓고 밑에 장작불을 지펴 천천히 익혀 죽이는 참혹한 화형 장면을 주민이 목격하고는 그 광경을 끝까지 볼 수 없었다는 사례가 증언집에 나타날 정도였으니, 하청업체의 직원이었던 감독들의 잔혹성을 가히 짐작할 만 하다. 길이 440미터에 이르는 야케야마 터널 공사장에서는 일하던 조선인이 죽으면 콘크리트를 붓던 속에 시체를 밀어 넣고 매립했다는 증언이 있음을 근거로, 현지 지역문화연구소 사이토 사쿠지 소장은 터널 벽을 엑스레이로 사진이라도 찍어보자고 제의하기도 했다.

뿐 만 아니라 옷과 신발은 단 한번만 지급되었다. 여름이나 겨울이나 늘 같은 복장이었고, 여름에는 거의 신발을 신지 못했다. 겨울에는 시멘트 종이로 둘둘 말아 끈으로 묶고 다녔다. 실로 영하 30℃를 오르내리는 혹한 속에서 구겨진 휴지조각이나 다름없었던 해진 옷을 몸에 걸치고 무자비하게 쏟아지는 뭇매까지 견뎌야 했다. 어느 감독은 조선인을 타코방에서 공사장까지 인솔할 때 대열에서 조금이라도 비틀대면 끝에 뾰족한 못을 박은 몽둥이로 꾹꾹 찌르는 비열한 수법까지 쓰기도 했다.

4-6-1. 야케야마(曉山)터널: 카자마후라 마을에 있는 터널로 길이 440m이다. 바다와 인접해 있으므로 바다에서 바위를 깨고 날라 축대를 쌓았고 골재로 이용하였다. 오마철도 구간에는 터널이 13개가 있는데 모두 폐쇄되고 야케야마 터널만이 겨우 공개되고 있다. 참관자들이나 조사자들의 반발을 우려하여 오마철도 구간에서 유일하게 개방된 이 터널은 연합군의 집중 포격이 가해진 곳이기도 하다. 콘크리트 벽 속에는 아마도 조선인의 유해가 묻혀 있을 가능성이 있다는 것이 현지인들의 설명이다.

4-6-2. 니마이바시(二目橋)교량: 시모후로 마을과 니마이바시를 연결하여 통과하는 오마철도 구간의 협곡 사이를 잇는 교량으로 철근을 사용하지 않고 콘크리트만으로 축조했다. 바닷가에서 바위를 깨 나르고,

⇧ 야케야마터널 입구(왼쪽)와 터널 안에서 현지 조사자의 설명을 취재함(오른쪽)

⇧ 니마이바시 교량. 촬영:전재진

자갈과 모래와 시멘트를 이겨 등짐으로 나르는 일을 조선인이 다했다. 1943년 전쟁 말기에 들어서면서 오미나토해군경비부를 위시한 시모키타반도 일대는 연합군의 본토 상륙이라는 긴박한 전운이 돌기 시작했다. 이에 대비할 전략으로 일본 본토의 최북단인 오마사키 포병부대를 강화하고 하코다테 해군기지에 군수물자를 수송하려고 총연장 49.7Km의 군사용 철도를 건설하기로 했다. 이름하여 오마철도인데 해안절벽과 산간오지를 통과해야 하므로 계곡과 계곡 사이를 잇는 교량 축조가 불가피했다. 오마철도가 통과하는 니마이바시 마을에 축조한 교량은 교각이 8개이며 그 높이는 10미터에 이른다. 이 교량위로 대포와 포탄을 실은 일제의 쇠마귀가 달렸다면 강제연행 되었던 조선인들의 운명과 태평양 전쟁터는 더욱 처절했을 것이다.

⇧ 키노푸언덕 아래 해변. 사진의 가운데 부분 움푹한 곳이 터널 입구임. 촬영:전재진

4-6-3. 키노푸(木野部) 터널: 오마철도 공사장 가운데 사상자가 가장 많이 발생한 곳으로 알려졌다. 바닷가에는 수 십 채의 타코방(조선인 노동자 숙소)이 있었다. 다른 지역보다 타코방 운영방식이 지독하기 짝이 없었다. 세자키조가 홋카이도에서 쓰던 방식이었다. 앞은 망망대해인 태평양과 접해 있고 옆쪽은 깎아지른 벼랑이라서 노동자들이 탈출을 시도할 수 없는 지형이다. 지금은 입구와 출구가 막혀있다. 터널 공사 당시 낙반사고를 방지한답시고 조선인을 산채로 제물로 바쳐 매장한 곳이다. 키노푸터널은 바다로 돌출한 산의 중심부를 관통한다.

4-6-4. 돌격용 특수정 신요(震洋)격납고: 하치노헤(八戶)시 카부시마(蕪島)와 시모키타군 카자마우라 면(面)의 카부도사키(甲崎) 해안 암벽을 뚫어 시설한 인공굴이다. 해안 절벽에 접근할 수 있도록 해안의 암초를 제거하여 뱃길을 만든 다음 암벽을 뚫어 특수함정인 신요(震洋)를 감추려고 만든 일종의 격납고이다. 신요는 배의 앞부분에 강력한 폭발

⇧ 시모키타군 카부도사키 해안에 만든 인공 동굴. 이처럼 일제가 파들어 간 인공동굴은 제주도의 남쪽 해안에도 널리 설치되어 있다. 촬영:전재진

물을 장치하고 적의 군함에 돌진하여 정면으로 부딪쳐 폭파 침몰시킨다는 전략으로 1인승과 2인승 두 종류를 만들었다. 진주만을 기습한 카미가제와 같은 전략으로 필리핀 해역에서 전투에 투입되었다는 기록(투입기록은 일본 조사자에 따름)이 있다. 태평양전쟁 말기인 1944년 후반부터 1945년에 걸쳐 돌격용 특공병기인 신요를 만들었는데, 1945년 8월 일제가 패망하기 직전에는 그 수가 6천 2백 척에 이르렀다고 한다. 오미나토해군공작부에서도 제4작전 지령을 받고 신요를 제작했다. 오미나토해군공작부 조선과(造船科)에서 1945년 4월부터 만든 신요는 1형(1인승)이었다. 75척을 만들었으나 50척에만 엔진을 장착했다. 이 신요는 실전에 쓰이지는 못하고 패전 뒤에 돌을 가득 실어 깊은 바다에 가라앉혀 폐기했다.

4-6-5. 미사와비행장(三澤飛行場): 아오모리현의 동부지역이면서 시모키타반도의 하단에 위치하고 태평양과 인접하고 있는 해군 전용 비행장이다. 미사와비행장의 활주로와 평탄한 대지는 충북 영동군, 보은군, 중원군, 충주시에서 강제연행된 조선인들의 손에 의해 완공되었다. 태평양전쟁 당시에는 이 비행장에 지하탄약고, 방공호, 비행기격납고가 만들어졌으며 비행기격납고를 만들기 위해 이용되는 소나무 벌채도 중노동이었다. 지금은 미군과 일본군의 합동작전 거점지로 이용되고 있다.

⇧ 충청북도 영동군에서 연행된 조선인들이 일했던 아오모리현 미사와비행장의 최근 모습. 이 비행장의 활주로와 격납고와 평탄한 대지는 과거 태평양전쟁 당시 강제연행된 조선인들의 손으로 완공되었다. 최첨단 전자통신장비를 갖춘 두개의 흰색돔(코끼리우리)이 있고 막 착륙을 시도하고 있는 항공기는 언제든지 핵폭탄을 탑재할 수 있는 대잠수함초계기 P3C 아니면 C130 허큐리스 수송기로 보인다.〈촬영:전재진 1995.7.29〉

최첨단 통신장비를 갖춘 두개의 흰색 돔을 주축으로 원형의 거대한 안테나 무리가 있는데 이름하여 '코끼리 우리'로 불리고 있다. 이 '코끼리 우리'는 소련의 모스크바 상공과 극동군이나 북한, 중국의 움직임을 손바닥 안에 놓고 파악할 수 있는 기능을 갖추고 있다. 핵폭탄을 탑재할 수 있는 대잠수함초계기 P3C와 허큘리스 수송기도 훈련에 자주 등장하고 있으며, F16 폭격기는 하루에 수십 차례의 출격을 감행하며 근처의 덴모리 사폭장에서 사격훈련을 계속하고 있다.

4-6-6. 가바야마비행장(樺山飛行場): 가바야마비행장의 활주로와 구릉지대의 평탄한 대지는 1943년부터 종전 직전까지 전북 고창군, 진안군, 충남 공주군, 천안군, 예산군, 홍성군, 서천군에서 강제연행된 조선인들

⇧ 조선인 노동자들이 완공한 가바야마비행장 활주로.(왼쪽)〈시모키타지역문화연구소 출판 '아이고노 우미'에서 인용〉 가바야마비행장은 일본 '해상자위대오미나토통신대 가바야마 송신소'로 쓰이고 있다. (오른쪽) 〈촬영: 전재진〉

의 손에 의해 완공되었다. 당시에는 해군 전용 비행장으로 쓰였으나 최근 30년여 전부터 해상자위대 통신대로 쓰고 있다. 이 가바야마 송신소와 같은 통신시설은 일본의 요소요소에 깔려 있는데 시모키타반도에서는 미사와비행장과 인접해 있는 코끼리우리와 가마부세산의 통신레이더와 더불어 일본 북방에 구축한 최첨단 통신시설이다.

4-6-7. 가마부세산(釜臥山) 요새화: 가마부세산은 해발 828미터로 시모키타반도에서 가장 높은 산이다. 이 산꼭대기에서는 츠가루해협과 오미나토항(大湊港), 아오모리항(青森港), 미사와비행장, 가바야마비행장, 홋카이도의 하코다테 해군기지와 시모키타반도 일대를 한눈에 볼 수 있다. 가마부세산 주위에는 5개의 봉우리가 솟아 있는데 다섯 봉우리를 합쳐 공포의 산이라는 뜻으로 오소레산(恐山)이라 부른다. 이 가마부세산 중턱에는 지하탄약고, 지하지휘본부, 지하대피실, 방공호, 포대들이 벌집처럼 설치되어 있으며, 산 밑자락에는 오미나토해군경비부가 자리잡고 있다. 이 산자락 전체는 조선인 노동자들한테 도급제(할당제)를 실시한 군사시설현장이다. 가마부세산은 2001년 현재 일반인 출입금지 구역이다.

⇧ 가마부세산(釜臥山. 848m). 일본인들은 이 산을 시모키타반도의 영봉(靈峰)이라 부른다. 그러나 이곳 군사시설현장으로 강제연행당했던 조선인들에게는 지옥같은 긴 동굴속이었다. 산자락은 온통 조선인의 손에 들린 괭이와 삽으로 벌집처럼 파헤쳐졌다. 〈촬영:전재진 2001.2.5〉

4-6-8. 오미나토항: 사기업인 일본통운주식회사가 대본영한테 군수물자를 운송하는 일을 하청받았는데 충남 천안에서 연행된 사람들이 일한 곳이다. 이곳에서 일했던 정기영, 이철우, 전우영씨가 상하역 일을 한 배

⇨ 일본통운주식회사의 운송 거점지인 오미나토항 부두. 일하던 조선인 노동자들이 일하다가 바다에 빠져 한때 물의를 빚었던 곳이기도 하다. 〈촬영:전재진 1994.8.5〉

가 딱히 우키시마호라고 증언하지는 않았다. 오미나토와 하코다테를 왕복하며 군수물자를 나르던 수송선이 정박할 때는 아예 배에 올라서 며칠씩 일하기도 했다. 식량과 의약품과 무기, 석탄등을 배에 내리기도 하고 싣기도 하였다. 오른쪽은 시모키타반도 일대에 보급할 군수물자를 보관하던 창고이다. 왼쪽 부두에서는 조선인 노동자가 일하다가 바다에 빠진 일이 있기도 했다.

⇦ 오미나토 항 군수품보관 창고. 50년 전 모습을 그대로 유지하고 있다.
〈촬영:전재진 1994.8.5〉

4-6-9. 오마철도: 시모키타반도의 중심부인 무츠시와 오하타(大畑)는 이미 철도가 완공되었었다. 이 오하타와 일본 본토의 최북단 도시인 오마(大間)를 연결하는 총연장 49.7km 군사용 철도이다. 이 철도는 오미나토 항에 내린 무기와 일본 본토의 군수품을 오마자키까지 옮겨 다시 홋카이도의 하코다테 해군기지로 보내려는 목적이었다. 전쟁말기에는 물자부족으로 공사가 중단되었으나 그 이전에 공사는 상당히 진척되었다. 일부 노반은 완공되었으나 철로는 깔지 못했다. 화강암으로 덮인 산악지대와 바닷가 암반지대를 통과하는 9개의 터널이 관통되었으며 최장 440m인 키노푸 터널과 현재도 개방된 야케야마터널, 협곡과 협곡

⇧ 오마철도 공사현장. 〈시모키타지역문화연구소 출판 '아이고노 우미'에서 인용〉

사이를 잇는 교량인 니마이바시(二目橋), 수 십 미터 낭떠러지에 쌓은 축대들의 공사 규모만 보더라도 일제가 조선인 노동자들에게 가한 노예적 잔학상이 극명하게 보인다. 최악의 노선인 오마철도 구간은 60년여 동안 폐쇄되었으나 최근 일본의 군사대국화와 맞물리면서 다시 시설할 것을 검토하고 있다. 당고바지에 몽둥이를 든 감독이 공사현장 사무실에서 조선인에게 자행한 고문으로 장작불 화형도 보통 있었다.

4-6-10. 오마자키 군사시설: 츠가루해협을 통해 상륙을 시도하는 연합군과 격전을 벌인 곳이기도 하다. 지금도 각종 포대시설과 방공호들이 유적으로 즐비하다.

4-6-11. 항만: 오미나토 항에 설치한 도-크로 2만톤급 군함이 접안할 수 있는 규모이다. 이 공사장에서는 조선인 20명이 죽은 것으로 알려졌다.

4-6-12. 지하저장고: 미사와비행장과 시모키타반도에 산재해 있는 군사시설지역에 필수적으로 갖춘 시설물이다. 지하에는 무기 뿐 만 아니라 식료품과 의약품, 각종 군수물자를 보관하고 저장하였다.

4-6-13. 비행기격납고: 미사와비행장, 가바야마비행장, 오미나토비행장은 모두 해군 전용 비행장으로 이들 비행장에 전투기를 숨기는 격납고를 만들었는데 특히 미사와비행장에서는 아름드리 소나무를 베어 활주로 가장자리 땅위에 디귿자 모양으로 세우고 지붕을 올려 진흙으로 덮었다. 가바야마비행장에서도 같은 공법으로 격납고를 만들었다.

4-6-14. 방공호: 마을과 이어지는 가마부세산 산자락에 주로 설치했

⇧ 2만톤급 군함이 접안할 수 있는 오미나토항 접안시설.(왼쪽) 〈시모키타지역문화연구소 출판 '아이고노 우미'에서 인용〉. 시모키타반도 키노푸언덕 아래 키노푸터널 정면에 태평양 해안을 따라 만들어진 오마철도 노반 교량.(오른쪽) 〈촬영:전재진 1994.8.5〉

다. 다른 지하시설보다 길이가 길고 곡선을 이뤘다. 미사와비행장에서는 땅이 진흙이라서 아래로 파 내려가기가 상당히 힘들었다.

4-6-15. 포대설치: 비행장 주변과 가마부세산 중턱에 설치한 이 포대는 박격포를 지하에 은폐할 수 있도록 땅을 파고 안쪽은 소나무나 시멘트로 마무리하였다. 미군의 전투기를 격추할 전략이었다.

4-6-16. 방호벽 설치: 적으로부터 노출을 방지하기 위한 둑을 쌓았다.

4-6-17. 산림 벌채: 공사에 필요한 목재를 충당하려는 벌채로서 비행기 격납고용 소나무 벌채작업이 가혹했다. 군사도로를 개설하는 곳마다 나무를 베어내는 일은 꼭 따르는 일이었다.

4-6-18. 기타: 군용도로, 축대 쌓기, 각종 토목공사.

4-7. 인력배치 실태

4-7-1. 김동연씨 증언: 북해도에서 노무자 관리업무에 종사했다. 태평양전쟁 말기에는 북해도에도 공습이 심하여 탄광에서 탈출한 조선인 30~50명을 이끌고 44년 5월 오미나토에 도착하였다. 오미나토에는 3개

월 먼저 북해도에서 내려와 자리잡은 장종식씨(김동연의 외삼촌)가 일하던 토목공사업체가 있었다. 여기서 김동연씨는 70여명의 조선인 노동자 관리업무를 맡았다. 스가와라조(管原組)에서는 조선인 자유노동자들이 많았는데 우키시마호 승선 직전에 516명의 조선인 노동자 명단을 해군군부에 직접 전달했다. 스가와라조에서는 5백여 명의 자유노동자가 일했다.

4-7-2. 박재하씨 증언: 내가 소속되었던 14부대에는 6개동의 숙사가 있었는데 1개 동에 50명에서 60명의 노동자가 합숙했다. 14부대와 가까운 곳에 13부대가 있었고 역시 같은 규모였다. 모두 징용된 조선인들이었는데, 미사와 지역에는 1천명은 채 안되었고 6백명에서 7백명은 되었던 것 같다.

4-7-3. 정기영씨 증언: 일본 오미나토에 도착하자마자 일본통운주식회사에 배속되었다. 합숙소에서 다다미를 깔고 50명이 1개 소대가 되어 아래위층으로 나눠 잤다.

4-7-4. 신환철씨 증언: 내가 배치받은 해군부대에서는 가바야마비행장을 닦았다. 겨울철에는 바닷가에서 마른 해초나 나뭇가지를 주워 가져다 숙사에서 불을 피워 추위를 이겼다. 나는 당시 군법회의장에서 통역을 맡기도 했다. 취사반이나 위병소나 의무실에서 사감한테 주어지는 일을 거의 내게 맡기기도 했다. 내가 소속되었던 4중대는 조선인 200명이 있었다. 공주시에서 같이 갔던 150명이 함께 일했다. 가바야마비행장에는 해군 23부대와 24부대가 있었는데 모두 10개 중대였다.

4-7-5. 정헌설씨 증언: 처음 가바야마에 가서 일주일 동안 훈련을 받았는데 부대장이 '지금 가서 일할 장소를 살펴보고 내일부터 일에 착수하라'하여 가서 보니 5월 천산설이 바로 이 곳인가 하였다. 이튿날 작업복을 지급받고 1천여 명이 작업장으로 나가 눈을 치우고 높은 산을

깎아내려 평지를 만드는데 별을 보고 나가 별을 보며 들어오니 4개월 만에 완공하고 가운데는 비행기 활주로로 이용할 수 있도록 반석같이 견고하게 만들었다.

4-7-6. 아오모리현 시모키타반도 일대에는 10개 원청업체와 5개 기업 그리고 오미나토해군경비부 소속 해군 부대가 산재해 있었다. 이 업체와 기업과 군부대는 대본영이 발주한 군사시설공사 임무를 띠고 있었다. 그 원청업체로는 세자키조(瀨崎組), 아이자와조(相澤組), 고야나기조(小柳組), 지자키조(地崎組), 하기와라조(萩原組), 스가와라조(菅原組), 우사미조(宇佐美組), 다케우치조(竹内組), 사사키조(佐佐木組), 사이토(濟藤組)들이었고, 기업으로는 철도공업, 도호공업(東邦工業), 일본국철(주), 일본통운(주)들이었다. 각 업체에 배속된 조선인의 수는 정확하게 파악하기는 사실상 불가능하다. 우키시마호가 출항하기에 앞서 해군군부(오미나토해군경비부?)에서 또는 각 업체에서 조선인 노동자 명부를 소각하였거나, 혹 남았다 할지라도 일본 정부가 내놓지 않기 때문이다. 하여 현장에서 일했던 생존자들의 증언에 따라 추산할 수 밖에 없다.

4-8. 노동조건 실태

4-8-1. 장비와 물자 부족: 기계화된 장비는 없었으므로 순전히 삽과 괭이와 인력으로 일할 수 밖에 없었다.

4-8-2. 임금과 난이도 차별: 임금은 일본인 노무자들의 절반에도 못 미쳤다. 터널속의 발파 조작이나 벼랑위의 위험한 일은 모두 조선인에게 맡겨졌다. 조선인에게는 안전장비가 갖춰지지 않았으며 모두 위험물을 취급할 수 있는 전문가가 아니었다.

4-8-3. 도급제: 하루에 일정 정도의 성과를 올리면 그에 해당하는 만큼 임금을 지급한다는 방법으로 예를 들면 지하 터널을 1미터를 파

면 10원(?)을 주겠다는 식이었다.

4-9. 차별에 따른 노예적 생활

⇧ 한국의 진상규명회가 우키시마호폭침사건 피해자를 대상으로 조사한 강제연행, 강제노동의 실태에 대해 일본 시모키타반도 현지에서 비디오를 상영하며 발표함. 〈무츠시. 1997.1.17〉

4-9-1. 임금착취: 아오모리현 시모키타반도에서 일하던 조선인은 일본인 임금의 절반 수준이었거나 아예 지급하지 않았다. 국민저축이라는 명목으로 공제하면 일본인 임금의 1/3 수준에도 못 미쳤다.

4-9-2. 노동시간 초과: 오전 6시에 나가 오후 6시 혹은 10시에 숙소로 돌아오는 사례가 많았고 하루 12시간 노동은 다반사였다.

4-9-3. 개인의사 무시: 출퇴근 자유가 보장되지 않았고 휴게의 자유가 인정되지 않았으며 휴일도 없었다.

4-9-4. 참혹한 감독 수단: 공사장으로 나갈 때나 합숙소로 돌아올 때 해군이나 업체 감독들은 바늘몽둥이로 꾹꾹 찌르며 인솔했다. 굶주려 허덕이다 쓰러지는 노동자들을 가죽채찍이나 곡괭이 자루를 휘두르는 비인간적인 수단으로 노동을 강요했다.

4-9-5. 합숙소의 타코방식 운영: 토건하청업체에서는 조선인을 모집으로 위장하여 공사장까지 유인한 다음 일정액을 지급하고 매월 이자와 원금을 적립하도록 했다. 그러나 원금을 갚아내는 금액보다 이자액이 더 많아 시간이 갈 수 록 원금은 쌓여만 간다. 원금을 갚지 못

하면 식대나 다른 비품대금에서 공제했다. 그러면 먹을 것도 입을 것도 없이 하청업체에 빚만 남게 된다. 이러다가 굶주려 제 발을 뜯어 먹는 문어꼴이 된다하여 조선인이 합숙한 판잣집을 타코방(문어방)이라 하였다. 이 같은 운영방식은 세자키조가 북해도에서 자행했으며, 아오모리현에서는 오마철도 구간인 키노푸 터널 공사장에서 참혹하게 자행되었다.

4-9-6. 장작불 화형: 합숙소에서 탈출하다가 잡혀 온 조선인을 감독실의 천장에 매달아 놓고 밑에 장작불을 피워 천천히 태워 죽였다.

4-9-7. 고문: 오미나토해군시설부 헌병분소 지하실에 거꾸로 매달아 놓고 몽둥이로 온몸을 떡 치듯 쳐대는 고문을 당했다.

4-9-8. 사체 유기: 군사시설 노동현장에서 현기증으로 졸도하면 몽둥이나 삽자루로 머리를 내려 쳐 죽으면 구덩이에 그대로 매립했다. 시모키타반도 오마철도 구간의 터널 벽 속에는 유기된 사체가 있을 것으로 전해지고 있다.

4-9-9. 부상자 방치: 일하다가 다친 상처에 구더기가 우글거려도 치료해 주지 않았다는 것은 보통 있었던 일이다. 가바야마비행장이나 미사와비행장 공사장에서도 손가락 골절상이나 근육 자상 정도는 치료하지 않았다.

4-9-10. 의식주 불량: 일본 해군이 입었던 헌 군복을 한 벌씩 지급한 것이 고작이다. 어느 경우에는 "돼지를 몰아넣고 키우는 꼴이었다."고 증언했다. 도저히 사람이 먹을 수 있는 음식이 아니었다. 돼지에게 준 먹이통에서 밥을 건져 먹었다. 오징어나 호박, 무 한 조각이 반찬의 전부였다. 바닷물을 끓여 국이라고 먹으라 했다. 영하 40도를 오르내리는 겨울에도 판잣집에서 담요 한 장으로 잠을 이뤄야 했다.

4-9-11. 항의하는 자를 척살: 노동 조건과 숙박시설에 항의하는 경우에는 북방지역인 치시마열도 해군전용비행장이나 이와테현 채석장으로 강제 축출했고 혀를 자르거나 칼로 베어 죽였다.

4-9-12. "개가 죽어서, 개가 태운 것을, 개 주인이 가져가는데, 개들이 무슨 말이 그리 많으냐?" 고 일본 헌병이 말한 데서 노예적 생활이 증명된다.

⇧ 일본인이 우키시마호사건을 소재로 제작한 영화 「아시안블루-우키시마호사건」의 한 장면. 시모키타반도 군사시설 공사장에서 죽은 조선인을 어디론가 끌고 가는 모습. 일본 군인이 감독으로 뒤따르고 있다.

4-10. 노동현장에서 발생한 조선인 사망 사례

4-10-1. 사망의 예(例)

① 감독의 몽둥이나 곡괭이로 맞아 죽음

② 부상당하여 열병에 걸려 죽음.
③ 산 채로 불에 글려 죽음.
④ 탈출하다가 산속에서 굶어 죽음.
⑤ 폭약 폭발로 죽음.
⑥ 공사장에서 영양실조로 쓰러져 죽음.
⑦ 산 채로 제물로 매장당하여 죽음.
⑧ 귀국이라며 낡은 선박에 태워 바다 한 가운데에서 침몰시켜 죽임.
⑨ 경찰서 건물 안에 모두 넣고 밖에서 문을 잠그고 기름을 붓고 불 질러 죽임.
⑩ 청어보관용 대형냉동고에 넣어 얼려 죽여 바다에 던짐.
⑪ 칼로 목과 등을 쳐 죽임.
⑫ 삽이나 괭이로 머리를 찍어 죽임.
⑬ 쉬는 시간에 땅바닥에 고향의 부모형제 얼굴을 그렸다고 칼로 쳐 죽임.

4-10-2. 사체 처리 예(例)

① 구덩이를 파고 여러 명을 한꺼번에 매립하였음.
② 죽은 조선인을 조선인에게 직접 화장토록 하였음.
③ 화장한 유골은 면사무소에 맡겼으나 인적사항이 없었고 결국 이런 유형의 유골은 대안사(大安寺)에서 보관하고 있음.
④ 수 십구의 사체를 모아 기름을 붓고 태워 묻었음.

4-11. 조선인 사체 유기

4-11-1. 집단매립: 키노푸터널 공사장에서는 낙반사고나 붕괴사

1

2

3

⇧ 1-아오모리현 시모키타반도 대안사(大安寺) 납골당에 있는 유골 상자, 2-항아리, 보따리들 항아리 내부 모습 3-대안사 정문 앞에 있는 탑의 탑신 아래에 버려진 유골들. 대안사 주지는 이 유골이 조선인이라고 말하지는 않는다. 다만 "유골 주인공이 사망할 당시에 일본인이었다면 이런 현상은 없다."고 말한다.〈촬영: 전재진. 1995.7.28〉

고로 다수의 사망자가 발생했을 경우 사망자의 신원을 파악하지 아니하였고 한꺼번에 한 곳에 매장했다.

4-11-2. 시신을 구덩이에 밀어 넣었다. 오마철도 공사장의 한 구간에서는 굶주린 조선인 노동자가 일하다가 현기증으로 졸도하면 감독이 곡괭이 자루로 머리를 내려쳐 죽는 경우가 있었는데 이 때 시신을 거두지 아니하고 그대로 구덩이에 밀어 넣고 묻었다. 야케야마터널 벽을 비파괴공법으로 촬영하면 유골이 나타날 것인데 그것은 틀림없이 조선인의 유골일 것이라고 현지 일본인 연구자들이 주장하고 있다.

4-11-3. 오마철도 공사장에서 탈출을 시도한 조선인이 산 쪽으로 향하면 절벽이요, 바다를 향하면 태평양인지라 어쩔 수 없이 산속에서

굶어 죽은 사례가 있다. 계곡 개울이나 숲 속에서 조선인의 시체가 발견되기도 하였다.

4-12. 일본인이 말하는 조선인 강제노동 실태

4-12-1. 아베시로(安部城) 광산은 어떤 시설이나 굉장한 규모였습니다. 광부가 1만명 정도는 되었고, 병원과 극장도 있을 정도였습니다. 주로 구리가 생산되었지만 납, 주석 그리고 금도 나왔답니다. 조선인이 아베시로 광산에서 일하게 된 것은 태평양전쟁이 시작될 무렵이었으므로 1941년쯤이었습니다. 다른 일본 사람들은 그들을 '타코'라고 불렀는데 모두 조선사람들이었습니다. 왜 조선사람이라고 생각했느냐면 일본어를 말할 때 발음을 제대로 못하고 있었으며, 얼굴 생김새를 봐도 금방 조선인이라는 것을 알 수 있었습니다. 당시 아베시로에서는 새로운 광맥을 찾으려고 날마다 탐사작업을 했습니다. 조선인은 갱도를 파는 일과 같은 위험한 일만 하고 있었습니다. 위험한 일만 시켰던 것이지요. 조선인들을 감독하는 우두머리의 아들이 제 친구였기 때문에 조선인 타코방을 왕래하면서 그들의 생활상을 눈으로 직접 똑똑히 볼 수 있었습니다. 정말로 비참한 지경이었습니다. 집은 판잣집이고 창문이 없어 햇빛이 들어오지 않았으므로 낮에도 캄캄했습니다. 넓이는 두 칸 반 정도 길이였습니다. 토방에 풀이나 볏짚을 깔고 이불이나 요도 없이 그냥 풀 위에서 잠을 자고 있었습니다. 긴 통나무를 나란히 놓고 그것을 베개로 사용하고 있어 이상하다 생각했었는데 다른 이유가 아니라 아침에 감독이 아무 말 없이 그 통나무를 발로 차면 모두 다 '일어나라'는 신호로 대신했던 것입니다. 추울 때는 새우처럼 움츠리고 잤습니다. 음식은 보리밥 정도면 양호한 편이였고, 콩이나 감자가 주로 나왔고 쌀은 거의 보이지 않았습니다. 식량 사정이 나빠 영양이 부족한 탓으로 한두 명씩은 타코방에서 쉬고 있었습니다. 노동도 힘들었겠지만 하루 일

을 마치고 타코방으로 돌아올 때는 언제나 휘청거렸습니다. 꾀병이나 게으름을 피우면 팔다리나 허리가 남아나지 않을 정도로 고통을 주면서 일을 시켰는데 영양실조와 심한 노동으로 많은 조선인이 죽었답니다. 주위에 있는 은행나무 밭이나 광산 잿더미에서 사람의 뼈가 나왔는데 아마 조선인 뿐 만 아니라 일본인의 뼈도 섞여 있을 것으로 생각됩니다. 정말로 무시무시한 얘기들이지요. 그 많던 조선인들이 1943년이 되자 자취를 감춰버렸습니다. 어디로 갔을까요?(아이고 바다 편역본 우키시마호폭침사건진상 125쪽).

4-12-2. 오미나토 해군 전용부두는 1만톤급 대형 순양함이 드나들 수 있을 만큼 크고 넓은 도크였습니다.〈중략〉…이처럼 대형 도크를 건설하려고 절벽을 무너뜨리며 파나가는 공사였으니까 대규모 공사였던 것 만큼은 사실입니다. 공사는 해군시설부에서 관할하고 있었으므로 공작부에서는 관할하지 않고 있었는데 공사를 맡아 일한 사람은 대부분 조선사람이었습니다. 요즘과는 달리 잘 발달된 장비가 없었던 시대라서 삽이나 곡괭이로 흙을 파서 광차로 운반했으며 가파른 곳에서는 광차를 위로 밀어 올려야 하는 대단히 힘든 작업이었습니다. 이 공사 도중에 20명 정도의 조선인이 사망했는데 공사장 뒤편에 돌을 쌓아 놓고 그것을 위령표시로 삼고 있었습니다.(아이고 바다 편역본 우키시마호폭침사건진상 109쪽).

4-12-3. 키노푸 터널 공사장 옆으로 넘어가는 고개를 지날 때 목격한 일입니다. 조선사람들이 일하는 모습은 참으로 눈뜨고 보기 어려운 지경이었습니다. 감독이 휘두르는 가죽채찍으로 등을 맞아 마치 지렁이가 기어가는 것처럼 등줄기가 빨갛게 변했습니다. 그래도 그 조선인은 반항 한번 제대로 못하고 하던 일을 계속했습니다. 당고바지에 빵모자를 쓴 감독들은 참으로 지독했다는 생각이 들었습니다.(아이고 바다 편역본 우키시마호폭침사건진상 84쪽).

5. 우키시마호 사건 전모

5-1. 우키시마호사건 제원

5-1-1. 사건명(事件名):

《우키시마호폭침사건(浮島丸爆沈事件)》

5-1-2. 사건 발생 일시: 1945년 8월 24일 17:20

5-1-3. 사건 발생 장소: 일본 교토부 마이즈루시 마이즈루만 시모사바가 앞 헤비지마와 도리시마 사이 바다

5-1-4. 우키시마호 제원(浮島丸 諸元)

① 선명(船名): 우키시마호(浮島丸)

② 선주(船主): 오사카상선 대표(大阪商船 代表)

③ 제조(製造): 미츠이타마시마 조선소(三井玉島造船所)

④ 제조일(製造日): 1937년 3월 15일(1937年3月15日)

⑤ 선종(船種): 화객병용(貨客併用)

⑥ 총톤수(總ton數): 4,730톤(四千七百三十 ton)

⑦ 길이(長): 108.43미터(108.43m)

⑧ 선박번호(船舶番号): 42601

⑨ 계약양식(契約様式): 1(一)

⑩ 징발년월일(徵發年月日): 1941년 9월 3일(1941年9月3日)

⑪ 용도별(用途別): 포함〈대형〉 (砲艦〈大〉)

⑫ 소관(所管): 요코스카해군경비부(横須賀海軍警備部)

5-1-5. 일본 제국 해군 특설 군함인 우키시마호가 아오모리현 시모키타군 오미나토 항을 출항한 것은 일제가 1945년 8월 15일 패전함에

따라 태평양전쟁 당시 일본으로 강제연행되었던 조선인을 태워 부산항으로 돌려보내겠다는 의도였다. 이 때 수 천 명의 조선인을 태운 우키시마호는 원래 목적지인 부산항을 향하지 아니하고 일본 본토 해안선을 따라 남하하다가 돌연히 뱃머리를 돌려 일본의 교토부 마이즈루만으로 들어가 굉음과 함께 폭파 침몰되었다.(이하 "본 사건"이라 함).

5-2. 사건조사 · 활동 경과

5-2-1. 1945년 9월 18일 피해자 장종식씨의 제보로 부산일보에 우키시마호폭침사건이 최초로 보도되다.

5-2-2. 1945년 9월 10일 재일조선인연맹 중앙준비위원회에서 일본 정부에 우키시마호폭침사건 진상규명 요구하다.

5-2-3. 1945년 11월 24일 일본 정부가 사망자의 출생지 군수 앞으로 군속 사망 통지하다. 사망원인을 '우키시마호침몰사건'이라고는 표기하지 아니하였다.

5-2-4. 1945년 12월 7일 우키시마호 폭침사건에 대해서 재일조선인연맹 아오모리현 본부(위원장:손일)가 연합군최고사령부(GHQ) 사령관에게 조사보고하고 일본 정부를 고발하다.

5-2-5. 1946년 1월 GHQ(General Head Quarters:연합군최고사령관 총사령부) 법무국 검찰과에서는 재일조선인연맹에서 제소한 우키시마호 폭침사건에 대하여 "지금까지 입수된 정보의 모든 것은 신빙성이 없으며 확실한 범행사실이 밝혀진 것이 없다."며 조사를 중단하고 소를 기각하다.

5-2-6. 1946년 3월 재일조선인연맹에서 일본 정부에 우키시마호 사건 해결 유예 신청하다.

5-2-7. 1950년 2월 1일 마이즈루 조선인 단체가 마이즈루 지방복원잔무처리부에 진상규명 요구하다.

5-2-8. 1950년 2월 15일 요코스카 지방복원잔무처리부에서 마이즈루 지방복원잔무처리부에 사망확인서, 호적말소통지서, 사망자명부를 송부하다.

5-2-9. 1950년 3월 13일 1차 우키시마호 인양작업 개시하여 103구의 유골을 수거하였고, 수거한 유골은 마이즈루 지방복원잔무처리부의 영안실에 안치하다.

5-2-10. 1953년 12월 3일 국유였던 우키시마호를 개인기업에 불하할 셈으로 공개 입찰하여 (주)이이노중공업으로 2천5백만엔에 낙찰되다.

5-2-11. 1953년 12월 재일조선인단체의 요청단이 진상규명, 사망자 확인과 보상, 유골수거와 공양을 요구하며 연일 마이즈루 지방복원잔무처리부와 관계 관청에 항의 방문하다.

5-2-12. 1971년 11월 20일 신원이 확인된 유골을 한국 정부를 통해 유족에게 반환하다.(1차)

5-2-13. 1974년 12월 8일 신원이 확인된 유골을 한국 정부를 통해 유족에게 반환하다.(2차)

5-2-14. 1975년 7월 조선인강제연행진상조사단이 동북지방 현지조사 실시하다.

5-2-15. 1975년 8월 11일 동북지방 조선인강제연행진상조사단이 의혹의 폭침을 당한 우키시마호의 자폭설의 증언을 발굴하다.

5-2-16. 1975년 10월 동북지방 조선인강제연행진상조사단이 "동북지방 조선인강제연행실태" 자료집을 발간하다.

5-2-17. 1977년 8월 13일 NHK에서 다큐멘터리〈폭침〉방영하다.(45분간)

5-2-18. 1978년 8월 24일 우키시마호 희생자 추모비 제막식하다.(마이즈루시)

5-2-19. 1989년 8월 23일 마이즈루시 교직원노동조합이 우키시마호

폭침사건 홍보활동을 시작하다.

5-2-20. 1992년 8월 우키시마호사건 원고단이 교토지방재판소에 사죄와 배상을 촉구하는 소를 제기하고 생존자인 김동천씨가 교토에서 일본과 일본인들의 만행을 폭로하면서 오미나토 항과 마이즈루만 현지를 방문하다. 김태석, 김수곤씨 동행함.

5-2-21. 1992년 2월 한국의 태평양전쟁희생자광주유족회(회장: 이금주)에서 우키시마호폭침사건 사망자 명단을 공개하고 유족찾기를 시작하다.

5-2-22. 1992년 5월 일본 인권변호사와 NHK 기자단이 광주 대동고등학교 체육관에서 우키시마호사건 원고들의 증언을 청취하다.

5-2-23. 1992년 10월 우키시마호사건사죄와보상을촉구하는재판을추진하는회측의 초청으로 관련 변호인단, 회장, 사무국장, 생존자들이 교토에서 대책회의를 개최하다.

5-2-24. 1993년 1월 일본인 변호사 2명이 광주유족회를 방문하여 우키시마호폭침사건 원고들의 증언을 청취하다.

5-2-25. 1993년 3월 우키시마호폭침사건 1차 공판이 교토지방재판소에서 열리다. 광주유족회 회원과 원고단이 대거 참가하였다.

5-2-26. 1993년 6월 한국의 반핵아시아포럼 한국위원단이 시모키타반도 조선인 강제노동 현장을 답사하고 조사하다.

5-2-27. 1995년 12월 2일 천안시민회관에서 생존자전국합동증언대회를 개최하고 우키시마호폭침진상규명회를 창립하다.

5-2-28. 우키시마호폭침진상규명회 회원과 집행위원들이 남측 생존자 탐방취재에 나서서 생존자개인기록부를 만들다.

5-2-29. 1996년 7월 28일 시모키타지역문화연구소 초청 증언대회를 충남 천안에서 개최하다.

5-2-30. 1996년 8월 11일 KBS-1TV 일요스페셜프로그램에서 60분간

사건의 전모를 방영하다.

5-2-31. 1998년 8월 24일 교토 재일조선인역사조사회 회장 류구채 회장과 함께 사건과 관련하여 남측에서 남북공동조사단 구성을 제의하고 남북공동성명서를 발표하다.

5-2-32. 북측 조선 일본인《위안부》및 강제련행피해보상대책위원회는 해외단체들과 연대하여 폭침사건의 진상을 규명하는데 주력하였다.

5-2-33. 북측 조선예술영화촬영소는 2000년《조선인강제연행과 우키시마호폭침사건》을 주제로 영화 《살아있는 영혼들》을 제작하였다.

5-2-34. 2000년 2월 24일 우키시마호폭침진상규명회 전재진 회장이 교토지방재판소에 증인으로 출석하여 변호인단의 요구에 따라 증언하다.

5-2-35. 2001년 6월 북측 조선예술영화촬영소가 제작한 "살아있는 영혼들"이 홍콩국제영화제에 출품되어 참가국의 주목을 받았다.

5-2-36. 2001년 8월 14일 생존자 정기영씨가 홍콩에서 기자회견을 갖고 우키시마호폭침사건의 진상을 폭로했다.

5-2-37. 2001년 10월 우키시마호사건피해자배상추진위원회를 결성하다.(위원장: 한영용).

5-2-38. 남측 진상규명회는 2002년 5월 현재 남쪽에서 82명의 생존자를 찾아 개인기록부 작성을 완료하다.

5-2-39. 2003년 9월 29일 평양에서 남북 대표단과 일본 동포 연구가와 활동가들이 참가한 가운데 《우키시마루 사건 진상규명을 위한 평양토론회》를 개최하였다.

5-2-40. 2004년 2월 13일 대한민국 국회의 비준을 얻어 (일제강점하강제동원피해진상규명등에관한특별법이 국회에서 의결됨) 동년 11월

10일 대통령령에 따라 발족한 일제강점하조선인강제동원피해 진상규명위원회가 2005년 3월 25일 본 우키시마호폭침사건 진상조사 개시를 결정하였다.

5-3. 시민사회단체 활동 개요

5-3-1. 재일조선인연맹 아오모리현 본부(在日朝鮮人聯盟青森本部)

〈1945.12.7. 위원장: 손일〉 : 1945년 10월 15일 히비야공회당(日比谷公會堂)에서 결성된 재일조선인연맹 지역조직의 하나인 아오모리현 본부로서 사건 발생 당시부터 12월 초까지 사건의 진상을 조사하여 연합군사령부(GHQ)에 그 내용을 첨부하여 사건을 해결해 줄 것을 요청하는 소를 제기하였음. 그 뒤 연합군사령부 법무국 검찰과에서 소제기와 관련된 일본군의 범죄행위에 대해 조사중단과 소를 기각하는 등 미온적이며 비인도적인 처사에 반발하여 1946년 3월 GHQ측에 사건 해결 유예 신청하였다.

5-3-2. 재일조선인강제연행진상조사단(在日朝鮮人强制連行眞相調査團)

〈1975.7〉: 홍상진 사무국장의 헌신적인 노력으로 조선인 강제연행 진상의 전반적인 사항을 자료로서 밝혀냈고, 일본 정부가 우키시마호폭침사건과 관련하여 GHQ에 보고한 보고서가 축소, 조작되었음을 밝혀냈다.

5-3-3. 우키시마호순난자추도실행위원회 (浮島丸殉難者追悼實行委員會)

〈회장: 노다 미키오(野田幹夫)〉: 마이즈루 시민이 주축을 이룬 本會는 사건 발생 지점이 내려다 보이는 해안가 언덕위에 희생자들을 추도하는 위령비를 세우고 그 앞에는 공원을 조성하여 해마다 8월24일에 마이즈루 시민은 물론 교토시민 그리고 정부 관계기관에 호소하여 성대한 추도회를 개최하고 있다. 뿐 만 아니라 본 사건 진상규명의 일환으로 "우키시마호 사건기록(浮島丸事件記錄 1989.8.24)"을 발행하였으며 본 사건의 진상규명운동이야말로 진정한 평화운동이라는 기치 아래 일본 정부의 사죄와 배상을 촉구하고 있으며 일본의 관련 단체와 남측의 우키시마호폭침진상규명회와 연대하며 진상조사에 협조를 아끼지 않았다.

5-3-4. 시모키타지역문화연구소(下北地域文化研究所) 〈소장: 사이토 사쿠지(齊藤作治)〉: 향토사학자인 사이토 사쿠지 선생의 제안으로 결성된 본회는 "왜 시모키타반도에는 그렇게 많은 조선인이 있어야했는가?"고 의문을 제기하고 향토사 조사에 접근하였다. 곧 사이토 회장이 "우키시마호는 왜 서둘러 출항했는가?"에 대해 향토학자로서 문제제기하고 우키시마호 사건 진상규명운동에 착수하였다. 본회는 시모키타반도 뿐 만 아니라 아오모리현 일대 그리고 마이즈루시를 두루 살피면서 폭넓은 활동을 전개해 왔으며 그 후속기구로 "우키시마호시모키타친우회"를 탄생케 하였다. 특히 남측의 진상규명회 초청에 응하여 충남 천안에서 당시의 상황과 사건의 흉칙함을 폭로·증언하였다.

5-3-5. 우키시마호사건사죄와보상을촉구하는재판을추진하는회(浮島丸事件謝罪·賠償促求裁判推進會)〈회장: 송두회〉: 우키시마호 사건의 수부도시(首府都市)인 교토(京都)에서 사건에 대해 일본 정부의 사죄와 보상을 촉구하는 재판을 추진했다. 본회는 인권변호사로 전문변호인단을 구성하여 남측을 직접 방문하여 생존자들의 증언을 듣고 채록하였다. 태평양전쟁희생자광주유족회가 교토지방재판소에 제소한 재판을 지원했다.

5-3-6. 조선인전쟁희생자추도회(朝鮮人戰爭犧牲者追悼會)〈1991. 대표:

고바야시 키히로(小林喜平)〉: 동경 우천사에 안치된 우키시마호사건 희생자 추도행사를 해마다 주관하고 있다.

5-3-7. **태평양전쟁희생자광주유족회(太平洋戰爭犧牲者光州遺族會)〈회장:이금주〉:** 태평양전쟁 당시 강제징용·징병당한 조선인들의 피해배상촉구는 물론 일본 정부의 사죄와 진상규명 그리고 희생자의 유골송환과 명예회복 등의 문제를 해결하려고 생존자 당사자와 유족들이 모여 결성한 단체로 우키시마호폭침사건 원고단을 구성하여 1992년 교토지방재판소에 본 사건을 제소하였고, 2001년 8월 23일 원고 일부 승소 판결을 받아냈다. 대일천인원고단을 조직하여 활동해 왔다.

5-3-8. **우키시마호사건희생자유족회(浮島丸事件犧牲者遺族會)〈회장:전승열〉:** 우키시마호폭침사건 희생자 유족단체로서 교토지방재판소에 제소한 재판의 원고단으로서 활동하였다.

5-3-9. **우키시마호폭침진상규명회(浮島丸爆沈眞相糾明會)〈회장:전재진〉:** 1993년 진상규명회 준비위를 결성하였고 1995년 12월 2일 우키시마호폭침진상규명회를 창립하였다. 사건의 진상을 규명하려고 일본의 강제노동현장조사, 폭침현장조사, 국내 생존자 탐방조사들을 해왔으며, 일본과 홍콩의 시민단체와 연대활동하다. 2002년 5월 현재 82명의 생존자를 찾아 기록했으며 인터넷 홈페이지를 구축하여 사건 홍보에 힘썼다. 2003년 9월 29일 "우키시마마루 진상규명을 위한 평양토론회"에 참가하여 남측에서 조사한 내용을 발표하고 문건으로 전달하였다.

5-3-10. **조선일본군위안부및강제연행피해자보상대책위원회<위원장:홍선옥>:** 일제가 자행한 820만 조선인 강제연행 실태와 일본군 종군위안부 피해와 희생 실상을 심층 조사하였고, 2003년 《우키시마마루사건 진상규명을 위한 평양토론회》를 주관

하여 유엔인권판무관대리에게 보내는 편지, 일본정부에 보내는 편지, 북과 남 해외단체들의 공동성명을 채택하였다.

5-3-11. 교토재일조선인역사조사회(京都在日朝鮮人歷史調査會) 〈회장: 류구채〉: 사건 발생 현지에서 진상규명과 홍보, 실질적인 해결촉구에 힘쓰고 있으며, 남측의 진상규명회와 연대활동하며, 대학 강단을 통한 역사 진실규명에 기여하였다.

5-3-12. 우키시마호희생자진상구명위원회(浮島丸犧牲者眞相究明委員會) 〈대표:리병만〉: 사건 발생 현장에서 가장 가까운 거리에서 진상규명에 노력하고 있으며, 2002년 3월 1일 서울에서 남측의 진상규명회와 관련단체가 주최한 "피해자전국대회"에 참가하여 "아직도 마이즈루만해저에는 유해가 남아 있음"을 발표하였다.

5-3-13. 천안민주단체협의회 (天安民主團體協議會) <대표:이용길>: 1995년부터 13개 시민사회단체가 참여하여 진상규명운동을 협력·지원·대응하고 전국희생자합동위령제를 주관했다.

5-3-14. 자주평화통일민족회의(自主平和統一民族會議): 민족회의 산하기구로 "우키시마호폭침사건특별위원회"를 설치하고 남북공동대책위(가칭) 결성을 도모하였다.

5-3-15. 우키시마호시모키타친구들의회(浮島丸下北親友會)〈대표:야나기코자부로(柳幸三郞)〉: 우키시마호에 승선했던 조선인들이 혹사당한 노동현장 유적 보존운동과 동시에 사건 홍보에 활약하였다.

5-3-16. 우키시마호사건피해자배상추진위원회(浮島丸事件賠償推進委員會)〈위원장:한영용〉: 2001년 10월 위원회를 결성하였다. 피해자명단을 공개하여 유족 확인에 나섰고 피해자 유족들과 함께 실질적인 배상 청구를 추진하고 있다.

5-4. 사건 전모

5-4-1. 사건 배경

① 1941년 12월 8일 일본이 진주만을 기습 공격함으로서 발발한 태평양전쟁이 미군의 연승으로 일본군이 장악하였던 태평양전선이 점차 좁혀지며 일본군이 전선에서 불리해지기 시작했다. 이 때 대본영은 이에 필요한 병력과 노동력을 조선인으로 충당할 것을 결의하고, 이미 1939년부터 감행하던 "조선인 노무자 내지 이입에 관한 건"을 내무·후생차관 이름으로 "국가총동원법"을 발표하였다. 국가총동원법을 발표한 뒤 조선인의 민족적 저항을 두려워한 일본 정부는 처음에는 모집방식을 취했으나 태평양전쟁 말기에 접어들면서 관알선(官斡旋), 할당(割當), 징용(徵用), 징병(徵兵)방식으로 전선과 군사시설공사장, 광산들에 조선인을 연행해 투입했다.

② 1943년 전세의 불리함을 파악한 대본영은 연합군의 본토 상륙과 연합군 함대의 동해 진입을 방어하기 위한 군사시설 확충과 군사요충지의 시설강화를 위한 공사를 대대적으로 강행하기 시작했다.

③ 아오모리현 시모키타반도의 오마자키는 일본 본토의 최북단에 있으며 하코다테 해군기지와 마주보고 있어 일본 본토에서 생산된 군수물자를 공급하는데 절대적인 위치였다.

④ 츠가루 해협권을 군사적으로 점령당하여 미군의 함대가 동해로 진입하게 되면 일본군에게 치명적인 열세를 초래하게 되는 것은 자명한 사실이었다. 이런 군사요충지역의 하나인 츠가루 해협의 제공권과 제해권을 장악하려면 북해도의 하코다테 해군기지(函館海軍基地)를 강화해야 했는데 그 후방지원 지역이 바로 아오모리현 시모키타반도(青森縣 下北半島)였다.

⑤ 그리하여 대본영은 시모키타반도 안에 주둔하고 있는 6만 명의

해군이 외부와 지원이 끊겨도 3개월을 버틸 수 있는 각종 군수물자 저장시설과 전쟁 수행에 필요한 각종 군사시설을 설치할 계획을 세웠는데 그 시설로서 해군전용비행장으로는 미사와비행장과 가바야마비행장, 오미나토비행장이고 오마철도, 터널, 지하탄약고, 지하방공호, 포대시설, 군용도로, 방호벽설치, 항만시설과 수리, 군수물자 상하역, 비행기격납고, 돌격용 특수정격납고, 택지조성에 따르는 각종 토목공사들이었다.

⑥ 이에 대본영은 각종 군사시설에 필요한 인력으로 조선인 9천명을 투입할 것을 지령하였다. 공문지령은 대본영의 국가총동원법을 근거로 하여 군사전략에 적용하는 징용과 징병방식이었고 기업의 요청을 승인함으로서 기업이 모집자를 조선에 파견하여 조선총독부의 알선과 강압으로 연행하였다.

⑦ 위의 ①~⑥을 배경으로 1942년부터 1945년까지 시모키타반도로 연행된 조선인과 이 기간에 일본 본토에서 유입된 조선인 가족생활자, 홋카이도에서 남하한 조선인 노무자, 미사와비행장 조선인 노무자, 이와테현에서 온 조선인들이 모두 츠가루해협을 방어하던 해군 포함(砲艦)인 우키시마호(浮島丸)에 승선하였다.

⑧ 위의 ⑦에서 언급한 조선인을 태운 우키시마호는 부산항으로 도착하는 것이 당연한 일이었으나 아오모리현 오미나토항을 출항하여 부산을 향해 직항로를 택하지 아니하고 일본 해안선을 따라 남하하다가 돌연히 마이즈루만으로 회항하여 마이즈루만 안쪽에 있는 도시마와 헤비지마 사이에서 멈춰 서서 굉음과 함께 폭파 침몰되었다.

⑨ 이 사고로 524명의 조선인과 25명의 해군승무원이 사망하였다고 일본 정부가 발표하였으나 승선자 수, 사망자 수, 침몰 원인들에 대해 의혹이 산처럼 쌓여 있으며, 62년이 지난 2007년 7월 현재까지도 일본 정부 차원의 조사 자료가 공개되지 않고 있어 사실상 진상이 규명되었다고 볼 수 없다.

5-4-2. 승선

① 오미나토해군경비부 또는 기타 관련기관에서 우키시마호에 승선하라는 명령이 떨어지기 전에 이미 가바야마비행장 시설지역과 타나부 지역 해군부대에서는 조선인을 기차 편으로 시모노세키까지 수송할 계획이었으나 마침 우키시마호가 남쪽으로 항해한다는 방침이었으므로 기차 수송을 취소하고 우키시마호에 승선토록 하였다.

② 조선인들 대부분은 조국으로 돌아갈 수 있다는 희망에 부풀어 배를 탔으므로 강제승선이라 단정할 수 없으나 일부 조선인과 해군병사들이 위험요소를 직감하고 승선을 거부했었다.

⇧ 조선인이 우키시마호를 타려고 기다리던 골목과 마당. 이 광장은 기구치잔교와 붙어있다. 〈촬영: 전재진 1993.10.6〉.
《내가 속해 있는 부대원들은 시모노세키까지 기차로 내려갈 예정이었으므로 가는 도중에 기차안에서 먹을 건빵을 배급받기도 하였다. 그런데 부대에서 기차 출발시간보다 일찍 나와서인지는 몰라도 기다리는 동안에 군부에서 '기왕 남쪽으로 내려가는 배가 있으니 배에 타라.' 는 것이었습니다. 그 때 탄 배가 우키시마호였습니다.〈증인-15. 강태철〉》

③ 귀국선인 우키시마호를 타려고 수 천 명의 조선인이 기구치잔교와 연결된 마당과 골목에서 기다렸다.

④ 오미나토해군경비부측은 「강제연행당한 조선인들이 시모키타반도 일대에서 학대·혹사당했기 때문에 그들을 빨리 귀국시키지 아니하면 폭동이 일어날지 모른다.」고 하였다.

⑤ 조선인들을 고용했던 토목공사 하청업체 측에서는 「우키시마호에 타지 아니하면 배급을 중단하겠다.」고 하였다.

⑥ 오미나토 해군경비부 해군 장교가 승선을 거부하는 사병에게 '배를 타지 않으면 군법을 적용하여 처벌한다.'며 군도를 빼들고 협박하며 승선토록 하였다. 해군 사병을 위협한 것은 한국인을 협박하려는 수단이었다.

⑦ 조선인들이 대기하고 있던 오미나토항 주변에는 「이 배(우키시마호)를 타지 아니하면 다시는 돌아갈 수 없다.」는 소문이 나돌았다.

⑧ 조선인이 오미나토항 바다 가운데 정박해 있는 우키시마호에 오를 때 해군의 지휘로 기구치 잔교에서 거룻배를 탔다.

⑨ 조선인을 실은 거룻배는 3일 동안 기구치 잔교와 바다 가운데 정박하고 있던 우키시마호를 왕복하며 조선인을 우키시마호에 태웠다.

5-4-3. 출항 전후 상황

① 우키시마호에는 1945년 8월 19일부터 21일까지 3일간 승선을 완료하였으나 다음날인 22일 밤 10시 이전까지 출항하지 않았으며, 당시 우키시마호 함장은 연합군 측의 명령에 복속된 해군성한테서 "8월 24일 오후 5시 이후에는 1백톤급 이상의 선박은 항해를 금지한다. 항해중인 선박은 가까운 항만으로 입항하라. 그렇지 아니하면 안전을 보장하지 않겠다."는 요지의 공문을 접수한 상태였다.

② 해군 병사의 직접행동으로 우키시마호의 선명(船名)을 페인트를

칠해 지웠다.

③ 전시에 사용하던 박격포등과 같은 포탄두를 제거하지 않았고 그 포탄두는 기관실 옆 창고에 있었다.

④ 기관실 옆 창고에 "폭파장치를 설치했다" 는 증언이 있다.〈중략〉 반강제하다시피 勞動者들을 滿載한 浮島丸에는「폭탄을 설치, 출항시켰는데 日本海에서 폭파할 예정이었다.」고 사사키(佐佐木,45)씨는 당시 大湊海軍工作部 造機科 (오미나토해군공작부 조기과:옮긴이)에 근무하던 父親의 말을 引用・증언했다.(1973년 5월 25일 중앙일보 제2376호)

⑤ 위 ①항에서 주지한 사실대로 8월 24일 오후 5시 항해제한시간을 피해 안전항해를 위해서라면 출항시간을 지연해서는 아니되었음에도 24시간 이상을 지연했다.

⑥ 출항시간을 24시간 이상 지연한 것에 대한 해석으로서 "항해금지 기점으로 볼 때 부산항에 도착할 수 없거나 연합군 제해권을 벗어날 수 없으므로 마이즈루만으로 회항했다는 합리적 주장을 확보하려는 계획적인 행위였다."로 판단한다.

5-4-4. 항해

① 우키시마호는 츠가루 해협을 빠져 나오자마자 이미 직항로를 택하지 아니하고 회항의 항로를 택하여 일본의 해안선을 따라 남하했다.

② 생존자들은 "우키시마호 승무원들한테 의심스런 행동을 여러 차례 목격했다."고 증언했다.

③ 항해 중 의심스런 행동으로는 "바다에 소지품을 던져버리는 행위" "양주를 취하도록 마시던 행위" "너희가 만약 3일을 무사하면 이 물건을 준들 어찌 아깝겠느냐!" 고 말한 행위 "어린아이에게 무슨 죄가 있느냐! 태어나 피어 보지도 못하고 사라지겠구나!" 고 말한 행위, 마이즈루만에 입항하면서 "회의시간이니 조선인은 모두 선실 안으로 들어가

라며 몽둥이를 휘두른 행위" "우키시마호가 폭파되기 직전에 승무원들이 구명보트를 이용하여 모선을 탈출한 행위" 들이다.

그림 2. 우키시마호 항로

5-4-5. 마이즈루항 입항 상황

① 1945년 8월 24일 당시에도 미군이 투하한 기뢰가 마이즈루만 부근에 다량 부설되어 있었으나 우키시마호가 마이즈루시 시모사바가 앞바다인 도리시마와 헤비지마 사이에서 완전히 멈출 때 까지는 폭발소리가 나지 않았다.

② 우키시마호가 마이즈루만에 완전히 멈췄을 때 접촉될 수 있는 기뢰는 수중을 떠다니는 부유기뢰로 규정할 수 있는데 당시 마이즈루만에는 부유기뢰가 투하되지 않은 것으로 알려졌다.

③ 우키시마호가 완전히 멈출 때까지 폭발음이 발생하지 않았다. 즉 기뢰에 닿지 않았으므로 안전항로로 입항한 것으로 확정한다.

5-4-6. 해군승무원 모선 탈출

① 우키시마호의 좌우와 앞뒤에서 해군승무원들이 구명보트를 내리고 여러 명씩 동시 다발적으로 모선을 탈출하였는 바 이는 지휘자의 통제와 명령이 아니면 있을 수 없는 행동이라고 판단한다. 그 이유는 패전국으로서 연합군 측의 명령에 따라 안전을 도모하려고 8월 24일

오후 5시를 맞춰 가까운 군항인 마이즈루 항으로 입항조치를 감행하였는데, 이미 사고가 발생하기도 전에 집단탈출을 시도했다는 것은 지휘자의 명령에 따른 것으로 간주할 수 밖에 없기 때문이다. 따라서 해군승무원들이 구명보트를 타고 모선인 우키시마호를 빠져나가는 행동은 상관의 명령에 따른 것이라 단정한다.

5-4-7. 침몰 상황

① 우키시마호는 1945년 8월 22일 오후 10시 오미나토 항을 출항하여 임의 항해로서 일본 해안선을 따라 남하하던 도중 연합군 측의 명령에 따라 8월 24일 오후 5시까지 가까운 군항인 마이즈루 항으로 입항했다.

② 우키시마호가 마이즈루만 해상에 멈춰서기에 앞서 해군승무원들이 갑판위에 나타나, 지금 곧 비상회의가 있으니 조선인들은 모두 선실 안으로 들어가라고 몽둥이를 휘두르며 소리쳤다.

③ 우키시마호는 "소해완료"라는 신호를 받고 호위정의 안내에 따라 안전항로로 따라 들어갔다.

④ 우키시마호가 마이즈루만 시모사바가 앞바다 도리시마와 헤비지마 사이에 완전히 멈춰 설 때까지는 폭발음이 발생하지 않았다.

⑤ 우키시마호가 완전히 멈춰 선 다음 해군승무원들이 구명보트를 내리고 모선을 탈출하였다.

⑥ 해군승무원들이 몽둥이를 휘두르며 아래층으로 내려가라고 했으나 우키시마호 갑판위에는 다수의 조선인들이 바깥 풍경을 구경하고 있었다.

⑦ 해군승무원들이 모선을 탈출하자마자 우키시마호는 굉음과 함께 폭파되면서 침몰하기 시작했다.

⑧ 우키시마호는 배의 중앙부분 선저와 선벽이 파열되었기 때문에 가운데부터 구부러지기 시작하여 침몰 최후에는 마스트만 보였다.

⑨ 우키시마호가 폭파당한 직후부터 배의 주변 수면은 검은 기름으로 덮여 바닷물에 떠 있는 사람들이 모두 검은 기름을 뒤집어썼다.

⑩ 우키시마호가 침몰하기 시작하여 한국인들이 비명에 죽어갈 때 인근에 정박 중인 함정들은 구조에 나서지 않았으며 해군승무원들도 조직적인 구조에 나서지 않았다.

⑪ 사고 당시 구조에 나선 집단은 작은 어선을 소유한 인근 어민들 뿐이었다. 어민들은 대형해난사고에 대처할 훈련을 받은 사실이 없고 구조 경험도 없었던 것으로 판단한다.

⑫ 오미나토 항에서 3일간이라는 승선 경험칙상 우키시마호가 침몰하기 시작한 뒤 일몰시간을 앞둔 불과 두시간만에 수 천 명의 조선인을 구조했다고 인정하기는 어려우며 어둠 속에서는 구조가 불가능했음을 일본 측은 인정해야 한다.

⑬ 1945년 8월 24일은 음력 7월 17일이었고 서울 기준으로 일몰시간이 19시 15분이었다.

5-4-8. 침몰 뒤 상황

① 구조되었거나 자신이 헤엄쳐 살아난 조선인들은 기름으로 덮인 알몸과 맨발로 밤길을 따라 임시수용소에 수용되었다.

② 1945년 8월 25일부터 수일 동안 시모사바가 해안가는 물론 마이즈루만 해변에 헤아릴 수 없이 많은 시체가 밀려들었다.

③ 사건 발생 다음날부터 조선인 생존자들이 가족의 시신을 찾으려고 해안가에 나갔으나 얼굴이 검은 기름으로 덮여 있고 살이 퉁퉁 부어올라 얼굴을 구분할 수 없어 가족을 찾지 못하였다.

5-4-9. 임시 수용 실태

① 전방 4Km에 있는 해병부대에 임시 수용되었다. 수용인원은 아직 밝혀지지 않았으나 생존자들의 증언에 따르면 8백 명 정도이다.

② 밥과 물이 없거나 부족하여 설익은 감을 따 먹었거나 고구마 순을 먹어 배탈이 나기도 했으며 폭침 바다에서 기름을 먹은 사람이 사경을 헤매어 뒷산 계곡에서 신발에 물을 담아와 먹일 정도로 악조건이었다.

③ 수용소에서 증기폭발사고가 일어나 다수의 조선인이 사망했고 수십 명이 트럭에 실려 병원으로 후송되었다.

④ 3일 뒤에야 연병장에 모여 주먹밥 한 덩어리씩 받아 먹을 수 있었으나 반찬은 없었다.

⑤ 의복으로는 헌 군복이 지급되었고 담요는 일부는 지급하고 일부는 지급하지 않았다.

⑥ 모두들 온몸이 기름투성이였지만 닦을 만한 비누도 없었다.

⑦ 수용인의 명단을 작성하지도 않았으며 신원을 파악하는 일도 없었다.

5-4-10. 조선인 사체처리

① 해안가에 밀려든 시신을 밧줄로 엮었다.

② 바다에 떠다니는 시신은 줄로 엮어 침몰한 우키시마호 마스트에 매어 놨다가 인근 동굴과 타히라 해병단과 마츠자키(松々崎) 해병단 빈터로 옮겨 기름을 붓고 태웠다.

③ 시신을 타히라 해병단(平海兵團) 뒷산 계곡과 마츠자키(松々崎) 해병단 빈터에 집단 매립하였다.

④ 시신에 기름을 붓고 태워 집단 매립하였다.

⑤ 해안가 바위틈과 자연동굴에 방치했다.

⑥ 고구마밭 이랑에 묻었다.

⑦ 침몰한 우키시마호를 즉시 인양하지 않았기 때문에 사체 인양도 즉시 이뤄지지 않았다.

5-4-11. 2차 후송 과정

① 동마이즈루 역에서 시모노세키 역까지 기차로 후송하였다.

② 조선인들은 사건의 재발을 염려하고 있었다.

③ 강풍과 홍수로 죽은 사람이 또 있었다.

④ 시모노세키 역에서 부산행 배를 기다렸으나 통행증이 없어 배를 탈 수 없어 다시 센자키 역으로 간 사람도 많다.

⑤ 해군들의 후송계획이나 인솔태도가 불량한 점으로 미뤄 재차 테러가 우려되어 대열을 이탈하기도 했다.

⑥ 부상자들이 많으나 치료를 받을 수 없었고 시모노세키에 내렸으나 배급이 없어 시모노세키항 광장에 쌓여있는 중국산 콩을 가져다 골목이나 다리 밑에서 비를 피해가며 연명하였다.

⑦ 귀국하려는 조선인의 인파가 몰려들어 이 때부터는 우키시마호 사건 관련 조선인으로 분리 인솔하지 않았다.

⑧ 가바야마 본부(해군본부?) 본부장이 사건 발생 후에 찾아와 바다에서 죽은 자 3천명에게는 각각 300엔씩 집으로 부쳐주고 생존자 8백명에게는 여비로 40엔을 지급하고자 한 것으로 증언이 확보되었으나 지급 여부는 확인되지 아니하였다.

5-4-12. 사건 전모 발표의 문제점

① 사건에 대해 조사를 하지 아니하고 겨우 일주일이 지난 1945년 9월

1일 우키시마호 도리우미 함장이 사건 전모를 발표했다.

② 발표한 내용에 따르면 조선인 524명과 승무원 25명이 우키시마호 침몰로 사망했다고 하였다.

③ 생존자 수와 실종자 수는 발표하지 않았다.

④ 사건과 관련하여 이 밖의 언급은 없었다.

5-4-13. 선체 수중 방치

① 침몰한 우키시마호를 즉시 인양하지 아니하였다.

② 선체를 수중에 방치하여 시신도 방치되었다.

5-4-14. 선체 인양

〔우키시마호 선체 고철을 팔아넘길 셈으로 공개 입찰하여 (주)이노중공업(飯野)에 2천5백만엔에 낙찰되었다〕

① 1953년 3월 13일에 1차 우키시마호 선체 인양 작업 개시하여 103위(位) 유해를 수거하였다. 유해는 마이즈루지방복원잔무처리부의 영안실에 안치했다.

② 1954년 1월에 2차 우키시마호 선체 인양 작업을 개시하였고 245위(位) 유해를 수습하여 마이즈루 東本願寺 별관에 안치했다.

③ 인양 당시 유해의 원형 보존 공법으로 인양할 것을 요구했으나 묵살당하고 다이나마이트로 폭파하는 공법으로 인양했다.

④ 인양 당시 조사자나 신문기자에게 사진 촬영이 허용되지 않았다.

⑤ 우키시마호는 배의 밑바닥에 평형유지용으로 3백50톤의 돌을 깔았다. 1954년 2차 인양 당시 선저에 깔았던 많은 돌을 제거할 수 없었으므로 선체의 밑 부분 고철은 수거하지 못하였다.

5-4-15. 해저 유해

① 우키시마호는 기관실 내부에서 폭발하였다. 배 밑바닥이 뚫리면서 바닷물이 선실 안으로 솟아올랐다. 기관실 옆 선실에서 위층으로 올라 나오는 문에는 나무로 임시사다리를 설치했는데 이 사다리가 부러져 많은 사람이 빠져나오지 못했다. 이 때 빠져나오지 못한 조선인들은 1953년 3월 1차 인양 때와 1954년 1월 2차 인양 때 유해로 수거하였으나 완전한 수습이 될 수 없었다.

② 마이즈루만을 군항으로 다시 쓸 계획으로 1997년 해저를 탐색 정리하는 과정에서 일본인 잠수부가 유골을 발견하고 마이즈루시 '우키시마호희생자진상구명위원회' 리병만 회장에게 바다 밑에 유해가 있다는 사실을 제보하였다.

5-4-16. 일본 현지 조사 · 취재

〔참가자: 전재진(우키시마호폭침진상규명회 회장), 이토 다카시(일본 사진작가), 무카이 미도리(진상규명회 일본활동가, 통역)〕

⇧ 동마이즈루 역 간판(東舞鶴驛)

1998년 2월. 교토부 동마이즈루역 광장에는 막 녹기 시작한 눈이 차도를 피해 옆으로 치워져 있었다. 마이즈루만을 둘러싸고 있는 산중턱에서 마을에 이르기까지 뽀얀 안개가 자욱이 들어 찬 마이즈루시에 가랑비가 부슬부슬 내리고 있었다. 내가 처음 찾은 마이즈루만에 내리는 비는 예사스런 비가 아니었다. 가슴이 무겁게 저며옴을 느끼며 차창 밖으로 카메라 렌즈를 들이댔다. 옛날에 한번쯤 와 본 듯 낯설지 않음은 아마도 수많은 조선인들의 넋이 잠들어 있어서 일까! 감히 함부로 입을 열 수 없는 침통한 기분만 계속될 뿐이다.

마이즈루시(舞鶴市)는 행정구역상 동마이즈루(東舞鶴)와 서마이즈루(西舞鶴)로 돼 있는데 태평양전쟁 당시 동마이즈루에는 두 지점에 해병단이 주둔하고 있었다. 지금의 동마이즈루에는 옛 해병단의 터만 남아있고 군항의 뱃도랑 가까운 곳에 전쟁인양기념관이 세워져 있으며 서마이즈루에는 일본해상자위대가 주둔하고 있다. 마이즈루만(舞鶴灣)은 수심이 깊고 조수간만의 차가 적을 뿐만 아니라 만(灣)이 육지와 넓고 깊숙하게 접해있어 군항으로서 천혜의 조건을 갖춘 곳이기도 하다. 마이즈루(舞鶴)란 지명은 산위에서 만을 내려다보면 마치 학이 춤추는 형상과 같다 하여 붙여진 이름이다. 그래서 지금도 해마다 추모제를 지내며 한 많은 영혼들을 달래는 살풀이춤을 추게 된 것인가 보다!

널직한 광장을 앞에 둔 동마이즈루 역사(驛舍)는 옛 모습을 감췄고 마이즈루만에서 우키시마호폭침사건 당시 살아난 조선인들이 시모노세키로 가는 기차를 타려고 기다리던 자리는 영업용 택시가 줄지어 승객을 기다리고 있었다.

"굉장한 폭발소리가 났다지요."

"폭침 당시 바다는 온통 뱃기름으로 덮였었다지요?"

"벌거벗은 온몸이 뱃기름으로 덮여 눈만 뒤룩거리며 가족과 이웃사람을 찾느라 돌아다녔다지요?"

"신발도 없이 알몸으로 수용소까지 밤길을 걸었다지요?"

그렇다! 그 자리에는 우키시마호의 기관실에서 터져 나온 뱃기름으로 얼룩진 알몸에 담요를 뒤집어 쓴 조선인들이 고향으로 돌아가려고 앉아 있었던 것이 분명하다. 눈앞에 그 영상이 선명하게 나타난다. 마이즈루만 시모사바가 해안으로 가기 위해서는 다른 교통편이 없었다. 환율상승으로 택시 값이 비싼 줄 알면서도 예상하지 않았던 택시를 타야만 했다.

과거 태평양전쟁 당시 그 위엄을 과시하던 타히라해병단 담을 끼고 해안선을 따라 좁게 난 도로를 달리며 눈에 들어오는 마이즈루만에는 익히 알고 있던 도리시마(鳥島)와 헤비지마(蛇島)가 저만치 자리잡고 있고, 조금 멀리 도시마(千島)가 시야에 들어왔다. 비가 안개를 날렸는지 안개가 비를 뿌리는지 알 수 없는 우중충한 날씨 속에 우키시마호 희생자 추모비 앞에 다가섰다.

⇧ 우키시마호가 침몰한 시모사바가 바닷가에 세운 위령탑. 〈촬영:전재진 1998.2.20〉

치마저고리를 입고 왼팔에 한살배기로 보이는 남자아이를 안은 어머니가 주시하고 있는 곳은 50여 년 전 아비규환으로 얼룩진 바다 한 가운데이다. 우키시마호가 참혹하게 침몰당한 곳이다. 그 곳은 멀지 않았다.

"돌아가고 싶소이다! 부모형제가 지금도 나를 기다리고 있을게요! 나를 고향으로 돌려보내 주시게! 마이즈루만은 춥고 배고파 못살겠네! 지금도 눈앞에서 오가는 일본해상자위대 함정들이 증오스러워 가슴이 터질 것만 같다네."

"소주라도 한병 사올 걸 그랬나요?" 하며 안내하던 이토 다카시(伊藤孝司)씨가 말을 건넨다. 나는 이 말에 "아니오 괜찮습니다. 견딜만 합니다."로 응수하고 말았다.

이 추모비는 1978년 마이즈루와 교토지방의 시민들이 "우키시마호순난자추모비건립실행위원회"를 결성하여 침몰지점이 보이는 시모사바가 바닷가에 세운 것이다. 교토부 마이즈루 시민들은 우키시마호 폭침사건이 풍화되지 않고 미래에도 전해져야 한다는 생각에 사상과 종교를 초월하여 인도적인 입장에서 기념공원과 추모비를 완성하고 평화와 국제

우호의 가교적 의미를 갖도록 한 것이다. 대나무 숲을 배경으로 서 있는 추모비 앞에는 수십 그루의 연산홍이 정성스레 심겨 있다. 봄이 오면 화려한 꽃잎을 내밀어 슬픈 영혼들을 위로하기에 부족하지 않을 것 같다.

1945년 8월 24일 늦은 오후에 폭발소리를 듣고 배가 침몰하는 광경을 현장에서 목격하고 집에서 어업용으로 이용하던 작은 배로 구조에 나섰던 미시마 게이코(三島惠子) 씨를 만났다.

⇧ 사건 발생 당시 맨 먼저 구조에 나섰던 미시마 게이코 씨(가운데). 오른쪽은 본 진상규명회 활동가인 무카이 미도리 씨(통역). 〈촬영: 이토 다카시〉

*미시마 게이코: 바닷가에서 해산물을 채취하는데 갑자기 굉장한 폭발소리가 들렸어요. 허리를 펴고 보니 커다란 배가 가운데가 꺾이면서 가라앉기 시작하였습니다. 큰 사고가 났다는 생각이 들었어요. 나는 여자 몸으로 배를 몰고 다가가 구조에 나섰습니다. 30명 정도를 싣고 나왔는데 해군들이 여자라서 위험하니 구조하러 나오지 말라는 것이었어요. 그래서 나는 한번 구조하고 더 이상은 하지 않았어요. 내 시동생은 여러 차례 구조에 나섰으므로 조선인 여럿을 구조했을 겁니다.

*전재진: 해안가에 조선인 시체가 밀려들었다던데요?

*미시마: 사고가 난 뒤로 며칠이 지나도록 매일같이 시체가 밀려들어 마을 전체가 시체 썩는 냄새로 진동했습니다. 하여튼 머리가 아플 정도였으니까요.

*전재진: 시체들을 어떻게 처리했나요?

*미시마: 저는 시체 처리에 대해서 잘 모르겠습니다.

이들 현장 목격자들은 이제 역사속의 옛 이야기로 지나친다 해도 일본인으로 양심의 가책을 받을 일이 아니었다. 앞으로 해결할 일은 우리들의 몫으로 남아 있을 뿐이다.

희생자 추모비를 건립한 우키시마호순난자추모실행위원회측에서는 대리석으로 된 탑신의 이음매가 풍화돼 보수할 계획을 세웠다는 것이다. 그리고 이 추모비의 밑그림을 그린 요에 가츠히코(餘江)씨는 「우키시마호에 탔던 조선인들은 육신과 마음 모두 부산항을 향했으나, 추모비는 그 때 부산으로 돌아가지 못하고 마이즈루만에서 희생당한 조선인들을 위해 세워진 것이다. 그러므로 하루속히 돌아가고 싶어 하는 그들을 위해 그 의미를 담은 추모비를 부산에도 세워야 한다.」고 역설해 왔다.

험준한 산맥으로 둘러싸인 마이즈루만은 53년이 지난 지금도 역사의 진실을 삼킨 채 우키시마호와 같은 대형 선박과 함정에게 항로를 제공하고 있었다. 그 많은 세월 동안 원한의 마이즈루만을 떠나지 못하고 구천을 헤매고 있는 조선인들에게 청산별곡이나 한 구절 들려주는 것이 나의 최선일 수 밖에 없었다.

그리고 나는 결코 가볍지 않은 발걸음을 일본군과 일본인의 전쟁인양기념관으로 돌렸다.

일본인들이 마이즈루만 바닷가에 세운 "전쟁인양기념관"이란 태평양전쟁 동안 일본인과 일본군이 해외에서 전투하다가 천황의 항복에 따라 본국으로 돌아옴을 기념하는 곳이다. 특히 1945년 9월부터 마이즈루군항으로 귀국한 일본군과 일본인, 전쟁에 가담한 함정, 전쟁에서 사망한 유해 그리고 연합군 포로수용소에 수용되었다 풀려나 돌아온 일본군인들을 추도하는 기념관이다. 뿐만 아니라 태평양전쟁 당시 일본군이 전쟁터에서 죽어 묻혀있던 자리를 수 십 년이 지난 뒤에도 찾아내 유해가 없을 경우에는 그 자리의 흙과 모래까지도 파다가 전시했다.

이 전시관 건립사업은 마이즈루 시민들이 제안한 것으로, 건립하려고 시민들이 성금을 모으기 시작하였는데 교토 시민들에게도 전해서 많은 시민들이 참여하게 되었고 마이즈루 시측에서도 지원하고 있어 운영상에 큰 어려움은 없다고 한다.

여기서 눈여겨 찾은 것은 우키시마호에 관한 전시물과 자료였으나 찾을 수 없었다. 전시관에는 45년 9월 16일에 한국인 788명이 운선호(雲仙丸)를 타고 부산으로 돌아갔다는 기록은 있으나 우키시마호의 선체나 부서진 모습이나 사고가 있었다는 기록은 없었다. 물론 우키시마호는 일본군과 일본인의 귀국선이 아니었기 때문이라는 변명을 늘어놓을 수 있을 것이지만, 자국의 전쟁 감행 목적으로 강제연행했던 조선인들의 생명을 헌신짝처럼 바다에 내버리고, 사건의 존재 여부에 대한 한마디 기록도 하지 않았다는 것에, 시민운동으로 세운 전쟁인양기념관은 되레 안타까움과 아쉬움 조차도 일본인의 근성인 교사스런 차별만 여실히 보여줬다. 정말로 일본 정부가 주장한 대로 우키시마호가 미군이 투하한 기뢰에 닿아 침몰했다면 이 기념관이 좁아 전시하지 못할 정도로 야단법석을 떨었을 것이다. 미군의 기뢰가 터질 때 굉음을 음향으로 들려주면서 배가 가라앉는 모습, 처참한 기름바다, 해안가에 즐비했던 시체, 부서진 선체와 뚫어진 배 밑바닥과 일그러진 모습들을 낱낱이 수집하여 전시했을 것이 분명하다. 그들이 주장하는 전쟁시기가 아닌 평화시기에 미군의 기뢰에 맞았으니 패전국인 일본으로서는 국제사회에 미국을 압박할 수단으로 이 보다 더 유리한 사안은 없었을 것이다. 그런데도 아무런 기록이 없다. 참으로 의아한 일이 아닐 수 없다.

아침부터 내리던 비는 오후가 되어도 그칠 줄 모른다. 구조되어 살아난 조선인들이 시모사바가 바닷가에서 다시 배를 타고 서마이즈루로 이동되어 임시 수용되기도 하였다. 타이라해병단까지 걸어 가 수용되었던 사람들은 며칠 뒤에 서마이즈루로 다시 이동되기도 하였는데 마침 그 길을 따라 갈 수 있었다.

동마이즈루에서 서마이즈루 역까지 가는 시내버스를 타고 10여분이 지났을 때 만나기로 약속한 스나가 야스로(須永安郞)씨가 자신의 집 앞에서 기다리고 있었다. 스나가씨는 앞서 언급한 우키시마호순난자추모실행위원회 결성에 앞장서서 일했으며, 시모사바가에 추모비를 세운 사람 가운데 한사람이다.

*전재진: 그 동안 우키시마호 사건에 깊은 관심을 가지고 활동해 오신 점과 해마다 추모행사를 치러 주시는 점에 감사드립니다. 제가 5년 전부터 이 사건에 대해 조사해 왔습니다만 사고 지점인 마이즈루에 이제서야 오게 되어 죄송하게 생각합니다. 하지만 이 사건은 사건의 발단인 조선인 강제연행, 강제노동, 승선경위, 승선자 수, 부당한 출항, 안전항해 보장 문제 등이 먼저 조사되어야 하고, 그 다음으로 사건의 본질인 폭침과 사건의 사후처리에 대한 부당성 그리고 인권문제로 다뤄져 일본 정부의 사죄와 반성과 배상이 있어야 한다고 생각합니다. 선생의 견해나 제게 들려주고 싶은 얘기를 부탁드립니다.

⇧ 왼쪽이 스나가 씨

*스나가 야스로: 물론 일본 정부가 배상하는 것은 당연한 일입니다. 몇 가지만 말씀드린다면 1945년 9월 16일 운선호가 마이즈루에서 부산으로 갈 때에는 788명의 생존자가 포함되어 있었습니다. 이들 생존자들이 부산에 도착하여 사건을 공표함으로서 비로소

사건이 알려지기 시작한 것입니다. 그 당시 부산에는 일본으로 돌아올 군인이 대기하고 있었는데 운선호를 타고 마이즈루 항으로 2천명이 돌아온 것이지요. 한국의 부산에서 돌아온 그들이 우키시마호 사건 얘기를 듣고서는 「그것이 사실이냐?」고 묻자 해군들이 「지난 8월에 우키시마호가 촉뢰로 침몰했다. 약간의 희생자는 있었던 것 같지만 그 사람들한테는 나름대로 처리를 했다.」고 대답한 것입니다. 그것으로 우키시마호 사건이 일반 시민에게 알려지기 시작한 것이고, 8월 24일의 사건이 세상에 공표된 것은 10월 10일이었습니다. 이 때에 「아! 이건 뭔가 처음부터 이상하다.」는 의문에서부터 당시 보도기관이나 신문사 지국장에게 우키시마호 사건에 대해 물어도 그런 사건은 기억에도 없다고 했습니다. 우키시마호 사건에 대해서 보다는 「미군이 일본에 어떤 태도를 취할까?」에 대한 관심이 더 컸었던 것입니다. 그래서 시민들은 이 사건을 알지 못했지요.

그런데 1954년에 이르렀을 때 우키시마호를 인양하기로 결정하였다는 말이 들렸습니다. 그 때까지 배안에는 시체가 많다는 것은 상식적인 일이었으므로 일본의 조선인 단체가 인양하는 회사를 상대로 유골을 원형 그대로 인양할 수 있는 방법을 요청했습니다. 그러나 인양을 맡은 회사에서는 간단하게 다이나마이트로 폭파하는 것이 인양하기 순조롭다는 것이었습니다. 그래서 또 다시 「일본·조선우호협회」가 중심이 되어 유골 보존을 위해 원형 그대로 끌어 올려달라고 요청했습니다. 동시에 「위령제를 시행하자.」당시 교토 지사와 사회당, 공산당, 교원조합, 마을별 해방동맹회, 본안사(本安寺), 대학총장 그리고 교토의 민주적인 인사들이 추진하여 54년도에 위령제를 시행했습니다. 시민들에게도 「왜 위령제를 시행하는가!」라는 홍보물이 배포되어 알려지게 된 것입니다. 마이즈루 「일본·조선우호협회」가 중심이 되어 바로 이 고장에서 계속한 것이지요. 그런 동안 사건을 잘 아는 관계자들이 하나 둘씩 세상을 떠났습니다. 그래서 이대로는 사건이 풍화돼 가게 되므로 뭔가 형체로 남겨야겠다는 생각을 하게 된 것입니다. 이것이 바로 시모사바가 바닷가 언덕위에 세워진 「우키시마호순난자추모비」입니다. 추모비는 어느 특정인이 아니라 시민 전체가 참여해야 한다는 것을 기조로 마이즈루 시장을 회장으로 「우키시마호순난자추모비건립실행위원회」를 결성하였고 정당, 종교계, 학계 등에 호소하여 건립을 추진하였습니다. 이 같은 활동 속에서 확인된 것은 모두가 이해할 수 있도록 교육적인 효과가 있는 일을 해야겠다는 점과, 사건이 있었다는 것을 알리는 것도 중요하지만 후손에게 계속 전달하는 임무가 더 중요했다는 점입니다. 해마다 추모제를 여는데 한 때는 160여명이 참석하기도 했습니다. 1975년까지는 불교식으로 제를 올렸는데 그 뒤로는 누구나 다 참여할 수 있도록 종교색을 없앴습니다. 시민들에게는 좌익운동으로 비춰지기 쉽기 때문에 정당과 관계없이 일을 해야 했지요. 태평양전쟁과 일본(대본영)은 일본인 자체의 권리를 무시했을 뿐만 아니라 조선인에게는 그 보다 더 심했습니다. 그 가운데 하나가 우키시마호 사건이고 일본의 전쟁정책이 우키시마호 사건을 일으킨 것입니다. 그래서 이 같은 추악한 일이 되풀이되지 않도록 시민에게 이 운동을 전개해 나가고 있는 것입니다. 일본은 지금 군국주의를 강화해 나가는 것이 사실이기 때문에 우리는 시민들에게 조심하라고 호소하고 있지요. 교토의 만수사 스님한테 사망자 명단이 있었는데 그것을 근거로 사망자 명단을 게재한 책 《우키시마호사건기록》을 출간했습니다.

스나가씨의 성의있는 이야기 속에 마이즈루시에서 펼쳐지고 있는 시민운동 상황을 엿볼 수 있었다. 그들은 지금까지 그랬듯이 앞으로도 사건의 재발 방지와 사죄와 배상운동을 계속할 것이다. 우키시마호 사건의 출항지인 아오모리현 무츠시와 폭침 지점인 마이즈루시에서 또 마이즈루의 배후 도시인 교토에서 과거에서부터 지금까지 시민운동으로 끊임없이 진행돼 온 것은, 곤란한 옛일에 대해서는 쉽게 잊으려 하는 일본인들의 통상적인 관념을 비춰 볼 때 상당히 고무적인 일로 여겨진다.

일본에서 일본인으로 이 사건의 진상규명과 배상을 촉구하는 운동을 계속해 온 단체로는 아오모리현 시모키타반도 무츠시에 「시모키타지역문화연구소」와 「무츠시우키시마호친구들회」가 있고, 마이즈루시에는 「우키시마호순난자추모실행위원회」가 있으며, 교토에는 「우키시마호사건 진사와배상을촉구하는재판을 추진하는회」가 있다. 그리고 개인 연구가로는 재일교포 2세인 김찬정씨가 책 「우키시마호 부산항을 향하지 않고」를 출간했다.

「시모키타지역문화연구소」는 태평양전쟁 당시 조선인 강제연행에서부터 군사시설에 투입되었던 일련의 역사적인 일들을 배경으로 조선인들이 우키시마호에 승선하게 된 경위와 출항경위, 승선자 수 그리고 승선 당시의 오미나토의 사회적 상황 변화들에 실질적으로 잘 접근하고 있다. 뿐 만 아니라 이 사건을 강제연행이라는 본질적인 문제에서부터 해결해 나가지 않으면 안 된다는 견해이며 반드시 현금 배상이 이뤄져야 한다는 것이다.

마이즈루에서 해마다 추모제를 지내고 있는 「우키시마호순난자추모실행위원회」도 마찬가지로 진상규명과 배상의 책임을 확실하게 해야 한다는 것이며, 이 같은 일이 되풀이돼서는 안 된다는 시민운동에 중점을 두고 있다. 〈「우키시마호순난자추모실행위원회」 명칭속에 '순난자' 라는 말은 조국을 위해 목숨 바친 사람을 일컫는 말이다. 조선인에게는 맞지 않는 말이지만 일본 시민단체에서 쓴 명칭이기 때문에 원문대로 씀.〉

「우키시마호사건 진사와배상을촉구하는재판을 추진하는회」는 금년으로 13차례의 재판을 이끌고 있지만 이렇다할 만한 대책이나 방도를 마련하지 못하고 있다. 다만 일본 정부가 가지고 있는 관련 자료를 제출

⇧ 왼쪽부터 나카다 마사요시, 아오야기 야스코, 전재진

해 달라고 요구하는 정도이다. 소송에 필요한 최소한의 자료조차 공개하지 않으려 한다는 것이 이 재판의 변호를 맡은 나카다 마사요시(中田政義) 변호사의 말이다.

*전재진: 우키시마호 사건에 대한 견해를 말해 주시겠습니까?

*나카다: "촉뢰설"과 "자폭설"에 대해서 우리 변호인단은 "촉뢰" 일 것이라는 입장이었는데 그것은 내가 한 말이다. 그러나 사실은 어느 쪽도 아니다. 왜냐하면 "촉뢰" 라든가 "자폭" 이라고 판단할 수 있는 자료가 없기 때문입니다. 사망자도 5백명인지 5천명인지 확인할 자료가 없습니다. 우리 변호인단에서는 이러한 것들을 판단할 자료를 내놓으라는 입장입니다. 한국 측에서도 일본정부에게 관련 자료를 공개하라고 대사관을 찾아가 시위를 한다거나 압력을 가하는 운동을 해 주기 바랍니다. 그 동안 재판과정에서 확인할 수 있었던 것은 조선인 사망자에게도 1945년 11월 24일자로 「사망통지서」를 발송했다는 점입니다. 이 사망통지서에는 "우키시마호 사건" 때문에 사망했다고 기술하지 않았습니다. 우키시마호 폭침 사건에 대해 의견차이가 있는 것은 분명합니다. 그것은 일본측 활동가와 한국 측의 접근방식과 운동의 출발점이 달랐고, 또 한 가지는 아직 조사가 끝나지 않았기 때문입니다. 법률적으로 다루기 전에 사실 자체가 분명하지 않다는 것은 정보를 가지고 있는 일본 정부가 자료를 공개하지 않기 때문입니다. 그래서 자료를 공개하도록 계속해서 요구해 왔지만 지금까지 일본 정부의 태도는 대단히 불성실했습니다. 사망자 명단만 해도 40년 전에 일본조선인회에 보낸 자료인데 이 명단도 신빙성이 없습니다.

*아오야기 야스코(青柳敦子, 우키시마호사건 진사와배상을 촉구하는 재판을 추진하는회 사무국장): 일본은 의도적으로 또는 무의식적으로 자신들의 곤란한 점에 대해서는 말하지 않으렵니다. 1990년 10월 군인, 군속, 사망자 유족, 생환자 22명을 원고로 한 재판을 시작할 때까지도 일본인들은 이러한 역사적인 일에 대해 전혀 모르고 있었습니다. 그 원고단 가운데는 우키시마호 사건 관계자도 있었습니다. 그 뒤로도 여러 가지 재판이 시작되어 사할린 잔류 조선인 문제, 한국인 피폭자 문제, 재일한국인 법적 지위문제 등이 인식되기 시작했습니다. 이러한 것도 사실은 빙산의 일각에 불과했습니다. 많은 희생자가 있었다는 것을 알고 있었으나 언론 보도는 극히 일부였습니다. 한국인이 분하게 생각하는 것은 자신들의 분개 사실이 일본 측에 전달되지 않고 있다는 점입니다. 전회장께서 우키시마호 사건은 엄연한 사실이기 때문에 재판을 하지 않고도 양국 정부의 교섭으로 마무리할 수 있을 것이라는 말을 하였는데 한일 양국 정부로서는 "1965년 한일기본조약으로 끝났다."고 서로들 확인하고 있기 때문에 접근하지 않을 것입니다. "개인청구권은 있으나 국가가 할 수 있는 역할은 끝났다."고 하는 것은 한국 정부도 마찬가지일 것입니다.

*전재진: 이 사건에 대해 지금까지 양국의 활동가들이 조사한 내용들을 바탕으로 심포지움을 가져볼까 하는데 어떻게 생각하십니까?

*아오야기: 논쟁의 대상이나 공통적인 내용이 없기 때문에 무리라고 생각합니다. 관련 자료가 없기 때문에 감정적이라든가 짐작만으로는 심포지움 자체가 의미가 없을 것으로 생각합니다. 양측에서 조사한 것들이 서로 일치하지 않는 부분에 대해서는 모이지 않아도 서로 의견을 교환하면 된다고 봅니다. 그러나 「자료가 있을 경우」와 「사건을 어떻게 인식하는가.」에 대해서는 토론할 필요가 있다고 생각합니다. 하여튼 지금 공개되었다는 기본적인 사망자 명단조차도 진실이 아닙니다. 이처럼

수 천 명의 희생자를 낸 우키시마호 사건은 그 진상을 규명하려는 각계의 노력에도 불구하고 그 베일이 벗겨지지 않고 있습니다. 겨우 공개된 사망자 명단도 신빙성이 없다는 것이, 사건의 직접 피해자인 한국의 생존자들에게 알려지면 정말 어떤 분노를 터뜨릴지 모를 일입니다.

일본인들은 우키시마호폭침사건 희생자를 「순난자: 殉難者」라고 말한다. 이들이 쓰는 「순난자」라는 말은 국가(國家)를 위해 목숨을 바친 사람이나 국난(國難) 때 목숨 바쳐 나라를 구한 사람에게 붙여지는 말이다. 그렇다면 일본인들은 그들이 저지른 태평양전쟁터로 강제연행한 조선인들이 자신들의 나라를 위해 목숨을 바쳤다는 것으로 인식하고 있는 것이 아닌가 말이다. 다시 말하면 당시 조선인들은 황국신민으로서 일본인이었으므로 우키시마호폭침사건 희생자들은 모두 일본이라는 자신의 나라를 위해 목숨 바친 것으로 되는 것이다. 이 말을 한국사람들이 아무런 비판 의식 없이 일본인이 하는 대로 따라가고 있다. 우리와는 전혀 맞지 않는 말이다. 우키시마호를 타게 된 경위로 볼 때 승선은 일본이 저지른 태평양전쟁에 이용당한 산물이었지 내 나라의 전쟁을 승리로 이끌기 위한 행위가 아니었다. 그러므로 우리는 사망자와 실종자에 대해서는 "목숨을 빼앗겼다"는 뜻을 갖는 '희생자'로 하고 전체적으로는 '피해자'로 표기하는 것이 바르다고 생각한다.

⇧ 류구채 회장

일본 행정구역상 마이즈루시는 교토부에 속한다. 이 지역에서 또 다른 열정으로 우키시마호폭침사건 진상규명에 진력해 온 류구채 회장을 만났다. 류 회장은 재일조선사회과학자협회 교토지부 상임고문, 교토재일조선언론출판인협회 대표, 교토재일조선인역사조사회 회장을 역임하고 교토부조선인강제연행진상조사단 상임고문으로 활동하고 있다.

1999년 2월 12일부터 이틀간 마이즈루시에서 활동하는 리병만 회장과 3인이 회동하여 우키시마호폭침사건 진상규명운동에 관한 협의를 계속했다. 이제는 무엇보다도 일본 정부를 압박할 대응책을 마련하는 것이었다. 그 대응책으로는 이 사건을 국제여론화해야 한다는 점이다. 특히 북측에도 사건의 피해자가 있으므로 그 실태를 공동조사키로 하고 구체적인 시행단계를 협의하였다. 시행 단계로는 우선 남측에서 진상규명회측의 방북자 명단을 통보하면 이를 류구채 회장이 북측에 통보하여 남측에 초청장을 보내는 형태로 정했다. 또한 남측의 생존자를 대상으로 조사한다거나 일본 현지 조사는 상호 조사 결과를 교환함으로서 효과를 높일 수 있을 것이므로 이에 합의하였으며, 공동성명서를 채택하고 마이니치신문에 사실을 보도하였다. 리병만, 류구채, 전재진 3인은 공동성명서에서 우키시마호폭침사건은 "일제의 군부가 저지른 난폭한 범죄행위"이며 "패전 후 시모키타반도에서 조선인 강제송환은 전쟁기간 동안 조선인 학대를 은폐하려고 군부가 독자적으로 결정하여 실행한 것"으로 판단하고 연대할 뜻을 같이했다. 일본 정부가 지금까지 "불행한 시기, 통석의 념" 따위의 애매모호하고 불성실한 태도를 비난하면서 피해자 모두에게 실질적으로 배상할 것을 촉구했다.

이 날 재일조선인역사조사회와 마이즈루시희생자진상구명위원회와 남측의 진상규명회 세 단체는 사건의 제반 관련 사항에 뜻을 공유하고 다음 사항을 지속적으로 협의해 나가기로 했다.

① 사건 자체의 죄악성과 사죄를 촉구하는 일
② 완전한 유해발굴과 조국 송환을 촉구하는 일
③ 진상규명을 위한 자료공개를 촉구하는 일
④ 피해자 모두에게 실질적인 배상을 촉구하는 일
⑤ 향후 추모사업을 실행할 것을 촉구하는 일

*류구채: 우키시마호가 침몰할 때 미군의 기뢰에 닿았다는 기록이 아무데도 없습니다. 또 남측의 많은 생존자들의 증언과 여러 가지 정황으로 보아 촉뢰라고 생각할 수 없습니다. 일제의 계획적인 만행입니다. 이 일은 남과 북 그리고 재일동포가 연대하여 대처해 나가야 합니다. 반면에 재판이나 사건 해결에 일본 정부의 근본적인 정책 전환이 요구되고 있습니다. 일본 재판소에 공소한 원고들이 남측 재판소에 제소하면 승소할 것으로 봅니다.

*전재진: 사건에 대하는 교토 시민들의 감정은 어떻습니까?

*류구채: 대표적인 예로 우키시마호 사건을 주제로 한 영화 《우키시마호사건－아시안블루》를 제작했다는 점이 있고, 만수사 스님의 배려를 손꼽을 수 있습니다. 만수사는 교토 시내에 있는 절인데 1941년에 유종묵(柳宗默) 스님이 절을 인수하여 초대 주지로서 조선인 스님에 의해 시작되었습니다. 유 스님은 일본 땅에서 유일한 독신으로도 유명한데 그는 자식이 없어 윤일산(尹一山) 스님이 뒤를 이었고, 지금은 윤 스님의 아들인 윤청안(尹靑眼, 본명 尹昌國) 스님이 뒤를 잇고 있습니다. 만수사는 재일 조선인들의 마음의 고향이자 안식처로서 역할을 다하고 있다 해도 과언이 아닙니다. 그만큼 조선인 신도들이 많습니다. 명절이면 신도들이 절에 가득 모여 공양을 올리기도 합니다. 만수사에서는 우키시마호가 폭침된 다음날부터 지금까지 위패앞에 향불을 일년 내내 꺼치지 아니하고 공양하고 있지요. 또 이 절에서는 영화 《우키시마호사건－아시안 블루》를 언제라도 상영하며 사건을 알리고 있습니다.

*전재진: 영화에 대해서도 말씀해 주시면 감사하겠습니다.

*류구채: 《우키시마호사건－아시안블루》는 교토 천도 1천2백주년 기념사업의 하나로 만든 영화입니다. 교토 시민의 손으로 교토에서 일어난 역사를 바로잡자는 취지에서 우키시마호폭침사건을 주제로 삼았고,

참여한 시민한테서 모금하여 1994년부터 제작에 들어가 1995년에 제작을 완료한 영화입니다. 물론 교토 시민들이 《영화상영을 성공시키는 회》를 발족하였습니다. 그 만큼 교토 시민이 참여하며 관심을 가지고 있다는 것이지요. 이 영화는 일본 각지에서 상영되었습니다.

만수사 입구에는 1959년 9월 9일에 세운 대리석으로 만든 기념비가 있다. 이 기념비는 교토에서 활약하던 조선인 불교도들의 귀국을 기념한 비이다. 이 기념비 옆면에는 "세계 항구평화와 인류의 행복을 위하여 노력하자."는 글귀가 한글로 또박또박 쓰여 있다. 또한 내전(內殿)에는 유 스님과 윤 스님 두 분 영정 사이에 유종묵 스님의 친필로 "통일단결"이라 쓰인 족자가 걸려있다.

우키시마호폭침사건을 주제로 한 영화 《우키시마호사건－아시안블루》는 1995년 여름에 "한겨레문화센터:"에서 시사회를 가졌고, 그 뒤 서울 도심 교회에서도 시사회를 가진 바 있다. 이 영화는 재일교포2세 대학강사가 학생의 과제물 가운데 한 구절에 눈길을 끌게 된다. 이 학생의 과제물은 잡지에 나오는 문장을 인용하여 제출한 것인데 우키시마호폭침사건을 주제로 한 시인 다카자와(高澤 伯雲)의 수기였다. 일·조관계사 연구자로 일찍부터 백운의 시에 관심을 가지고 있는 임(대학강사)은 학생의 언니를 만나 두 자매에게 아버지를 찾을 것을 제의한다. 두 자매는 아버지한테 배신당한 처지였으므로 처음에는 거절했으나 임의 요청으로 아버지를 찾아 아오모리현 시모키타반도로 간다. 이 때부터 조선인 강제연행에서부터 강제노동, 참혹한 타코방 생활, 터널붕괴사고, 죽은 동포 집단매립장들과 같은 사건이 전개되고, 광복을 맞은 조선인들이 귀국하려고 우키시마호에 승선하는 장면과 출항 장면이 연출된다. 이렇게 영화는 재일교포2세가 일본인 지식인을 상대로 우키시마호폭침사건의 발단인 강제연행에서부터 우키시마호 폭침까지 일련의 사건을 다루고 있다. 일제가 조선인을 박해한 역사적 사실이 축소나 과장없이 적절하게 표현된 이 영화는 일제의 만행을 만방에 알리는 차원에서 한일 양국 국민은 물론 아시아 민중들이 모두 봐야 할 영화이다.〈1998.2〉

⇧ 우키시마호사건희생자진상구명위원회 대표 리병만. 〈리병만 대표 자택. 2001.2〉

네 번째 마이즈루만을 찾은 것은 월간 민족21 김지형 기자와 아오모리현 시모키타반도의 강제노동현장을 살펴보고 마이즈루만까지 조사·취재하던 때이다. 교토에서 조선신보 김기자도 동행했다. 안내를 맡은 리병만 회장은 전에도 한번 만났으나 이번에도 진상구명위원회의 시작부터 현재까지 상세하게 말해주시면서 마이즈루시의 요소요소를 안내해 주셨다. 선친의 뜻에 따라 마이즈루시에서 살게 되었다는 리병만 회장은 사건 발생 지점에서 가장 가까운 마을에서 일생을 사시면서 조사·연구한 과정과 내용을 다음과 같이 정리했다.

(1) 우키시마호폭침사건 발생 당시부터 위원회를 결성하여 일본 정부를 상대로 문제를 제기하고 희생자구명운동에 나섰다.
(2) 일본 정부가 재일조선인을 혹독하게 탄압하여 이 사건을 지하활동으로 전개할 수 밖에 없었다. 활동하던 사람들이 이 곳을 다 떠나고 이제는 혼자 남았다.
(3) 선체를 인양할 때 유해의 원형을 보전하려고 인양방법을 제의했으나 묵살되고 다이나마이트로 폭파하는 방법으로 선체를 해체했다.
(4) 마이즈루만 사바가에 위령비를 세울 때 암암리에 숱한 협박을 받았다. 조총련에서는 적극적으로 지지하고 협력했는데 민단에서는

참여가 적극적이지 못했다.

(5) 지금 마이즈루 일대에는 헤아릴 수 없을 만큼 많은 조선인의 유해가 널려 있다. 내가 죽기 전에 유해를 발굴해야 하는데 이제 나이가 80살이 넘다 보니 언제 죽을지 몰라 다 해낼 수 있을지 모르겠다.

(6) 교토에 있는 류구채 회장이 각별한 열정으로 활동하고 있다. 류회장은 이 사건에 대해 관서대학 강의실에서도 여러 차례 강의했다.

(7) 1995년 서마이즈루에서 동마이즈루로 대형선박을 이동시킬 때 마이즈루만 해저를 조사하는 과정에서 밝혀진 사실로 우키시마호의 선저가 아직 바다 밑에 방치돼 있는데 그 근처와 선저에는 유골이 너무 많아 조사에 참여한 잠수부들이 용역회사에 보고했으나 아직까지 인양하지 않고 있다. 인양을 꺼리는 이유로는 또 다시 사회적 문제를 유발할 것을 염려하여 조사당국에서 은폐하고 있을 것으로 판단하고 있다. 이 때 바다 청소에 참가했던 일본인 잠수부가 내게 찾아와 "바다 밑에 우키시마호 선저가 돌덩이에 눌려있는데 주변에 인골이 있었다."고 말하고는 어디론가 사라졌다. 그 일본인을 찾을 수 없다. 분명히 테러를 당할까 두려워 숨어살고 있을 것이다.

⇧ 마이즈루만 시모사바가 현장에서 유골 상황에 대해 설명하는 리병만 회장. 가운데는 조선신보 김OO기자.〈촬영:전재진 2001. 2〉

(8) 마이즈루만 일대는 전쟁 당시 쓰던 군사시설로 덮여있다. 그 중에

지하저장시설과 터널이 많은데 조선인이 터널공사장에 얼마만큼 동원되었는지 또 얼마나 희생되었는지는 알 수 없다. 조사할 만한 근거 자료가 없고 증언발굴이 어렵다.

(9) 마이즈루만에 일일발전량 1백만KW급 화력발전소를 건설하고 있다. 전력을 어디에 쓰려는 것인지 주목해야 할 사항이다.

(10) 교토지방재판소에서 이 사건을 마지막까지 절대로 시인하지 않을 것이다. 미국이 당시에 이 사건을 덮어버린 것으로 보아 사후에 미국과도 연관된 사건이라고 보면 된다.

(11) 일본은 미국과 신방위협정을 체결한 뒤로 마이즈루만을 군사용으로 재정비하고 있다.〈2001.2〉

5-4-17. 일본 동경 우천사(祐天寺) 유골의 실체

① 기록(우키시마호폭침사건진상, 가람기획, 285-286쪽)에 이어 일본인 활동가 아오야기 아즈코의 기고(동아일보 A6 2000년 9월 25일)에 따르면 우천사에 안치된 유골은 우키시마호 사건 발생 당시 사망하여 다음 날부터 시모사바가 해안가에 밀려들었던 시신의 유골이 아니다.

② 우천사 유골은 우키시마호가 침몰한 뒤 1953년 3월 1차 인양 당시 수거한 103구와 1954년 1월 2차 인양 때 수거한 245구의 유골을 합쳐 화장하여, 9년 전에 발표한 사망자수에 맞춰 나눈 것이다.

③ 우천사의 유골은 후생성에서 관리한다는 이유로 어느 누구에게도 보여주지 않았다. 9년 뒤에 인양한 유골을 한명씩 각각 나눠 담은 유골함인지 한꺼번에 합쳐 담은 항아리인지 베일에 가려있다.

〔필자는 1999년 12월 12일 도쿄에서 "도쿄조선인강제연행진상조사단" 리일만 상임고문을 만났다.〕

*전재진: 우키시마호폭침사건과 관련하여 도쿄에서 민족을 사랑하는 마음으로 열정적으로 활동하시는 선생님께 감사드립니다. 도쿄에서는

어떤 일을 하시는지요?

*리일만: 동경에서는 우천사에 안치된 동포들의 유해를 추도하는데서 사업이 전개됩니다. 그렇지만 역시 도쿄에서도 문제 제기는 마찬가지입니다. 말하자면 귀국하는 우리 동포들을 태운 제1차선은 1945년 9월 16일에 즉 한 달이 지난 뒤에 마이즈루 항에서 떠난 운선호(雲仙丸)인데, 어째서 우키시마호는 일본 패전 1주일 만에 서둘러 오미나토를 출항했는가? 또 하나는 부산에 곧바로 가지 아니하고 왜 마이즈루만으로 입항했는가? 그리고 폭침 원인과 사망자 수에 대한 문제입니다.

⇧ 리일만 상임위원

*전재진: 도쿄에서 핵심적인 활동이라면 뭐라고 할 수 있을까요?

*리일만: 문제가 강제연행이랄지 여러 가지로 많습니다만 도쿄에서는 동포들의 유골문제가 핵심과제라고 봅니다. 해마다 8월 22일이면 우천사에서 "조선인전쟁희생자추도회"가 열립니다. "우키시마호폭침희생자추도회"라고 하지 않고 "조선인전쟁희생자추도회"라고 하는 것은 높이가 2미터, 둘레가 3미터나 되는 큰 단지에 도쿄국제재판에서 B · C급 전범으로 되어 처형된 자와 카미가제특공대 와 ブラウン섬에서 개죽음당한 일본 군인, 군속들의 유골이 한데 섞여있기 때문입니다.

*전재진: 폭침당한 날이 8월 24일인데 추도일을 22일로 정한 것은 무슨 연유인가요?

*리일만: 그 날은 일본이 우리 조선을 불법적으로 합병한 날이지요. 우리가 말하는 국치일이죠. 일본이 만대에 씻을 수 없는 죄를 지은 날이기도 합니다. 추도회를 준비한 사람들은 "가해국인 일본의 가해책임을 온 천하에 밝히자는 의도로 추도일을 8월22일로 정했던 것입니다.

*전재진: 그래도 위패는 따로 놓여 있겠지요?

*리일만: 위패가 있기는 합니다만 순수하게 조선인을 위한 위패라고 볼 수 없습니다. 일본 정부한테는 아직도 여전히 조선인이 황군으로 여겨지는 것이지요. 우천사 납골당 위패에는 "태평양전쟁 조선반도출신 구일본군 군인군속 전몰자의 령"이라 쓰여 있습니다. 이것은 일본 정부가 조선인 희생자들을 태평양전쟁의 구일본군 군인, 군속으로서 추모하고 있다는 것을 의미합니다.

*전재진: 마이즈루시가 아닌 도쿄 우천사에 안치하게 된 경위는요?

*리일만: 마이즈루만 침몰해역에서 두 차례 수거한 유골들은 마이즈루의 동본원사(東本願寺) 별원에 보관되었다가 1965년 일본 정부후생성 인양원호국을 거쳐 1971년 6월 동경 우천사로 옮겼습니다. 일본 정부 외무성과 후생성 간부들과 친교가 있었던 당시 우천사 주지가(현 주지의 부친) 일본 정부가 유골 관리에 매우 곤란해 하고 있는 것을 알고 "자기 절에 안치하겠다."고 한 것입니다. 그래서 지금 유골이 우천사에 있는 것이지요. 주지 스님은 불교도의 양심으로 보관을 맡았는데 일본 정부는 책임을 벗게 된 것이지요. 하지만 유골의 관할권은 일본 정부의 후생성에 있습니다. 왜 그런지 그 누구한테도 납골함을 보여주지 않습니다.

⇧ 일본 우천사 관계자에게 유골의 실체에 대해 문의하는 리일만 상임위원(왼쪽) 월간민족21 김지형 기자(가운데)

*전재진: 우천사에 보관된 유골현황에 대해 말씀해 주시겠습니까?

*리일만: 1971년 6월까지는 2,231위였던 조선인 유골이 지금은 1,140위인데 그 가운데 우키시마호사건 관계자가 280위이고 아이들 유골이

54위 남아있습니다. 이 대부분은 북측 출신자들입니다. 왜냐하면 남측 출신자들의 유골은 1971년 11월 20일에 38위, 1974년 12월 8일에 198위, 1976년 10월에 5위가 남측 유족에게 반환되었고 일부는 유족이 직접 찾아갔습니다. 유골이 든 함의 이름은 창씨개명된 거짓이름이었다는 점이 있고, 유골 인도는 유족에게 직접 전한 것이 아니라 김포와 부산공항에서 정부관계자한테 넘긴 것으로 알려졌습니다.

*전재진: 그 유골함에 "우키시마호사건 사망자"로 표기하였나요?

*리일만: 그렇지 않을 겁니다. 다른 전몰자들과 섞여 있을 가능성이 높습니다. 또 우키시마호폭침사건을 인정하고 싶지 않은 것이지요.

*전재진: 앞으로 활동계획은 무엇인지요?

*리일만: 우리는 앞으로도 계속 현대사의 한 페이지를 신랄하게 파헤쳐 우키시마호폭침사건의 진상을 규명할 것이며, 일본 정부의 사죄와 배상을 요구해 나갈 것입니다. 특히 유골의 완벽한 수습과 송환 그리고 승선자 및 희생자들의 명부를 완성시켜나갈 것입니다. 지금 일본은 전후처리를 깨끗이 하지 않기 때문에 패전의 그 날 그 자리에서 벗어나지 못하고 있는 것입니다. 우리 민족에 대한 과거청산이 끝나는 날 비로소 일본의 전후는 끝나게 되는 것입니다.

이 밖에도 도쿄에서는 우키시마호가 출항한 아오모리현 시모키타지역문화연구소 소장인 사이토 사쿠지 선생한테 도쿄조선제1고급학교 학생들에게 우키시마호폭침사건 강연을 요청하였다. 이 요청을 흔쾌히 받아들인 사이토 선생은 강연에서 "왜 아오모리현에는 그토록 많은 조선인이 있었는가?" "그들이 그곳에서 어떤 강제노동에 시달렸는가?" "우키시마호폭침 의문점은 무엇인가?" 등을 언급하면서 사건의 진상규명은 일본 정부가 책임져야 한다고 강조했다. 또한 자신의 여생을 다 바쳐 이 운동을 하는 것은 일본이 과거를 옳게 청산해야 일본인의 긍지가 생기기 때문이라고 말했다. 해마다 8월 22일 도쿄 한 복판에 자리잡은 우천사에서는 어김없이 추도회가 열릴 것이다.

5-4-18. 우키시마호 해군승무원 취재

◈ 면담일시: 1999년 4월 24일 14:00~16:00

◈ 면담장소: 일본 동경

◈ 면담 승무원: *키모토 료이치(木本與一, 일본전우동지회 회장)

〈東京都 台東區 元淺草2-9-10〉

*하세가와 나오시(長谷川是)

*후쿠하라(福原)

◈ 면담자: 전재진

◈ 통역자: 무카이 미도리

〔우키시마호 해군승무원이었던 세 사람은 자신들과 면담하는 자리에 외부인이 동석하는 것을 꺼렸다. 이들 당시 승무원들은 사건 발생 54년이 지난 시기까지만 해도 자신들이 증언했다는 사실이 세상에 알려지면 테러를 당할까 두려워한다는 것이 현지인들의 설명이다. 그들의 눈빛이 그러했다. 따라서 면담자의 질문에 대해 대부분 "잘 모르겠다." "그렇지 않다고 생각한다." "말할 수 없다." "기밀사항이었다." "상부에서 하는 일을 하급병사들은 알 수 없었다." 로 답변했다. 면담자는 일본어로 번역된 질문지를 (前)해군승무원에게 제시했다.〕

◈ 질문 내용

〔다음 질문내용은 1997년 3월25일 키모토 료이치 씨에게 30부를 발송함. 전우동지회 회원들에게 질의서를 나눠주고, 작성하면 회수하여 본회에 회신토록 키모토 회장에게 요청함.〕

① 우키시마호 승무원으로 복무할 때 당신의 계급과 임무는 무엇이었습니까?

② 전쟁 당시 우키시마호의 수행임무는 무엇이었습니까?

③ 우키시마호의 주된 항로는 어디였습니까?

④ 우키시마호는 츠가루 해협의 제해·제공권을 확보하려는 특수 임무를 띠고 있었는데, 북방으로는 어디까지 갔습니까?

⑤ 우키시마호가 전투 임무를 정상적으로 수행할 수 있을 때 승선 정원은 몇 명입니까?

⇧ 왼쪽부터 하세가와 나오시, 키모토 료이치, 면담자 전재진, 후쿠하라.

⑥ 1945년 8월 15일 정오 일왕의 항복 방송 당시 우키시마호의 위치는 어디였습니까?

⑦ 우키시마호가 오미나토항에 입항한 때는 언제였습니까?

⑧ 우키시마호가 오미나토항에 입항할 당시 배의 최고책임자는 누구였습니까?

⑨ 우키시마호 함장은 어느 상부의 명령을 받고 있었습니까?

⑩ 오미나토항에 입항한 뒤 귀관이 함장으로부터 맨 처음 받은 명령은 무엇이었습니까?

⑪ 우키시마호가 오미나토항에 정박하고 있는 동안 귀관들은 무슨 일을 하였습니까?

⑫ 당시 해군승무원에게 승선 명령을 내린 사람은 누구입니까?

⑬ 해군승무원들은 왜 승선을 거부했다고 생각하십니까?

⑭ 조선인을 우키시마호에 승선하라고 명령한 사람은 누구입니까?

⑮ 승선 명령을 내릴 때 대본영의 지시였습니까? 아니면 함장 자신의 명령이었습니까?

⑯ 종전 직후 오미나토 해군경비부 사령관과 우키시마호 함장과의

상하관계는 어떠했습니까?

⑰ 대본영에서는 9월 중순부터 조선인 송환계획을 세웠고, 연합군사령부측의 지시조차 없었을 때인 8월 19일에 승선 명령을 내린 것은 많은 의혹을 낳고 있는데 왜 그랬을까요?

⑱ 출항하기 전에 연합군 측의 승인을 받아야 했을 텐데 승인 여부를 알고 있었습니까?

⑲ 부산을 왕복할 연료가 부족했다는 말이 있는데 과연 그랬을까요? 그렇다면 출항 자체가 부당한 것이었다고 생각되는데 귀관의 견해는 무엇입니까?

⑳ 시모키타반도 주민과 조선인 생존자들의 증언에는 "우키시마호에 폭탄장치를 했다." "항해 중에 어디론가 들어가면 무슨 일이 벌어진다." "부산으로는 가지 않을 것이다." "페인트로 배이름을 지웠다." "항해 중 해군들이 갑판위에 있는 조선인을 아래층 선실로 몰아내고 자주 비밀회의를 가졌다." 는 등 해군승무원에게는 불명예스러운 말들이 많은데 이에 납득할 만한 설명을 듣고 싶습니다.

㉑ 우키시마호가 츠가루 해협을 빠져 나오면서 부산을 향하는 직항로를 택하지 아니하고 일본 본토의 해안선을 따라 남하했는데 그 이유는 무엇이었습니까?

㉒ 항해 당시 회의를 자주 열었는데 귀관 회의에 참석했었나요? 참석했다면 무슨 내용으로 회의를 했나요?

㉓ 항해 당시 해군승무원들은 자신들의 소지품을 모두 바다에 던져 버렸습니다. 무슨 이유로 그런 행동을 했다고 생각하십니까?

㉔ 우키시마호가 마이즈루만에 입항하게 된 이유는 무엇이라고 생각하십니까?

㉕ 배가 완전히 멈춰선 상태에서는 기뢰와의 충돌이 일어날 수 없는데 귀관의 견해는 무엇입니까?

㉖ 한국인 생존자들의 증언에 따르면 해군들이 구명보트를 타고 모선을 탈출한 뒤에 폭발소리가 났습니다. 해군 장교들이 미리 탈출한 것에 대한 귀관의 견해는 무엇입니까?
㉗ 기뢰가 터질 때는 물기둥이 60미터 이상 높이 솟아오르는데, 조선인 생존자중에는 어느 누구도 물기둥을 목격한 사람이 없습니다. 귀하께서는 물기둥을 목격하셨습니까?
㉘ 폭발소리는 한번이 아니라 두 번 이상으로 판정되었는데, 촉뢰라면 두 번의 폭발소리는 두발의 기뢰를 의미하는데, 이 경우에 배가 천천히 가라앉지는 않을 것으로 생각됩니다. 두 개의 기뢰였다면 반경 30미터 정도의 구멍이 두 군데에 뚫리므로 배는 삽시간에 가라앉게 된다는 것이 전문가들의 지적입니다. 이에 대한 귀관의 견해는 무엇입니까?
㉙ 침몰 당시 해군과 관계된 선박은 구조에 나서지 않았다는 증언에 대해 어떻게 생각하십니까?
㉚ 사건 발생 시각부터 일몰시간까지 1신간 40분에 불과했다. 어둠속에서도 구조가 가능했을까요?
㉛ 사망한 조선인들의 시체를 처리하라는 명령은 누가 내렸을까요?
㉜ 조선인 생존자들의 증언에 따르면 구덩이를 파고 시체를 넣은 다음 기름을 붓고 태웠다고 하였습니다. 이에 대해 어떻게 생각하십니까?
㉝ 사건이 발생한 다음 날 또는 그 뒷날에 마이즈루만 해안가에 나가 보았는지요? 나가 보았다면 그 때의 상황을 기억나는 대로 말해주십시오.
㉞ 사건 발생 당해 9월 1일 즉 사건 발생 일주일 만에 사건을 종결했습니다. 어느 기관에서 누구의 명령에 따라 사건이 종결되었을까요?

㉟ 사건을 종결할 때 침몰된 우키시마호는 마이즈루만에서 인양조차 하지 않았었고, 일주일 뒤에도 마이즈루만 해안가에는 사체가 밀려들었는데, 그런 상황에서 조선인이 524명만이 사망했다고 발표했습니다. 이에 대한 귀관의 견해는 무엇입니까?

⇧ 일본 동경에서 우키시마호 해군승무원들과 사건에 대해 질의문답하는 장면 〈일본 도쿄. 1999.4.24〉

㊱ 귀관 역시 태평양전쟁의 피해자였다고 생각합니다. 그 후 일본 후생성으로부터 보상금을 받았는지요. 또는 그런 후생복지제도가 시행돼 왔는지요?

㊲ GHQ는 재일조선인연맹 아오모리현 본부 위원장이 제소한 우키시마호 사건을 특별한 이유없이 기각했습니다. 이에 대한 귀관의 견해는 무엇입니까?

◈ **답변 요지**

① 우키시마호가 오미나토항을 출항하여 항해하다가 마이즈루만으로 들어가 침몰한 사고가 있었던 것은 사실이다.

② 사고 당시 희생당한 조선인에게 진심으로 사죄하고 명복을 빈다. 또 다시 그런 불행한 일이 일어나지 않기를 일본인은 책임 있는 행동을 해야 한다.

③ 질문에 대한 답변은 "잘 모르겠다." "그렇게 생각하지 않는다." "기밀사항이라서 잘 모른다." "우리 같은 하급병사들은 알 수 없는 일이다."는 정도였다.

④ 하세가와 나오시: 과거에 한번 증언한 대로 "배 밑을 들여다보니까 마치 물이 땅에서 솟구쳐 오르는 모양으로 소용돌이치고 있었습니다. 그 소용돌이 속에 조선인 여자와 아이들이 빨려 들어가며 있는 힘을 다하여 손을 쳐들며 '아니고! 아이고!' 라고 소리치며 울부짖었습니다. 그리고는 물에 잠겼습니다. 지옥같은 상태였지요. 지금도 눈에 선하고 꿈에 나타날까 무섭습니다."고 말했다.

⑤ 키모토 료이치: 자폭이라고 생각하지 않는다. 미군이 투하한 기뢰라고 생각한다. 조선인 희생이 많았다. 이 점에 대해서는 일본이 사죄해야 한다.

⑥ 승무원 3인이 동의한 증언:

(a) 당시 우키시마호 함장이었던 도리우미 함장과 함께 사령부를 찾아가 물었으나 사령부에서는 "명령에 따르지 않으면 군법에 회부하겠다."는 이례적인 강한 명령을 내렸다.

(b) 조선인이 얼마나 탔느냐에 대해서는 승무원을 포함해 4천명이 정상이었으나 이를 훨씬 넘어선 사람이 승선했다.

(c) 승선자 명부를 작성하지 못한 것은 그럴만한 시간이 없었을 정도로 배를 타려는 조선인이 많았기 때문이었다.

(d) 물기둥이 솟았는가에 대해서는 "못봤다"고 증언하였다.

(e) 출항하기 전에 기관실에 폭발물을 장치했다는데 대한 답변으로 "폭발물을 장치했다면 왜 탔겠는가?"로 반문하였다.

(f) 조선인을 선실 안으로 들여보낸 이유는 무엇인가에 대해서는 "입항준비 때문"이라고 답변하였다.

⑦ 키모토 료이치: 사건 직후에 도리우미(鳥海 金吾) 함장이 요코하마 연합군사령부에 불려가 사건에 대해 진술하였다.

⑧ 후쿠하라:〈말이 없음〉

〈질문지를 주고 질문에 답변하여 회신해 줄 것을 요청하였다.〉

5-4-19. 연합국최고사령부(GHQ)법무국 검찰과의 조사중단과 소 기각

① 1945년 12월 7일 재일조선인연맹 아오모리현 본부 손일 위원장이 일본 정부를 "진주군사령관"에게 고발했다.

② 우키시마호 폭침사건이 엄연히 존재했음에도 GHQ측은 1946년 1월 "입수된 정보의 모든 것은 신빙성이 없으며 확실한 범행사실이 밝혀진 것이 없다."고 사건 조사를 중단했다.

③ 우키시마호 폭침사건처럼 전쟁시기가 아닌 평화 시기에 수 천 명의 외국양민을 학살한 반인륜적 범죄행위를 정당한 사유 없이 소를 기각한 것은 국제사회에서 심각한 범죄가 된다.

6. 일본정부와 한국인피해자의 상호 주장에 대한 진상규명회의 견해

〔다음은 한국 외교통상부가 《승선경위, 출항, 마이즈루항 입항경위, 침몰원인과 사망자 수》에 대해 일본정부에게 질의한 바 일본 정부(내무성?, 후생성?)가 한국의 외교통상부에 보낸 답변 내용으로 외교통상부가 본 진상규명회에 의견을 물어옴에 따라 견해를 밝힌 내용임.〕

6-1. 승선 경위에 대하여

6-1-1. 양측 주장

일본 정부 주장	조선인 생존자 주장
일본 정부는 아오모리현 오미나토 지구에서 근무하고 있던 한반도 출신 전 해군군속 및 민간인들이 종전과 더불어 귀국을 희망했기 때문에 일본 해군 당국이 해군군속을 포함한 공원 2,838명과 민간인 897명을 특설운송함 우키시마호에 승선시켰다고 주장.	조선인 생존자들은 해군 장교들이 승선을 명령하면서, 배를 타지 않으면 고국에 돌아갈 수 없고 배급도 중지하겠다고 위협적이었던 문제도 있고, 또 일제의 핍박과 노예적 생활에서 벗어나 고향으로 돌아가는 그 길을 마다할 이유가 없었기에 승선하였다고 주장.

〔❶우키시마호가 폭파 침몰당한 지 51년이 지나도록 사건의 진상이 규명되지 않고 있는 이 시점에서 최근 한국 외무부가 사건과 관련하여 일본 정부 측에 질의한 내용에 대해 공식적인 답변(주장)으로 회신해 온 것은 사건의 존재와 해결의 실마리를 부여하고 있다. ❷일본정부가 아직도 조선인 피해자에 대하여 「한반도 출신 전 해군군속 및 민간인」이라고 국가간 공식문서에 표기한 것은 ①일본이 아직도 한국의 존재를 인정하지 않는다는 뜻인가? ②아니면 승선자 중에는 한국에서 출생한 일본인도 있다는 뜻인가? ③아직도 한국인이 황국신민인가? 에 대해 태도를 분명하게 해야 하며 이미 표기된 「한반도 출신」을 「일본군으로 징용한 조선인 해군군속과 민간인」이라고 고쳐야 한다.〕

6-1-2. 승선 경위에 대한 진상규명회 견해

① 유언비어 살포로 공포감에 따른 승선이었다. 사할린에서부터 소련군에 밀려 퇴각 당하던 일본 해군은 이미 사할린의 카미시스카경찰서와 미즈호 지방에서 조선인을 집단학살했다. 이 때부터 조선인이 우키시마호에 승선할 때까지 5일 동안 시모키타반도 일대와 오미나토항 주변에서는 세 가지 유언비어가 난무했다. 이 유언비어는 일본 해군이 조선인을 압박하는 수단으로 작용하였고, 일본 땅에서 조선인을 축출해야

한다는 이유로 되었다. 그 유언비어는 《❶조선인이 폭동을 일으킬지도 모른다. ❷조선인이 소련군을 안내하고 있다. ❸소련군이 들어오게 되면 일본인이 저지른 죄악상을 소련군에게 폭로할 것이다》는 세 가지였다. 이 괴상한 소문은 조선인들에게 분노와 공포가 교차케 하였다.

이런 형세 분석 말고도 오미나토 해군경비부 사령부는 시모키타반도 안에 있는 조선인을 하루속히 내보내야 했다. 그 첫 번째 이유는 시모키타반도 군사시설을 모두 조선인이 만들었기 때문에 그 기밀을 연합군 측에 누설할 우려가 있다는 점이고, 두 번째 이유는 강제노동의 실상을 미군에게 폭로하면 일본이 대단히 불리해 진다는 것이었다. 또한 "만주에서 퇴각하던 일본군이 한반도를 통과할 때 구타와 기만을 당했기 때문에 오미나토에서 조선인을 곱게 돌려보낼 수 없다. 보복해야 한다."는 소문이 자자하여 조선인들은 "일본군의 보복에 대항하려면 함께 뭉쳐 항의해야 한다."고 주장하기도 했다. 그리하여 오미나토 사령부는 서둘러 우키시마호에 승선할 것을 공포했다. 8월 18일에 이르자 예상보다 많은 조선인이 오미나토 항에 모여들었다. 이 때 오미나토 해군경비부는 조선인의 집단소요를 직감하고 우키시마호 승선을 더욱 서두르게 된다. 그러면서 《❶우키시마호에 승선하지 않는 자에게는 배급을 중단한다. ❷이번에 우키시마호를 타지 않으면 조선으로 돌아갈 수 없다.》는 선전물을 뿌렸다. 이렇게 다시 분위기를 압도적으로 조성해 나가면서 승선을 거부하는 해군 승무원에게도 역시 함장(참모장?)이 군도를 뽑아들며 「승선을 거부하는 자는 군법대로 처리하겠다.」고 소리치며 승선을 강요했기 때문에 1945년 8월 18일부터 우키시마호에 승선하기 시작한 조선인이 귀국을 희망하기는 했으나 전원이 자발적인 승선이라고 볼 수 없다.

② 광복과 동시에 귀국의 기쁨에 넘친 당연한 승선이었다. 우키시마호가 부산행을 명령받았을 때 그 임무는 일본이 포츠담선언을 수락함과 동시에 광복을 찾은 조선인 징용・징병자와 일반노동자 그리고 그

가족들을 포함한 3천7백35명과 유골 19위를 부산항으로 송환하려 한 것이었다. 이 때 우키시마호 갑판위에 멈춰 선 조선인들은 정말 감개무량함이 가슴에 넘쳐흐르고 있었다. 왜냐하면 그것은 36년이란 오랜 세월에 걸친 일본제국주의의 식민지시대도 끝났고, 해방되었을 뿐만 아니라 카이로회담에서 조선인에 대해 자유와 독립을 보장하는 결의를 기조로 독립을 약속받은 경사스런 날이었기 때문이다. 이처럼 경사스런 날에 귀국의 희망에 가득찼던 조선인들은 귀국선인 우키시마호를 타려고 오미나토 부근으로 모여들기 시작했다. 멀리는 북해도에서 남하하여 오미나토에 도착했고, 미사와비행장을 비롯한 시모키타반도 전 지역에 흩어져 강제노동에 시달리던 사람들 모두가 구름처럼 모여들었다.

③ 왜 서둘러 승선시켰는가? (본 항은 일본 정부의 답변을 요함)

*우키시마호에 승선하라고 명령한 자는 누구인가?

*대본영의 승선 명령은 있었는가?

*대본영의 명령이 아니었다면 해군이 내린 승선 명령인가?

*오미나토해군경비부 고위급 장교가 해군승무원에게 칼을 뽑아들며 승선하라고 명령한 이유는 무엇인가?

*8월 21일 승선이 완료된 뒤 하루 밤낮 동안 오미나토항 바다 가운데 정박했던 이유는 무엇인가?

6-2. 출항에 대하여

6-2-1. 당시 출항은 연합국 최고사령관 명의의 전문 내용을 위반했다. 8월 22일 밤 10시에 출항할 경우 정상적인 항해가 보장되면 3일 뒤인 25일 오후 7시에 부산항에 도착할 수 있다. 하지만 연합국 최고사령부가 내린 지령인 「8월 24일 오후 6시 이후 항해 금지」조항에 저촉될 것이므로 오미나토 항을 출항해서는 안 되었으며, 부득이 출항해야 했다면 연합국 최고사령관한테서 안전항로와 안전항해를 보장받았어야

했다.

6-2-2. 우키시마호가 츠가루 해협을 떠난 직후 오미나토 지령부에서 「다시 돌아오라.」는 전보가 떨어졌으나 함장과 부함장이 이를 무시하고 마이즈루만으로 가자고 주장하며 항해를 강행했으므로 군법 위반이다.

6-2-3. 오미나토 해군경비부 소속 해군들이 '아직 전쟁은 끝나지 않았다. 우리는 싸워야 한다.'며 전투기로 전단을 뿌리는 등으로 항명했던 점을 감안하면 우키시마호 승무원들도 같은 소속 해군이었기 때문에 오미나토의 회항 명령을 거부한 것은 해군 단독 소행으로 본다.

6-2-4. 따라서 우키시마호는 해군들의 원래 의도대로 항해했다.

6-2-5. 오미나토에서 부산까지 단번에 갈 수 있는 직항로를 택하지 않은 것은 사전에 중간 기착점이 있음을 암시하는 것이며, 중간 기착점을 정했다는 것은 미리 계획을 세웠음을 시사한다.

6-2-6. 출항에 앞서 이미 실려 있는 폭약과 포탄을 제거하지 않은 것은 함장이 선박의 안전관리를 다하지 않은 것이고, 기관실 부근에 폭발물을 장치한 것은 출항 이전에 이미 폭파계획을 세운 것이다.

6-2-7. 3년 전부터 패전 준비를 해 온 대본영이 조선인 송환계획을 빠트리지는 않았을 것으로 본다. 그것은 운선호(雲仙丸)가 마이즈루 항에서 조선인을 태우고 부산항으로 처음 떠난 날이 9월 16일이라는 점으로도 알 수 있다. 아오모리현 오미나토 항보다 가까운 마이즈루 항에서도 패전 한 달이 지나서야 시작된 일이다. 대본영은 자국의 군인들의 인양작전이 먼저였지 조선인의 송환이 우선은 아니었기에 조선인의 송환계획은 한 달 뒤부터였다. 그런데 왜 오미나토에서 만은 패전 일주일만에 그토록 위협적으로 "배급을 중단한다, 이 배를 타지 않으면 조선으로 돌아갈 수 없다."고 협박하고, 심지어는 군도를 휘두르며 승선시켜 출항했는가? 출항의 범죄적 동기는 여기서부터 시작된다.

6-3. 마이즈루항 입항 경위

6-3-1. 양측 주장

일본 정부의 주장	조선인 생존자 주장
일본정부는 1945년 8월19일에 필리핀 마닐라에서 개최된 이른바 「마닐라회담」에서 연합국최고사령관이 일본측 대표에 대해, 「동년 8월24일 이후 일본국적 모든 선박의 운항금지와 운항중인 선박의 최근접 항만 입항」을 지령했기 때문에, 동 지령에 의거한 해군본부로부터의 명령에 따라 우키시마호가 마이즈루항에 입항하게 되었다고 주장.	조선인 생존자들은 우키시마호는 처음부터 부산항을 향하지 않았다. 동해로 들어섰을 때 항로와 해군승무원들의 언행으로 보아, 사전에 폭파할 계획을 세우고 부산항이 아닌 마이즈루만으로 들어가려고, 일본 본토 해안선을 3~4Km 전방에 두고 계속해서 남하했다고 주장.

6-3-2. 마이즈루항 입항경위에 대한 진상규명회 견해

① 처음부터 부산항으로 갈 의도가 아니었다는 증언

◈ 일본 해군 승무원들의 증언

*도리우미(鳥海 金吾, 우키시마호 함장): 부산까지는 갈 수 없었다.

*사이토 쓰네지(우키시마호 전탐장): 원래 배는 마이즈루만으로 가게 된 것이었다. 부산항이 아니었다.

◈ 생존자의 증언

*김복도(경남 통영시 미수1동): 나는 열여섯 살 되던 1938년 일본으로 밀항했어요. 히로시마에서 호리모토 류타로 라는 사람이 선주였는데 250톤급 배를 타며 기관사로 일했습니다. 이 때 사세보 해군본부에서 그 배와 선원 모두를 징발하여 다른 배 50척과 함께 1개 선단으로 구성하여 아오모리 해군본부로 끌고 갔지요. 일본 해상에서 오랫동안 선원으로 일했고, 사세보 해군본부에 의해

징발당한 뒤로는 오미나토를 기점으로 군수품을 운반하는 배에서 3년여 동안 기관사로 일했습니다. 그래서 웬만큼 먼 항로도 육감으로 알 수 있어요. 우키시마호가 출항하여 하루가 채 안 지났을 때 나는 배가 한국을 향하지 않고 있다는 것을 알았지요. 왜냐하면 배가 해안선을 멀리하면서 오른쪽 방향으로 항해해야 부산으로 갈 수 있는데 계속해서 일본 본토의 해안선을 따라 남쪽으로 항해하더라구요. '당하고 보니 생각나는데........, 내가 뱃놈 아니오? 항로가 틀렸어요. (이 때 손가락으로 방바닥에 펼쳐놓은 지도를 가리키며 우키시마호의 항로가 잘못되었음을 지적함) 이 점이 바로 우키시마호가 항해 초기단계부터 한국 방향이 아니라는 것을 증명해 주는 겁니다. 내가 뱃놈이 아니었다면 배가 어디로 가는지 모르겠지요. 하지만 나는 일본 해상에서......'

② 폭파침몰의 원인과 결과에 대한 책임을 회피할 수단이었다.

우키시마호가 오미나토 항을 출항하여 마이즈루만까지 43시간을 항해하면서 해군승무원들은 적을 한꺼번에 몰살하고 싶은 충동을 한시도 잊지 않았다. 이미 출항 전에 해군들은 패전의 비탄에 빠져 있었고, 전쟁은 끝나지 않았다며 항명하는 소동이 일어나기도 했다. 특히 전쟁 중에 시모키타반도에서 "조선인을 강제연행하여 강제로 노동을 시켰고, 일본 해군 군사시설을 조선인이 다 만들었다."는 점은 곧 조선인을 제거해야 할 이유로 되었다. 그래서 일단 서둘러 내보내기로 했는데 그 전략이 우키시마호에 태워 보내는 것이었다. 출항 전부터 우키시마호 배 이름을 페인트를 칠해 지웠고, 기관실 옆 창고에 폭탄을 장치한 해군들의 의도는 사전 계획이 있었음을 시사한다. 그것이 바로 우키시마호를 폭파할 계획이었는데 43시간 동안 항해하면서 어디서든 폭파가 가능했지만 미군이 투하한 기뢰 밭인 마이즈루만으로 끌고 가 미군의 기뢰에 맞아 침몰했다는 구실을 얻으려 한 것이다. 1931년 만주에서 일본군으로 하여금 철도를 파괴하게 하고, 중국군의 소행이라고 덮어씌운 유조구사건 때와 똑같이 미국에게 뒤집어 씌울 셈이었다.

③ 「대해령52호」는 마이즈루항으로 입항해야 할 근거가 아니다.

우키시마호가 출항하기 하루 전에 대해령52호(발신:대본영. 수신:군부령 총장)와 대해지533호(발신:군부령 총장. 수신:해군운수 본부장) 또 전보(발신:해군운수 본부장. 수신:각 함장)로 지령한 내용은 《8월 24일 오후 6시 이후 항해 중인 선박을 제외한 나머지 선박은 항해를 금지함.》으로 돼 있다. 이 공문 내용으로 보면 항해 금지는 8월 24일 오후 6시 이후에 항해코자 하는 선박을 대상으로 했고, 24일 오후 6시 이후에도 항해 중인 선박은 제외했다. 즉 "24일 오후 6시 이후에 새로이 출항하는 선박은 단속하겠다. 24일 오후 6시 이후에는 출항하지 마라."는 내용이다. 그러므로 24일 오후 6시 이전에 이미 항해하던 우키시마호는 이 공문에 아무런 저촉을 받지 않는다. 그런데도 우키시마호 함장은 이 공문에 근거해서 마이즈루만으로 들어갈 수 밖에 없었다고 주장했다. 그러므로 우키시마호 함장(일본정부)이 주장한 마이즈루항 입항 경위는 인정할 수 없다.

6-4. 침몰 원인과 사망자 수

6-4-1. 양측 주장 비교

일본 정부의 주장	조선인 생존자 주장
일본 정부는 우키시마호가 1945년 8월24일 마이즈루항 시모사바가(下佐波賀)를 항행 중, 오후 5시15분경 연합군이 부설한 기뢰에 충돌 침몰했으며, 이 사고로 한반도 출신 승선자 중 524명이 사망했다고 주장함.	조선인 생존자들은 우키시마호는 일본 해군이 조선인을 몰살하려고 계획적이며 고의적으로 폭파하여 침몰시킨 사건이었으며, 이 사건으로 사망한 조선인의 수는 적어도 5천명 정도가 될 것이라고 주장.

6-4-2. 침몰원인과 사망자수에 대한 진상규명회 견해

① 우키시마호는 마이즈루만에 입항할 때 안전항로를 항해했다.

우키시마호가 군함기를 앞세우고 마이즈루만으로 항진해 들어갈 때 앞에는 두 척의 호위정이 전진해 들어갔으나 조용했을 뿐 기뢰와 충돌하지 않았으므로 우키시마호는 안전항로로 입항한 것이다.

② 「소해완료」라는 신호를 받고 입항했다.

당시 우키시마호 해군승무원이었던 와지마 사다오(倭島定雄, 항해사, 해군 대위)가 「소해완료」라는 신호를 받고 입항을 시작했다고 증언하고 있으므로 우키시마호는 미군이 부설한 기뢰가 없는 안전항로를 항해한 것이다.

③ 우키시마호가 폭파당할 때는 배가 이미 완전히 멈춘 상태였다.

배가 폭파되기 10여분 앞서 해군승무원들이 구명보트를 내리고 모선을 탈출했다. 이 광경을 본 조선인이 어디를 가느냐고 묻자 「배에 물이 부족하여 물을 실으려고 나간다.」고 말했다. 해군들이 탈출하고 10여분이 지나자 배가 굉음을 일으키며 폭발하였다. 배가 멈춰있는 상태에서는 수압, 음파, 진동이 작용하지 않기 때문에 기뢰 폭발기전이 일어나지 않는다.

④ 물기둥은 없었고 폭발음이 2~3회 연속성이었다.

◈ 폭발음이 2~3회라는 것은 세 번의 폭발을 의미하는데, 만약 세 개의 기뢰에 닿았다면 아무리 큰 우키시마호라도 제대로 남아나질 못했을 것이라는 게 전문가들의 분석이다. 우키시마호가 완전히 침몰하기까지는 약 두 시간이 걸린 것으로 조사되었는 바 이는 기뢰의 파괴력이 아님을 증명하는 것이다. 미군이 투하한 기뢰에 대해서는 전문가의 조사가 필요하다. 기뢰가 폭발할 때는 물기둥이 60미터 이상 높이 솟아오른다.

◈ 김동연(경기도 안양시)씨 증언

나는 물기둥을 보지는 못했습니다. 그런데 분명한 사실은 물기둥이 공중으로 솟았다면 그 물이 어디로 떨어지겠습니까? 당연히 갑판위로 떨어지면서 사람들이 모두 바닷물에 젖는 것이 상식인데 갑판 위나 사람들은 바닷물에 젖지 않았습니다. 그래서 「물기둥은 없었다.」로 되는 것입니다.

⑤ 폭파장치를 제거하려 한 조선인이 있었다.

조선인 일본헌병 미나미(南)씨는 사고 당시 구조되어 시모사바가 해변에서 상기된 얼굴로 「배의 갑판에서 기관실까지 전기선이 늘어져 있는 것을 보고 절단하려 하였으나 기구가 없어 자르지 못했는데 배가 곧 폭발하였다.」고 말하였다. 이 말을 남측 생존자 장종식씨가 들었고, 아버지의 말을 아들 장영도씨가 듣고 지금도 생생하게 증언하고 있다.

⑥ 폭발물은 우키시마호의 기관실에서 터진 것으로 밝혀졌다.

◈오사카에서 발간되고 있는 국제신문은 1954년 10월 9일자 신문에 「8월 22일 오미나토항을 출발할 예정이었는데, 황급히 8월 21일에 출항한다고 선전하면서, 이 배에 승선하지 못한 사람은 귀국을 보장할 수 없다며 승선자들을 배 안에 둔 채 하루 밤낮 동안 다이나마이트와 총포류를 배 밑바닥에 실어 넣었다」고 보도하였다. (우키시마호폭침사건진상, 가람기획, 229쪽).

◈ 1954년 10월. 이노사루베지가 스크랩을 목적으로 우키시마호를 해체하는 작업을 하였다. 이 때 오사카에 있는 국제신문사 사진기자가 선체의 밑 부분을 촬영하는데 성공하여 두 장의 사진을 1954년 10월 9일자 신문에 게재하였다. 공개한 사진에 대해서 「촉뢰라면 배의 안쪽으로 구멍이 나 있어야 하는데 바깥쪽으로 부풀어 있어 배 안에서 생긴 폭발에 따른 것이라는 추측을 배제할 수 없다.」라고 설명하고 있어 촉뢰설에 중대한 의문을 던지고 있다. 또 같은(10월 9일자 신문) 신문은

「생존자에 따르면 침몰 직전에 폭발음을 세 번 들었다고 한다. 만약 촉뢰라면 이 같은 현상은 없다」라고 보도하고 있다. (우키시마호폭침사건진상, 가람기획, 232쪽).

〈국제신문이 게재한 사진자료〉

⇧ 1953년 10월 우키시마호 인양 당시 선체조사자인 타무라 게이오 씨가 찍은 사진. 배의 안쪽 밑바닥인데 부서진 선체가 엉켜있는 모습. 타무라 게이오씨는 사진기를 주머니속에 감춰 몰래 찍은 것으로 알려졌다.〈마이즈루시 리병만 대표 제공〉

⇧ 1953년 10월 우키시마호 인양 당시 선체조사자인 타무라 게이오 씨가 찍은 사진. 선체의 벽부분의 철근이 밖으로 휘어져 있어 내부 폭발임을 증명하는 유일한 물증이다. 〈마이즈루시 리병만 대표 제공〉

6-4-3. 계획적이었음을 증명하는 증언

① 기관실 쪽에 폭탄을 장치했다.

◈ 사사키 유키치(전 선원, 무쓰시 거주)의 증언: 저희 부친은 오미나토 해군공작부 조기과(造機科)에 근무하였는데 「조선인을 태운 배 이름을 공작부 기관구에서 모두 페인트를 칠해 해 보이지 않게 하고 자폭장치를 부착했다.」고 제게 말했습니다.

◈ 미나미(南) 헌병의 말: 「배의 갑판에서 기관실까지 전기선이 늘어져 있는 것을 보고 절단하려 하였으나 기구가 없어 자르지 못했다.」고 하였다.

② 우키시마호 함장이 "배가 마이즈루만으로 들어가면 무슨 일이 있을 것이다."는 말을 했다.

◈ 김동연(경기도 안양시)씨 증언: 당시 미나미라는 조선인 헌병이 있었는데 재간이 뛰어났고 일본사람과 비슷하게 생겼지요. 이 미나미 헌병에게 우키시마호 선장이 「"우키시마호는 오미나토를 출항하여 부산에 가지 않고 어딘가 다른 곳으로 간다. 다른 일이 있을 것이다."고 말하였다.」는 것입니다. 우키시마호가 오미나토를 떠나 항해할 때 해군들이 자신들의 소지품을 모두 바다에 버리는 것을 보고 내가 묻기를 「왜 물건을 바다에 버리느냐?」하니 「해군은 전쟁에 항복하지 않았다. 가다가 적을 만나면 싸워야 한다. 적을 만날 수 있으므로 그 때는 싸워야 한다. 뒤에 폭탄도 많이 실었다.」고 대답했다.

◈ 장영도 (광주광역시 거주)씨 증언: 아버지는 「이 배가 부산으로 가지 않고 어느 항구로 들어가면 위험하다.」고 말씀하셨습니다. 아버지께서는 이 말을 우키시마호가 출항하기 전에 오미나토에서 미나미 헌병한테 들었다고 말씀하셨습니다.

◈ 처음부터 부산행이 아니었기 때문에 직항로를 택하지 않은 것이다.

④ 해군들이 실토한 내용에도 계획성이 내포되어 있다.

조선인 생존자가 사고 직전 해군승무원들의 대화 내용을 증언하고 있는데 해군 승무원들은 「오늘을 무사히 넘기면 부산에도 무사히 갈 수 있을텐데.......」「해군은 전쟁에 항복하지 않았다. 가다가 적을 만나면 싸워야 한다. 뒤에 폭탄도 많이 실었다.」 「어린아이에게 무슨 죄가 있느냐? 태어나 피어보지 못하고 사라지겠구나!」고 말했다. 또한 소지품을 모두 바다에 버리면서 마이즈루만으로 「물이 없어 필요한 물을 실으려 들어간다.」고 말했는데 이 같이 물이 부족하다는 일은 해군특설함에서 있을 수 없는 일이다.

6-4-4. 사망자 수에 대하여

① 우키시마호의 도리우미 함장이 충분한 조사도 하지 아니한 상태에서 일주일만인 동년 9월 1일에 사건의 전모를 연합국 대표국인 미군 측에 시급히 보고한 것은 "우키시마호 사건은 일본 해군이 저지른 잔악한 외국양민집단학살이라는 중대 사안이므로 일본이 전후협상에서 불리해질 것을 대비하여 사건을 축소하려는 미군 측의 지시에 따른 것"으로 유추가 가능하다. 사건 발생 직후에 도리우미 함장은 요코하마 연합군사령부에 불려가 사건에 대해 진술했다. 이 날 "무슨 일이 벌어졌을까?" 에 대해서 조사하는 것은 향후 과제로 넘기기로 한다.

② 조사가 완료되지 않은 상태에서 사망자 수를 발표한 것은 어불성설이다. 왜냐하면 침몰한 선체의 선실에는 몇 명인지 모를 조선인의 시신이 갇혀 있었기 때문이다.

③ 일본정부가 발표한 승선자 수는 오미나토에서의 승선 경험칙에 비춰 볼 때 설득력이 없다. 일본 정부가 공식 발표한 내용에 따르면 우키시마호 승선자 3천7백35명 가운데 5백24명의 조선인이 사망했다고 발표하였다. 몇 명이 살았다는 언급은 회피하였는데, 일본 정부의 발표대로 계산해 보면 3천7백35명 가운데 3천2백11명이 구조되어 살아났다는 셈이다. 그런데 3천7백35명이라는 숫자는 우키시마호가 출항하기 앞서 오미나토에서 해군의 감독과 지시 그리고 살벌한 강제승선 아래 3일 동안 우키시마호에 승선한 숫자이다. 여기서 먼저 마이즈루만의 상황을 살펴보면, 우키시마호는 8월 24일 5시20분쯤에 폭파당하여 침몰하기 시작하였는데 이 때는 해군의 감독이나 지시도 없었고, 해군들이 구조에 나서지도 않았다. 더욱 8월 24일 일몰시간은 19시 13분(서울기준)이므로 곧 날이 어두워져 구조할 수 있는 시간은 침몰시간부터 계산해 보면 두 시간이 채 안되는 짧은 시간이었다. 특수 구조장비도 없었고, 전문훈련을 받지 않은 어촌의 민간인들이 기름으로 덮인 마이즈루만

바다위에서 두시간만에 3천2백11명을 구조했다는 것은 오미나토에서의 승선 경험칙상 설득력이 없다.

④ 사건 발생 1주일 뒤인 9월 1일 일본 정부 발표는 "조선인 524명이 사망했다."고 했으나 GHQ에 제출한 보고서에는 "조선인 사망자 260명"으로 그나마 축소, 조작했다.

⑤ 연합국최고사령관 총사령부(GHQ)는 1946년 1월에 조사를 중단했으므로 일본 정부가 발표한 사망자 수에 승복할 수 없다. 우키시마호가 폭침당하고 4개월이 지난 1945년 12월7일자로 재일조선인연맹 아오모리현 본부 손위원장이 「일본군에 의한 계획적이고 잔인한 폭거이다.」고 일본정부를 진주군사령관에게 고발했다. 그러나 손위원장의 고발내용에 대해 총사령부 법무국 검찰과는 지금까지 입수된 정보는 신빙성이 없으며 확실한 범행 사실이 밝혀진 것이 없다며 사건 제소 자체를 기각하고 1946년 1월에 사건조사를 중단했다. (우키시마호폭침사건진상, 가람기획, 60쪽).

⑥ 사고 이틀 뒤부터 시모사바가 해안에 밀려든 수백구의 시체를 산골짜기에 집단 매립했는데 이들의 신원도 파악하지 않았기 때문에 일본 정부가 발표한 사망자 수 524명을 인정할 수 없다.

⑦ 폭침사건 9년 뒤에 인양한 우키시마호 배안에는 수많은 유골이 쌓여 있었는데, 그 유골들의 신원이 밝혀지지 않았을 뿐 만 아니라 우키시마호 함장이 1945년 9월 1일 발표한 524명이라는 사망자 수에 포함될 수 없었으므로 일본 정부가 발표한 사망자 수 524명을 인정할 수 없다.

⑧ 사망자와 실종자 수는 승선자 수에서 생존자 수를 뺀 숫자이다. 그런데 사건 발생 뒤 구조된 사람들이 수용되었던 수용소에서도 생존자명단을 작성하지 않았기 때문에 생존자 수 파악이 불가능하므로 일본 정부가 발표한 사망자 524명을 인정할 수 없다.

⑨ 어쨌든지 애초에 조선인 사망자 수를 524명이라 발표했다. 그런데 9년 뒤에 우키시마호를 인양할 때 두 차례에 걸쳐 348위(位) 유해를 추가로 수습했으므로 9년 전에 발표한 524명과 9년 뒤에 인양한 348명을 합쳐 872명이 사망했다고 다시 발표해야 했다. 그러나 일본 정부는 60여년이 지나도록 수정하여 발표하지 않았다.

7. 증언편

〔책 《"우키시마호폭침사건진상, 가람기획" 1995.》 132쪽 〈증언-29〉부터 179쪽 〈증언-69〉까지는 1994년 9월 20일부터 1995년 12월까지 생존자를 직접 방문 취재하여 정리한 증언이다. 일본에서 출판한 원본 《"아이고의 바다, 시모키타 지역문화연구소 출간"1992.》에는 없는 증언이다. 다음에 수록한 증언은 1995년 12월 이후에 계속해서 우키시마호폭침진상규명회 회원들이 취재에 동참하여 기록, 녹음, 영상촬영으로 수집한 것이다.〕

◈ 증인-01: 박재하(朴栽夏, 男, 1923年 2月 23日生 충북 영동군 심천면 고당리 365)

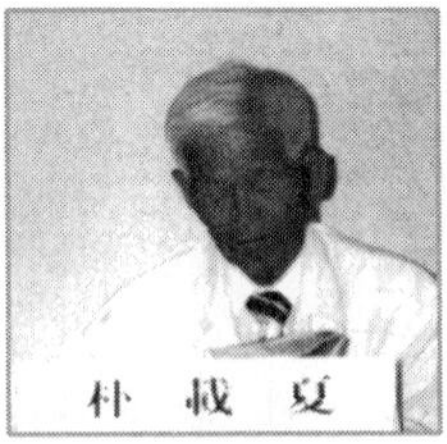

박재하씨는 1923년 충북 영동군 심천면 고당리 365번지에서 박씨 가문 1남1녀 중 외아들로 태어나 19세 되던 해에 결혼하여 부모를 모시고 농사를 지으며 단란하게 살았다. 그는 대전철도국에 근무하던 때에 일본으로 끌려갔다. 면서기가 '조선반도제1차징용영장'이라는 종이 한 장을 들고 와서 며칠 뒤에 영동군청으로 집결하라는 위협적인 말을 남기고 돌아갔다. 그는 1994년 5월 현재 그가 마음에도 없었던 일본의 북쪽 가장자

리 땅으로 끌려가던 그 집 그 자리에서 옛 모습 그대로 유지하고 있는 네 칸 방 집에서 살고 있다. 지금은 아들들이 장성하였고, 손자들이 공부를 잘하여 좋은 대학에 다닌다는 그는 애써 통한의 시절을 감추려는 듯 하였으나 곧 말문을 열기 시작했다.

무주구천동에서 흘러내리는 맑은 물이 고당리 앞을 지나면서 넓고 깊은 내를 이루어 심천이라 부르는 심천면 고당리에는 예나 지금이나 다를 바 없이 유유히 흐르는 물과 마을을 포근히 감싸고 있는 산자락은 사는 이들의 마음을 평온하게 하기에 충분했다. 고당리는 우리나라 3대 악성으로 불리는 조선 세종 때 사람 박연 선생의 유적이 있는 마을이기도 하며 또한 박연 선생의 후손인 박재하씨는 어릴 적부터 총명하여 마을의 귀재로 당시 보통학교를 졸업하고 대전철도국에서 임시직으로 일하게 되었다. 사시장청 흐르는 깊은 강에서 물놀이를 해왔기에 수영을 누구 못지않게 잘한다는 그는 아마 심천 사람이었기에 악몽같은 마이즈루만 바다 한 가운데에서도 살아날 수 있었을 것이다.

'조선반도제1차징용영장'을 내던지고 간지 며칠 뒤 아침 일찍 박재하씨의 집으로 들어 닥친 일본 순사가 연행해감에 따라 울부짖는 가족을 뒤로 한 채 집결장소인 영동군청으로 갔다. 어디로 가는지도 모르는 채 다만 해군군속으로 징용된다는 말 한마디를 들었을 뿐이다. 영동군청에 가 보니 상촌과 용화를 제외한 영동군의 각 읍 면 사람 1백50여 명이 끌려와 있었다. 영동군, 제천군, 단양군, 그리고 괴산군에서 끌려온 5~6백 명의 장정들은 곧바로 화물열차에 실려 일단 부산으로 연행되었다.

부산까지 연행한 뒤 일본헌병과 순사들은 한국인 장정들을 목선에 태워 영도로 끌고 가 예방접종과 신체검사를 실시한 다음 하룻밤을 재우고, 조선인 징용자 수송선인 금강호에 실어 일본의 하카다항에 내려놨다. 여기까지 온 한국 장정들은 이미 대기하고 있던 기차에 옮겨졌는데 박재하씨도 예외가 아니었다. 동경(東京)의 우에노(上野)역에서 기차를 한번 갈아탄 뒤 며칠을 달려보니 일본의 북부지방인 아오모리현 후루마키라는 곳에서 내렸는데 역시 대기하고 있던 군용트럭에 실려 오미나토해군시설부 관할구역인 미사와비행장까지 연행되었던 것이다. 여기서부터 그들은 집단 수용되어 파란만장한 고난의 세월을 시작하게 되었는데 이를 어찌 말로 다 형용할 수 있겠는가?

필자가 박재하씨를 찾아간 날은 1994년 9월 20일이었다. 이에 앞서 영동신문 박기자가 우키시마호 사건 생존자를 탐문 취재하여 상세하게 기고한 바 있었다. 신문사측의 보도자료 제공과 친절한 안내와 배려로 영동군 지역의 생존자들과 처음부터 서로 신뢰로서 대화를 시작할 수 있었다. 지금까지 우키시마호폭침사건 당시 생존자들은 진상조사를 한다며 돌아다니는 사기꾼들한테 회비 명목으로 돈을 갈취 당하던 때였다. 그래서 진상규명회 회원들이 만나려 해도 쉽사리 받아들여지지 않았다. 박재하씨를 처음 찾아갔던 날에는 가족들과 함께 잘 차려놓은 점심식사를 같이했다. 두 번째 만남에서는 심천면 장동리 이기출씨, 학산면 학산리 이건태씨, 심천면 약목리 박이용씨를 만날 수 있었다. 세 번째 만남은 신문기자들과 동행했는데 틀에 짜인 질문 공세 때문이었던지 새로운 기억을 떠올린다거나 통한의 세월을 엮어내지는 못했다. 나는 박재하씨가 일본말에 능숙했고 분대장으로서 책임감을 갖고 일했고, 고향에서 일본 전쟁터로 함께 연행당했던 사람들에게 동지애를 충분히 발휘했다는 점으로 보아 숨은 그림이 얼마든지 있을 것으로 생각했다.

— 대전철도국에서 일하다가 왜 그만두게 되었습니까?

*박재하: 어느 날인가 철도국에서 일하고 있는데 아버지가 오셔서 집으로 가야 된다는 말씀을 하셨습지요. 징용영장이 나왔다는 거요. 일본 순사들이 매일같이 찾아와 가족들을 못살게 굴어 살 수 없으니 네가 징용에 응해야 되겠다. 그렇지 않으면 순사들이 계속해서 우리 가족을 괴롭히게 된다는 것이었습니다. 별 수 없이 집으로 돌아와 하루를 지내

고 나니 일본 순사가 집으로 쳐들어 온 것이지요. 따라가야만 했습지요.

– 일본의 북방지역인 아오모리까지는 어디를 경유하여 갔습니까?

*박재하: 1943년 음력 4월 19일 영동군청에 일단 집결하였다가 영동역에서 기차를 타고 부산까지 갔습니다. 부산항에서 금강호를 타고 일본의 하카다에 도착하여 대기하고 있던 기차를 또 타고 감몬해저터널을 지나 도카이, 오사카, 나고야를 거쳐 동경의 우에노에서 신사참배를 해야 된다 해서 한번 내리고는 곧바로 아오모리로 갔습니다. 아오모리에서는 트럭을 타고 미사와까지 갔습지요.

– 미사와에서는 무슨 일을 하셨습니까?

*박재하: 보통학교를 졸업한 나는 일본말을 잘한다 하여 분대장을 시키더군요. 1개 분대가 19명이었는데 다른 사람이 일을 잘못하거나 늑장을 부리면 분대장인 내게 책임이 돌아와 몽둥이로 두들겨 맞게 되는 것이지요. 비행기 격납고를 만들었지요. 진흙위에 통나무를 깔고 롤러로 다진 다음 디귿자 모양으로 둑을 쌓는 일이었습니다. 지하에 탄약고를 만들기도 하였는데 진흙밭이라 여간 힘든 일이 아니었습니다.

– 박선생님이 일한 미사와에는 조선인 몇 명 정도가 일했습니까?

*박재하: 내가 소속된 14부대에는 6개의 숙사가 있었는데 1개 동에서 50명에서 60명이 합숙했습니다. 14부대와 가까운 곳에 13부대가 있었고 역시 같은 규모였지요. 모두 징용된 조선사람들이었는데 미사와 지역에 1천명은 채 안되었어도 6백 명에서 7백 명은 되었던 것 같습니다.

– 감독하던 군인한테 많이 맞았을 텐데요

*박재하: 말도 말아요. 다른 사람들이 잘못이라도 하면 분대장만 얻어터지는데 아침 조회 때부터 인원보고 잘못한다고 때리고, 게으름 핀다고 때리고 일하다가 다쳤다고 때리고 업어치기로 팽개치는데는 어

떻게 항의할 도리가 없습니다. 부상자가 생겨도 모두 동료들인데......, 약소국민의 서러움이란 이루 말할 수 없었지요.

- 일본 해군 말고 다른 일본 사람들은 없었습니까?

*박재하: 있었지요. 그런데 노약자, 신체불구자 그리고 노름쟁이 같은 사고뭉치들만 왔기 때문에 일도 못하고 능률도 없고 오히려 괴롭히기만 했지요.

- 월급은 받았습니까?

*박재하: 월급이래야 하루 65전이었는데 집으로 보내기도 했고 또 배고프니까 먹을 것을 사 먹어야 했지요. 받았으면 뭐합니까? 마이즈루 바닷물 속에 다 내던져 버렸는데........., (어이없이 허탈한 웃음)

- 미사와에서 오미나토까지는 어떻게 알고 가게 되었습니까?

*박재하: 일본이 전쟁에 패망하고 난 뒤 5일 동안 우리는 소일거리 없이 지냈습니다. 19일이 되자 한 장교가 우리를 모두 모아놓고 '짐을 싸라. 당신들은 처자가 있는 고향으로 돌아가게 되었다.'고 말했습니다. 그래서 우리는 기차를 타고 오미나토로 갔던 것입니다.

- 오미나토에서는 배를 어떻게 탔습니까?

*박재하: 오미나토에 가니 이미 많은 조선 사람들이 배를 타기 시작했더군요. 4척의 거룻배가 오미나토 잔교에서 우키시마호까지 하루 종일 조선사람을 실어 날랐습니다. 시모키타의 다른 가까운 지역에서 일하던 조선인들 보다 우리는 오미나토항에 늦게 도착했기 때문에 맨 나중에서야 배를 탈 수 있었습니다. 승선 허가 같은 절차는 없었고, 승선자 이름을 적는 일도 없었습니다. 그저 부모와 처자식이 있는 고향으로 돌아갈 수 있다는 기쁨 뿐이어서 주위를 살펴볼 겨를이 없었습니다.

- 우키시마호에는 대략 몇 명이나 탔을 것으로 생각되십니까?

*박재하: 2년 전에 어느 기자에게 7천명 정도는 탔을 것이라고 말한 적이 있습니다. 배의 크기나 배안이 온통 빽빽이 들어찼었다는 점을 상기해 볼 때 7천명 정도라 해도 무리가 아닐 것입니다. 승선자 수나 사망자 수를 "몇 명이다" 고 단정해서 말할 수 없는 것이 당시의 상황입니다. 내가 정확한 근거와 숫자를 댈 수 있다는 것이라면 미사와에서 일했던 조선인 6백 명에서 7백 명 모두가 오미나토까지 기차를 타고 와서 곧바로 우키시마호를 탔다는 점입니다.

- 우키시마호의 승무원은 어떤 사람들이었습니까?

*박재하: 일본 해군이었는데 높은 계급은 보지 못했고 주로 하사관급 정도의 사병들을 봤습니다.

- 오미나토를 출항한 뒤 항해할 때 배안에서 폭침과 관련될 만한 소문을 듣지는 못했습니까?

⇧ 진상규명회 사무소 개소식 날 동료들과 옛 일을 회상하며 우키시마호폭침사건 발생 상황을 상세하게 설명하는 박재하씨. 앞줄 첫 번째 생존자 이재석, 이철우, 전우영씨.〈충남 천안서부신협4층. 1998.9.18〉

*박재하: 그 같은 소문은 듣지 못했고 마이즈루만에서 폭발소리가 나기 바로 전에 무슨 목적인지는 몰라도 고무보트를 내리는 것을 보았습니다. 또 일본 해군들은 대낮부터 위스키를 마시고 있었으며 '갑판위에 있는 조선인은 모두 배안으로 들어가라.'고 말했으며 배안에 있는 해군들에게는 회의가 있으니 밖으로 나와 갑판위로 올라오라는 것이었습니다.

- 배가 폭발하던 순간의 상황을 말씀해 보시지요

*朴재하: 우키시마호가 마이즈루만에 들어설 때는 저녁 무렵이었습니다. 날씨가 너무 무더워 바람을 쐬려고 갑판에 나와 서 있는데 갑자기 쾅!- 하는 소리가 났습니다. 내 몸이 1미터나 튀어 올랐지요. 배의 가운데 쪽에서는 아우성치는 소리가 들려왔고 배는 이미 두 동강으로 갈라지기 시작하더군요. 폭음은 단 한번 뿐이었고 물기둥은 보이지 않았습니다. 폭발소리가 나자 어느 해군이 '여기는 마이즈루만이다. 육지와 가까워 수심이 낮으니까 이 같은 큰 배는 완전히 가라앉지 않으니 안심하라.'고 소리치는 것이었습니다. 배 주위의 바다는 온통 기름으로 덮였고, 배의 아래층에 있던 사람들은 서로 엉켜 바다 속으로 빨려 들어갔고, 여기저기서 수많은 사람들이 죽어가며 살려달라는 외마디소리 뿐이었지요. 얼마가 지났을까 인근 마을 주민들의 동력선 또는 무동력선 여나무 척이나 될까 하는 작은 배가 다가와 구조하더군요. 나는 어려서부터 수영을 잘했으므로 허우적거리는 사람을 먼저 배에 태워주며 헤엄치고 있었지요. 그런데 구조하던 일본 사람들이 '위험하니 빨리 배에 오르시오.' 하며 외치는 소리가 들렸으나 계속해서 대 여섯 명을 더 태우고 나도 구조선에 올라탔습니다.

- 그 아수라장에서 어떻게 살아나실 수 있었습니까?

*朴재하: 당시 미사와에서 오미나토에 도착해 보니 이미 많은 사람들이 기구치 뜬다리 부근에서 대기하고 있었으며 배에 탄 사람도 많았습니다. 우리들 영동군 사람들이 많이 살아날 수 있었던 것은 배를 마지막에 탔으므로 선실 안으로 들어가지 못하고 갑판위에 있었기 때문입니다. 저 역시 갑판위에 서 있다가 초롱초롱한 정신으로 상황을 살피다가 능숙한 수영 솜씨 덕분에 살아났지요.

- 몇 명이나 살아났다고 짐작되십니까?

*朴재하: 짐작하기 어렵습니다. 뭍으로 나와 보니 그 때까지 배가 완

전히 가라앉지 않았었지요. 밖으로 나온 사람은 병원이다 수용소다 해군부대다 하여 다들 뿔뿔이 흩어져 누가 어디에 있는지 알 수 없었습니다. 나중에서야 미사와에서 일했다던 사람을 칠 팔 십 명 정도 만날 수 있었습니다. 나머지는 다 죽었겠지요.

- 구조된 다음에는 어떤 처우를 받았습니까?

*박재하: 가진 걸 바다에 다 던지다 보니 모두들 벌거벗은 모습이었지요. 온몸이 기름투성이고 몸에 걸친 거라고는 없었지요. 주먹밥을 먹으며 3일이 지났는데 그제서야 해군 군부에서 다 떨어진 군복을 한 벌씩 주더군요. 20일여 동안 속옷도 없이 그 군복을 입고 있었습니다.

- 사고가 난 뒤에 고향에는 어떻게 돌아왔습니까?

*박재하: 해군 군부에서 보름이나 지났을까 할 정도를 지냈는데 마이즈루에서 배를 타고 가려면 타라더군요. 수용소를 옮기려고 배를 타라고 했던 것 같아요. 그래서 두 번 다시 속지 않겠다고 했지요. 그리고는 교토를 거쳐 오사카를 지나 결국은 센자키에서 다시 배를 타고 부산항에 도착하여 20여일 만에 고향집까지 왔습니다.

- 강제로 연행될 당시 탈출할 생각은 없었습니까?

*박재하: 가고 싶지 않은 마음이야 말하면 뭐하겠습니까. 부산에 도착하니 헌병이 꽉 들어찼는데 탈출이란 엄두도 못 낼 일이었지요. 나이가 나보다 열 살 정도 많은 동네 사람이 부산까지 같이 갔는데 그 사람은 항문 치질을 손톱으로 집어 뜯었나 봐요. 피가 심하게 흘러 신체검사에서 불합격 처리되어 집으로 돌아갔는데 나중에 알고 보니까 한 달 뒤에 홋카이도로 끌려갔다더군요.

- 어떻게 미사와에서 홋카이도 소식을 들을 수 있으셨죠?

*박재하: 우리들이 먼저 갔고. 뒤따라 계속 들어왔잖아요. 충청도에서

사람들이 계속해서 들어오니까 그 소문이 꼬리를 물고 내 귀에까지 들린 게지요. 미사와가 그랬어요. 끝이 눈에 보이지도 않아. 워낙 넓으니까 사람이 많아야 했거든.

한국에서 끌려간 힘 좋고 건장한 젊은이들은 아오모리현 미사와비행장에서 군사훈련을 받지 않은 것으로 보아 순전히 막일을 시킬 셈으로 끌고 갔다. 몽고 유목민의 파오같이 생긴 통나무집에 수용되어 매일같이 공사장을 왕복하며 짐승처럼 일만 해야 했다. 물론 휴식시간이나 자유시간은 허용되지 않았으며, 항상 해군 장교들의 감시를 받았다. 이유 없이 얻어맞는 때가 한 두 번이 아니었다. 상처에서 피가 흐르고 고름이 차도 치료받을 처지가 아니었다. 숙소 한가운데에는 난로를 피우고 둥글게 누워 잠을 잘 수 있도록 했는데 침상을 2단으로 만들었으므로 50명에서 60명 정도가 합숙할 수 있었다. 아오모리현 미사와에는 해군 13부대와 14부대가 있었는데 지역이 너무 넓어 어디에서 무슨 일을 하는지 알 수 없었다.

'미사와에서 우리가 한 일은 비행기를 감춰 두려는 둑을 쌓는 일이었지요. 미사와 지역은 모두 진흙땅이라서 진흙위에 소나무를 베어다 깔고 디귿자 모양으로 높게 쌓아 올리고 지붕을 덮어 비행기가 들어갈 수 있도록 했지요. 그리고 진흙탕에서 방공호를 파기도 했고 무기와 폭탄을 저장하는 지하실을 팠습니다. 한 10미터 여를 파내려 가면 그 때부터는 흙을 떠올려야 하기 때문에 어지간한 힘으로는 못합니다. 사고뭉치만 모인 일본 놈들은 이처럼 힘든 일은 못했습니다.'

군대식으로 조직된 노무자들은 24시간 감시와 통제 속에서 굶주림을 면치 못하며 새벽부터 밤늦게까지 하루 종일 일해야 했다. 미사와의 허허벌판 한 모퉁이에 자리 잡은 해군 14부대의 민간인 노무자들의 명단 유무는 알 수 없었으며, 다만 사무실을 드나드는 민간인 복장을 한 소속을 알 수 없는 일본인이 오가며 노무자 명부를 관리한 것이 분명하다는 것이다.

보통학교를 졸업한 박재하씨는 일본말을 잘하여 분대장으로 뽑혔는데, 다른 사람이 잘못해도 모두 분대장에게 책임을 돌렸다. 그 때마다 몽둥이로 얻어맞았다. 진흙을 나르는 일만 하지 않았을 뿐이지 다른 막일은 똑같았다. 하루는 이질에 걸린 환자를 병원으로 데리고 가게 되었다. 이리저리 다녀도 병원도 약도 없었다. 돌아오는 길에 바닷가에서 고등어를 사게 되었다. 일본말을 할 줄 아는 박재하씨는 이 집 저 집으로 다니면서 요리를 부탁했는데 모두 거절당하고 마지막으로 어느 한 집에서 아주머니한테 부탁하여 승낙을 받았다. 그는 고등어를 끓여 차려준 밥을 같이 간 사람들과 먹을 수 있었다. 너무나 고마워서 아들에게 주라고 3원을 아주머니에게 건넸으나 받지 않았다. 그러면서 '내 나라를 떠나 여기까지 와 부인도 가족도 없이 얼마나 고생이 많으냐.' 면서 일본말을 잘하는 그 아주머니가 나도 조선인이라고 말하였다. 마음속으로 깜작 놀라 물었더니 전라도에서 왔다는 것이었다. 박재하씨가 아주머니에게 어떻게 여기까지 오게 되었는지 그 이유는 묻지 않았단다. 이처럼 미사와에서 일가족이 살기도 했다. 이 날 고등어찌개와 밥을 실컷 먹고 배가 아팠던 환자는 설사병이 완전히 나아 좋아하기도 했다는 얘기를 들려줬다.

- 우키시마호 폭침과 같은 엄청난 사건이 지금까지 해명되지 않고 있습니다. 그 원인은 어디에 있다고 생각하십니까?

*박재하: 정치적으로 들먹이는 얘기는 굳지 하지 않으렵니다. 다만 수 천 명이나 되는 젊은 생명이 죽도록 일하다가 남의 나라 땅에서 억울하게 죽은 것만은 사실입니다. 어찌되었든 해방되어 조국으로 돌아오는 과정에서 빚어진 큰 사건은 온 국민의 관심사가 되어야 함은 당연한 일이고 역사에 바르게 조명되는 것 또한 마땅한 일입니다. 정부가 앞장서서 해결해야 하는데 그러지도 아니하고 있지요? 한국 정부에서

1965년 3억 달러를 받고 모든 청구권을 포기했을 겁니다. 당시의 외교관들이 모든 걸 마무리했다는 식으로 돼버려 국민들도 그 같이 알게 돼 간다는 것은 참으로 유감입니다. 사실상 마무리가 될 수 없는 것입니다. 경제협력문제였지 전후배상문제는 아니었다고 생각해요. 전후배상이라는 게 피해자한테 의견을 들어보지도 않고 어떻게 이뤄질 수 있습니까? 더구나 일제 패전 후의 사건을 말입니다. 국민이 이 사건을 자세하기 알지 못하는 것도 해결의 장애요인이 될 것입니다. 이제 나는 늙어 살날이 얼마 남지 않았으니 살 만큼 살았지만 청춘시절에 죽은 수많은 사람들의 원혼을 달래기 위해서라도 국민들이 사실을 사실대로 알아야만 합니다.

– 왜 우키시마호를 폭파했을까요? 어떻게 생각하십니까?

*박재하: 이것은 틀림없이 일본 해군이 자행한 계획된 살인행위입니다. 우리 조선사람을 한꺼번에 싹 쓸어버리려는 수작이었지! 그 당시에 배에 타고 있던 사람이라면 누구든지 다 아는 사실입니다.

– 이 사건과 관련있는 사람들이 어떻게 해야 되겠습니까?

*박재하: 학자들이 등한시 하고 있습니다. 돈에만 눈이 벌겋고 정의실현이나 인권회복에는 달려들지 않고 있잖아요? 내 몸이 늙고 쇠약하여 만사가 귀찮을 뿐이지만 일본에 대한 원한은 저승에서도 잊지 못할 것입니다. 역사의 진실은 언젠가는 밝혀질 것이라고 믿습니다만 당사자인 내가 죽어 없어진 뒤에 내게는 아무런 의미가 없는 것이지요.

박재하씨를 만나려고 네 번째 방문했을 때는 밤새도록 얘기나 나눌 셈이었다. 그렇지 않아도 그는 하룻밤을 머물고 다음날 떠나라는 것이었다. 뒷산에서 흘러내린다는 지하수가 시원하고 맛이 좋았다. 내가 박재하씨를 알고 방문하게 된 해에 그는 73세의 고령이었다. 그는 오래전부터 부인에게 안방을 내주고 좁은 온돌 사랑채에서 생활하고 있었다.

두 살 연상인 부인이 지병으로 몸이 편치 않았기 때문이었다. 그 날 나는 노인과 함께 그가 평소 생활하는 방에서 동동주 한 병을 곁들여 저녁밥을 먹었다. 둘째 며느리가 차려다 준 밥상이었다. 노인의 방 머리맡에는 평소에 읽던 책 몇 권이 놓여있고, 문설주 위쪽 시렁에는 몇 해 전부터 보관하고 있다는 신문 보도 자료와 사진 그리고 자신의 신분증과 호적등본이 있었다. 그간 일본을 상대로 싸워 온 자료들이었다. 밤이 이슥하도록 얘기는 끝나지 않았다. 줄담배 연기로 목이 아프지만 얘기를 다 들으려면 그도 그럴만한 일이다.

-제가 일본으로 어르신들께서 일하시던 현장을 조사하러 갔을 때 일본사람들이 말끝마다 조선인이라고 말할 때 솔직히 기분이 나빴거든요. 미사와비행장에서 일하실 때 분대장으로서 "조센징! 조센징"이라고 하면 기분이 상하지는 않았나요.

*박재하: 왜놈들은 우리들을 "조센징! 조센징 빠가야로!" 그렇게 소리치며 대했지요. 바보같은 조선놈들이라는데 좋을 리가 있나. 하기사 우리도 왜놈! 왜구놈들! 하잖아?

-양국 사람들은 서로 웬수지간인지 오래거든요. 왜국이 삼국시대부터 남해안과 서해안 일대에서 노략질을 일삼았고 임진왜란, 동학농민군 학살......., 뭐 보통 괴롭힌 게 아니잖아요.

*박재하: 조선왕조가 길기도 길었는데. 내가 바로 저 쪽 옆에 사당이 있는 박연 선생 후손인데. 세종 때 분이요. 그런데 그 조선이라는 말이 나쁘게만 들린단 말이야.

-그것도 왜놈들 때문이죠. 일본은 조선왕조를 이씨조선이라 하잖아요. 이씨조선이라는 것은 씨족국가라는 것이죠.. 국가를 형성하는 국민의 국가가 아니라 일개 집안이 만든 국가라는 겁니다. 명성황후를 민비라고 부르며 폄하한 의도가 다 우리나라를 얕보고 침략하려고 그랬던 것입니다. 일본사람들은요. 제놈들은 하늘 아래 제

⇧ 사건 홍보에 나선 박재하씨(가운데)와 김태석씨(오른쪽). 두 분은 1943년 봄에 고향역인 영동 역에서 기차에 실려 부산역까지 가 부산항에서 다시 금강호에 실려 일본의 아오모리현 미사와비행장까지 강제연행되었다. 고향역 광장에서 사건을 알리는 전단을 나누지만 세상은 이들을 외면하고 말았다.〈충북 영동군 영동역 앞. 1995.8.19〉

일 잘났고, 남의 나라 특히 한국과 중국 사람은 우매하다고 차별하고 멸시하는 풍조가 머릿속에 박혀있어요.

*박재하: 듣고 보니 그러네요. 아 저 뭐냐! 고종황제가 대한제국이라 했고 나중에 대한민국이라 했는데 왜놈들은 조센징이라 하니까 지금은 우리들한테 욕설이 돼 버렸어.

-그래서 독립운동 당시에 우리는 태극기를 들고 대한독립만세를 불렀지요. 그러구 저러구요. 광주유족회에서 교토지방재판소에 소를 제기해서 재판이 진행중인데 전국적으로 모든 생존자 분들이 동참해야 되잖겠습니까?

*박재하: 아 그런데 일본에서 돈을 십 만원씩 내라나 봐요. 그 자체가 기분이 나빠서 나는 안 해요.

-그래도 앞으로 새로 소식이 들려오는 생존자 분들이 한 분씩 한 분씩 합류하는 형식이면 좋겠는데요. 그것이 법적으로 또 순서가 아닐 수도 있겠지만요. 저는 조사하고, 찾아내고 서류를 만들고, 어른들께서는 참여하고 목소리를 높여 주시고 하면 한국 정부도 나설텐데요. 문제는 한국 정부가 나서야 합니다. 제가 볼 때는요 도대체 이 나라 정부는 국민을 생각하는 정부가 아닌 것 같아요.

*박재하: 나는 정부한테 기대하지 않아요. 그저 그 날 젊은 시절에 죽은 동포들이 불쌍하지 정부, 국회의원 다 쓸데없어요. 싹 걷어다가 논두렁에 묻어버려요.

– 정말로 나라에서 위령비도 못 세운다니 어처구니 없잖아요

*박재하: 어허! 전선생도 정신 나갔구만. 그 놈들이 돈 생기면 권력을 사들여야 하는데 백성은 무슨 백성여! 우리가 죽고 한 세상 더 가면 이 나라는 또 망할테니 내 말을 잘 기억해 두시구려.

박재하씨는 전국생존자합동증언대회에 참가하여 논리적인 증언으로 당시 상황을 낱낱이 그려냈다. 그는 희생자전국합동위령제에 참가하는 등 홍보활동에 적극 참가하는 열정으로 여생을 마쳤다.

◈ 증인-02: 한세열(韓世烈, 男, 1927年 3月 18日生 충북 영동군 영동읍 봉현리 111)

내가 열여덟 살(집 나이는 호적나이와 다름. 호적 나이로는 16세였음) 때 아버지 이름으로 징용영장이 나왔다. 그래서 아버지 대신 내가 징용에 따라야 했다. 그 때가 1942년인지 43년인지는 오래되어 정확하게 기억은 못하겠으나 일본에서 겨울을 두 번 난 것은 확실하다. 끌려갈 때는 보리가 누렇게 익어갈 때였다. 영동군청에 모여 신사에 참배하고 영동역에서 기차를 타고 부산으로 갔다. 우리는 남방지역으로 갈 것이라고 했는데 나중에 바뀌었다. 일본에서는 일을 못한다고 몽둥이로 사정없이 때려서 맞아 죽은 사람도 많았다. 참으로 비참했으며 나도 죽을 고비를 몇 번이나 넘겼다.

〔필자가 한세열씨를 방문하였을 때는 가을바람이 싸늘하게 불던 10월이었다. 한낮의 햇빛은 따사했으나 여름날부터 그가 입은 런닝셔츠 하나로는 추워보였다. 마루에서 햇볕을 쪼이고 있던 한세열씨는 일행이 당도하자 곧 방으로 들어가자고 했다. 그는 눈물을 흘리며 지난 세월을 이야기하기 시작했다. 질문할 여지가 없었다. 쏟아지는 역사를 적어 정리하면 곧 증언이 될테니 말이다. 가족이 아무도 없었다. 거동이 불편해진 뒤로는 이웃집에서 가끔 다니면서 반찬과 옷

가지를 챙겨준단다. 부도환(우키시마호를 부도환이라 함) 때문에 행사가 있다는 소식을 몇 번이나 들었는데 몸이 불편하여 한번도 나가지 못해 미안하다는 말을 했다. 미사와비행장 공사장 식당(취사반에서 일한 것으로 증언함)에서 일할 때 한국인 일가족과 같이 일했는데 그 때 여자 쪽의 부모한테 승낙을 받아 딸과 혼인하게 되었다. 그는 우키시마호 폭침 때 임신한 아내와 장인, 장모, 처남의 생사를 확인하지 못했다. 그래서 그는 십년이 넘도록 대전에 있는 처가 동네를 명절 때마다 다녔으나 그의 아내는 끝내 돌아오지 않았다.]

나는 나이가 어린데다가 얼굴이 깔끔하게 생겨 미사와비행장에서는 해군과 노무자들이 이용하는 식당에서 일했다. 한 끼니에 5백명 분량의 식사를 준비했다. 이 같은 규모의 식당이 근처에 3~4개 있었다. 식당으로 보급되는 쌀이나 부식은 그런대로 괜찮았는데 계급이 높은 장교들이 고기나 생선 따위 같은 맛좋고 영양가 있는 부식은 거의 다 빼내가서 노무자들이 먹을 것을 항상 부족했다. 그 때 같이 일하던 조선인 여성이 있었는데 그 여성은 부모와 함께 살고 있었다. 1944년 어린 나이에 여자 쪽 부모의 승낙을 얻어 그 여성과 결혼했다. 광복을 맞아 집으로 돌아올 때 우키시마호를 탔는데 어느 날 갑자기 마이즈루라는 곳으로 들어갔다. 입구에서 일본 해군이 나팔을 불었다. 해군들이 회의를 한다고 배 아래로 내려가라고 소리쳤다. 그 때 배가 요란한 폭발소리를 내면서 두 동강이 나 가라앉기 시작했다. 나는 뱃머리 쪽에 서 있었기 때문에 나중에 작은 배로 구조되었으나 장인, 장모, 처남 그리고 임신 중인 아내까지 마이즈루만에서 모두 잃고 말았다.

– 하고 싶은 말이 있으면 계속하십시요

배 하나에서 5천명 이상을 죽인게요. 틀림없을 겁니다. 나는 살아왔지만 다 죽었어. 배가 깨진 것에 대해서는 다른 얘기가 별로 필요없어요. 개들이 깼어요. 깼어! 그 때 개들 일본 해군 놈이 그러더라구요. 뭐라냐면. 바다 한가운데다 배를 띄워놓고 조선인을 죽일 수도 있고 살릴 수도 있다. 또 보낼 수도 있고 안 보낼 수도 있으니..........., 그러능겨. 한마디로 날뛰지 말라는 거였어. 날뛰면 다 죽인다는 겨.

아버지는 이미 일본에 다녀온 터라 그 때 내가 아버지 대신 일본으로 갔기 때문에 나이가 어렸어요. 이북 사람도 많았지요. 50년이 지난 지금 쌓였던 유감이 다 풀렸는디 애 낳을 날이 가까웠던 아내와 처가 식구들을 다 잃은 걸 생각하면 아찔해요. 나오질 못했으니 다 죽은 거지요.

취재에 동행한 영동신문사 박기자가 한세열씨의 말을 이어 받았다.

- 지금까지 공개된 사망자 명단에는 문제와 차이가 있습니다. 증언과 맞지 않는 부분이 있다는 것이지요. 지금 증언하시는 것처럼 가족이 모두 폭침 당시에 사망했다는데 사망자 명단에는 포함되지 않았다는 문제가 있는 것입니다. 이 같은 상황은 곳곳에 많이 있습니다. 한세열씨 가족이 사망자 명단에 있었던가요?

확인하지도 못했지만 사망자 명단에 제 아내와 처가 식구들이 있다는 말은 들어 본 적이 없어요. 명단에 없을게요. 명찰이 있었어. 뭐가 있었어! (신분증 같은 것이 없었다는 말) 지금 일본 정부가 잘못되었다는 것은 다름이 아니고 왜 죽은 사람들의 명단을 안 보내느냐 이거요. 손성출이라는 사람의 시신이 왔다더만요. 그런데 나한테는 안와요. 그 손성출이라는 사람이 한국 사람이겠지만 손성출인지 누군지 어떻게 알아요. 몰라요. 명단이 붙기를 했어요? 명찰이 있었어요? 아무거나 주워다가 누구라고 붙이면 그게 그 사람이었을 겝니다. 내가 손성출이의 가족들에게 말했어요. '야! 그 시신 너희 아버지가 아니여. 파서 버려! 그래 파봐! 한국사람 시신이니까 어찌해도 좋다만 너희 아버지는 아녀. 명단이 있었니. 뭐가 있었니! 배가 쾅! - 하고 터지니까 죽은 사람을 꺼낸 거 뿐여!

- 왜 배를 깨려고 했을까요?

당초 그 군함은 부산항을 거쳐 오키나와에 있는 미군에게 넘기려면 가야 한다는 이야기를 들었지요. 그게 어떤 관련이 있는지는 모르겠어요.

- 다른 아는 생존자는 없습니까?

봉현리 마을에서 세 명이 같이 갔는데 한 명은 마이즈루에서 심하게 다쳐 돌아와서 그 상처병으로 앓다가 죽었어요. 마이즈루에서 이리저리 업고 다니며 살리려고 애도 써 봤는데 워낙 심하게 다쳐서 어려웠어요.

한세열씨가 일본 미사와비행장 식당에서 만나 결혼한 아내의 고향은 충청남도 대전이었다. 고향에 돌아와 십년이 넘도록 아내의 고향과 주변을 찾아다녔으나 만나기는커녕 소식조차도 들을 수 없었다. '이제는 죽었다고 생각할 수 밖에요. 나는 이 한 맺힌 세월을 반드시 풀어야 해요.' 한세열씨의 아픈 마음을 치유해 줄 방법은 60년이 지난 지금도 마련되지 않았다.

◈ 증인-03: 김동천(金東天, 男, 1922年 6月 4日生 충북 영동군 영동읍 심원리 335)

징용영장이 나왔을 때 나는 결혼한 지 얼마 되지 않았지만 피할 도리가 없었다. 영동역에서 부산 역으로 끌려가 영도에서 예방주사를 맞고 연락선으로 일본까지 실려 갔다. 미사와비행장으로 끌려가 죽도록 일만 했다. 처음 도착하자마자 5일 동안은 제식훈련을 시키더니 군대식으로 1분대에 17명 정도로 나누어 일을 시키기 시작했다. 먹을 거래야 국 한 그릇에 밥을 주는데 양도 적을 뿐만 아니라 일을 할 수 있는 식사량이 아니었다. 모두들 배가 고파 까마귀

⇧ 김동천씨. 미사와비행장에서 일할 때 모습.

물고시를 캐먹고 설사병이 나서 다들 고생하기도 했다.

아오모리현에 있는 미사와비행장은 홋카이도 바로 아래 지역이라서 음력 4월인데도 눈이 목지 않고 남아 있었다. 아름드리 소나무를 베어 비행기를 숨기려는 위장격납고를 만들었는데 일 자체가 모두 인력으로만 해야 했기 때문에 여간 힘든 일이 아니었다. 새벽 6시에 조회하고 12시에 점심을 줬으며 저녁 6시가 돼서야 일을 마치고 숙소로 들어간다. 첫해에는 비행기를 숨기는 격납고를 만들었고, 이듬해에는 지하에 굴을 파고 폭탄을 저장하는 일을 하였다. 눈이 내리면 활주로 제설작업을 했고, 몇 푼 받은 돈으로 외출해서 먹을 것을 사 먹기도 했다. 그러다 광복을 맞자 고향에 보내준다高 군함에 태웠다. 아오모리현에 있는 모든 조선 사람들이다 탔는데 7천5백명이라는 말을 들었다. 배가 무척 컸는데 배의 위아래 할 것 없이 꽉 들어찼었다. 당초에는 송환할 조선인을 원산항에 내려놓을 것이라던 배가 돌연 마이즈루만으로 들어갔다. 나는 그 때 꼭대기 층에 있었다. 아마 배가 7층 정도는 됐을 것으로 짐작된다. 맨 위층의 구명보트가 놓여진 옆에 있었는데 해군이 조선사람들은 모두 아래층으로 내려가라고 말했다. 그 때 다른 사람들은 많이들 내려갔으나 나는 그대로 그 자리에 있었다. 해군들은 저희들끼리 이야기를 주고받으며 술을 마셨다. 몹시 긴장하고 있던 것이 이상하기도 했다. 배의 아래쪽에 있는 기관사들에게 회의가 있으니 위층으로 올라오라고 지시했다. 그러다가 얼마쯤인가 마이즈루만 안으로 들어갔는데 갑자기 배 아래에서 쿵! – 하는 폭발소리가 났다. 그 때 손성출이라는 사람이 맨 위 갑판에 앉아 있었는데 폭음과 함께 튕겨나갔다. 배가 침몰하기 시작하자 우리들 보고 물로 들어가라고 일본 해군이 고함을 쳤다. 그러나 육지까지는 멀었고 바다에 빠진 사람들은 서로 엉켜서 죽어갔다. 두 동강이 난 배는 수심이 깊지 않아 완전히 가라앉지 않고 뱃머리는 물 위에 남아 있었다. 그래서 수영을 못하는 사람들도 조금은 살아날 수 있었다. 나는 끝까지 밧줄을 잡고 버텼다. 30분쯤 지나자 일본군이 나팔을 불었다. 그래서인지 육지에서 작은 배를 타고 우리를 구조하려는 사람들이 다가왔다. 겨우 목숨을 건져 뭍으로 나와서는 서로 아는 사람을 찾아 다녔다. 모두 벌거벗고 있었는데 봉우재 사람인 전세돌을 만났다. 둘이서 아는 사람을 찾아다니다가 장태원이를 찾았는데 그는 숨만 헐떡이며 다 죽어가고 있었다.

그 때 사고로 많은 사람이 죽었는데 승선했던 7천5백명 가운데 몇백 명은 살았겠지만 하여튼 5천명 가량은 죽었다. 당시 맥아더가 군복과 무기를 모두 반납하라고 했기 때문에 벌거벗은 우리에게 군복이 있어도 못준다고 하였다. 그래서 담요를 하나씩 줬는데 치마처럼 두르고 다니다가 나중에서야 헌 군복을 얻어 입었다. 그 뒤 고향으로 돌아오면서 숱한 고생을 하다가 추석이 다 돼서야 집에 도착했다.

◈ 증인-04: 지윤식(池允植, 男, 1926年 1月 18日生 충북 영동군 추풍령면 웅북리 258)

마음에도 없는 일본땅으로 강제로 끌려갈 때 나는 홀어머니를 모시고, 논밭 일은 말할 나위도 없고 집안 살림을 다 했는데, 어머니 혼자만 집에 남겨두고 일본으로 끌려가야했다.

- 식사가 형편없었다 하던데요

배가 고파서 견디기가 힘들었지요. 밥도 부족

했지만 호박국도 호박조각이 하나 둘 둥둥 떠다니는 정도였고 감자는 껍질 채 먹었지요. 아침식사 전에 점심 벤또(도시락)을 주는데 미리 다 먹어 치우게 되거든요. 그러다가 나중에 발각되면 되게 당한답니다.

- 일본에 가서는 무슨 일을 하셨습니까?

미사와비행장에서 비행기격납고를 만들었는데 현장감독이 괜히 몽둥이로 두들겨 팹니다. 그러면 어깨가 터지고, 곪았던 상처에서 고름이 터져 흐르지요.

- 우키시마호를 타고 오실 때 배위에서 있었던 일들이 기억나십니까?

우키시마호가 항해할 때 해군들이 소지품을 바다에 버리는 것을 보았습니다.

나는 기관실 옆 창고 같은 곳에 있다가 답답해서 갑판위로 나갔는데 그 때 터졌지요. 쾅! - 하는 소리가 나더니 배가 가운데부터 꺾여 들어가더라구요. '사람 살려!'라고 소리를 지르니까 해군들이 '괜찮으니 안심해라'고 하더군요. 바다는 온통 기름투성이였는데 나는 로프를 잡고 자꾸만 높은 곳으로 기어오르다가 구조되었지요. 그 기름바다에서 너무 많은 사람이 죽었습니다.

◈ 증인-05: 김태석(金泰錫, 男, 1919年 9月 9日生 충북 영동군 추풍령면 지봉리 475)

징용영장을 받고 영동군청으로 모이라 하여 나갔다. 영동역에서 기차를 타고 부산에 가서 신체검사를 받고 시모노세키를 거쳐 아오모리현 미사와까지 가게 된 것이었다.

"뭐! 볼 것도 없이 모두 다 집어 던지더라고. 소지품들이지. 문서. 책장 그런 걸 다 버리기에 이상하다고 우리들끼리 쑥덕대는거였지. 우리

는 총칼이 없었으니 뭐라 항의할 수 없잖아요. 오미나토를 떠나서 남쪽으로 쭉 내려오다가 바다 양쪽이 산으로 막힌 골짜기로 들어갔는데 거기가 마이즈루라는 거요. 사람들이 해군들한테 질문했나벼. 왜 이리로 들어가느냐? 고 했나벼. 그러니까 '내일이면 부산에 도착하는데 물이 부족해서 그런다.' 이 말은 내가 들었어. 허! 장교들이 구명보트를 타고 내린다............, 그리고는 터졌어. 다 넘어지고 깨지고 다치고 기름으로 덮여 누가 누군지 구별할 수 없었어요."

– 일본 미사와에서 생활하던 이야기를 들려주시지요.

맨 처음 끌려간 곳이 미사와였습니다. 일하다 보니 비행장이라는 것을 알게 된 것이지요. 나는 박재하씨, 지윤식씨와 같은 날 연행되어 같은 장소에서 일했습니다. 식사량은 턱없이 부족했고 반찬은 청어와 오징어가 전부였지요. 다다미를 깔고 난로 옆에 나란히 누워 잤는데 숙소 하나에 50명에서 60명 정도 합숙했습니다. 이 같은 숙소가 상당히 많았지요. 일본 사람들은 일터에 나와도 일을 제대로 못했어요. 안한 것이겠지요. 조선사람이 일하다가 감독들한테 눈 밖에 나면 치시마로 다시 끌려가기도 했지요. 발과 허리에 부상을 입어 장애자가 되기도 했습니다. 한달에 한번씩 월급을 주는데 중대 사무실에서 받았지요. 일당으로 65전을 계산한 것이 월급이었지요. 나중에 지급이 약속된 개인예금통장도 있었습니다. 처음 연행될 때는 6개월만 일하면 집으로 돌려보내 주겠다고 했기 때문에 처음 6개월 동안은 열심히 일했지요. 그런데 6개월이 지나도 약속은 지켜지지 않았고 28개월을 이리저리 끌려 다니며 노동에 시달리다가 광복을 맞이하게 된거죠. 47년이 지난 1992년 8월 22일 미사와비행장과 오미나토를 김수곤씨와 함께 다녀왔는데 참혹했던 그 때가 머리 속에 가득하여 눈물이 한없이 흘러내리더군요.

◈ 증인-06: 박이용(朴二用, 男, 1911年 10月 12日生충북 영동군 심천면 약목리 595)

내가 일본으로 끌려갈 때는 징용에 따르지 않으면 가족을 못살게 굴었기 때문에 징용을 피할 수 없었다. 미사와비행장에서 일하면서 이유없이 맞기도 많이 맞았고 추위와 배고픔이 가장 고통스러웠다. 우키시마호를 탔다가 천신만고 끝에 살아 돌아왔으나 집안 살림살이는 엉망이 되어 정상적인 가정이 아니었다. 아내는 일찍이 나를 버리고 어디론가 떠났고 보다시피 이렇게 궁색하게 살고 있다. 그 배 일은 생각하기도 싫다. 하여간 나쁜 놈들이었다.

◈ 증인-07: 이건태(李建泰, 男, 1922年 6月 10日生 충북 영동군 학산면 학산리 412)

아내와 어린자식과 부모를 고향에 두고 왜놈의 전쟁터로 끌려가는 심정을 당해 보지 않은 사람은 모른다. 배고파 힘이 없어 움직일 수 없는데도 몽둥이를 휘두르며 때리는 데는 소나 말 같았다. 마이즈루만 바다는 기름투성이로 죽음의 아수라장이었다. 근처 주민들이 작은 배를 가지고 와 구조하였는데 나도 그 작은 배를 타고 뭍으로 나왔다.

◈ 증인-08: 이기출(李基出, 男, 1920年 2月 28日生. 충북 영동군 심천면 장동리 421)

우리들이 왜놈한테 끌려 갈 때는 경찰과 면 노무계원이 가족을 못살게 괴롭혀 징용에 따를 수밖에 없었다. 영동 역에서 기차를 타고 부산에서 내려 신체검사를 받고, 배타고 일본으로 건너가 시모노세키에서 다시 기차를 타고 아오모리현 미사와까지 갔다. 당시 영동군에서 150명 정도가 연행되었다. 미사와비행장에서 미사와해군시설부 13(?)부대 1중대 1소대 4분대로 배속되어 일했다. 활주로 보수와 탄약고와 비행기격납고를 만들었다. 넓디 넓은 미사와 벌판에서 왜놈들의 감시를 받으며 고된 일을 했다는 것이 너무 억울하다. 고향에는 부모형제들이 생계가 어려워 고생하였고, 우리들은 일본에서 노예처럼 살아야 했다. 식사량은 터무니없이 부족했고 반찬은 무 조각 하나였는데 한달에 한번씩 생선 한 토막 정도 겨우 먹을 수 있었다.

육지가 보인다기에 잠시 구경하고 있는데 갑자기 쾅! - 하는 소리가 나더니 잠시 뒤에 또 쾅! - 하고 두 번째 폭발소리가 났다. 바다는 온통 물에 빠진 사람들이 살려달라고 아비규환이었고 물속으로 오르락 내리락하며 죽어갔다. 인근 마을의 주민 어선들이 다가와서 구조에 나섰으나 배가 작아 몇 명이 타면 나가고 또 나가고 하였다. 무고한 생명이 너무 많이 죽었다. 나도 마이즈루만에서 배가 침몰할 때 가지고 있던 돈과 소지품을 모두 잃었다. 우키시마호에는 7천명 정도 승선했을 것으로 생각한다. 우리가 가서 제놈들 일을 해 줬는데 뭣이 그리 잘못되어 우리를 몰살하려 했는지 알 수 없다. 참으로 악독한 놈들이다.

⇦ 충북 영동군 생존자분들. 오른쪽부터 이건태, (경기도 이재석) 김동천, 지윤식, 김태석, 박재하씨. 이 날 영동신문사를 방문하여 상호 교류와 향후 대응에 협력하고 진상규명에 힘쓸 것을 다짐했다. 이기출씨와 박이용씨는 몸이 불편하여 참석하지 못했다.〈1995〉

◈ 증인-09: 서봉구(徐鳳求, 男, 1926年 10月 23日生. 충북 보은군 외속리면 하개리 131)

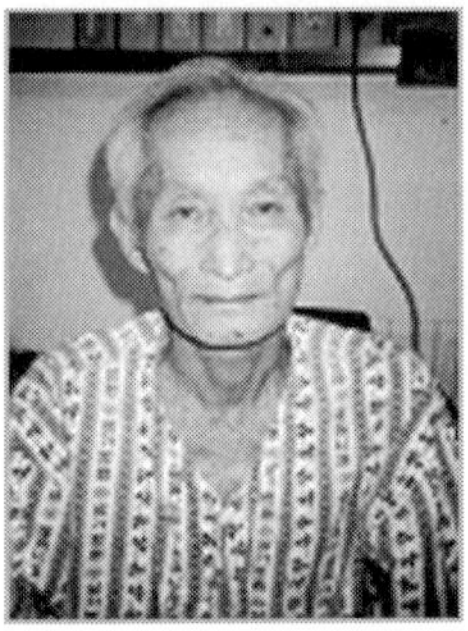

내 징용영장에는 '아오모리현 시모키타반도 오미나토해군시설부 군속'이라고 적혀 있었다. 일본에서는 '가바야마 9부대 3중대 5소대'에 배치되었다. 가바야마비행장에서 구릉지대를 평탄하게 만들었고 활주로도 만들었다. 평탄작업이 끝나면 시멘트와 모래, 자갈을 화물차에 실어 운반하면 인부들이 시멘트에 비벼 활주로를 만들었고 그 다음에는 비행기 격납고와 화약고를 뚫는 일을 하였다. 순전히 인력이었고 흙 나르기는 또한 목도였다. 몸에 흙투성이는 일도 아니었지요. 목도를 하면 어깨에서 몽둥이가 움직이며 비벼져서 살이 뭉개지고 벗겨지고 그러다가 덧나면 고름이 줄줄나고........, 그런 고욕을 당하고 왔어요. 그건 그렇다 쳐도 배만 고프지 않아도 다행인데요. 너무 배가 고파서 생고사리를 꺾어다 삶아 먹었는데 그처럼 고사리를 삶아 먹는 것 조차 해군에게 발각되면 심한 문책을 당했습니다.

날이 궂어 쉬는 날에 고사리를 삶아 물에 담가 놨는데 사쿠라 라는 중대장이 오더니 '웬 고사리를 담가놨냐' 고 묻더라구요. 그래서 '심심해서 꺾어다 해 봤어요.'라고 했지요. 배고파서 그랬다면 또 얻어 맞거든요. 그 때 다카야마 라는 사람이 '간장이 있으면 묻혀 먹으면 좋겠다.'고 하니까 소대당이 뭐! 아니! 소대장도 괘씸한 생각이 들었을 터이지만 '야! 가자. 식당에서 간장을 얻어 주마.'하더니 소대장은 가버리고 다카야마가 간장을 가지고 와 고사리를 묻혀 놓으니 얼마나 맛있는지 나중에는 중대장이 또 왔어요. '그걸 먹겠느냐?' 하여 '아니 뭘 맛있게 먹었어요.' 하니까 중대장도 어이가 없었는지 껄껄 웃더니 '고사리는 삶아서 울궈다가 먹는 것이다.'고 하더라구요.

(이 때 취재에 동행했던 김동천씨가 말을 거들었다.)

김동천: 중대장도 알기는 알았구만!

성이 사쿠라였던 중대장은 불과 한달쯤 지나니까 영장을 받고 다른 전방으로 갔어요. 그 다음에는 쇼치 다케오라는 중대장이 왔습니다. 공사현장에서 무슨 굴인지는 모르지만 산을 뚫고 하여튼 굴을 뚫으면 육군 중령이 와서 시찰하였지요. 그러다가 2년이 지났는데 기간이 연기되더라구요. 그래서 돌려 보내달라고 말하는 게 소용없는 짓인 줄 알면서도 헌병한테 말했지만 역시 소용없는 일이었습니다.

우리가 오하타에 출장을 갔었어요. 오하타는 가바야마에서 기차를 타면 종점이지요. 거기서부터 오소레산 능선을 타고 올라가다 보면 해군인지는 모르지만 천막을 쳐 놓고........, 군견이 많았어요. 모래와 자갈을 시멘트에 비빈 것을 리어카에 싣고 앞에서 당기고 뒤에서 밀며 올라갔지요. 그리고는 굴을 파고 높이와 넓이를 잰 다음 쇠틀을 갖다 놓고 또 아가리는 앞으로 향하도록 하고 또 굴의 위치에 따라 화약고는 따로 만들었어요. 일하던 바로 옆에는 해군들이 천막을 쳐 놓고 있었지요. 그런데 갑자기 어디선가 '해방된다.' 는 얘기가 들려요. 밤에 차를 밀려고 불을 비추는데 천막을 지키던 일본군인이 '미안하지만 불 좀 하나 가져와 달라.' 는 것이었어요. 그러더니 날 보고 자꾸 옆에 앉으라는 거요. '왜 앉으라는 거냐.' 하니까 덮어 놓고 하는 말이 '너희들은 좋겠다.'고 하더라구요. 그래 가만히 생각해 보니 말하는 게 심상치 않더라구요. '너희들은 좋겠다.........,' '거 어디에 쓴 말인가. 그런 말하면 반동소리 듣잖는가? 말속에 말이 있는 법이다.' 고 재차 말을 건네니까 다시 하는 말이 '너희들은 이제 독립국이 되고 일본은 미국의 식민지가 된다.'는 겁니다. 그래서 내가 잠시 다시 생각했어요. '너희가 뭔가를 알기는 아는 모양인데 혹시 조선사람들의 심리를 뜯어보려는 것이 아닌가! 최후의 하나까지 싸우는 시기인데.........,' 그런데 옆에서 이 말을 들은 소대장이 '야! 너 지금 죽을 소리 아니냐!' 하니까 초병이 '제발 아무 말도 하지 말아요.'하며 빌었습니다.

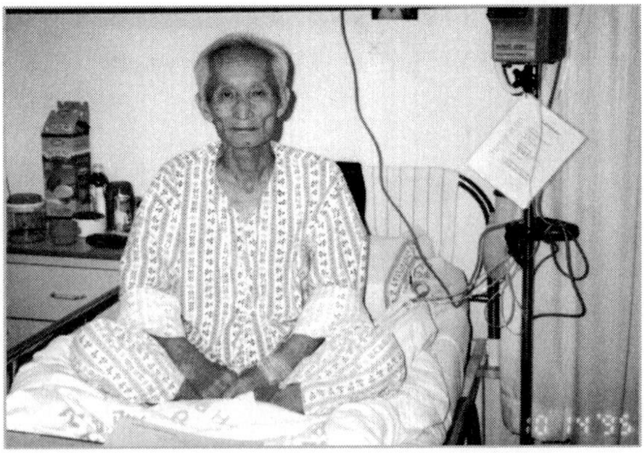

⇧ 자신의 병상에서 증언하는 서봉구씨.
〈부천가톨릭누가병원. 1995.10.25〉

우리들에게는 8월 17일인가 18일에 작업중지 명령이 내려졌어요. 그래서 산에서 내려와 씻고 소지품을 정리하여 19일에 오미나토 해군본부로 갔습니다. 해군들이 왔다갔다 하더라구요. 그 때 누군가가 '몇 시경에 여기서 싣고 부산항으로 출발시킨다.'고 그래요. 내가 직접 믿을 만하게 알았다면 누구에게든 말을 했을텐데......., 한 참이 지나도록 별다른 소식이 없어서 다시 누구한테 들었느냐고 물으니까 '아! 저! 해군 시설부장이 우키시마호 선장 말을 안 들으면 군법을 실행한다며 칼을 뺐다'고 그러더라구요.

오미나토에서 우키시마호는 멀리 정박해 있었고 작은 배로 1백여명 혹은 몇 십 명씩 실어 날라 태웠어요. 워낙 많이 타니까 배가 움직이기만 하고 뜨질 않아요. 우키시마호가 뒤뚱대기만 했어요.

우키시마호가 동해에 접어들었는데 배가 이상하다는 느낌이 들었어요. 그래서 내가 해군에게 묻기를 '니가타 아니냐! 왜 니가타로 가느냐?' 하니까 갑판위에서 해군들이 자기들의 소지품을 모두 바다에 던지는 거예요. 또 내가 말하기를 '너 미쳤느냐?' 하니까 '모르면 가만있어라.'하는 거예요. 그래서 그 때 '야! 뭔가 계획적인 일이 있다'는 생각이 들었습니다.

우키시마호가 마이즈루만에 들어섰을 때 동마이즈루인지 서마이즈루인지는 모르겠습니다만 폭격당한 배들이 많더라구요. 우리가 탄 배가 들어가는데 앞에서 큰 배 하나가 사람을 싣고 나오더라구요. 바다 군데군데에 흰 깃발이 서 있기에 나 혼자 생각으로 안전지대인가 보다 했지요.

배가 천천히 들어가다가 일단 멈춰섰습니다. 내가 갑판위에서 뒤에 있다가 왼쪽에서 오른쪽으로 돌아오는데 뒤쪽에서 작은 보트를 내리고 해군 몇 명이 보트를 타고 나가 길래 '왜 보트를 푸느냐? 왜 나가느냐?' 고 물었더니 '배에 먹을 물이 없어서 육지에서 물을 실어 와야 한다.' 고 말하는 것이었습니다. 그러고 나서 10분이 채 안되어 쾅! 하는 폭발소리가 났습니다. 몸이 움찔한 느낌뿐이지 움직여지질 않아요. 살을 꼬집어 보니까 아프더라구요. 그래 참! 내가 살기는 살았구나. 다시 눈을 비비고 얼굴을 비비고 나서 한참이 지나니까 눈이 보이기 시작하고 귀도 소리가 들려요. 주위를 살펴보니까 이미 죽은 사람, 죽어가는 사람, 갑판위에서 나뒹구는 사람, 바다로 뛰어드는 사람...., 뭐 난리예요.

〔서봉구씨를 만나려고 114안내를 통하여 전화를 걸었다. 서봉구씨는 집에 없어 마을 이장한테 그의 형인 서봉의 씨를 소개받았다. 동생이 대장암으로 얼마 못살게 되어 병원에 입원하였다는 것이었다. 서봉의 씨는 회원들이 우키시마호

폭침사건을 홍보하던 청주 중앙공원에 나와서 동생이 일본으로 끌려가던 상황을 상세하게 설명하기도 했다. 부천 가톨릭병원으로 찾아 갔을 때 서봉구씨는 위암이 대장까지 전이된 것으로 보였다. 그러나 기억력에는 아무 이상이 없었다. 일생 동안 일본과 맺힌 원한이 그 날 병상에서나마 모두 다 털어 놓았기에 조금이나마 해소되었다고 말했다. 그는 애써 병상에서 일어나 사진 촬영에 응했다. '내 말에는 거짓이 없습니다. 암으로 죽어가는 마당에 무슨 거짓말을 하겠습니까. 내가 말해서 일본이 불리하면 뭘 하고 한국이 유리하면 뭘 하겠습니까? 안 그래요.' 정말 그랬다. 서봉구씨는 흥분하지 않고 침착하고 차분하게 자신의 원통함을 다 털어 놓았다.]

내가 배에서 뛰어내리려 하니까 물살이 거세 뛰어내릴 수가 없더라구요. 그렇지만 이제는 어쩔 수 없이 죽을 것을 각오하고 뛰어내렸습니다. 그리고는 20여 미터를 헤엄쳐 나갔다가 물위로 솟구쳐 나오니까 조그마한 통나무 한 개가 있어 그걸 끼고 눈감고 있는데 또 몸이 출렁거려 눈을 떠 보니 같이 일하던 전라도 남원 사람이 붙잡더라구요. 슬쩍 뿌리쳤더니 그 사람은 떨어져 나갔어요. 주위에는 보따리 하나에 세 명이 매달려 있었는데 결국은 그 사람들도 물속으로 빨려 들어가고 말았어요. 나는 그제야 옷을 벗어 던졌지요. 배 있는 쪽을 보니까 해군이 높은 곳으로 올라가더니 나팔을 불더라구요. 바닷가에서 사람들이 작은 배를 타고 접근해 오고 큰 배 하나는 가까이 오더니 보트를 몇 개 풀어 놓기도 했습니다. 이때 같은 소대 같은 방에서 지내던 사람이 날 보고 '오야마! 너 정신 차려! 이 놈아 정신 차려!' 하더라구요. 내 창씨가 오야마(大山)였거든요. 그 때 왜놈한테도 따귀를 한대 맞았는데 정신이 번쩍 들더라구요. 그래서 내가 막 따져 들었지. '야! 어린놈이 나를 때렸어. 나이가 30도 안된 놈이 왜 때리는 거야.' 하고는 다시 '네가 나를 살리려고 때렸다면 내가 잘못했다.'고 말하니까 해군이 껄껄 웃길래 '그럼 괜찮다' 고 말했지요.

⇧ 충북 청주시 중앙공원에 모인 노인들. 가운데 중절모자를 쓰고 앉은이가 서봉구씨의 형 서봉의씨. 형제가 모두 일본으로 강제연행되어 강제노동에 시달렸다. 이 날 서봉의씨는 공원에 모여든 사람들에게 강제연행과 강제노동에 대해 상세하게 설명하였다. 진상규명회 회원들이 전국 순회 중 청주 중앙공원에서 우키시마호폭침사건을 홍보하는 모습.

당시 구조선을 탈 때도 죽을 고비를 몇 번 넘겼어요. 작은 어선마저 뒤집히면 또 다 죽잖아요. 그러니까 사람이 많이 매달리면 뿌리칠 수밖에 없었고, 몇 명 태우지도 못하고 육지 쪽으로 나가는 거예요. 나도 몇 번을 뿌리침 당해 왼쪽 팔이 빠졌었습니다.

뭍으로 나왔는데 해군이 '걷지 못하는 사람은 자기 쪽으로 와서 배를 타고 가라.'고 말했습니다. 나는 배를 타지는 않고 끌려가다시피 하여 갔는데 큰 공장 같았어요. 어떤 사람은 복도 같은 곳에서 치료를 받았는데 출혈이 심하니까 상처를 꿰매 주더라구요. 해군 경비실인지 사무실인지 모르겠지만 하여튼 들어가 보니까 칠판이 있었어요. 사람들이 담요 하나를 둘이서 덮고 있다가 추우니까 더 갖다 달라고 했습니다.

나는 그 때 한증이 나서 춥고 떨리고 피를 토하고 목이 아파 죽을 지경인데 건빵을 나눠주는 거요. 나는 건빵을 먹지 못하고 다른 사람에게 줬어요. 죽을 때가 되니 친구도 없구나 생각하니 눈앞이 캄캄해지더군요. 여자들과 어린아이들이 많이 죽었다. 나도 살려고 소지품을 모두 버렸는데 돈은 천 원 정도 가지고 있다가 보따리 채 버렸다.

〔'제가 입원하신 병실까지 찾아와서 죄송합니다. 지금까지 말씀해 주신 점에 감사드립니다.'고 말하고 마지막으로 다음과 같이 물었을 때 서봉구씨는 자로 잰 듯한 증언을 쏟아냈다.〕

– 일본 해군이 의도적으로 폭파했다는 데 대한 견해는 무엇입니까?

첫째는 우키시마호 함장이 해군 장교들에게 배에 승선할 것을 강요하며 '일본 정부는 항복했으나 해군은 항복하지 않았다. 군법은 살아있다. 내 목을 바쳐라. 명령에 따르지 않는 자는 군법대로 처리하겠다.'고 호통치는 것을 두 눈으로 직접 보았다.

둘째는 폭발소리가 나기 10분 정도 앞서 우키시마호를 세워 놓고 해군들은 보트를 타고 우키시마호에서 빠져 나갔다.

셋째는 물을 싣기 위해 마이즈루 만으로 들어간다는 말은 있을 수 없다.

넷째는 해군들이 자신의 소지품을 모두 바다에 던져 버렸다. 파산을 미리 알고 필요 없었으므로 버렸을 것이다.

다섯째는 마이즈루만에는 흰 깃대가 서 있었는데 그것은 안전지대라는 것을 의미하고 있었다.

이런 점을 잘 검토해 보면 해군이 우키시마호를 폭파할 계획을 세운 것이 확실하다는 것을 알 수 있다.

◈ 증인-10: 이재석(李再石, 男, 1916年 12月 20日生 경기도 의왕시 삼동 168-7 신우 B동105호)

나는 1938년 3월에 경상남도 밀양군 삼랑진읍 우곡리에서 일본으로 건너가 도비시마조에 고용되어 야마나시현(山梨縣) 수력발전소 건설공사장에서 굴착과 발파작업에 1년여 간 종사했습니다. 그 뒤 동경도 부근 오카다마천 도로공사(동경도청 직영공사)장에서도 1년여 간 발파작업을 할 때 아오모리현 시모키타반도에 있는 가마이시광산 아카다이조에서 발파기술자로 인정받아 억지로 끌려가 4년 넘게 발파작업을 계속했습니다. 다시 1945년 3월쯤에는 일본군 직영의 오미나토비행장 지하방공호 공사장으로 강제징용 당했습니다. 부대명과 회사명은 기억나지 않습니다. 굴속에서만 일했기 때문에 어디가 어딘지 분간할 수 없으나 아마도 시모키타반도가 아니었나 생각됩니다. 징용당할 때까지 8년이 넘게 발파기술자로 돈벌이를 하였습니다.

1945년 8월 15일 종전. 해방된 이틀 뒤부터 해군 군인들이 귀국시켜준다고 말하며 4~5일 걸려 조선인 약 13,000명을 오미나토항 밖에 정박해 있는 우키시마호에 도선(渡船)으로 운송시켜 8월 23일(?) 밤에 출항하여 다음 날 폭파 침몰 당하였습니다.

나는 일본 체류 8년 5개월 동안 청춘을 다 보내며 정력을 쏟아 모은 돈이 대형 가방으로 두개였는데 우키시마호 침몰과 함께 마이즈루만 바닷물에 수장되고 말았습니다. 마이즈루만에서 우키시마호가 폭발하며 침몰할 당시 나는 2층 선실에 있다가 소지품과 손가방을 모두 버린 채 선장실로 뛰어 올라와 구조되었습니다. 침몰 당시의 상황은 차마 눈뜨고 볼 수 없는 처참한 지경이었습니다.

우키시마호가 오미나토항을 떠나 항해할 때 승무원이었던 군인들이 어린 아이들에게 과자를 나눠주며 '오늘을 무사히 넘기면 부산에도 무사히 갈 수 있을텐데.......' 라고 지껄이고 다니는 것을 여러 차례 보았는데 그것이 무슨 뜻인지 이해를 못하고 이상하게만 생각하고 있었습니다. 그리고 나서 얼마 지나 우키시마호가 마이즈루만에 들어서자 폭음과 함께 두 동강으로 갈라지며 침몰하였습니다. 이런 점을 생각해 볼 때 모든 일이 계획적으로 이루어졌음을 판명케 하는 것입니다. 더구나 우키시마호가 침몰한 뒤 바다에 떠 있는 사람들이 배에 달려 있는 로프를 잡고 허우적거리고 있었습니다. 그 때 일본 해군들은 그들을 구조하기는커녕 로프를 칼로 잘라버려 더 많은 사람을 죽게 했습니다. 모든 일은 잔인하게 계획적으로 자행된 것이지 우연히 일어난 일이라고 생각할 수 없습니다.

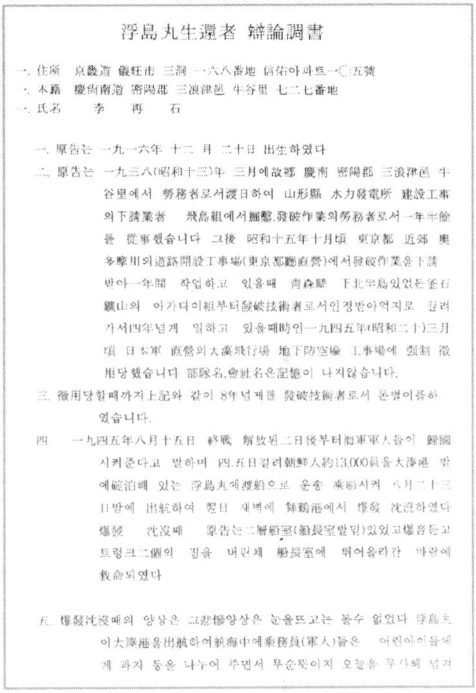

浮島丸生還者 辯論調書

一. 住所 京畿道 儀旺市 三洞 一六八番地 信佑아파트一〇五號
一. 本籍 慶尙南道 密陽郡 三浪津邑 牛谷里 七二七番地
一. 氏名 李 再 石

一. 原告는 一九一六年 十二 月 二十日 出生하였다
二. 原告는 一九三八(昭和十三)年 三月에 故鄕 慶南 密陽郡 三浪津邑 牛谷里에서 勞務者로서渡日하여 山形縣 水力發電所 建設工事의下請業者 飛島組에서掘鑿,發破作業의勞務者로서 一年半餘를 從事했습니다 그後 昭和十五年十月頃 東京都 近郊 奧多摩川의道路開設工事場(東京都廳直營)에서發破作業을下請받아一年間 작업하고 있을때 靑森縣 下北半島있었든金石鑛山의 아가다이組부터發破技術者로서인정받아억지로 끌려가서四年넘게 일하고 있을때時인一九四五年(昭和二十)三月頃 日本軍 直營의大湊飛行場 地下防空壕 工事場에 强制 徵用당했습니다 部隊名,會社名은記憶이 나지않습니다.
三. 徵用당할때까지上記와 같이 8年넘게를 發破技術者로서 돈벌이를하였습니다.
四. 一九四五年八月十五日 終戰 解放된二日後부터海軍軍人들이 歸國시켜준다고 말하며 四.五日걸려朝鮮人約13,000員을大湊港 밖에碇泊해 있는 浮島丸에渡船으로 운송 乘船시켜 八月二十三日밤에 出航하여 翌日 새벽에 舞鶴港에서 爆發 沈沒하였다 爆發 沈沒때 原告는二層船室(船長室밑입)있었고爆音듣고 트렁크二個의 짐을 버린채 船長室에 뛰어올라간 바람에 救命되였다

五. 爆發沈沒때의 양상은 그悲慘양상은 눈을뜨고는 볼수 없었다 浮島丸이大湊港을出航하여航海中에乘務員(軍人)들은 어린아이들에게 과자 등을 나누어 주면서 무순뜻이지 오늘을 무사히 넘겨

⇧ 생존자 이재석씨가 일본교토지방법원에 낸 변론 조서. 제공:이재석

구조된 사람들 가운데 일부는 철도편으로 시모노세키, 하카다 또는 나가사키를 통하여 귀국선을 타고 귀국했으나, 저를 포함한 일부 병환자들은 군대 수용소에 수용되었다가 병원선으로 부산까지 송환되어 음력 8월 14일에 집에 도착한 것으로 기억됩니다.

나는 23살부터 31살까지 젊은 청춘에 돈을 벌어서 금의환향코자 굳은 각오로 작업장을 옮겨 다닐 때마다 지하에서 위험한 발파작업을 했고 위험수당도 받았습니다. 일본에서 8년여 동안 언제나 지하 공사장에서 일했지 밖에 나가 보지도 않았고 화약을 취급하는 작업이라서 언제나 긴장해야 했기에 필요없이 돈을 쓰지도 않았습니다. 월급을 받아 저축

했습니다. 현금이 당시 일본 화폐로 약 3만엔이었습니다. 돈과 의복들을 넣은 대형가방 두개가 우키시마호와 함께 마이즈루만 바다에 수장되었습니다. 당시의 폭파침몰 사건이 일본군부의 계획적인 만행이었다는 것으로 판명된 이상 그에 대한 피해배상 청구는 당연한 것으로 당시의 화폐가치원금을 현재의 화폐가치로 환산한 금액을 배상받고자 하는 심정입니다. 뭐니뭐니해도 배가 파산될 때 죽은 우리 동포들을 어떻게 할 것인가 이것이 가장 큰 문제일겝니다.

◈ 증인-11: 김동연(金東連, 男, 1921年 10月 19日生.
경기도 안양시 동안구 관양1동 1308-24 정현빌라 1동201호)

나는 1938년 동경으로 가 공부할 생각으로 고향인 여수에서 일본으로 갈 수 있는 도항증명서를 발급받아 자신의 의사대로 일본으로 건너갔다. 1942년에 접어들면서 동경에도 공습이 심하여 홋카이도에 있는 외숙부 집으로 피난을 가게 되었는데 그 뒤에도 동경을 한번 왕래했다. 홋카이도에 있을 때는 홋카이도 업체에서 노무자 관리업무에 종사했다. 이 무렵에 나는 노무자 관리업무를 계속하게 되었는데 같은 생존자인 장영도씨의 부친이 경영하는 토목공사업체에서 노무자를 관리했다. 태평양전쟁 말기에는 홋카이도에도 공습이 심하였는데 탄광이나 공사장에서 탈출을 시도하는 조선인들이 많았다. 이 때 나는 탄광에서 탈출한 조선인 30에서 50명 정도를 이끌고 1944년 5월 오미나토에 도착했다. 그리고는 3개월 앞서 도착하여 자리잡은 외숙부인 장종식씨와 만나 다시 홋카이도에서 하던 일을 계속하게 되었다. 장종식씨는 스가와라 조한테서 토목공사를 하청받아 일했는데,

나는 장종식씨가 운영하는 업체에서 일하던 70여명의 조선인 노무자들의 관리업무를 맡았었다. 관리업무란 일하는 사람들에게 일거리를 배당하고 그날 그날 명단을 확인하고 임금을 나눠주는 일이다. 스가와라 조에는 조선인 자유노동자들이 많았는데 우키시마호에 승선하기 직전에 5백16명의 조선인 노동자 명단을 작성하여 해군 군부에 내가 직접 전달했다. 스가와라 조에는 약 5백명 정도의 조선인들이 토목공사장에서 일했다.

- 김동연씨가 관리하던 조선인 노동자들은 무슨 일을 했습니까?

주로 산중턱에서 굴을 파기도 했고 비행기격납고를 만들었지요. 또 건축공사장 부지정리 작업도 했는데 내가 해군 4부대와 7부대를 출입하며 해군부대와 관련된 일을 한 것이지요.

- 노무자 명단을 작성하셨는데요. 어떻게 하셨습니까?

조선인은 모두 배로 간다는 것이었어요. 그러면서 군부에서 승선자 명단을 작성하라는 것이었는데......., 5백 몇 명인가를 내가 작성해 줬는데, 우리 주위에 있는 인부들과 부대에서 일하는 사람들의 명단을 작성하였지요. 조선인이었는데도 조선이름은 없고 개명된 이름이었죠. 그때 일본에 있는 사람들이 자신의 이름이 개명된 것을 모르는 거예요. 그걸 창씨라 하는데 성을 만든다는 거요. 개명은 이름을 바꾸는 것이지만 창씨는 성이 없는 사람이나 있는 사람을 모두 씨를 바꾼다는 것이니까 개명보다도 창씨가 더 나쁜 것이지.

- 우키시마호에 승선이 시작되기 직전의 오미나토와 기구치잔교 근처의 분위기는 어떠했습니까?

내 기억으로는 8월 17일 아니면 18일이었을 겁니다. 해군 전투기가 공중을 나르며 삐라(전단)를 뿌렸는데 '육군은 항복해도 우리 해군은 항복하지 않았다. 연합군이 상륙하면 결전을 해야 한다. 민간인들은 전부 소개하라'는 내용이었습니다. (김동연씨는 오미나토에 있는 군부대가 해군시설부 본부였기 때문에 해군들의 이 같은 행동이 가능했다고 판단함) 그러나 민심이 소란해서 조선인 뿐 만 아니라 일본 사람들도 '피난을 가야겠다. 말아야겠다.' 그랬지요. 이 같은 상황 속에서 '조선사람은 모두 배를 태워 보낸다. 오미나토에서 희망하는 사람은 모두 간다.'라는 것이었습니다. 내가 우키시마호를 타려고 기구치잔교 근처에서 기다릴 때는 조선사람이 인산인해를 이뤘습니다. 굉장히 많은 사람들이었지요. 조선인들이야 모두 조국으로 돌아간다는 기쁨에 넘쳐 있었습니다. 승선에 임박해서 '조선인이 폭동을 일으킬 우려가 있다'는 유언비어가 나돌며 어수선해졌는데 그것은 우키시마호 함장이 승선을 강행하면서 조선인을 하루속히 배에 태우려고 그랬던 것입니다.

- 함장이 왜 승선을 강행했을까요?

승선 명령을 내리기 전부터 일이 벌어지기 시작했다는 것을 장종식씨한테서 들었습니다. 그 때 당시 미나미라는 조선인 헌병이 있었는데 재간이 뛰어났고 외모도 일본사람과 비슷하게 생겼었지요. 이 미나미 헌병에게 우키시마호 함장이 '우키시마호는 오미나토를 출발하여 부산에 가지 않고.......,' 라고 말한 거에요. 하여튼 미나미가 그 말을 직접 들은 것이었죠.

- 미나미 헌병과 승선강행과는 어떤 관련이 있다는 것입니까?

오미나토에 조선인 헌병 파견대장이 있었는데 계급은 중위였고 이름은 남(南, 미나미)이었습니다. 긴 칼을 차고 다녔는데, 계엄령, 정치.......,전시였기 때문에 경찰서장도 헌병대장한테는 꼼짝 못했습니다. 그 미나미 헌병은 영도 아버지와 가까운 사이였지요. 내가 직접 듣지는 못했지만 전해 들은 얘기인데......., (잠시 생각을 가다듬고 옆에 있는 김동천씨와 이재석씨를 바라보며 말을 계속 잇는다) '조선사람은 모두 배를 타고 간다.'

는 말이 있었으니까........., 배를 타기 전 날 부둣가에서 하룻밤을 잤다고.........., 모두들 잤을 거예요. 그랬던 바로 뒷날에 있었던 일입니다. 미나미가 오미나토 해군시설부 소속인지 어쩐지는 모르겠습니다만 헌병 파견대장 이름이 '미나미' 이니까 꼭 일본이름 같거든. 그러니까 일본 사람인 줄 알고........, 그 때 참모장 이름이 시미즈, 청수(淸水)라고 했는데 그 사람이 미나미 헌병에게 '이 배에 내일 모두 승선시키는데 배가 가다가 도중에 어느 곳인가 귀항하면(들어가면) 거기서 어떤 모종의 사건이 있을 것이다.'고 귀띔하였는데 그 사실을 미나미 헌병이 장영도 아버지한테 말한 거여. 미나미 헌병도 조선 사람이니까 배를 같이 타고 나오려고 나중에는 군복을 벗고 사복으로 갈아 입었어.

그 다음에 미나미 헌병이 일본 사람이 아니고 조선 사람이라는 것을 알게 된 시미즈 참모장이 '아! 내가 잘못했구나.' 라는 것을 깨닫고 그 때에 시미즈가 높은 곳으로 올라가 긴 칼을 뽑아들고 '누구든지 내 명령에 불복종하는 자는 칼로 벤다. 절대로 명령에 복종하여 배를 타야 한다.'고 하여 그 때부터 배를 타기 시작한거여.

– 조선인들이 폭동을 일으킬 이유가 있었을까요?

우키시마호 선장이 '조선인들이 폭동을 일으킬 우려가 있다'고 말한 것은 그 많은 조선 사람들과 해군 병사들을 배에 태우려는 수단이었을 것입니다. 폭동을 일으킬 우려는 없었습니다. 폭동을 일으킬 것이라는 유언비어도 우키시마호 참모가 미나미 헌병에게 말을 발설한 다음에 자신의 실수임을 알고 퍼트린 것이지 귀국의 기쁨에 넘쳐있는 조선인들과는 무관한 것입니다.

– 인산인해를 이뤘던 조선인들이 우키시마호에는 어떻게 올랐습니까?

처음에는 명단대로 순서있게 태우려고 했는데 나중에는 그것도 소용없었어요. 워낙 사람이 많으니까요. 그 작은 배에다 가까이 있는 사람부터 마구 실었다구요. 먼저 탄 사람은 선실이나 기관실 옆에 자리를 잡았고, 나중에 탄 사람은 맨 위층 앞쪽으로 자리를 잡았어요. 아래층으로 내려가는 사다리를 나무로 만들어 놨구요. 내가 인솔한 사람들이 맨 나중에 탔습니다. 나도 우키시마호를 타고 출항하기 전 날 하룻밤을 배 위에서 지냈는데 아마 22일이 확실한 것 같아요. 그 날 밤늦게 출항했습니다.

– 낮에도 출항이 가능했을 텐데 왜 하필 밤에 출항했을까요?

그렇잖아도 제가 미나미 헌병한테 '왜 출항하지 않느냐.'고 물었더니 '사람이 많이 타서 저쪽에 임시변소를 만들려고 출항하지 않는다.'는 말을 하더라구요. 그래서 가 보니까 뒤쪽에 나무로 칸막이를 만들어 놨습디다.

– 우키시마호가 항해할 때 무슨 수상한 일은 없었습니까?

우키시마호가 오미나토를 떠나 항해할 때 해군들이 자신들의 옷과 소지품을 모두 바다에 버리는 것을 보고 내가 '왜 물건을 바다에 버리느냐?'고 물으니까– (이 때 김동천씨와 이재석씨에게도 '보셨는지 모르겠습니다만' 이라고 물음) 옆에 앉아있던 이재석씨가 '나도 봤어요. 바다에 모두 팽개쳐 버리드라구.' 라고 말하고, 김동천씨도 '나도 봤어요.'라고 말함. – 해군이 대답하기를 '당신들은 좋겠다. 돌아가면 독립될 것이고, 우리는 부산에 가면 포로가 되어 돌아오지 못한다. 그러니까 우리가 이런 게 필요 있느냐?' 하면서………, 시계만 받아요. 우리나라 사람들이 옷이나 구두가 필요하다면 바꾸기도 했는데 다른 것은 안받고 시계만 갖더라구요. 그 어떤 놈은 뭐라 한지 알아요. '이 배는 부산에 안 갈 것이다.'라는 얘기까지 했는데 뭐!

김동천: 그 조선인 헌병이라는 사람이 그것까지 알았었다구요.

(김동연씨가 '들어보세요. 아직 얘기가 안 끝났는데' 하며 김동천씨의 말을

막았다)

미나미 헌병이 조선 사람을 많이 알지 못하니까 영도 아버지한테 찾아 왔어요. 그 때 막 육지가 보이기 시작하니까 사람들이 모두 '육지가 보인다.'고 함성을 질렀잖아요. 그러니까 미나미 헌병 이 사람은 벌써 그 쪽으로 들어가는 것을 알고 다급하니까 영도 아버지한테 '지금 틀림없이 어디로 들어가는데'라고 이야기 한거야. 해군들이 미나미를 감금하려고 뒤를 쫓았어요. 배 안에서도 미나미는 이쪽저쪽으로 옮겨 다니며 해군들의 눈을 피했어요. 그런데 그 사람이 '배안에 폭탄이 있다'는 거여.

(김동천씨가 얘기를 거들었다)

김동천: 폭탄이 있었다구. 폭탄이 있다는 얘기를 들었어.

그러니까 해군들이 처음에 오미나토에서 삐라를 뿌린 것과 딱 맞아 떨어지는 거 아니요? 삐라에는 '일전을 한다. 민간인은 소개하라'며 이틀 동안 두 번이나 뿌렸잖아요. 보세요. 해군이지요. 군함이지요. 배 안에는 반드시 폭탄이 있었을 거 아닙니까. 폭탄없이 어떻게 싸웠겠어요. 분명히 폭탄이 있었어요. 미나미 헌병의 얘기를 전해 들었는데, 아마 영도 아버지가 나한테 한 얘기일 건데요. '폭탄을 터트리려고 전기선을 밑으로 내려놨다. 나 하나 희생으로 사람을 다 살려야겠다.'며 심정을 말하더라는 것이었어요. 그래서 그걸 끊으려고 했지만 기구가 없어 끊지 못했답니다. 그 뿐 만 아니라 '해군은 전쟁에 항복하지 않았다. 가다가 적을 만나면 싸워야 한다. 적을 만날 수 있으므로 그 때는 싸워야 한다. 뒤에 폭탄도 많이 실었다'고 내가 묻는 말에 대답하더라구요. 이 같은 일이 있고 얼마 정도 시간이 지났는데 우키시마호는 마이즈루만 쪽으로 향하기 시작했습니다. 이 점으로 보아 틀림없이 우키시마호를 폭파할 계획을 세운 것이고 해군 사병들의 일부도 이 폭파 계획을 알고 있었을 것으로 생각됩니다. 8월 24일정오가 되면 배가 연합국의

⇧ 희생자위령제 때 사건 상황을 설명하다가 만세를 부르는 김동연씨

소유가 되니까 일장기와 연합국 기를 나란히 게양했지요.

– 배가 폭파될 때는 어떠했습니까?

나는 반바지에 메리야스만 입고 지금처럼 꼭 이렇게 맨 앞에 앉아 있었습니다. 그 때에 쾅! – 하고 소리가 났는데 (방에 앉아서 장롱에 비겨 튀어 오른 높이를 가늠해 보이며) 아마 내가 이 만큼은 튀어 올랐을 거요.

이재석: 앉아 있는디 팍 튀잖아!

김동천: 뭐! 공이 벌떡 튀듯이 튀었지. 그런 지경이니까 사람이 죽는다구. 아우성였어! 배가 터졌다구. 뭐 난리통이지!

내가 있던 곳에도 위로 올라가는 사다리가 있었어요. 하나는 원래 만들어진 것이고 나무사다리는 임시로 만든 것이었지요. 그 위에 사람들이 붙어 빠져 나가려고…………, 내가 위로 올라와 양쪽을 보니까 한 쪽은 육지가 가까운데 한쪽은 꽤 멀더라구요. 헤엄쳐서 나올 수 있을 정도였어요.

이재석: 멀기는 했지! 헌디 나도 헤엄쳐 나오려면 나오겠더라구.

김동천: 그 전에 우리들 보고 회의를 해야 하니 밑으로 내려가라는 거요. 그래서 자리를 비워줬지. 그놈들이 잠간 동안 어쩌구 저쩌구 하더니 위스키를 한 병씩 나눠주니까 그 걸 병 채로 마시더라구요. 배가 앞뒤로 솟아오르면서 기관실 쪽부터 가라앉더만요.

배는 완전히 멈춘 상태였지요. 몇 몇 해군들이 구명보트를 타고 모선을 빠져 나갔습니다. 그러더니 폭발소리가 두 번 들렸고 배는 가운데부터 꺾이면서 가라앉기 시작했습니다. 배 위에서는 남이라는 헌병이 일본 해군의 추격을 받았는데 물속으로 뛰어든 남이 헤엄을 잘하여 쫓아가질 못했습니다. 잔잔한 바다였지요.

- 구조된 것입니까? 아니면 헤엄쳐 나왔습니까?

내 헤엄치는 실력으로 살겠더라구요. 해군들이 우리보다 경험이 많으니까 해군이 뛰어 내리면 나도 따라 뛰어 내리겠다는 생각을 하고 있었지요. 그런데 해군이 선장실 위로 올라가더니 구조신호를 보내데요. 이 때 쯤에서 민간인 배가 들어오기 시작했어요.

김동천: 나팔도 불었어요. 사람들이 옷을 벗고 뛰어내리더라구요. 그래서 나도 뛰어 내렸지요. 먼저 뛰어 내린 사람은 거의 다 죽었어요.

이재석: 다 죽었지. 뭐!

나는 한참을 헤엄치다가 뒤를 돌아보니까 배가 그 때까지 다 가라앉지 안 길래, 다시 배위로 올라가 있다가 구조선을 타고 나왔습니다.

- 물기둥에 대한 존재 여부에 논쟁이 있는데 어떻게 생각하십니까?

나는 갑판위에서 있었는데 물기둥을 보지는 못했습니다. 그런데 분명한 사실은 물기둥이 공중으로 높이 솟았다면 그 물이 어디로 떨어지겠습니까? 당연히 갑판위로 떨어지면서 사람들이 모두 바닷물에 젖는 것이 상식인데 갑판 위나 사람들은 바닷물에 젖지 않았습니다. 그래서 '물기둥은 없었다.'고 생각합니다.

- 수용소에서 지낸 상황을 들려주시겠습니까?

해군시설에 수용되었지요. 옷이 없으니까 해군 작업복을 입기도 했고 담요를 둘러쓰기도 했지요. 모자하고 지까다비를 주더라구요. 사실은 지까다비가 아니고 마까다비라고 했어요. 무슨 말이냐면 조선사람이 만든 말인데 3일 밖에 못 신는다 해서 마까다비라고 부른 거예요. 해군시설에 수용되어 내가 명단을 작성하여 데리고 온 사람을 확인해 보니까 18명만 없더라구요. 배 위쪽에 있었기 때문에 많이들 살았던 것이지요.

그런데 9명 가족 가운데 한명만 살아난 가족이 있고, 한 가족이 다 죽은 경우도 있고........, 그렇더라구요. 다음 날 나는 외숙부인 장종식씨가 두 딸과 아내를 잃었으므로 같이 해변가에 나가 시신을 찾아보려고 수용소를 빠져 나왔어요. 그 날이 8월 25일이었는데 인근 주민들은 바닷가에 밀려든 보따리를 모두 뒤지면서 다녔고 물속에 있는 보따리는 갈퀴로 끌어내 뒤지는 것을 보았습니다. 보따리 속에서 돈을 빼내가려는 것이었지요. 해안가에 밀려든 시체는 헤아릴 수 없이 많았습니다. 이 날 장종식씨는 두 딸과 아내의 시신이라도 찾으려고 해안에 널려있는 시체들의 얼굴을 모두 살폈으나 결국 가족을 찾지 못했습니다. 얼굴이 기름으로 덮여 알아 볼 수 없었습니다.

(김동연씨 댁을 방문한 김동천씨와 이재석씨의 대화가 무르익기 시작했다)

김동연: 그 당시 얼마나 우키시마호에 탔느냐? 몇 명이냐? 내가 생각하기로는 6~7천명은 탔다고 봐요.

김동천: 1만2천명이 탔다는 얘기도 있는데 7천5백명이라는 것을 확인했어.

김동연: 정확히 안다는 것은 그건 거짓말이요.

김동천: 아! 그것은요. 우리 영동사람이 일본말도 잘하고 아주 똑똑했어요. 그 사람이 군인은 아니었지만 징용으로서 소대장 노릇을 하면서 일했는데 그 사람 얘기가 7천명 탔다는 거요.

김동연: 그 당시 죽은 사람이 3천5백명이라고 했거든. 그러면 산 사람이 3천여명이라는 건데. 그렇지 않았어요. 4~5천명 죽었잖느냐!

이재석: 실제로는 만 명 이상 죽었어. 실제로 무한정 실었거든. 내가 1만3천5백명 탔다는 얘기를 들었어. 그 때 말하지 말라잖아.

김동천: 똑똑한 계산이 어디 나오기나 했나.

이재석: 또 뭐가 있냐면 저쪽에서 돈이 나왔어요. 돈 나온 것 알아요. 죽은 사람 한 사람당 2천원씩 나왔는데 다 닦아 썼어요.

김동천: 누가 닦아 썼어요.

⇧ 전국피해자증언대회에 참석한 김동연(오른쪽), 장영도 선생. 두 분은 외사촌간 임.〈2002.3.1〉

이재석: 군부에서 닦아 썼지.

김동천: 우리는 돈 나온 걸 몰라.

이재석: 그러니! 그걸 모르면 세밀하게 모르는 거야. 나는 돈 나온 걸 다 안단 말야.

김동연: 동마이즈루와 서마이즈루가 있었는데 우리는 처음에 동마이즈루에서 일주일 있다가 서마이즈루로 옮겼다구요.

이재석: 그래. 일주일 있다가 밤에 옮겼지요.

김동천: 태풍을 만났던가요?

김동연: 나는 그 뒤로 중간에 세 명이 빠져 나왔어요. 뭐냐면 '한국에서는 일본 놈들을 모두 죽이고 재산을 빼앗았으니 우리를 언제 몰아놓고 죽일지 모른다. 언제 보복 당할지 모른다.' 는 소리가 있어서 세 명이서 빠져 나와 버렸지요. 일본 해군이 우리를 죽이려면 오다가 바다 한복판에서 죽이지 왜 마이즈루까지 들어와서 죽이려고 했느냐면 나중에 변명의 여지라도 남겨 놓으려고 그랬을 거여. 전쟁 때 적군(미군)이 던진 기뢰에 맞아 터졌다(폭파되었다)는 식으로 이유를 대려고 마이즈루만까지 들어온 거여. 바다 한가운데라면 미군이 기뢰를 던지지 않았을테니까...., 사건이 국제사회에서 여론화되면 변명할 여지가 없는 거지 뭐! 안 그래요.

김동천: 그건 사실이오. 그 놈들이 그려. 그런 이유일거여.

이재석: (김동천씨를 가리키며) 이 양반들은 기차로 나왔거든.

김동연: 어디서 기차로요.

김동천: 해군수용소에 있다가요. 수용소에서 해군 작업복을 입고 있다가 기차를 탔어요.

김동연: 그건 군속이었으니까 그랬을 겁니다. 군속은 기차로..........,

김동천: 기차로 보낸다 해서 타려는데 사람이 많아 한 2~3백명씩 세 차례 나눠탔어요. 그래서 기찻길이 뚫리게 된거지요.

김동연: 그 때 영도하고 영도 아버지는 곧장 부산으로 왔어요. 영도아버지가 여기저기 기관에 다니면서 호소하게 된 것이지요. (장영도씨의 부친 장종식씨는 우키시마호 폭침사건을 부산일보에 맨 먼저 알린 분임) 신동아 기자가 장종식씨를 얼마나 찾았는데요. 해방직후에 한국이 무슨 힘이 있었나요. 당시에는 미군정시대지요. 독립이 되었으나 채 정리도 못했을 때 한국전쟁이 터졌지요. 그 뒤에 전후 수습하느라고 그랬지. 이박사는 일본이라면 이를 갈았기 때문에 수교도 안 되었지. 이런 상태에서 우키시마호 사건에 대해 배상 얘기할 시간도 없었고........, 실수는 우리야! 우리들이 우선 잘못했어요. 살아 있는 사람이 단합해서 지금처럼 만나기라도 했으면 달라졌을텐데..........,

(김동연씨는 계속해서 군속이 먼저 기차를 탄 이유를 설명했다)

우리 셋이서 (서마이즈루에 수용되었을 때 빠져 나온 일행) 시모노세키에 도착했을 때 시모노세키 역 안에는 2만5천명이 있다고 했어요. 비가 철석같이 쏟아지던 날이었는데 시모노세키에서 센자키까지 기차를 타고 가야 하는데 기차표를 살 수가 없는 거예요. 도저히 표가 나오질 않는 거였어요. 시모노세키에서는 기뢰 때문에 배를 탈 수 없었던 것이지요. 그래서 부산으로 가려면 시모노세키에 모였던 사람들이 다시 기차로 센자키까지 가서 배를 타야 했습니다. 며칠을 기다리다 기차표를 받기는 받았는데 그 때 증명이 없으면 기차표를 받을 수 없었어요. 일정량의 표가 있으면 맨 먼저 군인이 받고 그 다음으로 군속, 징용자 그리고 일반인이 맨 꼬랭이였어요. 예를 들어 정원이 5백명이라면 군부에서 '3백명의 군인이 가야한다.'라고 연락을 취하게 되는 것이지요. 그러면 징용자들이나 일반인들은 2백명 밖에 못가는 겁니다. 군인, 군속, 징용자 또는 증명이 있는 사람이 먼저 타고 일반인 중에서도 헌병대와 관계가 있는 사람이 먼저 타고 그 다음이 일반인이었으니까 일반인 표는 몇 장 안되는 것이지. 아이구! 역 안에 있으려니 냄새는 나지, 어찌나 사람이 많은지 나중에는 일반인들만 남았으니까 돼지우리여 ....,

김동천: 말도 못했지. 사람한테 치어 며칠씩 기다려도 기차를 못 탔어요.

이재석: 나는 후쿠이에서 병원선을 타고 나왔는데 거기서는 군인과 똑같이 취급해 주더라구. 열십자가 그려진 병원선이었다니까요.

〔1995년 10월 8일 김동연씨 자택에서 김동천씨 이재석씨 세 분의 대화를 정리함〕

◈ 증인-12: 장영도(張榮道, 男, 1933年 6月 7日生. 광주광역시 동구 학동 750-1)

반세기 동안 가슴에 응어리진 상처를 딛고 1945년 8월 24일 마이즈루만 시모사바가 앞바다에서 우키시마호가 폭파 침몰됨에 따라 고혼이 되신 어머니 영전에 증언합니다.

1945년 해방 당시 아버지(張鍾植), 어머니(鄭福男), 누나(張玉南, 창씨명:中山幸子), 형 장영문(張永文, 창씨명:中山文南), 나 장영도(張榮道, 창씨명:中山光雄), 여동생 장옥성(張玉成, 창씨명:中山花子) 모두 여섯 식구가 단란한 가정을 이루며 나름대로 행복하게 살고 있었습니다. 아버지는 시모키타반도 오미나토에 있었던 스가와라 조에 소속된 청부업자로서 주로 강제징용으로 끌려간 동포를 빼내어 자유노동자로 고용하면서 군사시설을 구축하는 토건업에 종사했습니다.

1945년 8월 15일 일본이 패망하고 한국이 해방되어 독립되자 우리 온 식구는 만세를 부르며 독립의 기쁨에 어쩔 줄 모르고 있었습니다. 그러나 나는 해방이 무엇인지, 독립이 무엇인지 몰라서 누나에게 물었더니 누나는 한복을 입은 그림을 보여주면서 우리나라가 강권에 의해 나라를 빼앗기고 식민지 수탈을 당한 사실과 이제 나라의 주권을 다시 찾았다는 것을 나에게 설명해줬습니다. 그제야 비로소 나는 온 가족이 만세를 부른 이유를 알게 되었습니다.

그러던 즈음에 한국 사람들을 고국으로 보내준다는 오미나토 해군시설부 명령에 따라 당시 강제징용돼 있던 한국 사람들과 함께 우키시마호를 타기 위해 기구치잔교에 가 보니 수 천 명의 한국인들이 고향으로 간다는 배를 타려고 기다리고 있었습니다.

그 날 우리 가족은 기구치잔교 근처에서 하룻밤을 지새우고 다음 날 작은 배를 타고 멀리 정박하고 있는 우키시마호에 옮겨 탔습니다. 우키시마호에 타고 보니 남자는 배 위쪽에, 여자와 어린이는 배 아래쪽에 타라고 명령하여 아버지와 형은 배 뒤편 위쪽으로 가고 누나와 동생과 나는 어머니와 함께 배 아래쪽인 선실에 자리 잡았습니다. 8월 22일 오미나토 항을 출항한 뒤 나는 배 위쪽에 있는 형한테 가 보았다가 또 지루하면 선실에 있는 누나와 동생한테로 왔다 갔다 하면서 이틀을 보냈습니다. 그럴 때 아버지는 '이 배가 부산으로 가지 않고 어느 항구에 들어가면 위험하다'고 말씀하셨습니다. 24일 오후 5시쯤 어머니와 함께 있었는데 누군가가 '육지가 보인다. 배가 항구에 들어간다.' 고 말하는 소리가 들려 갑판위로 올라가 구경하려고 어머니 곁을 떠나려 하니까 여동생이 같이 나가려고 일어섰습니다.그 때 어머니는 '위험하니 나가지 말고 여기 있어라.'고 타일렀는데 여동생은 나를 따라 나오려다 다시 제

자리에 앉았습니다. 그런데 나는 어머니가 나가지 말라고 일렀는데도 갑판에 올라가서 오래간만에 육지를 구경하고 있었습니다. 배는 항구를 향해 속도를 늦추고 있었습니다.

⇧ 장영도(오른쪽 두번째)씨의 증언을 진상규명회 이진견 사무국장(가운데)과 한종술 변호사(왼쪽)가 기록하고 있다. 〈광주. 1997.9〉

그 때 나는 우리가 탄 배보다 작은 두 척의 배가 앞으로 나가면서 항구로 들어가는 것을 보았습니다. 그러나 우리가 탄 배는 속도가 더 떨어지더니 완전히 멈춰 섰습니다. 어린 마음에 배가 항구에 닿지 않았는데 왜 멈출까 하고 의아해 하면서 배 아래쪽을 보니까 구명보트가 내려지면서 일본 해군 너댓 명 정도가 보트를 타고 모선을 떠나는 것이었습니다. 내가 있던 곳이 배의 오른쪽 중앙부분 갑판이었기 때문에 보트를 본 사람은 그리 많지 않았을 것으로 생각됩니다. 그리고 잠시 뒤 '쾅!－'하는 폭발소리가 두세 번 나면서 배의 가운데 부분부터 물에 잠기기 시작했습니다. 그 때 물기둥은 전혀 없었으며 바닷물은 단 한 방울도 몸에 튀지 않았습니다. 나는 거의 무의식적으로 가라앉지 않은 위쪽으로 올라갔습니다. 그러자 갑판이 시계방향으로 넘어지는 듯 하며 기울기 시작했고 동시에 갑판에 있던 많은 사람들이 바다로 뛰어 들었습니다. 이 때 이미 바다는 중유로 덮여 있어 많은 모든 사람들이 아비규환을 이뤘습니다. 내가 바다에 뛰어들려 하는 순간 어디서 오셨는지 아버지가 나를 잡고 '바다에 뛰어들지 마라'하여 바다에 뛰어들지 않았습니다. 배는 천천히 가운데부터 가라앉으면서 갑판이 다시 시계 반대방향으로 기울기 시작했는데 그 때 민간인 어선이 구조하러 다가와 아버지와 같이 어선으로 구조되었습니다. 뭍으로 나와서 형은 만날 수 있었으나 어머니와 누나와 여동생은 찾을 수 없었으며 어머니가 '위험하니까 나가지 말고 여기 있어라.'하신 그 말씀은 유언이 되었던 것입니다. 그 뒤로 우리의 단란했던 가정은 파괴되었습니다. 그 해 9월 16일 천신만고 끝에 부산에 도착하자마자 아버지는 〈부산일보〉에 가서 우키시마호 폭침 사건을 폭로하여 1945년 9월 18일자로 일제의 비인도적인 만행을 만천하에 공개했던 것입니다. 〔이상은 장영도씨가 본 우키시마호폭침진상규명회에 보내온 편지입니다.〕

◈ 증인-13: 강종호(72, 男, 광주광역시)

⇧ 증언하는 강종호씨(오른쪽)와 진상규명회 한종술 변호사

우키시마호는 틀림없이 해군 승무원들의 소행입니다. 옆으로 비틀어지면서 가운데가 가라앉더라구요. 나는 그 때 뱃머리 쪽에 있었기 때문에 배 뒤쪽을 정면으로 바라볼 수 있었습니다. 끔찍한 장면이었어요. 왜 그렇게 아이들이 많았는지 지금도 의문스러워요. 아이들이 많으니 당연히 부모가 있는 것이고 또 그 만큼 가정을 꾸렸던 한국 사람이 많았다는 것을 입증하는 겝니다. 나는 그 때 갑판위에 있었습니다. 오래간만에 육지 구경도 하고 싶었지요. 혹시 한국 땅은 아닌가 하고 즐거워하기도 했지요. 그런데 한국이 아니었습니다. 배가 천천히 들어가더니 멈춰 섰지요. 그러더니 해군들이 작은 배를 내려서 타고 떠나요. 그 때까지만 해도 바다도 배 위에도 조용했죠. 그런데 갑자기 쾅!-

하면서 배가 들썩하더라구요. 배가 옆으로 뒤뚱하는가 싶더니 가운데가 구부러져요. 뭐 아우성이죠. 벌써 사람이 배 밖으로 튕겨나가고 다치고 피 흘리고 그야말로 아비규환이었습니다. 일본 여자들이 쪽배같이 작은 배를 가지고 왔으니 구조를 했다손 치더라도 몇 명이나 살렸겠습니까? 오미나토에서 일하면서 그토록 고생했는데, 제놈들 일만 해주다가 겨우 광복을 맞이하여 귀국하려는 조선사람이 뭘 그리 잘못했기에 한꺼번에 몰살시켰는지 한평생이 다 지나도록 납득이 안 됩니다. 하루빨리 해결돼야 될 텐데 일본이란 나라가 너무 큰 죄를 지어서 감당해 내기가 어려웠을 지 모릅니다.

◈ 증인-14: 전우영(全宇榮, 男, 1927年 3月 9日生. 인천광역시 북구 청천1동 381번지 20통7반)

징용영장이 내 이름으로 나왔다. 키가 작아서 자격 미달이었는데 인원이 모자라서 가야 한다고 면 노무계원이 말했다. 고향에서 친구인 정기영, 이철우, 고종환이와 같이 갔는데 나와 내 친구들은 미성년이었으므로 일본이 우리를 강제로 연행한 것이다. 일본통운주식회사에 배속되어 오미나토 항만에서 하역작업을 하였다. 나중에는 무거운 짐을 드는 힘든 일을 못하여 돼지, 닭 기르는 일을 맡았다. 배가 너무 고파 작업할 때 땅바닥에흘려 흩어진 쌀을 쓸어 모았다가 끓여 먹었다. 월급은 본국으로 송환한다는 얘기를 들었는데 돈을 보냈는지 안 보냈는지는 확인이 안 되었다. 우키시마호는 처음부터 부산을 향하지 않았다고 생각했다. 항해할 때 해군들이 장난도 아니고 행패도 아닌 짓을 봤을 때 아마 술에 취한 게 아닌가 생각도 했다. 하여튼 해군승무원들

은 난잡하기 그지 없었고 자신들의 물건을 바다에 던져버렸다. 육지가 보인다기에 밖으로 났다가 또 들락날락하는 중에 갑자기 폭발소리가 들렸다. 삽시간에 바다가 온통 기름으로 덮였다. 기름바다 속에서 아이들과 여자들 또 장정들도 수없이 죽어갔다. 기름 때문에 더 많은 사람이 죽었다. 나는 작은 어선으로 구조되었는데 그 작은 배도 타지 못한 사람이 많다. 그 바다에서 어떻게 살아났는지 꿈만 같다. 그 때 죽은 사람이 눈앞에 선하다. 하루빨리 해결되어 그 들의 넋이라도 달래야 한다.

◈ 증인-15: 강태철(姜泰哲, 男, 1920年 7月 30日生. 충남 천안시 광덕면 광덕리 351)

나는 아오모리현 시모키타군 타나부 근처 군부대에서 해군 마크가 붙은 군복과 모자를 쓰고 일했는데 함께 일하던 사람 가운데에는 전라도 고창 사람과 천안 사람이 많았다. 고향인 천안을 떠나 며칠간을 기차와 배를 타고 일본 군부대에 도착하니 군부에서 1백원씩 나눠 주기에 받았다. 아마도 선착금이었던 것 같다. 1개 중대가 2백명이었고 소대는 50명으로 편성되었다. 오미나토 항만에 천안 사람이 많이 일하고 있다는 소식을 듣고 면회를 갔었는데 그 때 같은 고향에 사는 임창문을 만났다. 내가 속해 있는 부대원들은 시모노세키까지 기차로 내려갈 예정이었으므로 가는 도중에 기차 안에서 먹을 건빵을 배급받았다. 그런데 부대에서 기차 출발시간보다 일찍 나와서인지는 몰라도 기다리는 동안에 군부에서 '기왕 남쪽으로 내려가는 배가 있으니 배에 타라'고 했다. 그 때 탄 배가 우키시마호였다. 우키시

마호가 마이즈루만에 들어서자 속도가 느려졌고 나중에는 배가 멈춰 섰는데 갑자기 배 아래쪽인 기관실 쪽에서 폭발소리가 났고 동시에 유리가 깨지면서 많은 사람이 부상당했다. 일본에서 월급을 집으로 보내면 집에서는 우체국으로 돈을 찾으러 다니기도 했다. 그때 우체국에서는 30%를 저축이라고 공제하고 지급했다고 한다.

◈ 증인-16: 고종환(高鍾煥, 男, 1928年 12月 20日生. 충남 천안시 광덕면 신흥리 143)

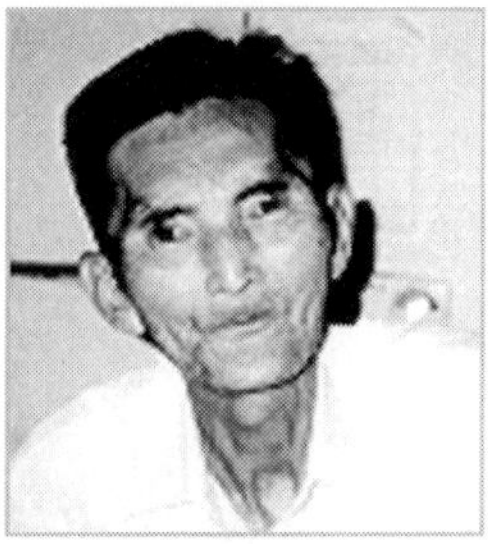

삼촌에게 영장이 나왔는데 내가 대신 가게 되었다. 집안 어른들이 논의하여 내가 가는 것으로 결정하였다. 한 집에서 한명은 꼭 가야 했으므로 어른들이 그렇게 결정했다. 다른 사람들도 거의 비슷한 실정이었을 것이다. 옷은 작업복 한 벌이고 겨울에는 장화를 신고 그 위에 미끄럽지 않게 덧신을 신기도 하고 새끼줄로 둘둘 말아야 했다. 오전 8시에 일을 시작하여 오후 6시나 돼서야 숙소로 돌아왔다. 50명이 1개 소대로 편성되어 합숙하였다. 바깥 세상이 궁금하여 외출도 하고 싶었지만 엄격히 통제되어 밖으로 나갈 수 없었다. 우키시마호를 타고 나오다가 파산당하여 셀 수 없이 많은 조선 사람이 죽었는데 그 때를 생각하면 치가 떨린다. 지금 내가 건강이 좋지 않아 살 날이 얼마 남지 않은 것 같아 억울하다. 일본놈한테 원수를 갚아야 하는데 말이다. 윗동네 친구들이 내 사정을 잘 알고 있다. 죽어도 잊혀지지 않을 원통한 세월을 당신들을 만난 오늘에라도 잊고 싶다.

◈ 증인-17: 오희용(吳熙龍, 男, 1923年 2月 2日生. 충남 천안시 풍세면 보성리 355)

면노무계원과 순사가 집으로 찾아와 보국대로 일본에 가야 한다고 했다. 징용영장은 없었다. 가족 중에 누구라도 한사람이 꼭 가야 한다고 협박했기 때문에 도망칠 수 없었다. 내가 일한 곳은 타나부 근처였다. 비행장에서 활주로를 만들었고 산 중턱에서 대포를 설치하기도 하였다. 매월 40원 정도의 월급과 가족수당을 합치면 월급이 80원 정도였다. 밥은 미역밥, 콩나물밥, 보리밥을 먹었고 오징어를 삶은 물이 국이고 그 솥에서 오징어를 건져내면 점심 반찬이었다. 2층으로 지은 판자집에서 내가 속해있던 부대 소대원들이 합숙했다. 마이즈루에서 배가 폭파되었을 때 자꾸 높은 곳으로 기어오르다 작은 어선이 다가 오기에 그 배를 타고 뭍으로 나왔다. 배 안에는 사람이 마치 콩나물시루처럼 많았는데 선실 안에서는 나 밖에는 아무도 나오질 못했다. 그 억울한 세월을 어찌 말로 다 하겠소. 그 동안 나라가 어수선하여 일본한테 억울 일을 당한 백성들이 명예를 회복하지 못하고 있으나 앞으로라도 나라가 힘이 생기거든 여러분들이 그 원한을 갚아주시구려.

◈ 증인-18: 원종봉(元鍾鳳, 男, 1927年 月 日生. 충남 천안시 광덕면 원덕리 379)

아버지에게 징용영장이 나왔으니 어쩌겠는가! 아버지가 끌려갈 수 는 없었다. 그렇다고 대를 이어야할 장남이 암흑의 땅으로 갈 수 없다는 것이 어른들의 결정이었다. 그래서 차남인 내가 아버지 대신 가게 된 것이다. 어머니와 천안에 있는 서양여관에서 3일 밤을 같이 잤다. 아마 모집 인원이 다 차지 않아서 기다렸던 것으로 생각된다. 어머니는 어린 자식을 일본의 전쟁터로 보내면서 하늘이 무너질 듯 걱정했으나 어찌

할 방도가 없었다. 그 때 어린 자식을 남의 나라 전쟁터로 보내는 어머니의 심정과 흘린 눈물은 이루 말할 수 없는 쓰라림이었다는 것을 내가 성장하여 알 수 있었다.

마이즈루만에서는 육지가 보인다는 소리가 들리기에 구경할 셈으로 선실에서 갑판으로 나왔는데 다른 사람들도 많이 니와 있었다. 그 때 갑자기 콰광! - 하면서 굉장한 폭발소리가 났다. 그러더니 배가 두 동강으로 꺾이면서 가라앉기 시작했다. 기름으로 덮인 바닷물 속에서 사람들이 살려달라고 아우성쳤으나 구조를 받지 못했다. 너무나 많은 사람이 죽어갔다. 모두 한국 사람들이었다. 민간이 구조선이 다가와 물에서 허우적대는 몇 사람을 태우고 뭍으로 나갔을 뿐이다. 나는 배에 달려 있는 밧줄을 잡고 있다가 민간인이 몰고 온 작은 배에 올라탔다. 그 때 배가 폭발할 때 몸이 튕기면서 머리를 부딪쳐 귀를 다쳤다. 돌아와 치료를 했으나 잘 낫지 않았다. 그 뒤로 잘 듣지 못했는데 이제는 나이가 들어서인지 아주 캄캄해졌다.

◈ 증인-19: 이철우(李鐵雨, 男, 1927年 4月 25日生. 충남 아산시 배방면 장재리 93)

밤 11쯤시나 되었을까! 주재소 순사와 면노무계원이 집으로 찾아와 주재소로 가자고 하여 붙잡힌 것이 연행의 시작이었다. 부친이 독립운동에 가담하여 우리 가족은 평소에도 왜놈들한테 감시 대상이었다. 그래서 조사하려고 밤에 갑자기 잡는 줄 알았는데 그건 아니었다. 장남이라서 부모님도 계

시고 일이 많아 언제나 걱정이 태산 같았다. 왜놈들이 우리네 살림 걱정을 해 줄 리 만무하지. 주재소에 당도해 보니 밤인데도 이미 많은 사람들이 와 있었다. 즉시 천안에 있는 서양여관으로 투숙되었는데 아마도 천안지역에 할당된 인원수를 채우려고 기다리게 한 것 같다. 여관에서 같은 마을에 사는 정기영과 이틀을 지내다가 천안역에서 기차를 타고 부산을 거쳐 다시 배를 타고 시모노세키에 당도하니 이미 열차가 대기하고 있었다. 우리 일행은 곧 바로 아오모리현까지 이동되었는데 이 때 천안군에서 연행된 사람은 모두 일본통운주식회사에 배속되었다. 푸른색 헌 작업복 한 벌과 모자를 지급받았으나 속옷이나 양말 따위는 없었다. 하루 세끼 식판에다 밥을 먹었다. 반찬은 형편없었고 양이 턱없이 모자라 배고픈 것이 무엇보다도 고통스러웠다. 어느 날인가는 바닷물을 끓여 국이라고 먹으라 하여 강하게 항의한 적이 있다.

우키시마호가 오미나토항을 출항한 지 열 시간쯤 지났을 때 해군들이 '선장이 자살했다.'고 하는 말을 들었다. 마이즈루에서는 민간이 어선이 구조에 나섰는데 배가 작기도 하였지만 사람이 너무 많이 달라붙어 뒤집히기도 했다. 줄지어 서로 부둥켜안고 밧줄에 매달려 있다가 맨 위 사람이 줄을 놓치면 바닷물 속으로 몽땅 빨려 들어갔다.

◈ 증인-20: 임창문(林昌文, 男, 1928年 7月 29日生. 충남 천안시 광덕면 광덕리 222)

아버지한테 징용영장이 나와 내가 대신 갔다. 군 노무계원이 '어린 네가 가서 어떻게 일 하겠니!' 라고 말하며 '그래도 체격이 숙성하니 가도록 하라'하였다. 그 날이 1944년 12월 22일 북풍한설이 매섭게 몰아치던 초저녁이었다. 광덕면에서 잡혀 끌려 온 사람 가운데에는 결혼하여 처자가 있는 사람도 있었다. 그러니 우리 일행은 늙어 힘없는 부

모와 어린 자식을 등 뒤에 두고 왜놈이 저지른 태평양전쟁터로 끌려가야 했던 것이다. 내가 친구들과 끌려가던 날 어머니는 찹쌀떡을 만들어 와 한 개라도 더 먹여 보내려고 밤늦게까지 우리가 대기하던 여관방에 앉아 계셨었다.

나는 일본통운주식회사에서 일본 사무원들과 조선인 노무자 사이에서 통역을 맡았기 때문에 힘겨운 노동은 하지 않았다. 우키시마호에는 사람이 얼마나 많이 탔는지 입추의 여지가 없었다. 오미나토항을 출항하여 이틀을 항해하다가 갑자기 뱃머리를 돌리더니 마이즈루만으로 들어갔다. 배는 마이즈루만에서 폭발소리와 함께 침몰하였다. 바다는 온통 기름투성이었고 물에 빠진 사람의 아우성으로 아비규환이었다.

50미터 가량을 헤엄쳐 나오는데 민간이 구조선이 다른 곳으로 가기에 허우적거리며 소리쳤더니 내게로 와서 올라탔다. 배가 작아서 많이 타면 뒤집히거나 가라앉게 되므로 세 명만이 타고 뭍으로 나왔는데 내가 맨 먼저 나왔다. 모두들 발가벗은 모습으로 구조돼 나왔다. 선실에서 미쳐 빠져 나오지 못한 사람이 많았는데 아마 모두 죽었을 것이다. 월급을 받아 가지고 오던 돈을 모두 마이즈루만에 버릴 수 밖에 없었다. 50년전의 모정은 지금 세상을 하직하였고 그 동안 가슴에 묻어 온 피

⇧ 충남 천안시 광덕면 거주 생존자 왼쪽부터 강태철, 임창문, 지홍석, 이철우, 최수강, 정기영씨. 강태철씨는 다른 분들보다 수개월 먼저 연행되어 타나부에 있는 해군부대에서 일했고, 나머지 분들은 일본통운주식회사에 배속되었었다.

멍은 언제 풀릴지 암담하기만 하다. 이제 나는 살만큼 살았지만 아직도 우키시마호 폭침사건의 진상이 밝혀지지 않았다는 것이, 1945년 8월의 그 날 비명에 간 동포들과 어린 생명들 앞에서 죄스럽기만 하다.

◈ 증인-21: 정기영(鄭基永, 男, 1927年 9月 21日生. 충남 천안시 사직동 279-7)

나는 만 17세로 징용 대상에 해당되지 않았었다. 면 노무계원이 징용영장을 가지고 와서 아무 날에 면사무소로 나오라는 것이었다. 그래서 정해 준 날에 면사무소로 나갔더니 사람이 너무 많이 모여 장소를 바로 옆에 있는 광덕소학교 교실로 옮겼다. 역시 교실에 들어가 보니 윗마을 아랫마을에서 모인 사람들로 꽉 차 있었다. 40여명이 모였었다. 교실 앞 뒤 문에는 일본 순사 두 명이 문을 꽉 닫고 지키고 서 있었다. 이 때 중절모자를 쓰고 당고바지를 입은 장정 다섯 명이 들어왔다. 면사무소에서 학교로 자리를 옮길 때는 회의를 한다더니 처음부터 이름을 부르더라구요. 내가 나이가 적어 맨 나중에 부르게 되었지요. 그러니까 면사무소 노무계원이 명단을 확인하며 통제하고 있었던 것입니다. 그래서 내가 '무슨 일이냐'고 물었더니 '일본으로 돈벌이 가는 거다'라고 말합디다. 그래서 나는 다시 '목적이 징용이냐? 보국대냐?'라고 물으니까 '네가 그걸 알아서 뭐하느냐? 일본 가서 돈이나 벌어다 아버지 어머니 호강시키면 그만이지'라고 말하는 것이었습니다. 회의장 아닌 회의장이 어수선하다가 결국은 '징용이다'로 결론이 내려졌습니다. 이 때 내가 '나는 미성년이라서 해당되지 않으니 갈 수 없다'고 거절했다. 그랬더니 이번에는 군 노무계원이 나오더니 일본말로 '너 이놈 바보 같은 놈아!' 하면서 발로 차고 뺨을 후려치더라구요. 아마 이 같은 험악한 광경은 교실에 모여

든 다른 사람들에게도 위협적이었을 겁니다. 또 다시 군 노무계가 하는 말이 '네가 징용에 가지 않으려면 네 아버지가 대신 가고 너는 감옥으로 가라.'하기에 '내가 무슨 죄를 졌기에 감옥에 가느냐. 못 간다.'고 버텼죠. 교실에 소학교를 같이 다닌 친구들도 같이 있었지만 다들 어쩔 도리가 없었어요. 아무리 항의해도 소용없는 일이었지요. 내가 징용에 따르지 아니하면 부모한테 어떤 봉변이 있을지 몰라 하는 수 없이 징용에 따랐던 것입니다.

우키시마호가 항해를 시작하여 하루가 지났을 때 갑판 위를 돌아다니는 해군병사 두 명한테서 직접 목격한 이상한 일이 있습니다. 저녁 무렵이었습니다. 갑판 위 한 귀퉁이에서 조선인 여성이 아이에게 젖을 먹이고 있었습니다. 이 광경을 본 해군 병사 두 명이 '어린 아이에게 무슨 죄가 있느냐? 태어나 피어보지도 못하고 사라지겠구나!'고 말하는 것이었습니다. 이 말을 들은 내가 해군들의 뒤를 좇아가며 '무슨 말인가?' 고 물으니까 해군 병사들은 '아무 말도 아니다'며 다른 곳으로 사라졌습니다. 이 때 내게 매우 불쾌한 예감이 들었으나 다른 사람들한테 말할 처지가 아니었습니다.

나는 맨 아래쪽 선실에 누워 있는데 갑자기 쾅! - 하는 폭발소리가 들리면서 몸이 1미터 정도 위로 튀어 올랐다가 내려 떨어졌다. 주위를 살펴보니 배 밑창에서는 벌써 바닷물이 퍼렇게 솟아들고 있었다. 선실 안은 순간적으로 아수라장이 되었다. 밖으로 빠져 나가려는 사람들이 서로 엉켜 사다리가 부러졌다. 겨우 밖으로 빠져 나와 보니 이미 배가 가운데부터 구부러지며 부러져 반 이상이나 가라앉았었다. 어쩔 수 없이 바닷물 속으로 뛰어들었다. 물속에서 헤엄치며 물위로 솟구치려 해도 사람이 많아 솟구치지 못할 정도였다. 그래서 잠수하여 멀리 가다가 떠내려 오는 판자를 잡고 헤엄쳐 나왔다.

내가 정기영 옹을 만난 것은 주말에 회원들과 함께 대전역 광장에서

⇧ 북측 조선예술영화제작소에서 완성하여 홍콩국제영화제에 출품한 '살아있는 영혼들'을 관람하고 기자회견하는 정기영씨〈2001.8.15 홍콩〉

우키시마호 사건 자료를 전시해 놓고 홍보하던 때였다. 바로 일주일 전에 대전 KBS1- TV에 영동군 박재하씨와 출연하여 홍보계획을 말했는데 그 방송을 보고 대전역으로 나왔던 것이다. 공주시 유구읍에 사는 조귀성씨도 이날 처음으로 만나게 되었다.

'어떻게 아시고 오셨습니까?'

'텔레비젼보고 알았는데 전재진씨 되십니까?. 천안이라면서요?'

'예! 저는 천안에서 왔는데요. 어르신도 천안에서 오셨습니까?'

'천안에서 같이 갔던 친구들이 많아요. 광덕면에요.'

그 날 대전역 광장에서 두 노인들도 늦게까지 홍보전단도 돌리고 지나가는 시민들한테 설명하는 활동을 마치고 같이 천안으로 돌아왔다. 그리고는 곧바로 광덕면에서 아홉 분의 생존자를 찾아뵈었다.

우키시마호폭침진상규명회가 천안에서 출범하게 된 동기도 천안시에는 물론 천안과 가까운 아산, 서산, 공주에 생존자가 많이 거주하고 있는 현상이었다. 정기영 노인은 기억력이 좋아 증언을 논리적으로 잘 풀어나갔다. 또 친구인 이철우 노인과 한자리에 앉으면 더욱 새로운 일들이 되살아나곤 했다. 같은 마을 천안시내에서 정기영 노인을 자주 만났다. 그는 회한의 눈물을 흘리면서 한없이 말을 이어갔다.

(정기영 노인의 다음 증언은 아오모리현 시모키타의〈우키시마호시모키타회〉의 소식지에 실린 글입니다)

「1994년 당시 나는 17세 미성년으로서 일본의 아오모리현 시모키타 반도로 강제연행되었습니다. 내가 자신의 의사와는 전혀 관계없이 연행된 것처럼 내 친구들도 모두 강제와 협박으로 끌려갔습니다. 나는 마을 친구들과 함께 아오모리현 오미나토 항만에 있는 일본통운주식회사에 배속되어 군수물자 하역작업을 하였는데 식품, 석탄, 무기들을 배에서 내리기도 하고 또 싣기도 하는 일이었습니다. 추위와 배고픔과 노동의 고통에서 헤어날 수 없었습니다. 어느 날인가는 아침식사 때 바닷물을 끓여 국이라고 먹으라 하여 한바탕 소란이 일어난 적도 있습니다. 어린 나이로 다른 나라 전쟁에 휘말려 온갖 수모와 고통을 당하던 때였으나 고향의 부모형제들을 생각하면서 이를 악물고라도 참아 내겠다는 심정으로 하루하루를 보냈습니다. 드디어 태평양전쟁은 일본의 패망으로 끝나고 우리는 꿈속에서 그리던 고향으로 갈 수 있는 여건이 마련됐던 것입니다. 참으로 감개무량함을 가슴에 안고 우키시마호를 탔는데 그 우키시마호는 부산으로 향하지 아니하고 도중에 폭파침몰당하여 수 천 명의 젊은 생명을 앗아갔지만 아직도 전대미문의 사건으로 남아있어 그 날의 아픔이 계속되고 있는 것입니다. …중략… 우키시마호폭침사건에 대해 한국에는 많은 생존자가 있어 그 날의 참상을 거짓없이 증언하고 있습니다. 또한 한일 양국 민간단체나 개인이 사건의 진상을 규명하기 위해 노력하고 있는 것으로 알고 있습니다. 역사를 바로세우는 일이므로 개인적으로 감사하게 생각합니다. 내가 우키시마호폭침사건 피해 당사자입니다만 피해자 개인에게 배상하는 문제가 우선이 아니라 사건의 진상이 규명되어 그 같은 불행한 일이 다시는 일어나지 않도록 사전에 방지하는 운동이 중요하다고 생각합니다. 폭파당하여 침몰하던 그 순간을 생각하면 죽기 전에는 눈을 감을 수 없습니다. 수많은 동포들의 젊은 생명들이 죽어가는 모습이 지금도 눈앞에 선하게 비치고 있습니다. 나는 70세가 넘도록 살았습니다만 그 때 죽은 동포들의 억울함을 50여년이 지나도록 풀어주지 못한 것이 내 가슴속에 죄가 되어 남아있습니다. 우키시마호폭침사건을 단순한 침몰사건으로만 치부해서는 안 됩니다.내 인생의 역정에서 찾아볼 수 있는 것처럼 《강제연행, 강제노동》이라든가 《조선인 승선경위, 안전보장 없었던 출항, 침몰원인, 사후처리의 부당성》 등의 전반적인 문제가 규명되고 해결되어야 진정한 마무리인 것입니다. 현재 국내에는 많은 생존자가 있을 것이나 모두들 고령에다가 건강마저 좋지 않습니다. 저희 생존자들이 세상을 떠나면 우키시마호 사건은 더욱 미궁에 빠져 역사는 거짓으로 기록될 것입니다. 한·일 양국 정부는 조속한 시일 안으로 적극적인 협의를 통하여 실질적으로 해결하기를 촉구합니다.」

정기영 노인은 기관지 천식으로 몸이 불편했으나 사건 홍보에 적극 나섰다. 일본 정부에 배상을 촉구했고 일본, 홍콩 시민단체와도 여러 차례 교류활동도 했다. 그는 어릴 적부터 친구인 이철우씨와 평양토론회에 참가하지 못한 것이 못내 아쉬움으로 남았다.

◈ 증인-22: 지홍석(池洪奭, 男, 1917年 7月 10日生. 충남 천안시 신방동 302-1)

아침식사를 마치고 밖으로 나가려는데 면 직원이 와서 다짜고짜 도장을 찍어 달라는 것이었다. 무슨 일이냐고 물었더니 '일본 보국대로 가야 한다'는 것이었다. 하도 어이가 없어서 '나는 한번 갔다 왔는데 왜 또 가느냐?'고 물었으나 통하질 않았다. '네가 일단 도장을 찍었으니 이것으로 가는 데는 충분하다. 다음에 나와라'고 가버렸다.

낮에는 산에 숨어 있다가 밤늦게 집에 들어왔다가 아침 먹고 다시 집을 비우고 밖으로 피신했었다.

'내가 문서에 도장을 찍기는 했지만 도장을 안 찍으면 거머리새끼처럼 붙어서 떨어지질 않으니 어쩌! 도장 찍었으닝께 됐다 이거여.'

힘없고 순진하기만 한 그들에게 도장이 찍힌 면사무소 문서는 그야말로 인질보증서였다.

'마이즈루에서는 민간이 어선이 와서 구조했으나 배가 작아서 나하고 다른 한 사람 겨우 두 명만이 타고 뭍으로 나왔다.' 염라대왕이 지옥을 만들어도 그런 지옥을 만들지는 못할 겁니다.

◈ 증인-23: 최수강(崔壽罡, 男, 1915年 11月 29日生. 충남 천안시 광덕면 행정리 47)

부모와 어린 자식과 아내를 집에 두고 남의 나라 전쟁터로 끌려가는 마음이 헤아릴 수 없이 아팠다. 천안에서 기차를 타고 부산에 당도하여 다시 일본 배를 타고 시모노세키 항에 내렸는데 주위를 살펴보니 이미 기차가 대기하고 있었다. 천안에서 같이 간 사람은 모두 일본통운주식회사에 배속되었다. 그 때 푸른색 헌 작업복 한 벌과 모자를 받았다. 밥은 식판에 담아 먹었다. 한창 힘쓸 나이에 양이 턱없이 모자랐다. 외부 출입이 엄격히 통제되어 바깥 사정을 알 수 없었다. 일본통운에서 일할 때 때때로 멀리 정박해 있는 군함에서 며칠씩 숙식하며 하역작업을 하기도 했다.

우키시마호가 항해할 때 육지가 보인다고 하여 갑판위로 나왔는데 갑자기 폭발소리가 들렸다. 기관실 근처에서는 아무도 못 나오고 다 죽었다. 남녀 민간인들이 작은 배를 타고 와 육지에서 먼 쪽부터 사람을 태워 뭍으로 나갔다.

◈ 증인-24: 이동우(李東雨, 男, 1922年 4月 21日生. 충남 아산시 신창면 신달리 486)

고향인 예산에서 살 때였다. 밤 11시에 순사와 소방대원이 찾아와 협박하였다. 완력을 이기지 못해 끌려갈 수 밖에 없었다. 두 사람의 힘을 당할 수 없었다. 그 날 밤에는 대문을 잠그지 않아서 당했다. 예산군청에 집결했다가 천안을 거쳐 부산, 시모노세키, 아오모리까지 갔다. 그 때 예산에서 60~70명이 연행되었다. 내가일했던 곳은 해군부대였는데 오미나토 근처로 기억된다. 90명이 한 숙소에서 지냈다. 한 때는 하도 배가 고파 돼지에게 준 죽을 건져 먹었다. 고향에서 부친이 위독하다는 관보를 받고 귀국했다가 다시 오미나토 해군부대로 복귀했다. 광복을 맞이하고 나서 일본군의 인솔로 우키시마호를 탔다. 우키시마호가 폭파될 때 발등이 깨지면서 골절상을 입었는데 치료가 안돼 장애가 되었다.

◈ 증인-25: 조귀성(曺貴成, 男, 1921年 12月 29日生. 충남 공주시 유구읍 녹천리 117)

징용영장을 받고 5일 동안 도망 다녔다. 주재소에서 매일 매시간 쫓아다니며 가족을 못살게 괴롭혀 하는 수 없이 집결지였던 면사무소로 나갔

다. 당시 예산군에서는 90명 정도가 연행되었다.

일본에서는 아오모리현 시모키타군 오미나토 해군시설부 23부대 9중대에 배속되었었다. 무기와 보급품을 하역하거나 운반하는 일을 했고, 군인으로서 월급을 16엔씩 받았다. 밤 10시가 되면 미나미라는 헌병이 순찰을 돌았는데 그는 악명이 높았다. 식사는 양호한 편이었고, 배급되는 담배를 모았다가 팔아서 용돈을 마련하기도 했다.

우키시마호 뱃머리에서 잠을 자고 있는데 친구가 나를 흔들어 깨우며 조국 땅이 보이니 구경하라고 했다. 그런데 별안간 쾅! - 하는 소리가 나면서 몸이 공중으로 솟구쳤다. 바다에 빠진 사람이 바글바글하게 엉켰다. 마치 송사리 떼처럼 많았다. 작은 어선이 다가왔다. 어촌 사람들의 배 같았다. 민간인들이 와서 구조했으나 배가 작아 2~3명 밖에 탈 수 없었다. 나는 동력선을 타고 나왔다.

〔충남 청양군 지역에서 연행당한 사람들은 아오모리현 시모키타반도에 있는 가바야마비행장에서 일했다.청양군 지역의 생존자들은 '현해탄동지회'를 결성하여 우키시마호 사건을 해결해 보고자 일본 정부에에 대응코자 했다. 그러나 한국 정부의 냉대와 국민들의 무관심으로 목적을 이루지는 못했다. 현해탄동지회 회원이었던 권일선씨의 장남 권순호씨는 작고하신 부친의 말씀에 따라 이 사건에 많은 관심을 가지고 현해탄동지회를 지원하였으나 역시 주변 사람들의 무관심이 가장 큰 어려움이었다. 그는 토목건축업을 하면서 선친의 유훈에 따라 생존자 모임을 여러 차례 소집하여 주관했으나 시간이 갈 수 록 운영상 어려움이 많았다고 사정을 털어놓았다. 청양지역의 생존자 분들을 만나던 날이 1995년 10월 6일이었다.이 날도 우키시마호폭침사건 피해자 권일선씨의 장남 권순호씨가 모임을 준비했다〕.

*권순호: 오늘 오시지 못한 분이 몇 분 되십니다. 몸이 불편하셔서

⇧ 생존자 권일선 씨의 장남 권순호씨.

못 나오신 분이 문창수씨, 유영렬씨, 최춘봉씨, 이경환씨이고, 공주시에서 노인회장직을 맡아 일을 보시는 정헌설씨도 못 오셨습니다. 오늘 나오신 분은 윤화수, 김동섭씨, 임석빈, 김의동, 김성태씨입니다. 우키시마호 사건 때 살아 돌아오신 분들이 결성한 현 해탄동지회 회원들이십니다. 저는 권가 일자 선자의 아들 권순호입니다. 저희 아버지는 몇 해 전 돌아가셨습니다. 살아계신 분들도 이제는 연세가 많으셔서 잘 나오시질 못하는 실정입니다.

－저는 천안에서 왔습니다. 제가 먼 데를 먼저 다녀오느라 청양지역이 며칠 늦었습니다. 충북을 시작으로 열흘 동안 경상남북도, 부산, 전북, 전남, 광주, 목포, 대전으로 해서 전국을 한바퀴 돈 셈이네요. 우키시마호 폭침 사건이 있은 지 수 십년이 지났는데 아직도 여러분들의 가슴속에는 고통이 사라지지 않고 있다는 점에 이 시대를 사는 젊은이로서 대단히 죄송스럽게 생각합니다. 사실 저도 직장생활을 하면서 이 일을 하기가 만만치 않았습니다만 제 앞에 주어진 임무라고 생각하고 이렇게 다닙니다. 저 보다 더 전문적이고 세력을 가진 사람이 정면에 나서줘야 하는데 그렇지 못한 게 참으로 아쉽습니다. 이 사건을 조사하는데 아직도 일꾼이 부족합니다. 시간이 있는 사람은 시간을, 지식이 있는 사람은 지식을, 돈이 있는 사람은 돈을 내주면 좋으련만 세상일이 그렇게 순탄하지 만은 않은 것 같습니다. 오늘 이렇게 좋은 식당으로 자리 잡은 것도 권순호씨가 그만한 관심과 열의가 있기에 가능한 것입니다. 감사합니다. 아무튼 늦게나마 이렇게 만나 뵙게 되어 어쩌면 다행스런 일이 아닌가 생각합니다. 자연스럽게 옛날 일을 생각하시면서 사고 당시와 일하던 실상을 상기해 보도록 하시지요. 어느 분이든 또 어떤 분이 먼저 말씀하시든 괜찮습니다. 저는 기록하면서 녹화를 하겠

습니다.

*윤화수: 죽을라구 환장헌게지. 산이 보이기는 했지만 가물가물헌데 웬만큼 멀었어. 멀었다구. 나는 돈이 들어있는 옷을 벗어 허리에 차고 헤엄쳤지. 물속에서는 다른 사람한테 붙잡히면 둘 다 같이 죽으니까........, 헤엄쳐 나가는데 구조선이 들어왔지. 배에 몇 명만 타면 밖으로 나가고 또 나가고 그랬지.

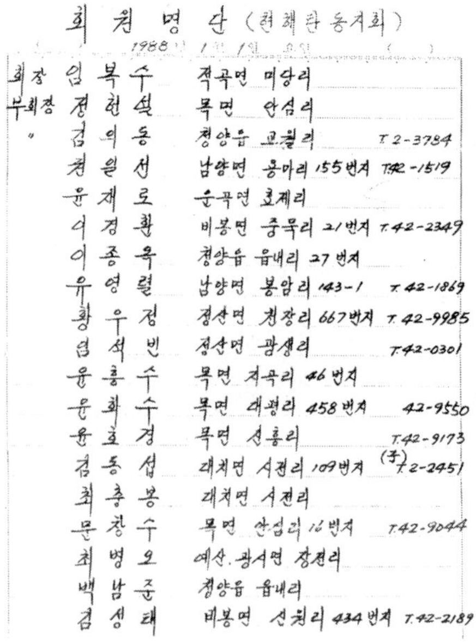
회 원 명 단 (현해탄 동지회)

1988년 1월 1일

회장	임복수	적곡면 미당리	
부회장	정현석	목면 안심리	
〃	김의동	청양읍 교월리	T.2-3784
	천일선	남양면 용마리 155번지	T.42-1519
	윤재로	운곡면 효제리	
	이경환	비봉면 중묵리 21번지	T.42-2349
	이종욱	청양읍 읍내리 27번지	
	유영렬	남양면 봉암리 143-1	T.42-1869
	황우정	정산면 천장리 667번지	T.42-9985
	임석빈	정산면 광생리	T.42-0301
	윤흥수	목면 지곡리 46번지	
	윤화수	목면 대평리 458번지	42-9550
	윤효경	목면 신흥리	T.42-9173
	김동섭	대치면 시전리 109번지	(子) T.2-2451
	최충봉	대치면 시전리	
	문창수	목면 안심리 16번지	T.42-9044
	최병오	예산.광시면 장전리	
	백남준	청양읍 읍내리	
	김성태	비봉면 신원리 434번지	T.42-2189

*임석빈: 그 지경에서 해군이 빠져나갈 틈이 있었을까?

*윤화수: 내가 일본말을 좀 했지. 니나 내나 징역살이하는 것이었지 뭐여. 거지생활이었다구. 말이 징용이지. 법은 군법, 먹는 것은 째그만 그릇에 쪼금 주는디..........., 그게 밥이라구 줘. 내 배고픈 고생은 처음이었어요. 우리가 아무리 없이 살았어도 그 정도는 아니었거든. 배가 고팠을 뿐이지 나는 얻어 맞지는 않았어. 왜냐하면 일하라는 대로 일하고 외출하지 말랬으니 밖으로 나가지 아니하니까 매를 맞지는 않은 거지.

*김동섭: 도망치다가 붙잡히면 죽다시피 맞았어.

*윤화수: 일본말을 할 줄 알아야 도망치지. 말이 안 통하니까 도망칠 수 없어. 도망치질 못해. 산중턱에 토치카라고 있었는디 그걸 만들었어. 한달 월급이 70원이었지? 그 때 그 돈이면 꽤 큰 돈이었는데......., 지금 통장도 가지고 나왔는데 얼마 전에 버렸어. 좋은 자료가 될텐데. 옛날 일을 생각조차 하기 싫었던 거야.

— 연행될 때 어떠했는지요?

*임석빈: 협박에 못 견뎌요. 왜놈들이 우리네 가정사를 조금도 생각 아니해요. 얼마나 조잡스럽게 치근대는지......,

*윤화수: 강제징용이었지. 순전히 강제였지 뭐. 농사일이 시작되던 때라 일도 많았는데........, 그 해에는 소도 공출할 때였기 때문에 농사짓기도 어려웠지.

*김동섭: 면사무소에서 순사들과 같이 와서 강제로 끌고 간 거여.

*윤화수: 나는 청진으로 한번 끌려갔다가 도망쳐 나왔는데 그 해 봄에 또 끌려가게 된 거여.

*김동섭: 이장, 면노무계원 그 놈들 다 있었어.

*윤화수: 배가 파산될 때 동료들이 많이 죽었어. 목면에 살던 사람, 대치면에 살던 사람 해서 뭐 많이 죽었어요.

*임석빈: 폭발소리가 두 번 났어요. 맨 위에 타고 있었는데 가운데가 꺾이면서 앞뒤가 들리더라구. 나는 헤엄을 못했기 때문에 어찌할 방도가 없는 거여. 그래서 옷을 다 벗어던지고 훈도시만 차고 있었는데 어선같이 뵈는 작은 배가 구조하러 들어왔는데 가까이 접근을 못하는 거여. 대치면 한철수씨는 아오모리 현장에서 반장으로 일했었는데 지나다 보니까 그 사람이 다 죽어가고 있더라구. 그러니 나만 살자구 뛰어 내릴 수가 있어야지. 부추겨 들어 보니 눈만 껌벅이며 꼼짝을 못하는 거여. 내가 한철수씨를 둘러메고 손을 잡고 하여 구조선을 타고 밖으로 나간 거여. 밖으로 나가 가라앉은 배를 바라보니 깃발만 펄럭이더라구. 한철수씨는 목숨은 건졌는디 즉시 병원으로 후송되었어. 나는 머리를 조금 다친 정도였었어. 일주일인가! 한참을 묵다가 귀국할 때는 한철수씨와 같이 왔는데 그를 들것에 담아 메고 다녔어.

*김성태: 먼지여 뭐여 그게. 쾅! — 허면서 터지더니 숨이 꽉 매키더라구. 나무사다리 있었잖여. 그 놈들이 맹글어 놓은 거. 그거 부러졌어.

⇨ 충남 청양군 생존자 정기회의에 참석한 현 해탄동지회 회원들. (오른쪽부터) 김동섭, 김성태, 임석빈, 김의동씨. 권순호씨 〈1995.10.6〉

원체 많이 달라붙었거든. 그래서 난 옆에 있는 쇠사다리를 타고 나왔어.

*김의동: 우리가 사람이 아니였어. 꼬리만 없었지 짐승 취급였어. 무 조각 하나에 생선 한 토막 그것도 다 썩어빠진 거 놓고 먹으라는 거여.

웬만큼 다치는 건 치료도 없어.

*김성태: 민간인들이 많이 죽었지.

*윤화수: 기름투성인데 어떻게 살 것어.

*김동섭: 그러닝께. 우린 광천서 기차타고 천안으로 해서 부산 그렇게 일본 간 거여. 시모노세키를 알지. 손가락이 요거 요거 두 개 부러져서 병원에 입원했었어.

*김성태: 왜놈들이 그 때 글쎄 소까지 끌어 갔다닝께.

◈ 증인-26: 윤화수(尹化洙, 男, 1922年 12月 7日生. 충남 청양군 목면 대평리 458)

나는 오미나토 해군시설부에 배속되어 가바야마비행장에서 구릉지대 평탄작업과 활주로와 대폭격납고를 만드는 일을 했다. 의식주는 이루 말 할 수 없는 실정이었다. 소나 돼지같은 상태였다 해도 과언이 아니다. 일하다가 다친 사람이 많았는데 웬만큼 부상을 입고는 치료도 받지

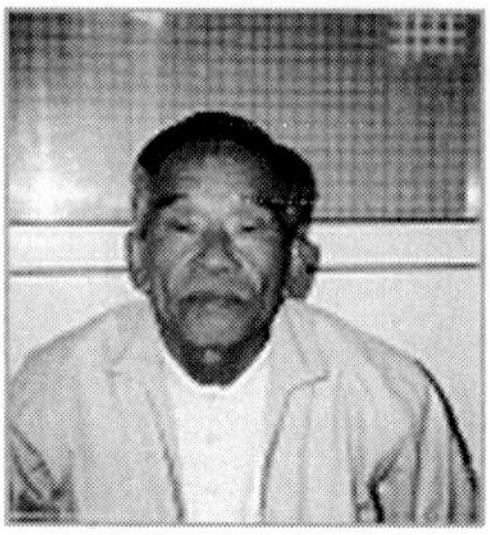

못했다. 한달에 70원 정도의 월급을 받았다. 그 때 예금통장을 집까지 가지고 왔는데 과거사에 미련을 갖고 싶지 않아 5년 전에 버렸다. 마이즈루에서 너무 많은 사람이 죽어 지금도 안타깝기만 하다. 나는 양지바른 언덕에서 따뜻하게 두 노인네가 남은 인생 이렇게 잘 보내고 있는데 그 날 죽은 젊은 생명들이 얼마나 불쌍한지 지금도 눈에 선하다. 죽어 돌아오지 못한 고향친구들한테도 평생 미안한 생각이었다.

◈ 증인-27: 김의동(金義東, 男, 1923年 2月 13日生. 충남 청양군 청양읍 교월리 산 24)

일본 순사가 와서 일본으로 가야 한다는 것이었다. 면 노무계원도 같이 왔다. 청양군청에 집결했다가 광천 역으로 가서 장항선 기차를 타고 천안으로 가 여관방에서 하루 묶고 천안 역에서 기차타고, 부산을 거쳐 아오모리까지 갔다. "오미나토, 가바야마" 라는 말은 귀에 쟁쟁하다.우키시마호를 타고 오다가 도중에 육지가 보인다는 말에 밖으로 나와 구경하는데 갑자기 '콰광! 쾅!–' 하는 소리가 두 번 나면서 배가 가라앉기 시작했다. 물속에서 30분 정도 허우적거리며 헤엄치고 있는데 구조하러 온 일본 여자들이 밧줄을 던져줘 배에 올라탔다. 배가 폭발하는 순간 왼쪽 귀를 선체에 부딪쳐 고막이 터져 청력을 잃었고, 그 때 입은 상처로 염증이 아직도 낫지 않았다. 시모키타에서는 해군 전용비행장에서 활주로 만드는 일이었는데 광차를 밀고 다니며 모래, 자갈, 시멘트를 운반하기도 했다. 일

할 당시 조선사람들은 짐승과 같이 취급당했다. 사람이 먹을 음식도 아니었고 잠을 잘 자리도 아니었다.

◈ 증인-28: 김동섭(金東燮, 男, 1921年 12月 4日生. 충남 청양군 대치면 시전리 109)

나는 결혼하여 자식을 넷을 두었다. 처와 함께 양친을 모시고 집안 살림을 넉넉하게 꾸려 나가던 때 일본으로 끌려갔다. 농사일이 한창이던 5월 어느 날 면사무소 노무계원과 또 다른 몇 사람이 집으로 찾아와 같이 가자고 했다. 나중에 알고 보니 나는 징용영장도 없이 장정들에게 잡혀간 셈이다.

일본에서는 가바야마비행장에서 활주로와 대포격납고를 만들었는데 일한 대가로 한달에 70원 정도 받았다. 오른손 검지와 장지가 부러지는 골절상을 입어 해군병원에서 치료를 받았다.

우키시마호는 틀림없이 굉장한 폭발물이 폭발하면서 침몰하였다. 나는 수영을 못해 자꾸 높은 곳으로 기어오르다가 작은 배 하나가 다가오기에 겨우 올라타고 살아났다.

◈ 증인-29: 김성태(金星泰, 男, 1918年 5月 9日生. 충남 청양군 비봉면 신원리 434)

나는 가바야마비행장에서 활주로를 만들고, 대포격납고 기초공사와 같은 일을 했는데, 오미나토 해군시설부 소속이었는지는 50년 전의 일이라 기억이 떠오르지 않는다. 짐승에게나 줄 형편없는 식사와 고된 노동

은 한창 힘쓸만한 나이였기에 견뎌냈던 것 같다.

우키시마호가 폭발할 때 선실 맨 아래쪽에 있었는데 폭발과 동시에 먼지가 일어 숨이 막힐 지경이었다. 한꺼번에 사람이 많이 올라타 나무사다리가 부러졌다. 나는 다른 쇠사다리를 타고 밖으로 나왔다. 물에 뛰어들어 허우적거리는데 작은 배 하나가 다가와 올라탔다. 민간인들이 구조하러 나왔던 것이다. 지금도 잊혀지지 않는 것은 선실 맨 아래쪽에서 재빠르게 갑판위로 뛰쳐나왔다는 기적같은 사실이다. 그 때 빠져 나오지 못했으면 나는 죽었을 게다.

◈ 증인-30: 임석빈(任石彬, 男, 1920年 8月 20日生. 충남 청양군 정산면 광생리 316)

나는 오미나토 해군시설부에 배속되어 가바야마비행장에서 일했는데, 군부대에서 몇 중대인지는 모르겠고 5소대라는 것은 기억이 난다. 청양에서 연행돼 간 윤화수, 김성태, 김동섭, 임석빈, 김의동씨등 사람들이 모두 같은 실정이었겠으나 식사량이 너무 부족하여 배고픔과 추위가 가장 힘든 고통이었다. 우키시마호가 마이즈루만에 들어가더니 갑자기 굉음을 내며 폭발소리가 두 번 들렸고 배는 동강이가 났다. 나중에는 뱃머리가 위로 치솟는 것을 보았다. 말할 수 없이 많은 사람이 죽었다.

◈ 증인-31: 이경환(李景煥, 男, 1911年 1月 9日生. 충남 청양군 비봉면 중묵리 21)

나는 33살 되던 해 5월에 자식 둘과 처, 어머니를 두고 일본으로 연행되었다. 일본군들이 진주하던 가바야마비행장에서 2년 동안 활주로 공사를 했는데 고생을 너무 많이 해서 지금 다시 생각하기 싫다. 청양에서 같이 간 사람이 많은데, 김동섭이 하고 최 뭐라는 사람이 있는데 지금은 기억이 잘 나지는 않지만 아마 그 사람들도 같은 형편이었을 것이다. 비행장에서 일하다가 내가 다친 기억은 없지만 죽은 사람은 목격한 적이 있다.

나는 배 안에 타고 있었는데 배가 펄쩍 뛰길래 밖으로 나와 무슨 일이냐고 물었더니 '배가 파산되었다.' 고 떠들어 대더구먼. 나는 헤엄을 하지 못했기 때문에 기다리다가 쬐그만 배를 타고 나왔는디 어떤 사람은 바닷물에 뛰어들기도 하더구먼. 배가 폭파되었을 때 배 안에는 사람이 빽빽하게 들어찼었기 때문에 너무 많은 사람이 죽었어.

나는 결혼하고 연행돼 간 것이지. 면사무소에서 나와서는 모두들 가게 되었으니 가야 된다는 거였지. 그 때는 가라고 하면 꼼짝달싹 못했어. 가고 싶어 간 사람이 어디있어?

◈ 증인-32: 문창수(文昌秀, 男, 1920年 5月 17日生. 충남 청양군 목면 안심리 261-7)

면사무소에서 나오라기에 할 수 없이 나갔다. 징용을 피하면 가족을 못살도록 괴롭혔기 때문이다. 청양군에 모여 광천에서 기차로 천안으로 가 하루를 묵고 다시 기차로 부산까지 갔다. 부산에서 다시 배를

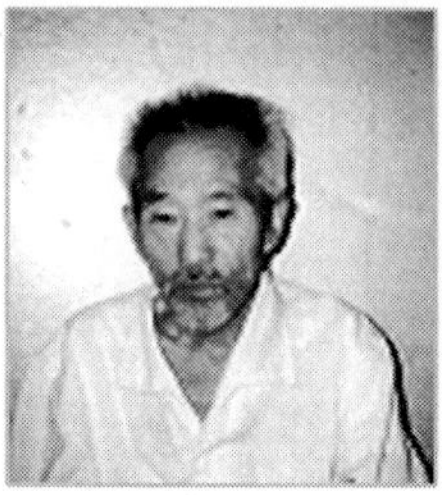

타고 시모노세키로 건너가 아오모리까지는 또 기차로 갔다. 가바야마비행장이라는 곳에서 일했는데 마치 짐승같이 취급당했다. 청양군에서 같이 연행되었던 사람들, 아직 죽지 않고 저쪽 마을에 살아 있을텐데.........., 내가 몸이 아파 밖에 나가질 못해서 그렇지 기억은 다 나. 친구들도 있고 마을 어른들도 갔었어요. 나이 많은 사람도, 혼인해서 자식이 있는 사람도 가릴 것 없이 싹 잡아갔으니 마을 꼴이 뭐가 됐겠소! 그 사람들 이름을 내가 다 알아. 윤화수, 김의동, 임석빈, 이경환, 김성태, 김동섭, 유영열 씨와 같이 일했지. 현해탄동지회도 요즘 잘 돌아가는지 모르겠네. 몇 년 동안 한번도 못나갔어. 마이즈루만에서 배가 파산될 때 그 지옥에서 어떻게 살아 돌아왔는지 50년이 지난 지금도 꿈만 같아요.

◈ 증인-33: 류영렬(劉榮烈, 男, 1916年 7月 13日生. 충남 청양군 남양면 봉암리143-1)

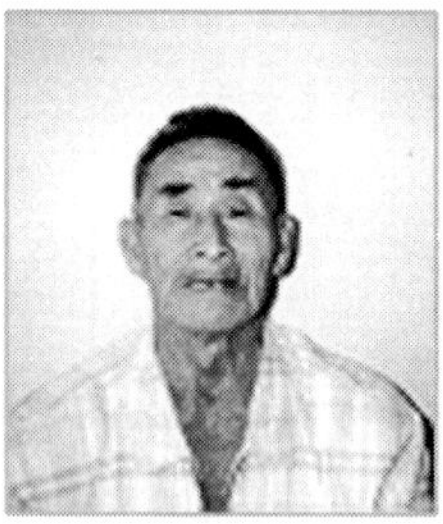

가바야마비행장에서 활주로 만드는 일을 했다. 한달에 한번씩 월급도 받았다. 그런데 죽어라 일하여 받은 월급을 마이즈루만이라는 곳에 다 던져버렸다. 주로 밀밥을 먹었고 반찬은 호박이 둥둥 떠다니는 국이 고작이었는데 그것마저도 없을 때가 많았다. 집에서 먹던 음식이 눈에 선하였다. 겨울에는 생소나무를 찍어다가 드럼통에 넣고 불을 피웠다. 마이즈루에서 배가 폭파되어 침몰할 때 살아난 사람보다 죽은 사람이 더 많았다. 밧줄을 잡고 자꾸만 높은 곳으로 기어오르다가 작은 고기배 한 척이 와서 겨우 올라타고 뭍으로 나왔다. 구조된 뒤에도 바다에서 기름을 먹

었기 때문에 몇몇이 죽었다는 얘기를 들었다.

◈ 증인-34: 최춘봉(崔春奉, 男, 1917年 6月 11日生. 충남 청양군 대치면 시전리 63)

나는 일본에 자발적으로 간 것이 아니라는 것을 분명히 밝히고자 한다. 어린 자식과 아내를 두고 남의 나라 전쟁터로 자발적으로 간다는 것은 있을 수 없는 일이다. 가바야마비행장은 몹시 추웠기 때문에 견디기가 어려웠다. 우키시마호에는 수 천 명이나 되는 동료들이 탔었는데 내가 생각하건데 분명히 계획적으로 폭파한 것이며 조선 사람을 다 죽이려한 짓이었다. 나나 늙어 살날이 얼마 안 남았지만 그 때 물속에서 죽어간 사람들의 넋을 늘 생각해 왔다.

◈ 증인-35: 정헌설(鄭憲契, 男, 1921年 4月 19日生. 충남 청양군 목면 안심리 519-1)

나는 징용영장 발부에 따라 일본으로 연행되었는데 집을 떠나기 하루 앞서 주재소 순사와 면 노무계원이 밤에 집으로 잡으러 왔었다. 청양에서 하룻밤을 지내고 천안 천일여관에서 또 하룻밤을 지낸 다음 부산을 거쳐 일본으로 갔다. 아오모리를 거쳐 시모키타에 도착하여 해군시설부 가바야마(?)부대 2중대 5소대 3분대에 배속되어 가바야마비행장에서 구릉지대 평탄작업과 활주로 만드는 일을 하였다.

〔정헌설씨는 시모키타반도에 있는 가바야마비행장 활주로 공사장에서 일하다가 광복을 맞아 귀국할 기쁨을 가슴에 가득 안고 우키시마호를 탔다가 폭침사고 당시 살아 돌아와 1997년 현재 충청남도 공주시 금성동에 거주하면서 여생을 보내고 있다. 정헌설씨가 1946년 초에 일본에서 생활한 실상과 우키시마호 사건에 대해 그의 스승 채길영(蔡吉永)씨와 대담하며 문서로 남겼다. 우키시마호폭침사건을 당해내고 귀국한 즉시 《강제연행에서 우키시마호폭침까지》 상황을 그의 스승 채길영씨와 대화로서 풀어나간 것이다. 이 상담 내용을 기록하여 문서로 남긴 것은 정헌설씨의 진술에 의한 자료만이 유일하다. 정헌설씨의 진술이 채길영씨의 글로 작성되어 50년만에 밝혀지는 "丙戌年 日亡後相話經歷事. 蔡吉永 書"를 다음에 간략하여 옮긴다. 정헌설씨의 진술서(日亡後相話經歷事)는 원본 사본은 표지를 포함하여 28쪽으로 충남 청양군내에 정헌설 외 27명의 생존자도 수록돼 있다.〈다음은 1차 해석본임〉〕

靑陽郡 木面 新興里 鄭憲契은 내 동생이라. 비록 未學이나 性本이 溫厚하고 行實이 法을 어기지 아니하며 마을 靑年中의 모범이라. 그 行爲의 詳을 말하자면 限없이 壯하니 左記 經歷事를 살펴보면 可히 알 수 있다.

丙戌 (西紀1946年) 八月　鄭 憲 祖 記

日本은 極東의 海中之國이다. 建國 以來로 처음의 임금이 子孫으로 하여 王位를 世襲하였다. 임금은 國內 最高 有望者로 攝政을 行使함으로 數千年이 지나도록 簒逆之變이 없고 준 이 在上을 맡음으로서 역시 政亂과 民困이 없었다. 비록 海中이나 높은 山과 平原 넓은 들이 間間히 있어서 山海 보배와 같고 織物 收入을 위한 達方 交通이 無數였다.

또한 바다가 넓고 깊으며 바람과 물결이 燭閣之道와 같이 險難하여 開國 以來로 外國의 兵士는 不受하고 他國을 侵他하기를 좋아하여 가장 가까운 우리 朝鮮이 東燔의 害를 당한지 심히 오래였다.

人口가 六千萬에 이르고 畜産品이 豊足하고 軍用 兵器, 穀物이 豊足

하며 軍士는 訓練이 强하여 東洋의 第一이었다. 원래 오랑캐로 驕慢한 態度와 尊待하는 마음이 强하여 皇帝라 稱하고 주변의 나라들을 불안하게 한지가 심히 오래라. 어리석은 妄想으로 天下宇宙를 얻을 수 있는 天裁一時라 하고 朝鮮은 政治가 어지러우니 軍士없이 甘言利說로 얻을 수 있고, 中國은 空虛하니 軍士를 이끌고 가면 戰爭을 하지 않고도 쉬게 얻을 수 있다. 東洋을 통일하면 西洋은 누에가 밥을 먹듯이 할 것이니 開國 以來로 처음 있는 功德이 아닌가.

何必 구구한 나라 틈에서 일어나리라 하고 처음에 保護之說로 朝鮮으로 들어오니 朝鮮이 임금을 尊敬하고 사람을 사랑하는 故로 五賊과 內應하여 合邦하고 朝鮮內에 總督府와 警察署를 設置하여 變故 極甚하던 中 總督 治下의 道知事를 두고, 郡에는 郡守, 面에는 面長, 區에는 區長을 두어 勤儉節約하며 그 사이에 警察署와 駐在所를 두어 倭놈으로 하여금 호령하니 슬프다 亡國 人生이여! 倭놈의 被害를 입고 天地를 바라보니 朝鮮人의 困窮함이 그물 가운데에 있는 고기와 같아 전혀 生氣가 없다.

또 合邦 以後 京鄕間의 중요한 物件은 다 빼앗아가고 山海間, 天地間에 숨겨져 있는 寶物은 모두 發見하고 百姓으로 인하여 豊盛之物은 嚴禁하여 독차지하고 소소한 사물이라도 許可가 없으면 着手도 못하게 하였다.

七~八歲가 되면 男女 모두 廣野에서 日本語를 國語音으로 가르치고, 달리기와 手足 擧動을 軍隊 訓練式으로 가르치며 이기는 者는 賞을 주고, 머리를 깎고着衣하며 姓名을 고쳐서 禮節이 全無하고 先王의 言德을 없애며 聖賢의 道義와 禮節을 전부 막아서 보지도 듣지도 못하니 禽獸의 세계라. 그럼에도 불구하고 오랑캐 사회를 開明의 사회요, 人의 道德사회라 稱하는 者가 있었으니 이들은 正大하고 光明한 행사로 修身齊家하는 사람은 野蠻인이요, 非國民이고 治安 방해라 하여 이 세상

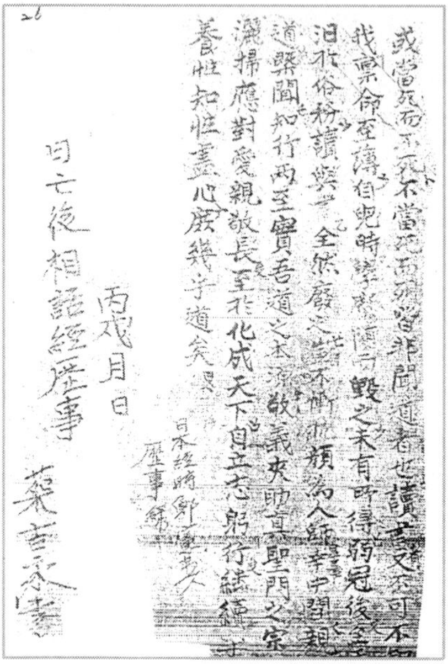

⇧ 정헌설씨 증언록

에 용납지 않으니 切開와 行實을 지키는 사람은 피해를 입고, 그친 者 有함으로 약한 사람으로는 戰戰兢兢하여 범의 꼬리를 밟는 같고, 봄 얼음을 밟는 것과 같이 예로부터 지금까지 업신여김을 받아왔다.

開戰 以後로 인간 萬物을 軍用이라 하여 다 빼앗아가고 지금에 이르러서는 十五歲 以上 六十歲 以下는 전부 뽑아서 徵用이나 모집으로 보내니 사람마다 공포요, 집집마다 난리라, 갈상지탄이 天地에 가득하니 不忘之里가 있을까?

내가 靑陽郡 木面 松竹洞 鄭載復氏도 좋아하였는데 去年 十二月에問日, 福善禍요, 之說이 맞지 않은가 함이다. 只今으로 보건데 平生을을 날마다 당질이 모여 酒, 食, 雜技를 不問否定하고 분수를 지키며 몸소 訓子를 일호도 거짓없이 行함을 주로 하였으며 害物之事는 비록 有利하더라도 一切하지 않았는데 小子 憲契이 徵用으로 北海島 極寒地로 가서 苦生苦生하는데 今問하니 過限이라도 不送云하니 심히 우울함이라. 何日이나 歸家할까 寞寞함이다.

내가 위로하여 曰 "너무 근심마소서. 日本이 亡할 것은 自明한 것이니 日本이 邊方小國으로 强하다 믿고 妄動함이 天下의 罪惡으로 하늘을 찌르니 亡하지 않을 수 있겠습니까. 天下에 發惡을 하면 하느님이 반드시 殺害 하심이요, 또 兄의 父子好德之善心은 가히 神明이라. 비록 불에 들어가고 물에 빠지더라도 어찌 하늘과 神이 돕지 않으리요. 自古로 不經一事면 不長一智라 하였는제 兄의 子는 正是玉成之秋이다" 이와 같이 相設하고 一宿하더니 그 後로 無消息이라.

乙酉年 卽 소화 卽位之二十年이라. 西洋이 萬國의 會召를 日本人에게 降伏을 請하니 日人이 말하기를「모두 亡하여 一人만 남더라도 降伏하지 않는다.」고 答하니 罷會하고 英國이 美, 蘇와 相議하며 日人이 가련한 창생을 모두 살육하는 것은 차마 볼 수 없으니 飛行機 爆彈으로 工場을 爆擊하여 手足用을 絶斷하고 神祠 等을 爆擊하여 心誠을 파괴하자」하였으나 끝내 降伏하지 않으니 狂犬과 毒蟲을 잡지 않으면 人에게 害를 끼치니 어찌하리요.

직접 昭和 頭上을 向하여 爆擊하니 雷聲霹靂같이 진동하였다. 事勢가 危圾하여 昭和가 降伏하고 三日을 痛哭하며 陰曆 七月 八日 通聲機로 天下에 休戰을 電波하였다.

自古로 從軍者가 次次 집으로 돌아오니 歡喜之聲이 天地를 진동하고 英, 美軍의 환영소리가 옛날 桀紂시대의 湯武之兵을 환영하는 것과 같다. 三-四十年 동안 풀리지 않던 날이 화로불 가운데 한점 눈 녹듯 하였으니 實是 꿈같은 일이라.

八月 晦日에 鄭兄이 二子와 같이 와서 나를 보고 曰「五日前에 門을 열고 앉았더니 우연히 밖에서 새가 방으로 날아 들어와 사람을 두려워하지 않고 머리위에 앉았다가 다시 무릎 아래로 앉아서 오랫 동안 不去하니 外孫이 옆에서 말하기를 "外祖는 어찌 이 새를 잡지 않으십니까?"」외조 曰「너의 外叔이 出他한 後로는 生物을 해치지 않고 낚시질 消日도 一切 폐지하였는데 하물며 나에게 親히 하는 새를 어찌 잡을소냐」하고 古人의 善行之事를 말하고 消日했더니 그날 밤에 憲契이가 왔나이다.

새가 사람을 두려워하지 않는 것도 혹 慶事인가 하노라. 出他한 者가 歸家하였으니 省墓之行을 어찌 더디게 하리요. 去路의 兄을 찾았노라.

日本이 과연 亡하였노라. 누가 前日의 원수가 今日의 약될 줄 아리요. 나 역시 기쁘고 기뻐서 問「이미 호랑이 입에서 벗어나 龍門으로 오려는데 속히 歸家하려는 心情은 人마다 항상 있는데 運滯한 것을 무슨 일인고」

憲契이 答하여 曰「日本人의 用心이 극히 험악하여 밖으로는 護送이라 하여도 內用으로는 沒殺之策을 함으로서 生還者는 불과 百分의 四, 五名이올시다. 小生의 不死는 실시 父母님의 誠心으로 神明이 도와서 生還했지 小生이 무슨 용기로 生還하오리까. 軍艦이 海上에서 파산했으되 得脫하고 宿所에서 夜驚에도 傷하지 않았으며 數日間 不食이라도 保命하고, 數日間 옷을 입지 않았으되 不病하였으며 暴雨로 沈陸했으되 得避하고 수레의 相突에도 得全하니 天이 아니고 무슨 수로 生還하리요」

余曰, 「그 사항을 자세히 말하라」

答曰, 자세한 말을 다하리라. 一日은 通聲機로 痛哭 電波하고 次日에도 또 然故로 비로소 들은 게 三日後에 部長이 慰勞하여 깨우치며 曰「이곳의 設備와 事는 다 公等이 數年 동안 勞苦한 힘이라. 恨彈하면 무슨 소용이 있으리요. 속속 치장하여 歸家하라. 我側 十年後에 相逢을 기하노라」하고 주먹밥을 준비하니 누가 數日을 延命할 자료로 생각하리요만은 이를 보고 우리의 기쁨이 滿滿하다.

누가 歸家를 원하지 않으리요마는 小生만이 日本人의 動靜을 살펴본則 前日로부터 밤에 땅속에 감춘 物件을 다 파내서 海中에 버리니 吾黨諸人이 慾心을 부려 衣服과 物件을 서로 가지려고 다투어 난리를 이루니 日本人이 조용히 하는 말이「너희 무리들이 만약 무사히 三日을 지나면 주는 것이 어찌 아까우리요.」하는 말을 생각할진대 반드시 日本人의 凶計가 有하리라고 생각했지만 아닌게 아니라 翌日에 又謂 日前에 있었던 十里則 軍人의 施設本部에 十五處 軍人이 다 모이는 장소에 最大 軍艦으로 一同 濟送한다 하여 와서 보니 山과 같은 軍艦이 바다에 떠서 小船으로 사람과 물건을 실어 入하고 食糧과 食水를 三個月分을 준비하니 不則함을 엿볼 수 있음이다.

一萬 二千餘名이 모여 入艦하거늘 小生은 最後로 入한고로 下層 좋은 자리를 얻지 못하고 最高 上層의 돛대 옆에서 은신코자 하니 負荷한 物件이 百四十斤重이라. 故鄕에 돌아가서 價値를 따지면 萬圓 以上이라 일생 생활이 足함이다.

日軍 三百餘命이 배를 운전하며 말하기를 곧바로 元山으로 가면 심히 가깝지만 蘇聯人이 보면 혹시 變이 있을까 두려워 安全한 곳인 大板으로 간다하고 晝夜로 運行하더니 三日째에 섬과 섬 근처로 들어가서 入艦하니 京都 東舞鶴으로 大板 근처라. 그 때 마침 비가 내려서 갖고 있는 물건이 젖을까 하여 下層으로 艦內하니 人衆이 난용하여서 비가 개기를 기다리다가 不得而 다시 上層으로 올라가니 마침 비가 개는 지라. 連日 不食하고 行路에 피곤하여 잠시 잠이 들었는데, 꿈에 老親이 소리를 질러 曰「네가 여기가 어느 곳인지 아느냐? 빨리 일어나라」 하시와 깨어보니 日兵이 긴 막대기를 잡고 빨리 下層으로 下去하라고 채질하더니 軍艦에 달린 小船들이 일제히 水面에 떠서 陸地로 나간 후 벼락같은 소리가 진동하고 軍艦이 空中으로 올라가 반쯤 부서지니 인은 다 血流하고 재차 쾅!-하는 소리가 나더니 軍艦은 전부가 入水해 버리고 남은 것은 돛대 뿐이라.

三百余 軍人은 무근 出去하고 사람들은 海上에서 낙엽같이 산산 沈沒하니 海水가 피와 같은데 小生은 돛대를 의지하고 은신한 故로 入海하지 않고 꿈꾸고 살길을 생각하고서 옷을 벗고 赤身으로 연통위에 올라가니 높이가 불과 百餘丈이라 命在 호흡지간이라.

余曰,「父來하여 子를 깨게 하였으니 반드시 묘한 이치가 있음이다.」

차제에 前面을 보니 多少 小船이 와서 구제하려고 급히 오거늘 一人은 노를 잡고 一人은 지휘하니 지휘자는 日兵이라. 집 노인이 뛰어나와 나를 붙잡고 말하기를 「公이 살아있는 것은 天佑神助라」小生 曰 「公이 韓人인가」하니 「曰 家在京城인데 避兵하여 이곳에 有했노라」하며 다시 경계하여 曰「日語를 알지 못하거든 緘口함이 可하다」하며 내가 말한 것이 망령된 말이라 하고 船에 오르라 하니 一船에 九人이 탔는데 七人이 배에 올라가 去下陸하니 日兵이 우리 七人을 둘러싸고 밤이 지났는데 우유로써 食事를 대신주니 우유에 독약이 들지 않았나 하여 먹지 않으면 굶어서 죽게 되니 감히 먹지 않을 수 없어서 우유를 먹고 나서 翌日에 衣服을 주어 입게 하고 앞으로 四十里를 가면 宿食處가 있으니 船을 타라하니 그 말이 의심할 수 있으나 이 곳에서는 굶어 죽게 되니 가면 혹 살까 하여 가서 下陸하니 이 곳이 죽지 않은 이들을 모여 놓은 곳이라.

三千人中에 살아있는 사람이 불과 三百人이라. 죽은 者를 넘어가던 中 流血이 狼藉한 一人이 살려달라고 하니 見生하고 어찌 홀로 가리요. 此人을 등에 업고 十里病院에 가서 以次로 入院시키니 밤중이라.

宿所로 가니 先入者가 말하기를 빈곳이 없으니 外露에 有하라 하여 有하던 中, 잠시 후에 큰 소리가 진동하니 사람마다 활로 놀란 새와 같이 폭탄 터지는가 하여 유리창을 차고 도망을 가다가 折骨敏面하여 卽死者가 無數하거늘 小生도 역시 도망하다가 생각한 즉 이게 야영이라 어찌 도망하리요. 다시 살펴보니 一人이 방으로 들어가지 않고 창문 밖에서 자니가 巡察兵이 방에 들어가서 자라하니 이 사람이 잠이 깊이 들어 깨지 않아 軍砲를 면상에 대고 소리를 지르니 此人 잠이 깨어보니 심리 포악하여 큰 소리를 지르며 도망간 것이다.

余曰, 「이 밤에도 全身이 온전한 것도 君의 心德이라. 만약 患者를 구하느라 後入하지 않았다면 여러 사람 中으로 들어가서 침숙했던들 어찌 全身이 온전하게 不死하리요」 또 問曰, 「君의 경력을 들은 卽 軍艦을 파산하여 死人하고자 하고서 다시 구제한 것은 무슨 이치인고.」

答曰, 日本은 海中之國이라 軍艦과 軍兵이 바다를 건너지 못하게 하면 戰爭 以後로 英, 美國이 보면 日本人이 일부러 破船하지 않은 것을 證明하기 위하여 열심히 구제한 것이올시다. 만약 구제하지 않은 즉 장차 흉악한 發明을 어찌하오리까. 과연 그러하도다. 君의 밝은 지혜가 아닌들 어찌 알리요. 日人이 朝鮮에 들어와 數十年間 철도와 전선, 수리, 사방, 조림개발을 하여 無窮한 이익을 얻던 사업과 十分의 七 以上이 되는 土地를 하루 아침에 다 버리고 빈손으로 歸國하니 아픔이 骨속에 들어가고 심장이 다 傷하였으니 文書와 紙貨之物을 다 火之하고 軍容之物을 암암리에 매장하니 그 情狀을 생각하면 가히 밉기도 하고 불쌍하기도 하다. 그 本性을 말하자면 이미 降伏한 者가 軍艦을 독차지하고 사용치 못하여 破船하지 않으면 無效이고 人空으로 破船하면 罪가 되므로 朝鮮의 不愛人을 싣고 또 三個月分의 食糧과 食水를 준비하여 위험한 곳을 피하여 이 곳에 와서 破船한 것입니다.

余曰, 「사실을 듣고 보니 참으로 아녀자의 所見이로다」

自古로 어두운 집안에서 마음을 속이면 혼신의 눈이 變怪와 같고 人間의 私事로운 말도 하늘의 번개와 같이 밝히느니라. 스스로 福을 구하고 스스로 禍를 구하느니라. 애처롭다. 오랑캐가 스스로 滅亡할 길을 行하였으니 그 罪가 어디로 가리요. 만약 그대의 밝은 智慧가 아닐진대 日本人의 凶計를 누가 發見하리요. 그 말을 듣고 보니 日本人이 말하기를 「너희 무리가 無事故로 三日을 지나면 物件을 주는 것이 무엇이 아까우리요」하던 말의 眞意를 이제야 알았노라.

余曰, 「또 야밤중에 놀란 것은 무슨 일인고?」

答曰, 이 곳에서 三日을 머물던 중 外出을 嚴禁하더니 三日 以後에 西舞鶴 海軍本部로 가서 보니 우리 朝鮮人이 모두 모인 곳이라. 八百餘人을 二十日이 지나도록 문밖을 나가지 못하게 하고 오직 患者만 病院에 出入하게 했나이다.

余曰, 「외출을 못하게 한 것은 무슨 이친고?」

憲契 曰, 입고 있는 衣服이 모두 血色이라 美軍이 볼까 두려워 그러한 것입니다. 하루는 日本人이 曰, 「歸鄕證明書를 紛失하였으니 다시 證明書를 얻은 然後에야 歸家할 것이니 이 모든 일을 누가 責任을 맡을 것이냐?」하니 원래 禮山人 國本이 才能과 知識이 豊富하여 前에 樺山本部에 있을 時 총 十五處 朝鮮人의 董督者라.

이 사람을 내세워서 證明書를 내고자 하여 이 일로 하여금 軍部를 出入하되 十餘日이 지나도 證明을 얻지 못하여 對衆에게 曰, 「某某 私費用이 부족하니 各者 五圓씩 醵出하라 하여 對衆이 이 말을 듣고 없는 者는 서로서로 빌려주어서 各各 五圓씩 내어주니 合이 幾千圓이라.

이 때 樺山本部 部長이 와서 曰, 海中에 죽은 사람 四千人은 各各 三百圓씩 本家에 부쳐주고 生命이 無故한 者 八百人은 이를 주지 않고 旅費로 四十圓씩 줄터인 卽 누가 받아서 처리하겠느냐 한 卽, 다 말하기를 國本이 받는 것이 可하다 하니 部長이 巨額을 國本에게 주고 갔다.

國本이 돈을 받고서도 나누어 주지 않고 各者의 證明書를 낸다하고 五圓씩 낸 돈하고 합치면 幾億萬圓이라. 그 後로 國本이 도망을 가서 다시는 보지 못하니 可히 불쌍한 우리 朝鮮人들이 失望하여 無將之卒이 되었으니 어찌하오리까.

余曰, 堯舜시대에도 오히려 五敵이 있다 하였는데 하물며 오랑캐의 禽獸 세상에서 盜賊이 없을손가. 그러나 天이 세상을 밝고 밝게 밝히나니라.

憲契 曰, 生者도 사람을 怨望하지만 오히려 四千人 요혼이 어찌 怨望하지 않으리요. 이 날 大田人 安本과 舒川人 中山은 大學 出身이라. 두 사람이 나와서 말하기를 「일이 비록 이 지경에 다다랐으나 내 비록 不敏하지만 나서서 이 일을 추진할 터이니 나를 믿고 좇는 자 있으면 나를 좇으라」하니 무리가 다 좇아 이 두 사람이 決心하고 六, 七日間을 먹지도 못하고 晝夜로 軍部를 出入하여 다시 證明書를 얻고 朝鮮國에

歸家하기 前에 變故가 있을까 두려워 이 두 사람이 眞心으로 竭力하여 始終如日하니 英察이 사람이니라.

余曰, 「열 집이 사는 곳에서도 반드시 忠信이 있다 하였는데 하물며 八百人中에 어찌 忠信이 없을손가. 그 사람의 姓名을 알아 두었는고」

憲契 曰, 此後에 알기로 하였나이다. 西舞鶴에서 二十日을 有한 後 大板으로 들어가니 밤에 비와 바람이 大作하니 기왓장이 낙엽과 같이 날고 나무 부러지는 소리가 진동하고 暴雨連天하여 天下가 다 은하수와 같이 浸水天地하여 물을 피하는 사람이 數萬名이 連日 山으로 올라가니 溺死者 無數人이라.

⇧ 정헌설씨 증언록

小生은 前에 西舞鶴 時에 患者 三人이 有하였는데 美當人 金福實과 木面 華陽里 尹鍾國과 大峙面 柿田里 韓喆洙라. 七, 八人이 매일 이 三人을 업고서 五里 病院을 往來하면서 치료를 하니 잘 먹지도 못하여 그 중에 쓰러진 사람도 있다. 歸家할 동안 如此한 일이니 어찌하리요. 그러나 故鄕 사람을 어찌 버리고 가리요. 죽더라도 같이 죽고 살아도 같이 살아야지 하고 끝끝내 同行하였나이다.

余曰, 「추운 冬에도 소나무와 잣나무의 節槪를 可히 알겠노라. 事變以後에 善人의 本心을 可히 알지어다. 君이 百尺 頭에서 다시 일을 하였으니그의 人心이 실로 天地가 感動할 일이로다.

憲契이 謝禮하여 曰, 지시한대로 말씀드리나이다. 山上에서밤을 새우고 그 이튿날 아침에 下山하여 살펴보니 水波로 인하여 別世界가 되었으니 古人이 이르기를 뽕나무밭이 순식간에 바다로 변한다.(桑田璧海)하더니 실로 虛荒된 말이 아니로다. 그 後로 連日 비가 내려 釜山에 가기前 十餘日을 雨中에 過日하고 잘 먹지도 못하고 간혹 五, 六日을 乞食하니 풀잎을 먹고 必死하니 이 또한 經驗이니라.

日安 停車場에서 下車하니 朝鮮人 萬餘名이 서로 먼저 가고자 하나 차가 적어서 심히 乘車하기가 어려우니 安山인이 驛長을 보고 말하니 驛長도 어쩔 수 없다고 하자 安山人이 證明書를 내보이면서 사정하였다. 그러자 驛長이 다시 생각한 後 이 朝鮮軍人 歸鄉證明書를 보니 本國의 本部에서 嚴重 明白하게 도착하는 곳마다 그를 驛長이 책임지고 護送하라 하였으므로 할 수 없이 驛長이 曰, 「내가연락을 하여 보니 탈 車가 없다하니 貴軍人은 한곳에 모여서 四日間만 기다리라.」하더니 과연 一車가 와서 一部 타고 廣島縣을 거쳐 四時만에 采停驛에 도착하니 驛長이 權利가 없어 할 수 없이 물어 曰, 「各其 旅費가 있느냐」고 물으니 個人이 赤身이라 하는 수 없으나 不得已 五十圓씩 주고 福岡縣 色停驛을 十七時間을 가서 船 三隻을 사서 三日 만에 發行할 때에 舒川인 中山이 曰, 「내가 남은 사람을 引率하여 뒤에 갈테니 大田 安山은 先行하라」하여 安山人이 行者를 引率하여 先發하니 小生은 中間船을 타고 徐行하니 홀연 大風이 일어나며 비가 내려 中船이 中流하니 雪上加霜이라.

大變을 다하여 다시 살길이 막막한데 반쯤 運行한 이 배가 반쯤 入水하자 人人마다 死狀이라. 참으로 한심스러운 마음을 무엇이라 표현하리요. 故鄉에 계신 父母님과 同氣間과 妻子가 無故한가. 슬프다. 故鄉을 바라보니 눈물이 앞을 가리며 天地가 캄캄하다.

그러함에도 船人이 順風處로 運行하여 가던 中 七時間이 지나니 風

勢가 잠잠하고 다시 色停 停車場에 도착하니 先行한 安山이 탄 船이 도착하지 않으니 혹 바람에 멀리 말려간 건 아닌가. 혹 沈沒하지 않았는가. 可히 疑心되고 애처롭도다.

三時間을 기다리나 終無消息이니 모두 曰, 「下關이 不遠하니 혹 下關으로 가서 기다리는 것이 아닌가」하여 다시 車를 타고 下關으로 가서 보니 安山이 탄 船이 역시 이곳에 와 있었다. 이 곳 驛長을 보고 食事를 要請하니 驛長 曰, 「나는 아무 힘이 없으니 여기서 九州가 멀지 않으니 九州로 가라」하니 참으로 한심하다. 이곳 下關에서 故鄕이 一水간격인데 다시 九州로 가라하니 歸家할 생각은 一刻如三秋라 어떤 사람이 曰, 「故鄕의 父母님의 기다리심이 오죽하리요만은 할 수 없이 지체가 되지 不孝莫大하구나. 어느 時에 歸家할까.」하니 舒川人 中山 曰, 「不可 不可라. 父母가 계시거든 멀리 가지 말라 하는 말이 平時의 하는 말이라. 내 어찌 가지 않으리요.」하다가 다시 乘車하고 九州로 가니 則日에 특히 식물을 내주어 나누어 먹고 九州에서 四時間 有하던中 美軍을 만나니 害를 입을까 두려워서 太極旗를 내어 흔드니 朝鮮人줄로알고 害하지 않고 잘 보내어 便安하였나이다.

余曰, 「個個人이 先行하여 歸家하고 싶은 생각은 간절하지만 그 마음은 아녀자의 所見이요. 中山人의 여러 사람을 구하려는 마음은 참으로 大丈夫의 智慧로다. 後日 成就를 可히 알 것이다」

憲契 曰, 그러하옵니다. 四日 後에 바다를 건너 釜山으로 들어오는데 船이 도착하니 그간 모든 歷事를 經驗하였나이다. 해가 저물어 下陸하니 많은 우리나라 사람들이 生還者들이 바다를 건너 온다는 소식을 듣고 風樂을 치고 歡迎을 하니 기쁘고 기뻐서 노래를 부르는 소리가 天地를 진동하였다.

美軍이 나를 불러 자세히 묻고 비로소 日本人의 妖邪함에 크게 놀라며 旅館으로 인도하여 旅館에 入所하니 男女老少가 우리를 둘러싸서 마치 市場과 같았다. 그들은 各各 명함을 내어 보이고, 이 사람을 혹 아는가 하여 물으면 알지 못한다고 答하면 얼굴빛이 흑색과 같고, 혹 울고 슬퍼하는 자가 無數하니 自古로 즐거워하는 곳에는 즐거움이 가득하고 슬퍼하는 곳에는 슬픔이 가득하였다.

余曰, 「前王 後王의 五倫三綱은 明政의 象徵인데 저 오랑캐 같은 日本人이 自稱 忠臣이라 하며 五賊으로 內應하여 朝鮮人을 滅亡하게 하고 人人毒殺을 如此하니 自亡自滅하도다」

憲契 曰, 하룻밤을 자고 이튿날 病者를 찾아서 車中에 乘車하고 大邱驛을 오니 停車하고 가지 않아 그 사실을 물으니 앞서 가는 車가 충돌하여 四百餘名이 卽死하고 重傷者가 無數라 하니 平地에도 爆彈이 如此하나 小生은 無故하였나이다.

余曰, 「敗晋軍이 도주할 때 八公山의 草木을 보고 晋나라 軍人인가 하여 크게 놀랐다 하더니 그와 같도다. 君이 그간 無數한 變亂中에도 全身 無故함은 실로 天佑神助함이로다」

憲契 曰, 「恭敬스럽게 命을듣겠나이다. 조금도 遲滯할 수 없이 그 이튿날 저물게 公州에 들어오니 집이 눈앞에 있도다. 모든 人에게 작별하고 步行으로 집에 들어오니 밤이 깊어 첫닭이 우는지라. 當初에 가지고 간 物件 以外에 紙貨 萬圓中 三千圓은 허리에다 차고 나머지 七千圓은 가방 속에 넣었는데 船破時에 海中에 버리고 허리에 찬 돈 三千圓만 그냥 있는데 同行中에 차마 볼 수 없어서 혹 八百圓, 五十圓, 三十圓, 二十圓과 四,五圓씩 나눠주다 보니 小生은 別無所有이라 空手로 還家하였나이다」

余曰, 「餓死者를 위해서 生命을 救濟했다 하니 좋은 일을 이와 같이 하였으니 吉한 星이 비쳐주어서 많은 禍가 消滅했구나. 몸에 돈이 없다고 근심하지 말라. 이 밖에 더 행복이 있을손가.」

또 問曰, 「日本 徵用은 어느 날에 갔는고?」

憲契 曰, 徵用을 가지 않으면 父兄이 악한 刑罰을 받게 되어서 不得已 昭和 十八年 閏 四月 十五日에 出家하여 青陽 青一旅館에서 一泊하고 光川으로 가서 車를 타고 天安으로 가 金谷旅館에 入所하니 三處 道知事와 郡廳, 面人들이 一齊에 돈을 내어주어 學校 生徒들이 깃발을 흔들면서 萬歲로 轉送하니 한편으로는 심난하고 또 한편으로는 壯觀이라. 日本의 誘引術이 如此하니 누가 감히 그와 같은 그물 안에서 벗어나리요. 車를 타고 釜山 松島에 當到하니 海中의 작은 섬이라. 섬에 들어가서 신체검사를 받고 下關으로 건너가서 다시 大板으로 들어가 車를 타고 樺山으로 가니 이곳이 우리가 있을 곳이었습니다.

余曰, 「大板에서 樺山까지 陸路로도 相通할 수 있는데 所謂 北海島라 하였으며 歸家時에 무슨 이치로 陸路를 버리고 海中의 軍艦을 탔는가?」

憲契 曰, 樺山은 北海島 근처이지 北海島가 아닙니다. 올 때에 陸路를 버리고 水路로 가는 것은 무슨 然故인가 하고 물으니 日本人 曰 「車로는 萬餘人이 어느 시절에 다 가리요. 그래서 最大 軍艦으로 한번만 싣고 가면 된다」하고 그리 하였나이다.

余曰, 「아름다운 말은 몸을 傷하게 하고 大奸은 無識과 같음이라. 자기 도끼로 자기 발등을 찍었으니 누가 능히 預測하랴.」

憲契 曰, 처음 樺山에 가서 七日을 練習한 後 部長이 曰, 「今日에 가서 일할 장소를 보고 明日에 着手하라 하여 가서 보니 평평한 넓은 들이라 눈이 쌓여서 겨울과 같던지라, 故鄕을 떠날 때는 곳곳마다 보리가 黃金빛을 띠었는데 아 곳은 어떤 곳인가. 夏日에도 눈이 쌓였으니 五月天山雪이라더니 이 곳이 아닌가 하노라. 肝臟이 서늘하여 死生을 豫測할 수 없고 日本人에게 몸이 매였으니 回避不動이라 할 수 없이 병들지 않으면 죽지 않고, 죽기 아니면 살기지 어찌하오리까.

余曰, 「옛날에 蘇武가 漢나라 관리로 오랑캐들이 자기를 섬기라 하되 말을 듣지 않으니 雪窟속에 가두고 食事를 주지 않으니 蘇武가 雪과

방석을 뜯어 먹으면서 죽지도 않고 降伏도 하지 않았으며 十年만에 다시 漢으로 돌아왔다 하니 强하고 毒한 힘을 가지면 추운 것을 두려워하리요. 단지 蘇武는 굶주리고 찬 것을 참아 오랑캐에게 降伏하지 않음으로 이름이 竹帛에오르고 千秋하였지만 今日 君은 禽獸와 같은 오랑캐를 반대하였으니 진흙 속에 감춰진 白玉같던 君의 마음을 누가 可히 알리요. 可히 恨彈스러운 일이로다.

憲契 曰, 그 이튿날 아침 일찍 새로 일할 衣服을 주고 千餘人이 일할 장소로 가서 눈을 치고, 높은 산을 깊게 파서 평야를 만드는데, 별을 보고 나가고 별을 보고 들어오니 長廣 數十里를 四個月만에 마치고 中央은 飛行機 昇降場으로 盤石과 같이 堅固하게 만들고 그 外는 山이 둘러 쌓였는데, 山外는 蘇聯, 北海島와 서로 通한 곳이라 바다를 두른 지형과 길을 닦은 도로가 廣이 百餘步라. 산을 뚫어 窟을 파서 窟門은 철로 만들고 每 문마다 大砲를 設置하고 날아오는 敵機를 萬里鏡으로 보고 비치는 즉시 떨어뜨리는 연습을 하고, 飛行機로 出戰하다가 급하면 洞窟로 들어와서 피함을 爲主로 하니 樺山은 北方 八景之地라. 設備를 이와 같이 하고 機械 技術을 如此하여 外國 飛行機를 두려워하지 않더니 力不足하였나이다.

余曰, 開闢 以來로 國家 興亡을 數代로 略하여 보면 德이 있으면 興하고 사나우면(暴) 亂이라. 好戰이면 반드시 亡하느니라.

憲契 曰, 이로써 보건대 先生님의 말씀을 可히 믿겠나이다. 三年 以內에 거의 必役하니 一日 敵機가 날아와 먼 곳에서 살펴보고 돌아가니 생각하여 본 즉 日本人의 設備 등 實施는 小兒들의 희롱하는 것과 흡사합니다.

余曰, 「어찌하여 大砲를 쏘지 않고 돌아감은 무슨 이치인고. 英, 美, 蘇로 하여금 日本人의 肝膽을 서늘하게 하고 魂飛魄散하여다시는 不法할 생각을 하지 못하게 하고 降伏하고 다시 和를 請할 것이 아닌가.」

憲契 曰, 日本人의 設備를 試驗하는 것이옵니다. 西洋人의 技術이 神出鬼沒하여 可히 對敵치 못함이다. 가장 적은 爆彈의 무게가 百斤 以上이라. 떨어지면 無人之境이로소이다. 그 後로는 西洋의 飛行機 소리만 들어도 감히 對敵치 못하고 대피를 爲主로 하니 어찌 능히 對敵하리요.

余曰,「敵이 아닌 者는 어질고 德이 있는 者라 하였노라, 싸움을 좋아하는 者는 반드시 敵이 되느니라. 옛적에 項羽는 산을 뽑아내고 세상을 덮는다는 힘을 가졌어도 스스로 자기 목을 찔러 죽었으니 어찌 項羽 뿐이리요.」 또 問曰,「三年間의 사업을 完了했는데도 보내지 않은 것은 무슨 이치인고.」

憲契 曰, 원래 차고도 흰눈을 두려워하지 않도록 訓練을 시켜서 監督이 심해 비록 風雪之中이라도一日도 쉬지 못하게 하고 每日每日 傷患者가 十人에 不過하나 病院이 가까이 있어도 輕傷者는 護送되지 않고 出役하라 하고 重傷者는 혹 죽기도 하고 혹 버리기도 함이라. 小生은 閏 四月 下旬 이곳에 와서 근근히 三個月을 지내고 나니 다시는 더 할 수 없어서 班長보고 말하되「나는 집에 있을 때 父兄 아래서 심한 勞役도 하지 않고 지내다가 이곳에서 심한 勞役을 하니 실로 견디지 못하겠으니 어찌하면 좋겠는가.」하니 班長은 青陽郡 大峙面에 사는 韓喆洙로 同鄉 사람이라 어찌 人情이 없을 손가.」

答曰,「내가 小隊長 牧山順求에게 말한다」하더니 三日後에 小隊長이 나를 불러서 말하기를「그대의 行動을 보니 勞動은 합당치 않으니 비록 辱이 되지만 나와 같이 行動하면 어떠한고.」하니 내가 즉시 許諾하자 小隊長 曰,「君은 每日每日 患者를 데리고 病院에 가서 치료를 하고 오라」하여 每日每日 患者 引率者로서일을 하고 음식과 居處를 中隊長과 小隊長, 班長과 같이하여 편안함이 집과 같이 지내나 항상 故鄉에 계신 父母와 兄은 돌아오지 않는 小子를 얼마나 기다리시며 근심을 하리요. 그래서 父母님의 病이 驚惶失措하여 어찌할 줄을 모르고 있던

中 西洋 飛行機가 每日每日 날아와서 攻擊을 하였나이다.

余曰,「君은 好氣를 탄 사람이라. 옛날 三國시절에 趙雲이 一身으로 曺操의 萬人 軍中을 휘젓고 다니다가 빠져나왔다. 하니 그 氣象이 어떠한고.」

憲契이 일어나서 再拜하고 曰, 日本의 亂國 以來로 家庭敎育을 全廢시키고 日本말과 行動을 가르친 日本人의 巧妙한 術策을 잘 알리이다. 그러하온대 小生이 어찌 글을 배우지 않으리까. 小生 낮에는 밭을 갈고 밤에는 글을 배우겠나이다. 그래서 옛날 聖賢의 德行을 배우고자 합니다.

余曰, 착하고 착하다. 論語에서 말하기를 弟子가 들어온 則 孝道를 가르치고 밖으로 나가서는 恭敬하라 하였고 또한 學校에서 말하기를 사람은 道를 行해야 하고 사람이 아니면 道를 行하지 못하느니라.

人曰,「아침에 道를 들으면 저녁에 죽어도 可하다」하고「글을 잘못 배우면 道에서 멀리 떠나느니라.」

어찌하여 足하고 貴한 것만 택하리요. 一萬 物件 가운데 人이 가장 神靈스러우나 道를 알지 못하면 어찌 神靈스러우랴. 죽고 사는 것이 人之大事라 혹 죽음을 당하여도 죽지 않고, 죽지 않을 일을 당해도 죽는 것은 道로 글을 읽는 자는 반드시 알지어다.

余曰,「命이 薄하여 어려서부터 學魔가 있어서 소득이 없고, 弱冠 以後로 지금까지 옛 風俗을 지키고 글 읽기를 閉止하니 어찌 偉人이라 하리요」

中間에서 道를 가까이 하니 어찌 敬意와 賢問之理를 알리요. 父母를 사랑하고 어른을 恭敬하여天下에 立志하여 훌륭한 사람이 되기를 바라노라.

丙戌 月 日

日亡後相談經歷事

菜吉永 書

〈표 2〉 **청양군 생존자 명단** 〔日亡後 生存者 名單〕

住　所	姓 名	住　所	姓 名
青陽郡　木面 新興里	鄭 憲 契	青陽郡 赤谷面 美堂里	金 福 實
青陽郡　木面 新興里	尹 辰 遠	青陽郡 青陽面 橋月里	金 義 東
青陽郡　木面 新興里	尹 東 遠	青陽郡 青陽面 邑内里	李 鍾 玉
青陽郡　木面 安心里	鄭 殷 泰	青陽郡 斜陽面 童馬里	權 一 善
青陽郡　木面 本儀里	文 昌 洙	青陽郡 斜陽面 鳳岩里	劉 榮 列
青陽郡　木面 大平里	尹 化 洙	青陽郡 雲谷面 孝弟里	尹 在 老
青陽郡　木面 池谷里	尹 興 洙	青陽郡 雲谷面 孝弟里	卜 道 達
青陽郡　木面 華陽里	尹 鍾 國	青陽郡 飛峯面 덕다里	李 京 煥
青陽郡　木面 華陽里	宋 玉 童	青陽郡 飛峯面 신월里	金 成 泰
青陽郡 定山面 光生里	任 石 彬	青陽郡 화성面 山停里	李 石 호
青陽郡 定山面 西停里	金 京 哲	青陽郡 大峙面 柿田里	金 東 燮
青陽郡 定山面 天長里	黃 佑 臣	青陽郡 大峙面 柿田里	崔 春 峯
青陽郡 定山面 天長里	黃 佑 定	青陽郡 大峙面 柿田里	韓 喆 洙
青陽郡 定山面 松鶴里	李 喜 腹	德山郡 唐津面 장전리	崔 炳 五

〔다음은 정헌설씨의 《日亡後相談經歷事》의 요지를 한글로 옮김〕

◈ 태평양전쟁이 발발하고 나서 조선인과 조선땅에 있는 만물은 군용이라 하여 모두 빼앗아 가고 지금에 이르러서는 15세 이상 60세 이하는 징용이나 모집으로 모두 일본으로 끌려가니 사람들은 공포에 싸여있고 집집마다 난리여서 일제의 지탄이 천지에 가득하였으니 어찌 그 일을 잊을 수 있겠는가!

◈ 일본인의 마음 씀씀이가 극히 험악하여 겉으로는 호의를 베푼 송환처럼 보였으나 속셈으로는 침몰지책이었으므로 생환자는 1백명 가운데 불과 4십명에서 5십명 뿐이었다.

◈ 일본이 항복하고 3일 뒤에 부대장이 위로하는 말로 '이 곳의 설비와 일은 모두 여러분들이 여러 해 동안 고생한 결과이다. 이제 와서 한

탄하면 무슨 소용이 있겠는가? 빨리빨리 귀가할 준비를 하라. 나중에 또 만날 것을 기대한다.'며 주먹밥을 나눠줬다. 이것으로 누가 며칠을 연명할 수 있는 식량이라 할 수 있겠는가마는 그래도 우리는 고향에 돌아간다는 기쁨에 넘쳐 있었다. 당시 내가 일본인들의 동정을 살펴 본 바 전날부터 땅속에 감춰 둔 물건을 다 파내서(옮긴이 주: 일본 패전 직후 시모키타에서는 군수품이 지하보관창고에서 무질서하게 방출되었음) 바다에 버렸으며, 사람들은 의복과 생활용품들을 서로 가지려고 다투어 난리를 이뤘는데, 어느 일본인이 내게 '너희들이 만약 무사하게 3일을 지낸다면 물건을 주는 것이 어찌 아깝겠는가!'고 말한 것을 생각할 때 일본인의 흉계가 있었음을 짐작하고 있었다.

◈ 1만 2천여명이 오미나토에 모여 배를 타기 시작하였는데 나는 마지막으로 탔기 때문에 선실 안으로는 들어가지 못하고 상층 돛대 옆에 은신하고 있었다. 배에 싣고 가던 짐이 140근이나 되었는데 고향에 돌아가서 가치로 따지면 1만원 이상이라 일생 동안 생활에 부족함이 없었다.

◈ 3백여명의 일본 해군이 배를 운항하며 말하기를 '원산으로 가면 가깝지만 소련군이 보면 혹시 변이 있을까 두려워 안전한 곳인 오사카로 간다.'며 주야로 항해하여 3일째에 섬과 섬 사이로 들어가 입항하고 보니 교토부의 동마이즈루 근처였다.

◈ 오미나토를 출항하여 연일 먹지도 못하고 항로에 피곤하여 잠시 잠이 들었는데 꿈에 부친이 나타나서 큰소리로 말하기를 '네가 여기가 어디인줄 알고 있느냐? 빨리 일어나라'하여 깨어 보니 해군들이 긴 몽둥이를 휘두르며 빨리 아래층으로 내려가라고 채찍질하였고 군함에 달린 작은 배들이 일제히 물 위에 떠 육지로 나간 뒤 벼락같은 소리가 진동하고 배가 공중으로 튀어 올랐다가 반쯤 부서지니 사람은 다 피에 섞여있고 다시 쾅! 하는 소리가 나더니 군함은 모두 물

속에 가라앉고 남은 것은 돛대 뿐 이었다.

◈ 3백여 해군들은 먼저 육지로 나가고 남은 사람들만이 물위에서 낙엽 같이 산산이 침몰하니 바닷물이 다 피와 같은데 나는 돛대를 붙잡고 있어 물에 빠지지 않고 있다가 살 길을 생각하니 옷을 벗어야겠다는 생각이 들어 옷을 벗고 알몸으로 연통위로 올라갔다. 숨을 쉬고 있었으니 살이 있었지 살아있는 모양이 아니었다.

◈ 3일 전에 일본인이 내게 말한 '너희들이 무사고로 3일을 넘기면 물건을 주는 것이 무엇이 아깝겠는가.'는 말의 진의를 이제야 알 것 같다.

◈ 앞을 보니 크고 작은 배들이 구조하러 왔는데 한 사람은 노를 잡고 있고 한 사람은 지휘하였는데 지휘하던 자는 일본 해군이었다.

◈ 구조선에 오르라고 하여 일곱 명이 함께 구조되었는데 일본 해군이 우리 일행 7명을 밤새 둘러싸고 있었다. 식사로 우유를 줘 독약이 들지 않았나 생각되어 마시지 않으려 하였으나 먹지 않으면 죽을까 하여 마셨다. 다음 날에는 의복을 줘 입었는데, 여기서 40리를 가면 숙식처가 있으니 다시 배를 타라는 것이었다. 역시 이 말에 의심이 갔으나 이곳에 있다가 굶어 죽느니 가겠다는 마음으로 40리를 걸어서 가보니 그 곳에는 살아남은 조선인들이 모여 있었다.

◈ 이 곳에서 다시 3일을 머무는 동안에는 외출을 엄금하였다. 3일 후에 다시 서마이즈루 해군본부로 갔는데 조선인들이 8백여명 모여 있었다. 20일이 지나도록 문 밖에는 아무도 못 나가게 하고 환자만 병원을 출입토록 하였다.

◈ 어느 날 일본인이 '귀향증명서를 분실하였으니 다시 증명서를 얻어야 귀가할 수 있다 이 모든 일을 누가 책임을 맡고 일 할 것인가?' 고 말하였다. 그래서 우리는 재능과 지식이 풍부한 예산 사람인 국본(國本)이라는 사람을 대표로 내세워 군부를 출입하며 이 일을 맡도록 하였다. 그리고 이에 필요한 비용으로 5원씩 걷기로 하였는데

돈이 없는 사람은 서로 빌려주어 낸 돈이 모두 천 원 정도 되었다.

◈ 이 때 가바야마 본부 부대장이 와서 '바다에서 죽은 사람 4천명에게는 3백원씩 본가로 부쳐주고, 여기 살아있는 8백명에게는 여비로 40원씩 나눠 줄 것인데 누가 맡아서 처리하겠느냐'? 하여 국본이 맡아 처리하도록 하였다.

◈ 국본이 4천명에게 줄 돈과 살아있는 사람들의 여비인 그 많은 돈을 받으러 간 뒤 돌아오지 않아 돈을 받았는지 아니면 돈을 받아 돌아오다가 피살되었는지 확인할 길이 없었다.

◈ 서마이즈루에서 20일 동안 머물다가 오사카로 들어가니 밤에 비바람이 몰아쳐 기왓장이 낙엽처럼 날아다녔고 나뭇가지가 부러지며 폭음이 진동했고 천지가 침수되어 홍수를 피하는 사람이 수 만 명에 이르렀다. 산으로 올라가니 물에 빠져 죽은 사람이 무수하였다.

◈ 부산에 도착하기 전 10여일 동안 제대로 먹지도 못하다가 풀잎을 먹고 필사적으로 견디다가 결국 후쿠오카현의 어느 항에서 50원씩 지불하고 배 3척을 사 각각 나눠 타고 부산으로 향했으나 중간에 심한 태풍을 만나 다시 시모노세키로 돌아갔다. 거기서 부산으로 향할 때 3척의 배로 나눠 타 흩어진 일행들과 다시 합류하여 또 다시 며칠을 굶주리다가 4일만에 바다를 건너 부산에 도착하였다.

◈ 처음 가바야마에 가서 일주일 동안 훈련을 받았는데 부대장이 '지금 가서 일할 장소를 살펴보고 내일부터 일에 착수하라'하여 가서 보니 평평한 들에 눈이 쌓여 겨울 같았다. 고향을 떠나올 때는 곳곳마다 보리가 익어 황금빛이었는데 이 곳에는 여름에도 눈이 쌓였으니 5월 천산설이라더니 바로 바로 이 곳인가 하였다. 간담이 서늘하여 생사를 예측할 수 없었고, 일본인에게 매인 몸이라 피할 수 없으니 병들지 아니하면 죽지 않을 것이고 죽기 아니면 살기지 어찌하겠는가!

◈ 이튿날 작업복을 받고 1천여명이 작업장으로 나가 눈을 치우고 높은

산을 깎아내려 평야를 만드는데, 별을 보고 나가서 별을 보고 들어오니 넓은 들녘 수 십리를 4개월 만에 완성하고 가운데에는 비행기 활주로로 이용할 수 있도록 반석같이 견고하게 만들었다.

◈ 산을 뚫어 굴을 파고 굴 문은 쇠로 만들었고 굴마다 대포를 설치하고 날아오는 적기를 망원경으로 보며 발견하는 즉시 떨어뜨리는 연습을 하였다. 또한 만들어진 동굴은 비행기가 출격하다가 위험하면 동굴 속으로 들어와 피하는 것을 주목적으로 하였다.

◈ 처음부터 차갑고도 흰 눈을 두려워하지 않도록 훈련시켰고 감독을 살벌하게 하여 쉬지 못하게 하였으며 매일 10여명의 부상자가 발생해도 병원으로 후송하지 않고 오히려 '일하라!' 는 소리만 외쳐댔다. 중상자는 혹 죽기도 하고 버리기도 하였다.

◈ 내가 잠결에서 아버지가 '일어나라!' 하시는 소리를 듣고 잠에서 깨어 사방을 둘러보니 모두들 혼비백산하여 아우성이었다. 금방 죽으려는 사람이 있는가 하면 죽은 사람, 살려달라고 소리치는 사람, 얼굴이 기름투성이인 사람, 사람 같지도 않은 사람들로 아비규환이었다. 이 때 해군들은 우키시마호에 달려있는 작은 배를 내려 타고 밖으로 나가고 있었고, 물 위에 둥둥 떠다니는 사람들은 작은 어선들이 들어와 싣고 나갔다.

⇨ 가마부세산 중턱에 자리잡은 노동자 숙소. 당시는 판자집이었으나 근래에 개조하여 자위대 숙소로 쓰고 있다.

〈촬영: 전재진 1995.7.27〉

◈ 증인-36: 김종호(金鍾浩, 男, 1921年 3月 24日生. 전북 진안군 성수면 중길리 151)

내게 형님이 한 분 있었다. 이름은 김채열이다. 1941년에 홋카이도로 끌려갔다. 고향에서 홋카이도에 있던 형한테서 편지 연락을 한 번 받았었다. 그런데 곧 나한테도 일본으로 가야 한다는 것이었다. 그래서 만주로 도망쳤다가 1년 뒤에 집으로 돌아왔는데 기어이 잡혀가고 만 꼴이 되었다. 그 때는 징용영장도 없이 잡혀 홋카이도로 끌려가 해군인지 공군인지 모를 부대에서 도로공사를 했다. 도로공사가 끝난 뒤에는 비행기활주로도 만들었다. 한 곳에서 일이 끝나면 다른 공사장으로 이동되었다.

'야쿠보쿠에서 일하다가 또 삿뽀로에 가서 일했는데 해방이 되려고 그랬는지 좋은 집을 다 뜯어 제치고 방공호를 파고, 비행기를 감추고 그러다가 야쿠보쿠에서 해방을 맞이했어.'

이 때 일하면서 다행스럽게도 1년 먼저 홋카이도로 끌려갔던 형을 자주 만날 수 있었고 해방 소식을 들은 뒤에는 같이 행동했다. 홋카이도에서는 현미밥을 주로 먹었는데 소화도 안 되고 배탈도 자주 났다. 반찬은 청어나 오징어 한 토막 뿐 이었다.

'일하다 맞아 죽은 사람도 있어.'

'어떻게 했죠?'

'어떻게 하긴 갖다 묻어버렸지.'

나는 해방을 맞아 어떻게 하면 고향으로 돌아갈까 하여 배를 탈 수 있는 남쪽으로 기차를 타고 하코다테 방향으로 이동했다. 거기서 아오모리현 오미나토로 가는 배가 있다 하여 담요를 판 돈 10원으로 배삯을 지불하고 채열 형과 같이 그 배를 탔다. 그 배에는 조선인 1백여명이 타고 있었고 일본사람도 몇 명 있었다. 120명이라고 하였다. 하코다테 해군기지 안에서 출발했는지 어딘지는 몰라도 하코다테 근처에서 작은 배를 타고 오미나토를 향했는데, 그 배는 군함은 아니었고 민간인 어선인 듯 하였다.

'일본 해군이 후송할 계획은 없었던가요?'

'그 때 해군이 후송할 계획은 없었어.'

오미나토에 도착하여 배에서 내렸을 때 이미 수많은 사람이 모여 있었으므로 혼잡하여 홋카이도에서 같이 내려 온 사람들과는 뿔뿔이 흩어질 수 밖에 없었다. 만나는 사람마다 조선 사람들이었다. 무슨 일이냐고 물었더니 '귀국하는 배가 있다.' 하였다. 나는 형과 함께 그 배를 탔는데 그 배가 바로 우키시마호였다.

우키시마호가 마이즈루만에서 폭파되기 앞서 해군들이 보트를 타고 모선을 떠나는 것을 보았다. 그 때는 이상하다 생각했는데 나중에 생각해 보니 배를 폭파하려고 사전에 계획을 세웠음이 틀림없었다는 생각이 들었다.

◈ 증인-37: 손동배(孫東培, 男, 1916年 5月 27日生. 전북 진안군 부귀면 세동리 1145)

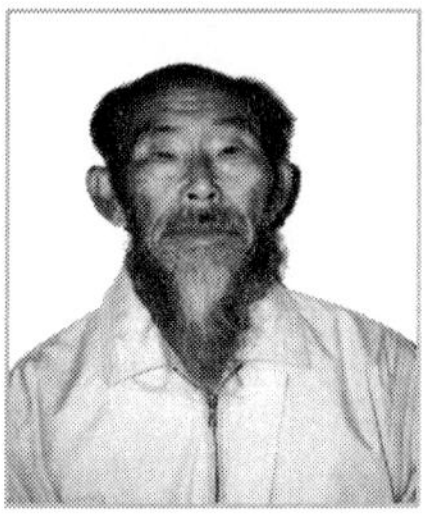

"새벽에 자는디 누가 밖에서 부르는 거여. 나가 보니까 군청 노무계원과 순사가 찾아와 쭉 서 있더라고. 그 때 그 놈들이 누군지 다 알아."

새벽부터 일본으로 가야 한다는 것이었다. 어린 처자를 집에 두고 일본으로 끌려가기 싫었지만 가족이 더 괴로움을 당한다는 생각에 징용에 따랐다. 이름을 일본식으로 고치지 않는다 하여 징용대상에 넣은 것 같다.

군청에 가서 따지기라도 한다고 나섰지. 군청으로 직접 가더구만. 가

보니까 다른 사람들은 머리를 빡빡 깎고 있어. 그런디 나는 머리를 안 깎았어. 아 뭐시냐! 창씨를 하지 않았다고 날 잡아간 거야.

*손씨 부인: 집에서는 꼭 돌아올 걸로 생각하고 기다리는데 영 안 오는 거여.

성주면 고개를 넘어 가는디 언덕에서 차가 빌빌대면 내려서 뒤에서 밀기도 하면서 또 걸어가기도 하면서 가는디. 아! 그 때 도망쳐도 되는디. 도망가지도 못하고. 도망치면 또 집으로 찾아와 가족을 못살게 구니 어쩔 수 없었지. 군청에서 이틀 밤을 자고 관촌 역에서 기차를 타고 대전으로 가 부산행으로 갈아 탔지. 부산 어딘지는 모르것는디 거기서 소독하고 이틀인가 사흘 밤을 잤어. 부산에서 시모노세키까지는 여덟 시간이 걸린다더만. 부산서 배 타고 시모노세키에서 내리니께 또 기차를 타라는 거여. 낮으로만 꼭 이레를 갔는디, 밖을 못 보게 창을 가려버리드만. 갑갑해서 죽을 지경이지. 생전에 어딘지 알어! 모르지. 기차에서 내려 한참을 걸어가니까 아마 거기가 현장이었던 게벼. 하루를 대기시키더니 2층집으로 데리고 가는 거여. 오래 기차타고 오다보니 집도 흔들흔들하는거 같드라고.

*면담자: 그래도 일하신 데는 생각나죠?'

아무렴! 가바야마라고 했단 말여. 아오모리현, 오미나토, 가바야마.

나는 오미나토 해군시설부 9부대 2중대에 배속되어 가바야마비행장에서 활주로를 만들었고 또 모래, 자갈, 시멘트를 운반했다.

일본 가기 전에 나도 일본말도 잘했고, 먹고 사는 것도 괜찮았다구요. 근디 거기 가서 밥이라고 얼마나 적게 주는지 다들 배고파서 죽을라구려.

*손씨 부인: 관촌서 간 사람들 다 죽었어요. 이 양반도 죽을 뻔 허구 살았디닝께 어떡것어.

오방섭이라는 사람이 있는디 배가 하도 그프니까 '조선! 조선 나가서 밥이나 실컷 먹고 죽고 싶다'고 하는거여. 한끼니에 한홉을 줬으니께 하루에 3홉만 준 것여. 그런디다가 나중에는 8작(勺)밥을 주는 거여. 그러니 얼매나 배가 고프 것어. 점심밥은 나무벤또로 조반 전에 갖다 줘. 아침밥을 1중대에 가서 타다 먹었는디 한번은 시비가 붙었어. 그래서 그 뒤로는 2중대에서 직접 지어 먹었어. 아침밥이 나오기 전에 점심 벤또를 주니까 그걸 먹어치우거든! 그러면 그걸 먹었다구 두들겨 패는겨. 그런 걸 다 견뎠는디. 배를 폭파시켜!

*면담자: 몇 명이나 같이 일했을까요?

가바야마에는 몇 명이 있었는지 우린 모르지. 내가 일하던 곳은 9부대라는 덴디 1개 부대가 천명이라구 그랬어. 그러니 9부대까지니까 도대체 몇 명이것어. 그 지랄로 잡아갔어. 공사장에서 다친 사람 죽은 사람..........., 부귀면 이춘생은 앓다가 현장에서 죽었어. 태우는 것은 우리가 태웠는디 5소대 소대장이었던 익산 사람이 태운 걸 사무실로 가지고 왔다구더만. 그 뒤로는 어떻게 됐는지 모르겠는데 해군이 와서 가져갔다는 얘기가 있었어. 진안군에서 간 사람 중에는 반장이나 소대장이 없었으닝께 그랬나 봐. 그 때 그 자슥들이 뭐랬더라. 왜 참견이냐 이거여. 뭘 참견이냐 그러닝께. 개가 죽은 것을 개 주인이 가져가는데 개새끼들이 왜 참견이냐 아마 그런거였나벼.

내가 끌려가던 그 해 5월15일이라는 것만 알아. 월급을 보름치라고 주는디 조금씩 주더구만. 얼마 받았는지 정확히 기억은 안나는디 10원 정도는 더 되았을거여. 나중에는 근무를 빠지지 않은 사람은 조금씩 올라갔는디 나는 하루도 안 빠지고 일했어. 아! 고향에 늙은 부모와 젊은 처자를 두고 거기까지 갔는디 무슨 다른 생각할 정황이나 있어. 1전도 쓸 일이 없고 그저 일만 했어. 돈을 집으로 보낼랑께. 모았다가 많이 보낼 때도 있었어. 짐승살이나 똑같은 게 뭐 돈 쓸 일 없지. 한달에 30원도 보내고..........., 그렇게 살았어.

*면담자: 집에서 돈을 받았나요?

*손씨 부인: 집에서 받지유. 받는디..............,

나중에는 부산에서 연락이 끊겼다구 환불해 주더만. 그 뒤로는 일도 잘 안나가고 아프다고 핑계대고.

끌려가던 게 양력 5월이었는디 눈이 희았더만. 백산인 줄 알았어. 그런디 10월이 되니께 또 눈이 내리는 가벼. 자갈 모래 시멘트를 운반해야 헐 것인디. 날마다 눈만 치우는 겨. 녹지도 않고 하니까 길은 밟아서 표시해 놓고, 기차는 앞으로 나가면서 눈을 치우는 게 있어 눈을 치워나가매 가더구만. 설 세고 부터는 이놈 새끼들이 우리를 끌고 다니며 뭣을 시켰냐면 대포 묻을 데를 굴을 파고 시멘트 콘크리트를 치고......., 그렇게 해서 대포가 들어가는디 낭떠러지가 있으면 그냥 거기에 굴을 뚫어. 뚫어 나가며 광산에서처럼 받침대를 세우고 그 다음에 파낸 흙은 차 있는데 까지는 전부 짊어져서 날라. 그 무거운 흙을 짊어지고 다니면 배고픈데다가 죽어! 죽어. 죽는겨. 그러니께 빈짐으로 왔다갔다 하기도 했어. 하도 힘드니까 어쩔 수 없지. 그것도 모자랐는지 나중에는 산에다가 천막을 쳐 놓고 대포 넣는 굴을 만드는 겨. 사역병이라 해서 아예 산에서 기거하며 일을 했던 거여.

부상자들은 치료를 받지 못하여 고통이 많았지. 작업장 밖으로는 나갈 수 없었고 이탈자가 있을 때는 잡혀와 고문을 심하게 당했어.

배를 탔는데 -오미나토에서 우키시마호를 탔는데 사람이 어떻게나 많은지 배 안으로 들어갈 수 없었어. 사다리가 있는데 대나무로 만들었드만. 배가 9층이라는 겨. 먼저 탄 사람들이 좋은 자리를 다 차지했으니 나는 뭐 들어갈 수가 있어야지. 위에서 내려다 보니까 어른들인데도 아이들이 걸어다는 것처럼 보여. 그러니 얼마나 깊은 겨. 사다리를 붙잡고 뒷걸음으로 내려가 보니까 작은 자갈을 쫙 깔아 놨더구만. 다다미를 하나씩 나눠 주길래 그걸 깔고 누우니까 등에 배기기는 해도 자갈

위라서 그런지 시원해. 아! 근디 그 때 아래 위로 왔다갔다 하는 사람이 있었는디 그 사람이 그러는 겨. 아! 산도 뵈고 집도 뵈니까 누워있지만 말고 나가서 좀 봐. 민가가 보이는 것 같어. 이제는 다왔는가벼. 부산에 당도했는가 벼. 그러고는 그 사람은 나갔고 나는 누워 있는디 쾅! - 허는디 사람이 너무 많아서 배가 버글버글 부서지는 줄만 알았어. 그런디 앞을 보니까 물이 뿌글뿌글 끓어 들어오는 겨. 내가 배를 타 봤나 물을 봤나. 겁이 덥썩 나더구만. 정신차리고 옷을 벗어던지고 주위를 쳐다보니........., 그래도 쇠사다리로 올라가야 것더라고. 그래서 올라 가는디. 어떤 놈이 큰 보따리를 대고 입구를 꽉 막고 있으니 나갈 수가 있어야지. 그래 그 놈을 잡아 떼고 올라왔는디........., 그 때 그 놈은 어떻게 되었는지? 뒤따라 나왔는지? 지금도 마음이 걸적지근 혀. 나만 살려고 그 놈을 뒤로 제쳐놨으니 말여. 올라와 보니까 군함이었나 봐. 기관총인지 대포인지 보이더구만. 아! 거기까지 물여. 물이 올라왔어. 거기까지 물이 찬거여. 그러니 줄을 타고 또 올라가야 것더라고. 줄에 매달려 있는디, 바다는 온통 기름으로 덮였는디, 마치 바가지에 물을 담아 개미새끼를 한 되박 넣은 것처럼 사람이 바글바글하니 많더라닝께요. 여자들이 조그만 배를 타고 오더니만 바짝 대지는 못하고 저만큼쯤 세워 놓고 사람을 건져 싣더구만. 산 사람은 놔 두고 죽은 사람을 먼저 싣더구만. 구조하러 나온 배를 타라 해서 타고 나왔는디 해군 시설부였던가벼. 형편없는 그런데에다 우리를 실어다 놓더구만. 옷에 살에 기름범벅이야. 담요 하나씩 주길래 그걸 뒤짚어 썼지.

거기서 들은 얘긴데 일본놈들이 해군이였어. 밥통하며 뭐 그런 것들을 배가 파산되기 전에 다 버렸다고 그러더만. 돈이 천원 정도 있었는디 내게는 어디 널데도 없고 해서 전대를 만들어 허리에 차고 꿰맸는디 마이즈루에서 다 없앴어. 그걸 죽을라고 차고 있어. 같이 끌려가 같이 일하던 사람이 기름하고 갯물 먹고 죽을라구려. 그래서 내가 물을 먹였더니 잠들더라구. 그러더니 나중에 깨어나. 그래서 살았는디, 지금은 조카사위가 되었어. 동네서 살다가 김제 그 쪽으로 이사갔어. 내 생일날이면 꼭 찾아와.

(사과와 반찬을 차려 술을 한잔씩 마시고 이야기는 계속되었다)

*면담자: 그 때 고향의 가족들은요.

*손동배: 딸 둘에 아들 하나 있었지만 모두 어린애였지 뭐

*손씨 부인: 시어머니를 모시고 살았는디 늙어 귀가 어두웠고 허리를 구부리고 방안에만 앉아 있었어요. 시숙이 같은 동네에서 살았지만 우리 집을 도와주고 어쩌고 할 형편이 못되니까 나는 산에 가서 땔감도 해 와야 하고 그랬어요.

*손동배: (부인을 가리키며) 참! 이 사람이 고생이 많았지요. 고향에 돌아와서도 죽은 사람 많은디 그 때 그 사람들이 다 어떻게 되었는지 모르겠구먼.(함숨을 길게 내쉬며 한탄함)

진안군에서 50명 갔을 거여. 성주면서 25명 부귀면서 25명..........,

⇧ 전북 진안군 거주 생존자와 유족. 앞줄 중절모가 손동배씨. 앞줄 오른쪽에서 세 번째가 안종호씨. 뒷줄 중절모 김종호씨는 홋카이도에서 오미나토로 내려 와 우키시마호를 탔다. 왼쪽 첫번째는 '한국인강제연행·강제노동실태조사위원회' 대표 박현서교수.

*김두진: (사건 당시 사망자 유족인 김두진씨) 산골짜기만 찾아다니면서 구장한테 미움을 샀던 사람들만 붙들어 잡아갔다 하더라구요.

그 때는 그랬다. 창씨개명을 하지 않는다거나, 말을 잘 듣지 않고 따지는 사람은 구장한테 미움을 사게 되었으니 그 사람이 먼저 징용자 명단에 올라 잡혀갔다. 그리

고 도시에서는 강제연행이 자행되지 않았던 점으로 보아 산골짜기 마을에서는 반대여론을 잠재울 수 있다는 점으로 연행을 강행했을 것이다. 손동배씨는 너무 많은 사람이 한 순간에 죽었던 그 날을 생각하면 하고 싶은 말이 며칠을 더 해도 끝이 없다며 말끝을 줄였다.

◈ 증인-38: 안종열(安宗烈, 男, 1926年 4月 16日生. 전북 진안군 성수면 중길리 334)

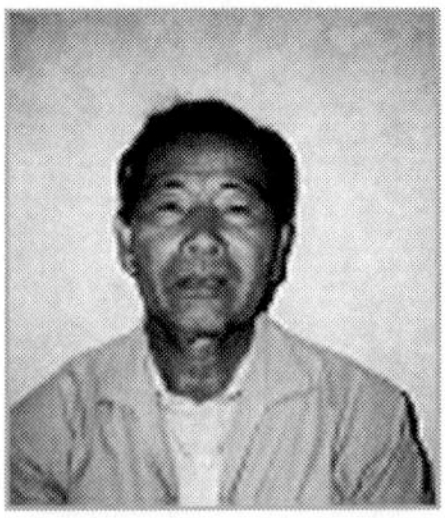

나는 나이가 어렸기 때문에 아버지한테 징용영장이 나왔다. 순사와 면 노무계원이 찾아와 같이 가야 한다는 것이었다. 징용에 따르지 않으면 가족을 몹시 괴롭히기 때문에 가지 않을 수 없다. 나는 같이 연행되었던 손동배씨, 김종호씨, 이재영씨와 같은 장소에서 일했다. 그 곳이 바로 가바야마비행장이었는데 구릉지대 평탄작업을 하다가 흙을 가득 실은 광차에 깔려 옆구리를 부상당했다. 병원에 입원하여 치료를 받았는데 지금도 통증이 심하다. 진안군에서 연행되었던 사람들은 모두다 마찬가지로 배고프고 춥고 심한 노동에 고통이 심했다.

나는 우키시마호가 폭발하는 순간 폭발소리에 정신을 잃은 것 같다. 어떤 상황이었는지 잘 모르겠다. 정신을 차려 보니 구조선이 다가왔기에 타고 나왔다. 수 천 명의 조선인이 타고 귀국하던 길에 그 같이 참혹한 사고가 일어났다는 것은 일본 해군들의 사전 계획이 아니면 일어날 수 없는 일이다.

◈ 증인-39: 이재영(李在榮, 男, 1926年 2月 20日生. 전북 김제시 용지면 장신리 480)

진안군청에 집결하여 관촌 역에서 목탄차를 타고 왜놈순사들의 살벌한 경계를 받으며 부산으로 갔다. 해군시설부 9중대 2중대에 배치되었는데 그곳이 가바야마비행장이었다. 다 떨어진 작업복을 입었는데 겨울에는 혹독하게 추워 견디기가 어려웠다. 오른손 검지와 장지가 부러졌는데 치료를 받지 못하여 지금도 제대로 쓰지 못하고 있다. 가바야마비행장 활주로 공사장에서 일하다가 다치거나 죽은 사람을 여러 차례 보았다. 우키시마호를 타고 항해할 때 선실 안이 너무 더워서 밖으로 나왔는데 배가 엉뚱한 곳으로 가는 것 같아 '왜 이쪽으로 가느냐?'고 물었더니 '물이 부족하여'라고 해군이 대답했다. 폭발소리가 두 차례 쾅! - 쾅! - 하고 들리더니 물이 솟구치기 시작하는 거여. 배 아래층에는 위층으로 올라가는 사다리가 두 개 있었는데 하나는 원래 만들어진 쇠사다리였고 하나는 임시로 만들어 놓은 나무사다리였다. 나무사다리에 사람이 한꺼번에 매달리닝께 사다리가 뚝! 하고 부러졌단 말여. 그러니까 사람이 와르르 다 떨어져 버려. 나도 같이 떨어졌지. 별수 있가디. 바닥을 보니까 사람은 떨어져 딩굴고 보따리는 둥둥 뜨지. 어떻게 할 수 없어. 난리가 난거여. 나갈 곳을 찾으니 나갈 데가 있어야지. 물이 허리까지 찼는디 물이 솟구쳐 들어오는 쪽으로 내가 갔어. 그 쪽에는 쇠사다리가 붙어 있는데 다른 사람들은 무서워서 그 쪽으로는 못 간 거지. 나는 가서 비어 있는 사다리를 타고 나왔어. 나와 보니까 아부라(기관실에서 쓰는 연료)탱크가 터졌는기야. 바다가 새까맣게 아부라 뿐여. 그런디 아부라 속에서 뽈속뽈속하는 건 다 사람인거여. 물속에서는 사람이 걸려서 헤쳐 나갈 수고 없고, 배가 구조하러 온 것도 없고.........., 처음에는 배가 고장나서 잠시 멈췄다고 하더니 한 20분이 지나니까 그제서야 배가 파산됐으니 빨리 구조하러 와라 하고 방송을 하더만 그려. 그 큰 배가 얼

마나 튀었는지 사람들이 모두 날아가 튕겨나가 버렸어. 물속에서 사람들이 계속 뽈속뽈속하는 거여. 보니까 배가 가운데부터 끊어져 버렸더라고. 배 앞뒤로 돛대가 있잖아요. 거기에 까지 사람이 쌓이고 쌓여서 꽉 매달려 있는 거여. 사람이 날아가 죽고, 부상당한 사람들은 기어 다니다가 밟혀 죽고 그랬어. 나도 어쩌다 물속으로 떨어졌는디 허우적거려도 앞으로 나가지도 않고 ...., 그러던 중에 뭔가가 허리에 탁 걸려서 잡아보니까 보트를 매달았던 로프더라고. 그 로프가 배에 달려있으니까 다시 배 옆으로 간겨. 얼마나 허우적거렸는지 물을 많이 먹어서 배가 불러 오르고 막 그러는 거여. 어쩌다 간신히 다시 배에 올라갔어. 이때서야 나팔을 불고 어쩌고 하니까 구조배가 들어왔는데 배 주위에 사람이 깔려 있으니까 그 깔린 사람 때문에 가까이 접근을 못혀. 어떻게 할 수 있간디. 그래도 배가 어느 정도 다가서기에 옛다 모르겠다. 또 뛰어들어 한참 내깐에는 구조배가 있는 쪽으로 가까이 간다고 하여 다시 물속으로 뛰어들었는데 갈 수 있간! 죽으면 죽고 살면 산다고 물속으로 뛰어들어 가니까 다시 솟아오르는 것 같어. 그러면서 발바닥에 뭔가 걸려들어! 판자짝이 밟힌 거여. 그래서 그걸 잡으니까 잡히드라고. 손에 힘도 쥐어지고. 눈이야 뭐 아부라 땜에 뜨질 못혀. 발에 힘을 주며 저만치 밀고 나갔지. 그제서 눈을 비비고 더듬어 보니까 배에 달고 다니던 보트여. 사람이 새까맣게 붙었더라고. 다른 저쪽에 있는 배는 사람이 많이 매달려 뒤집어졌고. 어떤 배는 보트를 네 대를 달고 왔더라고. 사람 살려라 소리쳐도 누가 그를 끌어올리기나 하나. 못 끌어 올려. 죽어가는 사람이 온통 널려 있어도 내가 당장 죽것는디. 밧줄에 매달려 있는 사람들도 막 떨어져 나가고 나는 목이 아부라로 막혀 말이 나오질 않아 뒷사람을 꼬집었더니 꽁무니에 차고 있던 수건을 주더라고. 그래 다시 눈을 닦았어. 그 다음에서야 배에 올라 앉아보니까 그때까지도 배가 다 안 가라앉았어요. 육지까지 사방 십리는 되는 것 같어. 물속에 떠 있으면 다른 사람이 덮쳐서 막 죽어가는 거여. 힘이 없으니까 다 떨어져 나가지. 젊은 여자가 어린애를 띠로 칭칭매서 목마를 태우고 물에 뛰어들더니 헤엄쳐 가는 거여. 배가 들어오면서 그 여자를 먼저 태워서 살았어. 뭍으로 나와 보니까 솥에다 뭔가를 끓여 놓고 먹으라는 겨. 막 퍼주더라고. 나는 먹는 거고 뭐고 나자빠졌어. 아부라가 목에 꽉 차 말할 수도 없고 그러다가 정신을 잃었던 거여. 그 뒤로는 모르것넌디. 일어나 말을 들어 보니까 해군시설부라는 겨. 그런데 내 주위에 사람들이 빙 둘러 앉아 있는디 처작은아버지가(사건 당시 살아 돌아와 고향에서 결혼한 여자의 작은아버지로 같은 생존자인 손동배씨) 나를 찾았다능겨. 그래 어찌된 일이냐? 하니까 '네가 3일만에 깨어났다'고 하는 거요. 내가 죽으니까. 떼메다 놓으니까 밤중이 돼서야 물을 찾더래요. 그런데 물이 어디 있는지 모르겠고 어떻게 할 도리가 없었는데 옆에 있는 사람들이 '절대로 물을 먹이지 마라. 아부라를 먹은 데다 짠물을 먹었기 때문에 물을 먹이면 죽는다.'며 절대로 물을 먹이지 말랬대요. 그런디 내가 자꾸 목이 가라앉으며 죽어가니까 손동배씨가 '에라 모르겠다. 죽어가는 놈 물이나 먹여보고 죽이자.'고 하고는 산골짜기에서 내려오는 물을 신짝에다 퍼다가 먹이니까 신짝으로 하나를 다 먹더래요. 그리고는 잠이 들더라는거요. 3일 뒤에도 귀가 막힐 일이지. 옷도 없고 빤스만 입었어. 움직이지도 못하겠고. 닷새가 지나니까 해군들이 우리들 보고 모두 나오라는 거요. 해군 숙소앞에 연병장이 있더만. 사흘 동안 나만 죽어 나자빠진 게 아니라………, 닷새 동안 콩을 삶아서 소금하고 나눠줬더라고. 그것마저 못 먹은 사람도 많아. 나는 걷지도 못하였으니까 다른 사람의 부축을 받으며 나갔는디 나가보니 앉은 사람도 있고, 서 있는 사람도 있고, 여자들도 많고, 그렇게 모아 놓고 하는 말이 '지금 여기 몇이냐면 총 인원이 1만2천명이래. 그런디 4천명이 살고, 그 중에도 병원에 누워있고, 자꾸 죽어나가는데 얼마나 더 죽어 나갈지 모르겠다. 옷을 벗고 어떻게 그 냥 나가겠느냐. 떨어진 헌옷이라도 줄 테니 입고 나가야 되지 않겠느냐.'면서 '나가서 내지인(일본인을 말함)들이 부산에서 타격을 받고 있고, 기차안에서 가둬놓고 먹을 것고 안주고, 돈도 뺏기고 한다니 나가서 잘 말해 보내 달라'고 그렇게 부탁을 하더라고. 그러면서 옷을 주는디 해군 작업복여. 헌 것, 새 것, 모자, 장갑들을 주더라고. 빤스만 입고 있는 판에 그것도 고맙지. 돈이나 있어 뭐. 지랄이나 뭐가 있어 어디서 사 입지도 못하는디.

만약 어디라도 가서 강냉이 하나라도, 감 하나라도 따 먹으면 조선에 안 보낸다는 거여. 쫓아내려는 사람들이 그렇게 말하더라고. 그래 옷을 입고 열차인지 배인지는 모르겠다만 나는 배는 안 타겠다고 했지. 배 타고 나흘째 되던 날 파산됐지. 수용소에 일주일 있었지. 시모노세키로 또 옮겼지. 친척이 있는 사람은 친척집으로 가라는데 갈 데가 있나 없지. 간 사람도 더러는 있는디 소용없이 쫓겨 들어와. 먹는 거는 콩만 줬어. 밥이래야 군인들이 먹고 내버리면 그것이 썩었거나 쉬었거나 그냥 갖다 먹고 그러면서 왔어. 열차도 막혀서 못가지. 기뢰가 깔려서 배도 못 간다지. 시모노세키에서도 며칠이나 있었어.

◈ 증인-40: 강용섭(姜用燮, 男, 1919年 4月 1日生. 전북 구례군 간전면 수평리 838)

나는 결혼하여 아들을 얻었는데 내가 일본으로 끌려가던 날 밤에 죽었다. 참으로 기구한 운명이라는 불길한 생각이 들었다. 몇 번의 죽을 고비와 혹독한 노동 그리고 우키시마호 폭침과 같은 지옥에서도 살아 돌아왔는데 아직도 우리의 과거문제가 해결되지 않고 있다는 것은 참으로 원통한 일이다.

연행되기 전에 나는 과자 만드는 기술을 배우며 누나 집에서 자전거로 과자를 배달하였는데 어느 날 배달을 마치고 돌아와 보니 구례군 노무계원인 고영기라는 사람과 일본인 순사가 기다리고 있었다. 같이 갈 일이 있으니 가자는 것이었다. 가지 않고는 못 견디는 시기였다. 그 때 당시는 완전히 강제연행이었다. 나는 당시에 많은 돈을 벌 수 있는 조건이었기 때문에 일본에 더욱 가기 싫었다. 일본으로 연행되어 해군시설부 23부대 4중대에 배속되어 바다를 매립했고, 대포격납고를 만들고 터널을 팠는데 위치는 오미나토 조선소 근처로 기억된다. 하루 종일 일하고 밤에 숙소로 돌아와 쉬려고 하면 헌병과 해군들이 순찰을 한답시고 괴롭혔다. 오미나토에는 치시마에서 내려 온 사람도 있었다. 우키시마호가 폭발할 때는 굉장한 폭발소리였다. 사람들이 바다에 빠져 개미떼처럼 죽어갔다. 높은 곳으로 자꾸만 기어오르다가 구조하러 온 민간인 어선을 타고 나왔다. 생존하여 돌아온 구례군 김수곤씨가 얼마 전에 사망했다.

◈ 증인-41: 김용원(金鏞元, 男, 1917年 6月 5日生. 전북 구례군 간전면 흥대리 170)

구장이 선발하여 같은 마을에 사는 김복수와 함께 연행되었다. 왜발이들이 끝까지 따라 다니며 괴롭히고 협박했기 때문에 가지 않을 수 없었다. 오미나토해군시설부 23부대 4중대에 배속되어 조선소 옆에 있는 합숙소에서 생활했다. 아침 식사 시간에 공사장에서 먹을 점심밥을 벤또로 나눠줬는데 아침 식사량이 적어 일하러 나가기 전에 다 먹어 치우기도 했다. 점심시간에 빈 벤또가 발각되면 마구 때렸다. 아침에 공사장으로 나가 일하

다가 돌아와 밤 10시가 되면 순찰하는 헌병들이 있어 꼼작도 못하는 신세였다. 마이즈루만에서 배가 폭발하기 전에 해군들이 헤엄쳐 나가는 것을 보았다. 이상하다고 생각하고 있는데 폭발소리가 나면서 배가 두 동강으로 꺾이면서 가운데부터 가라앉기 시작했다. 3~40명 정도 탈 수 있는 민간인 구조선이 다가왔는데 사람이 너무 많아 그 배가 전복되었다. 해군이나 해군 함정이 와서 구조하는 일은 없었다. 내가 1944년에 연행될 때 당시 구례군에서는 75명이 구례 역에서 기차를 타고 부산으로 갔다.

〔필자가 찾아간 구례군 간전면 흥대리와 수평리는 지리산 자락에 자리 잡은 산골 마을이다. 김용원씨가 사는 흥대리가 윗동네이고 강용섭씨가 사는 수평리는 아랫마을이다. 10월 초순. 논에는 벼가 누렇게 익었고 돌담위에는 감이 단풍보다도 더 곱게 익어가고 있었다. 저녁 무렵. 당도하기가 무섭게 벌써 김용원씨 집 대문에는 작지만 앙칼진 개 한 마리가 낯선 나그네에게 사납게 짖어댔다. 김용원씨가 문 앞에서 기다리고 있었다. 주인이 짖어대는 개를 나무랬다. '제가 일본을 자주 드나들어 왜놈 냄새가 지독하게 나는 모양입니다. 이 개도 주인님을 닮아서 왜놈이라면 원수 같겠지요.' 안방에는 이미 저녁상이 준비되어 있었다. 김용원씨는 서울에 산다는 아들과 멀리 출가한 딸들에게 전화를 걸며 면담자가 방문했다는 사실을 반가운 기색으로 알렸다. 나는 김용원씨 부부와 우키시마호 사건에 대해 이야기를 나누며 저녁식사를 마치고 아랫마을에 사는 강용섭씨 집으로 얘기 마당을 옮겼다〕

*강: 쾅! – 하니까 턱이 돌아서대.

*김: 나도 팍 쬲고 나서 알았어.

*강: 가운데가 딱 벌어지니까..........., 수영을 잘 하는 사람은 잘 나가드만 나는 수영도 못하고.

*김: 보니까 또 하나 죽으라 하고 옆에서 또 죽을라 하고 또........., 치시마에서 온 사람도 시꺼멓게 있었어. 우리가 일할 때 왔는데

⇧ 우키시마호가 오미나토항을 출항한 지 47년만에 배를 탔던 현장을 둘러보는 두 분 생존자. 사진 왼쪽 김수곤씨. 오른쪽이 김태석씨 〈시모키타지역문화연구소 제공〉

거기는 일하느라고 하룻밤에 네 시간 이상 못자니까 낮에도 한숨씩 잤다도만. 그 때 치시마에서도 다 죽고 몇 사람 없었나 보믄? 8월 15일 정오 때 방송허대.

*강: 일본 사람들이 빙 둘러 앉아 기도하는디 무조건 항복이라는 겨. 일본군으로 징용되었던 놈들이 더 좋아허데.

*김: 그 때 여자만 살고 여자들이 농사졌지. 남자는 귀했지.

*강: 7천명 탔다지 아마. 3천명 살고 4천명 이상 죽었지. 밑에 탄 사람은 하나도 못살고 다 죽었을거야. 하나나 살았간디.

*김: 충청도 노름쟁이 셋이서. 돈 보따리를 둘러멘 그 사람들은 죽고 한 사람은 살았어.

*강: 우리하고 같이 징용간 사람이야 뭔 돈을 벌었간디. 그런데 구미(粗,업체)에서 일하던 사람들은 돈을 가마니로 가지구 나오다가물속에 다 집어 넣어버리고..........,

*김: 노름해서 그랬지.

*강: 노름이 아니라 밥장사해서 그렇게 돈을 많이 벌었어. 징용자 뿐만 아니라 조선사람은 다 때려 실었어. 전남 사람은 싹 다 나가라고 명령이 내려지닝께. 쫓아내라고 명령이 내려진겨. 그렇게 사람이 많았어.

*김: 나도 가방 두개를 물속에 버렸어. 돈을 좀 짊어졌거든. 가방을 꽉 끼고 있었어. 왕 뭐라는 사람. 마산 사람. 김 뭐라했던 중대장으로

간 사람 서넛이서 죽었어.

*강: 박 뭐씨 아닌가? 저 앞 동네 사는 사돈 아닌감. 죽었어. 나와서 죽었어.

*김: 일본 가기 전에 부산에서 여수 사람하고 구례 사람들이 싸움이 벌어졌는디 구례 사람이 두들겨 맞으니까 그만뒀는데 그 때 박 뭐씨를 중대장으로 뽑은 거여.

*강: 일본서 건너 올 때. 배 타고 올 때는 별 소문을 듣지 못했고.

*김: 70전인가 받았어.

*강: 1원인가 받았어. 몰라 한달에 몇 십원인가를 받았어.

*김: 마이즈루에서 또 사고났어. 조오키(증기)가 터졌어. 몇 죽었어.

*강: 2층에서 잠을 자는디. 그런디 또 쾅! 허는겨. 어! 이거 또 난리났다 하고 2층에서 뛰어내렸어.

*김: 뛰어내리다 다치고. 헐떡 내려가 보니까 이건 우습지도 안혀. 차로 몇 차 실고 나갔어. 다친 사람은 병원으로 데리고 갔겠지.

*강: 중상인 사람만 데리고 갔을 기야.

*김: 선원들이 10여명이 저만치서 다 나가 버리더라니까. 그러더니 그냥 쾅! 허넌디.

*강: 우리 전라남도 사람한테 싹 나가라고. 북해도에서 나와서 배를 탔는데. 배를 계획적으로 세운 게 아닌가. 조선 사람들을 다 죽일라고. 허-어 참!

*김: 그 놈들이 나가고 싹 다 죽어버렸지.

*강: 아니 그렇게 부려 먹었는디 그럴 수가 있는 거여.

*김: 그 놈들은 헤엄쳐 나간 겨. 해군 놈들 말여.

*강: 그 놈들 나갔지. 난 훈도시만 차고 있었어. 그러다 다 벗었어. 죽을라고 입고 있어.

*김: 챙피헌게 뭐여. 정신웂는디

*강: 사람 많이 죽었어. 죽은 게 개미떼였지.

*김: 해군 놈들은 왜 그짓 혔을까. 사람이 죽어가는디.

*강: 그것덜 다 나갔 잔여. 벌써 나갔지. 그것덜 다 땅속으로 넣어버리는거 없나. 있잔여. 지진 같은 거. 그 나쁜 놈들만 없애버리는…………,

*김: 그 놈들은 구조를 아니했어. 민간인들이 들어왔지.

*강: 동네서 몇이나 갔지. 보자 허면.

*김: 몇 십 명이 하여간 구례 역에서 75명이 기차를 탔어. 부산서 싸우고 했잖여.

김용원씨와 강용섭씨. 두 노인은 어릴 적부터 친구이다. 같은 마을에서 같이 연행되었던 친구들이 여럿이나 돌아오지 못했다. 살아 돌아 온 이들은 지금 이 우키시마호 사건을 말하기 싫다. 강제연행과 강제노동 그리고 일본인들의 차별과 핍박으로 얼룩진 지옥에서도 견디고 살아 돌아왔는데 우키시마호가 폭침당한 지 수 십 년이 지났으나 아직도 해결되지 않았기 때문이다.

◈ 증인-42: 김유성(金裕成, 男, 1922年 4月 10日生. 전남 장흥군 부산면 부춘리 367)

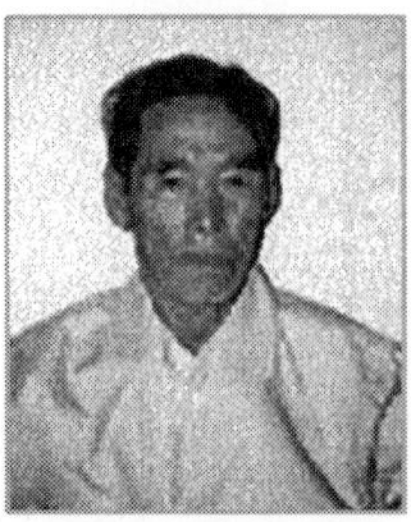

내게 징용영장이 나와 신체검사를 받고 집에 와 있었다. 일본 경찰과 면 노무계원이 와서 끌려갔다. 그 때는 안가면 해꼬지가 심해서 안 갈 수 없었다. 오미나토 해군시설부 23부대 3중대 소속으로 오미나토 근처에서 일했다. 지급품으로는 헌 군복과 모자를 받았다. 쌀과 밀을 섞은 밥을 먹었는데 배가 고파서 칡뿌리를 캐 먹었다. 숙소는 판자로 지어진

집이었는데 가운데로 통로가 있고 양쪽으로 다다미가 깔려 있었다. 중대원이 모두 합숙했는데 저녁마다 미나미(南) 헌병이 해군들과 같이 다니며 독하게 굴어 괴로웠다. 우키시마호가 침몰했을 때 바다에 빠진 사람들이 기름을 먹고 많이 죽었다. 민간인 배가 여러 척 와서 구조하려 했으나 배가 작고 좁아 몇 명 타지 못했다. 모두들 높은 곳으로 기어오르다 미끄러지고 줄을 놓쳐 바다 속으로 빠져 들어갔다.

◈ 증인-43: 박신우(朴信遇, 男, 1917年 5月 10日生. 전남 영암군 삼호면 산호리 885)

⇧ 박신우씨 부부

어느 날 갑자기 면 노무계원이 집으로 찾아와 무조건 신체검사를 받으라는 것이었다. 몇날 며칠을 쫓아다니며 괴롭혀 하는 수 없이 신체검사를 받았더니 즉시 광주 송정리에서 기차에 실려 부산으로 갔다. 부산 영도에서 다시 신체검사를 받고 연락선을 타고 시모노세키까지 갔는데 다시 시모노세키에서 아오모리까지 가는 기차를 탔다. 그 기차는 유리창을 모두 가려 밖이 보이지 않도록 하였다. 오미나토에서는 해군 23부대 2중대 소속으로 일했다. 앞을 바라보면 바다가 보였고 뒤에는 높은 산이 있었다. 거리에는 일하러 다니는 조선사람들이 많았다. 일요일이 되면 어떻게 해서 든 밖으로 나가 옥수수 밭에서 옥수수를 사 먹었고, 돈이 있는 사람은 쌀을 사다가 합숙소에서 주전자에 끓여 먹기도 하였다.

우키시마호가 항해할 때 내가 일본 해군에게 '왜 당신들의 물건을 내게 주느냐'고 물었더니 '우리는 부산으로 가면 돌아오지 못한다. 그래서 다 주는 것이다'고 말하였다. 또 마이즈루만으로 입항할 때 내가 '왜 배가 마이즈루만으로 들어가느냐?'고 물었더니 해군이 말하기를 '물을 실으려고'라고 말하였다. 그 때부터 의심스럽기 시작했는데 폭파까지는 생각하지 못했다.

마이즈루만에 들어서면서 육지가 가까이 보이니까 그걸 구경하며 한 15분 정도 서 있었을까! 헌데 그 때 쾅! - 소리가 났어. 쾅! - 하는 소리가 나고서 나는 물속으로 떨어지지는 않았는데 갑판에 있던 사람들이 꼭 까마귀 떼가 뜨듯 새까맣게 떠 버리드만 그래. 죽을 것만 같지 뭐여. 꼭 죽을 것만 같더라고. 그래서 옷을 다 벗고 생각했지. 배가 가운데부터 주저 앉았단 말여! 그 때 배안에서 밥솥이 넘어졌어. 뭔가를 붙잡고 나가야 것는디 뭐 붙들고 나갈 것이 없어. 마침 궤짝이 하나 있길래 그걸 부숴서 판자조각을 뜯었는데, 그것만 가지면 저만큼까지 헤엄쳐 나갈 수 있겠다 싶어! 그걸로 살겠더라고. 헤엄은 어느 정도 했으니까. 헤엄쳐 나올 때도 물에 빠진 사람이 잡으니까 피해서 나와야 했어. 잡히면 같이 죽으니까 어쩔 수 없는기라. 뒤에서 잡는 사람을 뿌리칠 수 밖에. 나오다 보니 작은 구조선이 하나 오더만.

영암군에서 간 사람이 열 너댓명 있었어. 그 중에서도 친한 사람이 있었는데 다행이도 친구 세 명이 같이 탔는데 다 살았어. 배가 워낙 커서 천천히 가라앉았는데 나는 판자를 잡고 물 위에 떠 있다가 민간인 구조선을 타고 뭍으로 나왔어.

◈ 증인-44: 주윤창(朱潤錩, 男, 1926年 4月 5日生. 전남 여천시 신기동 91-18)

나는 홋카이도 스미모토 탄광에서 강제 모집함에 따라 홋카이도까지 연행되었다. 스가와라 조에 배속되어 스미모토 탄광에서 탄광보조대로 석탄 캐는 일을 했다.

우키시마호가 마이즈루만에 들어서자 갑자기 폭발소리가 들려 주변을 살펴보니 선체의 벽이 무너지며 가라앉았다. 민간인 어선이 다가와 타고 뭍으로 나왔는데 헌병 남씨가 '배 밑 부분까지 전기선이 늘어져 있는 것을 보고 절단하려 했으나 기구가 없어서 절단하지 못했는데 잠시 뒤 폭발했다'고 말했다.

◈ 증인-45: 최도철(崔道哲, 男, 1926年 3月 19日生. 전남 장성군 장성읍 삼가1동 583)

징용영장을 받고 군청에 집결하였다가 부산에서 신체검사를 받고 배를 타고 시모노세키를 거쳐 아오모리현 오미나토까지 연행되었다. 마이즈루에서 배가 폭파되어 침몰할 때 일본인 노부부가 다가와 배에서 뛰어내려 자기 배에 타라고 하여 나는 노부부의 말대로 뛰어내려 그 배를 타고 뭍으로 나왔다. 오미나토에서 80명이 한 막사에서 합숙했다. 일요일에는 외출증을 받아 극장에 다니기도 했다.

◈ 증인-46: 신원수(女, 1918年 9月 20日生. 부산광역시 해운대구 우1동 395-10)

나는 일본에서 살다가 잠시 귀국한 이화상과 결혼하고 남편을 따라 일본으로 건너갔다. 남편은 고베 사노미야에서 건축업에 종사하다가 조선인 인부를 모집하여 아오모리현 오미나토로 갔다. 남편은 아오모리에서 굴 파는 데와 활주로 공사장에서 일했다. 나는 남편이 일하는 공사장 근처에 식당을 차려 조선인 인부들에게 밥을 지어줬다.

남편의 4형제 이경상, 이화상, 이송상, 이상준 가족이 일본의 같은 마을에서 생활하다가 광복을 맞아 우키시마호에 탔다. 남편의 형수 최순이는 일본에서 병환으로 사망했고, 동생 이송상도 일본에서 세상을 떠났다. 나를 포함한 나의 가족 15명과 최순이, 이송상의 유해가 우키시마호에 같이 승선했다.

배가 폭파당하고 나서 나는 딸 정자를 안고 있다가 작은 구조선을 타고 살아났는데 남편은 아들을 구하려고 바다에 뛰어들었다가 기름바다 속으로 사라지고 말았다. 이 우키시마호의 침몰로 시어머니 박보안, 시숙 이경상, 조카딸 이징자, 남편 이화상, 아들 이의웅, 조카 이진치까지 가족 6명이 죽었고, 동서 최순이, 시동생 이송상의 유해를 잃었다. 생존한 가족은 시숙의 아들인 이원필, 이형필, 내 딸 이정자, 남편의 제수 박정순, 남편의 동생 이상준, 남편의 제수 손병례, 조카 이형원, 조카딸 이청자들이다.

하고 싶은 얘기는 많으나 일본이 저 모양이니 얘기한들 무슨 소용인가? 아무쪼록 일본이라는 나라가 우리들에게 사죄하기를 바랄 뿐이다. 지난 악몽을 다시 생각하고 싶지 않으니 세월이 무상하고 억울한 심정은 달랠 길 없다.

〔필자가 신원수씨 댁을 방문한 날 다른 가족들은 멀리 있어서 자리를 같이 하지 못했다. 가족들의 생존자 개인기록부를 하나하나 작성할 여건이 마련되지 않아 못내 아쉬웠다. 그 가족의 희생은 가계도에 표시된 그대로 필자가 조사한 피해자 가운데 가장 많은 가족이 승선하여 가장 많은 가족을 잃었다. 3대가 승선하여 3대에 걸친 가족이 우키시마호 폭침 당시 희생당했다〕

◈ 증인-47: 이정자(女, 1943年 9月 24日生. 부산광역시 해운대구 우1동 395-10)

세살 때 어머니의 품에 안겨 살아났다고 어머니가 말씀하셔서 알고 있다. 어머니는 그 때를 회상하며 언제나 가슴 아파하셨다. 반드시 해결돼야 할 사건이라고 생각한다.

〈표 3〉 생존자 신원수씨 가계도

◈ 증인-48: 김봉선(金奉先, 女, 1919年 7月 15日生. 부산광역시 금정구 장전동 산 38-4)

시아버지는 나고야에 있는 철공소에 취직하여 일했다. 전쟁 말기에 공습이 심하여 아오모리현 시모키타반도의 요코하마에 숙부가 일하는

공사장으로 가족 모두 이사했다. 우키시마호에는 우리 가족과 숙부의 아들 김종경, 김만경 또 내 친동생 김문경이 같이 승선했다.

남편이 아이들을 구하려고 기름이 덮힌 바다로 뛰어들었는데 영영 돌아오지 않고 있다.

남편 박우동(朴又東), 장녀 박병임(朴炳任), 둘째딸 박영자(朴英子), 장남 박신태랑(朴新太郎), 셋째딸 박열자(朴悅子), 둘째아들 박창언(朴昌彦) 이상 가족 6명이 우키시마호를 탔다가 마이즈루만에서 다 죽었다. 27세에 남편과 자식을 모두 마이즈루만에서 잃고 살아온 내 인생이 너무 힘들고 처참했다.

〔김봉선씨는 2001년 9월 14일 현재 부산시 동래양노원에서 요양중임〕

◈ 증인-49: 임광자(女, 1930年 9月 17日生. 경북 성주군 대가면 옥련1동 207-2)

일찍이 부친은 일본에서 광산업과 노무관리 일을 하였다. 오미나토에서 동생들과 소학교를 다녔다. 아버지는 징용으로 끌려간 것은 아니었고 노무관리나 현장감독으로 군사기밀지대인 오미나토 해군시설부 옆에서 지하탄약고, 비행기격납고 등을 시설했다. 아버지는 돈벌이가 좋아서 우리 식구들은 좀 넉넉하게 생활했다. 배가 폭파되고 나서 우리 가족 모두는 배의 앞 쪽에서 기다리다가 작은 어선이 다가와 타고 나왔다. 지금도 죽은 사람이 눈앞에 생생하다. 다음 날 시체가 바다에 떠올랐다고 야단법석이었다. 우리 가족은 다 살아났지만 천진한 어린아이들이 죽어가던 처참한 지경을 잊을 수 없다.

◈ 증인-50: 임길자(女, 1933年 1月 6日生. 대구광역시 수성구 수성동 1가 294-16)

오미나토 해군시설부 옆 마을에서 소학교에 다녔다. 일본 아이들이 조선 아이들을 멸시하고 놀려대 학교가 끝나면 밖에 나가기가 싫었다. 열세 살 때 해방되어 고향으로 돌아온다고 아버지, 어머니, 언니, 동생들과 배를 탔는데 나중에 알고 보니 그 배가 우키시마호였다. 배가 가라앉으려고 할 때 우리 가족들은 모두 배 위 한 군데에서 손을 꽉 잡고 있다가 모두 다 살아났다. 당시 사고에 대해서는 언니(임광자)가 나보다 더 잘 알고 있다.

◈ 증인-51: 유경수(男, 1927年 8月 19日生. 경북 거창군 거창읍 중앙리 11-3)

일본으로 가야한다는 통지서를 받고 읍사무소로 나갔다. 경찰의 감시를 받으며 트럭을 타고 부산까지 갔다. 시모노세키를 거쳐 아오모리까지 갔는데 거창읍에서 11명이 연행되었다. 숙소에서 3~40명이 합숙했다. 일할 때 군복은 입지 않았다. 마이즈루만에서 나는 배 중간지점에 서 있었다. 그럴 때 갑자기 굉장한 폭발소리가 나면서 가운데부터 가라앉기 시작했다. 어린 아이와 여자들이 많이 죽었다. 바다에 뛰어들면 사람이 서로 엉켜 살아남질 못했다.

거창에서 같은 날 연행되어 같은 장소에서 일하고 같이 우키시마호를 탔던 한석희씨가 돌아오지 못했다. 마이즈루만에서 우키시마호가 침몰당할 때 물속에서 허덕이는 것을 보았는데 그 뒤로 영영 돌아오지 않고 있다. 그 때 사망한 것이 확실하다.

◈ 증인-52: 김응석(金應錫, 男, 1927年 7月 2日生. 서울특별시 금천구 시흥5동 934-32)

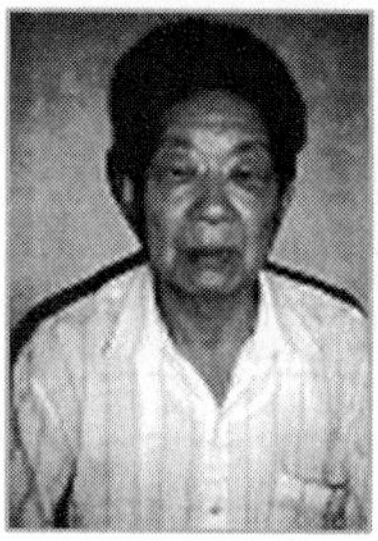

내가 일본으로 강제연행되었다가 광복을 맞아 우키시마호를 타고 귀국하다가 구사일생으로 위기를 모면하고 살아나 천신만고 끝에 부산을 거쳐 천안에 당도하니 사람들이 많이 모였는데 거기서 잔치가 벌이고 있었다.

-잔치라니요. 무슨 잔치였습니까?

일본으로 징용갔던 사람들이 돌아온 것을 환영하는 잔치였지유. 국밥이 준비되었는디 그 동안 굶주리다가 그걸 봤으니 얼마나 맛있었는지 잘 먹었지유.

그런데 때 마침 장마철이라 홍수가 몹시 심하여 열차가 예산까지만 가고 홍성까지는 열차가 가지 못했다. 그래서 합덕으로 해서 고향 서산까지는 2백리 길이 남았지만 걸어서 갈 수 밖에 없었다. 합덕을 지나는데 그 곳에서도 사람들이 곳곳에 빙-허니 둘러서 있기에 가 보니까 동네 사람들이 모여 일본으로 끌려갔던 사람들의 소식을 알아보려는 것이었다.

아! 어떤 데는 가족들이 모두 나와 소식을 알아보려고 하지만 알 수 있어야지유. 도리없는 일이지유. 뭐. 어떻 허것어유.

점심때가 된지라 나는 합덕 시장에서 국밥 한 그릇을 사먹고 계속 걸었다. 일본으로 같이 끌려갔던 사람들과 홍성을 거쳐 고향인 서산에 도착했을 때가 1945년 9월말쯤으로 기억된다. 고향에 이르러 부모형제 품에 안기니 세상의 모든 소망을 다 이룬 듯 하였다.

내가 연행될 때는 한 마을에서 한명씩 할당되었는데, 그렇게 되면 갈 사람을 지명하다시피 하여 '이번엔 네가 가야한다. 이번엔 누가 가야한다' 는 식이었지요. 당시 서산군 서산면 오남리가 우리 집이였는데 장리, 덕진애에서(행정구역상 지금은 3개 마을을 합쳐서 장동으로 불리고 있음) 장정들이 끌려갔다. 여럿이 끌려갔지만 누가 누군지두 몰러유. 동네라고는 하지만 산 넘어 동네나 멀리 떨어진 동네 사람을 다 알지는 못하는 거 아닙니까?

서산군에서 60여명이 차출되어 홍성에서 기차를 타고 천안역에 도착하여 천안의 천일여관인가 어딘가에 투숙하였다. 천안에서 부산행 기차를 타던 전날 밤에 행낭과 가방을 팽개치고 도망쳐 27명만 남아 있었지. 그래서 놓고 간 행낭을 우리들한테 떠 맡겨 그것을 들고 기차를 탔죠. 부산에서 신체검사를 받고 배를 타고 시모노세키에 도착하니 이미 기차가 대기하고 있더구먼요. 그 기차가 바로 아오모리까지 간 거요. 내가 징용당할 때는 마을별로 인원수를 할당하여 군・면사무소에서 지명한 다음 모집시켜 연행해 가는 형식이었다. 이 때는 징용을 피하기만 하면 가족을 못살게 굴었기 때문에 피할 수 없었지요. 지금도 그 때 나를 연행하던 노무계원과 순사가 눈에 선하여 알아 볼 수 있지유. 정말로 어이없는 일이었지요. 60여명 가운데 천안에서 다들 탈출하고 스물일곱명이 아오모리현 시모키타군 오미나토까지 갔다. 도착하여 배치된 곳이 오미나토 해군경비부 제1(2)부대 근처였다. 합숙소는 바닷가에 2층으로 지어져 있었는데 함께 연행된 27명이 모두 한 숙소에 머물렀다. 숙소는 둥근형이었는데 겨울에는 가운데에 무연탄 난로를 지피우고 다다미 한 장을 깔고 담요를 덮고 둥글게 누워 잤다. 식당에는 솥 두개가 걸려 있었고, 밥 짓는 여자가 두 명 있었는데 모두일본인이었다. 또 일을 감독하고 조선인을 감시하는 감시원이 한 명 있었는데 그들은 우리가 하는 일은 전혀 하지 않았다. 다 떨어진 군복을 받아 입고 일했는데 겨울에는 추위가 견디기 어려울 정도로 혹독해서 춥고 배고팠던 일이 가장 고통스러웠다. 부둣가와 기차역을 오가며 물건을 나르기도 하고 배에서 물건을 내리거나 싣는 일을 했다. 부둣가 한쪽 편에 산더미처럼 쌓여있는 무연탄을 화물차에 싣기도 했는데 이 같은 작업을 할 때는 능률을 올리려고 작업량과 임금을 도급제로 할당하기도 했다. 화물차의 적재량이 7톤짜리와 8톤짜리가 있었는데 보통 2명이 한조가 되어 무연탄을 실었다. 어떤 때는 일본 여자들이 쌓여있는 무연탄을 광차에 실어 화물차 옆으로 밀고 오면 우리가 화물차에 삽으로 퍼 올려 실었으며 냉동창고에서 생선상자를 화물차에 싣는 일도 했다. 어느 지역에 가면 출입금지구역이라는 표지가 있어 들어갈 수 없었는데 아마 대포설치구역이 아니었던가 생각된다.

나는 다른 사람에 비해 받은 처우나 생활이 괜찮은 편이었다. 공식적인 외출은 허용되지 않았지만 저녁에는 극장에도 나갈 수 있었다. 극장 근처에 가면 우리나라 사람들이 소 내장이나 고기를 삶아 팔기도 하여 사람들이 그걸 사먹기도 했다. 월급은 같이 갔던 한 사람이 본부에 가서 타다가 나눠줬다. 그것으로 용돈도 하고 저축도 했다. 그런데 배당받은 일이나 배속된 부대의 임무나 방침에 따라 노동과 식생활 정도가 달랐기 때문에 어려움을 겪은 사람이 더 많았다. 나라 잃은 설움과 강제연행에 이은 강제노동이라는 것은 참으로 말로 다 표현하기 어렵다. 죽지 못해 살아 왜놈들한테 시달리다가 겨우 광복을 맞아 우키시마호라는 귀국선을 탔는데 그 배가 바로 지옥선이었다는 생각을 하면 지금도 치가 떨리고 날카로운 칼날이 가슴을 저미는 것만 같다.

아래층 선실에서 사람들과 이야기를 나누고 있는데 갑자기 쾅! - 하는 소리가 나더니 몸이 위로 석자 정도 튀어 오르더군요. 이 때 나는 재빠른 동작으로 사다리를 타고 밖으로 나와 보니 벌써 바다는 온통 기름투성이였고 사람들은 살려달라고 아우성이었지요. 선실 안쪽을 들여다보니 바닷물이 콸콸 솟구쳤고 사다리 아래쪽에서는 사람이 오르락 내리락하며 죽어갔다. 배 안 밖에는 어린이들이 많았는데 엉엉 울면서 살려달라고 소리쳤지만 내가 죽을 지경이라 어쩔 수 없었다. 배가 폭파되자 인근 주민들이 작은 어선을 몰고 와 구조하기 시작했는데 사람이 서로 엉켜 붙어 배가 뒤집힐 지경이었다. 그래서 배가 가까이 접근을 못하고 멀리서 돌아다니며 헤엄쳐 나오는 사람들만 두 세명씩 태워 뭍으로 날랐다. 나도 헤엄쳐 나오다가 민간인들이 몰고 온 작은 어선을 타고 살아나왔다.

구조된 사람들은 해군시설에 수용되었는데 모두 벌거벗은 모습으로 수용소까지 걸어갔다. 그 곳에서 나눠준 모포 한 장만을 걸치고 하루인가 이틀을 보내다가 다른 곳으로 이동되었는데 이 때 나는 2층에 수용되어 방에 앉아 있는데 그 날 밤 9시쯤 갑자기 집이 흔들리면서 또 폭발소리가 났다. 나는 또 다시 큰 사고가 일어난 게 아닌가 하는 생각에 아래층으로 뛰어내렸다. 역시 유리창이 깨지고 문이 부서지며 부상자가 많이 생겼는데 다음 날 트럭 세대가 와서 부상자를 모두 실어갔다. 나중에 알고 보니 취사장에서 밥을 짓는 증기가 폭발한 것이었다. 수용소에서는 '일본인이 조선인을 모두 죽이려고 고의적으로 배를 폭파했다. 6천명 정도는 죽었을 것이다.'는 소문이 나돌았는데 거기에 증기폭발 사고까지 겹쳐 사람들이 항상 불안에 떨고 있었다.

사고가 나고 3일 뒤의 일이었다. 밖으로 나와 바닷가를 가보니 공무원인 듯한 사람들이 밀려든 시체를 몇 구씩 밧줄로 꿰매어 바닷가에 있는 말뚝에 매놓고 있었다. 차마 눈뜨고 볼 광경이 아니었다.

서산에서 같이 연행되었던 27명 가운데 15명만이 살아 돌아왔다.

◈ 증인-53: 오상필(吳相必, 女, 1922年 2月 15日生. 서울특별시 중랑구 신내동 진로아파트)

⇧ 오상필씨와 아들 이상운〈1997.9.27〉

남편의 고종사촌이 일본의 수리조합공사에 참여하여 7년째 공사해 오던 해에 사촌이 남편을 불러 함께 일본으로 가게 된 것이었다. 처음에는 시오바라, 누마다, 다카사키 근처에서 일했는데 아오모리현에 먼저 간 사람한테 시모키타에 좋은 일자리가 있다는 연락을 받고 시모키타로 가게 되었다. 당시에 다카사키에서는 일본인이다 조선인이다 구분 없이 징용이 심했다. 주로 남방전선으로 끌려가 더운 곳에서 고생하게 된다는 소문이 자자했다. 그래서 다시 누마다로 옮겨 금광에서 일하게 되었는데 이 때 남방지역으로 징용당하는 것 보다는 시모키타로 가는 것이 낫겠다고 생각하게 된 것이다. 남편은 오미나토(아오모리현 시모키타군에 있는 항구도시로 해군경비부가 있던 곳)로 일자리를 옮기기 전에는 수리조합 공사장과 금광에서 일했으나 오미나토로 옮긴 뒤부터는 산중턱에서 대포격납고를 만들거나 방공호 파는 일을 했다. 물론 노동자는 모두 조선인이었는데 그 가운데는 해군 군속으로 징용되었다가 현장에서 풀려나거나 탈출하여 자유노동자로 행세하며 일하던 사람도 많았다. 남편을 따라 아들을 데리고 오미나토에서 생활하게 되었을 때 어느 날 40대의 일본인 장정이 찾아와 노동자들한테 밥을 좀 지어 달라고 해서 아이들을 돌볼 여유도 없이 일을 시작해야 했다. 그렇게 해서 4년 동안 식당업을 하면서 남편의 공사장에서 일하는 조선인들에게 식사를 제공했는데 한 끼니에 1백여명 혹은 수 십명이 먹을 음식을 준비했다. 우리 집에서는 언니의 딸과 사위와 사촌오빠 그리고 경북 의성 사람 30여명이 함께 생활했다.

고향을 떠나 남의 나라 전쟁터의 군사시설 공사장에서 일하던 조선사람들의 심정이야 뭐라 말로 다 형용할 수 없었던 그 시절이 눈앞에

선하다. 밥 한술이라도 따끈하게 차려주고 싶었던 그 때의 심정은 겪어 보지 않은 사람은 모를 일이다.

그래도 광복은 찾아왔다. 모두들 귀국의 기쁨에 넘쳤고 고향으로 돌아 갈 준비를 하느라 마음이 들떠 있는데 그 때 이미 우키시마호는 오미나토 해안에서 저만큼 떨어져 정박해 있으면서 조선인의 승선을 기다리고 있었다. 이 때 어느 일본 사람이 나에게 '가지 마세요. 가면 안돼요. 미군이 원자폭탄을 터트려 사람을 다 죽였대요. 일본 헌병이 당신을 죽이려 하면 내 동생이니 죽이지 말라고 말할께요. 당신은 돈도 많고 살림이 넉넉하니 같이 살아요.'라고 말했다. 그렇지만 그런 말은 겉치레 인사로 밖에 들리지 않았다. 그래서 나는 가족을 이끌고 몇몇 조선인들과 함께 짐을 꾸려 기구치 잔교까지 가재도구를 운반하였는데 거리는 2~3km 정도였고, 살림이 많아 우마차로 여러 차례 실어 날랐다.

우키시마호를 타면 밥도 주고, 짐도 모두 실어다 주고, 배삯도 받지 아니하고, 조국으로 돌아갈 수 있도록 해 준다는데 그 배를 타지 않을 사람이 누가 있겠어요?

그러나 그 우키시마호는 부산을 향하지 않았다.

배가 오미나토를 출항하여 한참이 지나 새벽에 이르렀을 때는 비가 부슬부슬 내렸다. 날이 밝아 점심때에 이르러 밥을 주기에 먹고 선실 안에 앉아 있는데 기분이 참 이상했어요. 그래서 나는 아이들은 안고 갑판위로 올라갔어요. 아이를 안고 있는 다른 아낙네들은 선실 안으로 들어가더라구요. 이 때 나는 선실로 들어가지 않았는데 얼마의 시간이 흘렀을 때 마침 지나가는 해군 승무원에게 '내일 아침이면 부산에 도착할텐데 왜 이리로 들어가느냐?'고 물었더니 '물을 넣으려고 들어간다.'고 말하였다. 조금은 의아한 생각에 그냥 갑판위에서 아들을 옆에 앉혀 놓고 딸 아이에게는 젖을 물리고 있는데 저 만큼에서 쾅! - 쾅! - 하는 소리가 나면서 배 전체가 갑자기 아수라장으로 변했다. 사람들이 앞쪽으로 마구 밀리는 바람에 내가 밟힌 것이지요. 일어나려 해도 일어날 수 없고, 네 살짜리 아이는 어디론가 밀려나 보이지도 않고, 간신히 일어나 아이들을 살펴보니 그 처참한 지경에서도 네 살난 아들과 생후 6개월 된 딸이 눈만 꾸벅꾸벅 뜨고 죽지 않고 있더군요. 두 애들을 안고 기어 다니며 갑판위에 팽개쳐졌지요. 나중에 알게 된 일이지만 나는 그 때 허리에 심한 부상을 입었고 갈비뼈 몇 개가 부러진 상태였더라구요.

배 안쪽을 보니 갈라진 틈으로 바닷물이 솟구쳐 오르고 바다에는 사람이 올챙이처럼 바글바글 하더라구요. 그래 뭐 서로 발을 잡아 댕기고, 붙잡고 하니 엉켜서 나가지도 못하고 그 자리서 죽어가는 거였어요. 그래! 참말이지! 그 지경을 어떻게 말로 다 하랍니까? 그렇지만 살아야 한다는 생각으로 이를 악물고 사람들 속에 묻혀 있는데 해군이 다가와서 '어디를 다쳤느냐?'고 묻기에 '다쳤다!'고 말했더니 목선이 들어오니 기다렸다가 타라고 했어요. 그래서 오미나토에서 같이 숙식하던 의성사람들의 부축을 받아 목선에 옮겨져 아이들과 함께 구조되어 뭍으로 나왔다. 밖으로는 나왔지만 허리와 늑골을 심하게 다쳐 숨쉬기도 어려웠으나 어린애를 업고 안고 비스듬한 언덕에 누워있었다. 이 때 남편도 살아 나와 만났다. 오미나토에서 같이 생활하던 노무자들 가운데 의성사람이 많았는데 그들도 50여명이 살아서 모두 찾아왔었다. 불행 중 다행이라 했던가! 사촌오빠와 조카사위와 우리 식구는 까마득한 지옥의 문턱까지 다가갔다가 살아나온 것이다.

곧 날이 어두워지자 어느 조선 사람은 확성기를 들고 '일본 사람들이 우리를 죽이려고 배를 일부러 파산한 것이니 빨리 여기서 피하라. 여기 있으면 또 무슨 일이 일어날지 모른다.'고 말하며 돌아다녔습니다.

수용소에 잠시 머물다가 곧 마이즈루역에 나오니까 어떤 사람이 센자키로 가면……, 어쩌구 저쩌구 하더라구요. 마이즈루를 떠난 우리 일행이 센자키에 도착했을 때 역시 사정이 남과 다를 리 없었지요. 허리는 아파 죽겠지요.(긴 한숨을 몰아쉬며) 밤중이라서 병원은 모두 문이 닫혔지요. 아이들 하고.........., 곧 남편이 밖으로 나가 살펴보니 조선 사람들이 일하러 나다니는 것을 보고 '사실 이러이러하다'하니까 주먹밥을 바께스(양동이)로 가득 주더랍니다. 그것을 일행들이 나눠 먹었지요. 우리 일행은 서로 의논하기를 '우리가 여기서 모두 죽으면 배가 폭파당해 많은 조선사람이 죽은 사실을 고향에 전할 사람이 없을 터이니 각자 흩어져 살길을 찾아 한명이라도 재주껏 살아 고향에 돌아가 이 사실을 알리도록 하자'는 식으로 의견을 나누고 의성사람들과는 그 때 헤어져 우리 가족만 남게 되었다. 사촌오빠와 조카사위는 내 네 살 난 아들과 6개월 된 딸을 데리고 같이 다녀야 하기에 헤어질 수 없었다. 그래서 우리 가족은 어느 다리 밑에 임시 거처를 잡았다.

마이즈루에서 악몽은 머리에서 떠나지 않았다. 며칠이 지난 그 때까지 몸에 묻은 기름때도 닦지 못한 터라 부족한 돈이었지만 우선 목욕부터 해야 했다. 그리고는 이불과 냄비를 사서 조금 있는 쌀로 밥을 지어 먹으며 3일 정도 보냈는데, 허리와 옆구리가 견딜 수 없이 아파서 사촌오빠가 나를 등에 업고 병원엘 다녔다. 엑스레이가 뭔지도 몰랐지만 사진 한번 찍어보지도 못하고 열흘 정도 지났는데 그 때서야 조금은 걸을 수 있었다. 이 때 다행스럽게도 배급을 쌀로 받았는데 3개월치를 한꺼번에 줬다. 사촌오빠는 야매배(밀항선)를 알아보았는데 남은 쌀과 이부자리를 팔면 그 배를 탈 수 있다는 것이었다. 조카사위는 그 당시에도 어디엔가 일하러 다녔는데 늘 허리에 전대를 차고 다녔어요. 그래서 조카사위는 돈을 꽤 지니고 있었으나 우리에게는 돈이 없었던 터였다. 웬 일인지 조카사위는 이 때 우리와 떨어져 다른 곳으로 갔고 나머지 우리 가족은 작은 목선을 타고 귀국하기로 했다(증언하는 오상필 씨는 말을 너무 많이 해서인지 아니면 기막혔던 과거사를 오래간만에 성토해서

인지 가쁜 숨을 여러 차례 내 쉬고 다시 말을 계속 이어갔다).

겨우 얻은 밀항선을 탈 때 큰애(아들)를 안은 애 아버지는 배에 올라 있고 나는 딸애를 업고 배 밖에 있는데 이 때 큰애가 또 저를 놓고 가는 줄 알고 얼마나 울어대는지 지금도 그 울음소리가 귀에 쟁쟁하며 눈에 선하다.

이렇게 배를 타고 부산에 도착하여 밀양까지 왔다. 한국에 와서도 다친 허리를 치료하려고 침을 맞아 보았지만 별 효과가 없었고 약이 없어 제대로 사 먹을 수 있는 형편이 아니었다.

그 뒤로는 아마 자연치유된 것 같기는 하지만 허리가 구부러져 불편하고 통증이 있기는 지금도 마찬가지이다. 5년 전인 1991년 통증이 너무 심하여 고려대학교 부속병원에서 엑스레이를 찍어 보니 갈비뼈 두 개가 부러져 근육 속에 박혀 있는데 수술해서 제거하면 더 나쁘니 그대로 지내라는 것이었다. 이제는 통증이 다리까지 내려가 어딜 나다니지도 못하여 집안에만 박혀 있어야 하는 신세가 되었어요.

— 이쯤에서 다시 오미나토에서 사시던 이야기를 한 번 더 듣고 싶은데 말씀하실 수 있겠습니까?

⇧ 늑골 골절로 허리까지 불편해 평생을 고생하신 오상필 할머니가 당신의 등 허리를 취재진에게 보이고 있다.

예! 얼마든지요. 겪었던 일이니 생각나는 대로 말하지요. 뭐! 지금 생각하니 그 때 돈이 많았어요. 우리 집에는 징용으로 들어온 사람도 많았지만 개인적으로 들어온 사람도 많았어요. 그 사람들이 밥을 먹을 데가 없잖아요. 그러니 식사 때가 되면 모두들 와서 밥 먹고 다시 비행기 감추는 델 만드는 공사장으로 나가곤 했지요. 남편이 인부들을 대신해서 월급을 백원짜리로 받아 오면 부피가 꽤 되었지요. 그러면 밥값을 빼고 사람들에게 나눠줬어요.

– 사시던 자리가 어딘지 생각나십니까?

배타는 곳까지는 십리는 안 되고 약 5리 정도는 된 것 같아요. 뒤로는 높은 산이 있고, 저-어 앞으로 바다가 보였어요.

– 돈을 꽤나 많이 모았을 텐데요. 다 어쨌습니까?

아무리 많으면 뭘해요. 실제로 마이즈루에서 배가 파산될 때 돈이 잔뜩 있었는데 못 붙잡았어요. 물에 빠져 죽을 판인데 무슨 돈을요. 어떻게 가지고 나와요. 못 가지고 나왔지요. 돈요! 그 돈이면 한국에 나가도 우리 가족은 손에 흙 묻히지 않고 편하게 살 수 있다고 말들을 했었어요.

– 배가 폭파될 상황을 한 번 더 얘기해 주십시오.

물(바다)에는 사람이 바글바글한데 어이 살기를 바래요. 못 바라지요. 남자는 많이들 나왔어요. 조카딸은 나를 따라와서 살아났지만 선실 안에 있던 여자들은 다 죽었어요. 물속에서는 서로 붙잡고 엉키고 하니 다 죽을 수 밖에요.

– 센자키에서는 며칠이나 묵었습니까?

보름 정도 묶었지요. 우리는 마이즈루에서 그 날 저녁에 이쪽으로 나왔으니까 그 쪽 사정은 잘 모릅니다. 그런데 나중에 나온 사람들의 얘기를 들어보니 일본 사람들이 바다에서 건진 가방 속에서 돈을 꺼내 말리더라는 거예요.

– 마지막으로 한 말씀 해 주십시오.

이제 다리까지 아파 걷지도 못해요. 왜놈들 아주 못된 놈들이예요.

비가 부슬부슬 내리던 이른 아침에 아이들을 안고 선실 안으로 들어가던 아낙네들의 뒷모습을 생각하면 지금도 소름이 끼친다. 아마도 모두 죽었을 것이다. 내가 우키시마호를 타고 귀국하다가 그 배가 폭파

침몰되어 사경을 헤메던 때는 나이가 24살였다. 네 살된 아들 상운이와 딸 정자를 데리고 천신만고 끝에 부산에 당도하여 남편 이천술과 살아온 오늘, 그 동안의 고생이란 말로 다 표현할 수 없다. 남편은 이 사건의 진상을 밝히려고 증언도 하고 호소도 했으나 사건의 진상이 밝혀지는 것을 보지 못하고 지난 1989년 5월 서울 자택에서 세상을 떠났다.

◈ 증인-54: 이상운(李相雲, 男, 1942年 3月 12日生. 서울특별시 중랑구 신내동 진로아파트)

– 우키시마호가 폭침당하던 그 날이 기억납니까?

기억나지 않습니다. 평소에 아버지한테 들은 얘기입니다. 나는 일본에서 태어나 네 살 때 아버지 이천술, 어머니 오상필, 동생 이정자와 함께 우키시마호를 타고 대한민국으로 돌아오던 중 그 배가 폭침당했으나 다행스럽게도 가족 모두가 살아 돌아왔습니다. 부친은 지난 1985년에 신동아(월간 1985. 3월호) 이종각 기자에게 사건의 모든 사실을 증언하였습니다.

〔월간신동아. 1985. 3월호. 기사범위 520쪽~565쪽. 필자:이종각/동아일보사 여성동아부 기자. 제목: 解放歸國船〔浮島丸]爆沈의 疑惑. 본 기사에서는 이상운씨의 부친인 이천술씨의 증언을 확인하지 못하였음〕

◈ 증인-55: 김현조(金鉉祚, 男, 1927年 2月 10日生. 경기도 안양시 동안구 호계1동 997-15)

나는 고향이 울산군 두동면이다. 고향 마을에서는 4명이, 울산군 전체에서는 21명이 연행되었다. 어느 날 집에 있는데 면사무소 노무계원과 일본 경찰이 징용영장을 들고 찾아왔다. 다른 사람들도 다 마찬가지였겠지만 당시에는 징용을 피하면 가족을 못살게 굴었기 때문에 피할

수 없었다.

전쟁물자가 모자라서 그랬는지 조선사람들에게는 헌 군복 한 벌만 지급되었고, 부식이 형편없이 부족하였고, 적은 양의 현미밥 뿐이라서 모두들 영양실조 상태였다. 나는 연행된 초기부터 해군1부대에서 일했는데 자꾸 일자리가 바뀌더니 마지막에는 해군3부대에서 일하게 되었다. 마이즈루만의 상황에 대해 지금까지 들어서 잘 알겠지만 참으로 처참한 지경이었다. 바다는 온통 기름으로 덮여 있는데다 아이들이 아우성치며 살려달라는 모습은 참으로 눈뜨고 보지 못할 일이었다. 나는 마침 갑판위에 있었기에 살아날 수 있었던 것으로 생각된다. 갑판 아래 선실에 있던 사람들은 거의 다 죽었다 해도 과언이 아니다. 배의 가장 높은 쪽으로 자꾸 기어 오르다가 나팔통을 붙잡고 있었는데 물이 허리까지 차 올랐다. 그 때 민간인 어선이 가까이 다가와서 그 배를 타고 구조되었다. 배는 좁고 작아서 몇이서 타고 나왔다. 구조된 뒤에 마이즈루에서 들은 얘기인데 '오미나토에서 1만2천명이 승선하여 9천6백명이 죽었다.'고 했다.

우키시마호폭침사건은 내 인생 가운데 가장 억울한 일로 머리 속에 남아있다. 지금 와서 아무리 생각해 봐도 당시 우키시마호는 고의적으로 폭침되었음이 확실하다. 올해로 51년이 지났지만 이 같은 비인도적인 만행은 반드시 그 진상을 규명하여 죽어간 사람들의 넋을 달래는 것이 살아남은 사람들의 의무라고 생각한다.

◈ 증인-56: 배경자(裵京子, 女, 1937年 3月 28日生. 서울특별시 종로구 평창동 329-2)

아버지는 요코하마에서 터널공사와 같은 대형공사를 하청받아 일했다. 사할린에서는 부두공사를 했고, 오미나토에서는 주로 산에서 격납

고를 만들거나 터널 파는 일을 했다. 그래서 아버지는 돈을 많이 벌 수 있었다. 우리 형제 7남매 모두 일본에서 태어났는데 1944년에 가족 모두가 오미나토에 이사하기에 앞서 부친이 먼저 오미나토에 일자리를 잡아 놓았었다. 나는 오미나토에서 소학교 2학년까지 다녔는데 학교에 가면 조선인이라고 차별하여 친구를 사귈 수 없었다.

아버지가 거느리던 공사장에는 취사부가 따로 있었는데 한 끼니에 3백명분의 식사를 준비했다. 아버지는 많은 돈을 벌었기 때문에 그 돈으로 고향에다 과수원과 집을 마련해 놓고 가족을 모두 데려가겠다는 계획으로 해방이 되자 1백만원을 챙겨 막내아들도 제쳐두고 나와 둘째 부인만을 데리고 우키시마호에 탔다. 배가 마이즈루만으로 들어갈 때 모두들 갑판으로 나와 한국에 다 왔다고 손뼉 치면서 환성을 질렀다. 그런데 글쎄 쾅! – 하면서 배가 터졌어요. 나는 쭈우욱 미끄러지면서 등이 다 까졌었지요. 사고 당시 나는 어렸기에 아버지가 널다란 판자위에 나를 올려놓고 서모와 함께 헤엄치다가 나를 먼저 구조선에 태워놓고 다시 구조선에 오르려 할 때 구조선과 아버지와 서모가 잡고 있는 널판자가 떠밀려 자꾸만 멀어졌다. 그래서 일본 사람이 아버지에게 밧줄을 던졌는데 그 밧줄이 아버지의 가슴을 세게 치는 바람에 물속으로 빠져 들어가 아버지는 영영 돌아오지 못하게 되었고 서모만 가까스로 구조되었다.

수용소에서 잠시 밖에 나와 보니 바닷가에 널려 있는 시체들의 얼굴은 모두 기름으로 까맣게 덮여 알아 볼 수 없었다. 일본 군인들이 바다에서 시체를 꺼내 여러 군데에 모아 놓기도 하고 또 한꺼번에 태우고 있었다. 나는 그 자리에서 아버지 생각이 나 엉엉 울고만 있었다.

이 사건으로 아버지와 생이별을 한 나는 마이즈루의 어느 수용소에서 머물다가 오미나토에서 소식을 듣고 달려온 큰오빠를 따라 다시 오미나토로 갔다. 이 때 서모는 따라가지 않았다. 오미나토에서 아버지의 영전을 차려 모셨고, 가족들은 모두 슬픔에 쌓인 나날을 보낼 수 밖에 없었다. 오미나토에서는 유출된 군수품을 얻어 생활하다가 다시 전에 살던 요코하마로 옮겨 1년 남짓 살다가 귀국하려고 시모노세키로 갔는데 그 때까지만 해도 귀국하려는 조선사람이 많아 기다렸다가 부산행 배를 탔다.

◈ 증인-57: 김창식(金昌植, 男, 1921年 1月 10日生. 충북 충주시 살미면 설운리 154)

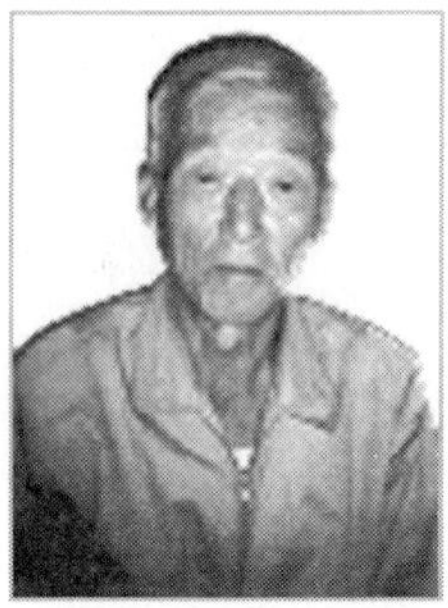

나는 23살에 결혼하여 부모를 모시고 형제들과 화목하게 살았는데 어느 날 갑자기 면사무소에서 징용영장이 발부됨과 동시에 면사무소에 집결하라는 통보를 받았다. 면사무소에 나가보니 아는 사람들이 많이 나와 있었다. 나와 똑같은 징용영장을 받고 나온 사람들이었다. 충주에서 조치원을 거쳐 부산까지 기차를 타고 갔다 부산에서 신체검사를 받고 시모노세키까지는 배를 타고 갔는데 시모노세키에 도착하니 이미 기차가 대기하고 있었다. 시모노세키역에서 기차에 태워져 아오모리현까지 가게 되었다. 강제로 끌려가던 신세였다.

당시 충주에서 연행돼 가던 사람들은 모두 해군 12부대에 배속되어 미사와비행장에서 비행기격납고, 지하탄약고, 방공호들을 만드는 일을 했다. 막사는 2층 둥근형으로 지어졌고 한 층에 30여명이 합숙했다. 일할 때 해군들의 폭행이 심하고 대우가 나빠 강력하게 항의했는데 그 이유로 나는 이와테현(岩手縣)에 있는 채석장으로 이송되어 1년 동안

⇧ 김창식씨가 자택 안방에서 증언하는 모습. 이 날 취재 · 기록은 충주MBC 류해창 PD가 함.
〈촬영: 전재진〉

돌 캐는 작업을 했다. 8월 19일에야 해방되었다는 소식을 들었고 인솔자의 명령에 따라 기차를 타고 오미나토로 갔다. 오미나토에 도착해 보니 이미 많은 조선인들이 배를 타고 있었다.

우키시마호가 마이즈루만에 들어갈 때 물이 부족하여 물을 싣기 위해 들어간다는 것은 핑계에 불과한 것이다. 다음 날에는 부산항에 도착할 수 있었으므로 보유하고 있는 양으로도 충분했다고 생각한다. 우키시마호가 오미나토를 출항한 초기에는 선내 식당에 출입할 수도 없었지만 식당에 있는 물을 마시지 못하게 했다. 그런데 마이즈루항으로 선수를 돌리면서부터는 이상하다 할 정도로 통제를 하지 않았다. 그래서 나는 식당으로 들어가 바가지로 물을 퍼 실컷 마셨다. 이 때 해군들이 회의가 있다며 조선사람들은 모두 다른 곳으로 가라고 쫓았다. 배가 마이즈루만으로 들어가 멈췄는데 해군들이 '쾅! 하면 그만이다. 마지막이다.'라고 말했는데 잠시 뒤에 폭발했다.

◈ 증인-58: 정동완 (丁東完, 男, 1922年 12月 9日生. 충북 충주시 문화동 2367 21/2)

내가 살던 마을에서 여러 명이 같은 날 연행되었는데 모두 미사와비행장에서 비행기격납고와 활주로를 만들었고 나는 우물 파는 일도 했다. 해군 군속으로 끌려가 일하던 조선사람들이 미사와 들녘에 꽉 차

있었다. 다달이 월급을 받았지만 액수도 적었고 돈 쓸 시간이나 장소가 주어지질 않았다. 결혼한 사람에게는 가족수당을 지급했는데 나는 장남이 아니라며 가족수당을 주지 않았다. 겨울에는 차가운 바람이 심했고 몹시 추워 견디기가 어려웠다. 밥과 부식은 여전히 부족했다. 우키시마호는 두 번의 연속된 폭발소리와 함께 침몰하였는데 나는 자갈이 깔려있던 맨 아래층에서부터 갑판 위까지 사다리를 타고 나왔다. 이 때 폭발소리와 동시에 몸이 팽개쳐지며 부딪쳐 한족 고막이 파열되었다. 마을에서 같이 갔던 윤종열, 이송봉, 김성진, 이해성, 김동일은 사고 바다에서 돌아오지 못했으니 틀림없이 그 날 거기서 죽었을 것이다.

◈ 증인-59: 김예호(金銳浩, 男, 1918年 3月 23日生. 충북 충주시 살미면 세성1동 594)

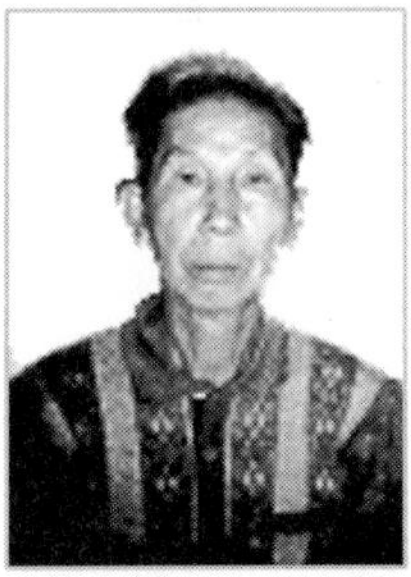

나는 평안북도와 만주 그리고 충북 단양으로 세 번이나 징용당했었는데 아오모리현으로 연행될 때가 네 번째였다. 마을 구장 앞으로 징용영장이 배포되었고 면사무소 노무계원이 찾아왔다. 나는 3형제 중에 막내였다. 맏형 김인호 앞으로 징용영장이 나왔는데 장손이라서 내가 형 대신 갔다. 네 번째 끌려가는 판이라 강력하게 항의하고 반박했으나 징용에 따르지 않으면 가족을 못살게 굴어 어쩔 수 없이 따라 갔다. 면사무소에 집결하라는 통보를 받고 다녀왔는데 싸립문에 금줄이 걸려있었다. 첫 아들이 태어난 날에 나는 일본 땅으로 연행되었다. 아들이 세상에 태어난 날 남의 나라 전쟁터로 끌려가던 심정을 지금도 뭐라 표현

해야 할지 모르겠다. 지금도 아들한테 여전히 미안한 생각뿐이다.

우키시마호가 오미나토를 출항한 다음 날 해군들이 '이 배는 오키나와에 갖다 줄 배다. 미군에게 넘겨야 할 배다.'라고 말했다. 3층 선실에서 잠이 들었는데 꿈속에서 '야! 빨리 나와라.'고 하여 눈을 떠보니 갑자기 쾅! - 하며 배가 흔들렸다. 밖으로 뛰어나와 돛대 꼭대기까지 기어오르다가 민간인 어선을 타고 나왔다.

일본이라는 나라는 사람이나 짐승이나 모두 악독하기 짝이 없다. 남의 나라 사람을 강제로 끌어다가 일을 시켰으면 조용히 감사한 마음으로 돌려보내야 했다. 돌려보내지는 못할망정 모두 다 바다 속에 넣어 죽이려고 작정했으니 얼마나 악질인가. 내가 죽기 전에 해결되어야 할 텐데 건강도 좋지 않고 해서 세월이 원망스럽기만 하다. 그 때 죽은 동포들이 더 불쌍하다. 일본은 하루속히 반성하고 사죄해야 한다.

◈ 증인-60: 허 호(許 浩, 男, 1919年 3月 20日生. 충북 충주시 교현1동 482-6 13/3)

내게 징용영장이 나와 법원 마당에서 신체검사를 받고 충주 시내에 있는 조일여관에 집결하였는데 이 때 증원군에서 1백명이 모집되었다. 미사와비행장에서 같이 갔던 김예호, 정동완씨와 같은 장소에서 일했다. 넓은 들판에 활주로를 만들었고 비행기 격납고도 만들었다. 숙소는 둥근 나무집이었다. 가운데에 연탄난로를 피고 빙 둘러 누워 잠을 잤다. 겨울에는 몹시 추웠다. 먹을 것이 늘 부족했고 의복이나 신발이 엉터리였다. 해방 소식을 듣자마자 해군 본부로 모이라는 연락을 받고 집합하였는데 오미나토로 가라는 것이었다. 우키시마호는 청진으로 갈 예정이었으나 소련군 때문

에 갈 수 없어 부산으로 간다면서 남하하였다. 마이즈루에 들어갈 때 1백톤 이상의 배는 항해금지라는 소문을 돌았다. 마이즈루항에 입항하여 배가 멈추더니 갑자기 굉음이 들렸고 배가 두 동강이 나면서 가라앉기 시작했다. 선실 안에 있었던 사람은 빠져나오지 못하고 거의 다 죽었다. 배가 마이즈루만으로 들어가는데 해군들이 '이 배는 부산에 가지 아니하고 폭파시킨다.'고 말하는 소리를 들었다. 우리 조선 사람들이 알아듣지 못하는 줄 알고 자기네들끼리 중얼댔던 것이다.

◈ 증인-61: 이쾌영(李快榮, 男, 1922年 2月 19日生. 충북 충주시 충의동 125)

나는 미사와비행장 근처에 있는 기차역에서 군수물자 하역과 지급업무를 맡았다. 화물차에 피복, 식료품과 같은 군수물자를 싣고 오면 이를 분리하여 포장했고 군인들이 전표를 제출하면 전표대로 물품을 개인 지급했다. 이 때 조선인 다섯명이 함께 일했다. 숙소에는 50명이 합숙했는데 주로 일본 군인이었다. 미사와에는 3천명의 조선인이 일하고 있었다. 나는 군수품 지급업무였기 때문에 다른 사람보다 고충은 적었으나 너무 억울한 세월이었다.

배가 마이즈루만으로 들어갈 때 해군들이 회의를 마치는가 싶더니 굉장한 폭발소리와 함께 두 동강이 나 가라앉기 시작했다. 민간인들이 몰고 온 작은 어선을 타고 살아났는데 너무나 처참한 광경이라서 지금도 눈앞에서 지워지질 않는다.

⇧ 충북 충주시 노인회관에서 만난 생존자 이쾌영씨(왼쪽에서 세 번째) 다른 분들은 귀국할 때 우키시마호를 타지는 않았지만 모두 일본 전쟁터로 강제연행되었던 것은 마찬가지였다고 이구동성으로 말하였다.

◈ 증인-62: 최억조(女, 대구광역시 중구 지저동 645-12)

〔최억조 할머니를 방문했던 1996년은 포도가 무르익고 가을걷이가 한창일 때였다. 큰 아들 이재우씨는 대구 시내에서 생활하고, 어머니는 시내에서 조금 떨어진 외곽에 옛집이 있어 공기 맑고 조용한 곳에서 사시도록 하고 종종 다닌다고 했다. 자동차로 20여분을 달렸다. 전원적인 마을 가운데에 알뜰살뜰 꾸며 놓은 소담스런 집에서 할머니를 만날 수 있었다. 집 밖 포도밭에서 막 따내 온 포도는 어느 때 어느 자리에서 보다도 맛이 좋았고 역사적 의미도 담겨 있었다. 할머니는 연세가 88세로 귀가 잘 들리지 않았고 눈이 어두웠으나 기억력은 누구 못지않게 좋으셨다. 면담자는 할머니의 맏아들 이재우씨와 맏딸 이선우씨

그리고 진상규명회 이진견 사무국장과 동행했다. 할머니 거처에 당도하기 전에 이미 이재우씨 집에서 막내아들 이재필씨와 한 자리에서 우키시마호 사건에 대해 충분한 얘기를 나눈 뒤였다. 안방에 들어간 일행은 할머니와 마주 앉았다. 이선우씨가 어머니한테 방문 경위와 목적을 간단히 소개하니 할머니는 흥분을 일으키며 일본에서 고생했던 시절과 우키시마호폭침사건에 대해 거침없이 쏟아놓으셨다〕

— 할머니! 여기 오기 전에 큰 아드님 집에서 한참이나 얘기하다 왔습니다. 여섯 식구가 일본에서 살게 된 연유를 말씀해 주세요

경상북도 청도군 운문면 순지리가 내 고향이라오. 내가 결혼하여 첫 아이를 낳았을 때는 일정(일제식민통치시기)때라 살림살이가 이루 말 할 수 없이 어려웠어요. 다들 아는 형편이잖아요. 그 때 남편이 일본 동경에서 일하고 있었으므로 아들을 업고 찾아갔지요. 그 때가 아마 30년대 초반일 거예요. 그 뒤로 줄곧 일본에서 살면서 딸 둘과 아들을 얻었으니까 우리 식구는 모두 여섯 명이 된 겝니다. 가족 여섯 명이 함께 살다가 아오모리현 오미나토로 옮겼는데 돌아오기 전까지 3년 정도 오미나토에서 살았어요.

— 오미나토로 이사해서 할머니께서는 무슨 일을 하셨나요?

남편이 시모키타에서 토목공사를 맡아 일했으므로 나는 남편의 공사장에서 일하는 인부들의 식사를 챙기는 일이었지요. 나 뿐 만 아니라 조선 여성들은 거의 다 식당에서 일했어요. 한 끼니에 몇 십 명이 먹을 밥을 지어야 했으니까 밥 짓는 일도 쉽지 않았다오. 물론 내가 식당을 운영했으므로 식대는 받았지만 젊은 사람들이 일하다가 배고프면 찾아와요. 같은 조선 사람들이니 참 비참하다는 생각에 이것저것 따질 일이 아닌거예요. 실컷 먹으라고 다 내줘도 어디 양이 차기나 했나요? 한참 힘쓰며 일할 나이에 밥 한술이야 간에 기별도 안 간다는 건 뻔하지요.

아이들이 소학교를 다녔으나 뒷바라지라곤 어려웠지.

— 그 때 조선 사람들은 무슨 일을 했나요?

그 때 오미나토에는 조선 사람이 많았지요. 남자들은 방공호와 터널을 팠고 여자들은 주로 식당에서 일했지만 공사장에도 많이 나갔어요.

— 우키시마호에는 어떻게 탔습니까?

그 배는 큰 배라서 바다 가운데다 띄워놓고 작은 배로 사람과 짐을 실어 날랐지. 시모키타 근처에 있는 조선 사람이 다 탔는데 사방 20리에 있는 사람은 모두 다 타라고 했다지 아마. 우리 식구 여섯 명이 한 번에 다 탔어요. 나는 그 때 정황으로 봐 강제로 태우지 않았나 생각햐.

— 배가 폭파되었을 때 일이 생각나시나요?

배가 파산할 때 사람들이 부상당하여 피를 개 잡듯 흘렸지. 어린아이들은 거의 다 죽었어요. 모두들 비명소리를 지르며 죽어갔어. 높은 곳으로 기어오르다가 미끄러지면 바다 속으로 빠져 죽었지. 나는 막내둥이를 안고 자꾸자꾸 높은 곳으로 기어서 올라갔다가 구조선을 타고 나왔는데 우리 식구는 여섯 명이 다 살아났어요. 어떻게 살아났는지 꿈만 같아요. 우리야 다행한 일이지만 가족을 잃은 사람들은 어쩌겠어? 그나마 구조선을 타지 못한 사람이 부지기수야. 안고 있던 막내가 죽었을 거라고 생각했는데 몇 시간이 지나니까 살아나더라고. 모두들 발가벗고 걸었는데 얼마나 걸었는지 모두 숙소에 당도했나봐.

— 배에서 어떤 이상한 일은 없었나요?

어허! 그래요. 봤어요. 배가 오미나토에서 나와서 바다를 지나갈 때 군인들이 소지품을 바다에 던져버리더라고. 배가 파산되기 전에 해군들은 다 도망쳤어.

할머니는 다시 말한다. 배가 파산당할 때 살아나기는 했지만 여섯 식

⇧ 맏아들 이재우. 어머니 최억조. 맏딸 이선우.

구가 살아갈 앞날이 캄캄하기만 했단다. 시모노세키에서 부산행 배를 타려고 며칠을 기다렸는데 먹을 거라며 삶은 콩을 한 움큼씩 나눠줬다는 것이다. 우리 가족은 모두 살아왔으니 불행중 다행이지만 너무 많은 사람이 처참하게 죽었어요. 그들을 위해 마땅한 조치가 있어야 해요. 〔최억조씨는 슬하에 맏아들 이재우, 맏딸 이선우, 둘째딸 이순연, 막내아들 이재필을 두었다.〕

◈ 증인-63: 이재우(李在雨, 男, 1927年 6月 25日生. 대구광역시 중구 지저동 645-12)

나는 1933년 여섯 살 때에 어머니를 따라 일본으로 건너갔다. 16세 때인 1943년에는 가족 6명이 동경에서 아오모리현 시모키타로 이사했다. 아버지는 지자키 조에서 하청업을 하셨는데 주로 군사시설 공사였고 어머니는 식당을 운영하며 조선인 노동자들의 식사를 준비했다. 우리 집은 우소리천 근처에 있었는데 어머니가 식사를 준비하면 인부들이 와서 먹었고 점심으로는 도시락을 싸 주기도 했다. 힘들었던 일은 기억나지 않으나 당시 조선인들의 생활은 곤란했다.

오미나토항에서 배를 탔는데 승선하기 전에 '이 배가 무사하게 한국까지 갈 수 있을지 모르겠다.'고 일본사람들이 말하는 것을 옆에서 들었다. 나는 배 한 가운데에 탔었다. 여름이라 하도 더워서 밖으로 나왔는데 그 때 이미 배는 마이즈루만으로 들어가고 있었다. 배가 들어가다가 멈춰섰는데 '왜 그러느냐?'고 물으니까 '물 때문이다.'고 해군들이 말했다. 해군들이 구명보트를 타고 탈출하는 것을 보았는데 잠사 후 폭발소리가 들리며 가운데부터 가라앉았다.

◈ 증인-64: 이선우(女, 1934年 1月 5日生. 대구광역시 달서구 본동 6740-1)

내가 열한 살 때인 1943년에 가족들과 함께 동경에서 시모키타로 이사갔다. 소학교 5학년 때부터 학교에서 군사훈련을 받았는데 6학년 때는 수류탄 던지기와 총검술도 가르쳤다.

해군들이 자신들의 소지품을 마구 버리면서 '이 배를 없애기 때문에 조선 사람들한테 물건을 주는 것이다'고 말했다. 어쨌든 일본 군인들이 배를 없앤다는 말을 하고 다녔다.

우키시마호가 마이즈루만으로 들어갈 때 반대 방향으로 빠져나가는 배를 보았는데 그 배의 크기는 우키시마호의 1/5정도였다. 서로 손을 흔들며 손 인사를 나누기도 했는데 그 배가 먼저 가라앉기 시작했다. 아무런 소리도 들리지 않았는데 아마 바위에 부딪친 게 아닌가 생각했다. 배가 마이즈루만으로 들어가다가 멈췄는데 해군들이 구명보트를 타면서 '물이 필요해서 가지러 간다.'고 했다. 잠시 뒤에 폭발소리가 연속해서 들렸는데 나는 그만 정신을 잃을 정도였다. 정신을 가다듬고 보니 바다 가운데 기름위에는 사람들이 바글바글했다. 아버지는 막내 동생을 업고 헤엄쳐 나가자고 했으나 어머니가 함께 기다려 보자고 했다. 구조에 나선 일본인 어선들도 몇 번이나 뒤집혔는데 이 때 일본 사람도 죽지 않았는지 모르겠다. 배가 가라앉기 시작하여 한참이 지났는데 해군

⇧ 사건 당시를 증언하는 형제들. 왼쪽부터 이재우, 이선우, 이재필씨

함정 한대가 다가와서 사람을 짐짝처럼 던지며 옮겨 실었는데 이때에도 바다에 떨어진 사람이 있었는데 아마 죽었을 것이다. 아버지가 돈가방을 챙겨 나가려 하니까 해군들이 '가방을 버리지 않으면 바다에 밀어 넣겠다고 위협하여 아버지는 가방을 바다에 던졌다. 구조된 사람들에게 다시 배를 타라는 것이었다. 나중에 생각해 보니 아마 수용소로 우리를 데려 가려고 그랬던 것 같은데 우리는 그 배를 타지 않았다. 그 배를 타지 아니한 사람은 모두 맨발로 밤새도록 걸었는데 옆에서는 총 끝에 검을 꽂은 군인들이 인솔하였다. 수용소에 도착하니 이미 배를 타고 온 사람들이 와 있었다. 이 때 군복과 담요를 한 장씩 줘서 둘러쓰고 있었다. 1차 수용소에서는 3~4일 있었는데 그곳은 구조된 해변에서 반대편에 있는 해군기지였다. 침몰되기 훨씬 전에 해군들이 바다에 물건을 던져 버렸다. 그래서 내가 버리지 말고 달라고 하니 "누구는 주고 누구는 안 줄 수 없잖느냐."며 돌려주길 거절했다.

우키시마호에 승선하기 전에 오미나토에서 시모노세키까지 기차를 타고 갈 경우에는 15세 이상에 한하여 가방 한 개만을 허용했으나 우키시마호를 탈 경우에는 짐을 제한하지 않았기 때문에 모두들 더욱 우키시마호를 탔다.

◈ 증인-65: 이순연(女, 1937年 6月 23日生. 경남 진주시 점촌면 대축리 504)

나는 언니 이선우와 마찬가지로 일본에서 태어났다. 여섯 살 때 아

버지를 따라 가족들과 함께 아오모리현으로 이사갔다. 몇 해인가 지내고 보니 광복을 맞게 되었다. 고향으로 돌아 간다고 가족들 모두 우키시마호를 탔다가 도중에 사고를 당하여 구사일생으로 살았는데 그 때 내 나이 아홉 살이었다. 배가 사고를 당했을 때 많은 사람이 죽어가는 것을 보았다. 끔찍했던 모습들이 지금도 머리 속에 생생하게 그려진다. 오빠와 언니들의 얘기를 들어서 알고 있는 것인데 일본에서 아버지는 큰 공사를 하청받아 일했기 때문에 돈을 많이 벌었고 가족들도 별 어려움 없이 생활했다고 한다.

◈ 증인-66: 이재필(男, 1942年 7月 21日生. 대구광역시 동구 입석동 947-21)

나는 일본에서 태어나 우키시마호가 폭파 침몰될 때 네 살이었습니다. 부모님과 형제들이 사고에 대한 얘기를 들려주어 알고 있을 뿐 당시의 기억은 없습니다.

◈ 증인-67: 김수득(金壽得, 男, 1919年 3月 15日生. 경상북도 상주시 흥각동 260-2)

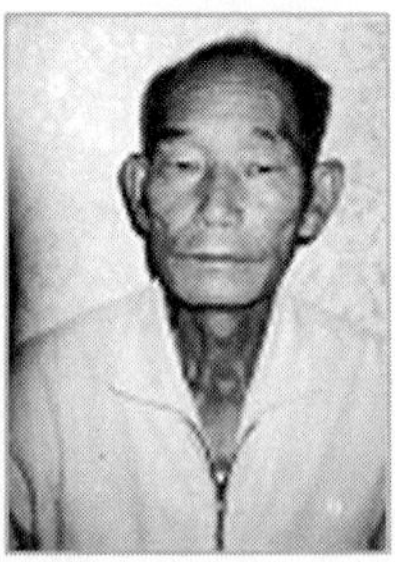

나는 경상북도 상주에서 태어나 결혼하고 1년 뒤에 아내와 함께 일본으로 갔다. 형 김칠성(金七星)이 먼저 일본으로 건너가 살고 있었다. 일본의 식민지였던 조선은 살기가 어려웠기 때문에 나도 형이 있는 일본으로 돈벌러 가기로 마음먹었던 것이다. 내가 일본으로 갈 때는 만주사변이 일어났던 때였으니까 소화12년(1937년)이었다.

일본에 가서 처음에는 다카다에 있는 단추공장에 다녔다. 그런데 얼마 지나지 않아 징용하여 남방전선으로 보낸다는 것이었어요. 그 때 마침 아오모리현에서는 군사시설인 무기저장고를 판다기에 형님 가족과 함께 아오모리로 간 것입니다. 아오모리에는 징용영장 없이 자유의사대로 갔지요. 아마도 아오모리로 가지 않았다면 틀림없이 남방전선으로 끌려갔을 것입니다. 아오모리현에서는 군사시설업체에서 일할 수 있는 여건이었기 때문에 징용으로 간주한 것 같습니다. 군사시설도 시급했을 터이니 유야무야했던 것이지요. 일반인들 복장으로 일했기 때문에 자유노동자가 된 것이다. 나와 같은 처지의 가족단위 자유노동자로 충청도, 전라도, 경상도 사람들이 많았다. 순전히 군사시설공사장에서 일하였는데 하청업체에 소속되어 매달 월급도 받았다. 내가 일하던 마을의 이름은 기억나지 않으나 그 곳에서 2년 동안 굴을 팠다. 나무로 문틀을 짜고 기둥을 세우고 굴을 완성하면 거기에 무기를 저장하였다. 굴 공사에 쓰이는 나무는 어느 제재소에서 공급하였다. 공사현장 책임자는 모두 일본인이었고 군의 통제를 받지는 않았다.

– 굴의 규모나 깊이는 어떠했습니까?

산으로 올라가 1백미터 혹은 1백50미터를 파 들어가기도 했지요. 그 때는 1미터를 파면 얼마를 계산해 주곤 했어요. 내가 십장이었기에 사정을 잘 알고 있고, 십여 명 가운데서 책임자 역할을 했어요. 또 어는 곳에서는 3~4미터를 파면 또 다른 데로 옮겨 파고 또 파고 그랬던 것이지요. 방공호는 아니었고 무기저장소였던 것으로 기억됩니다. 그 때 돈으로 1백엔 2백엔 하면 큰 돈이었지요. 그런데 월급으로 50엔씩 구미(하청업체)에서 받았어요.

– 우키시마호에는 어떻게 타게 되었습니까?

드디어 일본이 태평양전쟁에서 패망하고 우리 조선인들이 고국으로 돌아 갈 수 있는 여건이 마련된 것이었잖아요? 이 배로 가면 배삯도 받지 않고, 살림살이도 몽땅 실어다 준다하여 배를 탄 것이지요. 더구나 이 배를 타지 아니하면 조선에 못 나간다는 것이었어요. 그 배가 바로 우키시마호였지요. 내가 일하던 곳에서 배를 타던 곳까지는 그리 멀지 않았습니다. 오미나토 근처였으니까요. 우키시마호를 탈 때는 작은 배로 옮겨 태웠는데 그 과정에서 산바시(뜬다리)에서 바다에 떨어져 죽은 사람도 있었습니다. 나는 일본에서 태어난 아들 둘과 딸 아이와 아내까지 다섯명 가족이 모두 기구치산바시에서 작은 배를 타고 멀리 정박해 있는 우키시마호에 옮겨 탔습니다.

— 가족을 다 잃으셨다구요?

아내와 아이들 셋이 마이즈루만에서 다 죽었지요. 사고가 난 다음 날부터 마이즈루 바닷가에 나가 아내와 일본에서 태어난 아들 종달이와 중달이 또 딸 춘계를 찾았으나 찾지 못했지요. 그 때부터 죽은 줄로 알았지만 아직도 돌아오지 않으니 틀림없이 그 날 죽은 겁니다. 애들이 뭘 잘못했길래............,

— 같이 일하던 형 김칠성씨의 가족은 어떻게 되었습니까?

형님도 형수와 조카인 옥희, 옥분, 옥순 그리고 이름이 기억나지 않습니다만 어린 아들 하나까지 여섯 식구 모두 배를 탔어요. 형도 아내와 아들을 잃었습니다.

⇧ 생존자 김수득씨 증언 취재. 가운데 일본인 활동가 무카이 미도리씨. 오른쪽은 김수득씨의 아들.

우키시마호가 마이즈루만에 들어서니까 산도 보이고 마을도 보이는 것이었어요. 그런데 이상한 것은 승무원들이 미친 듯이 날뛰는 것이었어요.

우리들한테 폭행은 아니었지만 미친 듯한 행동으로 대하는 것이었습니다. 나는 육지에 배를 대면 모두 내리는 줄 알았지요. 내리지 않는다면 배가 육지 가까이로 갈 필요가 없잖아요? 남녀노소 할 것 없이 다들 갑판위로 나와 있는데 해군 승무원들이 모두 배 안으로 들어가라는 거예요. 그래서 아내와 아이들은 배안으로 들어가고 나는 갑판위에 서 있는데 잠시 뒤에 쾅! – 해요. 그러더니 어느 새 내가 바다에 떨어졌더라구요. 보따리가 물위에 널려 있기에 그 위에 올라타고 있었지요. 그 때 구조선이 다가 오기에 타고 나왔지요. 민간인 어선이었는데 작은 배였어요. 쾅! – 하는 소리와 동시에 바다로 튕겨나가는 바람에 아이들을 생각할 겨를이 없었던 게죠. 배가 폭파되기 직전에 승무원들이 작은 보트를 내리더니 그걸 타고 떠나고 나서 폭발한 겁니다. 그 때 나는 배 가운데 지점에 있었기 때문에 확실하게 봤어요. 배가 폭발할 때 좌우의 흔들림이 아니었어요. 가운데부터 갈라지니까 앞 뒤 양쪽이 솟아 오르더라구요.

구조된 뒤에는 마이즈루 노무자 관사라고 하는 데에 수용되었는데. 비지밥을 주는 데는 참 못 먹겠데이.

내가 가족을 찾으려고. 아내를 찾아야 아이들을 찾을 수 있고 또 돈이 있어야 움직이지 않겠습니까? 그래서 바닷가에 나가니까 죽은 사람이 물에 퉁퉁 불어서 해변에 꽉 밀려들었는데 누가 누군지 알아 볼 수 없더라구요. 시신이 수백 수십 구가 밀려있는 속에서 어이 찾아요? 나도 아내와 아이들을 못 찾았지만 형님 가족도 아무도 못 찾았어요. 시신은 4~5일 뒤에도 밀려들었던지 바닷가에 시체가 널려 있었어요.

– 몇 몇 가족이 살 수 있었던 것은 어떻게 했기에 살 수 있었을까요?

형과 조카딸은 구조되어 살았어요. 왜냐하면 그나마 갑판위에 있었기 때문에 살 수 있었던 것이지요. 다른 가족들은 배안으로 들어갔기 때문에 빠져 나오지 못한 것이지요. 해군들이 폭발 직전에 배 안으로 들어

가라고 소리쳤는데 그 대 배안으로 들어간 가족은 모두 죽었어요.

— 부산까지는 어떻게 오실 수 있었습니까?

마이즈루에서 시모노세키로 이동하여 하룻밤을 지내고 나니까 군부에서 증명서를 발급해 준다더군요. 그래서 증명서를 받아 연락선 타는 곳까지 가는 기차를 탈 수 있었습니다. 연락선을 타고 부산에 당도하니 부산에서는 상주, 김천, 뭐 여러 지역으로 사람을 보내더군요.

— 이 사건이 왜 해결되지 않고 있을까요?

웬만하여 해결되지 않을 것입니다. 왜냐하면 그 놈들이 일을 저질러 놓고 모르는 체 하고 있으니까 안 되는 것이지요. 그게 보통 살인행위가 아니잖아요. 더구나 일본이 항복하고 전쟁이 끝난 상황에서 그 같은 짓을 했으니 감히 말할 엄두가 나지 않을 겝니다. 그렇다고 마무리를 아니하면 역사는 뭣이 되는 게고 피해자는 또 어찌 되는 겝니까? 해결해야지요.

◈ 증인-68: 김옥희(金玉喜, 女, 1933年 4月 25日生. 경기도 광명시 철산4동 철산아파트 1동 501호)

지금 내 나이 66세입니다. 내가 맏딸이랍니다. 50년 전 마이즈루 기름바다를 생각하면 정신이 아찔해집니다. 그 때 삼촌은 정신이 돌았었어요. 가족을 다 잃었으니 그럴 수 밖에요.

— 먼저 일본에서 살던 얘기를 좀 들려주세요.

내가 일본에서 살던 곳은 바닷가였고 그 옆에 학교도 있었습니다. 소학교를 다니기는 했으나 지금은 학교 이름도 생각나질 않는군요. 아버지와 삼촌은 산에서 막일을 했는데 주로 굴을 파는 일이었습니다. 아버지는 오야가타(반장) 노릇을 했기 때문에 다름 사람보다 월급이 조금 나았어요. 어머니는 인부들한테 밥해주고 큰집을 얻어 잠도 재워주는 그런 일을 하였습니다. 나는 남동생이 어렸기 때문에 업고 다니며 돌봤습니다. 어머니는 1백여명 정도의 식사를 준비했어요. 모두 조선 사람들이었지요. 우리 집은 바닷가 언덕위에 있었는데 근처에는 숙사가 어마어마하게 지어져 있었어요. 그 때 전라도 사람은 전부 보국대로 보내라고 그랬어요. 데려다가 일을 시키고 먹을 것을 제대로 주지 않아 굶주린 사람들이 배가 고파서 틈만 나면 우리 집에 찾아 왔지요. 어머니는 집에 있는 먹을 거라고는 다 내 주었지요. 가족들이 모두 다카다에서 살 때는 어른들은 단추공장을 다니기도 하고 막일을 하기도 했습지요. 그러다가 징용으로 가야 한다는 소문이 돌아 아오모리로 이사했는데 일본사람들이 '조센징 조센징' 하며 얼마나 괄세하는지 학교에서 친구를 사귈 수가 없었습지요. 그러다가 해방된 것입니다.

– 우키시마호를 타게 된 것은요?

공짜로 한국까지 데려다 준다는데 안 탈 사람이 없지요. 보국대로 갔던 사람들 모두 큰 배에 탄 것입니다. 살림살이도 있는대로 다 실었는데 그 때까지만 해도 다들 기분이 좋았다구요.

– 우키시마호를 탔을 때 기억에 남는 일이 있으면 말씀해 보십시오.

우키시마호가 오미나토를 출항하여 항해할 때 밤에는 달이 둥그렇게 떠올라 구경하기가 좋았어요. 어느 해군이 내가 업고 있는 동생한테 과자를 한개 주기에 내가 받았던 기억이 납니다. 갑판위에서 아래층 선실을 내려다 보았는데 사람이 어찌나 많은지 하여튼 꽉 찼어요. 24일 그러니까 배가 파산되던 날 어머니가 배안에 있다가 밖으로 나오시더니 '애가 감기에 걸리면 어쩌냐.' 면서 안으로 들어가라는 말을 하시더라구요. 나는 어머니 말을 듣지 않고 그대로 갑판위에 있었고 어머니는 남동생을 데리고 아래층으로 들어갔습니다. 그러고 나서 조금 시간이 지났는데 일본 해군들이 조선 사람들은 다 아래층으로 내려가라는 것이었습니다. 어머니가 아래층으로 들어갔는데 쾅!－ 하는 소리가 나더라구요. 나는 동생과 나란히 앉아 손으로 턱을 괴고 앉아 있었는데 쾅!－ 하는 소리와 동시에 위로 튕겨나가 떨어졌던 것이지요. 동생은 바닥에 굴러 떨어졌어요. 사람들이 마구 밟고 다니는 거예요. 나는 그 때까지 배안에서 무슨 일이 일어났는지 몰랐었어요. 갑판 위를 보니까 피가 줄줄 흐르는 것이 예감이 좋지 않더라구요. 그래서 주위를 살펴보니까 배가 양쪽만 솟아오르고 가운데가 가라앉는 거였어요. 바다에는 이불보따리, 옷보따리들이 떠 다니고 온통 기름으로 새까맣게 덮였어요. 아버지 어머니를 부르며 엉엉 울었지요. 동생하고 둘이서 보따리를 붙잡고 살려달라고 소리치고 있는데 어디서 조그만 배가 왔어요. 그 배를 타고 구조되었는데 작은 배마저 타지 못한 사람은 다 죽었어요. 뭍으로 나와 아버지와 삼촌을 만났는데, 지금 울산에 사는 동생은 기름으로 새까맣게 덮여 눈만 껌벅거리며 나한테 다가오더라구요. 사람들은 벌거벗은 채로 가족을 찾느라고 소리치며 돌아다녔어요.

－ 구조된 뒤에는 무슨 일이 있었나요?

외숙모도 살았는데 지금은 어떻게 되었는지 모르겠어요. 날이 어두워지자 학교라고 하는 곳에 사람들이 임시로 모였어요. 그렇지만 옷도 없지요. 사람도 죽었지요. 돈도 없어 어찌할 도리가 없는 거예요. 그런데 마침 군인이 옷을 갖다 주기에 입었어요. 다음 날 아버지는 가족들의 시신이라도 찾는다고 바닷가에 나가셨던 모양입니다. 아버지가 말씀하시기를 '죽은 사람들의 목을 줄로 엮어 끌어다 바닷가에 늘어 놨는데 시체 허리에 차여 있는 돈을 일본사람들이 풀어가더라'는 것이었어요. 아마 근처 사람들은 큰 부자가 되었을 것이라고 말씀하셨습니다. 그리고 죽은 사람 얼굴이 기름으로 까맣게 덮여 알아 볼 수 없었다고 하시더라구요.

– 부산까지 오셔야 고향에 오실 수 있는 것인데요?

그야말로 천신만고 끝에 부산에 도착하였는데 아버지는 집으로 가시지 않는다는 것이었습니다. 그래서 삼촌(김수득)과 여동생 둘(김옥분, 김옥순)과 5촌 당숙하고 다섯만 집에 돌아왔습니다. 아버지는 그대로 부산에서 쳐진 것이지요.

– 부산까지 당도한 아버지가 왜 집에 들어가시지 않으셨나요?

그 당시 우리 가족은 일본에서 살기도 했고, 또 고향에는 할아버지와 할머니 그리고 고모 한분이 있었어요. 아버지가 일본에 사실 때 몇 차례 고향에 들리기도 했는데 그 때마다 할아버지께서는 아버지를 따라 일본으로 가시겠다고 했다는 겁니다. 그러면 아버지는 '자식들이 곧 한국에 돌아오게 될테니 가시지 마시지요'라고 할아버지를 말리셨답니다. 제가 집에 돌아오니 할아버지께서 '왜 애비와 에미는 돌아오지 않느냐?'고 물으시기에 내가 '부산에 볼 일이 있어 일을 다 마치고 내일이면 돌아올 겁니다'라고 말했어요. 그런데 그 이튿날도 아버지가 돌아오지 않으니까 결국 사정이 드러난 것이지요. 그 때서야 할아버지께 마이즈루 사건을 다 말씀드렸습니다. 배를 타고 오다가 중간에서 배가 파산하여 다 죽었다고 말입니다. 할아버지와 할머니는 땅을 치며 통곡하시며 며느리를 찾는 것이었습니다. 그 뒤 한달이 지나니까 아버지가 돌아왔습니다. '며느리가 죽고 아들만 살아왔으니 조상한테 오히려 죄가 된다. 차라리 아들이 죽고 며느리가 살았다면 덜 할텐데.' 하시면서 통곡하시어 집안이 온통 난리였습니다. 동네 어른들이 연일 사랑방에 모여 할아버지를 위로하셨던 일이 생각납니다. 그 뒤로 삼촌은 재혼하였는데 아버지가 집을 마련해 드려 사시도록 하였습니다. 그 때 또 무슨 얘기가 있었냐면요. 일본에 있으면 일본 사람한테 죽을기고 한국에 오면 한

국사람한테 죽을기고......,

누가요? 누가 죽는다구요?

배 선장이 죽는다구요. 그러니까 누구인지는 몰라요. 자신이 배를 파산해 놓고 '칼로 자기 배를 찔러 자살했다'는 그런 말이 있었어요. 이 얘기는 아버지한테 들은 얘기예요. '어차피 죽을 사람이니 자살했을 것이다'고 말씀하셨어요.

〔1996년 9월 8일 경북 상주시 흥각동에 거주하는 생존자 김수득씨 댁을 사무국장 이진견, 일본인 활동가 무카이 미도리씨와 함께 방문했다. 이 날 증인 김옥희씨의 여동생 김옥분씨는 방문자 일행에게 다음과 같이 진술하였다.〕

나는 아버지 김칠성(金七星)과 어머니, 언니 둘, 남동생 그리고 삼촌 가족과 함께 우키시마호에 탔다. 삼촌은 사건 당시 가족을 모두 잃었다. 마이즈루에서 갑자기 폭발소리가 들리더니 배가 갈라지는기라. 사촌들과 숙모와 남동생과 어머니는 배안에 있었는데 배가 가라앉는기라. 그러다가 배가 가라앉는 속도가 조금은 주춤하는 듯 하더라고요. 나는 언니한테 업혀 헤엄치다가 이불보따리를 타고 있는데 지나가던 구조선이 언니와 나를 태운 거예요. 뭍으로 나와 가족들을 찾아도 없는기라. 그 때 아버지가 바닷가 저쪽에서 기름으로 덮인 애가 울길래 우리애가 아닌가 하고 바닷물로 씻어보니 우리 얘였더라는 거예요. 큰언니가 열여섯 살이고 작은언니가 열 살, 나는 여섯 살이었어요. 그러니까 큰언니는 상황을 잘 알 수 있을 겁니다. 가족들이 모두 흩어졌었지요. 그러다가 언니가 바닷가에서 모자를 보고서 아버지인 줄 알아봤던 거예요. 가족들이 부산에 도착하여 삼촌과 언니들과 함께 상주 집으로 돌아왔는데 그 때 아버지는 집으로 돌아오지 않았어요. 가족을 모두 잃었기 때문에 부모님한테 죄가 되어 그러셨답니다.

◈ 증인-69: 문삼진(文三辰, 男, 1920年 1月 4日生. 경기도 의정부시 가능1동 644-8)

세월이 하도 많이 흘렀고 건강이 좋지 않아 기억력이 떨어져 그 때 일이 잘 생각나지 않는다. 17세에 일본으로 건너가 탄광과 금광에서 일하다가 해방되기 전에는 오미나토에서 터널공사를 했다. 일본에서 보낸 세월이 너무 처참하고 억울하여 그 때 당한 고통을 잊을 수 없다. 그렇게 고생한 조선인을 태운 배가 왜 마이즈루에서 폭파당해야 했는지 알 수 없다. 정상적이라면 그런 참혹한 사건이 일어날 수 없다. 마이즈루에서 배가 침몰할 때 바다에 뛰어들어 헤엄치다가 민간이 구조선이 다가 오기에 일본 사람의 도움으로 구조되었다. 아마도 나오지 못한 사람은 다 죽었을 것이다.

◈ 증인-70: 김달수(金達洙, 男, 1929年 8月 16日生. 서울특별시 중랑구 면목동 505-18)

집에서 일본 순사한테 잡혔다. 여주군청에 집결하였다가 수원 역에서 기차를 타고 부산에 가서 신체검사를 받고 시모노세키를 거쳐 아오모리까지 갔다. 무엇보다도 춥고 배고픈 것이 가장 큰 고생이었다. 공사장에서 해군들의 감독이 참으로 혹독하고 살벌했다. 밀밥과 보리밥이 전부였고 판자집에서 수십 명이 합숙했다. 배가 항구 쪽으로 들어가다가 멈춰섰다. 배 앞쪽에서 해군들이 작은 보트를 내리고 모선을 빠져 나가기에 '왜 나가느냐?'고 물었더니 '물이 부족해서 물을 가지러 간다.'고 했다. 의

아스럽게 생각하고 있었는데 갑자기 쾅!- 하는 굉장한 폭발소리가 났다. 사람들이 폭발소리에 놀라 우왕좌왕할 때 또 다시 두 번째 폭발소리가 났다. 배가 가운데가 꺾여 가라앉기 시작했다. 바다는 시꺼멓게 기름으로 덮이고 그 바다에 빠진 사람들이 서로 엉켜 죽어갔다. 너무 많은 사람이 죽었다. 일본 여자들이 작은 배를 저어와 구조했으나 배가 작아 한 두 명 밖에 타지 못했다.

◈ 증인-71: 홍종명(洪鍾明, 男, 1926年 6月 25日生. 경기도 고양시 덕양구 성사1동 494-10)

형 이름으로 징용영장이 나왔는데 형이 병환중이라 갈 수 없어 내가 형 대신 가게 된 것이다. 나는 본적이 부산시였다. 당시에는 징용이라는 올가미에 걸리면 누구도 빠져 나가지 못했다. 해군들의 인솔로 부산에서 배를 타고 시모노세키를 거쳐 아오모리현 미사와비행장까지 연행되었다. 미사와비행장에는 군용 비행기가 많았는데 미군의 폭격을 맞아 화재가 발생하면 수도과에서 물호스를 끌어다 불을 껐다. 배가 침몰할 때 마이즈루 바다는 아비규환 상태 그대로였다. 일본 여자들이 작은 배를 몰고 와 구조했는데 어린애와 여자들을 먼저 태웠다. 그 때 선실 안에 있는 사람은 모두 다 죽었을 것인데 너무 끔찍한 광경이었다. 동포들의 희생이 너무 컸다. 진상이 규명되어야 하고, 일본은 하루속히 피해자에게 배상해야 한다.

◈ 증인-72: 강이순(姜二順, 男, 1923年 8月 12日生. 인천광역시 북구 십정2동 363-11)

전북 이리시에서 여러 사람이 연행되었다. 마을 창고에 집결시켜 놓고 3일간 대기하도록 하였다. 이리, 대전, 부산, 시모노세키를 거쳐 아오모리까지 연행되었다. 일본에서도 조선인 징용대상자를 파악하여 본적지로 연락하여 전쟁터로 끌고 갔다. 가바야마비행장에서 일했는데 군복은 입지 않고 사복으로 일했다. 일본에서 운전기술을 익혀 석탄으로 움직이는 8톤짜리 롤라를 운전했다. 활주로를 다지는 일이었다. 우키시마호 갑판위에서 이리저리 돌아다니며 주위를 구경하고 있었다. 마이즈루라는 곳으로 들어간다는 것이었다. 여러 명의 해군이 등짐을 지고 기관실로 들어가는 것을 보았다. 배가 마이즈루만으로 들어가면서 깃발신호를 보내는 것을 보았다. 폭발소리가 난 뒤 가운데부터 갈라져 가라앉았고 앞뒤 양쪽이 솟구쳤다. 오른쪽 눈과 가슴에 파편을 맞아 상처를 입었다. 나는 대나무 뭉치를 바다에 던져 놓고 뛰어내렸다. 너무 많은 사람이 죽었다. 지금도 의문스러운 점이 있다. 해군들이 기관실로 우르르 몰려 들어갔다는 점과 배에서 다 빠져 나간 뒤에 폭발소리가 났다는 점이다. 그 배는 어디에도 부딪치지 않았습니다. 조용한 바다위에서 폭발하면서 침몰했습니다.

일본에 2년 동안 있으면서 친하게 지내던 일본 사람이 내게 말하기를 '그 배를 타지 마라. 몇 달만 같이 지내다가 나중에 가라.'고 말했는데 그 일본 친구가 나를 붙잡았던 걸 돌이켜 보면 그 사람들은 배가 폭파될 것을 미리 알고 있었던 게 틀림없어. 그 배에 조선사람이 꽉-차게 앉아 있었지. 너무 많은 사람이 죽었어.

◈ 증인-73: 이봉열(李奉烈, 男, 1927年 10月 14日生. 경기도 부천시 괴암동 93-10)

카미가제 특공대를 조직한다면서 일본 경찰이 찾아왔다. 나는 순전히 강제적으로 아오모리현 미사와 비행장까지 연행되었다. 미사와에서 군사훈련을 자주 받았는데 미군 함재기의 폭격이 잦았기 때문에 대비훈련이었던 같다. 숙소는 판자집이었는데 가운데에 통로가 나 있고 양쪽에 일렬로 다다미를 깔아 놓았다.

마이즈루만에서 굉장한 폭발소리와 동시에 몸이 공중으로 튕겨나가면서 바다로 떨어졌다. 기름이 새까맣게 덮인 바다에서 보따리 두개를 겨드랑이에 끼고 떠 있다가 작은 동력선이 다가와 구조되었다. 미사와 비행장에는 조선인이 한 두 명이 아니고 수 백 명이었으므로 해군이 오미나토까지 우리 일행을 인솔하였다.

◈ 증인-74: 윤기중(尹奇重, 男, 1928年 2月 11日生. 경기도 남양주시 화도읍 687-1)

징용영장이 집으로 배달되었다. 내 자신의 의사와는 전혀 관계없이 일본 본토의 맨 끝 땅인 아오모리현 산속까지 연행되었다. 고향에서 여럿이 함께 연행되었다. 해군 군복을 입고 일했다. 숙소는 판자집으로 가운데에 통로가 나 있고 양쪽으로 나란히 누워 잤다. 4~50명이 합숙했다. 아름드리 낙엽송이 빽빽하게 들어 찬 산속에서 4개월 정도 일하다가 일본의 패전 소식을 들었다. 당시 일할 때 미군기의 폭격이 심했다. 산속에서 일하다가 일본이 패전했다는 소리가 들리면서 풀려나 오미나토 마을로 나와 보니 '일본이 항복하여 만주에서 조선을 거쳐 철수하는 일본군이 조선에서

⇧ 생존자 윤기중씨 증언.〈2002.3.1〉

얻어맞고 당했기 때문에 여기(일본)에 있는 조선 사람들도 돌아가기 어려울 것이다. 보복을 당할 것이다'는 소문이 나돌았다. 이 때 조선 사람들이 집단으로 뭉쳐 항의하려고 했었다. 우키시마호는 마이즈루에서 폭발소리와 동시에 배의 가운데에서 검은 연기가 솟아오르며 가운데부터 가라앉기 시작했다. 배에 묶여 있는 밧줄에 조선인들이 줄줄이 매달려 있다가 바다위에 떠 있는 작은 배로 내려 구조선을 타고 뭍으로 나갔다. 바다는 온통 기름으로 덮였고 기름바다위에서는 빠진 사람이 서로 엉켜 물속으로 사라졌다. 남녀노소 모두 발가벗고 20리 정도 걸어서야 해병단 이라고 하는 곳에 도착하여 임시 수용되었다. 배가 폭파되기 직전에 해군 승무원들이 몽둥이를 휘두르며 '조선인은 모두 아래층으로 내려가라'고 소리쳤다. 해군들의 이 같은 행동으로 보아 배가 폭파당한 것은 사전에 계획이 있었지 않은가 생각된다. 7천6백여명이 승선했다가 반 이상이 죽었다.

수용소에 있을 때 배가 하도 고파서 밤중에 인근 밭에 가서 토마토를 따 먹었는데 일본사람 밭주인이 해군부대에 신고하여 군인들이 한국 사람을 불러내 범인을 색출한다면서 칼을 뽑아들고 '토마토를 따 먹은 놈은 나와라'고 소리쳤다.

너무 많은 젊은 생명이 차가운 바다에 무참하게 수장되었다. 일본의 만행을 생각하면 눈을 감을 수 없다. 평화를 실행하는 일본이라면 정면에 나서서 깨끗하게 마무리 짓기 바란다. 한국 정부에도 책임이 없다고 볼 수는 없다.

◈ 증인-75: 소중규(蘇重奎, 男, 1923年 3月 26日生. 서울특별시 노원구 하계동 273)

징용영장이 내 이름으로 되어 발부되었다. 결혼한 지 16일만에 자신의 의사와 관계없이 일본 경찰한테 잡혀 끌려갔다. 일본에 가기 싫어 몇 차례나 도망치려 했으나 결국 잡히고 말았다. 가바야마비행장에서 일했는데 그 때는 군복을 입지는 않았다. 판자집 숙소에서 소대원이 합숙했다. 감자와 쌀이 섞인 밥을 먹었는데 감자가 더 많았다. 배가 고파서 고사리를 꺾어다 삶아 먹었다. 한여름이라서 선실 안이 더웠다. 시원한 갑판위로 나와 잠시 있으려니 쾅!-하는 폭발소리가 났다. 틀림없이 배 아래층에서 폭발한 것으로 보였다. 가운데부터 가라앉더니 배 앞뒤 양쪽이 위로 솟아올랐다.

나는 해군 ○○부대 3중대 2소대 3반에 배속되어 가바야마비행장에서 비행기격납고, 활주로, 포대들을 만들었다. 소대장이나 중대장은 일본사람이었고 분대장은 조선 사람이 맡았다. 내가 소속되었던 3중대 옆에 1중대가 있었는데 우리와 같은 일을 했다. 1중대와 3중대 사람이 420명이었는데 모두 조선 사람이었다. 어느 날인 가 패전이라는 말은 하지 아니하며 조선인은 모두 짐을 싸라고 했다. 그리고는 모두 오미나토로 나가라고 했다. 오미나토에 나가보니 배 한척은 바다 가운데에 떠 있고 작은 배로 조선 사람들을 실어 옮겨 태우고 있었다. 타나부, 오하타, 오미나토에서 일하던 조선인들이 모두 그 배에 옮겨 탔다. 항해할 때 함장이 있었다. 계급은 대좌였다. 마이즈루에서 배가 폭파되는 사건이 발생한 다음 날 조선사람 시체를 고구마밭 이랑에 넣고 묻었는데 나도 조선인 시신을 직접 묻었다. 또 시체를 끌어다 해안가에 줄줄이 묶어놨는데 그 시신은 일본사람들이 처리했다. 아마 같은 방법으로 집단 매립했을 것이다. 오미나토 본부에서 대좌 한 사람이 와서 작업복과 지카다비를 나눠줬다. 수용소에서 다시 귀국하는 과정에서 맨 처음에는 시모노세키로 갔었으나 사람이 많아 다시 센자키로 가서 부산행 배를 타고 귀국했다.

◈ 증인-76: 김복도(金福道, 男, 1923年 11月 25日生. 경상남도 통영시 미수1동 653)

– 출항때부터 부산을 향하는 방향이 아니었다 –

〔다음은 생존자 김복도씨가 우키시마호폭침진상규명회에 보낸 편지임〕

저는 우키시마호 폭파 사건 때 그 배에 탔다가 살아남은 사람중의 한사람입니다. 저는 16세 되던 해인 1938년 일본으로 건너갔습니다. 당시에는 누구나 그랬듯이 일본인들의 박해와 수탈로 형편이 어려운 시기였으므로 어린나이에도 불구하고 돈을 벌기 위해 일본으로 밀항하여 전전긍긍하다가 히로시마에서 선주인 호리모토 류타로 라는 사람의 배(250톤급)를 타며 기관사로 일할 때에 사세보 해군본부에서 그 배와 선원 모두를 징발하여 다른 배 50척과 함께 1개 선단으로 구성하여 아오모리 해군본부로 끌고 갔습니다. 오미나토에서 치시마열도까지 오가며 군수품을 여러 부대로 운반하는 일을 하던 중 1945년 해방이 되었습니다. 그 때 당시 일본에 있던 조선인 즉 강제징용자, 군속등 일체의 조선인을 고국으로 송환한다며, 그 해 8월 18일에 우키시마호가 오미나토에 입항하여 8월 22일까지 조선인을 싣고 출항하였습니다. 당시 그 배에 탔던 인원을 추정하건데 약 4천명 이상의 조선인과, 들리는 소문에는 한국에 가족을 둔 일본인 군인이 약 5백명 정도가 함께 타고 있다고 들었습니다. 배가 마이즈루만으로 들어가기 앞서 선내방송으로 들려오는 말이 '오후 5시까지 250톤 이상의 배는 항구에 들어가지 아니하면 미군비행기가 모두 폭파한다.'고 한다면서 '우키시마호도 지금 마이즈루항으로 들어간다.'고 하였습니다.

배가 출항한 지 이틀 뒤인 8월 24일 마이즈루항에 도착한 직후 배 중앙이 폭파되어 두 동강이 났고 엄청나게 많은 사람이 죽는 것을 두 눈으로 똑똑히 보았다. 물에 빠진 사람은 헤엄치거나 또는 민간인 어선으로 구조되어 해군시설부에 수용되었는데 들리는 말에 따르면 그 배에 타고 있던 일본인은 한명도 죽지 않았다고 들었고 또 사고로 희생된 조선인을 구덩이 세 개를 파고 한꺼번에 묻어버렸다고 들었다.

내가 생각해 보아도 나는 수년 동안 기관사로 일하며 배를 탔기 때문에 항로를 훤하게 알고 있는데 당시 우키시마호는 출항할 때부터 한국을 향하는 방향이 분명히 아니었고, 그들의 말로는 미군이 투하한 기뢰에 배가 폭파되었다고 하지만 항구에 기뢰가 있었다는 것은 있을 수 없고, 그 배는 일본해군들이 고의로 폭파했다는 말이 당시에 생존자들 사이에 빈번히 나돌았다. 내가 배 중앙부에 있다가 마이즈루항을 구경하려고 배 앞쪽으로 가서 서자마자 배가 폭파되는 바람에 몸이 공중으로 떴다가 떨어질 때 충격으로 허리를 다쳐 귀국한 뒤로 수술을 세 번이나 받았으나 지금까지 완치되지 않고 후유증과 고통 속에 시달리고 있다. 지난 세월을 뒤돌아 볼 때 일본인들의 잔악성과 비열함에 지금도 분노의 치가 떨리며 저주하고 싶은데 아직도 잘못을 반성할 줄 모르고 오히려 망언으로 일관하는 저 일본놈들에게 역사의 진실을 깨우쳐 주기 위해서라도 부디 이번 일을 주관하는 관계자 여러분께서 우키시마호폭침사건의 참혹함을 규명하여 일본 정부의 공식적인 사과와 배상이 있도록 힘써 주시고, 또 희생된 그들의 억울함을 풀어주기 위해서라도 성의를 가지고 적극적인 진상조사를 통하여 암울했던 과거를 똑바로 청산할 수 있도록 최선을 다해 주시기 바랍니다. -끝

〔김복도씨의 편지를 받은 진상규명회 회장 전재진은 1996년 9월 21일 부산에 거주하는 희생자 유족(?) 이창식씨와 함께 김복도씨를 방문 취재하였다〕

- 일본으로 가게 된 동기는 무엇입니까?

화물선 식당에서 일하는 선원으로 요청받고 16세에 일본으로 건너가게 된 겁니다. 당시는 총독부 통치시대라서 국내에서는 할 일이 신통치 않았거든요. 선원 요청을 받아들인 것은 사실 일본으로 가면 일자리가 있지 않을까 생각해 본 것이지요.

- 일본에 도착하여 처음에는 무슨 일을 하셨습니까?

같이 건너간 사람들은 그들대로 어디론가 가고 혼자 남게 되었어요. 열여섯 살의 어린 몸에 히로시마(廣島)까지 가서 막일을 하는데 이건 사람도 아니고 짐승도 아닌 거예요. 위험하기 짝이 없어 이러다가는 죽을 것만 같아 오사카(大板)로 빠져 나갔죠. 거기서 조선사람 몇 명을 만났는데 그들도 일자리가 없어 그저 돌아만 다니더라구요. 그러다가 히로세 주물점에 들어가 2년간 일하고 그 뒤에 배를 타게 된 것입니다.

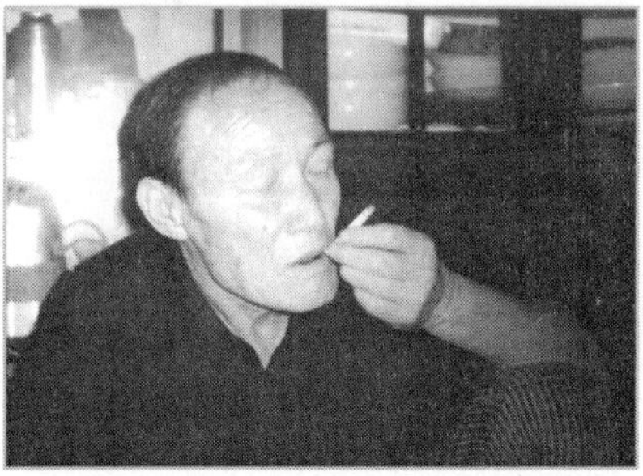

⇧ 증언하는 생존자 김복도씨

- 오미나토와 치시마열도를 오가며 군수품을 나르던 일을 구체적으로 설명해 주십시오.

50년여 전의 일이라 정확하게는 말 할 수 없지만 오미나토에서 치시마열도를 왕복하는 데는 3일 정도 걸린 것 같습니다. 치시마에 가면 세 개의 섬이 나란히 있는데 모두 일본 해군부대가 자리잡고 있었지요. 군

수품을 내리고 곧 돌아와야 했기 때문에 섬에 내려본 적은 없습니다. 식량과 의복, 과일 따위를 실어 날랐죠.

— 선원으로 다른 조선 사람도 있었습니까?

선원 7명 가운데 목포사람이 한명 있었지요.

— 일하던 배가 마침 오미나토에 정박했는데 그 경위는요?

내가 일하던 배는 장영호(長英丸)였습니다. 오미나토와 치시마를 오가며 군수품을 실어 날랐는데 해방소식은 모르는 상태에서 치시마를 출발하여 아오모리항에 도착할 때 미군의 폭격을 한번 받았습니다. 그 다음에 곧 바로 오미나토항으로 옮겨 정박하던 때에 해방된 것입니다. 불행인지 다행인지 모르겠네요만. 장영호가 치시마에 있었다면 우키시마호를 타지 못했을 테지요.

— 어떤 점으로 보아 우키시마호 항로가 부산을 향하는 방향이 아니라는 것입니까?

나는 일본 해상에서 오랫동안 선원으로 일했고, 사세보(佐世保) 해군 군부에 징발당한 뒤로는 오미나토를 기점으로 군수품을 운반하는 배에서 3년여 동안 기관사로 일했습니다. 그래서 웬만큼 먼 항로도 육감으로 알 수 있지요. 우키시마호가 출항하여 하루가 채 안 지났을 때 나는 배가 부산을 향하지 않고 있다는 것을 알았습니다. 왜냐하면 배가 해안선을 멀리하면서 오른쪽 방향으로 항해해야 부산으로 갈 수 있는데 계속해서 일본 본토의 해안선을 따라 남쪽으로 항해했거든요. 당하고 보니 생각나는데. 내가 뱃놈 아니오? 항로가 틀렸어요(이 때 방바닥에 펼쳐 놓은 지도를 손가락으로 가리키며 우키시마호의 항로가 잘못되었음을 지적함). 이 점이 바로 우키시마호가 항해 초기단계부터 한국 방향이 아니라는 것을 증명해 주는 겁니다. 내가 뱃놈이 아니라면 배가 어디로 가는지 몰라요. 다시 말하면 방향이 애초부터 부산행이 아니었기 때문에 배가 폭파침몰당한 것은 계획적이라는 것입니다.

— 마이즈루만으로 들어간다는 방송은 몇 시쯤에 있었습니까?

마이즈루만으로 들어가기 직전이었으니까 오후 3시가 조금 지났을 때로 기억됩니다. 그 때 그 방송내용은 변명이 아닌가 생각됩니다.

— 우키시마호가 마이즈루 군항으로 입항할 때 입항 항로의 상황을 기억나는대로 말씀해 보십시오.

친구가 '육지가 보인다니 밖으로 나가 구경이나 하자'고 하여 갑판위로 나왔지요. 그런데 배가 들어가다가 일단 한번 멈췄는데 다시 천천히 들어가기 시작했습니다. 그러다가 두 번째 멈췄을 때 폭파되었습니다.

— 기뢰일까요? 아니면 폭탄장치에 따른 자폭일까요?

지금 내 생각으로는 기뢰라고 생각지 않습니다. 왜냐하면 오미나토에서도 기뢰를 제거했기 때문에 무사히 빠져 나왔거든요. 하물며 마이즈루라는 군항에서 안전항로를 확보하지 않았다는 것은 있을 수 없는 일 아닙니까? 기뢰가 없으니까 다른 배들도 항만 안에서 왔다 갔다 했지!

— 폭발소리가 들릴 때 물기둥은 보았습니까?

물기둥은 없었습니다. 전혀 보이지 않았습니다.

— 침몰 원인이 촉뢰가 아니라면 그 견해는 무엇입니까?

폭발소리가 들리고 사람들이 야단법석일 때 선실 쪽을 들여다 보았는데 안쪽에서 화약냄새가 풍겨났습니다. 확실하다구요.

— 구조된 뒤 상황은 어떠했는지요?

벌거벗은 채 맨발로 약 3km 정도를 걸어가 보니 다른 사람들을 만날 수 있었습니다. 수용소에서 헌옷을 얻어 입었습니다. 다음 날 수용소를 빠져 나와 바닷가에 가 보았는데 죽은 사람을 모두 매장하더군요. 살아남은 사람이 1천명도 채 안된다는 말이 자자했습니다.

(이 날 아버지의 생사와 우키시마호 사건과의 관계를 확인하려고 부산에 거주하는 이창식씨가 취재에 동참했다. 여기서 이창식씨에게 몇가지 물었다)

– 여기까지 취재에 참여하셨는데 그 이유를 말씀하실 수 있겠습니까?

나는 아버지의 생사를 확인하려고 오늘 취재에 참여한 것입니다. 아버지가 일본에서 돌아오시지 못한 것을 우키시마호 사건과 연루되었다고 생각하는 것이지요. 물론 내가 두 살 때 일이었으므로 아버지가 일본으로 끌려가던 상황에 대해서는 모릅니다. 어찌되었던 아버지는 태평양전쟁 당시 일본으로 끌려가 돌아오지 않았고 그 뒤로도 수 십 년간 생사를 확인하려고 백방으로 알아봤으나 확인되지 않고 있습니다. 그런데 내가 어린 시절을 다 보내고 철이 들었을 때 일입니다. 아버지와 함께 연행되었다가 우키시마호 사건을 체험한 동네 어른들의 얘기에서 알게 되었습니다. 어른들이 말하기를 '동준이도 배 타고 나왔는데. 동준이는 먼저 나갔는데. 왜 아직 돌아오지 않느냐!'는 것이었습니다. ('동준'은 이창식씨 부친의 이름임) 그래서 그 뒤로 우키시마호 사건에 대해 자세하게 알고 싶었고 오늘과 같은 기회가 있기를 기다려왔습니다.

– 아버지에 대한 얘기를 들려준 동네사람들은 지금 어디에 계십니까? 알고 있습니까? 찾을 수 있을까요?

글쎄요. 찾지 못할 것으로 생각됩니다. 아마 다 돌아가셨겠지요.

– 부친의 고향은 어디입니까?

경상남도 창녕입니다.

– 부친의 생사를 확인하려고 어떤 일을 해 왔습니까?

아무데도 등록되지 않았더군요. 태평양전쟁희생자유족회에도 신고했고, 충남 천안에 있는 '망향의동산'에 가서 확인해 봤고, 부산시립공원

묘지에 가서도 열람해 봤는데 아무데도 없었습니다. 그래서 나는 더욱 우키시마호 사건과 관련된 것이 틀림없다고 보는 것입니다.

– 어떻게 해결되기를 바라십니까?

이 사건은 국가 차원에서 해결해야 할 문제이지 개인이 사비를 털어 가며 할 일이 아니라고 봅니다. 나는 '유골만이라도 돌려받아야 되지 않겠는냐.'하는 바램이지요. 자식된 도리로서 지금으로서는 그게 전부입니다. 모든 걸 떠나서도 이 문제는 해결돼야 합니다. 정부에서는 우리나라가 세계로 나가는 국가라고 말하지만 이게 무슨 짓이냐! 이런 문제 하나 해결하지 않고 어떻게 세계적인 국가라고 말할 수 있느냐? 그런 겁니다.

*면담자: 이창식 선생님 같은 경우는 부친에 관한 얘기를 했던 분들을 만날 수 있으면 좋겠습니다만 그 분들을 만나지 못한다면 어디서 증인을 찾을 수 있을지 길이 묘연하군요. 당시 부산은 일본의 앞마당이나 마찬가지였으므로 강제징용은 어느 지역보다도 자주 발생했을 것입니다. 지금까지 아버지의 행방을 찾으시려고 고생도 많이 하셨지만 앞으로도 이 사건에 관심을 가져주시면 고맙겠습니다. 또 정부가 어떻게 대처하는지 주시하시다 보면 실마리가 풀릴 수도 있을 것입니다.

(다시 김복도씨에게 대화를 청하여 물었다.)

– 사건 해결에 가장 큰 걸림돌이라면 무엇이라 생각하십니까?

왜놈들이 우리나라 사람을 우키시마호에 승선시킬 때 명단이 있었을 텐데. 공개하지 않는 것이 문제지요. 괘씸하기가 짝이 없이 괘씸한데. 하여튼 저놈들이 계획적이었던 것은 확실한데........,

– 계획적이라구요? 천천히 말씀해 보십시오

처음부터 계획적이라는 것은 출발할 때부터 부산 방향으로 항해해야 하는데 너무 엉뚱하니까 그런 것이고, 맨 처음에 닻을 놨을 때에 왜놈들은 피신시켰고, 두 번째 멈춰 섰을 때 폭파시켰잖느냐 이거고, 또 기뢰를 제거했으니까 배가 오간 것이고, 왜 물이 솟지 않았느냐 이거요. 물기둥이 있어야 하는데 솟아오르지 않았거든. (잠시 긴 한숨을 몰아쉬며 허탈해 함). 왜 하필이면 조선사람이 많이 탄 배만 기뢰에 닿았다고 하느냐고요. 왜 그 배만 폭파되느냐는 겁니다.

– 그 동안 허리 부상으로 고생이 많았을 텐데요? 치료는 어떻게 받았습니까?

부산과 서울 보훈병원에서 세 차례 수술을 받았으나 완전하지 못합니다. 7년간 치료하면서 있는 재산 다 없애다시피 했지요.

– 이 사건을 어떻게 해결해야죠?

세상이 나를 속이면 속였지 나 자신에게는 거짓이 없습니다. 일본이 지금까지 사망자 명단들과 같은 자료를 공개하지 않는 것이 문제입니다. 무엇보다도 사건의 진상이 온 세상에 알려져 명쾌하게 밝혀져야 합니다. 그런 다음에 배상을 받겠습니다. 세월이 흘러 생존자들이 세상을 떠나면 곤란해질 것입니다. 종군위안부 문제도 같은 차원에서 하루속히 해결되어야 합니다.

◈ 증인-77: 조규헌(男, 1919年 5月 10日生. 충남 서천군 미산면 지산리 179)

당시 일본으로 가고 싶은 사람은 단 한 명도 없었다. 집에서 일하는데 일본인 경찰이 찾아와 같이 가자고 했다. 별 도리없이 군청까지 갔다. 서천에서 기차를 타고 천안으로 가 경부선으로 부산으로 갔다. 시모노세키를 거쳐 아오모리까지 순전히 강제로 연행된 것이다. 가바야마비행장에서 일했는데, 1개

반이 14명이었고, 1개 소대는 6개 반으로 편성하여 84명이었다. 중대장과 소대장은 일본인이었고 분대장은 조선사람이 맡았다. 지하방공호도 팠다. 일하다가 다치면 병원에 입원시키기도 하고, 심할 때는 집으로 보냈다는 말을 들었다. 기름으로 덮인 바다를 헤엄쳐 나왔다. 뭍으로 나와 보니 해군들이 조선사람을 몰살하려고 배를 계획적으로 폭파했다는 말이 자자했다. 바다에 빠진 사람이 개미떼처럼 바글바글했는데 아마 다 죽었을 것이다. 해군 수용소에서 20여일 동안 머물다가 오사카, 시모노세키를 거쳐 집으로 돌아왔다.

◈ 증인-78: 정명섭(男, 1921年 8月 23日生. 대전광역시 대덕구 평촌동 64)

충남 대덕군 북면에서 13명이 연행되었다. 나는 우편배달부였다. 직업 때문이었는지 처음에는 일본으로 끌려가지는 않을 것으로 안심했다. 그래서 다른 사람보다 늦게 나이 먹어 끌려갔다. 내게는 "국민제1징용영장"이었다. 내가 일한 곳은 오미나토 근처 해군 부대로 기억된다. 굴도 파고 바다도 매립하는 군사시설이었다. 고된 일을 하루 종일 해야 했다. 월급도 차별하였다. 일본사람들에게는 우리 조선사람보다 월급을 많이 줬다. 마이즈루에서 사고를 당했을 때 북면 안골에 사는 이씨가 죽어 돌아오지 못했다. 우키시마호에 같이 승선했던 사람으로는 강종식, 이범달, 박승남, 손기헌, 윤달호, 김복동씨이다.

◈ 증인-79: 윤재로(尹在老, 男, 1923年 8月 10日生. 대전광역시 서구 월평동 다모아)

〔다음은 생존자 윤재로씨가 진상규명회로 보내온 편지임〕

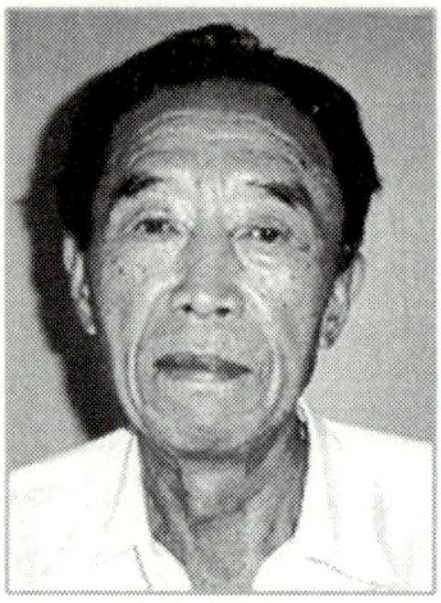

일전에 고향친구 이계언(李啓諺)씨의 전화 연락을 받고 삼가 부지초면에 이 서신을 씁니다. 1945년 8월 15일 일제 항복과 동시에 징용되었던 한국인을 아오모리현 오미나토 가바야마비행장 건설공사 인원 전부 및 기타 부대인원 합 약 3천명을 군함수송선 우키시마호에 승선시켜 오미나토항을 출발 일본 해안을 항해 중 교토 서쪽 마이즈루항 전방에 정박하고 여러 시간 군함측과 어디인지 연락하던 끝에 군항으로 입항 중 약 8km(?) 전방에서 우키시마호가 세 쪽으로 폭파 분열되어 아비규환으로 수중장을 치르는 중 상단에 있던 사람만 7~8백명 정도 구출되었으나. 상륙 이후 부상자가 속출. 매일 밤 수 십 명씩 화물차로 운반해 갔으며 여러 날 사태 응급수습이 진행됨으로. 다음 교토시 통과 오사카에서 수일 노숙생활 후 시모노세키로 향하던 중 미증유의 태풍으로 철도가 유실되어 부득이 이도사키에서 중간상선등에 분산승선하고 세도내해를 항해 시모노세키에 상륙하였는데 미군측에서 관부간 (옮긴이 주: 關釜間, 시모노세키와 부산을 연결하는 항로) 폭파위험이 있다고 제지함으로서 센자키에서 승선. 부산에 상륙하였는데 중간사망자 낙오자 감소로 약 4백명만 각자 고향으로 갔는데. 이상 숫자는 확실치 못한 것은 50년이 지난 세월이여서 미확실하고 치밀한 조사를 하기 전에는 장담 못할 것이며. 나의 고향 청양군에서는 100명이 갔는데 중간 귀국인도 있고 수장한 사람도 있어 10명은 감소되고 약 90명이 고향에 온 것으로 생각되는데 본인은 그 당시 25세의 약관으로 귀국하였는데 현장분대장으로 있었으며 대부분 나의 연상이어서 현재에는 거의 사망하였음. 본인은 60대 한가한 상태에서 청양군내에 현해탄동지회를 조직. 십여년 운영하다가 5~6년 전에 해체하였는데 이제 80 당년에 아무 생각없이 여생을 보내고 있음. 환언해 보면 중대 사건을 위정자들이

원인조사를 해서 일본의 고의라면 국제재판이라도 해서 변상 받아야 할 것이나 당쟁에 급급하고 자기명예나 출세만을 일삼는 과거 50년을 허송한 이 시점에 누구에게 하소연 하겠는가. 전화 연락은 시간관계로 모두 말할 수 없어 서자로 보내오니 사업이 잘 추진되거든 간단히 회신 보내주시오. 청양군내에는 거주자 20명이 회원 조직 되었는데 현재에는 5명 미만으로 추측되오니 그리아시오.<2000. 5. 6 대전 윤재로>

〔필자는 윤재로씨의 편지를 받고 대전시 월평동 자택으로 찾아갔다〕

내게 징용영장이 발부되었다. 농사일을 준비하고 있는데 일본 경찰과 면사무소 노무계원이 찾아와 같이 가자고 하여 그 길로 집을 떠났다. 청양군에서 몇 십 명 정도가 끌려갔다. 군청에 집결하여 광천에서 기차를 타고 천안에 도착하여 역 앞에 있는 어느 여관에서 대기하다가 부산까지 다시 기차로 갔다. 섬 영도에서 신체검사와 소독받고 시모노세키를 거쳐 아오모리현까지 연행되었다. 청양사람들은 가바야마비행장을 닦는 일이었는데 나는 반장이었기 때문에 심한 일은 아니하고 자갈, 시멘트, 모래를 섞어 활주로를 시공했다. 초기에는 활주로를 만들었는데 활주로 공사가 끝난 다음에는 비행기격납고와 포대를 만들었고 터널과 방공호도 팠다. 짧은 기간 안에 공사를 마쳐야 했기 때문에 상당히 힘들었다. 잇본마츠에 갔을 때 알게 되었는데 거기에는 치시마열도로 보내려는 조선인들이 대기하고 있었다. 치시마에서는 중대장이 '며칠 안으로 비행기가 착륙할 수 있도록 하지 않으면 모두 이곳에 묻어버리겠다'고 협박했다는 말을 들었다. 아마 내가 일하던 곳과 치시마 사이에 조선 사람들을 교대로 배치하여 일을 시키지 않았나 생각된다. 내가 소속되었던 해군부대는 40대, 50대, 60대의 조선인이 있었다. 조선 사람이 죽어 화장하면 군부에서 가져갔다. 해방되니 그 유골을 연고자에게 돌려줬는데 마이즈루만에서 다 없어졌다. 미나미 헌병도 아이와 부인이 함께 배를 탔다. 미나미를 일본 해군들이 해치려고 했다는 말을 들었다. 장교들은 먼저 보트를 타고 빠져 나갔는데 잠사 후 배가 폭발했다. 항해 중에 해군 승무원들이 담요와 군복을 바다에 던지는 것을 보고 우리 조선 사람들이 달라고 하니까 '바보같은 놈들 너희가 죽을지도 살지도 모르면서 뭘 달라고 하느냐.'고 말했다. 나는 갑판 위에 서 있었다. 해군들의 행동이 수상쩍다고 생각하고 있었는데 갑자기 폭발소리가 나더니 사람들이 내팽개쳐지고 바다 속으로 튕겨 떨어져 나갔다. 배가 가운데부터 부러져 물에 잠기기 시작했다. 아마도 선실 안에 있는 사람은 다 죽었을 것이다. 바다가 검은 기름으로 덮였다. 그야말로 아비규환이었다. 나는 가라앉는 배위에서 기다리다가 나중에 일본 여자들이 몰고 온 작은 어선을 타고 뭍으로 나왔다.

청양에서 같이 연행되었던 사람으로는 정헌설, 권일선, 이경환, 임석빈, 문창수, 윤화수, 최춘봉, 김의동, 김성태, 유영렬씨 외에 몇 명이 살아 돌아왔다. 모두들 갑판위에 있었기 때문에 그나마 살았다. 홍성사람 소대장에게 일본 여자가 있었는데 그 여자가 '당신은 이 배를 타지 마세요. 심상치 않아요.'라고 말했다고 한다. 그러나 우리들은 '이것도 운명이니 타자.'고 결정하였다.

◈ 증인-80: 정홍기(鄭鴻基男, 1920年 3月 10日生. 충남 공주시 사곡면 가교리 497)

공주시 사곡면 가교리는 정안에서 마곡사 쪽으로 들어가 한참을 가야 하는 깊고 깊은 산골마을이다. 큰길에서 하천을 건너 논밭으로 몇 뙈기를 지나야 정홍기 옹의 집에 갈 수 있다. 직장에서 일찍 퇴근하여 정 노인을 찾아간 시간은 저녁 8시가 지난 뒤였다. 노인의 아들을 통해 방문 사실을 미리 연락했다. 연세가 많은 탓에 건강이 좋지 않았지만 필자를 만난 순간부터 상기한 얼굴로 과거를 이끌어내기 시작했다. 정홍기 노인에게 하고 싶은 말을 모두 다 말씀하시라 했다.<1999. 8. 26>

－이렇게 깊고 깊은 산골마을까지 왜놈들이 쫓아왔단 말입니까?.

중국 봉천 방직공장에서 경비로 근무하던 중 휴가를 받아 고향에 왔다가 일본 경찰한테 잡혔다. 다시 중국공장으로 가려했는데 며칠 사이로 징용영장이 내게 떨어졌던 모양이다. 해군 군복을 입고 오미나토 해군 군부에서 의무과 보조원으로 일했다. 잇본마츠 근처에 3천3백명의 조선인이 일했다. 나는 선생이라는 대우를 받았다.

－우키시마호를 탔다는 사실로서 기억나는대로 말씀하십시오.

배를 타고 귀국하던 중에 쾅!－하는 굉장한 소리가 들리더니 잠시 뒤에 또 두 번째 폭발소리가 났다. 배가 가운데부터 꺾이면서 가라앉았다. 바다는 온통 기름으로 덮였고, 기름바다 속에 빠진 사람이 서로 엉켜 아우성이었다. 일본 여자들이 작은 어선을 몰고 와 구조했다. 배가 작아서 '두 명은 안돼! 한명만 타라.'하여 나 혼자만 타고 나왔다.

－잇본마츠에서 일하실 때는 어떠했습니까?

나는 공사장에서 중노동을 하지 않았기 때문에 마음으로 여유가 있었다. 조선사람들의 참혹한 실상은 누구보다도 내가 잘 안다. 의무과에서 일했으니까 조선사람들을 많이 접촉했다. 내 주변에는 가족생활자들이 많았는데 그 가족들이 우키시마호에 탔을 것이다. 내가 우키시마호를 타기 전에 오미나토 해군 군부 의무과에서 귀국하는 도중에 환자를 치료하라고 소독약, 반창고, 붕대, 복통제, 두통제를 내게 줬다.(사진기 고장으로 정홍기 옹의 증명사진이 없음에 양해를 구합니다.)

◈ 증인-81: 김일권(金日權, 男, 1922年 9月 2日生. 충남 공주시 산성동 31)

나는 운전기사로 일할 때 징용영장을 받았다. 가지 않으려고 온갖 수단을 다 썼으나 당시에는 징용에 따르지 아니하면 일본 경찰이 끝까지 쫓아다니며 가족들까지 못살게 굴었기 때문에 어쩔 수 없이 가야 했다. 올가미에 걸린 것이나 다름 아니었다. 아오모리현 시모키타 잇본마츠 해군부대에 배속되어 자동차를 운전했다. 임금은 해군시설부에서 받았는데 중대장이 갖다 줬다.

우키시마호에는 8천명이 탔다는 말이 자자했다. 내 생각이었는데 항해 중에 배가 마산으로 간다고 했는데 계속 회항하여 의문스럽기 시작했다. 침몰 당시 상황은 너무 참혹하여 말로 다 할 수 없으며 헤아릴 수 없이 많은 사람이 죽었다.

◈ 증인-82: 신환철(申渙鐵, 男, 1915年 1月 10日生. 충남 공주시 정안면 사현리 221)

〔1998년 1월 4일 새해 분위기가 채 가시기도 전에 진상규명회 회장과 사무국장 그리고 천안에 거주하는 생존자 정기영씨가 공주시 정안면에 거주하는 생존자 신환철옹의 자택을 방문하여 허심탄회한 대화를 나누었다. 당시 86세의 고령답지 않게 표준어로 연설문을 읽어가듯 논리적으로 말씀하셨다. 안방에서 온기를 피워주는 무쇠화로가 옛일을 더욱더 생생하게 떠오르게 했다. 여기서 신환철 옹은 우키시마호 폭침사건이 아직도 해결되지 않고 있는 원인으로 이승만 정권 때에 일본과 무조건 담을 쌓는 정책을 폈다는 점과, 국민을 대표하는 국회의원들이 나서야 할 일이었음에도 해결하려 하지 않았다는 점 그리고 지금도 일본 정부는 피해자인 생존자들의 증언을 믿으려 하지 않는데 있다고 지적하였다.〕

나는 우선 우키시마호폭침진상규명회가 지금까지 우리를 위해서 일해오고 있음에 감사드리며 오늘은 이 일을 하시는 분들에게 참고로 말씀드리겠습니다. 지금까지 조사해서 잘 알고 있으리라 생각됩니다만 나도 일본의 아오모리현 시모키타반도에 있는 잇본마츠(一本松) 숙사에서 지내면서 1년5개월간 일했습니다. 정안면 사현리에서 태어나 공주에서 보통고등학교를 졸업하고 일본의 시모노세키에 있는 문자상업학교에 18회로 입학하여 다니다가 중퇴하고 집에 돌아와 장남으로서 아버지가 하시는 일을 도맡아 일하며 동네 이장질까지 했습니다. 그러던 어느 날 면서기인 서모라는 사람이 찾아와 '면장님이 오시래요'라고 하더라구요. 당시 면서기는 나보다 나이도 어리고 잘 아는 사이였기 때문에 내가 '왜 그러더냐?'고 물었으나 이에 대한 답변은 없었지요. 그 때 내겐 '야! 이제 위험한 때가 왔구나! 도망이라도 가야겠다.'는 생각이 뇌리를 스치는 것이었어요. 그 때는 젊은이들을 밤낮을 가리지 않고 잡아갈 때였습니다. 다시 내가 서울로 도망갈 채비를 한 가방을 옆에 놓고 '야! 광진아! 면사무소에 가서 내가 집에 없더라고만 말하면 되잖느냐?'고 말했는데도 이 놈이 부득부득 말을 듣지 않고 30분이 지나도록 앉아 있는 게 아니겠어요? 나는 전에도 일본에 간 일이 있었기 때문에 가기도 싫었고 또 전쟁으로 공습이 심할 때라는 것을 알았는데 뭣이 좋다고 가겠습니까? 도망치고 싶은 생각뿐이었지요. 하는 수 없이 면사무소로 직접 찾아갔습니다. 그 때 내가 동네 이장 일을 볼 때이니까 면장하고도 친분이 있었지요. 그래서 내가 '이 문제를 면장이 좀 알아서 해결해 주세요. 나는 지금 불가피하게 서울에 갈 일이 생겨서 그러니 서울 좀 다녀오겠다'고 사실상 거짓말을 하고 '내일 다시 올테니 그리 아시오'라고 해봤지만 면장이 들어주질 않더라구요.

내게 떨어진 것은 공주헌병대장 명의로 된 징용영장이었는데 빨간줄이 그어져 있더라구요. 면장이 하는 말로 헌병대에서 나온다는 것이었

⇧ 왼쪽부터 진상규명회 이진견 사무국장, 사건의 전모를 증언하는 신환철 옹, 천안시 거주 생존자 정기영 옹. 장소: 신환철 옹 자택 안방. 〈촬영: 전재진 1996.1.4〉

습니다. 어쩔 수 없는 일이었지요. 내가 헌병하고 겨룰 만한 힘은 없고, 집에는 처자식이 있으니 도망칠 생각도 못해요. 해서 기다리다 점심이나 먹자는 식으로 시간을 보내는데 아니나 다를까 오후 두 세시가 되니까 헌병대에서 사람이 오더라구요. 오전에는 나 혼자밖에 없었는데 헌병이 들어오면서. 어허 그 때 장기덕이 하구, 원병이 하구, 정두선이 하고 하여튼 우리 동네에서만 끌려 들어오더라구요.

1944년 4월. 한창 농사일이 시작될 때 나는 제2차 징용대상자로 지목되어 끌려간 것입니다. 갈 때는 징용영장에 1년이라고 씌여 있었는데 일본에서 6개월이 지나니까 5개월이 연장되었지요.

아오모리까지 기차로 갈 때 도망치려고 했지만 화물차에 태워 문을 꽉 잠근 뒤 앞뒤에서 경비가 삼엄했기 때문에 꼼짝달싹 못하고 아오모리까지 가게 된 것입니다. 시모키타 잇본마츠에 가니까 어디서 온 상놈들인지 도대체 말을 알아들을 수가 있어야지요. 일본놈들도 사투리가 얼마나 심한지 오사카나 동경하고는 말씨가 달라도 너무 달라서 처음에는 알아듣지 못해 애먹었어요. 4월인데도 시모키타는 눈이 하얗게 쌓여 있더군요.

내가 연행될 때 부산에 집결한 인원이 3천명이었는데 영도에서 신체검사를 받고 나니 3백명 정도가 탈락되고 2천7백명이 시모노세키항에 내려 기차로 아오모리역까지 간 것입니다. 나는 다른 사람보다 일본말을 잘했을 뿐 만 아니라 일본에서 학교를 다녔다는 이유에서인지는 몰라도 내무반 분대장으로 뽑혀 공사현장에는 나가지 않고 내근만 했습니다.

나이가 나보다 여덟 살 더 많은 사감이 있었는데 나는 사감의 심부름을 한다거나 다른 지역으로 부식이나 물품을 가지러 다니기도 했습니다. 물론 혼자는 아니고 일본인 트럭운전사와 같이 다녔지요. 취사반이나 위병소 또 의무실에서 사감한테 내려진 일을 내가 거의 맡아 일했습니다. 같이 갔던 지상준은 소대장이었고 나는 분대장인 셈이지요. 취사장에는 일본인 20명과 조선인 11명이 일했으니 그 규모를 짐작해 보세요. 여간해서 그런 식당 없을 겁니다.

나는 공사현장에는 나가지 않았기 때문에 현장 사정은 잘 모르지만 저녁에 이리저리 돌아다니면서 낮에 일하던 사정을 물어보면 자세하게 답해주곤 하여 어느 정도는 알고 있지요. 동료들에게 오늘은 무슨 일을 했느냐고 물으면 도-크(선박 접안시설) 보수공사를 했다든가, 비행장을 만들었다든가, 방공호, 탄약고를 파고 왔다는 것이었습니다. 어느 누구는 홋카이도의 치도세비행장에서 일하고 왔다는 말을 들은 적이 있습니다.

잇본마츠 숙사에서 어느 정도 세월이 지나 일도 익숙해졌는데 어느 날 갑자기 법무관이 찾아와 군법회의에 출두하라는 명령을 내리는 것이었습니다. 도대체 무슨 영문인지 알 수 없었으나 명령에 따르지 않을 수 없는 신분인지라 군법회의에 나갔습니다. 나가보니까 다름이 아니고 같은 동네에서 끌려간 장기덕이를 심문하는데 통역을 하라는 것이었습니다. 아마 장기덕이와 주소가 같았기에 나를 불렀겠으려니 생각했지요. 군법회의장에는 앞에 다섯명의 법무관이 앉아있고, 피고인석에는 장기덕이 앉아있고, 그 옆에 내가 앉았습니다. 법무관이 장기덕이를 심문할 때 나는 장기덕이를 내보야겠다고 생각했습니다. 군법회의장 주위에는 일본 사람만이 꽉 차 있었고 조선사람은 한 명도 없었습니다. 그래서 나는 통역할 때 내 의사를 섞어서 말해도 되는 줄 알았지요. 지금도 아오모리에 가면 그 때 내가 발언한 것이 문서로 남아 있을 겁니다. 사실 나는 그 때 장기덕이 어떤 죄명으로 법정에 서게 되었는지 모르는 상태였지요. 통역을 하다가 투서건이라는 것을 알았습니다. 그래서 나는 일단 장기덕이를 내보야겠다는 생각으로 내 생각도 섞어 통역했더니, 장기덕이 말을 통역한 것이 아니라는 것을 법무관이 알아차린 것이지요. 내 발언 내용이 법정을 모욕했다는 것입니다. 그래서 되레 내가 법정모욕죄로 몰렸던 것입니다. 그 때 내가 말하기를 '장기덕이는 일반인 신분으로 투서한 것이니 사건을 지방으로 보내서 지방에서 해결하도록 하자. 해지시키자.'고 했지요. 그런데 그 말이 법정모욕죄가 된 것입니다. 장기덕이 하는 말을 통역이나 하면 됐지 왜 쓸데없는 말을 하느냐는 것이었습니다. 법정에는 일본사람만 있었기 때문에 한국말을 알아듣는 사람은 없는 줄 알았어요. 일본 헌법상으로는 법정모욕죄겠지요. 나는 내 친구를 내보내려고 역설적인 발언을 한 것인데 그 자리에서 쇠고랑을 채우는 거예요. 손을 움직이면 손목이 자꾸 조여드는 쇠고랑이예요. 그렇게 감옥에 수감되었는데 매일 아침 여덟시만 되면 매질이 시작되는데 한번 시작하면 정확히 백대를 맞아야 끝났습니다. 수건을 입에 물리고 양손을 밧줄로 묶고 천정에서 내려오는 쇠사슬로 다리를 매달면 엉덩이와 허벅지가 드러나게 되지요. 그러면 엉덩이와 허벅지에 매질을 하는 거요. 그렇게 하기를 십여 일이 지났는데 누가 나를 부르더라구요. 그를 따라 법무관 앞으로 나가니까 '무죄석방'이라 해요. 그러더니 곧 이어 '히라야마 후미오 무죄석방'이라는 방송이 나오더라구요.(히라야마 후미오: 신환철 옹의 일본 이름) 나는 숙사에서 내근할 때 사감과는 아주 가깝게 지내는 사이였어요. 그래서인지 사감이 나를 데리러 왔더군요. 그 뒤에 사감 방에서 사흘을 쉬고 있는데 사감이 와코라고 하는 온천지로 목욕하러 가자고 해서 일주일간 휴양했습니다.

— 장기덕이 무슨 내용으로 투서했기에 군법회의까지 회부되었을까요?

법무관이 내게 말해서 그제서야 알게 된 일입니다만 정안면사무소에서 서기를 보던 백모와 여자를 놓고 서로 차지하려는 복잡한 관계가 있었던 모양입니다. 그 당시 백면서기의 아버지는 식량배급소를 했는데 장기덕이가 식량을 부정으로 배급했다는 투서를 쓴 것이지요. 이를 공주경찰서에 제출했나 봅니다. 장기덕이는 백 면서기 네놈이 징용대상에 포함시켜 일본으로 끌려가게 된 게 아닌가 생각하게 된 것이겠지요. 이런 감정에서 투서를 하지 않았나 생각돼요.

— 공사현장 상황에 대해서 기억나는 것이 있습니까?

나는 주로 내근이었기 때문에 공사현장에 대해서는 잘 모르지만 중대 안에는 공주에서 같이 갔던 친구들이 많으니까 그들에게 '어디 갔다 왔어? 무슨 일을 하고 왔어?'라고 물으면 '치도세'라고 말했어요. 또 도-크 수리를 했다고 하고 비행장도 닦았대요. 그리고는 굴을 팠다 라든가 소나무를 베었다는 별별 일을 다 했다는 말이었지요. 비참하기 짝이 없었지요. 소 돼지나 마찬가지였으니까요.

— 잇본마츠 숙사에서 조선인들의 의식주 상태에 대해서는 누구보다도 잘 알 수 있었을 것으로 생각됩니다. 의식주는 어떠했습니까?

주식은 밀과 콩이었습니다. 쌀이 전혀 없었던 것은 아닌데 보이지 않을 정도로 섞이는 것이 전부였지요. 국물은 있었지요. 취사반에서 20명분씩 담아 놓으면 각 소대에서 사람이 와서 가져갑니다. 3천명이 먹었다고 볼 수 없을 만큼 적은 양이었습니다. 가장 비참했던 것은 입을 옷이 없었던 것 같습니다. 옷이 없어 시멘트 부대를 몸에 둘둘 감고 다니는 것을 보았을 때 제 심정은 이루다 말 할 수 없이 괴로웠습니다. 전부 나무로 지은 집이었는데 2층으로 지었지요. 바닥이 판자였는데 다다미도 깔지 않고 담요 한 장으로는 추위를 견디기 어려웠지요. 겨울에는

⇧ 신환철 옹이 증언한 형태의 조선인 숙소가 지금도 일본 아오모리현 시모키타반도에 남아있다. 이 숙소는 시모키타반도 니마이바시 공사장 옆 산비탈에 있는데, 2층 구조, 판자집, 산속에 있다는 점이 증언과 일치한다. 〈촬영:전재진〉

바닷가에서 파도에 밀려든 해초나 나무를 주워 다 숙사 안에서 불을 피웠는데 나는 화재를 방지해야 했기에 불 피는 것을 단속하러 다녔지요. 다행이 화재가 발생하지는 않았습니다.

― 내무반에서는 주로 무슨 일을 하셨습니까?

내근이라 해서 특별한 일을 했다기 보다는 사감 옆에서 사감을 돕는 일이라고 생각하면 됩니다. 사감에게 주어진 일을 거의 다 내가 맡아 처리했으니까요. 그 때 헌병 가운데 미나미(南)라는 사람이 있었는데 헌병대장이었어요. 인사를 나누고 주소를 물으니 지금으로 말하면 이북이래요. 이 미나미 헌병이 일이 있으면 모두 나한테 맡겼어요. 날마다 찾아왔는데 계급상으로 차이가 있으니까 무서웠어요. 그러나 탈선이라든가 사고는 없었어요. 사감도 나보다 여덟 살 위인데 그리 나쁜 사람은 아니었습니다. 조선 사람에게는 사감자리를 주지 않았지요. 잇본마츠 숙사내 4중대에는 공주 지역에서 간 사람 150명이 있었으므로 밤이 되면 찾아가 얘기를 나누곤 그랬어요.

*정기영: 맞아요, 미나미라는 헌병이 우리가 일하는 곳에도 자주 다녔어요. 한번은 말이죠. 식당 주인이 일본 사람이었는데 글쎄 이 사람이 우리들에게 배급한 식량을 돼지와 닭에게 주는 거요. 또 좋은 건 죄다 빼다가 자기네들이 먹는 거요. 이런 사실에 대해 항의했더니 미나미 헌병이 부하인 듯한 헌병하고 조사를 나왔어요. 그 사실을 다 말했지요. 그 때 한쪽에서는 같이 온 헌병이 식당 주인을 신문하고 있었고, 우리는 미나미 헌병과 얘기했는데 그 때 미나미 헌병이 '나도 조선사람이다.'고 말하더라고요. 그래서 우리도 그 때부터 미나미가 조선 사람이라는 걸 알게 된 것입니다. 닭하고 돼지 키우는 일은 전우영이가 다 맡았었어. 나와 같은 동네서 살았는데 키가 제일 작고 힘이 없어 일을 못하니까 그 일을 맡긴 게야. 사람 먹으라고 배급한 식량을 짐승에게 먹였으니 말이나 돼. 미나미 헌병이 왔다 갔다 하면서 그걸 알고 식당주인만 혼줄 났지. 그럴 수 밖에. 그래서 돼지하고 닭을 잡아 헌병들한테 한턱 멕였지. 뭐! 지가 지닭 잡아 먹은 게지.

— 우키시마호가 폭발소리와 동시에 가라앉을 때 상황은요?

우키시마호가 쾅! — 뻥! — 하고 터지는 소리가 날 때 나는 갑판위에 있었는데 그 때 갑판위에 시모키타 공사현장에서 죽은 유골 다섯 구가 있었어요. 나는 유골이 다섯구만 있는 줄로 알았는데 전회장이 쓴 책을 보니 열아홉 구로 기록되었네요. 아마 다른 곳에도 유골이 실려 있었겠지요. 배가 파산되어 이제는 다 죽었구나 생각하니 눈앞이 캄캄해지더라구요. 나는 수영에는 어느 정도 자신이 있었기 때문에 배가 완전히 가라앉는 줄로 알고 살아날 생각으로 옷을 다 벗어던지고 물속으로 뛰어들었습니다. 물속에는 수박덩어리가 둥둥 떠다니는 듯 사람이 죽어갔지요. 한참 헤엄을 치다가 배있는 쪽을 쳐다보니 그 때까지 배가 가라앉질 않았어요. 마스트 위까지 사람이 다닥다닥 붙어 있어요. 나는 한동안 헤엄치다가 일본 여인네가 작은 배에 타라기에 탔는데 그 배는 너무 작아서 세 사람만 타고 나왔어요.

— 구조된 다음에는 어떠했습니까?

온몸이 기름투성이라서 이리저리 다니는데 어느 일본인 여자가 다가와서 입을 옷을 줄테니 자기 집으로 가자는 거예요. 나중에 알고 보니 그 여자 남편도 전쟁터에서 죽었더라구요. 아마 나를 보는 순간 남편 생각이 났던 모양입니다. 당시에는 일본에도 남편을 잃은 아낙네들이 많았을 겁니다. 수용소에 가 보니까 모두들 벌거벗고 헝겊이나 다름없는 것을 허리에 차고 다니더군요. 아! 글쎄 밤이 되니까 또 쾅! – 하는 폭발소리가 들리며 건물이 흔들리는 겁니다. 이거 또 죽이려나 싶어 밖으로 뛰쳐나갔는데 밥 짓는 증기가 폭발했다나 뭔가 터졌다는거요. 이 때 증기폭발 사고로 한 50명 정도가 또 다쳐서 병원으로 후송하는 소란이 있었습니다. 나는 군부대 같은 곳에 수용된 다음 날 바깥일이 하도 궁금하여 정문 수위들의 눈을 피해 밖으로 나가 바닷가로 가봤지요. 바닷가에는 이리저리 시체가 뒹구는 게 꼭 지옥 같더라구요. 얼굴이 퉁퉁붓고 배가 부어 올라 누가 누군지 분간할 수가 없었지요. 나도 동네서 같이 간 친구가 안 보이기에 바닷가로 찾아 나선 길이었는데 아무도 찾지 못하고 돌아왔습니다. 그 때 일본 군인인 듯한 사람이 시체를 줄줄이 꿰기도 하면서 헤비지마(?)쪽으로 옮기더라구요. 그 때 그 섬 이름을 알았어요. 헤비지마에는 자연굴이 있다는데 그 굴속에 다 집어 넣은 게 아닌가 생각되요. 시체는 마이즈루 인근 굴속에도 많이 있을 겁니다.

– 돌아오시던 과정이 기억나시는지요?

생지옥같은 일이 날마다 벌어지는 속에 나는 그 수많은 조선인들을 어떻게 한국까지 데리고 갈 것인가를 고심했습니다. 이런저런 생각 끝에 같이 다니던 공주사람 지상준씨와 논의했습니다. 우리가 부산에 먼저 가서 이 사람들이 탈 수 있는 배를 가지고 다시 와서 같이 타고 나가도록 하기로 했지요. 둘이서 부산까지 갈 계획을 세웠지만 헌병대에 가서 통행증명서를 받아내는 게 문제였습니다. 처음에는 헌병대에서도 용건이 통하질 않았지요. 그렇지만 매일같이 아침저녁으로 찾아가서 지상준씨와 같이 논리적으로 설명했더니 사흘째 되던 날 헌병대에서 절더러 혼자만 가라는 증명서를 해주더라구요. 증명서에 통행인 명수를 적는 란에 한일자로 '一'이라고 씌여 있기에 그 위에 획을 하나 더 그어 두이자인 '二'로 만들었지요. 둘이서 가는데 마다 일본 군인이나 경찰이 거수경례를 착착 붙이는데는 다닐만 하더라구요. 둘이서 기차를 타고 시모노세키에 도착하여 부산행 배를 타고 들어왔습니다. 기차역에서 통행증명서를 내보이니까 헌병들이 역시 우리에게 거수경례를 하며 정중하게 안내하더군요.

– 부산에 도착하여 마이즈루로 갈 배를 구하기는 했나요?

부산에 도착하니까 각 지역별로 깃발이 서 있기에 나는 공주군 깃발 아래로 갔습니다. 그 다음에는 물론 진주항엘 맨 먼저 찾아갔습니다. 그렇지 않으면 우리가 동료를 버리고 우리만 살려고 도망친 거나 다름 아니잖아요? 그래서 진주에 가서 마이즈루로 갈만한 배가 있는지 알아보았으나 배도 사람도 없었습니다. 하는 수없이 집으로 왔죠. 내가 마이즈루에서 부산으로 배를 가지러 갈 생각을 한 것은 사실이었습니다. 실제 상황이었거든요. 어떻게 하면 다 같이 고국으로 돌아갈 수 있는 길을 찾느냐 하는 것이 내 고민이었으니까요.

— 돌아오지 못한 분들은 어떻게 해야 하나요?

저쪽 산 모퉁이를 돌아가면 양지바른 산이 넉넉히 있으니 전회장이라면 그 산에 그 분들을 묻을 수 있을게요. 그렇게 한다면 내가 종중 사람들한테 말하여 승낙을 받아 내겠어요.

〔1년 6개월 뒤인 1999년 6월 6일 나는 신환철옹을 다시 찾았다. KBS-1TV 방송작가(신OO PD)의 요청에 따라 99년 8.15 특집을 제작하려는 일로 하루 전날 신옹께 방문계획을 미리 전화로 알렸다. 그 때 나는 신옹이 예전과는 달리 격앙된 목소리라는 것을 알아차릴 수 있었으나 취재에 처음 나선 작가의 상상에 맡길 생각이었다. 작가는 자연스런 분위기를 원했기 때문에 그에게 신옹의 기분 상태를 말하지 않았다. 공주시 정안면 사현리는 천안에서 차령고개를 넘어서면서 보이는 마을이다. 양 옆으로 보이는 산이 모두 밤나무로 덮여 전국 밤 생산량의 30%를 차지하는 곳이기도 하다. 신옹이 55년 전 공주헌병대에서 발부한 징용영장으로 끌려가던 그 곳이다. 이제 그는 여든여섯의 고령으로 이 나라의 위정자들을 호되게 꾸짖었다. 그리고 힘없던 시기의 민족을 불쌍히 여기면서도 이제는 희망이 있고, 할 일은 꼭 해야 한다는 것을 강조했다. 그의 얼굴은 30대 젊음 못지않게 상기해 있다. 그러고 나면 일주일 정도는 과거의 아픔을 이기지 못해 몸져 누워야 했다. 나는 이제 신옹을 만나지 않겠노라고 마음먹었다. 이제 신옹은 우키시마호폭침사건 피해자가 아니라 이 나라의 운명을 내다보며 어리석은 한국 정치의 앞날을 걱정하는 인생경지에 도달한 기인이기 때문이다. 그가 여생의 안락한 삶을 영위하려면 우키시마호 사건의 악몽에서 벗어나야 한다. 이제는 굳이 기억하지 않아도 된다. 이 사건에 대한 신옹의 마지막 부탁은 여러 차례 반복되었다. 당시 돌아가신 동포들의 유해를 완전하게 봉환하여 우리 손으로 우리 식으로 묘를 써서 안장하라는 것이다. 이런 일은 곧 우리 동료와 후손들의 책임이라고 덧붙이셨다.〕

8. 전국생존자합동증언대회

◈ 일시: 1995년 12월 2일

◈ 장소: 천안시민회관 대강당

◈ 주최: 우키시마호폭침진상규명회

◈ 참석하신 생존자: 강태철, 김동섭, 김동연, 김동천, 김의동, 김종호, 김태석, 박재하, 안종열, 오희용, 원종봉, 윤화수, 이기출, 이재석, 이철우, 임창문, 장영도, 전우영, 정기영, 주윤창, 지윤식, 지홍석, 최수강, (이상23)

⇧ 전국에서 모인 우키시마호폭침사건 생존자. 뒷줄 왼쪽 다섯 번째는 희생자 유족 김두진씨. 오른쪽 첫번째 이수갑 의장. 오른쪽 두 번째 박현서 교수.

1995년 12월 2일 천안시민회관 대강에서 우키시마호폭침진상규명위원회가 주관한 《우키시마호폭침사건전국생존자합동증언대회》는 전국에서 모인 생존피해자가 50년 전에 일제가 저지른 《조선인대학살-우키시마호폭침사건》의 참상을 증언하는 자리였다. 이 날 대회에는 경기도에서 3명, 충청남도 천안시에서 8명, 충청남도 청양군에서 3명, 충청북도에서 5명, 전라남도에서 1명, 전라북도에서 2명, 광주광역시에서 1명의 생존자가 참석하였다. 생존자 대부분이 건강이 좋지 않고 거동이 불편하였으므로 많은 분이 참석하지 못하였다. 이상 스물세분의 생존피해자는 대강당 연단에 마련한 좌석에 등장했고, 사회자의 식순 진행에 따라 《제1부-식전행사-, 제2부-증언-, 제3부-우키시마호폭침진상규명회 창립대회-》로 나누어 시행했다. 1945년 8월 24일 이후 처음 열린 전국규모 대회였다. 피해자들의 증언은 과장이나 거짓이 없었다. 250명이 앉을 수 있는 객석의 참석자들은 처음부터 끝까지 역사적 사실 앞에 숙연했다. 이 날 불미스럽게도 동양일보 편집부에서 출간한 책 "우키시마호 수수께끼"가 제목이 부적합하다는 론쟁이 있었고, 피해자들의 요구에 따라 이 책은 폐기 또는 판매중단을 요청하기로 결정했다.

이 날 천안민주단체협의회, 전국교직원노동조합 충남 천안지회, 천안농민회, 한국청년연합회 천안지회들의 관계자가 다수 참석하였으며, 한국인강제연행강제노동실태조사위원회 박현서 대표와 민족정기수호협의회 이수갑 의장이 참석하였고, 재야 정치인들과 천안시 부시장, 기획실장이 참석하였다.

우키시마호가 폭파 침몰당하던 날 살육의 바다에서 살아 돌아오신 생존자들이 천안시민회관 대강당에 모여 그 날의 참상을 생생하게 증언한 《우키시마호폭침사건전국생존자합동증언대회》는 국가·사회적으로 책임있는 행동이었고, 또한 피해자 증언은 법적효력을 갖는 의미가 있다. 이 날의 증언은 본 보고서의 「제7절 증언편」에 모두 수록하였다.

9. 피해자 배상청구토론회

〔본 우키시마호폭침진상규명회에서는 기 제출된 토론자료를 1996년 4월 10일까지 각 항을 상세하게 분석하고, 《우키시마호폭침사건 피해자배상청구서》로 완성하여 피해자가 일본 정부한테 배상을 청구하는데 쓰이도록 해야 한다는 기본 방침으로 토론함. 배상청구서는 한일 양국 정부와 한국 국회에 제출해야 할 것이므로 한국의 외무부와도 협의할 것을 제의함〕

- 토론회 일시: 1996년 3월 16일 오후 2시
- 토론회 장소: 동천안로터리클럽 7층 회의실(충남 천안시 소재)
- 토론회 참석자: 우키시마호폭침진상규명회 회원/전국 생존자/기타 유관단체 회원
- 참석하신피해자: 김동연, 정기영, 이철우, 임창문, 최수강, 지홍석, 원종봉 (이상 7명 생존자) 김두진(유족대표)
- 관련단체 참석자: 한국인강제연행·강제노동실태조사위원회대표 박현서/민족정기수호협의회 대표 이수갑/천안사랑시민모임 대표 한종술(변호사)/천안민주단체협의회 대표 이용길/전교조충남지부 천안지회 지회장 김지철/생존자 김동연씨 외 6명/일본인활동가 무카이미도리/진상규명회 회원 36명.

〔다음 각 항은 우키시마호폭침진상규명회 법률자문위원인 한종술 변호사가 본회에 제공한 것으로 배상요구토론회에 원안대로 붙여 토론한 결과 만장일치로 통과됨〕

9-1. 사망자에 대한 배상

9-1-1. 계산의 전제

⇧ 진상규명회 회원 시민단체 대표, 법조계, 학계, 피해자가 모여 일본정부에게 청구할 피해자 배상문제에 대해 토론하고 결론을 내렸다. (1996.3.16 동천안로터리크럽 7층회의실)

(1) 사망했다고 전제함.

(2) 사고 당시 피해자의 연령별로 계산함.

(3) 임금은 일당을 받고 일하는 옥외근로자의 임금을 기준으로 하고 한달에 평균 21일을 일하는 것으로 보되 1996. 3. 16 현재 근로자의 임금을 기준으로 함. (당시 피해자의 개인적 임금을 확인하기 어렵고, 가사 확인이 된다 해도 그 동안 화폐가치의 변동을 정확히 평가해 내서 현재의 가격으로 계산하는 것이 어렵다는 점을 고려함)

(4) 당시 사고가 없었다면 모두 60세까지는 생존했을 것이고 계속하여 옥외 일용근로자로 일했을 것임.

(5) 생존했다면 생계비(생존을 위한 필요비)로 받는 급여의 3분의 1을

소비했을 것임.

(6) 위자료는 현재 우리나라 법원의 판례대로 30,000,000원으로 계산함.

9-1-2. 계산

(1) 방법-Ⅰ: 청구하는 시점(1996.3.16)을 기준으로 해서 역산하는 방법 (중간이자를 고려하지 않음)

① 월급여(월노임): 31,866원×21일=669,186원

② 생계비를 공제한 순수 수익금: 669,186원×(1-⅓)=446,124원

③ 사고 당시 피해자의 연령별 계산

사고 당시 연령	60세까지 남은 개월수	일 실수익(원) (개월수×446,124)	위자료 포함 금액
20살	480개월	214,139,520-	244,139,520-
25살	420개월	187,372,080-	217,372,080-
30살	360개월	160,604,640-	190,604,640-
35살	300개월	133,837,200-	163,837,200-
40살	240개월	107,069,760-	137,069,760-
45살	180개월	80,302,320-	110,302,320-
50살	120개월	53,534,880-	83,534,880-
55살	60개월	26,767,440-	56,767,440-

(2) 방법-Ⅱ: 사고 당시(1945. 8. 24)를 기준으로 하여 호프만수치에 따라 중간이자를 공제하는 방법

사고 당시 연령	60세까지 호프만수치	일 실수익(원)	위자료 포함 금액
20살	263.3339	117,479,572-	147,479,572-
25살	242.4633	108,168,697-	138,168,697-
30살	219.6100	97,973,291-	127,973,291-
35살	194.3457	86,702,281-	116,702,281-
40살	166.1055	74,103,650-	104,103,650-
45살	134.0937	59,822,417-	89,822,417-
50살	97.1451	43,338,760-	73,338,760-
55살	53.4545	23,847,335-	53,847,335-

※ 위 각 금액에 대해 사고 당시부터 청구하는 날까지 연 5푼의 지연이자를 가산하면 됨.

⇧ 배상요구(청구)토론회에 참석한 생존자분들. 오른쪽부터 원종봉. 임창문. 정기영. 이철우. 최수강. 김두진(유족). 건강상 먼 지역 분들은 토론회 참석을 권유할 형편이 아니었음.

9-2. 생존자에 대한 배상

9-2-1. 치료비: 이 건 사고로 인해 부상을 입은 사람의 치료를 위해 들어간 실제비용.

9-2-2. 일실이익: 이 건 사고로 신체적 장애가 있는 사람은 그 장애 정도에 따라 일실수익을 청구함. 그 계산은 사망자의 일실수익에 장애비율을 곱하면 됨.

9-2-3. 장래치료비:

*아직도 병치료를 계속하고 있는 사람의 경우

*사망시까지 들 치료비의 추산액 (전문가의 감정이 필요함)

9-2-4. 위자료: 피해자 본인과 가족을 포함해서 그 사고로 인해 입은 정신적 피해 배상.

9-3. 우키시마호폭침사건 손해배상청구방법

9-3-1. 국제사법재판소에 소제기

⑴ 의의: 국제사법재판소의 판결은 구속력이 있고 국제분쟁에 관한 배상책임추궁에 있어 가장 유력한 방법임.

⑵ 장애: 국제사법재판소에는 국가만이 소송할 수 있고 개인은 제소할 수 없는 바 우키시마호폭침사건 피해자들을 위해서 우리나라(대한민국)가 외교보호권의 행사차원에서 손해배상을 청구하는 소송을 제기할 수 있다.

⑶ 구체적 방법

① 외무부 소속 공무원, 국내변호사, 피해자 대표, 진상규명회, 국제사법재판소에서 변호사로 활동할 자격이 있는 국제변호사 등이 공동으로 한시적인 조직(예를들면 우키시마호폭침사건제소위원회 등)을 구성해서

② 그 중 국제사법재판소에서 소송대리권이 보장되는 국제변호사가 소송대리인의 자격으로 소송을 제기함.

9-3-2. 일본국재판소에 제소

(1) 의의: 일본은 이 사건의 불법행위 발생자로서 그 재판소(법원)에 재판관할권이 있다.
(2) 구체적 방법: 위 국제사법재판소에 제소하는 방법을 원용.

9-3-3. 우리나라 법원에 제소

(1) 의의: 국제법 범죄행위(인도적)에 대한 보편적(국제적) 관할권의 인정.
(2) 구체적 방법: 위와 동일함.

9-3-4. 중재재판소를 통한 해결

(1) 구체적 방법: 예를 들면 일본과 협의하에 일본의 전쟁범죄로 인한 국제인권침해재판소등의 중재재판소를 설치하여 동 재판소에 제소함.
(2) 의의: 이 방법은 상호협상과 중재를 통한 해결이므로 서로 사후 불만을 남기지 않는 좋은 방법임.
(3) 과제: 우리나라 정부 및 정치가들이 얼마나 적극적으로 나서서 일본의 성의있는 자세를 유도해 내는가에 달려있음. 즉 우리나라 지도자들의 정치력에 성패가 달려있음.

9-3-5. 일본국의 특별입법을 통한 해결

(1) 방법: 일본이 이 사건으로 인한 피해자들에 대한 구체적 배상과 명예회복 등의 방안을 제도화하는 것.
(2) 의의: 일본 스스로 자성과 명예회복의 기회를 갖게 되는 방법임.
(3) 과제: 우리 시민단체와 정치지도자, 정부의 협력을 통한 적극적인 요구와 협상의 열쇠임.

9-3-6. 총괄적 고찰

*가장 중요한 것은 이 사건에 대한 국민적 홍보와 그 배상 등을 실현하려면 시민들의 자발적인 움직임과 나아가 정치가, 정부의 적극적인 노력이 전제된 계속적인 대 일본 협상이 있어야 할 것임.

⇧ 피해자배상청구토론회에서 한국인강제연행강제노동실태조사위원회 대표 박현서 교수 발표. 오른쪽부터 한종술 변호사 민족정기수호협의회 이수갑 의장, 박현서 교수 생존자 김동연 선생, 일본인활동가 무카이 미도리씨

9-4. 배상청구 사항

⑴ 우키시마호폭침사건과 관련하여 일본 정부의 피해자에 대한 실질적인 배상시행은 사건과 관련된 자료를 빠짐없이 공개하고 진상을 명확하게 규명함을 전제한다.

⑵ 실종자는 모두 사망한 것으로 인정한다.

9-4-1. 반인륜적 범죄에 대한 배상 요구

① 강제연행에 따르는 배상

② 강제노동에 따르는 배상

③ 인권유린에 따르는 배상

④ 외국양민집단학살에 따르는 배상

9-4-2. 살인행위에 대한 배상

☞ **사망자에 대한 배상**

① 일본 정부가 공식 발표한 사망자에 대한 배상

② 오미나토를 출항하기에 앞서 오미나토해군경비부가 시모키타반도 안에 산재해 있던 하청업체, 해군부대에게서 제출받은 명단을 근거로 구 사망자에 대한 배상
③ 오미나토 해군경비부가 접수한 명단에 포함되지 않은 조선인 사망자에 대한 배상
④ 조선인 가족생활자 사망자에 대한 배상
⑤ 북해도에서 남하하여 우키시마호를 탔다가 사망자 조선인데 대한 배상
⑥ 우키시마호 선체 인양 때 수습하여 우천사에 안치한 조선인에 대한 배상
⑦ 기타 피해자로 인정되는 피해자가 요구하는 사망자에 대한 배상

☞ **생존자에 대한 배상**

⑧ 사고 당시 생존하여 귀국한 뒤 한국에서 사망한 피해자에 대한 배상
⑨ 1995년 10월 30일 현재 생존하고 있는 피해자에 대한 배상
⑩ 사망자와 생존자의 유족에 대한 배상

9-4-3. 사후처리의 부당성에 대한 배상

① 침몰한 우키시마호를 9년 동안 방치함에 따라 사체를 유기한 죄를 적용한 피해 배상
② 사망자와 생존자가 마이즈루만에 버릴 수 밖에 없었던 물품과 현금에 대한 배상
③ 50년여 동안 사건의 전모를 종결하지 않음으로서 사망자 유족과 생존자에 대한 정신적 고통과 재산상 피해 배상

④ 부상을 치료한 치료비에 대한 배상

⑤ 사망자와 생존자 그리고 그 유족에게 통상관례에 따르는 피해배상.

10. 일본 시민단체 초청 증언대회

- 일시: 1996년 7월 28일 13:00
- 장소: 천안 신라한정식 영빈홀
- 주최: 우키시마호폭침진상규명회
- 후원: 천안시민단체협의회(13개단체)
- 일본측 참가자: 사이토 사쿠지(齊藤作治. 시모키타지역문화연구소장)
  사사키(佐佐木. 시모키타지역문화연구소 임원)

⇨ 조선인 강제연행과 강제노동 산물인 우키시마호 폭침사건에 대해 증언하는 사이토사쿠지. 왼쪽 첫 번째 한종술 법률자문위원 오른쪽 첫 번째 천안민주단체협의회 이용길 의장.

◈ **교류회 의의와 취지**

① 우키시마호폭침사건의 발상지인 아오모리현 시모키타반도 시민들로 결성된 시모키타지역문화연구소와 남측의 우키시마호폭침진상규명회는 사건의 진상을 규명하는데 뜻을 같이 하기로 하고, 상호 협력정신으로 조사정보를 교환키로 하였는 바 이번 초청증언대회는 서로 공감대를 넓혀나가는 계기가 되었으며, 일본인들이 한국에서 생존자의 증언을 직접 듣는 기회가 주어짐으로서 사실에 더욱 가깝게 접근할 수 있었고, 일본 활동가들의 진상규명 운동에 불을 붙였다. 특히 조선인 강제연행에 대해 더욱 큰 관심을 갖게 되었다.

② 사이토 사쿠지 소장을 중심으로 한 이번 방문단은 조선인 강제연행 강제노동과 우키시마호폭침사건에 대해 피해자들의 체험담을 듣고 그 사실을 일본 정부로 하여금 배상하지 않으면 안 되도록 해야 한다는 것이 그들의 각오였다.

③ 한일민간교류를 통하여 일본이 과거 죄행을 반성하고 사죄하고 배상해야 함은 물론 우키시마호폭침사건과 같은 참혹한 사건이 재발하지 않도록 해야 한다.

◈ 사이토 사쿠지: 태평양전쟁 당시 시모키타반도로 강제연행된 조선인들의 군사시설 현장에서 당한 노동은 참으로 비인간적이고 참혹하였습니다. 특히 최대의 난공사로 알려진 오마철도의 키노푸 터널 공사장에서는 수많은 조선인 노동자들이 사망했습니다. 그렇게 고통을 받던 조선인들이 감격적인 해방을 맞이하여 고향으로 돌아가게 되었는데 그만 마이즈루만에서 수많은 사람이 죽었습니다. 참으로 있어서는 안 될 사건이었습니다. 그 후 무츠시 시민들은 해마다 8월 22일이면 우키시마호가 출항하고 조선인들이 마지막으로 발을 디딘 오미나토 기구치잔교 앞에서 추도회를 열고 있습니다. 각 가정에서 꽃송이를 준비해 와 바다

⇧ 왼쪽부터 사이토 사쿠지, 전재진, 나루미 켄타로, 사사키

에 헌화하면서 시모키타 반도로 끌려와 고생하고 고향으로 돌아가다가 사망한 조선인들의 명복을 빌고 있습니다. 이와 같은 끔찍한 일이 다시 또 벌어져서는 안 된다는 생각에서 행동으로 실천하는 것이 저희들의 운동입니다.

이 사건의 원천적인 문제는 "시모키타반도에는 왜 조선인들이 저토록 많아야 했는가?" "시모키타반도에서 왜 조선인을 서둘러 내보내야 했는가?" "왜 그 같은 지독한 노동을 강요당해야 했는가?"입니다. 모두 일본이 전쟁을 감행하려는 수단이었습니다. 일본 정부와 관계자는 이 문제를 명확하게 하지 않으면 안 됩니다.

시모키타반도에서 저희들이 우키시마호폭침사건에 대한 연구를 시작한 것은 1968년으로 거슬러 올라갑니다. 아키모토료지(秋元良治), 와시오카고쇼(鷲岳公彰), 나루미켄타로(鳴海健太郎)가 함께 시작한 연구회가 지금은 많은 젊은이들이 참가하는 시민운동으로 발전하였습니다. 이 우키시마호사건은 시모키타반도에서 빼놓을 수 없는 중요한 역사입니다. 연구회가 발족된 초기에는 우키시마호사건에 대한 자료를 불태워버렸기 때문에 조사연구가 상당히 어려웠을 것입니다. 하지만 원로들의 끊임없는 노력으로 오늘에 이르게 되었습니다. 일본 정부는 배상문제가 얽혀 있기 때문인지는 몰라도 이 문제를 숨겨왔습니다. 또 숨기기 이전에 이미 한일조약(1965년)에서 문제가 끝났다고까지 말하고 있습니다. 이것은 어처구니없는 일입니다. 한일조약에서 끝난 것은 경제협력문제였지 종군위안부나 강제연행에 대해서는 아무것도 끝난 것이 없습니다.

이제부터라도 일본이 국제적 시민정신으로 어깨를 맞대고 살아가려면 이 점을 명확히 시인하고 사죄할 것은 사죄하고 보상도 명확하게 하지 않으면 안 됩니다. 이제 우리는 우키시마호폭침사건을 학생들에게 가르쳐야 합니다. 또한 역사의 유물로 보존하여 교훈으로 삼아야 할 것입니다. 우리는 아시아 평화정착의 기둥이 되겠다는 기개를 가지고 지속적으로 연구하고 활동할 것입니다. 조선인 강제노동현장에서 살면서 언제라도 기회가 주어진다면 나는 우키시마호폭침사건의 발상지인 시모키타반도의 시민으로서, 한국에 가서 알고 있는 모든 것을 말하고 싶었습니다.

◈ 사사키(佐佐木): 결코 잊어서는 안 될 사건입니다. 시모키타반도의 차가운 땅까지 강제로 끌려간 조선인들이 견디기 힘든 노동에 시달리다가, 일본 패전과 동시에 감격에 넘치는 기분으로 고향으로 돌아가려고 오미나토항에서 우키시마호를 탄 것은 어쩌면 당연한 일이었습니다. 조선인들이 그들의 고향으로 돌아가고자 할 때 어떤 형태로든지 안전하게 귀국하도록 하는 것은 일본이 책임져야 했습니다. 당시에는 군부에서 어떤 지시를 했다 해도 우키시마호 함장을 비롯한 해군승무원들이 이에 해당됩니다. 우리는 해마다 우키시마호 출항지인 오미나토항 마당에서 추모제를 지냅니다. 한국 진상규명회에서 보내 온 추도사를 읽고 참가한 시민들이 많은 감동을 받습니다. 이 추모제는 전쟁이라든가 강제노동이라는 비참한 역사를 청산하고 우키시마호사건과 같은 끔직한 일이 벌어지지 않기를 바라는 마음에서 계속될 것입니다.

사이토 사쿠지 씨와 사사키 씨는 시모키타지역문화연구소를 결성하여 현지 회원들과 회합을 갖고 남측 진상규명회가 시행하는 시모키타반도 군사시설 공사현장 유적 조사에 적극 협력하였다. 특히 타나부교회 야나기 코자부로 목사 부부가 주축이 된 "무츠시 우키시마호친구회"를 탄생케 했다. 필자가 방문할 때마다 이들과 갖는 토론회와 현장답사

⇧ 시모키타지역문화연구소 회원들과 강제연행, 강제노동을 주제로 토론을 마치고 회식 뒤 기념촬영함. 이들은 수년간 우키시마호폭침사건 진상규명에 힘써왔다. 앞줄 오른쪽 첫 번째는 재일조선인연맹 아오모리현 김지부장. 뒷줄 오른쪽 첫 번째는 타나부교회 야나기 코자부로 목사, 다섯 번째는 야나기 목사의 부인. 뒷줄 두 번째는 사토 사도리의 딸 사토 미도리씨.(2001.2.6)

는 아주 짜임새있고 진지함을 보였다. 또한 사이토씨는 우키시마호가 침몰한 원인은 촉뢰가 아닐 것이라는 견해를 밝히기도 했다. 최근 그는 도쿄조선제1고급학교에서 학생들에게 사건에 대해 강연도 했다. 남은 여생을 이 일에 바치겠다는 사이토씨는 일본 전역을 순회하며 강연회라도 갖고 싶다는 것이 그의 야망이기도 하다.

11. 마이즈루 심포지움

〔본 행사는 연극《바다를 바라보는 군중들의 이야기》공연과 《심포지움》과《추모제》를 포함하여《우키시마호희생자 추도비 건립 20주년 위령제》로 이틀에 걸쳐 진행되었다. 8월 23일 연극공연과 심포지움이 열렸고, 24일에는 추도비 앞에서 예년처럼 위령제를 올렸다. 우키시마호폭침사건을 주제로 한 연극은 80여명의 배우가 출연하여 4부로 구성되었다.

제1부는 《1998년 8월 순난추모비 앞에서》 제2부는 《1945년 1월 시모키타반도 식당앞 광장》 제3부는 《1978년 군중을 모으는 사람들》 제4부는 《1998년 8월 다시 순난비 앞에서》이다. 행사장 안에서는 진상규명회가 가져간 90여장의 관련사진을 전시하여 많은 눈길을 끌었다. 같은 날 8월 24일에 한국의 충남

천안역 광장에서도 천안민주단체협의회(의장:이용길) 주최로 연인원 1천여명의 시민과 15명의 생존자가 지켜보는 가운데 위령제를 올렸다. 이 날 위령제에 앞서 1940년대 일본 경찰이 자행한《조선청년 강제연행》을 천안시 대흥동 큰재빼기에서 천안역 광장까지 충남택견천안전수관 관원과 청년들이 끌려가는 모습으로 재연하였다. 이 날 위령제에서는 이용길 의장의 추도사에 이어 생존자의 강제연행 증언이 발표되었고 배상촉구결의문을 채택하였다. 이어 민족무예 충남택견협회 천안전수관(관장:배봉석) 관원들의 택견 시연이 있었다. 내빈으로는 천안시 기획실장과 자주평화통일 민족회의 공동의장이며 통일대축전 남측추진본부 집행위원장인 조성우 위원장이 참석하였다. 이 날과 하루 앞서 일본 마이즈루시에서 열린 심포지움을 간략하게 정리하여 소개한다]

◈ 일시: 1998년 8월 23일 13:00
◈ 장소: 마이즈루시 종합문화회관
◈ 주최: 우키시마호순난자추도회
◈ 심포지움 발제자

① 井上 吉郎(교토, 영화「아시안블루－우키시마호사건」제작발기인)
② 柳 幸三郎(아오모리현, 우키시마호시모키타친구들회 회장, 목사)
③ 小林 喜平(동경, 우키시마호사건희생자추도회 대표)
④ 伊藤 正昭(교토, 영화「아시안블루－우키시마호사건」제작자)
⑤ 須永 安郎(마이즈루, 우키시마호순난자추도회 사무국장)
⑥ 田在鎭(한국 우키시마호폭침진상규명회 회장)

◈ **발제 내용**

① 井上 吉郎: 우키시마호 침몰 사건은 일본제국주의 명치 이후 해외확장주의와 식민지주의의 전쟁 귀결로 발생한 사건이다. 이 사건은 희생자들을 격려하면서 각 지역에 뿌리를 내려가며 인내심을 가지고 해결해 나가야 할 것이다. 한국에서 준비해 온 관련 사진이 회의장 뒤

⇧ 마이즈루시 종합문화관에서 열린 우키시마호폭침사건 심포지움에 참가한 시민들이 전시된 관련사진을 관람하고 있는 모습.

벽면에 전시되어 있으니 잘 봐 주기 바란다. 731부대 시설은 인간으로서 도저히 생각할 수 없는 참혹한 시설이라는 것을 그 유적지를 보고 알 수 있었다. 일본은 참으로 부끄러운 만행을 저질렀다. 서로 다르기는 하지만 일본인에게는 종전의 기쁨이 있고, 조선인에게는 일본이 패전한 기쁨이 있는 것이다. 따라서 일본은 패전했으므로 한국을 1910년 이전의 상황으로 회복시킬 책임과 의무가 있음에도 불구하고 우키시마호를 폭파 침몰시켰다.

② 柳 幸三郎: 우키시마호 사건을 다뤄옴에 있어서 우리에게는 선배들이 없었다. 나는 우키시마호폭침 당시에 사회적으로 표면화되었다면 한일 양국의 관계가 악화되어 민간교류를 할 수 없었을 것이라는 생각도 해 보았다. 과거의 비참함을 그대로 전달해서는 안된다. 다음 세대에 이 사건을 어떻게 처리해야 하는가 라든가 어떻게 운동해 나가야 하는가를 가르쳐야 한다. 그러므로 지금은 운동 방향의 전환이 필요하다. 한일민간교류는 평화운동의 기초를 이루고 있으니 만큼 후대에 가르쳐야 한다. 마이즈루의 추도행사처럼 시모키타에서도 운동의 폭을 넓혀 나갈 것을 모색중이다. 우리들의 운동은 헛된 일이 아니며 마이즈루만이 언젠가는 기쁨의 바다가 될 것으로 생각한다.

③ 小林 喜平: 1988년 우천사 스님한테서 우키시마호폭침사건에 대해 들었다. 그 때부터 유해를 찾기 시작했다. 우키시마호가 기뢰에 의해 침몰되었다면 그 사실이 각 자료에 명시돼 있지 않은 것이 이상하다.

지금 우천사에는 1140구의 유골이 안치돼 있는데 그 중 286구가 우키시마호 사건 희생자이고 그 가운데 54구가 어린이이다. 그리고 태평양 전쟁 때 희생된 민간인과 B, C급 전범자들의 유해도 있다. 일본의 경우 군인이나 군속의 유해는 열심히 찾았지만 민간인은 찾지 않았다. 군인에 대한 처우를 제대로 하지 아니하면 군인 모집에 문제가 있기 때문이다. 후생성에서 자료를 공개하지 않기 때문에 정확한 것은 알 수 없다. 일본은 유해를 반환하지 않으면 안 된다. 유해 반환에 대해 별도로 협의하고 있다. 이것은 재판을 통해서가 아니라 별도로 해야 한다. 과거에 유해를 반환한 적이 있는데 그 뒤로는 한국 측이 적극적이지 못해 중단된 상태이다. 해마다 8월 22일 위령제를 지내고 있다.

④ 伊藤 正昭: 영화 「아시안블루－우키시마호사건」에 대한 해외에서의 평가는 보고서에 적혀있다. 상영 목표치는 낮지만 좋은 결실을 맺을 것으로 생각한다. 한국에서 상영하기 위해 교섭하고 있으나 아직 상영할 상황은 아니다. 오는 10월 김대중 대통령이 선거 때 공약한대로 일본을 방문하여 문화개방과 교류촉진을 확인하면 한국에서도 상영이 가능해질 것으로 본다. 일본 정가에서 가끔 나오는 망언이 양국의 교류에 장애가 되고 있다. 이 사건 외에도 《조선인학도병 송환선 침몰사건》이 있다. 타이시마호(對島丸)에 대해서도 영화 제작을 검토 중이다.

⇧ 영화 "아시안블루-우키시마호사건"의 한 장면. 오마철도 공사장에서 철도 받침목을 설치하는 한국인 노동자들에게 몽둥이를 들이대고 린치를 가하는 일본인 감독

⑤ 須永 安郞: 지금까지 밝히고 연구해 온 것 외에는 새로운 사실이 나타나

지 않고 있다. 《왜 전후 직후에 서둘러서 돌려보냈는가?》가 계속 문제돼 왔다. 당시에는 전후문제를 처리하는 내각이 준비돼 있지 않았다. 그래서 오미나토경비부에서 출항명령을 내린 것이다. 후생성 단독으로 시모키타에서 내 보내려는 의도가 있었지 않았나 생각한다. 또한 《왜 22일 출항했는가?》에 대해서는 연합군의 진주를 우려했을 것이라는 점이다. 당시 마이즈루만에는 기뢰가 많이 부설되었다고는 하지만 《왜 조사도 아니하고 사건의 전모를 발표했는가?》라는 의혹이 제기되고 있다. 해군 승무원은 부산에 가면 포로가 될 것이 두려워 부산에 가기 싫어했다. 《마이즈루까지라면 가겠다.》는 해군이 있었고, 처음부터 마이즈루까지만 간다는 것을 알았던 승무원도 있었다. 9년 뒤 인양 당시에도 제대로 조사하지 않았다는 것이 또 문제로 나타나고 있다. 승선자 수에 대한 논란은 여전한데 관련자료를 보면 5~6천명도 탈 수 있다. 실제적인 승선자 수는 말할 수 없지만 3천여명은 아니다. 지금까지 일본 정부는 재판에서 변호사들이 요구하는 자료조차도 내주지 않고 있으며, 사망자 수는 발표하면서 명단을 내놓지 않고 있다. 일본 정부는 반드시 사죄하고 배상해야 한다.

⑥ 田在鎭: 한국에서는 68명의 생존자가 조사되었고 모두 증언을 마쳤다. 진상규명회에서 피해자의 증언을 모두 기록하고 녹화했다. 오늘 심포지움에서 우키시마호폭침사건에 대해 결론을 내리지 못할 것으로 알고 있다. 그것은 지금까지 운동해 오고 있는 여러분의 활동 부족이나 잘못이 아니다. 왜냐하면 일본 정부가 관련 자료를 공개하지 않기 때문에 계속해서 진상조사에 어려움이 따르고 있으며, 직접 피해당사자 뿐만 아니라 활동가들에게도 고통을 주고 있기 때문이다. 내년에는 우키시마호가 출항한 시모키타반도 오미나토에 모두 모여 추모제를 지내기를 제안한다. 우키시마호 사건은 단순히 침몰사건에만 치우쳐서는 안된다. 이 사건은 강제연행, 강제노동, 참혹했던 공사현장, 부당한 출항,

안전항해 보장 없는 출항, 폭파 침몰, 사후의 부당한 처리, 53년간 은폐하고 있는 점, 유해송환등과 같은 전반적인 문제가 해결돼야 진정한 마무리라고 볼 수 있다. 또 하나의 문제는 일본 정부가 한국인 생존자들의 증언을 믿으려 하지 않는데 있다. 생존자들은 순전히 배상금에만 매달리지는 않는다. 진정한 사죄와 진상규명을 바라고 있다. 이 사건은 국제적인 여론화가 필요하다고 본다. 그래서 한국 남측에서 남북공동조사단을 구성할 것을 제안했으며, 희생자를 위한 위령탑 건립추진위원회를 구성할 것을 제안했다. 이 문제는 회원들과 상세한 논의를 거쳐 추진할 계획이다. 여러분들의 협력과 연대를 당부한다.

◈ 총평

⇧ 우키시마호폭침사건 피해자에게 주어져야 할 실질적인 배상문제에 우키시마호가 침몰한 해안가에 세운 위령탑 앞에서 위령제를 지내는 모습. 왼쪽은 일본측 활동가와 시민단체. 오른쪽은 한국 남측 진상규명회 회원과 재일조선인총연합회와 민단 대표들이 동석했다.

우키시마호폭침사건 피해자에게 주어져야 할 실질적인 배상문제에 대한 결론은 내릴 수 없었으나 일본 정부의 사죄와 진상규명 그리고 자료공개를 강력하게 촉구하였다. 마이즈루시에서는 미국과 일본이 체결한 《신가이드라인》은 우키시마호사건이 해결되지 않은 상태에서 마이즈루만을 다시 긴장시키는 결과를 초래할 것이므로 민중들의 힘으로 막아야 한다는 점과 아오모리현 시모키타반도에서는 운동방향의 전환이 필요하다는 새로운 활동 전개를 천명하였다. 한국의 남측에서 제안한 남북공동조사단 구성과 희생자 위령탑건립 문제에 대해서는 일본측 민간단체에서도 동의하였다.

12. 정기국회 국정 질의

◈ 감 사 명: 15대 정기국회 국정감사
◈ 피감사기관: 외교통상부
◈ 감 사 기 관: 국회 통일외교통상위원회
◈ 질 의 자: 이신범 국회의원(통일외교통상위원회 간사, 한나라당)
◈ 답 변 자: 외교통상부장관 홍순영
◈ 질의와 답변일시: 1999년 10월 15일(金) 오전
◈ 발 췌: 인터넷 국회홈페이지

◈ **질의내용**

*이신범 의원: -(생략)- 노근리사건과 관련해서 제가 묻겠습니다. 한미공동조사단이 필요하다는 아까 박관용 위원님의 의견과 같고, 정보를 공유하는 것 정도로는 결과의 신뢰를 얻기 어려울 것이다. 이런 점에서 우리 당에서 공동조사단 구성을 관철토록 정부에 촉구한데 대해서 장관의 견해를 나중에 한꺼번에 밝혀주시기 바랍니다.

저는 이 문제와 아울러서 우키시마호폭침사건에 대한 한일공동조사단 구성을 제의할 생각은 없으신지 묻겠습니다. 생존자 65명이 있고 이분들의 증언을 우리 위원회가 필요하다면 다음 상임위 때 한번쯤 들어야 된다고 저는 생각합니다. 우키시마호 사건은 45년 8월 24일에 한국

인 징용자 7,500명을 태우고 한국으로 오던 중에 갑자기 폭발 침몰해 가지고 약 5,000여명이 수장된 대참사입니다. 이 참사를 우리 정부는 한일협정 당시에 알지 못해 가지고 협상에서 제외시키는 실수를 범했습니다. 그런데 이것은 전쟁시기가 아닌 평화시기에 발생한 사건이기 때문에 공소시효 적용이 되지 않는다고 생각을 합니다. 외교부가 일본에 대해서 공동조사기구를 설치할 것을 일본측에 제의할 생각이 없으신지 이 부분에 대해서 먼저 답변해 주시기 바랍니다.

◈ **답변내용**

*외교통상부장관 홍순영: 그 우키시마호 사건에 대해서는 우리 정부가 96년 7월에 일본 정부에 대해서 동 사건 관련 자료를 요청했습니다. 이에 따라 일본 정부는 96년 9월에 동 사건에 대한 일본 정부의 입장을 전달해 온 바가 있습니다. 일본 정부는 45년 8월 우키시마호에 아오모리현에서 근무했던 한반도 출신 해군 군속 및 민간인 3,735명이 승선해서 오미나토항을 출발하였고 1945년 8월 24일 마이즈루항내에서 연합군이 부설한 기뢰에 충돌해서 침몰하였습니다. 동 사고로 인해서 한반도 출신 승선자 중에 524명이 사망하였다는 내용이었습니다. 그래서 우리 정부는 상기 일본측의 자료만으로는 진상규명이 불충분하다는 점을 지적하고 상세자료의 추가제공을 일본측에 요청하고 있습니다. 한편 지난 92년 8월 교토지방재판소에 우키시마호사건 소송이 제기되어서 현재 계류 중에 있습니다. 정부로서는 앞으로 동 건에 대한 일본내 재판추이를 지켜보면서 일본 정부에 대하여 진상 파악을 위한 노력을 촉구해 나가겠습니다. 참고로 이 우키시마호 사건 소송은 92년 8월 우키시마호 사건 생존자 및 유가족 77명이 교토지방재판소에 일본 정부를 상대로 공식사죄 및 28억엔의 손해배상을 청구한 소송이올시다. 현재 일본에서 계류 중인 재판의 경과를 보아 가면서 지금 말씀하신 점을

참작하면서 일본 정부에 대해서 이 사건에 대한 진상을 상세자료를 추가로 제공받을 수 있도록 그렇게 요청하겠습니다.

*참고

① 우키시마호폭침진상규명회가 제기한 민원에 대하여 외교통상부 문서번호 아일 22000-592〔(시행일자 1999.7.16), (수신:우키시마호폭침진상규명회 회장), (제목:민원회신)〕의 2항에 《귀하가 문의하신 희생자의 유골발굴 및 봉환과 관련, 구체적으로 정부의 지원이 필요한 사항을 적시하여 요청하시면 지원 가능여부를 검토하겠습니다. 다만, 이러한 사안을 논의하기 위하여 정부가 별도 협의회를 구성하지는 아니함을 알려드립니다. 〔끝〕》

◈ 우키시마호폭침진상규명회가 제기한《우키시마호폭침사건보상에 관한진정》에 대하여 통일외교통상위원회 문서번호 9700010-2002-17〔(시행일자:2002.1.7), (수신:전재진), (제목:진정처리결과 통지)〕로 통보한 진정처리결과(입법진정번호:제2039호)는 다음과 같다.

*진정요지 및 처리결과

귀하의 진정은 일본의 고의적인 폭침 가능성이 농후한 1945년의 우키시마호의 폭침사건과 관련하여 피해자 및 유족들에 대한 명예회복 및 피해보상등을 위한 정부 차원의 노력을 촉구하는 것입니다.

귀하가 진정의 제기를 통하여 보상등을 요구하신 '우키시마호 폭침사건'은 1945년 8월 15일 이후에 발생한 사건으로서 1965년 체결된 한·일청구권협정의 적용을 받지 않으므로 일본측의 귀책사유가 입증될 경우 일본 정부의 보상 또는 배상책임을 충분히 물을 수 있는 사안이라고 사료됩니다.

따라서 우리 위원회는 귀하께서 이미 제출하신 청원 심사과정을 통하여 적극적으로 진상규명을 위해 노력하겠사오니 양지하시기 바랍니다. -끝.

13. 국회청원서

◈ 제목 : 우키시마호폭침사건의 실질적인 해결 청원

◈ 취지

우키시마호폭침사건(浮島丸爆沈事件, 이하 "본 사건")은 1945년 8월 24일 오후 5시 20분에 일본의 교토부 마이즈루시 마이즈루만 해상에서 일어난 사건입니다. 본 사건은 태평양전쟁 당시 일본으로 징용, 징병, 연행되었던 한국인들이 일제의 패망과 동시에 광복을 맞이하여 꿈에 그리던 조국으로 귀국하려고 일본 해군 특설군함인 우키시마호에 승선하였습니다. 이 배는 원래 부산항으로 입항할 예정이었으나 돌연 뱃머리를 돌려 마이즈루만으로 들어가 원인 모를 폭발소리와 함께 폭파당하여 수 천 명의 한국인이 사망, 부상, 실종되었습니다. 본 사건은 전쟁시기가 아닌 평화 시기에 일어났다는 점과 일본 제국주의 해군들의 계획적이고 의도적인 폭거라는 점에서 반인륜적 범죄라 아니할 수 없습니다. 특히 본 사건의 피해자들은 강제연행과 강제노동, 노예적 혹사와 같은 비인간적 학대를 당하다가 집단학살이라는 참혹한 지경에 처했었습니다. 그럼에도 사건이 발생한 지 56년이 지나도록 한일 양국 정부는 정면에 나서서 사건의 재발방지와 피해자들의 명예회복을 위해 인도적인 차원에서 조속히 해결함이 마땅하다고 생각되어 청원서를 제출합니다.

◈ 내용:

본 사건은 피해자의 요구에 따라 해결됨이 마땅하다고 판단됩니다. 따라서 지금까지 피해자가 주장해 온 내용대로 해결해 주실 것을 청원합니다.

◈본 사건에 대해 우키시마호폭침진상규명회가 피해자들의 요구에

따라 정리하여 주한일본대사관에 제출한 배상청구서에 명시한 요구사항은 다음과 같습니다.(1996년 3월16일 "배상요구에 따른 토론회" 의결 내용임)

-. 사건의 전모를 시인하고 사죄할 것.
-. 사건의 진상을 명확하게 규명할 것.
-. 사건의 책임자를 처벌할 것.
-. 생존자와 친척, 친구, 증언자들을 보호할 것.
-. 희생자 유해를 완전하게 봉환할 것.
-. 추모관을 건립하고 피해자의 사후 복지 사업을 시행할 것.

◈ 본 사건에 대해 우키시마호폭침진상규명회가 피해자들의 요구에 따라 정리하여 주한일본대사관에 제출한 배상청구서에 명시한 청구사항은 다음과 같습니다.(1996년 3월 16일 "배상청구에 따른 토론회"의결 내용임)

-. 강제연행에 따른 배상
-. 강제노동에 따른 배상
-. 인권유린에 따른 배상
-. 사망자에 대한 배상
-. 부상자에 대한 배상
-. 생존자에 대한 배상
-. 외국 양민 집단학살에 따른 배상
-. 사망자와 생존자 유족에 대한 배상
-. 부당한 사후처리로 인한 피해 배상
-. 명예훼손에 대한 배상

◈ 한국인 피해자는 사건 발생 당시 사망자, 생존자, 생환 후 귀국하여 국내에서 사망한 자, 사망자의 유족, 실종자의 유족, 생존자의 유족으로 분류할 수 있습니다. 이처럼 본 사건의 피해자로는 2001년 9월

현재 태평양전쟁희생자유족회(강원도지회, 광주지회, 충남지회, 각 시 · 도지회), 태평양전쟁피해보상추진위원회, 우키시마호희생자유족회, 우키시마호폭침진상규명회에 신고 · 접수된 피해자를 모두 포함해야 하며 그 피해자에게 실질적인 배상이 실현될 수 있도록 조치해 주실 것을 청원합니다.

◈ 또한 본 우키시마호폭침진상규명회는 일본 사법부(교토지방재판소)의 판결 내용을 분석하고 그 잘못을 다음과 같이 지적하는 바입니다.

① 피해자에게 가해진 강제연행 범죄사실을 판결하지 아니한 잘못
② 피해자에게 가해진 강제노동 범죄 사실을 판결하지 아니한 잘못
③ 사망자에 대한 범죄 사실을 판결하지 아니한 잘못
④ 부모형제를 잃은 유족의 피해를 판결하지 아니한 잘못
⑤ 승선했던 생존자를 인정하지 아니한 잘못
⑥ 진상규명을 명확하게 아니한 잘못
⑦ 침몰의 원인을 명확하게 아니한 잘못
⑧ 유골송환에 대한 언급이 미흡한 잘못
⑨ 사죄 요구를 기각한 잘못
⑩ 배상금이 아닌 위로금으로 판결한 잘못

모름지기 굽은 자 펴주고 쓰러진 자 일으켜 주는 것이 정치라 하였습니다. 우키시마호 폭파 침몰로 인한 한국인 피해자들은 대한민국 정부가 피해자들이 청원한 내용을 참조하여 본 사건을 실질적으로 해결해 주실 것을 간곡히 바라고 있습니다. 이에 청원합니다.

2001년 9월

청원인 대표

성명 : 전　재　진

〔위 청원서는 2001년 9월 14일 국회사무처 의안과에 접수하여 2001년 9월 17일 통일외교통상위원회에서 심사토록 회부되었음. (대한민국 국회 문서번호 의안 제3609호〈시행일자: 2001. 9. 17〉)〕

14. 교토지방재판소 증인 출석

◈ 출석일시: 2000년 2월 24일 오후2시

◈ 출석 경위: 우키시마호사건 진사와배상을 촉구하는 재판을 추진하는회 변호인단 다나카 마사요시(田中正義) 변호사가 한국 '우키시마호폭침진상규명회'의 조사활동을 인정하고, 진상규명회 회장을 증인으로 채택하였고, 교토지방재판소에 출석하여 진술할 것을 요청함에 따라 전재진이 교토지방재판소에 출석함.

◈ 통역: 무카이 미도리(向井 翠)

1) 답변에 앞서

지난 1992년 8월 22명의 우키시마호 사건 피해자 원고단(태평양전쟁희생자광주지회 우키시마호사건 원고단)이 일본 정부를 상대로 진상규명과 유골반환 그리고 실질적인 배상을 요구하는 소를 제기한 지 7년 6개월이 지났으나 아직도 재판의 끝이 보이지 않고 있을 뿐 만 아니라 그동안 일본 정부의 사실 은닉 의도는 물론 문제해결에 성의를 보이지 않고 있는 점에 대단히 유감스럽게 생각한다.

우키시마호 침몰 사건은 일본 해군 군함이 침몰하여 몇 백 명의 조선인이 죽었다는 단순한 사건이 아니라 일본제국주의 대본영의 전쟁감행지침에 따른 조선인 강제연행에서 우키시마호 폭파 침몰까지 일련의 반인륜적 범죄 행위인 것이다. 이 같은 범죄 사실은 일본이 1932년에 강제노동금지조약에 가입한 이후로 그 범법이 입증됨에도 불구하고 태평양전쟁터에서 자행한 살상과 정신대 문제를 비롯한 비인도적 행위에 대해 아직도 철저하게 눈을 감고 있다. 더구나 우키시마호 폭침 사건 발생시기는 전쟁시기가 아닌 평화시기였으며 패전을 인정한 일왕의 항복이 방송으로 나간 뒤 일주일 만에 일어난 사건으로 타 국민 집단학살이라는 범죄까지 가중되는 것이다.

당시 일본 해군 오미나토 사령부는 안전운항에 대한 의무를 다하지 아니하였음이 밝혀졌다. 출항하기에 앞서 배 이름을 페인트를 칠해 지웠고, 기관실 쪽에 폭탄을 장치했다는 증언이 있는가 하면, 배위에 늘어선 폭파장치선이 목격됐고, 배가 완전히 멈춘 상태에서 해군들이 구명보트를 타고 모선을 탈출한 다음에 폭발물이 터졌다는 등의 조사 결과만으로도 해군이 저지른 계획적이고 의도적인 사건임에 틀림없다.

현재 한일 양국 정부는 1965년 한일기본조약 당시 전쟁 배상문제가 마무리되었다고 주장하고 있으나 우키시마호 사건은 발생시기로 보아 배상 마무리 사항에 해당되지 않는 것이다. 1945년 이후 한국은 한국전쟁과 군사독재정치로 인하여 인권사회를 기대하기 어려웠던 것이 사실이었기 때문에 54년이 지난 지금에 와서야 구체적으로 대응하게 된 것이다. 그렇지만 반인륜적 범죄행위와 국제조약은 공소시효가 적용되지 않는다는 국제법이 있는데 그것이 바로 유스코겐스(JUS COGENS)법칙이다. 일본의 도츠카 변호사는 정신대 문제와 관련하여 "국제법 위반은 시효에 의해 소멸되지 않고 정부간 조약으로 배상이 끝났다 해도 피해자 개인의 청구권은 소멸하지 않는다. 개인의 배상청구권을 묵살하는 조약은 유스코겐스 법칙(강제규범)에 위반되므로 무효이다."고 지적한 바 있다. 그러므로 1965년 한일기본조약으로 개인청구권이 끝났다는 한일 양국 국가간 조약은 유스코겐스 법칙 위반으로 청구권 소멸이라는 주장은 무효이다.

우키시마호폭침사건으로 인한 사망자의 유골은 일본에 있지만 한국에도 많은 피해자가 실존하고 있다. 어려서 아버지를 빼앗긴 유족이 있고, 형과 삼촌을 빼앗긴 가족이 있고, 우키시마호 폭침 당시 아버지와 어머니를 잃은 유족이 있고, 자식을 잃은 노부모도 아직 살아있다. 또한 사건 당시를 생생하게 증언하는 생존자들이 전국에 60여명이 실존하고 있다.

여기서 이들 피해자들이 가장 소중히 해야 할 유골을 봉환하지 않는 이유는 어디에 있는지 살펴보기로 하겠다. 1945년 9월 1일 우키시마호 도리우미함장은 사건 발생 일주일 만에 사건의 전모를 발표하면서 승선자 3천7백35명 가운데 조선인 524명과 25명의 일본 해군 승무원이 사망했다고 말했다. 이 때 유골상자는 준비돼지 않았었다. 일주일이 지난 9월에도 마이즈루만 해안에는 시체가 떠올랐고 배는 인양하지 않은 채 수 천 명에 이를 인명을 삼키고 해저에 있었다. 그리고 그 배는 9년 뒤에 이노중공업이 인양하였는데, 이 때 수거한 유골을 모두 합하여 태운 다음 9년 전에 발표한 사망자 수인 524명에 맞춰 유골상자에 담은 것이다. 이것이 잘 알려진 분골(分骨)이다. 이런 상태의 유골을 순수한 선친의 뼈라고 모실 사람이 누가 있겠는가? 하지만 조선인의 뼈는 곧 한국으로 봉환할 것으로 생각된다.

앞서 말한 대로 우키시마호폭침사건은 단순하지 않다. 왜냐하면 생존자들의 증언이 법적인 효력을 발생하기 때문이다. 이 사건은 생존자들의 증언에서 나타나듯이 조선인 강제연행, 강제노동, 강제승선, 부당한 출항, 안전항해수칙위반, 해군승무원들의 정서적 불안, 부당한 회항, 폭파 침몰, 사체유기, 사후처리의 부당성, 사실은폐등과 같은 전반적인 문제가 모두 원만하게 해소될 때 비로소 실질적인 배상에 착수할 수 있는 것이다.

우리는 일본 정부가 우키시마호 사건 피해자들에게 배상할 것을 일본 국회에서 입법화하여 솔직하고 담백하게 처사할 것을 기대한다. 그것은 사죄, 진상규명, 유골반환, 실질적인 배상으로 이어져야 한다.

한국에는 60여명의 생존자들이 사건 당시를 생생하게 증언하고 있다. 당시에 평안도와 황해도에서도 아오모리현으로 연행되었다가 우키시마호를 탔다는 증언이 남측에서 발굴된 만큼 북측에서도 조사가 이뤄져야 한다. 이 결과는 종합적으로 발표될 것이며 일본 현지 조사 결과도 포함된다.

우키시마호 해군승무원은 대본영(일본 정부)의 지침에 따라 임용된 공무원이다. 따라서 우키시마호폭침사건이 어떤 형태로 발생하였든지 일본 공무원이 저지른 사건에 대해서는 일본 정부에게 모든 책임이 있는 것이다.

이 사건은 현재 소를 제기한 원고단에만 국한할 일이 아니다. 교토지방재판부는 전반적이며 포괄적으로 해결하겠다는 의지를 성실하게 표명해야 하며 예상하건데 북한에 거주하고 있을 피해자들도 포함된다는 것을 명심해야 할 것이다.

〔참고: 본 내용에 포함한 사진은 교토지방재판소에 제공하지 않았음. 독자의 이해를 도우려고 첨부했음〕

2) 답변 내용

(1) 신상과 경력

① 학력과 경력

- 나는 1958년 충남 태안군 고남면에서 태어나 1977년 고등학교를 졸업하고 독학으로 1982년 국가고시에 합격하여 임상병리사 국가면허증(대한임상병리사 면허5098호)를 취득하였고, 국립의료원, 한국보훈병원에서 조직검사과에서 근무했고, 지금은 순천향대학교

의과대학에서 일하고 있다.

② **직업**

- 임상병리사로서 사립대학교 직원이다.

③ **가족 구성**

- 40세의 아내와 고등학교를 다니는 두 딸이 있다.

(2) 우키시마호 사건을 알게 된 경위에 대하여

① **이 사건을 알게 된 시기는?**

- 1993년 6월 30일이다.

② **누구한테 들었나?**

- 아오모리현 무츠시 시모키타지역문화연구소 사이토 사쿠지 소장한테 처음 들었다.

⇧ 아오모리현 시모키타지역문화연구소 사이토 사쿠지 회장. 우키시마호폭침사건 진상규명 관련 활동 책자인 "아이고의 바다" 저자임.〈1993.6.30〉

③ **어떠한 사건으로 설명 들었나?**

- 시모키타반도 군사시설에 투입되었던 조선인들이 종전 후 귀국하려고 탔던 우키시마호가 마이즈루만에서 침몰하여 많은 사상자를 낸 사건으로 알았다.

태평양전선이 연합군의 반격으로 바짝바짝 조여 오던 2차대전 말기에 시모키타반도는 북해도의 하코다테 해군기지와 츠가루 해협을 사이에 둔 군사요충지로서 연합군의 상륙에 대비한 군사시설이 필요했다. 이 군사시설을 구축하려면 많은 인력이 필요했는데 대본영은 이 인력을 조선인으로 대체하라고 명령했다. 그래서 많은 조선인들이 강제연행되어 오마철도공사, 지하탄약고, 방

⇧ 일본 동경역 대합실에서 나카다 변호사(왼쪽)와 전재진 (오른쪽)이 사건진상조사 중간결과를 검토함.〈1999〉

공호, 항만시설, 해군비행장 활주로공사들과 같은 공사장에서 노동을 강요당하다가 일본의 항복과 동시에 광복을 맞이했는데 이 때 조선인들에게 "배를 타지 않으면 배급을 중단하겠다. 조선으로 돌아가려면 우키시마호에 타라."는 강압적인 승선 명령을 받고 2박3일간 우키시마호에 승선하였다. 이 배는 승선과 출항과정에서 많은 의혹을 안고 출항하였는데 출항 도중 부산항으로 향하지 아니하고 회항하여 교토부 마이즈루만에 입항하자마자 폭음과 함께 침몰하여 수많은 사상자를 낸 사건이라고 했다. 그 뒤 이 사건은 의혹과 의문을 남긴 채 진상이 규명되지 않고 있어 평화를 지향하는 시민들로서 가슴 아픈 일이라 생각하며 조선인 피해자와 유족에게 죄스럽게 생각한다며 피해자들에게 실질적인 배상이 이뤄져야 한다고 말하였다.

④ 어떻게 느꼈나?

- 전쟁의 잘못을 반성하지 않는 일본으로 생각했다.
- 기저 설명이 필요하다.

나는 1992년 6월 말 동경에서 "아시아의 하늘에는 핵이 필요 없다"는 것을 대명제로 "반핵아시아포럼"을 창설할 것을 제안하였다. 이 제안은 36개국 참가자들이 만장일치로 동의하여 제1회 반핵아시아포럼이 1993년 동경에서 열렸다. 당시 이 대회에 참가했다가 아오모리현을 방문하게 되었는데 그 때 우키시마호폭침사건을 알게 되었다. 그 때 나는 "과거

침략전쟁을 반성하는 일본이 되어야 한다."는 것을 깨닫고, 태평양전쟁의 유물인 우키시마호폭침사건의 의혹을 풀고 피해자에게 실질적인 배상이 주어지도록 해야만, 과거 침략전쟁을 반성하는 일본으로서 플루토늄 대량비축과 군사대국화 정책으로 가지 않을 것이라는 판단에 이 일에 뛰어들었다.

3) 우키시마호폭침진상규명회에 대하여

(1) 진상규명회를 결성한 시기는?

- 1993년 7월에 주비위원회를 구성하여 여러 차례 주비회의를 거친 다음 1995년 12월 2일 천안시민회관에서 창립대회를 개최하였다.

(2) 목적은?

- 〈본회 정관 제3조〉 "본회의 목직은 일제의 강점기와 태평양전쟁 당시 일본으로 강제연행되어 노동하다가 1945년 8월24일 귀국하던 우키시마호가 폭침당한 사건의 진상을 규명하여 일본 정부의 사죄와 배상을 받아냄으로서 잘못된 역사를 바로세우고 아시아 평화를 정착하는데 있다." 고 명시하였다.

(3) 대표는 누구인가?

- 1995년 창립대회에서 전재진으로 선출되었고 그 뒤 계속 연임되어 지금도 전재진이다.

(4) 회원 자격은?

- 한・일 양국 또는 어느 국가에서든지 우키시마호폭침사건에 공감하고 진상규명과 해결에 뜻을 같이하는 사람이면 누구나 회원이 될 수

⇧ 서울 종로구 탑골공원에서 진상규명과 배상을 요구하는 집회에 참가한 피해자와 회원들.〈1998.3.3〉

있다.

- 회원은 본인의 주변에서 인권과 환경을 생각하는 사람들로서 충남 천안시에 상주하고 있는 13개 시민사회단체가 참가한 천안민주단체협의회(의장: 이용길) 회원들로 학계, 법조계, 종교계 관계자가 있으며, 천안민주단체협의회에 참가한 13개 시민사회단체 대표가 본 진상규명회의 집행위원이고, 앞으로는 한국의 자주평화통일민족회의 특별위원회로 확대 책정될 예정이다.

(5) 회원수는?

- 1백여 명에 이른다.

생존자를 회원으로 하지는 않는다. 왜냐하면 피해자에게 또 다시 진상규명의 어려움을 안겨주지 않으려는 것이다. 다만 증언에 최선을 다 해 줄 것을 부탁하였다. 그래서 회원수에 생존자를 포함하지 않는다. 현재 생존자는 70여명 정도이다. 본 건 원고수가 16명인 것은 재판 제소 당시에는 전국적으로 조사가 되지 않은 상태였기 때문이다.

(6) 본부 소재지는?

- 충남 천안시에 있다.

(7) 주된 활동은 무엇인가?

- 1993년부터 생존자를 찾아 증언을 발굴하여 개인기록부를 작성하고 있으며, 사건의 발상지인 아오모리현 시모키타반도에 있는 군

⇧ 진상규명회 사무실 개소식과 현판식. 〈왼쪽부터 이용길 천안민협의장, 생존자 이재석, 정기영씨, 전재진, 자주평화통일민족회의 간사, 정수용 천안 농민회장. 1998.9.18〉

사시설공사장 현장조사, 폭침 의혹에 대한 진상규명 그리고 실질적인 배상이 이루어지도록 촉구하는 일, 유사한 집회에 참가하여 시위를 벌이며 홍보물을 배포하고, 한일 양국의 시민단체와 연대활동 그리고 매년 8월 24일 전국합동위령제를 지내고 있다. 1995년 12월 2일 천안시민회관에서 전국생존자합동증언대회를 개최한 바 있다. 신문이나 방송에 호소하여 사건을 널리 알리는데 힘써 왔으며, 충남 천안에서는 천안지역의 생존자를 중심으로 다큐멘터리를 제작하여 지난 해부터 8월에 방영한 일도 있고, 일본인 활동가 무카이 미도리씨와 함께 시모키타지역문화연구소에서 출간한 "아이고의 바다"를 한국어로 번역하여 출판했다.

⑻ 한국 정부에 대한 활동은?

- 본 사건을 조사하는 민간단체를 지원할 것을 요청했고, 사건의 진상을 규명하기 위한 자료를 일본 정부 측에 요청하기를 촉구했으며, 1965년 한일기본조약 체결 당시 종결 여부를 질의한 적이 있고, 대통령 앞으로 탄원서를 보냈으며, 국회에는 진정서를 제출했고, 국정감사에서 감사할 것을 촉구한 바 있다.

⑼ 일본 정부에 대한 활동은?

⇧ 주한일본대사관을 항의 방문하고 배상청구서를 접수한 피해자들(왼쪽부터 이철우, 이재석, 김동천, 정기영) 진상규명회장 전재진이 일본대사관 서기관에게 "우키시마호폭침사건bl해자배상청구서"를 전달함.(오른쪽).〈1996.6.12〉

- 자료 공개를 촉구함과 동시에 1996년 6월12일 배상청구서를 주한 일본대사관 2등서기관 다카다(高田 正道)에게 접수했다.

그 내용을 간추리면 다음과 같다.

일본은 1931년 국제노동기구에 가입하면서 강제노동 강제연행 등을 하지 않는다는 국제조약 내용을 잘 알고 있을 것이므로 강제연행과 강제노동이 불법이라는 점과 인도에 대한 죄, 기본적 인권침해, 강제노동금지조약 위반, 식민지 지배 자체의 불법성, 패전국으로서 카이로선언 수락에 따른 원상회복 의무, 신의칙상 의무와 조리상 의무, 사건이 종결되지 아니한 근거, 시효가 종결되지 않았다는 점, 유스코겐스 법칙 위반이라는 점 등을 명시했고, 요구사항으로는 사건의 전모를 시인하고 사죄할 것, 사건의 진상을 규명할 것, 사건의 책임자를 처벌할 것, 생존자와 친척, 친구, 증언자를 보호할 것, 희생자의 유해를 완전하게 송환할 것, 추모관을 건립하고 희생자의 사후복지를 위한 사업을 시행할 것이고, 배상청구 내용으로는 강제연행에 따른 배상, 강제노동에 따른 배상, 인권유린에 따른 배상, 외국 양민 집단학살에 따른 배상, 사망자에 대한 배상,

생존자에 대한 배상, 부상자에 대한 배상, 사망자와 생존자 유족에 대한 배상, 부당한 사후처리로 인한 피해배상, 명예훼손에 대한 배상이며, 한국인피해자 배상특별법을 제정할 것을 요구했다.

(10) 한국에서의 평가는?

- 정부측: 사건을 해결하려는 외교적 노력을 계속할 것이며, 교토재판의 추이를 주목하고 있다. 1965년 한일기본조약 체결 당시 이 사건은 협상 대상에 포함되지 않았다는 입장이다.
- 시민 반응: 천인공로할 일이다. 사건의 재발방지 차원에서 진상을 규명해야 하고, 일본 정부의 공식적인 사죄와 더불어 해결되지 않으면 한일 양국의 진정한 교류는 존재할 수 없다는 입장이다.

(11) 1999년 8월 마이즈루에서 있었던 심포지움에 참석했나?

- 1999년이 아니고 1998년 심포지움에 대해 묻는 것이 아닌가 합니다만 1998년 마이즈루시에서 우키시마호순난자를 추도하는회 주최로 열린 심포지움에 참석했었다.

4) 생존자개인기록부를 증거로서 제시하며(개인기록부를 보임)

(1) 작성자는?

- 한국의 진상규명회 회장 전재진이다.

(2) 작성 목적은?

- 우키시마호 사건 피해자인 생존자들의 증언을 기록으로 남겨 언젠가 역사의 진실이 밝혀질 그 날에 쓰여 지기를 바라는 마음에서 생존자개인기록부를 작성했다.

(3) 조사대상이 생존자만인가? 유족도 포함하는가?

- 조사는 생존자만을 대상으로 했다. 유족에게는 가족의 생활상과 생존자의 한이 담긴 비통한 인생 역정을 들었다.

(4) 조사 시기는?

- 1994년 이후에 생존자 신고가 접수 되는대로 곧바로 시행했다.

한국에는 아직도 진상규명회가 존재하는지를 모르는 생존자가 있을 것으로 생각된다. 방송이나 언론에 보도될 때마다 생존자가 신고해 오는 것으로 보아 홍보 부족으로 아직도 진상규명 활동을 모르고 있는 생존자가 있을 것으로 본다. 조사 시기는 특별히 기획하는 것이 아니고 생존자 신고가 접수될 때마다 조사에 나선다. 본격적인 조사 시기는 1994년 9월 20일이었다.

(5) 조사 장소는?

- 거의 대부분 생존자 집이었지만 시민회관에서 공개적인 증언대회도 개최했다.

(6) 조사 방법은?

- 공정성을 확보해야 하기 때문에 회원이나 기자와 동행 취재하는 형식을 택했다. 증언하는 과정을 비디오 촬영, 녹음, 메모로 취재했고 그 내용을 개인기록부에 옮겼다. 내용으로는 생존자의 인적사항, 가족상황, 연행 경위, 노동실태와 의식주, 폭침 당시 상황들을 상세하게 조사했다.

(7) 평균 질문시간과 기록시간은?

- 질문시간을 평균으로 계산한다면 1인당 5시간 정도로 할 수 있지만 경우에 따라서는 여러 차례 방문 취재하였기 때문에 수십 시간

인 때도 있다.

(8) 자료화했다면 어떤 방법인가?

- 비디오 촬영, 녹음, 메모, 사진들의 방법이다.

(9) 생존자개인기록부를 공개하거나 제출했는가?

- 언론에 공개하여 주간지에 한번 게재된 적이 있으며 재일동포 활동가와 미국에서 활동하고 있는 한국인 변호사에게 일부를 제공했다.

(10) 일본대사관에 제출했는가? 시기는? 응답은?

- 1996년 6월12일 배상청구서를 제출할 때 참고자료로 제출했는데 그 때는 지금보다 조사된 생존자수가 적었다. 배상청구서를 접수하고 그 처리 결과 여부를 통보해 줄 것을 촉구했으나 지금까지 아무런 답변이 없다.

(11) 생존자개인기록부에서 본 사건내용에 대하여

(생존자의 증언을 바탕으로 진술하겠음)

(11-1) 승선자 수는?

- 7천명 이상으로 분석한다.

우선 우키시마호에 승선했던 조선인이 집중적으로 일했던 지역 분포를 살펴보면 오미나토항 일본통운주식회사와 가마부세산 일대와 오하타 지역이고, 잇본마츠와 가바야마비행장 일대 3천여명, 미사와비행장 해군 13부대와 14부대에 600~700명, 스가와라 조에서 노무자 관리업무를 맡았던 생존자 김동연씨가 오미나토해군사령부에 직접 제출한 516명 명단, 북해도에서 내려와 승선한 120명, 이와테현 채석장에서 일하다가 소식을 듣고 배를 탄 사람, 가족생활자(생존자 중에도 여섯 가족이 배를 탔음)들을 합치면 5천명에 육박한다. 김동연씨가 제출한 516명은 11개

하청업체 가운데 스가와라조만 계산한 것이므로 나머지 10개 하청업체에서 일했던 조선인을 모두 합쳐야 승선자 수가 근사치에 미치는 것이다. 생존자에 따르면 5천명 정도라고 증언하기도 하지만 1만2천명이라는 증언도 있으므로 본 진상규명회에서는 철도공업과 일본통운주식회사를 비롯한 11개 하청업체에서 일한 사람, 북해도와 이와테현에서 와서 탄 사람, 우소리천변의 해군23부대, 가바야마비행장 해군9부대, 미사와비행장 해군13부대와 14부대, 기타 가족생활자를 포함하여 7천여명 정도로 추산하고 있다. 이에 대한 자료는 일본 정부가 가지고 있을 것이므로 관련 자료를 공개할 때 비로소 그 사실이 확정될 것이다. 도리우미 함장이 승선자 수를 3,735명이라고 발표한 수치는 오미나토항에서 2박3일 동안 승선 경험칙상 신빙성이 없다.

(11-2) 사망자 수는?

- 5천명 이상으로 분석한다.

도리우미 함장이 생존자 수는 왜 발표하지 않았는가? 이 문제 역시 의문에 싸여 있기 때문에 현재로서는 사망자 수를 추산할 수 밖에 없다. 참으로 안타까운 일이지만 사망자 수는 승선자 수에서 생존자 수를 빼는 계산 밖에 없다. 1945년 9월 1일 도리우미 함장이 사건 전모를 발표할 때 524명이 사망했다고 하였으므로 3,735명에서 524명을 빼면 3,211명이 사건 당시 살았다는 것이지요? 그러므로 진상규명회가 추산한 7천여 명에서 3,211명을 빼면 4천명 정도가 죽은 것 아니겠습니까? 이 수치 역시 일본 정부가 자료를 공개해야 사실적인 수치를 계산할 수 있습니다만 도리우미 함장이 524명이 사망했다고 발표한 것은 임의로 우키시마호에 이동하는 해군을 태울 수 있는 정원에 맞춘 것이다. 왜냐하면 사건 발생 일주일 만에 가라앉은 배를 인양하지 않은 상태에서는 사망자 수를 파악할 수 없는 일이기 때문이다. 당시 상황을 목격한 해군승무원이 증언한 것처럼 선실 안에서 죽어간 사람이 수를 헤아리지 못한다고 하였잖습니까? 생존자 정헌설씨의 증언에 따르면 사건 발생 며칠 뒤에 가바야마 본부 부장이 와서 "바다에서 죽은 4,000명에게는 각각 3백 엔씩 본가에 부쳐주고 살아난 자 8백명에게는 여비로 40엔씩 줄 터인 즉 (이하 생략)" 고 말하였으므로 4천명이 죽은 것으로 판명할 수도 있는 것이지요. 사망자 수는 승선자 수를 명확하게 해야 추산이 가능할 것입니다.

(11-3) 폭발 원인은? 그 근거는?

생존자들은 미군이 투하한 기뢰가 아닌 폭발물에 의한 폭발로 결론을 내리고 있다. 그 이유에 대해서는 본 진상규명회에서 생존자의 증언 결과를 종합해 보겠다.

우키시마호는 마이즈루만을 입항할 때 안전항로를 따라 들어갔다. 우키시마호가 군함기를 앞세우고 마이즈루만을 항진해 들어갈 때 앞에는 두 척의 호위정이 전진해 들어갔으나 안전했을 뿐 만 아니라 기뢰에 부딪치지 않았다. 당시 우키시마호의 항해사 와지마 사다오(倭島定雄, 해군대위)는 소해완료라는 신호를 받고 입항했다고 증언했다.

- 우키시마호가 폭발할 때는 배가 이미 멈춰 선 상태였다.

배가 폭발하기 전에 배의 양옆과 앞뒤에서 해군들이 구명보트를 타고 모선을 떠나기 시작하였는데 이 같은 행동은 사고위험을 예상한 탈출로 판명할 수 밖에 없는 것이다. 배가 항진을 계속하는 상태에서는 구명보트를 내리고 옮겨 탈 수 없다. 만약 움직이는 상태에서 구명보트를 탔고 이 때 기뢰에 닿았다면 탈출을 시도하던 해군들도 기뢰에 당했을 것이다. 그래서 배가 완전히 멈춘 상태였다는 것이다. 이렇게 배가 멈춘 상태로 10여분이 지났는데 기뢰가 다가와서 부딪쳤을까요? 아니면 배가 움직여 기뢰가 있는 쪽으로 갔을까요? 이 때 배는 움직일 수 없는 상태였습니다. 그리고 해군들이 탈출하자마자 배는 굉음과 함께 가운데부터 꺾여 가라앉기 시작했다.

● 물기둥은 없었고 폭발음은 2~3회 연속성이었다.

생존자들은 한결같이 갑판위에는 물이 떨어지지 않았고 입고 있던 옷이 젖지 않았다는 것이다. 갑판위에 물이 떨어지지 않았다는 것은 물기둥이 없었다는 것을 입증하는 것이다. 또한 2~3회 연속성의 폭발소리는 두 세 번의 폭발을 의미하는데 만약 이 때 세 개의 기뢰가 폭발했다면 아무리 큰 우키시마호라도 남아나질 못하고 삽시간에 가라앉았을 것이라는 점도 전문가들이 지적하고 있다. 그러나 우키시마호는 17시 20분쯤부터 일몰시간인 19시 15분(1945년 8월 24일 서울 일몰시간)까지 갑판의 일부가 남아있었다. 만약 미군이 투하한 기뢰였다면 폭발소리가 한 번 뿐이었을 것이다.

● 폭파장치를 제거하려한 조선인이 있었다.

조선인 일본헌병 미나미(南)씨는 사고 당시 구조되어 살아난 뒤 시모사바가 해변에서 “배의 갑판에서 기관실까지 전기선이 늘어져 있는 것을 보고 절단하려 하였으나 도구가 없어 자르지 못했는데 배가 곧 폭발했다.”고 말했다는 것을 생존자가 지금도 증언하고 있다.

●다음은 생존자들의 증언 몇 가지를 진술하겠다.

오미나토에서 승선하기 전에 들은 소문으로 “배가 항해하다 중간에 어디엔가 들어가는데 그 곳에 들어가면 무슨 일이 벌어진다.” 고 하였고, “만약 네가 3일을 죽지 않고 살면 내가 가진 것을 다 준들 어찌 아깝겠느냐”고 해군들이 말했다. 우키시마호가 항해할 때 선상에서는 “아직 전쟁은 끝나지 않았다. 가다가 적을 만나면 싸워야 한다. 뒤에 폭탄도 많이 실었다"고 말했고, 어린 아이에게 젖을 먹이는 여인을 보고 "어린아이에게 무슨 죄가 있느냐. 태어나 피어보지도 못하고 사라지겠구나."고 해군들이 말했다고 증언하였다.

(11-4) 한국 정부의 보상 유무는?

- 아무것도 없다. 한국정부가 보상할 일이 아니다.

(12) 사건에 대한 증인의 이해와 근거는?

- 이 사건은 우키시마호라는 일본 국적 군함이 어떤 외부 원인에 의해 폭발하여 사망자를 낸 단순 사건으로 치부돼서는 안 된다. 사건 발생의 근원은 어디에 있었는가를 명확히 해야 한다. 이것은 2차대전의 유물이라는 점에서 당시 연합국도 책임국가일 수 있다. 왜냐하면 1945년 12월 아오모리현 재일조선인연맹 손일 위원장이 연합국에 제소했으나 기각 당했다는 기록이 있기 때문이다. 지구상에서 인간은 국제법으로 모든 면에서 평등과 인권을 보장받도록 규정되어 있다는 것은 일반상식으로도 아는 사실이다. 그러므로 이 사건은 일본이 1931년에 발효된 국제노동기구에 가입했다는 사실에서 그 범죄가 성립되는 것이다. 다시 말하면 한국인 강제연행 특히 미성년자 강제연행, 강제노동, 승선과정의 부당성, 안전이 결여된 출항, 폭파 침몰, 사후처리의 부당성, 역사적 사실 은폐와 왜곡들과 같은 문제들이 포괄적으로 규명돼야 한다. 그리하여 이 사건은 한일 양국 정상의 지시로 진상이 규명되고 피해자에게 실질적인 배상이 이루어지도록 하는 것이 죽은 자에 대한 살아있는 자들의 인도적인 처사인 것이다. 또한 우키시마호 폭침 사건이 엄연히 존재한다는 근거는 오늘 전재진이 증언한 내용으로도 충분하다고 보며, 한국에서 수 십 명의 생존자들이 증언하고 있으며, 강제연행과 강

제노동은 일본의 아오모리현에 그 유적이 증거물로 존재하고 있으며, 침몰 당시의 상황은 마이즈루 시민들의 손에 의해 조사돼 온 사실이 평화의 상징으로 이어내려 오고 있다는 점이 사건의 존재 근거이다. 일본 정부가 한국인 생존자들의 증언을 얼마나 믿느냐에 따라 일본 정부의 성실성과 인도주의적 태도가 측정될 것이다.

(13) 증인이 살펴 본 생존자들의 현재 생활 형편은 어떤가?

(13-1) 유복한가? 빈곤한가?

- 대부분 연행 당시의 빈곤이 계속되고 있고, 충북의 한세열씨는 장인, 장모, 처남, 처를 마이즈루만에서 잃고 평생을 고통으로 살아왔다. 중산층 정도로 유복하게 살고 있는 가정도 있으나 몇 세대에 불과하다.

(13-2) 건강은 어떤가?

- 건강은 나이가 많아 최악의 경우에 처해 있는 사람이 많다. 당시 척추 부상으로 일생을 고통으로 살아 온 사람이 생존자 중에 두 명이 있는가 하면 95년 이후로 몇 분이 세상을 떠났고, 사고 당시를 회상하면 정신분열증세를 일으키기도 한다.

(14) 한국 정부의 보상이 없는 이유는?

- 내가 한국 정부의 입장을 대변할 자격은 없지만 이 사건은 당시 일본이 조선인 강제연행에서부터 우키시마호 폭침까지 불법적으로 저지른 사건이기 때문에 한국 정부가 배상할 일이 아니기 때문인 것으로 판단한다.

5) 본 건 소송에 대하여

(1) 한국 정부의 대응은?

〔1999년 10월 15일 한나라당 이신범의원이 한국 정부에 질문한 것에 대해 정부가 답변한 내용을 증거로 제출함〕

① 1996년 7월 관련 자료의 제출을 일본 정부에 요구했는데 그 회답은?

- 한국 정부가 일본 정부측에 관련 자료를 제출할 것을 요구하면서 승선 경위, 마이즈루항에 입항하려한 경위, 조난의 원인과 사망자 수들을 질의하였다. 그 질의에 대한 답변으로

◈ **승선 경위:** 아오모리현 오미나토 지구에서 근무하던 한반도 출신 전 해군 군속 및 민간인들이 종전과 더불어 귀국을 희망했기 때문에 일본 해군 당국이 해군 군속을 포함한 공원 2,838명과 민간인 897명을 특설운송함 우키시마호에 승선시켰다.

◈ **마이즈루항에 입항하려 한 경위:** 1945년 8월 19일 필리핀 마닐라에서 개최된 이른바 "마닐라회담"에서 연합국군 최고사령관이 일본측 대표에 대해 "동년 8월24일 이후 일본 국적 전 선박의 운항금지와 운항중인 선박의 최근접 항만 입항"을 지령했기 때문에 동 지령에 의거한 해군 본부로부터의 명령에 따라 우키시마호가 마이즈루항에 입항하게 되었다.

◈ **조난의 원인과 사망자 수:** 1945년 8월24일 마이즈루항 내 사바가(佐波賀) 앞을 항해 중 오후 5시15분 쯤 연합군이 부설한 기뢰에 충돌 침몰했으며, 이 사고로 한반도 출신 승선자 중 524명이 사망하였다고 통보해 왔다.

◈ 교토지방재판소의 재판 추이에 주목하고 있다. 1999년 10월 15일 한국의 이신범 국회의원이 한국의 홍순영 외교통상부 장관에게 질의한

내용에 대한 답변에서 "92년 8월 교토지방재판소에 우키시마호 사건 소송이 제기되어 현재 계류 중이다. 정부로서는 앞으로 동 건에 대한 일본내 재판추이를 지켜보면서 일본 정부에 대해서도 진상파악을 위한 노력을 촉구해 나가겠다."고 말했다.

◈ 더욱 자세한 자료를 추가로 제출할 것을 일본 정부에 요구중이다. 1999년 10월 15일 한국의 이신범 국회의원이 한국의 홍순영 외교통상부 장관에게 질의한 내용에 대한 답변에서 "이 사건에 대한 상세자료를 제공받을 수 있도록 요청하겠다."고 말했다.

② 일본 정부에 대한 원고 이 외의 생존자들의 생각은?

◈우선 사건을 시인하고 잘못에 대한 사죄를 요구하고 있으며, 진상을 규명하고, 사망자들의 유골을 완전하게 반환하고, 실질적으로 배상할 것을 요구하고 있다. 그렇게 해야 피해자들의 명예회복은 물론 사망자와 그 유족에게 도리를 다 하는 일이 될 것이라며, 원고에 국한하지 말고 포괄적으로 마무리하길 바라고 있다.

③ 유골반환에 대한 원고 이 외의 유족들의 생각은?

◈ 생존자들의 바램이지요. 당시 살아남은 자신이 오늘까지 이 사건을 해결하지 못한 점에 오히려 죄스럽게 생각하고 있지요. 그래서 생존자 자신들의 동료들이 유골로서라도 하루속히 고국 땅에 묻히기를 간절히 바라고 있다.

④ 〈사실상 공개된 사망자 명부를 보고〉사망자 명부가 전면 공개되지 않은 것이 한국에 알려져 있는가?

◈ 진상규명회의 활동 범위 안에서는 어느 정도 진상을 알고 있으나 그 밖의 경우에는 자세한 내용을 모르고 있다. 인적사항이 명확하지 않기 때문에 사망자 명부가 공개되었다고 생각하지는 않는다.

⑤ 전면 공개하려 하지 않는 것에 대해 증인은 어떻게 받아들이고 있는가?

◈ 자신들이 발표한 사망자 수에 신뢰성이 없기 때문에 일본 정부가 자책에 빠졌을 것으로 본다. 사건 발생 일주일 만에 사건 전모를 발표했으나 그 뒤로 9년 동안 침몰한 배를 인양하지 않았잖은가 말이다. 더구나 사망자 수를 524명이라고 발표한 날에도 가라앉은 배의 선실 안에 헤아릴 수 없는 사체가 방치되어 있었다. 가라앉은 배를 인양하여 조사하지도 아니하고 사망자 수를 524명이라고 발표했으므로 신뢰성에 문제가 있어 사망자 명부를 전면에 공개할 양심이 없을 것이다.

⑥ 마지막으로 재판소에 대해 증인의 요망이 있으면 간략하게 얘기하십시오.

◈ 사망자와 유족 그리고 생존자들이 납득할 만한 조치가 하루속히 이뤄져야 한다. 또한 인도주의 차원에서 사건의 제반문제 즉 조선인 강제연행에서 우키시마호 폭침 그리고 사후처리의 부당성들이 포괄적으로 규명되어 그 피해자들에게 실질적인 배상금을 지급하고 마무리하길 바란다. 이것이야말로 전쟁 재발을 염려하는 한일 양국 국민들의 진정한 바램이다. 오늘 증언하지 못한 내용은 자료로서 제출하였으니 참고해 주기 바란다. 당시 아오모리현 오미나토와 오마철도공사장과 시모키타반도 일대, 미사와비행장, 북해도, 이와테현의 채석장등으로 연행된 조선인들의 명단과 노동 현황에 대한 자료가 있을 것으로 본다. 그러므로 다음과 같은 관련 자료를 본 진상규명회와 대한민국 정부에 제공할 것을 요청한다.

〔요청한 관련 자료는 앞에서 명시하였으므로 여기서는 기록을 생략함〕

또한 이 사건에 대해 일본 정부는 자국의 공무원이 범한 행위인 만큼 그 책임을 다해야 한다. 그리고 이 사건은 전쟁시기가 아닌 평화시기에 일어난 외국양민 집단학살사건이라는 범죄가 엄연히 존재하는 만큼 양국 정부의 정상의 지시에 따라 남북한과 일본에서 연구하고 조사한 연구가, 활동가들을 포함한 공동조사단을 구성하여 완전하게 해결함으로서 양국의 진정한 우호관계를 추구·발전시켜 나가기 바란다.

우키시마호 사건을 명확하게 해결하는 것은 역사를 바르게 정리하는 의미를 갖는 만큼 일본 정부는 사건 해결에 최선을 다해야 한다. 그러므로 일본 정부는 우키시마호 폭침 사건 당시 사망한 유해를 일본 측에서 조사 발굴한 것과 생존자들의 증언을 종합하여 완전하게 발굴하여 반환할 것을 요구한다.

또한 사망자에게는 일본과 한국의 국내법에 따라 판결하고, 판례에 따라 배상금을 그 유족에게 지급할 것이며, 사망자 유족이 없을 경우에는 대한민국 국고에 넣을 것이며, 생존자에게는 부상에 따른 치료비와 미지급 임금과 사건에 해당하는 배상금을 당사자와 협의하여 지급하고, 사망자와 생존자와 유족들의 명예회복에 성실하게 대처하기를 촉구한다.

본 한국의 우키시마호폭침진상규명회는 이 사건이 완전하게 해결될 때까지 평화를 지향하는 시민정신으로 공명정대하게 대응할 것을 약속한다.

⇧ 일본 마이즈루만 위령비 앞에서 열린 희생자위령제에 참석하여 추모행사를 마치고 일본 언론과 인터뷰하는 전승렬 회장.(왼쪽) 교토지방재판소에 입장하기에 앞서 교토거리에서 시위하는 피해 생존자와 유족.(오른쪽) 〈사진제공: 우키시마호희생자유족회 전승열 회장〉

15. 일본에서 온 편지에 대한 반론

____________귀하

〔안녕하십니까? 먼저 이렇게 지면으로 인사드리게 되어 죄송하게 생각합니다. 그 동안 우키시마호 사건의 의혹을 풀어 희생된 분들의 명예회복에 힘써 노력해 오셨음에 진심으로 감사드립니다.

지난 5년여 동안 우키시마호 폭침사건에 대하여 자료를 수집·분석하고 조사하여 얻을 수 있었던 일련의 일들을 적어 보겠습니다. 아오야기씨와 내용면에서 다소 차이가 있다는 것을 저도 느낄 수 있습니다만 이 같은 의견 차이는 앞으로 교류하는 과정에서 해소될 것으로 생각하며, 또 그 같은 노력이 필요하다고 생각합니다. 바쁜 일정에도 서신을 보내주셨는데 이에 대한 답신이 늦어 죄송합니다.

역사적으로 보면 결코 짧은 기간이 아닌 과거에 일본의 식민지 정책의 지독성과 인권침해와 유린, 게다가 군국주의시대라는 악조건이 겹친 상태에서 한국 땅과 한국인이 당한 고통은 이루다 말 할 수 없습니다. 그래서 저는 일본정부의 반성과 미래에 대한 맹세 없이는 동북아시아는 물론 그 민중의 평화는 기대할 수 없다고 생각합니다.

한일과거청산문제라는 단어가 만들어지기 까지는 근현대사에서 일본국이 아시아를 침략함으로서 그 원인을 제공한 것입니다. 과거청산이라는 결코 아름답지 않은 이 말은 한일 양국의 선린관계를 방해하는 산물이 되고 있을 뿐 만 아니라 국민적 정서에도 좋지 않은 영향을 미치는 요소로 작용하고 있습니다. 종군위안부 문제를 비롯하여 강제연행, 강제노동, 문화재도굴, 독도영유권주장, 어업권문제 외에도 우키시마호폭침사건이라는 큰 사건이 있습니다. 우키시마호 사건은 일본이 태평양전쟁에서 항복한 뒤 일어난 사건이라는 점에 문제의 심각성이 있는 것입니다. 우키시마호 폭파 침몰은 일본국이 자신들이 저지른 전쟁터에 다른 나라 국민을 강제로 연행하여 전쟁감행목적으로 이용하다가 패전과 동시에 필요없게 되니까 헌신짝처럼 버린 비인도적이며 반인륜적인 사건인 것입니다. 이 사건은 대량살상이라는 점에서 인류에 대한 모반죄로 다스려져야 할 것입니다.

이런 관점에서 일본 정부에게 모든 책임이 주어지는데도 50여년이 지나도록 일본 정부는 이 사건의 실질적인 해결에 성실한 태도를 보인 적이 없습니다. 이 사건은 우키시마호가 마이즈루만에서 폭침된 이후의 사후처리가 최우선으로 중요합니다. 아울러 태평양전쟁 당시 조선인 강제연행사에서 결코 소홀히 해서는 안 되는 지역이 바로 우키시마호가 출항한 시모키타반도 일대와 오미나토항이므로 이 지역의 진상조사를 빼놓아서는 안 됩니다. 왜냐하면 이 시모키타반도를 중심으로 미사와비행장, 이와테현, 북해도 등지에서 강제노동에 시달리던 수많은 조선인들이 우키시마호에 승선했기 때문입니다. 따라서 아오모리현 시모키타반도에서 자행된 강제연행·강제노동의 실상은 우키시마호 폭침사건과 달리 생각해서는 안 되는 것이며, 승선자수와 사망자수를 파악할 수 있는 열쇠도 시모키타반도의 역사현장에서 찾을 수 있을 것입니다.

우키시마호 폭침사건은 진상규명이나 문제해결이 끝난 것이 아니라 아직도 일본정부의 엉터리 발표에 대한 찬반의 논란만 계속돼 왔을 뿐입니다. 그래서 지금까지 일본과 한국에서 우키시마호폭침사건에 대해 조사・연구해 온 활동가들의 견해와 주장에 다소 차이가 있으므로, 이들이 한자리에 모여 사건의 전말을 정론화 할 필요가 있다고 생각합니다. 어쩌면 민간단체 사이에서도 폭침사건에 대한 견해 차이가 논쟁으로 비화될 가능성이 있는데 이 같은 논쟁은 일본정부가 관련 자료를 모두 공개하고 사건 해결에 성실히 다가설 때 비로소 평화의 성채로 남게 될 것입니다.

인권은 특정인에게만 주어지는 것이 아니라 인류 모두에게 보편적으로 주어지는 것이라는 원칙 아래 우키시마호 폭파침몰과 같은 비인도적인 사건이 다시 일어나지 아니하도록 지속적인 교류를 바라마지 않습니다.〕

〔일본에서 보낸 온 편지속의 견해〕

〈다음은 일본에서 전재진에게 보내온 편지임. 보고서 형태로 각항에 보고서 작성자인 전재진이 번호를 매김. 번역:무카이 미도리(向井翠) 정리:전재진〉

15-1. 문제의 본질

우키시마호 사건은 자폭의 의혹이 있기 때문에, 혹은 수 천 명이나 되는 사망자가 발생했기 때문이라는 여러 가지 이유로 문제인 것인가요? 그러므로 진상규명이 필요한 것인가요? 그렇지는 않습니다. 재판에서도 일본정부에게 진상규명을 촉구하고 있습니다. 그렇지만 그것은 의혹이 있기 때문인 것은 아닙니다. 사고에 대해서 조사하고 유족과 생환자에게 정중하게 보고하고 한일 양국 국민에게 공표하는 것이 일본의 의무이기 때문입니다. 우키시마호는 해군군함이며 해군(본부)의 명령으로 징용한 조선인을 태우고 항행 중에 폭발·침몰했습니다. 사고에 대해서 일본이 책임을 지는 것은 당연한 것입니다. 그러므로 진상규명을 촉구하는 것입니다. 물론 의혹이 있는 것도 지적하고 있습니다. 일본국이 진상규명을 하고 있지 않기 때문에 더욱 의혹이 깊어지고 한국에서는 의혹이 정설로 되어 있습니다. 한일간의 괴리를 더욱 깊게 하게 되었다고 강력히 주장하는 바 입니다. 전후 일본은 한국인에 대해서 책임을 방기했습니다. 해방 후 가족과 재회를 눈앞에 두고 돌아가신 분들의 무념(無念)이나 가족의 비탄에 대해서 일본국이 사죄하고 진사하고 보상하는 일은 없었습니다. 우천사에는 우키시마호사건 희생자 유골이 285구나 안치되어 있습니다. 일본국은 적극적으로 유족을 찾으려 하지도 않습니다. 일본은 전쟁에 패하자 한국인을 외국인으로 취급하고 전쟁에 따른 피해도 한국과 외교문제로 처리했기 때문입니다. 그리고 한일기본조약에서 유상, 무상의 5억 달러를 지불하는 것으로 모든 문제해결이 끝났다고 한 것입니다. 본래는 전쟁에 동원됨으로 인한 피해는 전쟁에 동원한 국가 즉 일본과 동원된 사람 사람마다의 문제입니다. 국가간의 문제라든가 일본과 한국의 문제로 대체해 버릴 수는 없습니다. 일본은 전쟁에 동원한 한사람 한사람의 조선인에게 직접 책임의 의무가 있는 것입니다. 일본이 그 점을 방기하고 있는 것에 저는 문제의 본질로 생각하고 있습니다. 자국민에게는 보상한 한편 한국인에 대해서는 한번 쓰고 버리는……, 일본이 이러한 비정하고 편협한 나라이지 않기를 바라고, 그렇다면 절대로 싫은 것입니다. 이것이 제가 활동하고 있는 이유입니다.

15-2. 우키시마호사건도 다른 한국인에 대한 일본의 전쟁피해문제와 그 뿌리는 하나이다.

저는 한국과 한국인에 대한 일본의 '진사와 배상을 촉구하는 재판을 추진하는 회'(약칭 추진하는회)의 사무국을 담당하고 있습니다. 우키시마호사건 재판도 이 추진하는회에서 준비하여 추진해 왔습니다. 저희들은 몇 명 안 됩니다만 교토에서 거주하는 조선인 제1세인 송두회씨의 발안과 지도 아래 1989년 10월 처음으로 한국의 전쟁피해자와 유족에게 일본국을 상대로 재판을 제소할 것을 제안했습니다. 그 전부터 아사히저널에 격주로 15회에 걸쳐 「일본국은 한국과 한국인에게 공식으로 진사하라」는 의견광고도 냈습니다. 이 의견광고는 송두회씨의 의견이었습니다만 추진하는회의 기본방침이었던 것입니다. 우키시마호사건도 카라후도에 남겨버린 조선인, B · C급 전범, 군인군속으로 전사 · 전상한 사람, 종군위안부들과 뿌리를 똑같이 하는 문제의 하나입니다. 추진하는회는 1990년 10월27일 한국에 거주하고 있는 유족과 생존자 22명을 원고로 하여 일본국에 진사와 배상을 촉구하는 제소를 했습니다. 이것은 처음 있었던 일로 전국지, 지방지, 각 TV국이 보도했습니다. 한국인 전쟁희생자들의 일본에 대한 분노의 소리가 처음으로 일본에 도달한 것입니다. 이금주씨도 그 때의 한분입니다. 추진하는회는 91년에는 제암리교회사건, 92년 2월에는 이금주 회장을 중심으로 한 광주천인원고단 제소, 동년 8월 25일에 우키시마호사건, 그 후에는 B · C급 전범, 시베리아에 억류된 조선인을 위한 재판을 일으켰습니다. 물론 이러한 사건을 시민의 하나에 불과한 제가 할 수 있는 일도 아니고 모든 것이 송두회씨의 발안과 노력에 의한 것이었습니다. 그리고 우키시마호사건도 이러한 재판과 뿌리를 같이하고 있는 것입니다.

15-3. 김찬정씨 저서 「우키시마호 부산항으로 향하지 않고」에 있는 중대한 잘못

한국에서 의혹이라고 생각하고 있는 것에 대해 설명하겠습니다. 의혹의 발단은 생환자의 이야기를 근거로 한 1945년 9월 18일자 부산일보입니다만 그것에 근거를 두고 쓴 것이 김찬정씨의 책입니다. 지금에 와서는 그 근거에 몇 가지 틀리다는 것이 분명해졌습니다. 우키시마호 사건을 제소할 당시의 단서는 생존자의 이야기와 김찬정씨의 책 외에는 'NHK-TV 폭침', 마이즈루의 '우키시마호사건기록' 정도밖에 없었습니다. 그러므로 저도 당초에는 폭침 원인이나 사망자 수에 의문을 갖고 있었습니다. 그러나 이러한 책을 자세히 읽으며 자료와 대조해 보고 있는 동안에 여러 가지에 대한 의문이 분명해졌습니다. 특히 아오모리 방송이 94년 7월에 방영한 「한의 바다」의 제작진이 독자적으로 자료를 수집하던 중에 해군관계 전보들도 다수 발견되었습니다. 그러한 것들을 종합적으로 보고 저는 지금에 이르러서는 다음과 같이 생각하는 바입니다.

15-3-1. 폭침의 원인은 촉뢰일 가능성이 높다고 생각한다. 왜냐하면

① 사고현장에는 유효한 다수의 기뢰가 있었다. 김찬정씨가 촉뢰를 부정하는 근거는 미군의 전략폭격조사단 보고서를 근거로 하여 「유효기뢰는 없었다.」라는 결론이기 때문입니다. 그러나 아오모리 방송의 조사에서는 같은 자료에서 완전히 상반되는 결론이 나왔습니다. 김찬정씨가

촉뢰를 부정하는 가장 유력한 근거가 새로운 조사로 부정된 것입니다.

② 승무원이 우키시마호를 폭발시킬 이유가 없었다. 해군의 전보를 조사한 결과 항행금지 명령이 있었기 때문에 출항 전부터 부산항에 가지 못한다는 것을 알고 있었다는 것이 분명해졌습니다. 우키시마호는 마이즈루항에 입항할 예정으로 오미나토를 출항한 것입니다. 대부분의 승무원들이 그 같은 사실을 알고 있었습니다. 자세히는 나중에 적도록 하겠습니다.

③ 해군승무원도 255명 가운데 25명이나 사망했습니다.

④ 한국에서 문제 삼고 있는 물기둥이나 선체의 파열구는 전문가가 감정하지 않으면 판단할 수 없습니다.

15-3-2. 사망자 수는 일본정부가 설명한 524명을 크게 넘지 않는다.

① 승선자 명부는 명확하지 않지만 군속은 각 조마다 정연하게 승선했으므로 군속의 승선자 수는 확실하다. 사망자 수도 확실하게 확인할 수 있습니다.

② 민간의 조(하청업체)에서 일하던 사람들도 각각의 조에서 승선하였으므로 누가 승선하였는지를 알 수 있었습니다. 일본통운 등 큰 기업에서는 일본인 인솔자가 동행하고 있었습니다. 사망자 명단은 각 조마다 만들어져 있었고 동료 생존자들도 있었다. 사망자의 확인을 거의 할 수 없다고 만은 생각되지 않는다.

③ 김찬정씨는 사망자가 더 많을 것이라는 이유로 사망자명단(시설부 이외의 분, 기록 p.159)에 기재된 조의 사망자 가운데 성인남자가 거의 없다는 것을 문제시하고 있습니다. 그러나 이것은 당연한 일로 일본통운 이외의 성인남자 사망자는 사망 후에 군속취급으로 되었기 때문입니다. 그러므로 군속으로서 사망자 명단(오미나토 해군시설부)에 기재되어 있는 것입니다. (기록144)

④ 또 하나의 이유로 김찬정씨는 오마철도공사를 한 후 조에서 일한 사람들의 사망자가 없는 것도 문제시 하고 있으나 이것은 위의 ③과 같은 이유로 군속취급으로 되어 있기 때문입니다. 또한 오마철도공사는 1943년에 중단되었기 때문에 공사를 실행한 업체는 이미 없었기 때문이기도 합니다.

⑤ 우키시마호는 그 때까지 전투로 인하여 4개였던 선내 창고 가운데 한개는 사용할 수 없었습니다. 즉 3/4의 적재능력밖에 없었던 것입니다. 꽉 차 있었다고는 하지만 화투놀이를 할 수 있는 상태였으며 아메리카의 노예선 같이 몸이 꼼짝 못할 정도로 혼잡한 상황은 아니었습니다.

⑥ 승선자나 승무원들도 총원은 알 수 없었다. 「좌우지간 꽉 찼었다」라고 말하지만 7천~8천명의 숫자는 근거가 없습니다.

15-3-3. 오미나토 출항 한국인의 귀환을 누가 결정했는가?

① 1945년 8월 18일 해군운수본부로부터 오미나토경비부 참모장 앞으로 우키시마호 사용허가 전보가 타전되었다. 출항은 본부의 허락을 받고 참모장 혹은 사령장관이 결정했습니다.

② 김찬정씨는 우키시마호가 출항하기 전후에 사령장관과 참모장관은 동경에 출장중이었으므로 혹 참모의 독단적인 판단으로 결정했을 것이라고 했습니다. 그러나 늦어도 8월 17일에는 참모장이(아마도 사령장관도)오미나토에 돌아와 있었다는 것이 당시의 신문기사로 확인되었습니다. 전쟁이 끝난 직후의 혼란스런 상황에 사령장관과 참모장 두 명 모두 일주일씩이나 자리에 없다는 것은 생각할 수 없습니다. 승무원들에게 출항 명령은 19일에 내렸습니다.

15-4. 왜 마이즈루항에 입항했는가?

(1) 8월 21일에는 대해령52호(8월24일 18시 이후 항행금지)가 내려 22일에는 같은 내용의 대해령이 오미나토경비부에도 하달되었습니다. 해군운수본부로부터 우키시마호 함장 앞으로도 24일 18시 이후의 항행금지가 직접 전달되어 목적지에 도달할 수 없는 배는 가까운 군항에 입항하라고 명령하고 있었습니다. 우키시마호 출항은 22일 22시쯤이었고 출항 전에 24일 18시 이후에는 항행금지라는 명령이 전달되었습니다. 오미나토경비부는 부산항을 향한 출항은 단념하고 마이즈루를 향해 출항시킨 것으로 생각됩니다.

(2) 부산항에 도달할 수 없다는 것을 알고 있으면서도 왜 출항했는지는 확실하지 않습니다. 추측할 수 있는 것은 카라후도에서는 패전 뒤에도 소련군이 남하를 계속하여 전투가 계속된 점도 있고 가장 북쪽에 위치하고 있는 해군기지인 오미나토는 대혼란에 빠져있었습니다. 전시중에는 조선인이 특별단속대상이기도 하였는데 해방 후에는 조선인이 어떠한 행동을 보일지 예측할 수 없어 혼란이나 충돌이 두려워서 좌우지간 오미나토로부터 속히 내보내려고 한 것인지도 모릅니다. -끝

〔다음은 일본으로 보낸 전재진의 反論〕

〔한국인 생존자들의 증언을 기술하기는 하였으나 아직 그 범위가 충분하지 아니하고, 그들 또한 기뢰나 항해 혹은 해군전략의 전문가가 아니므로(?) 신뢰하기 어렵다는 이유로, 사고 당시 일본정부가 발표한 촉뢰침몰과 승선자 수, 사망자 수가 발표한대로 맞을 거라는 논리는 한국인 생존자들의 증언이나 사건현장 상황 설명의 기술이 미흡한 상태에서 내려진 결론이므로, 일본 정부 측이 자료를 공개할 때까지 많은 부분에서 수정·보완돼야 한다고 생각합니다. 이 사건을 다룸에 있어서 더욱 중요하다고 생각되는 것은 "우키시마호에 승선했던 조선인들이 어떤 과정을 거쳐 그 배에 타게 되었는가?" 라는 역사적인 사실이 전제돼야 한다는 점입니다. 즉 이들 조선인들의 강제연행, 강제노동, 참혹한 생

활조건, 안전항해 보장이 없었던 출항, 폭파침몰, 사건 발생 사후처리의 부당성 등이 모두 조사돼야 한다는 것입니다. 아오야기씨나 나카다 변호사처럼 진보적인 생각을 가진 인사가 우키시마호사건에 대한 관점이 보내주신 내용대로라면 실망과 개탄을 금치 못하며, 일본인의 민족차별과 우월사상이 그대로 나타나고 있음을 알 수 있겠군요. 어쨌든 저는 일본에서 조사된 내용 가운데 제가 입수한 내용과 시모키타에서 조사된 내용 그리고 생존자들의 증언을 바탕으로 다음과 같이 견해를 밝히고자 합니다.]

15-5. 「한국에서는 의혹이 정설로 되어 있습니다. 한일간의 괴리를 더욱 깊게 하게 되었다고 주장하는 바입니다」에 대하여

15-5-1. 저희 한국 진상규명회에는 아직 우키시마호폭침사건에 대해 진상을 확정한 정설이 없습니다. 다만 "폭침가설"을 정리했을 따름입니다. 이 사건에 대해서 그 누구도 자신의 논리나 조사 결과가 절대적으로 옳다고 주장할 수 없습니다. 왜냐하면 사건의 관련 자료가 공개되지 않았기 때문입니다. 일본 정부가 관련 자료를 모두 공개하고 한일 양측의 민간단체에서 조사한 내용을 합쳐 정리할 때 정설이 되는 것입니다. 그리하여 저는 이미 밝힌 바 23개항의 관련 자료를 공개할 것을 촉구해 온 것입니다.

15-5-2. 한일간의 괴리를 깊게 하는 것은 아니라고 생각합니다.

왜냐하면 적어도 평화운동을 추구해 온 양국의 민간단체들은 이 같은 편협에서 벗어나야 하기 때문입니다. 지금까지 일본 정부는 우키시마호폭침사건에 대해 솔직한 태도를 보이지 않았을 뿐 만 아니라 자료조차도 공개하지 않음으로서 피해자 측의 의혹과 불신을 키웠습니다. 사실 의혹과 불신은 침략전쟁과 강제연행과 강제노동들을 감안하면 조족지혈(鳥足之血)에도 미치지 않습니다. 또 하나 생각할 수 있는 것은 양국의 민간단체나 활동가들이 조사하고 또는 주장해 온 결과의 폭을 좁히지 못한데서 비롯된 오해라고 생각합니다. 그러므로 앞으로 시간을 가지고 좀더 토론하고 정보를 교환하면 이 같은 견해 차이를 좁혀나갈 수 있다고 봅니다. 한일 양국에서 이 사건의 실질적인 해결을 촉구해 온 사람들이 이 같은 견해 차이로 마음 아파한다면 이것 또한 일본정부의 책임입니다. 누구든지 우키시마호폭침사건에 대해 자신의 결론이 절대적이라고 말할 수는 없다고 생각합니다. 그래서 저는 일본정부가 솔직한 태도를 보이고 자료를 공개할 때까지, 한일양국에서 우키시마호폭침사건에 대해 조사해 오는 과정에서, 활동가 각자가 얻어낸 결론을 한자리에서 토론하여 하나의 정설을 만들어내는 일이 필요하다고 생각합니다.

15-5-3. 일본 정부가 발표한《1.승선경위와 출항, 2.마이즈루만의 입항 경위, 3.침몰원인과 사망자 수》에 대해 의혹을 갖는 것은 다음과 같은 이유 때문입니다.

1) 승선경위에 대해

① 유언비어 살포에 따른 공포감에 승선했다는 점입니다.

② 해방과 귀국의 기쁨에 넘친 당연한 승선이었는데 안전항해를 보장하지 않았으면서 자발적인 승선이었다고 발뺌하고 있기 때문입니다.

③ 서둘러 승선시킨 이유를 밝히지 않고 있기 때문입니다.

④ 출항 자체가 위법이었습니다.

• 연합국 최고사령관 명의의 전문내용 위반입니다.

8월 22일 밤 10시에 출항할 경우 정상적인 항해가 보장되어 3일 뒤인 25일 오후 7시에 부산항에 도착할 수 있다할지라도, 연합국 최고사령부가 내린 지령인 「8월 24일 오후 6시 이후 항해 금지」조항에 저촉될 것이므로 오미나토항을 출항해서는 안 되었으며, 부득이 출항해야 했다면 연합국 최고사령부한테 부산까지 갈 항로의 안전을 요청하여 보장받았어야 했습니다.

• 우키시마호가 츠가루 해협을 떠난 직후 오미나토 지령부에서 「다시 돌아오라」는 전보를 통보했으나, 함장과 부함장이 이를 무시하고 마이즈루만으로 가자고 주장하며 항해를 강행했으므로 군법위반입니다.

• 오미나토에서 부산까지 직항로를 택하지 않은 것은, 국가 자체나 최고위 책임자의 지시없이 군부의 일부가 저지른 일이라 해도 국가에게 책임이 있습니다.

• 출항에 앞서 이미 실려 있는 폭약과 포탄을 제거하지 않은 점과 기관실 부근에 폭탄을 장치한 것은 출항 이전에 함장이 선박의 안전관리를 다하지 않은 것이므로 해상운송법에 저촉되며 이는 범죄가 인정되는 것입니다.

2) 마이즈루만에 입항하려 한 경위에 대해

① 대본영(일본정부)은 9월 중순쯤부터 부산항으로 송환할 계획을 세웠고, 대해령52호로 항해하는 배를 통제하려 했으나 해군승무원들은 오미나토항에서부터 항명과 승선거부행동을 보이면서 부산항으로 갈 의도가 아니었습니다. 처음부터 마이즈루만을 향했다.

② 주장한대로 기뢰가 다수 있었다면 「그처럼 위험한 마이즈루에는 왜 입항했는가?」라는 의문이 있습니다. 마이즈루만으로 회항하기 직전에 GHQ에 연락하여 외국인의 안전한 송환을 보장받았어야 했습니다.

3) 폭침원인과 사망자 수에 대하여

① 미군이 부설한 기뢰가 아니라는 증거가 얼마든지 있습니다.

② 계획적인 사건임을 증명할 수 있는 증언이 있습니다.
③ 얼마나 될지 모를 숫자의 조선인의 시체를 집어 삼킨 우키시마호가 바다 속에 가라앉아 있는 상태에서 사망자 수를 발표했습니다.
④ 연합국최고사령관 총사령부(GHQ)는 1946년 1월에 특별한 사유없이 조사를 중단했으므로 일본정부의 결과에 승복할 수 없습니다.
⑤ 사고 이틀 뒤부터 시모사바가 해안에 밀려든 헤아리지 않은 시신을 산골짜기에 집단매립하면서 사망자 명단을 작성하거나 조사자료조차도 남기지 않았을 것으로 유추할 수 있습니다.

15-6. 「우천사에는 우키시마호사건 희생자 유골이 284(285 ?)구나 안치되어 있습니다.」에 대하여

우키시마호가 침몰당한 뒤 제대로 조사가 이뤄지지 않은 상황에서 1주일 뒤인 9월 1일에 사건의 전말을 일본 정부가 발표했습니다. 그때 조선인 사망자가 524명이고, 해군승무원이 25명 사망했다고 결론지은 바 있습니다. 여기서 그 뒤 9년이 지나서야 물속에 있는 우키시마호를 인양하면서 선체에서 수습한 348구라는 유골 수를 생각해야 합니다. 1945년 9월 1일이나, 9년 뒤 인양 당시나, 62년이 지난 지금도 일본 정부는 여전히 사망자가 524명이라는 발표 말고는 묵묵부답입니다. 아오야기씨도 마찬가지 생각이군요. 마땅히 9년 전에 발표한 524명과 9년 뒤에 1, 2차에 걸쳐 인양한 348위의 유해를 합쳐 사망자가 872명이라고 수정해야 하는 것 아닙니까?. 그런데도 오히려 9년 뒤에 인양한 유골을 9년 전에 가매장한 유골과 합쳐 화장하고 계속해서 사망자가 524명이라고 주장하고 있습니다. 그렇다면 사망자 수가 9년 전이나 유골을 추가로 인양한 9년 뒤에나 524명으로 일치한다는 것인데 이것은 있을 수 없는 일입니다. 특히 사고 당시 바닷가에 밀려든 시신 처리가 확실하지 않을 뿐 만 아니라 이 시신들을 명확하게 하지 아니하고 9년 뒤에도 524

명이라고 주장하는 것은 처음부터 짜맞추기 식으로 조작한 것입니다.

15-7. 「폭침 가능성은 촉뢰일 가능성이 높다고 생각합니다.」에 대하여

미군이 부설한 기뢰에 닿아 폭파되었다 할지라도, 왜 해군승무원이 구명보트를 이용하여 모선을 먼저 빠져나간 다음에 기뢰에 닿았을까요? 이것은 바로 폭파가 계획되었다는 것을 입증하는 것으로, 촉뢰설을 인정할 수 없는 부분입니다. 그래서 저는 이미 밝힌 바와 같은 이유가 있기 때문에 촉뢰설을 배제하는 것입니다.

15-8. 「승무원이 우키시마호를 폭발시킬 이유가 없었습니다.」에 대하여

1945년 8월 15일 항복방송이 나간 뒤 사할린에서 퇴각하던 해군들의 정서는 대단히 불안했으며 비정상적인 상태였습니다. 사할린에서 퇴각하던 일본해군들은 사할린에서부터 카미시스카경찰서학살과 미즈호학살이라는 끔찍한 사건을 체험한 바 있습니다. 이 두 학살사건은 오미나토에서 조선인을 우키시마호에 승선시킬 때와 그 이유가 몇 가지 일치하고 있는데 그 이유는 다음과 같습니다.

첫째는 조선인이 폭동을 일으킬지도 모른다는 불안감이었고
둘째는 조선인이 소련군을 안내하고 있다는 소문이 있다는 것이었고
셋째는 소련군이 들어오게 되면 일본인이 저지른 죄악상을 소련군에게 폭로할 것이라는 점이었습니다.

뿐 만 아니라 해군들은 이미 승선을 거부하고 있었는데 상관들은 "부산항에는 가지 않는다."는 말로 그들을 설득하였고 또 참모들은 군도를 뽑아들고 호통을 치며 강제적인 승선을 명령한 것입니다. 우키시

마호가 항해할 때 해군들의 언행에서도 폭파 의도가 있었음을 관찰할 수 있습니다. 더더욱 의문스런 점은 우키시마호가 폭발하기 전에 갑판위에 있는 조선인들한테 '선실로 들어가라'고 해 놓고 해군들을 모두 갑판위로 불러냈다는 점입니다. 이 같은 이상한 움직임은 폭발과 연결되고 있기 때문에 사전 계획이 있었음을 시사하고 있다고 볼 수 있는 것입니다.

15-9. 「해군승무원도 250명 가운데 25명이나 사망했다.」에 대하여

해군 25명을 희생하여 수 천 명의 적을 제거했다면 그것은 지휘관으로서는 전공(戰功)을 올린 셈입니다. 일본 패전 직후 시모키타반도에서 조선인을 급히 내보내려고 한 것은 오미나토해군경비부의 비정상적인 전략이라는 평가가 있습니다. 사할린에서부터 적으로 변한 수 천 명의 조선인을 한순간에 제거하려는 전략이었던 것이지요. 또한 사건 이후 25명의 일본해군들은 군인으로서 죽음에 대한 배상을 받았습니다만 몇 천 명인지 모를 조선인들은 아직도 명예회복이나 어떤 형태의 배상도 받지 못하고 일본정부의 조롱의 수렁에서 헤어나지 못하고 있습니다. 이것은 과거 오미나토해군경비부보다 지금의 일본 정부가 더 비정상적이라고 생각하게 하는 대목입니다.

15-10. 「한국에서 문제삼고 있는 물기둥이나 선체의 파열구는 전문가가 감정하지 않으면 판단할 수 없습니다」에 대하여

물기둥의 존재여부와 2~3회의 폭발음은 대단히 중요한 단서가 되는 것입니다. 보통 2~3회 연속성으로 폭발소리가 들린 것으로 증언하고 있습니다. 이 같은 증언이 사실로 입증된다면 2~3개의 기뢰였을텐데 이럴 경우에는 아무리 큰 우키시마호라 할지라도 몇 분 이내에 완전히 침몰한다는 것입니다. 선체의 파열구는 인양 당시에 일본인으로서 사진

촬영을 시도한 타무라 게이오씨가 증언하고 있습니다만 물론 사진만으로는 애매한 점이 있을 것으로 생각합니다.

15-11. 「사망자 수는 일본정부가 발표한 524명을 크게 넘지 않는다.」에 대하여

저는 아직 일본 정부가 공식 발표한 "사망자명부"를 입수하지는 못했지만 내용에 따르면 우키시마호 승선자 3천7백35명 가운데 5백24명의 조선인이 사망했다고 발표하였습니다. 생존자명단은 제시하지 않았으며 몇 명이 살았다는 언급은 회피하였는데 일본 정부의 발표대로 계산해 보면 3천7백35명 가운데 3천2백11명이 구조되어 살아났다는 셈입니다. 이 3천7백35명이라는 숫자는 우키시마호가 출항하기 앞서 오미나토에서 해군의 감독과 지시 그리고 살벌한 강제승선 아래 3일 동안 우키시마호에 승선한 숫자입니다. 그럼 여기서 먼저 마이즈루만의 상황을 살펴보면, 우키시마호는 8월 24일 5시 20분쯤에 폭파당하여 침몰하기 시작하였는데 이 때는 해군의 감독이나 지시도 없었고, 해군들이 신속하게 구조에 나서지도 않았습니다. 더욱 8월 24일의 일몰시간은 19시 13분(서울기준)이므로 구조할 수 있는 시간은 침몰시간부터 계산해 봐도 2시간이 채 안되는 짧은 시간이었을 것입니다. 헤엄쳐 살아난 사람도 있었지만, 특수구조장비도 없었고, 전문훈련을 받지 않은 어촌의 민간인들이 기름으로 덮인 마이즈루만 바다위에서 두시간만에 3천2백11명을 구조했다는 것은 오미나토에서의 승선 경험칙상 설득력이 없습니다. 또 조선인 사망자 수가 일본정부가 발표한 524명을 크게 넘지 않는다면 9년 뒤인 1953년 3월과 1954년 1월에 348구의 유해를 어떻게 인양할 수 있었단 말입니까? 이렇게 유해가 추가로 인양되어도 일본 정부는 사망자 수를 추가하여 발표하지 않았습니다. 당연히 조선인 사망자 수는 524명에 348명을 더한 872명이라고 다시 발표해야 했습니다. 또 큰 문제는 한국 남측 생존자들의 증언에 따르면 가족을 잃은 사람이 많은데, 그 가족의 명단이 사망자명단에 명시돼 있지 않았다는 점입니다. 그리고 자료에 따라 우키시마호 폭침 때 사망한 충청남도에 거주한다는 105명을 최근에 신원을 조회한 바 27명 밖에 확인되지 않고 있다는 점도 있습니다. 아마도 확인이 안 되는 사람들은 이름과 주소가 분명하지 않거나, 신분증이 없었거나 사건 당시에 분실했거나, 해군 군속이 아닌 관계로 처음부터 명단에 없었던 사람들일 것입니다. 하청업체의 노무자 명단으로 아무렇게나 사망자 명단을 만들 수 있었던 것입니다. 오미나토에서 사전 계획없이 승선을 재촉하고 강요하다 승선자 명단을 작성하지 않은 것 역시 오미나토해군경비부의 책임이며 결국 지금에 와서는 일본정부의 책임인 것입니다. 또한 아오야기씨는 "〈중략〉 이것은 당연한 일로 일본통운 이외의 성인남자 사망자는 사망 후에 군속으로 취급되었다."고 하셨는데, 이 부분은 도저히 이해할 수 없군요. 우키시마호사건으로 사망한 사람이 사망 후에 군속으로 취급되었다면 그 조선인은 우키시마호사건 때 사망자가 아니고 다른 날 다른 전쟁터에서 죽었다는 말인가요? 이렇게 해서 우키시마호사건 사망자를 군인, 군속 쪽으로 넘겼단 말입니까? 군속 쪽으로 넘겼기 때문에 524명이라면 군속으로 넘긴 자가 몇 명이고, 우키시마호사건 사망자가 몇 명이니, 524명에 군속취급자를 합하여 모두 몇 명이 사망했다고 발표했어야지요? 우키시마호사건 사망자를 다른 지역에서 죽은 군인, 군속으로 취급했다는 그 자체가 바로 지나가던 소도 웃을 일이군요.

15-12. 「사망자의 확인을 거의 할 수 없다고 만은 생각되지 않는다.」에 대하여

1945년 9월 1일 사건의 전말을 발표할 당시에는 524구의 시신에 대한 신원을 어떻게 파악했는가? 또 과연 524구의 시신은 어떤 형태로 존재했었는가? 이것은 대단히 큰 문제입니다. 따라서 사망자는 대부분 확인되지 않았다는 것이 한국인 생존자들의 증언에서 명확하게 확인되고 있습니다. 혹시 1945년 9월 1일 오미나토해군경비부가 승선자 명단을 작성하여 발표했다 하더라도 그 명단은 신뢰할 수 없습니다. 왜냐하면 동년 8월 19일부터 승선하기 시작한 조선인들의 명단을 작성하지 않았으며, 우키시마호 책임부서에서 개인적으로도 승선자명부에 기재할 것을 요청하지 않았습니다. 그래서 오미나토에서 작성된 승선자 명단은 해군부대, 가바야마비행장, 미사와비행장, 일본통운주식회사, 기타 하청업체(組) 등에서 제출된 명단뿐일 것이므로 일부분에 불과한 것입니다. 또한 승선한 조선인들은 대부분 신분증이 없었고, 사고 당시 시모사바가 해안으로 밀려든 수백구의 시신도 신원 파악없이 산골짜기에 매립하였으며, 9년 뒤에 인양한 우키시마호의 선체에 남아 있었던 유골도 신원 파악이 불가능한 것이었습니다. 그런데도 1954년에 우키시마호를 인양한 다음에 524(?)구의 유골을 동경 우천사에 안치했다는 것은 원인과 결과가 논리적 사고에 맞지 않는 것입니다. 승선자명단과 생존자명단이 있다할지라도 사망자 처리 실태를 추정하여 다음과 같이 정리할 수 있습니다.

15-12-1. 마이즈루만 시모사바가 해안에 밀려든 시체는 어떻게 처리하였는가? 이들은 신분증을 소지하지 않았거나 분실하였을 것이므로 신원을 파악할 수 없었을 것입니다.

15-12-2. 시모사바가 해안가에 밀려들지 아니하고 선체 안에 갇혀 있었던 시신은 조사되지 않았습니다.

15-12-3. 우키시마호 선체가 인양되기 까지 9년여 동안 선체 안에 갇혀 있었던 시체는 신원 파악이 불가능했을 것입니다.

15-12-4. 시모사바가 해안에 밀려든 시체를 산골짜기에 집단매립 할 때 과연 신원 파악을 했을까요? 신원파악을 하지 않았습니다.

15-12-5. 증기폭발 사고 때 사망한 사람과 사건 이후 일본 체류기간에 병원에 입원했던 사람이나 사망한 사람이 확인되지 않고 있습니다.

15-13. 「오마철도공사는 1943년에 중단되었기 때문에 공사를 실행한 업체는 이미 없었기 때문이기도 합니다.」에 대하여

오마철도공사는 1943년 이후에 중단된 것으로 조사되었으나, 아이자와조(相澤組), 세자키조(瀨崎組), 고야나기조(小柳組)등의 하청업체는 시모키타반도 내 다른 토목공사장으로 이동하였습니다. 이들 업체에서 일하던 조선인들 또한 시모키타반도를 벗어나지 못하고, 자유노동자로 전락하여 일하다가 어디선가 돌아와 우키시마호를 탄 것이 현지인들의 증언으로 확인할 수 있습니다. 공사가 끝났다 해서 일하던 조선 사람들이 다른 지방으로 가거나 앞서서 집단으로 귀국하지 않았습니다. 그대로 시모키타반도에 머물고 있었습니다. 시모키타반도에서 군사시설에 참여한 업체를 다음과 같이 분류할 수 있습니다.

15-13-1. 원청업체(일본 정부(대본영)한테 공사를 직접 수주받은 업체)

① 일본건설공업통제조합
② 기업(일본통운주식회사, 철도공업, 동방공업)
③ 산업보국연합체
④ 오미나토해군시설부

15-13-2. 하청업체(組)(원청업체한테 공사를 수주받은 업체)

①아이자와조(相澤組) ②세자키조(瀨崎組)
③고야나기조(小柳組) ④하기와라조(萩原組)
⑤지자키조(地佐木組) ⑥스가와라조(菅原組)

⑦우사미조(宇佐美組) ⑧사사키조(佐佐木組)
⑨사이토조(齊藤組) ⑩다케우치조(竹內組)

이들 업체중에서 ①아이자와조(相澤組) ②세자키조(瀨崎組) ③고야나기조(小柳組)는 오마철도공사를 맡았었는데 이들 업체들은 오마철도 공사가 중단되었다 해서 해체하지는 않았습니다.

15-13-3. 조선인이 운영하던 청부업체

각 하청업체에서 2차로 작업량을 할당받아 일하던 업체가 있었습니다. 당시 시모키타반도에서 자유노동자라 함은 오마철도공사를 하청받았던 업체에서 공사가 중단되면서 풀려난 조선인들이 다른 하청업체에 들어가지 아니하고 조선인이 운영하는 청부업체에서 일하던 사람들입니다.

15-14. 「7천~8천명의 숫자는 근거가 없습니다.」에 대하여

우키시마호가 작전상 군인을 정상적으로 수송할 경우 4천명을 태웁니다. 그런데 250명만이 승선했습니다. 이것만으로도 3천7백50명이 탈 수 있다는 계산이 나옵니다. 1945년 9월 1일 당시 도리우미 함장이 이 같은 논리에서 GHQ에 승선자수가 3천7백35명이라고 보고했을 가능성이 높습니다. 물론 물증은 없습니다. 그런데 조선인들이 우키시마호에 승선한 실태를 증언에 따라 살펴보면 기관실 바로 옆에 있는 선창에도 가득 차 있었다는 것입니다. 일반적으로 4천명의 해군을 수송할 때 사관실과 준사관실을 이용했지 선창을 이용하지는 않았을 것으로 알고 있습니다. 제가 조사한 한국인 생존자들의 증언에 따르면 오미나토 근처에서 일하던 사람외에도 미사와비행장, 이와테현의 채석장에서 일하던 사람과 북해도에서 내려온 사람이 우키시마호에 탔는데 그 수는 약 7백명에 이르고 있습니다. 또한 가족생활자도 제가 파악한 수만 해도 일곱 가족에 이르고 있으며, 각 업체(組)를 이탈하여 자유노동자로 일하던 조선인이 수 백 명에 이르고 있습니다. 그래서 저는 이 같은 숫자에 대해 논란에 앞서 자료공개가 급선무라고 생각합니다.

15-15) 「오미나토경비부는 부산항을 향한 출발은 단념하고 마이즈루를 향해 출항한 것으로 생각됩니다.」에 대하여

우키시마호는 시속 12노트로 항해할 수 있는 배입니다. 오미나토에서 부산까지는 850해리이므로 정상적으로 직항로를 택했다면 8월 25일 오후 7시에 부산항에 도착하게 됩니다. 마이즈루를 향해 출항시켰다 할지라도 마이즈루에는 이들 조선인을 수용할 숙식 대책을 세우지 않았습니다. 그리고 미군이 투하한 기뢰가 많다는 것을 해군이 알았다면 왜 그 같이 위험한 마이즈루항을 택했을까요? 차라리 오미나토에서 시간을 넉넉하게 갖고 계획을 세워 안전한 수송을 시도했어야 했을 것입니다.

"왕복 연료가 부족했다" "물이 부족했다" "부산에 가면 돌아오지 못할 것이다" "가다가 적을 만나면 싸워야 한다." "항해 도중에 어딘가에 기항하면 무슨 일이 벌어질 것이다" "부산에는 가지 않겠다." "마이즈루만에는 기뢰가 있다." "조선인 송환을 서둘렀던 점" "과다한 승선" 등은 모두 안전항해를 보장할 수 없었던 요소들이었습니다.

15-16. 사후처리의 부당성에 대해 말씀드리면

15-16-1. 침몰 즉시 인양하지 않고 9년 동안 방치하였습니다. 폭침사건을 9년 동안 방치한 것은 카미시스카경찰서 학살사건과 미즈호학살사건, 우키시마호폭침사건 모두를 은폐하려는 수단이었습니다. 이처럼 엄청난 양민학살이 세상에 알려지면 사회적 혼란을 막기 어려웠을 것이고, 일본이 전후협상에서 분리해진다는 것을 염두에 두고 세 사건을 모두 완전히 차단하려 한 것입니다.

15-16-2. 시모사바가 해안에 밀려든 시체를 집단으로 매립하였습니다.

15-16-3. 9년 뒤 1953년과 1954년에 시도한 우키시마호의 인양 목적이 유골수습 의도가 아니었습니다. 우키시마호 선체의 고철을 팔아 기업의 이윤을 챙기려는 인양이었습니다.

15-16-4. 우키시마호 인양 당시 피해자 당사국인 한국정부에 인양 계획을 통보하지 않았습니다.

15-16-5. 사건 발생 원인과 관계없이 우키시마호의 주인인 일본정부에게 모든 책임이 있는데도 50여년이 지난 지금까지 배상책임을 외면하고 있습니다.

16. 《우키시마마루》 사건 진상규명을 위한 평양토론회

◈ 일　시 : 2003년 9월 29일 09:00

◈ 장　소 : 평양인민문화궁전 1층 원탁회의실

◈ 주　관 : 조선 일본군 《위안부》 및 강제연행피해자보상대책위원회

◈ 참가단 :

⋆조선일본군 《위안부》 및 강제연행피해자보상대책위원회(북측)

⋆사회과학원 역사연구소(북측)

⋆일제의조선강점피해조사위원회(북측)

⋆우키시마호폭침진상규명회(남측)

⋆일제강점하강제동원피해진상규명등에관한특별법제정추진위원회(남측)

⋆교토부조선인강제련행진상조사단(해외측)

⋆도쿄조선인강제련행진상조사단(해외측)

⇧ 2003년 9월 29일 평양 인민문화궁전 1층 원탁회의실에서 열린 평양토론회 개막장면

16-1. 북측 발표문

16-1-1. 기조 보고

조선 일본군《위안부》 및 강제련행피해자보상대책위원회
위원장 홍 선 옥

친애하는 대표 여러분!

나는 먼저 《〈우키시마마루〉사건의 진상규명을 위한 평양토론회》 참가한 여러분을 다시 한번 열렬히 환영합니다.

특히 년로하고 불편한 몸에도 불구하고 일제의 극악한 조선인학살만행을 폭로하기 위해 이 자리에 참석해 준 북과 남의 피해자들과 유가족들에게 경의를 표하는 바입니다.

아울러 나는 조선 일본군《위안부》 및 강제련행피해자보상대책위원회의 이름으로《우키시마마루》사건을 비롯한 일본의 반인륜적인 과거 범죄 행위들의 진상을 규명하고 그 해결을 위해 오랜 기간 진지하게 노력하여 온 북과 남, 해외의 단체 대표들과 인사들에게 뜨거운 련대성의 인사를 보냅니다.

광복의 기쁨을 안고 조국을 향해《우키시마마루》에 올랐던 수 천 명의 조선사람들이 일제의 악랄한 모략에 의해 이역의 바다에서 무고한 죽음을 당한 때로부터 쉰여덟해가 지난 오늘 북과 남, 해외의 관련단체 대표들과 연구자들, 피해자 및 유족들은 여기 평양에서《우키시마마루》사건의 해결을 위한 필사적인 회합을 가지게 됩니다.

나는 이번 토론회가 반세기 이상이나 력사의 흑막속에 묻혀 있는《우키시마마루》사건의 진상을 똑바로 밝혀내고 일본으로부터 과거죄행에 대한 사죄와 보상을 받아내기 위한 전 민족적인 련대활동을 적극 추동하는 의의있는 계기로 되리라고 확신하면서 토론회의 기조보고를 제기하려고 합니다.

1)《우키시마마루》사건 발생의 사회력사적 배경

나는《우키시마마루》사건의 진상에 대해 론하기에 앞서 이 사건이 일어나게 된 사회력사적 배경에 대하여, 다시 말하여 조선에 대한 일제의 식민지통치에 대해 언급하고저 합니다.

다 아는바와 같이 조선반도를 발판으로 아시아와 세계를 제패하려는 군국주의적 야망을 실현하기 위해 지난 20세기 초에 방대한 무력으로 우리나라를 불법강점한 일제침략자들은 장장 40년여 동안 전대미문의 포악무도한 식민지파쇼통치를 실시하였습니다.

일제는 조선 인민을《일본인화》하여 저들의 영원한 식민지 노예로 만들고 조선을 일본의 한개 지방으로 만드는 것을 조선통치의《근본방침》으로 내세우고 식민통치 전 기간 조선민족말살정책을 악랄하게 추구하였습니다.

우선 일제는 조선 사람의 넋과 민족자주의식, 민족문화를 없애버리기 위해 수단과 방법을 가리지 않았습니다. 일제는 조선민족의《후진성》

과《렬등성》, 야마도민족의《우월성》을 강조하기 위해 조선력사를 심히 왜곡하는 한편 귀중한 문화유산들을 마구 파괴, 략탈하였으며 조선사람들에게《동조동근》《내선일체》의 사상을 불어넣기 위해《신사참배》와《궁성요배》를 강요하였습니다. 또한 조선민족을 특징짓는 기본징표의 하나인 우리말을 말살하기 위하여《조선교육령》을 5차례나 날조개악하고 일본어 사용을 법적으로 내리먹이였으며 나중에는 조선사람의 성과 이름까지 없애버리기 위해《개정조선민사령》을 조작하고 강권으로《창씨개명》을 강요하였습니다.

일제는 조선의 인적자원을 깡그리 말려 버리기 위해 사회의 중견층을 이루는 수많은 청장년들을《이민》의 명목으로 만주와 일본 등 외지로 유괴하여 분산 와해시키는 한편 침략전쟁에 필요한 병력과 로동력을 대부분 식민지 조선에서 충당하였습니다.

이미 청일전쟁 때부터 시작하여 로일전쟁과 중일전쟁, 태평양전쟁 등 계속되는 침략전쟁과 함께 50여년 동안 계단식으로 확대강화하여 온 일제의 조선인 강제련행은 제2차세계대전 시기에 와서 단말마적인 단계에 이르렀습니다.

일제는《국가총동원법》과《국민징용령》《개정국민징용령》《장년전원에대한징용법》《녀자정신대근로령》등 수많은 악법들을 조작개정하고 수백만의 조선사람들을 직업과 성별, 년령에 관계없이 무차별적인 랍치, 련행해 갔습니다.

일제가 식민지통치 전 기간 끊임없이 감행한 조선인 학살만행은 그 야수성과 지속성, 집단성으로 하여 조선민족말살 책동의 극치를 이루었습니다.

일제는 조선땅에 발을 들이민 첫 순간부터 조선 인민을 육체적으로 소멸하기 위하여 조선 국내는 물론 조선 사람들이 있는 모든 곳에서 피비린 살육만행을 감행하였는데 1919년 3.1인민봉기와 간도대지진, 간도《대토벌》등 크고 작은 사건들이 일어날 때마다 수 만 명의 조선사람들을 야수적인 방법으로 학살하였습니다.

뿐 만 아니라 일제는 태평양전쟁 기간 수많은 조선의 청장년들을 침략전쟁 마당과 고역장등에 끌고 다니며 저들의 총알받이로 내세우고 고혈을 짜내다가 더는 쓸모없다고 인정되면 집단적으로 살해하였습니다. 일본의 출판물들에 단편적으로 전해지고 있는 자료에 의하더라도 일제는 마샬군도의 마킨섬에서 2,800여명, 다라와에서 1,600여명, 꽈잘레인에서 6,000여명, 쿠사이에서 7,000여명 등 태평양상의 여러 섬들에서만도 근 4만명에 달하는 조선 청장년들을 집단적으로 학살하였으며 마쯔시로《대본영지하실》공사장과 가고시마현 비행장건설장을 비롯한 수많은 비밀군사기지건설장에서 이른바《비밀보장》의 명목 아래 조선인 로동자들을 귀신도 몰래 살해하는 만행을 저질렀습니다.

실로 일제에게 있어서 조선사람은 임의의 순간에 제 마음대로 처분할 수 있고 소나 말보다 아깝지 않은 말하는 짐승, 인간도구였으며 원천이 풍부하고 보급이 안정된 전쟁 소모품이였습니다.

조선민족을 지구상에서 영원히 없애버리기 위해 피눈이 되어 날뛰던 일제는 중일전쟁 발발 후부터 패망할 때까지 840만여 명에 달하는 조선사람들을 랍치, 강제련행하였으며 100만여명을 학살하고 20만의 조선녀성들을《황군》의 성노리개로 만듦으로서 조선민족을 그야말로 풍전등화의 지경에 몰아 넣었습니다.

《우키시마마루》에 몸을 실었다가 억울한 죽음을 당한 수 천 명의 조선사람들도 바로 일제의 이러한 야만적인 조선민족말살정책의 참혹한 희생자들이였습니다.

일제의 패망을 눈앞에 두고 일본 아오모리현 시모키타반도 지역에서는 본토 결전을 위한 방대한 규모의 군사기지건설이 진행되고 있었는데 여기서는 조선에서 강제련행되어 온 수많은 조선사람들이 가혹한 로동에 시달리고 있었습니다.

조선사람들에게는 건설에서도 제일 어렵고 위험한 작업이 강요되였는데 많은 사람들이 로동재해와 일본인들의 폭행으로 목숨을 잃었습니다.

만성적인 굶주림과 수면부족, 가혹한 학대와 고역에 많은 사람들이 공사장에서 탈출을 시도하였는데 만일 실패하여 잡히는 날에는 집단적인 폭행과 죽음을 면치 못했습니다.

이렇게 일제에게 강제련행되어 간 조선사람들이 다 그러했듯이 이곳에 끌려온 조선사람들도 역시 인간의 모든 자유와 생존권을 깡그리 빼앗기고 참을 수 없는 민족적 멸시와 노예로동을 강요당하다가 끝내는 광복된 조국 땅을 밟아보지도 못하고 무참히 살해되었던 것입니다.

2) 《우키시마마루》 사건의 진상

《우키시마마루》는 원래 4,730t급 민간려객화물선이였는데 1941년 9월 일본해군에 징발되여 포함으로 개조된 후 일본해군 제22전대 1감시대 감시선으로 배치되였다가 1945년 4월부터는 오미나토경비부에 특설운송함으로 배속되여 수송임무를 수행하였으며 패전 직전에는 아오모리항에서 하코다테항으로 려객을 수송하는 일을 하였습니다.

《우키시마마루》는 1945년 8월15일 쯔가루 해협을 항행하던 중 일본의 항복소식을 듣고 8월 18일에 오미나토항으로 귀항하였는데 거기에서 조선사람들을 태우고 부산으로 가라는 명령을 받게 되였습니다.

8월22일 밤 10시 시모키타반도는 물론 멀리 홋카이도에서 강제로동에 시달리던 조선사람들을 태우고 부산으로 간다고 출발한《우키시마마루》는 일본의 해안선을 따라 남하하다가 8월 24일 오후 5시 20분경 교토부 마이즈루항 입구 해안선으로부터 약 300메터 떨어진 수심 16m 정도의 시모사바가 앞바다에서 갑자기 3~4번의 요란한 폭발과 함께 두동강나면서 침몰하고 말았습니다.

이로하여《우키시마마루》에 타고 있던 수 천 명의 조선사람들이 한 순간에 바다 속에 수장되고 말았으며 승선자의 극히 일부만이 구사일생으로 살아남게 되였습니다.

일본 정부는 이 사건에 대하여 8월24일 오후 6시부터 일본 령해 안에서100t급 이상 선박들의 항행을 금지한다는 련합군의 명령에 따라《우키시마마루》가 항행을 중지하고 마이즈루항으로 들어가던 도중 련합군이 부설한 기뢰에 의해 폭발 침몰하면서 3,735명의 승객 중 524명이(그외 25명의 일본해군) 사망하였고 발표하였습니다.

그러나 이 사건은《우키시마마루》에《부산행》명령이 내려진 시각부터 마지막 처리에 이르기까지의 전 과정이 무수한 불일치와 의혹으로 가득 차 있으며 피해생존자들의 증언과 지금까지 조사 발굴된 자료들은 사건이 결코 기뢰에 의한 우발적인 사고가 아니라 일본 군부 당국의 계획적이며 의도적인 조작에 의해 감행된 폭침 사건이라는 것을 립증하여 주고 있습니다.

그 근거는 첫째로《우키시마마루》의 오미나토 출항이 일본 정부의 허가와 지시 밑에 진행되였다는 것입니다.

일본 방위청 전쟁사 자료실에서는 1945년 8월19일 해군성 운수본부에서 오미나토해군경비부 참모장 앞으로 보낸 전보가 발견되였습니다. 이 전보는 오미나토해군경비부가 보낸 제181439호 전보에 대한 답전으로《우키시마마루》의 운항을 허가한다는 내용이 담겨져 있습니다. 물론 오미나토해군경비부에서 보낸《우키시마마루》의 운항계획이 반영되여 있었을 제181439호 전보는 보존되여 있지 않았습니다. 그러나 이것을 통해《우키시마마루》의 출항이 오미나토해군경비부의 단독결심이 아니라 일본군부당국의 직접적인 지시에 의해 이루어진 것이라는 것을 확인할 수 있습니다.

이와 동시에 없어진 오미나토해군경비부의 제181439호 전문에 밝혀진《우키시마마루》의 운항계획이 세상에 알려져서는 안 될 내용을 담고 있었다는 것을 추측할 수 있습니다.

둘째로《우키시마마루》의 조선인 승선과 배의 출항이 일본군부당국에 의해 강제로 이루어졌다는 것입니다.

당시 오미나토해군경비부는 시모키타반도 지역에 널려있는 조선사람들에게《우키시마마루》를 타도록 회유·강박하였습니다. 또한《우키시마마루》의 승조원들이 전쟁이 끝났는데 무엇 때문에 조선에 가야 하는가고 출항을 거부하자 오미나토해군경비부의 참모는 승조원들을 모아놓고 명령을 집행하지 않으면 군법회의에 걸어 처형하겠다고 위협하여 강제로 출항하도록 하였습니다. 그 때로 말하면 전쟁이 끝난 지 불과 2~3일 밖에 되지 않은 것으로 하여 일본의 해안가와 공해상에는 물론 부산 앞바다에도 연합군과 일본군이 부설한 기뢰가 수만개나 있었으며《우키시마마루》에는 이러한 기뢰들의 부설정형을 기입한 군용해도도 없는 상태였습니다. 그러한 형편에서 일제가 조선 사람들을 귀국시키고자 스스로 함정에 들어가는 것이나 다름없는 위험천만한《부산행》항행을 계획한다는 것은 도저히 있을 수 없는 일이였습니다.

셋째로《우키시마마루》는 처음부터 부산항이 아니라 마이즈루항을 향해서 떠났다는 것입니다.

《우키시마마루》의 이전 승조원의 증언에 의하면 이 배는 출항시에 얼마 되지도 않는 연료를 가지고 떠났는데 이것은《우키시마마루》에 애당초 부산항까지 항해할 계획이 없었다는 것을 말하여 줍니다. 방위청 전쟁사자료실에서는 련합군의 요구에 따라 8월24일 18시 이후부터 100t 이상급 선박들의 일본 령해에서의 항행을 금지하게 된 것과 관련하여 해군성 운수본부가 8월 22일 오후7시와 7시20분 두 차례에 걸쳐《우키시마마루》에《그 시간까지 목적 항에 도착하도록 노력하며 도착할 수 없는 경우에는 제일 가까운 항으로 입항하라》고 지시한 전보문이 발견되였습니다. 《우키시마마루》는 8월 22일 밤 10시에 오미나토항을 출발하였는데 부산 쪽으로 직행한다 해도 8월 24일에는 부산 가까이에 있거나 공해상에 있게 되며 그 때에는 이미 일본 령해를 벗어나게 되므로 련합군의 요구에도 구속되지 않게 됩니다. 그런데도 불구하고 해군성에서 목적지 또는 가까운 항으로 입항하라고 한 것은 그 목적지가 부산이 아닌 다른 곳을 가리키고 있으며 해군성은 이미 《우키시마마루》의 움직임에 대해 알고 있었다는 것을 말해줍니다. 전후 《우키시마마루》 의 함장과 부함장은 이러한 련합군의 요구와 해군성의 전보에 대해 출항 전에는 알지 못했다고 진술하였습니다. 그러나 전보는 이미 출항 전에 확실히 《우키시마마루》 함장 앞으로 두 차례나 발신되였으며 또 이전 《우키시마마루》 승조원의 증언을 통해서도 군함의 지휘관들이 이에 대해 사전에 알고 있었다는 것이 밝혀졌습니다. 《우키시마마루》가 처음부터 부산이 아니라 마이즈루로 갈 예정이였다는 것은 《우키시마마루》 의 항로나 생존자들의 증언을 통해서도 알 수 있습니다.

오미나토항을 떠난 《우키시마마루》는 줄곧 노도반도를 시야에 넣고 이시가와현과 후꾸이현의 해안선을 따라 오후 곧장 마이즈루로 입항하였습니다. 《우키시마마루》의 이전 조타장은 《우리는 처음부터 부산으로 갈 예정이 아니었다. 함장의 명령으로 그렇게 배를 몰았다. 오미나토를 떠날 때부터 부산행이 아니라 해안을 따라서 남하하는 항로로서 그것은 서부 일본의 어느 항에 들어가는 항로였다. 그런 항로를 따라 부산으로 간다면 누가 믿겠는가? 나는 배가 오미나토를 출발했을 때부터 마이즈루를 향해 간다고 생각하고 있었다. 실지로 배는 그 항로를 향해 하고 있었다.》고 증언하였습니다.

이 밖에도 《우키시마마루》가 마이즈루나 일본의 어느 다른 항에 들어간다는 소문이 배가 떠나기 전부터 이미 승객들과 일본 사람들 속에서 퍼져 있었다는 사실이 증언을 통해 확인되였습니다.

넷째로 마이즈루항으로 들어가는 항로는 기뢰해제가 끝난 안전항로였다는 것입니다.

《우키시마마루》는 입항하기 전에 마이즈루경비대 신호소로부터 소해완료라는 신호를 받은 후에야 항으로 들어갔습니다. 또한《우키시마마루》가 마이즈루항으로 들어가기에 앞서 몇 분 사이에 두고 2척의 경비함이 같은 항로로 무사히 들어갔습니다. 더욱이 그 날은 8월 24일이였으므로 련합군의 선박항행금지요구에 따라 많은 배들이 마이즈루항으로 무사히 들어왔습니다. 이에 대해서는 목격자 우메가키 아키라도 《〈우키시마마루〉가 침몰되는 날까지 매일같이 〈우키시마마루〉와 같은 항로로 배들이 들락날락하였다. 특히 〈우키시마마루〉가 입항하던 날은 더 많았다. 4척이 한조가 되어 들어오는 소형군함들도 많았다.》 고 증언하였습니다. 이렇게 많은 선박들에 대해서는 폭발하지 않던 기뢰가 그것도 제일 마지막에 들어 온《우키시마마루》에 한해서만 반응을 했다는 것은 상식적으로도 있을 수 없는 일입니다.

다섯째로 기뢰에 의한 폭발이라면 폭발과 함께 반드시 동반되어야 할 현상들이 일어나지 않았거나 비정상적이라는 것입니다.

그러한 현상으로서 먼저 기뢰폭발이라면 반드시 수 십 미터의 거대한 물기둥이 일어나야 한다는 것입니다. 특히 얕은 바다에서는 깊은 바다에서 보다 더 굵은 물기둥이 솟는 법입니다. 그러나《우키시마마루》에 탔던 피해생존자들이나 승조원들은 일치하게 이 배의 폭발 때에는 그러한 물기둥이 전혀 없었다고 일치하게 증언하고 있습니다. 또 피해자들은《우키시마마루》 폭발시 3~4번의 련속적인 폭발소리를 들었다고 하고 있습니다. 기뢰는 한번 밖에 폭발하지 않는 것이 상례인데 련속 폭발하였다는 것은 이것이 기뢰가 아니라는 것을 말해줍니다. 그리고 만일 기뢰에 의해 폭발하였다면 철판들은 밖으로가 아니라 안쪽으로 휘여 들어야 하는 것입니다. 그러나 1954년에 일본의 민간기업이 그들의 윤리추구를 위해 끌어 올린《우키시마마루》의 밑창 철판들의 방향은 정확히 밖으로 휘어져 있는데 이것은 폭발이 다름 아닌 배안에서 일어났다는 것을 립증하여 주고 있습니다.

이 밖에도 당시 조선사람들과 오미나토 지구 일본 시민들 속에서는《우키시마마루》의 출항을 전후하여 의도적인 폭침과 관련한 소문이 많이 돌았습니다.

조선인 로동자들을 인솔할데 대한 임무를 받고 배에 올랐던 일본운송의 로무계원 다카하시 키이치로는《로무자들을 인솔할 임무를 받았을 때 어디까지 가야 하는가고 책임자에게 묻자 마이즈루까지 라고 하였다》,《〈우키시마마루〉를 타고 가려는데 동생이 와서 〈우키시마마루〉가 폭침된다고 하니 타지 않는 것이 좋겠다.》 고 하였다고 증언하였습니다.

일본 아오모리현 무츠시에 사는 사사키 유기치씨는《나의 아버지는 전후에 〈우키시마마루〉가 오미나토 기관구에서 배 이름을 지우고 폭뢰장치를 설치한 후에 출항했다고 말한 적이 있었다. 〈우키시마마루〉는 일본해에서 폭발될 예정이였다.》고 증언하였습니다. 또한 조선 사람들 속에서도 항행 도중 해병들이 소지품을 바다에 던지거나 폭발 직전에 해병들이 전마선을 타고《우키시마마루》를 빠져 나가는 것을 목격한 사람들이 많이 나타났으며 조선인 헌병이 배를 폭파하려는 일본 해병들을 직접 목격하였다는 소문이 돌았습니다.

제반 사실들은《우키시마마루》가 사전에 면밀히 세워진 폭파계획에 따라 배안에 장치한 폭발물에 의해 폭침되였다는 것을 보여주고 있습니다.

이상에서 제시된 자료와 근거들은《우키시마마루》폭침사건이 철두철미 일본군부당국의 모략에 의하여 감행된 고의적이고 계획적인 조선인 집단학살 범죄라는 것을 여지없이 립증해 주고 있습니다.

그러면 일본 반동들이 전쟁에서 패배한 뒤였음에도 불구하고 무엇 때문에 품들여 《우키시마마루》의 《부산행》이라는 연극을 꾸미고 이런 폭파사고를 조작하였겠습니까?

일제는 무엇보다도 《대동아공영권》의 야망을 이루지 못하고 패배의 쓴맛을 보게 된 분풀이와 앙갚음을 수 천 명의 조선사람들을 살해하는 것으로 해보려 하였던 것입니다. 일제는 침략전쟁에서 패배를 인정하고 항복하였지만 결코 저들의 범죄행위를 속죄하거나 반성한 것이 아니었습니다. 일본침략자들은 저들이 무지렁이처럼 짓밟고 씨종자마저 없애려 했던 조선사람들이 광복을 맞이하게 된 것을 분통하게 여기였으며 그들의 기쁨과 희망을 꺾어버리고 마지막 순간까지 고통을 주어 저들의 울분을 풀어보려 한 것입니다. 이러한 일제 살인마들의 행패는 패전 직후 일본 군부 당국과 개별적 군인들, 우익 깡패들에 의해 일본 각지에서 련이어 일어났습니다. 1945년 8월 17일 미에현 구와나시에서는 동방 《특별작업대》 10중대의 일본 반동들이 수많은 조선인 로동자들을 방공호에 몰아넣고 집단적으로 학살하였고, 교토에서는 일본군 병사들이 6명의 조선사람들을 학살하였으며, 도쿄도 가츠시가구, 에도가와구, 가나가와현의 야마도, 야마구치현의 도쿠야마 등 여러 지방에서 조선인들에게 대한 살해행위가 빈번히 감행되였습니다. 또한 일제는 조선사람들에게 《불법입국자》라는 딱지를 붙여 수용소에 가두어 놓고 수많이 학살하였는데, 1946년 8월 9일에는 후쿠오카 《수용소》에서 41명을, 8월 27일에는 나가사키 《수용소》에서 361명을 학살하였습니다. 자료에 의하면 1946년 한 해 동안에만도 일제 야수들은 2만6천여 명의 조선사람들을 체포하여 큐슈 일대의 10여개 《수용소》들에 감금하고 온갖 민족적 멸시와 학대를 가하고 살해하였습니다. 일제는 또한 수백만의 조선사람들을 강제로 련행해다가 무참히 살육하고 온갖 비인간적인 만행을 다한 저들의 범죄행위가 세상에 알려지는 것이 두려워 산증인들인 조선인 피해자들을 없애치우는 방법으로 저들의 범행을 숨겨보려 하였던 것입니다.

일본이 전후 반세기 이상 집요하게 추구하고 있는 과거 죄행에 대한 왜곡과 미화분식 책동도 결국은 저들의 오점과 죄악을 은폐하고 그 책임을 무마해 보려는 것 외에 다른 아무것도 아닙니다.

인류역사는 지금까지 존재한 수많은 전쟁들을 기록하고 있지만 일본제국주의자들과 같이 패전해서까지 타국의 평화적 주민들을 무참히 학살한 야만들에 대해서는 알지 못하고 있습니다.

3) 《우키시마마루》 사건에 대한 일본의 태도와 립장

일본정부는 전후 반세기가 지나도록 《우키시마마루》 사건에 대한 저들의 책임을 완강히 부정하면서 일관되게 기뢰에 의한 폭침이라고 주장하였으며 사건에 대한 초보적인 조사도 진행하지 않았습니다. 만일 이 사건이 진실로 일본 정부와 관계없이 우발적으로 일어난 것이라면 마땅히 구체적인 조사를 하여 기뢰에 의한 사고였다는 것을 증명함으로서 피해자들과 일본 인민들 속에 돌아가는 의혹을 해소하고 정부의 체면을 지키려 했을 것입니다.

그러나 일본 정부는 조사는 커녕 어떻게 해서든 사건이 여론화되는 것을 막고 흑막 속에 덮어버리기 위해 책동하였습니다. 그것은 우선 일본 당국이 사건이 일어난 직후 사건 경위나 사망자들에 대한 구체적인 료해도 없이 서둘러 사건을 처리해 버린데서 나타나고 있습니다.

《우키시마마루》 함장은 사고가 일어난 다음 날 똑똑한 조사도 하지 않고 해군성에 기뢰에 의한 침몰로 보고하였습니다. 일본 정부는 이렇게 확인도 되지 않은 자료를 가지고 지금까지 기뢰에 의한 폭침으로 주장하고 있지만 사실 그것을 립증할 만한 근거는 아무것도 없습니다.

전후 두 차례에 걸쳐 민간기업들에 의해 《우키시마마루》 인양작업이 진행되였으나 일본 정부는 그 때마다 사고원인을 조사할데 대한 재일 조선인들의 요구를 무시해 버렸습니다. 이것은 일본 정부가 사고의 원인이 해명되는 것을 바라지 않았으며 또 해명할 의사도 가지고 있지 않았다는 것을 보여 주는 것입니다. 또한 일본 당국은《우키시마마루》사건의 희생자 확인사업을 매우 형식적으로 진행하였으며 피해 규모도 극력 축소하여 발표하였습니다. 우선 일본 당국이 발표한 승선자 수와 사망자 수가 피해 생존자들의 증언에 비해 매우 적다는 것입니다. 일본 당국은 승선자 수를 당시에 작성되였다고 하는 승선자 명부에 따라 3,735명이라고 발표하였습니다. 당시 시모키타반도에는 미사와비행장, 가바야마비행장, 오미나토항, 오마철도 등 공사장에만 해도 6,000~7,000여명의 조선사람들이 일하고 있었다고 합니다. 그런데《우키시마마루》에는 시모키타반도 지역만이 아니라 홋카이도에서 온 조선사람들도 많이 탔으므로 실지 승선자 수는 그 보다 훨씬 더 많았을 것이며 현실적으로 피해 생존자들은 당시의 승선자 수를 7,000~8,000명 혹은 1만3,000명 정도라고 증언하고 있습니다.

1950년에 민간기업이《우키시마마루》를 인양하려 했을 때《우키시마마루》에 남아 있는 유골문제와 관련하여 재일 조선인들이 반발하자 마이즈루지방복원잔무처리부는 재일 조선인들에게 승선자 명단을 제시할 것을 약속하고도 그를 리행하지 않았습니다.《우키시마마루》의 이전 경리장은《승선자 명단이 있었다는 소리는 듣지 못했다. 이름이고 뭐고 확인하지 않고 실었다》고 하였습니다. 이것은 일본 정부가 제시한 3,735명이라는 승선자 숫자가 사실과 전혀 맞지 않는다는 것을 보여주는 것입니다.

이와 함께 일본 정부는 사망자를 524명으로 발표하였는데 이것도 실지 사망자 수보다 절대적으로 적은 것이라고 할 수 있습니다.

오미나토해군경비부는 사망자 명단을 작성함에 있어서 가족이나 친지, 인솔자들에 의해 신분이 확인된 사람들만 등록하고 확인하지 못한 사람들은 아예 숫자에 넣지도 않았는데 그렇게 작성된 것이 524명의 사망자 명단입니다.

오미나토해군경비부가 이 사망자 명단에 기초하여 사망인정서를 작성한 1954년 9월1일 현재까지도 마이즈루만에는 희생자들의 시체가 파도를 타고 계속 해안가로 밀려 나오고 있었습니다. 더욱이 1954년에 2차《우키시마마루》인양작업을 진행하면서 그 사전 작업으로 선내에 남아있던 유골들을 발굴 정리하였는데 이 때 자기 형태가 다 있는 온전한 유골은 한 구도 없었으므로 유골수를 확인하는 사업이 매우 부정확하게 진행되였습니다.

그럼에도 불구하고 일본 정부는《우키시마마루》인양작업이 끝난 후 이로서 두 차례에 걸쳐 발굴된 유골과 당시 타히라 해병단 부지 안에 매몰하였다가 후에 정리한 유골들의 수가 모두 합쳐 524구라고 발표하였습니다.

그러나 사건이 일어난 당시 바다 속에 들어가 보지도 않고 발표한 사망자 수와 9년이나 지나서 확인한 유골의 수가 일치한다는 것은 도저히 있을 수 없는 일입니다. 더욱이《우키시마마루》에는 강제로동으로 희생된 19구의 조선사람들의 유골도 실려 있었습니다. 피해 생존자들은《우키시마마루》의 폭침으로 자기들과 함께 배에 탔던 사람들 속에서 수 천 명의 사망자가 나왔을 것이라고 증언하고 있으며 승조원들도《마이즈루 입항시 조선사람들은 거의 다 배 밑창에 있었기 때문에 500명만 죽었을 수 없다.》고 하고 있습니다.

그런데 더욱 의심스러운 것은 일본 당국이 이 524명이라는 숫자마저 절반으로 축소하여 여론화 하였다는 것입니다. 일본 당국은《우키시마마루》사건에 대해 미군정 당국에 보고하면서 사망자를 260명으로 대폭 축소하였으며 이 숫자를 신문을 통해 대대적으로 보도하게 하였습니다.

이 밖에도《우키시마마루》사건과 관련한 문서에 의하면《우키시마마루》의 출항과 관련하여 오미나토해군경비부와 해군성이 주고 받은 전보, 전후《우키시마마루》의 함장이 썼다고 하는 사건보고서 등이 없어진 사실이라든가 패전 직후 오미나토해군경비부의 참모와《우키시마마루》의 함장, 부함장이 증언을 거부하거나 거짓진술을 한 것을 통해서도 일본 당국이 사건을 은폐하기 위해 의도적으로 책동하였다는 것을 짐작할 수 있습니다.

이것은 또한 일본 당국이《우키시마마루》사건에 깊숙이 관여하였으며 사건의 책임이 전적으로 일본 당국에 있다는 것을 보여주는 또 하나의 증거라고 할 수 있습니다. 그럼에도 불구하고 일본 정부는 사건의 책임을 부정하면서 어떻게 해서나 사건을 어물쩍해 넘겨 영영 흑막 속에 묻어 버리려고 비렬하게 책동하여 왔습니다.

《우키시마마루》사건을 비롯하여 과거 일제가 조선 인민에게 감행한 중대인권유린행위들은 국제사회의 정의와 도의를 심히 파괴하고 국제법을 란폭하게 위반한 전쟁범죄, 인도에 대한 죄입니다.

국제적으로 법적시효에 관한 국제관습법과 성문법에 따라 전쟁범죄, 인도에 대한 죄 등 기본인권과 관련한 범죄에는 시효가 적용되지 않는다는 것이 공인되여 있습니다. 따라서 일본은 전쟁법규와 국제인도법원칙에 따라 구일본국의 과거 죄행에 대한 법적 및 도의적 책임을 인정하고 철저히 사죄하고 보상할 국제법적 의무를 지니고 있습니다.

사건이 있는 때로부터 56년이 지난 2001년 8월 일본의 교토지방재판소에서는 1992년부터 있은《우키시마마루》사건의 생존자들과 유가족들의 제소에 대한 판결이 있었습니다. 그 때 교토지방재판소는 매우 간접적인 근거이기는 하지만 당시 나라들 사이에《려객운송계약과 류사한 법률관계가 성립되여 있었다.》는 데로부터 안전배려의무의 위반을 전제로 하여 이 사건에 대한 일본 국가의 책임을 인정하였습니다. 그러나 이 판결도 역시 《기뢰에 의한 폭침》이라는 관점에 립각한 것이였으며 《우키시마마루》 사건의 진상규명과 공식 사죄에 대한 피해자들의 요구를 외면한 것이였습니다. 더욱 오사카고등법원은 교토지방재판소가 내린 판결마저 무시하고 피해자들의 제소를 기각시켰습니다.

국가와 사회에 질서를 세우고 인간의 생명과 권리를 보호해야 할 의무를 지닌 사법부가 수 천 명의 생명을 앗아간 범죄행위에 대해 이토록 무책임하고 비인도적인 태도를 취한 것은 실로 《법치국가》를 광고하는 일본의 수치가 아닐 수 없습니다.

일본은 전후 반세기가 훨씬 지나도록 과거 식민지 통치시기 조선인민에게 감행한 반인륜범죄에 대해 진상조사, 책임자처벌 등 법적, 도의적 책임을 회피하고 있습니다. 이와 같은 일본 정부의 태도는 제2차세계대전 시기 파쇼 도이칠란드가 저지른 범죄에 대해 적극적인 보상조치를 취하고 실천해 나가고 있는 도이칠란드 정부와는 너무도 판이한 대조를 이루고 있습니다. 도이칠란드 정부는 전후에 스스로 10만 명의 나치스 전범자들을 조사하여 6,000명에게 유죄를 선고하였으며 무려 100만명 이상의 나치스 피해자들에게 보상금을 지불하였습니다. 그러나 일본 정부는 전후 단 한명의 전범자도 스스로 처벌하지 않았으며 과거 피해자들에 대한 보상을 회피하면서도 지난날 침략전쟁에 나섰던 구일본 군인과 유가족들에게는 거액의 은급을 지불하고 있습니다. 이러한 일본의 처사는 인간의 초보적인 도덕과 량심, 국가로서의 체면도 도리도 모르는 파렴치한 행위입니다.

4) 《우키시마마루》 사건의 해결을 위한 우리의 요구

지금까지 여러 관련단체들과 진보적 인사들의 진지한 노력과 피해생존자들의 증언에 의해 《우키시마마루》 사건의 여러 측면들이 밝혀지게 되였으며 사건의 전모를 밝힐 수 있는 토대가 마련되었다고 생각합니다. 또한 일본의 량심있는 인사들과 피해자, 유가족들의 성의있는 노력에 의해 사건 현장인 마이즈루만에 《순난자추모비》가 세워져 희생자들을 추모하는 사업들이 진행되여 왔습니다. 이러나 이러한 량심적인 인사들과 피해자들의 노력에도 불구하고 일본 정부의 구태의연한 태도로 말미암아 《우키시마마루》 사건은 아직 많은 미해결 문제들을 안고 있습니다.

《우키시마마루》 사건을 비롯하여 일본이 우리민족에게 감행한 대학살 만행과 중대인권유린 행위들에 진상을 철저히 규명하고 사죄와 보상을 받아내는 것은 짓밟혔던 조선민족의 존엄을 되찾고 피해자들의 피맺힌 원한을 풀어주기 위한 민족사적 과제인 동시에 국제사회의 정의와 도의를 확립하기 위한 중대한 사업이기도 합니다.

우리는 《우키시마마루》 사건의 해결을 끝까지 추구할 것이며 이를 위해 일본 정부에 다음과 같이 강력히 요구합니다.

첫째로 일본 정부는 《우키시마마루》 사건의 전모를 철저히 조사 규명하고 사실을 그대로 공개하여야 합니다. 일본 정부는 당시에 작성되였다고 하는 승선자 명단과 《사건보고서》를 비롯하여 사건과 관련한 모든 공문서들과 자료들을 공개하여야 합니다.

둘째로 일본 정부는 《우키시마마루》 사건에 대한 국가적 책임을 인정하고 피해자들과 유가족들에게 국가의 명의로 사죄, 보상해야 합니다. 피해자들과 유가족들에 대한 사죄와 보상은 사건 이전에 강요된 강제련행과 노예로동에 의한 피해 등을 포함한 충분한 것으로 되어야 합니다.

셋째로 일본 정부는 《우키시마마루》 사건에 관여한 모든 범행자들을 찾아내여 책임소재에 따라 처벌하여야 합니다.

넷째로 일본 정부는 《우키시마마루》 사건시에 희생된 피해자들의 유해를 모두 찾아 신분을 확인하고 안전하게 송환하기 위한 실질적인 대책을 세워야 합니다.

이러한 요구사항을 관철하기 위해서는 북과 남, 해외의 단체, 인사들과 피해자, 유가족들이 힘과 지혜를 하나로 합쳐 련대투쟁을 힘있게 전개해 나가는 것이 중요하다고 생각합니다.

지금까지는 이 사건의 진상을 조사규명하고 일본 정부에 사죄와 배상을 요구하는 활동이 분산적으로 진행되여 왔다면 앞으로는 북과 남, 해외의 단체, 인사들과 피해자, 유가족들이 서로 련대, 협력하여 보다 현실적이고 효과적인 방법으로 운동을 벌려 나가야 할 것입니다.

특히 유엔인권위원회를 비롯한 국제기구들에 대한 제소 등을 통하여 《우키시마마루》 사건을 비롯한 일본의 반인륜적인 과거죄행을 국제사회에 널리 알리고 국제여론을 환기시키기 위한 활동을 적극 벌려 나가는 것이 중요하다고 생각합니다.

지금 일본의 과거청산을 위한 투쟁에서 국제적인 련대와 협력을 강화하는 것이 하나의 흐름으로 되고 있으며 현실적으로 이러한 련대활동이 활발히 벌어지고 있습니다.

얼마 전 북·남 조선을 비롯한 여러 나라와 지역의 시민단체, 인권옹호단체 대표들과 인사들은 중국 상해에 모여 《일본의 과거청산을 요구하는 국제련대협의회》의 결성을 선포하고 일본 당국을 과거청산에로 몰아가기 국제적인 련대활동을 보다 힘있게 벌려 나갈데 대해 합의하였습니다.

지금 일본은 자기의 범죄적 과거를 청산하고 그에서 심각한 교훈을 찾을 대신 파렴치한 력사왜곡과 총련과 재일 조선인들에 대한 탄압을 일층 강화하고 있으며 조선반도에 대한 재침을 노린 유사시법안을 채택하고 군사대국화책동을 로골적으로 추진하고 있습니다. 이러한 정세하에서 우리는 더욱 더 단결되고 조직적인 투쟁으로 맞받아 나감으로서 우리민족의 단결된 위력을 보여 주어야 할 것입니다.

대표 여러분!

조선에 대한 일본의 식민통치가 끝장 난지도 반세기가 훨씬 지났지만 피해자들의 고통은 아직도 계속되고 있습니다. 수많은 부모들이 《징용》《징병》으로 일제에게 끌려갔다가 돌아오지 못한 자식들을 부르며 눈을 감았고 한 장의 사진을 놓고 유해도 남기지 못한 아버지 어머니의 제사를 지내고 있는 사람들이 얼마인지 모릅니다. 일본이 범죄적인 과거를 청산하지 않는 한 피해자들과 그 유가족들의 고통은 영원히 계속될 것입니다.

우리는 조선민족의 존엄을 걸고 일본의 과거청산을 받아내기 위한 운동을 적극 벌려 피해자들의 고통을 가셔 주고 우리 인민의 쌓이고 쌓인 원한을 반드시 풀어주어야 할 것입니다.

나는 이번 토론회에서《우키시마마루》사건의 진상을 규명하고 일본으로부터 사죄와 보상을 받아내기 위한 적극적인 대책들이 토의되며 이를 계기로 우리의 운동이 새로운 국면에서 더욱 확대 발전되리라고 확신하면서 기조보고를 마치겠습니다. 감사합니다.

16-1-2.《우키시마마루》사건의 사회적 배경

사회과학원 력사연구소 실장, 박사
조선 일본군《위안부》 및 강제련행피해자보상대책위원회
상무위원 공 명 성

일제는 장장 40년간에 걸쳐 식민지통치를 감행함으로서 인류력사에 류례를 찾아 볼 수 없는 고통을 우리 인민에게 강요하였습니다. 그 가운데서도 일제의 조선인 강제징발과 집단살해는 그 규모와 수단, 방법에 있어서 전후무후한 반인륜적 국가범죄입니다.

패망 후 일본은 응당 조선인민 앞에 과거죄행을 반성하고 새 출발을 하여야 했으나 패망 직후에도 수많은 강제련행자들에 대한 극악한 살육만행을 그치지 않았습니다. 그 대표적인 집단살해사건이 바로 오늘까지도 일본정부가 그 진상조차 제대로 밝히지 않고 있는《우키시마마루》폭침사건입니다.

저는 본 토론회에서《우키시마마루》폭침사건에 전적인 책임이 있는 일본정부가 하루빨리 이 사건의 진상규명에 나서도록 촉구하는 의미에서 일제의 패망 직후에 이와 같은 집단살해사건이 필연적으로 일어나지 않으면 안 되게 되였던 사회적 배경에 대하여 밝혀보려고 합니다.

《우키시마마루》폭침사건의 사회적 배경에 대한 문제는 이 사건의 진상을 정확히 규명하는데서 매우 중요한 자리를 차지한다고 할 수 있습니다. 력사적인 모든 사건들이 일정한 사회력사적 배경하에서 산생되듯이《우키시마마루》폭침사건도 일본 근대력사상 처음으로 되는 일제의 패망을 사회적 배경으로 하여 일어났습니다.

1945년 8월 15일은 일본에 있어서는 단순한 종전일이 아니라 근대력사상 가장 커다란 비극을 가져온 패전일이였습니다.《명치유신》으로 근대화의 길에 들어선 일본은 조선에 대한 침략을 비롯하여 수많은 해외 침략을 단행하여 오면서도 언제 한번《항복》이라는 커다란 패배감을 느껴보지 못하였습니다. 일본 근대력사에서 처음으로 되는《항복》은 많은 일본인들을 정신적 허탈감에 빠져들게 하였습니다. 대다수의 일본 국민들이 외국군대에 의한 점령에 불만을 품고 있었던 사실은 패전과 관련하여 근대력사상 처음으로《천황》을 대상으로 쿠테타까지 진행되였던 사실이 그것을 잘 말해줍니다.

소좌 하다나카가 지휘하는 광신적인 소장파 장교 그룹은 8월 15일《천황》이 항복과 관련한 일반선언연설을 록음해 두었다가 라디오방송한다는 것을 알고《황실》보위를 담당한 제1근위사단의 참모와 짜고

《천황》의 연설문이 들어있는 록음테프를 탈취하려고 쿠테타를 일으키기까지 하였습니다. 패전과 관련한 일본인들의 소감은《전쟁에 졌다는 사실과 함께 어느 정도 상당한 시간이 걸려서야 비로소 안개가 걷히는 것 같은 감을 느낀 외에 평화의 기쁨을 느낄 수 없었다》(《세까이》 1955년 8호)는 한 일본인의 감상을 통해서 잘 알 수 있습니다.

일제는 비극적인 패전을 맞으면서 어떻게 하나 종래의《천황제》를 그대로 유지 고수하면서 불안한 민심을 안정시켜 패전으로 정치적 위기를 어느 정도 쉽게 타개하려고 하였습니다.《천황제》 유지와 관련한 립장은 1945년 2월 26일 당시 내각총리대신 고노에가《천황》에게 제출한《상주문》에서《유감스럽지만 패전은 벌써 피할 길이 없다》고 하면서《미영의 여론이 현재까지는 국체의 변경에까지 이르지 않고 있는 조건에서 국체유지문제보다도 더욱 우려되는 것은 패전에 따라 일어날 수 있는 공산혁명》이라고 한 사실을 통해서 잘 알 수 있습니다. 이《상주문》은 당시 일본 반동 지배층이 전쟁으로 강요된 곤란한 생활처지로부터 일본 인민들 속에서 생겨나는 불평불만을《공산혁명의 온상》으로 된다고 보았으며 그를 철저히 탄압하고《천황제》를 존속시키는데 주력하였다는 것을 똑똑히 보여주고 있습니다. 때문에 일제는 민심의 동요를 막고 그것을 진압하는데 전심을 기울였습니다. 그것은 패전과 함께 새로 출현한 황족 출신의 히가시구니노미야 내각이《제1차적으로 군대 및 국민으로 하여금 종전의〈성단〉(항복과 관련한〈천황〉의 선언)을 리해하고 여기에 철저히 복종》시키는 것을 자기의 임무로 하였던 사실이 그것을 잘 말해줍니다. (《소화의 동란》(일문)하권 쥬오고론샤 294페지)

더욱이 패전 당일인 8월 15일 일본 대본영은 대본영 륙군성 명령으로 일본, 조선, 사할린, 대만에서의 치안의 동요를 방지하기 위해《최선》을 다할데 대한《명령》을 내리였던 것입니다. 특히 일제는 일본 국내에서의 민심안정에서 일본인과 민족적으로 대립되여 있는 재일조선인에 대한 탄압을 더욱더 광분하였습니다.

태평양전쟁의 발발 후 국내혁명력량에 대한 탄압이 강화되는 속에서 조선인은 언제나 《공산주의 혁명의 주동세력, 위협세력》으로 간주되였습니다. 그것은 1939년 4월 특고경찰지역회의에서 내무성 경보국이 전국의 관할 경찰들에게 《해외 부정 조선인은 의연히 활발한 책동을 계속하면서 내지 잠입의 기회를 엿보고 있어 경계할 필요가 있다》고 하면서 특히 《조선인에 의한 공산주의 운동에 대해서 〈민족적 반감〉에서 출발한다는 의식으로부터 〈수사 내부망을 확대하고 잔존분자에 대한 소탕을 강화〉》 하라고 《지시》를 내린 사실을 통해서 잘 알 수 있습니다. 때문에 1940년 2월 이바라키현 특고주임회의에서는 재일조선인에 대한 엄중 감시단속을 더욱 강화할데 대한 명령이 내려졌습니다.(《특고경찰체제사》(일문)세키다서방 1984년 330~340쪽)

이렇게 재일조선인은 일제의 태평양전쟁의 도발과 함께 종전보다 더욱더 위험한 《공산주의 세력》으로 《적》으로까지 간주되였습니다. 일본인들이 패전이 가까와짐에 따라 조선인에 대하여 경계심을 가지고 그것을 《적》과 내통하는 《불온분자》로 여겼던 사실은 1945년 6월말 내무성 경보국이 조사한 《유언비어취체상황》을 통해서 잘 알 수 있습니다. 이에 의하면 당시 일본인들 속에서 재일조선인에 대하여 《조선인은 공습시 적기를 유도하기 위해 불을 비추고 있다》, 《B29(미군폭격기)에는 조선인이 타고 적기를 유도하고 있는 것 같다》, 《조선인은 미군병사의 상륙을 환영하기 위해 준비하고 있다》 등의 류언비어가 일본인들 속에 널리 류포되여 있었던 사실은 당시 조선인에 대한 일본인들의 적대시의식을 잘 말해주고 있습니다. 이것은 일본인들 속에서 뿌리 깊게 자리잡고 있던 조선인에 대한 민족배타적인 인간증오사상이 패전을 눈앞에 하면서 조금만 다치여도 터질 듯한 상황에로 접근하고 있었다는 것을 보여주고 있습니다. 일제는 패전이 가까워짐에 따라 《비상사태 발생의 경우》에 있어서 조선인의 폭동 및 간또대진재 시의 조선인 학살과 같은 일본인과의 충돌이 재발할 수 있다는데 대하여 몹시 경계하였습니다. 그러한 우려는 경보국이 작성한 1943년 1월의 《치안대책요강》과 1944년 1월의 《치안상황에 대하여》에서 여실히 나타나고 있습니다. 《특히 주의를 요하는 경향은 점점 공습의 위험성이 증대되는데 따라 일본인의 경우에는 공습등의 혼란시에 조선인이 강도 혹은 부녀자에 대하여 폭행 등을 가하지 않겠는가 하는 위구의 마음을 품고 있어 쌍방 모두 불안한 공기를 양성하여 나아가서 류언비어로 되고 이것은 적개심을 일으키는 경향이 있는 사실이다》 (《특고경찰체제사》 (일문) 세키다서방 385쪽)

이렇게 조선인에 대한 일본인들의 적대감과 단속이 강화되는 속에 1943년 9월에는 경보국장이 《비상사태 발생의 경우의 재주조선인지도 취체》에 관한 《통첩》을 내여 그들에 대한 탄압을 더욱 강화하였습니다. 특히 일제는 《통첩》에서 재일조선인들이 《미국의 일본 본토공습을 기대하고 공습시의 혼란을 타서 악질적인 류언을 류포시키고 일반 조선인의 단결을 꾀하여 이것을 폭력봉기에 유도하려고 한다.》고 사실을 날조하여 조선인에 대한 극도의 증오심을 일본인들 속에 부식시켰다. 이러한 책동은 패전 직전에 더욱더 강화되였는 바 《패전에 즈음하여 당국이 집착한 문제의 하나는 재일조선인의 움직임이였다. 비상조치 대상자나 요시찰인에 대한 시찰취체는 말할 것도 없고 일반 조선인에 대하여서도 특히 내선대립을 경계하고 경거망동하지 않도록 하였다》 (위와 같은 책 401쪽)고 한 사실이 그것을 잘 말하여 줍니다.

이를 위해 경시청 특고부장은 1945년 8월 14일 각 경찰서장 앞으로 보낸 《통첩》 에서 조선인에 대한 단속을 강화할데 대한 《지령》을 내리였습니다. 바로 이렇게 재일조선인 탄압 살륙에 대한 일제 당국의 합법적인 《지령》 밑에 1945년에 들어와서 특히 패전을 전후하여 재일조선인들에 대한 일제의 야수적인 학살은 더욱 악랄하게 감행되었습니다. 그 대표적인 실례로 마츠시로대본영공사장(1944년 11월~1945년 8월)에서의 조선인 강제련행자들에 대한 집단학살과 이오, 오키나와 등 전국 각지에서의 조선인 집단학살사건을 들 수 있습니다.

오가사와라군도 이오섬의 일본군사령관 구리바야시는 2,800명의 조선인 강제련행자를 지하갱도진지 《50일관통공사》에 내몰아 1,900명이나 무참하게 죽였습니다. 1945년 2월 미군이 이오섬에 상륙하자 1만5,000명에 달하는 조선인 로무자들을 총알받이로 내몰아 무참히 죽게 하였습니다. 또한 일제는 오키나와의 게라마섬에서 6,000명, 자마미섬에서 약 300명, 기타 섬들에서 수많은 조선인 강제련행자들을 마소와 같이 부려 먹다가 《간첩》, 《용의자》로 몰아 학살하였거나 미군의 총알받이로 내몰아 죽였습니다. (《제2차세계대전시기 오키나와 조선인강제련행학살진상조사보고서》 1972년 22쪽)

일제의 조선인 강제련행자들에 대한 학살은 패망 직후에도 이르는 곳마다에서 수많이 감행되였습니다. 일제가 무조건 항복한 지 이틀 후인 8월 17일 미에현 구와나시 동방 《특별작업대》 10중대 내의 일제 야수들은 수많은 조선인 강제련행자들을 방공호 속에 몰아놓고 무참히 살육하였습니다. 이러한 집단학살은 교토의 마이즈루, 도쿄도의 가츠시카구, 에도가와구, 가나가와현의 야마도, 야마구치현의 도쿠야마, 후쿠시마현의 유모도, 도야마현의 후도, 홋카이도의 여러 지방들에서 감행되였습니다.

대표적인 실례로 8월 17일 사할린의 카미시스카경찰서에서의 조선인 강제련행자 집단학살과 8월 20일 오키나와에서 감행된 《가노야마사건》을 들 수 있습니다. 이 두 사건에서 조선인들에 대해 모두 《간첩》이라는 구실을 붙여 잔인하게 학살하였던 것입니다.

이러한 만행은 패전으로 인한 정신적 허탈감에 빠진 개인적인 일본인들에 의한 우발적인 살육이 아니라 일제 당국이 직접 재일조선인들을 간첩협의자로 유도한 다음 살육의《법적담보》를 마련해 놓고《합법적인 지령》으로 감행한 것이였습니다. 때문에 이러한 살육의 주범들은 그 후 어느 한 놈도 법적책임을 지지 않았을 뿐 아니라 오히려 자기 행위의《정당성》을 떠들어댔습니다.

《가노야마 사건》의 주범인 가노야마란 자는 조선 사람을 무참히 살육하고도 이 사건에 대해《……다니가와(본명 구중회)라고 하는 것은 조선사람이였다. 부하에게 명령하여 해치웠다. 나는 나쁜 일을 했다고 생각하지 않으므로 량심의 가책을 느끼지 않는다. 일본 군인으로서의 자랑을 느끼고 있다.》(《선데이 마이니치》 1972년 4월 2일)라고 줴치였습니다. 조선사람을 무참히 살해하고도《일본 군인의 긍지》를 줴치는 이런 살인자들이 또한 아무런 법적제재도 받지 않고 정부의 비호를 받으며 활개치는 것이 패전 후부터 오늘까지 지속되여 오는 일본의 현실입니다. 바로 패전과 함께 일본의 도처에서 감행된 조선인 집단살해와 같은 극적정황은《우키시마마루》가 출항하였던 아오모리현의 오미나토해군경비부에서도 조성되였습니다. 오미나토를 중심으로 한 시모키타반도는《천황》의《본토결전》계획에 따라 수많은 조선사람들을 강제징발하여 일본 북부의 최전선방어요새로 구축되였습니다. 오미나토해군경비부는《대본영》의《지시》에 따라《본토결전》의 북방방어를 위해 오미나토를 위시한 시모키타반도를 5~6만명의 수비대 병력으로 3개월간 아무런 지원이 없이도 방어전을 벌릴 수 있는 군사요새를 만들기 위한 계획을 세웠습니다. 이를 위해 조선에서 강제련행된 7천여명의 조선사람들이 군항의 도크나 굴간공사, 방공호, 지하창고 등의 공사장에서 마소와 같이 혹사당하였으며 수많은 조선사람들이 살해되였습니다.

일본 본토의 최전선방어요새인 오미나토는 련합군이 진주하는 경우 제일 먼저 상륙할 수 있는 곳이였습니다. 이로 인하여 련합군의 진주에 따르는 공포심이 그 어느 지역보다도 높았으며 또한 련합군의《길 안내자》,《간첩》으로 간주된 조선인들에 대한 불안감도 상당한 정도였습니다. 더욱이《항복과 관련한 일반명령 제1호》에 의해 일본 북부의 사할린이 소련군에 의한 항복지로 분할되고 사할린에서 일본 해군이 소련군대의 진주와 함께 퇴각하는 속에서 오미나토에서는 조선인에 대한《적개심》으로 가득찬《조선인이 폭동을 일으킬지 모른다.》,《조선인이 소련군을 안내한다.》,《소련군이 들어오게 되면 일본인이 저지른 죄악을 소련군에게 폭로할 것이다》라는 류언비어가 나돌았습니다.

《조선인 폭동설》에 대한 위구심은《우키시마마루》함장에게 출항을 명령한 오미나토 해군경비부 수석참모 나카다 시게모토가 후에 동료들에게《조선인을 그때 강제송환하지 않았다면 시모키타에서 폭동이 일어났을지도 모른다.》고 한 사실이 립증해 줍니다.(《우키시마마루 부산으로 향하지 않다》, 87쪽) 이것은 당시 오미나토에서 조선인에 대한 일본인의 적개심이 일촉즉발의 지경에까지 이르고 있었다는 것을 보여주고 있습니다. 바로 이런 속에 1945년 8월 15일《천황》의《항복》연설은 오미나토 해군경비부를 순간에 마비상태에 빠지게 하였습니다. 이렇게 지휘체계가 마비되자 오미나토해군경비부 사령장과 참모장은 급히 도쿄의 군사령부로 올라가 차후 대책과 관련한 지시를 받았습니다. 오미나토를 위시한 시모키타반도에 조성된 혼란된 상태를 바로 잡고 불안한 민심을《안정》시키기 위해서는 일본인들 속에서 련합군이 진주하기 전에라도 우선《기본적》으로 간주되고 있는 조선인들을 1차적으로 제거하는 것이 급선무였습니다. 그리고 그 방법은 조선인에 대한 학살을 현지에서 감행할 수도 있지만 련합군의 진주가 촉박하였기 때문에 가능한 한 아오모리현을 중심으로 한 혼슈 북부, 홋카이도 지역의 수많은 조선인들을 이 지역 밖으로 끌어내여 단번에 손쉽게 처리하는 것이였습니다. 그《최선의 방안》이 배에 의한 집단 이송으로 단번에 많은 사람들을 이송하면서 폭침의 방법으로 손쉽게 살육하는 한편 그 범죄를 깨끗이 바다 속에 수장하여 인멸하는 것이였습니다. 때문에 일제는 증거인멸을 위해 배가 출항하기 전에 배의 이름까지 완전히 지워 버리고 떠났던 것입니다.

《우키시마마루》가 철저히 《대본영》의 지시에 따라 《합법적》으로 움직였던 것은 8월 19일 오미나토해군경비부 참모장 앞으로 보낸 대본영해군성운수부장 이시가와 중장의 답전과 8월 21일 《우키시마마루》 함장에게 보낸 《대본영해군성명령》 가지고도 단언할 수 있습니다.

이상의 패전을 전후한 시기 일제의 조선인 살육과 관련한 사회적 배경은 특히 오미나토에서의 패전 당시의 사회적 배경은 《우키시마마루》 폭침사건이 패전 후 혼란된 상황 속에서 우발적으로 일어난 단순한 침몰 사고가 아니라 패전 전부터 실시되여 온 조선인 강제련행자들에 대한 일제 당국의 민족배타주의와 인간증오사상에 기초한 탄압책동의 연장선상에서 이루어진 것이라는 것을 명백히 보여줍니다. 특히 일제식민지통치시기 일제가 위기에 처하였을 때마다 그 타개책으로 감행한 조선인 집단살해는 그 형태와 규모, 시간과 장소에서는 비록 차이가 있더라도 사건발생과 전개과정의 기본 줄거리에서는 《우키시마마루》 폭침사건과 일치되는 점이 있습니다. 그것은 일제 당국이 류언비어나 여러 가지 어용수단을 리용하여 조선인에 대한 배타적인 인간증오사상을 부각시키는 한편 조선인 집단살해를 위한 《법적담보》를 마련해 놓고 정부와 군부가 일체화되여 집단살해를 가장 야수적으로 감행하였다는 것입니다.

일제가 《우키시마마루》를 폭침시켜 수많은 조선인민을 집단살륙한 범죄는 천년이 가고 만년이 가도 숨길 수도 왜곡할 수도 없는 엄연한 력사적 사실입니다. 일제에 의해 살해된 수많은 사람들의 유골이 죽어서라도 안기고 싶었던 조국에 돌아오지 못한 채 바다 속에 수장되였고 아직도 대부분의 유골이 차가운 이역만리에서 헤메이고 있습니다. 뿐만 아니라 겨우 살아남은 피해자들 중 많은 사람들이 쌓이고 쌓인 원한을 풀지 못한 채 우리 곁을 떠나고 있는 오늘 일제에 의한《우키시마마루》폭침사건의 진상을 철저히 규명하는 것은 절박한 시대적 과제로 제기되고 있습니다. 북에 있건, 남에 있건, 해외에 있건 그 누구든 조선사람이라면 구천에 사무친《우키시마마루》폭침사건의 진상을 철저히 규명하여 피해자들의 인권과 명예를 시급히 회복하고 민족의 존엄을 지키기 위한 사업에 떨쳐나서야 합니다.

일본 당국은 우리 인민의 대일감정을 똑바로 보고 재일조선인에 대한 탄압책동을 당장 중지하고《우키시마마루》폭침사건을 비롯한 일제시기의 모든 죄악에 대하여 철저히 사죄하고 하루빨리 보상하여야 합니다.

16-1-3.《우키시마마루》사건은 일제의 조선인강제징발 정책의 산물

사회과학원 력사연구소 연구사, 부교수
조선 일본군《위안부》및 강제련행피해자보상대책위원회
상무위원 리 철 홍

일본제국주의는 지난 조선강점시기 조선인민들을《모집》,《관알선》,《징용》,《징병》,《군속》등의 각종 명목으로 강제징발하여 전쟁판에 내 몰았고 막대한 로동력을 군사시설물과 발전소공사장, 탄광들에 강제 징발해 갔습니다. 일제의 극악한 강제징발책동으로 말미암아 840만여명에 달하는 조선인민들이 강제련행되어 국내외 각지에서 혹심한 로동에 시달렸으며 이 과정에 수십만에 달하는 조선사람들이 무참히 학살되였습니다. 세상 사람들을 경악케 한 1945년 8월《우키시마마루》폭침사건은 그러한 조선인 살해사건 중 빙산에 일각에 지나지 않는 대집단학살사건이였습니다.

지금 일본 정부는《우키시마마루》사건이 있는지 58년이 지났으나 그에 대한 진상규명을 계속 회피하면서 그것이 마치도 우발적인 사고였듯이 묘사하고 모든 사실을 은폐, 축소, 왜곡하여 법적책임에서 한사코 벗어나기 위해 갖은 오그랑수를 다 쓰고 있습니다.

《우키시마마루》사건을 해명하는 과정에 밝혀진 모든 사실들은 이 사건이 당시 일본 정부의 비호조장하에 조선인 강제징발자들을 폭살시킬 목적 밑에 의도적으로 감행된 일대 모략극이였다는 것을 증명해 주고 있습니다. 한마디로 말하여《우키시마마루》사건은 조선인 강제징발자들을 집단 살해한 반인륜적인 전쟁범죄입니다. 저는 이 연단에서《우키시마마루》폭침사건은 결코 어떤 우발적인 사고가 아니라 일제의 강제징발정책수행의 직접적인 연장, 그 필연적인 산물이라는데 대하여 토론하려고 합니다.

1)《우키시마마루》에 승선하였던 조선인들의 강제징발 실태개관

지금으로부터 58년 전인 1945년 8월 24일 오후 5시 20분 마이즈루항의 앞바다에서 커다란 폭음과 함께《우키시마마루》가 침몰하면서 수천 명의 조선사람들이 수장되는 일대 참사가 빚어졌습니다. 당시《우키시마마루》에 탔던 조선사람들의 대부분은 일제의 강제징발로 혼슈북부 아오모리현이 자리잡고 있는 시모키타반도의 군사요새건설에 끌려가 갖은 고생을 다 겪은 20~30대의 청장년들이였으며 일부 부녀자들과 어린이들도 있었습니다. 지옥의 고역장에서 노예생활을 강요당하다가 8.15광복의 덕분으로 겨우 목숨을 부지하고 귀국의 뱃길에 올랐던 그들이였건만 일제의 간악한 음모에 의하여 억울하게 목숨을 잃은 것입니다.

《우키시마호폭침진상규명회》가 조사한 63명의 생존자들을 분석해 본

결과 그 가운데 강제징발자 수는 50명, 자유로동자 및 부양자는 13명이였습니다. 여기서 50명의 강제징발자들의 도별 출신 정형을 보면 다음과 같습니다.

경상남도 3명, 전라남도 5명, 전라북도 4명
충청북도 14명, 충청남도 24명
(《우키시마호폭침사건생존자개인기록부》)

이를 통해 시모키타반도 군사요새건설에 복무한 강제징발자들이 충청도를 중심으로 한 남쪽지방 출신자들이였으며 그 가운데서 충청도 출신자들이 그 총수의 76%에 달하였다는 것을알 수 있습니다. 그리고 그들의 대부분이 1942년 이후 강제징발된 사람들이였다는 것이 자료적으로 확증되였습니다.

그것은 아오모리현에서의 강제징발자의 압도적 다수가 징용《군속》(해군군속)의 강제징발형태로 끌려온 사람이라는 것을 말해줍니다. 시모키타반도에 강제련행된 사람들의 대다수가《군속》으로 끌려가게 된 것은 태평양전쟁이 강화된 1942년 이후 시모키타반도 지역에 대한 군사요새화에 필요한 로동력이 절실히 요구된 전시의 긴박성과 관련되였다고 보아집니다.

1942년 3월 16일《충청남도 각 부, 군내 로무과장 및 로무사무부임직원사무협의》의 지시사항에는《본 제도는 ……로동자들의 이동방지를 강화하는 등의 원칙에서 내지에 있어서는 륙해군 공원(군속－인용자)은 징용에 따라 진행된다는 것을 충분히, 철저히 인식시키며 본령의 정신에 배치되는 자가 절대로 나타나지 않도록 할 것》(《일제의전시체제기정책사료총서》 제98권, 87쪽)이라고 되여 있습니다. 이것은《대본영》의 명령에 따라 조선총독부가 일본에 끌어 올 징용《군속》들을 주요 도 특히 충청도에서 징발하도록 규정한 지시문이였습니다.

오미나토 군항을 중심으로 한 시모키타반도의 군사요새화를 단 기간

내에 완성하자면 군사적 《기밀보장》을 우선시하여야 했으며 그러기 위해서는 일반 《징용》 자가 아니라 《군속》을 대량 투입하여야 한다는 군사적 요구로부터 징용 《군속》에 대한 징발을 지정한 지역에서만 하게 하였던 것입니다.

또한 조선인 로동자들의 반항과 탈출을 철저히 없애자면 군사적 강권의 힘이 필요하였기 때문입니다. 아오모리현의 강제징발자 100명이 망라된 《분쟁》이 있었다고 전해지고 있습니다. 사실상 1943년 6월까지만 하여도 아오모리현으로 끌려 간 《모집》, 《관알선》 형태의 강제징발자는 총 2,143명이였는데 그 가운데서 탈출자가 모두 450명이나 나왔습니다.(《특고월보》 35권, 2월분 86, 89쪽)

이러한 실천적 요구로부터 1942년 이후 충청도를 중심으로 한 징용 《군속》 징발이 급격히 강화되였습니다. 4,000~7,000명에 달할 조선인 징용 《군속》들은 5~6만명의 일본 군인들이 주둔한 시모키타반도 주변의 오미나토항과 해군시설부, 가바야마비행장, 오마-오하타간 철도공사, 탄광등지의 가장 험하고 힘든 군사시설 공사장에 끌려가 군인들의 항시적인 구타와 학대속에서 신음하였습니다. 그들의 강제로동 실태에 대하여서는 수많은 증언자료가 고발하고 있는 바와 같이 일본 군인들의 폭행과 사고로 부상자들이 계속 발생하였으며 영양실조로 쓰러져도 아무런 조치도 받지 못했습니다.

오미나토항의 도크건설에서 20여명이 희생된 것은 그 단적인 실례입니다. 그들의 식사조건이란 일본인들이 기르는 소, 말과 같은 가축의 먹이보다도 못하였으며 숙소는 감옥과 같아 주야로 헌병들의 감시하에서 살아야 하였으며 겨울에는 추위와 굶주림 때문에 보통사람들은 도저히 견디여 내기가 어려웠습니다. 그래서 탈출하다가 붙잡혀 심한 고문 끝에 죽은 사람이 부지기수였다고 생존자들은 고발하고 있습니다. 일제의 가혹한 노예로동에 시달리다가 겨우 목숨을 부지한 사람들도 광복의 기쁨을 안고 일일천추로 그리워하던 조국에로의 귀국의 길에 올랐건만 일제 야수들은 그들을 그냥 돌려보내지 않고 무참하게 살해하는 귀축같은 만행을 감행하였습니다. 천인공로할 이 야수적 만행은 철저히 일제의 조선인 강제징발, 강제로동정책의 산물입니다.

2) 일제의 강제징발정책

이미 세상에 널리 알려진 바와 같이 일제가 감행한 조선인 강제징발정책은 본질에 있어서 조선민족의 인적자원략탈, 로동력강탈정책입니다. 이것은 일제의 침략과 략탈적 본성 그리고 전쟁이라는 전시의 환경속에서 가혹한 노예로동이 강요되고 집단학살이 동반된 전대미문의 야만행위였습니다. 특히 태평양전쟁을 기화로 일제의 단말마적인 최후 발악이 진행되는 속에서 조선인강제징발정책은 그 어느 때보다 강화되였습니다. 1949년 8월 12일에 채택된 《제네바협약》 제5조에는 《점령군이 자국의 군대 및 보조부대에 복무하도록 강요할 수 없고 자발적으로 입대시키기 위한 온갖 압력과 선전을 금지한다.》고 규제하고 있습니다. 1907년 《륙전조규》 제52조에서도 《점령군의 수요를 위한 로무 이외에 강제사역과 작전동작에 속하는 의무를 지니게 하는 성질의 로무를 금지한다》고 규정하고 있습니다.(《국제법》 3(전시국제법)1938 효로샤)

그리고 1939년, 1943년에 기록된 일본 형법《략취 및 유괴죄》 제33장, 제224~227조들에는 미성년을 포함한 모든 사람을 영리, 인신매매, 해외 이송의 목적 밑에 폭행, 협박, 유괴, 감언이설 등의 수법으로 랍치하는 행위를 엄벌에 처할데 대하여 규정하였습니다.(《6법전집》 이와나미서점, 1943년)

이와 같이 국제, 국내법들은 강제징발행위가 전쟁범죄, 반인륜적 범죄로 된다는 것을 명백히 규제하고 있습니다. 그럼에도 불구하고 당시 국내외적으로 일제의 강제징발범죄가 전혀 문제시 되지 않았으며 전후 일본인 전범자 재판장에서도 상정, 론의 조차 되지 않았다는 것은 주지의 사실이다. 그것은 일제의 강제징발정책이 민족으로서의 구성체를 와해시키기 위하여 조선민족을 이른바 일본《국적》을 소유한 《일본신민》으로 고착시켰으며 일본의 신분제도인《호적》 제도에 얽어매여 민족적 차별과 무제한한 억압, 착취를 합법화한 기반위에서 조작, 실행되였기 때문입니다. 그리하여 일제는《천황》의 명령에 무조건 복종하여야 한다는《칙령》에 따라 조선사람은《일본신민》이기 때문에 일본정책이 순종하여야 한다는 강도적인 명분에 걸어 국제, 국내법을 무시하고 조선인민에 대한 집단적인 강제징발을 합법화하였던 것입니다.

일제의 강제징발정책은 1937년 중일전쟁 발발 이후 특히 태평양전쟁 개시를 계기로 발광적으로 실시되였습니다. 일제의 조선민족에 대한 로동력강탈행위는 철저히 침략전쟁수행에 필요한 로동력을 충당하는데 복종되였으며 따라서 그것은 침략전쟁준비와 그 진행과정의 형편에 따라 일련의 특성을 띠고 감행되였습니다. 일본제국주의가 조선민족의 로동력을 전쟁의 소모품, 전력의 한 부분으로 취급하기 시작한 것은 1931년 9.18사변 후 대륙침략전쟁준비가 본격적으로 추진되는데 따라 군수산업확장에 들어갔을 때부터 입니다.

일제는 1934년에 내각회의에서《조선인이주대책요목》을 결정하고 《모집》 방식의 로동자 고용제를 국가적인 통제와 관리하에 두었습니다. 이 시기부터 일제는 조선사람에 대한 국가적인 통제를 더욱 강화하기 시작하였습니다. 이와 관련하여 1936년 9월《오사카내선융화사업조사회》는 재일조선인을《필요불가결의 로동력》으로서《일본 거주자인 조선인은 전시 중요한로동력 자원으로서 중대한 의의를 가지게 된다》고 하였습니다.(《조선인 강제연행기록》 미라이샤, 1972년판 30쪽)

또한 일제는 1938년 4월에《국가총동원법》을 조작하고 그것을 조선에도 적용시켜《칙령》으로 관련법을 련속 공포하여 조선인 로동력을 집단적으로 강제징발하는 길을 열어 놓았습니다.

일제는 1939년 내무성, 후생성의 차관 련명으로 된《통첩》《조선인 로무자의 일본이주에 관한 건》(1939년 7월 28일)을 조선총독부에 하달하였습니다. 이에 기초하여 9월 1일 정무총감이 각 도지사들에게《조선인 로무자모집 및 도항취급요강》을 통보하였습니다. 그리하여 그 해 제1차《로무동원계획》으로 8만5천명의 조선인 로동자에 대한 집단련행을 각 업자들에게 허가하였습니다.

일본의 각급 독점회사, 기업주들은 정부의《모집》동원계획에 따라 할당받은《모집》인원수를 조선에서 끌어가기 위해 혈안이 되여 날뛰였습니다. 당시의《모집》징발은 계획적인 강제징발의 특성을 띠였습니다.《모집》징발은 정부로부터 직접《모집》인원수를 할당받고 정부와 총독부의 조직적인《모집》체계에 따라 진행되였습니다.《모집》업자들이 로동자《모집》수를 부, 현의 장관 앞으로 신청하면 후생성에서 검정한 후에《모집》대상자를 찍어주게 됩니다. 그러면《사업장허가서》를 받은《모집》취급담당자가 조선에 건너가 총독부에서 지정한 도, 군, 면의 관리들과 경찰들의 협력 밑에 강제《모집》한 조선인 로동자들을 일본으로 끌어오면 즉시에 경찰, 직업지도소, 협화회 등과의 련계 밑에 여러 날에 걸쳐《황민련성》시킨 다음 각 사업장, 탄광, 발전소건설장들에 강제배치하였습니다.

일제는 이와 같은 강제《모집》징발에 항거하여 일으키는 로동자들의 도주, 현장 리탈을 막기 위해《종업자고입제한령》(1939년 3월),《종업원이동방지령》(1940년 11월)등을 비롯한 악법을 조작하고 그들에 대한 감시와 통제를 강화하였습니다.

일제침략자들은 1941년 태평양전쟁개시 후 전력보강과 군용시설건설 그리고 확대되는 침략전쟁의 전략물자확보를 위한 탄광, 발전소 건설 외에 새로 교통운수 부문에 필요한 로동력과 륙해군《군속》에 대한 수요가 격증하고 전반적인 로동력 사정이 매우 긴장해지자 그 타개책의 하나로서 조선인강제징발을 더욱 강화하였습니다. 그리하여 1942년 이후 강제징발은 종전의 《모집》 징발로부터 《관알선》으로 바뀌였습니다.

일제는 긴장한 로동력 문제를 해결하기 위해 1941년 말부터 《국가총동원법》 개정 심의를 단행하고 그에 따라 법률19호로 개정 《국가총동원법》 제6조항에 종전의 규정 내용인 《정부는 전시 때 종업자의 사용, 고용 혹은 해고, 임금, 기타 로동조건에 대해 필요한 명령을 할 수 있다》에 새로 《취직과 퇴직》 그리고 《규률과 로동조건》 등을 다 첨가하였습니다. 종전의 규정은 어디까지나 자본가, 각급 기업주들의 로동업무에 대한 관리사항을 규제한 것이였다면 새로 보충된 규정은 로동자 자신이 선택하고 결심하는 《취직》, 《퇴직》, 《로동조건》 등과 관련한 문제에 이르기까지 정부가 통제, 관리한다는 것을 규정한 것입니다.

이와 같은 내용은 그 해 12월에 공포한 《로무조정령》(《칙령》 제1063호)에서 더욱 구체화되였습니다. 《로무조정령》의 제정으로 사실상 로동자와 고용주 간의 고용계약에 기초한 로동의 선택과 자유, 직장 이동의 권리는 전면적으로 부정되였습니다. 또한 《로무조정령》에 의해 12살 미만의 소년고용제(일본에서는 14살 이상)가 규제되게 되였습니다.(《로무조정령해설 및 국민징용해설》 은행신탁사, 1942년 2~7쪽)

이와 함께 1941년 10월에는 《국민로무수첩법》을 조작공포하고 10~60살에 이른 로동자들에게 《로무수첩》을 상식적으로 휴대하게 하여 임의의 시각에 해당한 사람들에 대한 강제징발을 단행할 수 있는 흉악한 조치도 취하였습니다. 그리하여 1942년 이후 12~50살, 지어 60살까지의 로인들까지도 징발되는 상황이 조성되게 되였습니다.

《관알선》 징발은 엄선하여 《모집》 한 조선인로동자들을 일정한 기간 현지와 도항지, 일본땅에서 《황민련성》 시킨 다음 지정한 탄광 및 군용시설 공사장으로 강제배치하는 것을 정부가 틀어쥐고 실시한 관리통제징발제였습니다.

일제는 무엇보다도 정부《기획원》에서 수립한 일본에 끌어올 13만명의 조선인로동자들에 대한 훈련을 총괄하는 전문징발기구로서 총독부내에《조선로무협회》(1941년 6월)를 새로 조직 발동시켜 각 지방 관리들과의 면밀한 련계 밑에 전국적으로 해당한 로동자들을 닥치는대로 강제련행하게 하는 체계를 세웠습니다.

《조선로무협회》와 그 산하의《분회》는 고용주에게 할당된《모집》인원을 직접 선별하며 그들에 대한《황민련성》을 조직 지도하였습니다. 《황민련성》은 전국 13도를 설치한 이른바《훈련장》들에서 로동자들에게《정신훈련》,《규률훈련》,《작업훈련》,《일본어강습》등을 시켜 사상정신적으로《일본인화》하는 것이였습니다.《관알선》징발에 의해 조선사람들은 임의의 시각에 강제랍치되여 일제의 삼엄한 감시 속에서 일본으로 강제련행되여 갔습니다. 일본제국주의는 태평양전쟁이 본격화되자 조선민족에 대한 전면적인 로동력 략탈징발을 감행하였습니다. 이시기 일제의 징발정책은《관알선》제와 병행하여《국민징용》의 이름밑에 실시되였습니다.《국민징용》징발은 로동력 략탈의 가혹성과 악랄성에 있어서 최고 표적이였으며 사실상 조선민족 전체에 대한 인간사냥징발이나 다름없었습니다.

《국민징용》징발은 1939년 7월 8일에 칙령 제451호로 공포된《국민징용령》에 따라 진행되였습니다. 그러나 조선에서는 1944년부터 전면적으로 발동되였습니다. 일제는 조선에서《국민징용》징발을 실시함에 있어서 해군의 요청에 따른 군사시설 건설관계에 필요한 해군《군속》징발에 국한시켰을 뿐 의연히《관알선》의 로동력 징발을 계속 실시하였습니다.

일제가 1939년에《국민징용령》을 공포하면서도 그 집행을 1944년까지 미루었던 리유는 우선《국민징용령》자체의 반동적인 성격 때문입니다. 《국민징용령》의 반동적 성격은 무엇보다도 그 대상자가 16~50살 이상의 기술기능자, 지식청년을 비롯하여 모든 청장년들과 미성년, 로인들까지 포함한 징발제라는데 있었습니다. 《국민징용령》 제3조에서는 《국민직업능력신고령》에 규정한 사항에 의하여 《징용》 된 사람이 그 기간에 복무자격이 해제된 경우(례하면 나이 50이 지난 경우)에도 필요하다고 인정될 때에는 그냥 작업을 계속하여야 하며 또 신고자가 아니더라도 《명령》에 따라 지식청년이든 누구든 관계없이 《징용》 할 수 있다고 규정하였습니다.

이것은 1941년 개정 《국민직업능력신고령》에 의해 12살 이하의 미성년, 60살 이상의 로인과 기술기능자, 지식청년들의 등록이 강요되였다는 사실에 비추어 보아 사실상 청년들 뿐 만 아니라 모든 조선사람들이 나이와 학력에 관계없이 언제든지 일제가 필요하다고 하면 누구든 지정한 곳에서 무한정 강제로동에 종사하도록 완전히 의무화한 것이였습니다.

이를테면 무차별적인 강제 로동력 수탈을 용인한 것입니다. 홋카이도의 해군항공기지 건설 때에는 8살의 소년까지 징발한 사실이 있었습니다. 일제는 이러한 반동적인 《국민징용령》을 강제로 시행하게 되면 우리 인민의 반일감정을 폭발시킬 수 있다는 강한 위구심으로부터 당장 실시하지 못하였던 것입니다. 이에 대하여 일제 놈들도 《징용령의 발동은 자칫하면 오해와 마찰을 초래할 우려가 있었기 때문에》 당장 그대로 실시할 수 없다고 자인하였습니다.(《일본인의 해외활동에 관한 력사적 조사》 대장성관리국, 조선편 9분책 69쪽)

또한 그것은 《국민징용》 징발을 실시하는데 앞서 보다 절실히 요구된 병력보충책의 일환으로 진행되고 있었던 《륙균지원병제》(1938년~1943년)실시문제가 군사적으로 보다 우선시 되여야 했기 때문입니다. 《국민징용령》에 기초한 국민 《징용》 징발제는 1944년 2월 각의결정

《조선인로무활용에 관한 방책》 그리고 8월 각의결정 《반도인로무자의 내지이입에 관한 건》에 따라 9월부터 전면적인 《국민징용》 징발이 감행되였습니다. 태평양전쟁 개시를 전후한 시기부터 실시해 온 《모집》, 《관알선》에 이어진 《국민징용》 징발정책에 따라 침략전쟁수행에 요구되는 조선인로동력에 대한 략탈이 악착하게 감행되였습니다.

일제는 《국민징용령》을 공포한 후 《징용령장》을 발급하고 《징용》에 해당하는 조선청년들을 무작정 끌어가는 행위를 감행하였으며 그런가 하면 그것 자체도 무시하고 헌병, 경찰과 로무계 관리들이 시간과 장소에 구애됨이 없이 닥치는대로 랍치련행해 갔습니다.

일제에게 강제징발되여 간 조선인 로동자들은 중세기적인 노예로동과 살인적인 로동규률, 인간 이하의 비참한 생활을 강요당했습니다. 이에 대하여서는 수많은 출판물들과 증언자료들이 적나라하게 고발하고 있습니다. 특히 일제의 패망을 눈앞에 둔 시기에 강제징발자들에 대한 참혹한 학살만행이 일본 국내와 해외에서 빈번히 감행되였습니다. 1938년 5월~1945년 5월까지에 홋카이도 탄광에서830여명이 학살된 것을 비롯하여 1940년~1944년 기간에만 해도 일본 전국의 탄광에서 6만여명의 조선인 로동자들이 일제에 의해 무참히 학살되였습니다.(《강제련행 멸시와 학대의 현장》 1990년 2쪽, 《탄광에서 산다》 일본미츠비시 미우라탄광로동조합 발행)

또한 쿠릴열도에서 5천여명, 우르프섬에서 2천5백명이 학살되였습니다. (《한일관계1》 일한관계를 기록하는 회, 23쪽)

일본내에서 발생한 조선인강제징발자들에 대한 학살사건을 보면 마츠시로 《대본영》 건설장에서 《기밀보장》의 구실밑에 500여명을 집단학살하고 홋카이도 아사가야비행장 건설공사장에서 적리(편집자주:급성대장염)로 죽어가는 사람을 전염병 예방이라는 구실 밑에 하루에 50~60명씩 산채로 산속의 구덩이 속에 파묻어 학살한 것을 비롯하여 (《일본군국주의사연구(1918~1945. 8)》 2002년, 245쪽)일제의 패망 직후인 8월 17일 미에현 구와나시에서 《특별작업대》 10중대의 일본 군인들이 조선인 징발자들을 방공호 속에 몰아넣고 감행한 집단학살사건, 교토에서 일본 패잔병들이 패망의 앙갚음으로 조선동포 6명을 살해한 사건 그 외에도 도쿄 가츠시가구, 에도가와구, 가나가와 시내 야마모토쬬 등지에서도 집단구타에 의한 조선인 학살사건이 있었다고 전해지고 있습니다.

또한 태평양 여러 지역에서도 강제징발자들에 대한 학살사건이 수많이 일어났습니다. 마킨, 타라와의 일본군은 1943년 11월 미군의 상륙개시시 조선로동자 4,000여명을 총알받이로 내몰아 학살하였으며 1944년에는 미군이 마샬제도의 여러 섬에 상륙하자 근 1만 명의 조선인 《군속》, 로무자를 비롯한 조선사람들을 총알받이로 내몰아 무참히 학살하였습니다.(《태평양전하종말기 조선의 치정》 1961년, 103~105쪽)

이와 같은 모든 학살사건이 일제의 패망이 눈앞에 닥쳐온 상황, 그리고 패망 직후라는 혼잡한 속에서 벌어졌다는 것은 매우 주목할 만한 것입니다. 1945년 8월에 일제의 패망과 함께 조선인 강제징발자들의 신변에는 커다란 위험이 조성되는 사태가 벌어졌습니다. 극도의 혼란에 빠진 일본 국내 형편은 특히 일본 정부로 하여금 종국적인 전쟁 패전 결과 닥쳐 올 자들의 운명에 깊은 위구심을 가지지 않을 수 없게 하였습니다. 여기서 중요한 것은 《련합군》에 의하여 일본 본토가 점령되고 조선인강제징발범죄를 비롯한 범죄행위가 세상에 고발되는 경우 저들의 전쟁책임이 더욱 중대되게 된다는 것입니다. 특히 아오모리현 시모키타반도는 련합군의 상륙지점으로 예견되였던 것 만큼 그 곳 범죄자들의 불안과 위구는 더욱 컸을 것입니다. 범죄 증거물을 은폐, 말살하려 하는 것은 범죄자들의 본성입니다. 또한 패망 직후 조선인 강제징발자들의 반일감정폭발을 누구보다도 우려한 것은 조선인들을 강제징발해 온 집행자들과 일본 정부였습니다. 강제징발정책집행자들과 일본 정부는 이를 막기 위한 출로를 바로 강제징발자들에 대한 집단학살에서 찾았던 것입니다. 일제의 강제징발정책수행의 산물인 《우키시마마루》 사건의 생존자들이 일제의 죄행을 단죄 규탄하면서 일본 정부가 진상 규명을 성근하게 하고 국가적으로 보상할 것을 요구하고 있는 것은 천만번 정당한 것입니다. 우리는 일제의 강제징발범죄의 진상을 계속 밝혀 나가며 《우키시마마루》 사건을 비롯한 수많은 집단살해사건을 반드시 해명해 나가야 할 것입니다.

16-2. 남측 발표문

16-2-1. 우키시마호폭침사건진상

남측 우키시마호폭침진상규명회
회 장 전 재 진

1) 강제연행 실태

(1) 일왕의 칙령에 따른 강제연행

⇧ 전재진(왼쪽) 홍선옥(조선 일본군《위안부》및 강제련행피해자보상대책위원회 위원장)(오른쪽)

① 1938년 1월 군수동원법을 공포하여 생산수단과 노동력 충당을 국가의 권력만으로 가능하게 하고 이 법을 국가총동원법으로 바꿔 회의 비준 없이 일왕의 명령으로 연행이 가능토록 했다. 1939년에는 노무동원실시계획강령을 만들어 조선인을 집단으로 징용키로 결정하고 국가총동원법에 따라 1939년 7월 4일 국민징용령을 공포하고 본격적으로 조선인을 징용하기

시작했다.

② 일본의 각 기업체에서 필요한 인원수 결정 부·현 장관 앞으로 모집 신청 후생성에서 적정 여부 심사(査定) 조선총독부가 모집할 도(지역) 할당 후생성으로 통보 각 기업체장이 부·현 장관에게서 허가증 수령 각 기업체의 모집인이 조선에 출장 조선총독부 동행 할당받은 도청 관계자 동행 군청 모집계원 동행 면사무소 모집계원 동행 군청 또는 일정 장소에 집결시킴 신사참배 강요 뒤 연행을 계속하였다.

③위 ①,②항은 개인의 의사와 인권이 인정된 합법적인 절차가 아니라 일본제국주의 침략자들의 위장술에 불과하다는 점에 유념해야 한다. 왜냐하면 이 같은 절차가 피징용자에게 공고되지 아니하였고 강제집행했을 뿐만 아니라 개인의 의사와는 무관하게 강압과 협박으로 끌어갔기 때문이다.

④ ……1943년 무렵부터 19세기 아프리카에서의 흑인노예사냥과 비슷한 수법의 사냥으로 위안부를 충원했다. 요시다 세이지의 증언에 따르면 "43년 5월 서부군사령부로부터 황군위안조선인여자정신대 2백명을 동원하라는 명령을 받고 부하 9명과 함께 제주도에 상륙, 무장한 병사 10명을 지원받아 모두 22명이 군용트럭으로 도내를 돌면서 공장 등지에서 울부짖는 여성들을 강제로 차에 싣는 등의 방법으로 1주일 동안 205명을 연행했다."고 했다. (인권보고서. 대한변호사협회. 1992. 제7집 306쪽).

(2) 기업의 요청에 따른 강제연행

① 1942년 4월20일자 경성일보에 따르면 철강통제회는 조선지부를 설치하고 일본에 있는 철강회사에 조선인 노무자를 동원키로 하고 조선총독부와 절충을 거듭한 결과 같은 해에 2천5백명을 일본의 제철소에 조선인을 연행·투입했다. (강제연행은기업책임. 古壓正, 創史社, 13쪽. 일본 철강통제회 〈철강통제〉 제2권 제4호)

② 일제는 第80회 제국회의에서 계획조선실시요강(計劃造船實施要綱)을 통과시켜 전쟁에 필요한 배를 만들기 위하여 1942년 7월부터 일본의 조선업계에서도 조선인 강제연행이 시작되었다. (위의 ①과 같은 책)

③ 1943년부터 조선인징용령이 군수공업의 각 해당분야에 적용되기 시작하여 강제연행이 한층 본격화되었다. 일제의 제85회 제국회의 설명자료를 보면 「일본 본토에 필요한 노무자에 대해서도 가급적이면 조선인 징용에 의존할 것으로 일본 본토 측과 협의하고 맨 처음에 해군함정본부 소관 조선(造船)공장 21개소의 소요인원수 39,500명 가운데 18,500명을 9월에 송출할 계획으로 이미 징용 발령하였으며 나머지 21,000명에 대해서도 마찬가지로 10월에 송출할 예정」이라고 설명하였다. (위의 ①과 같은 책).

④ 대본영이 북해도에 있는 15개소 주요 탄광에는 전라남북도, 경상남도, 충청북도, 경기도에서 3차에 걸쳐 5,890명의 조선인 연행을 허가하였다. (위의 ①과 같은 책).

⑤ 오미나토조선소와 일본통운주식회사, 북해도와 아오모리현에 산재해 있던 군사시설 하청업체에서도 조선인을 강제연행해 갔다. 시모키타반도의 오마철도공사를 하청받은 세자키조의 총감독이었던 아오야마토라조(青山虎藏)는 세자키조의 사무원을 동반하고 조선으로 출장하여 조선인을 강제연행했다. (우키시마호폭침사건진상. 전재진, 무카이 미도리. 가람기획, 44쪽. 이하 "같은책"이라 표기함).

(3) 조선총독부와 산하기관의 알선에 따른 강제연행

① 일제는 1942년 각의에서 「조선인 노무자 활용에 관한 방안」을 결정하였고 조선총독부는 이 결정에 의거하여 「조선인 일본 본토 도입 알선 요강」을 제정하고 일본 안에 있는 각 기업체에서 필요로 하는 인원을 총독부 알선으로 연행했다.

② 조선인 모집은 「조선노무회」를 만들어 운영하였는데 서울과 부산에 노무부사무소를 설치하여 연행된 조선인을 일본으로 보내는 업무를 맡도록 하였고, 승선 알선은 부산수상경찰서와 연계하여 수행했다.

③ 대본영은 오미나토해군시설부에 시모키타반도내 각종 군사시설에 필요한 인력으로 조선인 9천명을 투입하라는 공문을 보냈다. 이는 오미나토해군시설부의 건의를 받아들인 해군성의 요청에 따라 대본영이 명령하고 허가했다는 것을 단적으로 입증하는 것이다.

(4) 강제연행임을 입증하는 근거

① 조선 각지에서 모집된 사람들이 일단 부산항에 집결하여 수송선을 타고 시모노세키에 도착하면 대기하고 있던 임시열차에 옮겨 타고 일본 각처로 떠납니다. 오미나토해군경비부의 경우는 일단 아오모리 시에 있는 공원(工員)숙소에 임시 수용하였다가 의복 따위를 지급한 뒤에 일거리와 일터가 결정되는데, 치시마(千島), 홋카이도, 오미나토 같은 곳으로 나누어 배치되었습니다. (같은 책 105쪽. 가와하라 요시오, 해군시설부 노무담당)

② 조선인에게 참호를 파게 하려고 오하타(大畑)에 있는 산속으로 연행해 온다는 얘기를 들었습니다. 17, 8세 정도의 젊은이들이 30여명씩 한꺼번에 연행되어 산으로 갔다고 들었습니다. (같은 책 120쪽. 일본인 증언)

③ 키가 작아서 자격미달이었는데 「인원이 모자라서 가야 된다」고 노무계원이 말했다. (같은 책 150쪽. 전우영)

④ 징용에 따르지 않으면 가족을 못살게 굴었기 때문에 징용을 피할 수 없었다.(같은 책 153쪽. 박이용)

⑤ 아버지한테 징용영장이 나와 차남인 내가 대신 끌려갔다.(같은책 158쪽. 원종봉)

⑥ 아버지한테 징용영장이 나와 장남인 내가 대신 끌려갔다.(같은 책

159쪽. 임창문)

⑦ 나는 아직 미성년이라며 거절했으나 「네가 가지 않으려면 너의 아버지가 대신가고 너는 감옥으로 가라」는 말을 했다.(같은 책 160쪽. 정기영).

⑧ 나는 「한번 갔다 왔는데 왜 또 가느냐?」고 물었으나 통하질 않았다. (같은 책 161쪽. 지홍석)

⑨ 징용영장을 받고 5일 동안 도망 다녔는데 주재소에서 가족들을 괴롭혀 하는 수 없이 면사무소로 나갔다. (같은 책 162쪽. 조귀성).

⑩ 나는 「일본에 자발적으로 간 것이 아니다」라는 것을 분명히 밝히고자 한다.(같은 책 173쪽. 최춘봉)

⑪ 징용영장도 없이 잡혀 홋카이도로 끌려가 해군인지 공군인지 모를 부대에서 도로공사와 비행장 활주로를 만들었다. (같은 책 173쪽. 김종호)

⑫ 끝까지 따라다니며 괴롭히고 협박했기 때문에 가지 않을 수 없었다. (같은 책 177쪽. 김용원)

⑬ 일본 경찰이 잠자고 있는 남편을 끌어갔고, 밭에서 일하던 남편이 갑자기 행방불명되어 며칠이 지나도록 돌아오지 않았는데 몇 달 후 편지를 받아보니 일본 땅이었다.

⑭ 저녁식사를 하고 있는데 모집계원과 경찰이 남편을 끌고 갔다.

⑮ 길 가던 청년을 트럭에 싣고 갔다.

⑯ 마을을 포위하고 연령과 관계없이 소년과 청장년을 일망타진하는 토끼몰이식 강제연행과 때와 장소를 가리지 않고 닥치는대로 잡아들이는 인간사냥 연행 수법을 자행하였다.

2) 강제노동과 의식주 실태

(1) 일본해군과 헌병들의 가혹한 노동강요

① 시모키타반도로 팔려온 이들 인부들은 감옥과 같은 합숙소에 수

용되어 24시간 동안 인권을 무시당한 채 중노동에 시달려야 했으며 도망치는 일이나 고문당하는 일 정도는 대수롭지 않게 여겨가며 일했다. (같은 책 87쪽. 후타마쓰, 일본국철 모리오카 공사부 기사).

② 작업반장은 곤봉을 가지고 다니며 현장을 감시하면서 동작이 느린 사람이나 게으름을 핀다고 생각되는 사람이 있으면 가차없이 내려쳤다. (같은 책 89쪽. 후타마쓰, 일본 국철 모리오카공사부 기사)

③ 왜 그렇게 많은 조선인들이 메나 근처에 있었느냐면 그것은 다름 아니고 굴을 파고 있었기 때문이었지요. 대포를 설치하기 위한 참호였습니다. 몇 개를 팠는지는 모르겠으나 메나 근처의 산은 온통 벌집 같은 굴 투성이었습니다. 본토 결전에 대비해서 바다를 향하여 포열을 깔 속셈이었습니다. 그 공사를 모두 조선인들이 해냈습니다. (같은 책 116쪽. 기쿠치 스에마쓰).

④ 당시 강제연행된 조선인들은 시모키타 각지에서 군속, 징용공, 토목공으로서 일본통운주식회사 밖에도 오마철도, 사루가모리 탄광, 오미나토해군시설부 따위에서 흡사 노예처럼 강제노동에 시달리고 있었다.(같은 책 216쪽).

⑤ 홋카이도와 시모키타반도를 연결하는 국철군항선인 오마철도 공사를 하청받은 아이자와조, 세자키조, 고야나기조를 비롯하여 오미나토해군시설부의 터널, 도크, 비행장공사, 석탄운반, 산림벌채 따위를 하기와라조, 지자키조, 도호공업, 스가와라조, 우사미조 따위의 하청업체에 속해 다코방 혹은 이와 다를 바 없는 목로방에 살면서 강제노동을 당하고 있었다. (같은 책 217쪽).

⑥ 산업보국연합단체 산하의 철도공업이 있었고, 스가와라조, 우사미조, 사이토조, 사사키조 따위의 하청업체에서는 오미나토해군시설부와 관련된 비행장 건설, 1만톤급 도크 건설, 군항만 수리, 방공호 파기, 터널 파기, 석탄운반 따위와 같은 힘든 일을 강요당하고 있었는데 그 고

통과 밑바닥 생활은 말로 다 표현할 수 없을 정도이다. (같은 책 219쪽).

(2) 하청업체들의 다코방 운영에 따른 노동강요

① 시모키타군 오하타에서 오마사키까지 49.7Km에 이르는 군사용철도 공사현장에는 철창으로 둘러싸인 타코방이 여러 군데 설치되어 있었다. 타코방이 가장 가혹했던 곳은 키노푸터널 공사장이었는데 노동이 너무 힘들어 도망치는 사람이 속출했으나 대부분이 잡혔다. 도망치다 잡히면 처참한 고문을 가했는데 밧줄로 묶어 천장에 달아매고 밑에서 불을 피워 산 채로 화형했다. (같은 책 93쪽).

② 여름철에는 맨몸의 어깨위에 무거운 토사를 담은 삼태기를 통나무로 메고 있는 조선인 토공의 어깨 피부가 곪아터져 피고름이 흘러내리고 있었으나 일하다가 쉬기라도 하면 어느 새 현장 감독이 쫓아와 들고 있던 곤봉으로 두들겨 팼다. 이 때 터진 피부에서 피가 흐르다가 마르면 파리가 달라붙어 상처에서 구더기가 우글대기도 했다.(같은 책 202쪽)

③ 북해도와 사할린에서도 타코방이 운영되었다.(사할린은 통곡한다, 하야시 에이다이).

(3) 비인간적인 의식주

① 변변치 않은 음식과 허술한 의복으로 고된 노동을 해야만 했기 때문에 도망치는 사람이 많았는데 감시가 삼엄하여 탈출에 성공하는 사람은 거의 없었다.(같은 책 89쪽. 고바야시 고이치. 오하타마치 거주)

② 입고 있는 옷은 형편없이 남루하였고 신발은 다 끊어지려는 지카다비를 신은 노무자는 그래도 양호한 편이었으며, 대부분이 맨발에 시멘트 부대를 껴차고 끈으로 둘둘 감고 다녔다. (같은 책 102쪽. 사토 사부로. 전 오미나토 해군공작부 서기).

③ 조선인 타코방을 왕래하면서 그들의 생활상을 직접 똑똑히 볼 수 있었습니다. 정말 비참한 지경이었습니다. 집은 판잣집이고 창문이 없어 햇빛이 들어오지 않으므로 낮에도 캄캄했습니다. 넓이는 두 칸 반 정도 길이였습니다. 토방에 풀이나 볏짚을 깔고 이불이나 요도 없이 그냥 풀 위에서 잠자고 있었습니다. (같은 책 125쪽).

④ 하루 세끼 식판밥을 먹었는데 반찬이 형편없이 나빴고 양이 턱없이 모자라 배고픈 것이 무엇보다도 고통스러웠다. 어느 날은 바닷물을 끓여 국 대신 먹으라 하여 강하게 항의한 적이 있다. (같은 책 158쪽. 이철우).

⑤ 산에서 생고사리를 꺾어다 소금도 없이 삶아 먹었고, 바닷가에서는 까마귀물고시를 캐먹었는데 배탈이 나 며칠을 고생했다.

⑥ 식당으로 보급품이 들어와도 고기와 생선과 쌀은 해군 장교들이 거의 다 가져갔으므로 조선인들에게 돌아가는 먹을거리는 형편없는 지경이었다.

⑦ 일본인 주택가에 가서 쓰레기통을 뒤져 감자껍질을 먹었다.

3) 시모키타반도와 그 주변지역의 조선인 분포 실태

(1) 군사시설 공사현장의 원청업체와 하청업체

① 아오야마 토라조(青山虎藏)씨는 1902년에 태어난 노인입니다. 오하타에서 오마까지 50Km의 군사철도를 시설할 당시 세자키조가 그 공사를 청부받았을 때 총감독으로 일했던 사람입니다. 이 사람은 다음과 같이 말하고 있습니다.

세자키조의 사무원을 동반하여 조선으로 인부를 모집하러 갔었는데, 아무튼 모을 수 있는 대로 모두 모아 오라는 명령을 받았습니다. 모집인원 1인당 15원 정도 주겠다는 약속이 있었습니다.(중략) 일본경찰의 입회 아래 마을 사람들을 모아놓은 자리에서 간단히 조선말로 설명한 다음 즉시 작업복을 지급하여 갈아 입도 록 하였습니다. 작업복을 입히는 이유는 한눈에 "모집자"임을 알 수 있도록 하기 위함이었으며 이 같은 방법으로 모집한 인원이 110명에서 120명 정도였습니다. 모집한 조선인을 데리고 부산까지는 기차로 갔는데 차량 출입구에 경비병이 지키도록 하여 도망가지 못하도록 했습니다. (같은 책 44쪽)

② 아오모리현 시모키타반도 일대에 산재해 있던 하청업체(표1 참조)는 세자키조, 아이자와조, 고야나기조, 우사미조, 사사키조, 사이토조, 스가와라조, 다케우치조, 지자키조 등 9개 업체가 있었다.

③ 철도공업, 도호공업, 일본통운주식회사에 강제연행된 조선인들이 군속으로 배속되었다.

(2) 해군군속

① 나는 일본통운주식회사에서 일본 사무원들과 조선인 노무자 사이에서 통역업무를 맡았기 때문에 힘겨운 노동은 하지 않았다. (같은 책 159쪽. 임창문)

② 미사와비행장에 있었던 해군13부대와 해군14부대는 강제연행된 조선인이 배속되어 있었는데 몇 개 중대에 이르렀다. (표1 참조)

③ 가바야마비행장에 있었던 해군9부대는 강제연행된 조선인이 배속되어 있었는데 10개 중대에 이르렀다. (표1 참조)

④오미나토조선소 옆에 있었던 해군23부대에는 강제연행된 조선인이 배속되어 있었다. (표1 참조)

(3) 미사와비행장과 가바야마비행장

① 미사와비행장에서는 무슨 일을 하셨습니까? ....비행기격납고를 만들었는데 진흙위에 통나무를 깔고 롤러로 다진 다음 디근자 모양으로 둑을 쌓는 일이었습니다. 지하에 탄약고를 만들기도 하였습니다. .... 내가 소속된 14부대에는 6개동의 숙사가 있었는데 1개 동에 50

〈표 4〉 시모키타반도 군사시설 참여업체와 조선인 고용실태

	하청업체	공사장 위치	공사내용(군사용)	추산 인원(명)
오미나토 해군시설부 직영업체	세자키조	오마철도구간 시모키타반도 전 지역 가마부세산	오마철도, 터널, 교량, 축대, 포대, 방공호 지하방공호, 활주로 지하탄약고, 비행기격납고, 도로공사	400여
	아이자와조			400여
	고야나기조			400여
	우사미조			400여
	사사키조			644여
	사이토조			400여
일본건설공업 통제조합	철도공업	시모키타반도 전 지역	터널, 교량, 축대, 포대, 방공호, 택지, 지하방공호, 활주로 지하탄약고, 비행기 격납고. 도로공사	400여
	도호공업			400여
	스가와라조			516명
	다케우치조			400여
	지자키조			400여
산업보국연합체	철도공업			400여
기업체	(주)일본통운	오미나토항	군수물자 싣고 내림	150여
오미나토 해군시설부 13부대	해군군속	미사와비행장	활주로, 격납고, 탄약고, 방공호	300-360여
14부대	해군군속	미사와비행장		300-360여
9부대	해군군속	가바야마비행장		3000여
4,7부대	스가와라조	오미나토 일대	도로공사, 도크공사 택지조성	(?)
23부대	해군군속			200여
총 교용인원 수(명)			9,100~9,230-	

※ 업체명과 지명 표기: 오마(大間) 아이자와(相澤) 세자키(瀨崎) 고야나기(小柳) 하기와라(萩原) 지자키(地佐木) 도호공업(東邦工業) 스가와라(菅原) 우사미(宇佐美) 사사키(佐佐木) 사이토(齊藤) 다케우치(竹內) 일본통운(日本通運) 오미나토(大湊) 미사와(三澤) 가바야마(樺山) 시모키타반도(下北半島)

명에서 60명의 노무자들이 합숙했습니다. 14부대와 가까운 곳에 13부대가 있었고 역시 같은 규모였습니다. 모두 징용된 조선인들이었는데, 미사와 지역에는 1천명은 채 안되었고 6백 명에서 7백 명은 되었던 것

갈습니다. (같은 책 135쪽. 박재하).

② 미사와비행장에서 미사와 해군시설부 1중대 1소대 4분대로 배속되어 일했다. 활주로 보수와 탄약고와 비행기 격납고를 만들었다. (같은 책 155쪽. 이기출).

③ 내 징용영장에는 《아오모리현 시모키타반도 오미나토 해군시설부 군속》이라 적혀 있었으며 일본에서는 《가바야마 9부대 3중대 5소대 2반》으로 가바야마비행장에서 구릉지대를 평탄하게 만들었고 활주로를 만들며 시멘트와 모래, 자갈을 운반하는 일을 했다. (같은 책 153쪽. 서봉구)

④ 나는 아오모리현 시모키타군의 타나부 근처 부대에서 해군 마크가 붙은 군복과 모자를 쓰고 일했는데 .... 부대에 도착하니 군부에서 1백원씩 나눠줘 받았다. 1개 중대가 2백 명이었고 소대는 50명으로 편성되었었다. (같은책 156쪽. 강태철)

(4) 가족생활자

① 현재 생존자들의 증언에 따르면 아오모리현 시모키타반도에서 가족단위로 생활했던 조선인은 상당한 숫자로 추산되고 있으나 현재 한국에 생존하고 있는 경우만 밝힐 수 밖에 없는 것이 참으로 안타깝다 하겠다.

② 장영도씨의 경우는 1996년 4월현재 광주광역시 동구 학동에 거주하고 있는 바 장영도(張永道, 창씨명 中山光雄)씨는 1944년부터 아버지(張鍾植), 어머니(鄭福男), 누나(張玉南, 창씨명 中山幸子), 형(張永文, 창씨명 中山文南), 여동생(張玉成, 창씨명 中山花子)과 함께 모두 여섯 식구가 단란한 가정을 이루어 살았다.(같은책 150쪽). 이 가족은 우키시마호 폭침 사고 당시 장영도씨와 그의 아버지와 형은 구조되어 살았으나 어머니와 누나와 동생은 선실 안에서 빠져나오지 못하고 마이즈루만에

서 생이별을 하였는데 지금까지 아무런 연락도 없고 그 시신 조차 찾지 못하였으므로 사망한 것이 확실하다.

③ 한세열씨의 경우는 1996년 4월 현재 충북 영동군 영동읍 봉현리 111번지에 거주하고 있는 바 한세열씨는 일본의 미사와비행장에서 군용식당에서 일하면서 조선인 여성과 결혼하였는데 그의 장인, 장모, 처, 처남과 함께 우키시마호를 탔다가 가족 모두를 잃고 말았다. 한세열씨는 그의 처와 가족이 대전시 유천동에서 살았다는 말을 들은 바 있으므로 가족을 찾으려고 30년여 동안 해마다 대전을 왕래하며 그들을 찾았으나 아무런 연락이 없었다. 그러므로 한세열씨의 가족은 모두 우키시마호 폭침 당시 모두 실종・사망한 것이 확실하다.

④ 1996년 10월 현재 경상북도 상주시 흥각동에 거주하고 있는 김수득씨의 증언에 따르면 그는 형 김칠성씨의 가족 5명이 오미나토에서 일하다가 해방되어 우키시마호에 탔는데 형의 부인 손선열씨와 막내아들이 사고 당시 행방불명(사망)하였고 조카인 김옥희(경기도 거주), 김옥순(울산시 거주), 김옥분(상주시 거주)만이 살아 돌아왔다.

⑤ 1996년 10월 현재 대구광역시에 거주하고 있는 이재우씨의 증언에 따르면 1943년에 부친(이원이)이 가족을 모두 데리고 동경에서 아오모리현 시모키타로 이주하여 방공호와 터널공사와 같은 토목공사를 하였다. 광복을 맞이하여 귀국할 수 있다는 소문을 듣고 우키시마호를 탔다.

⑥ 1996년 10월 현재 서울특별시 평창동에 거주하고 있는 배경자씨의 증언에 따르면 부친(배재길)은 요코하마에서 터널공사와 같은 대형공사를 맡아 일했는데 1942년 무렵 시모키타로 일자리를 옮길 때 어머니와 형제 7명이 함께 이사했다.

⑦ 서울 중랑구 오상필씨 가족도 아오모리현 시모키타반도에서 생활하다가 우키시마호에 탔다.

⑧ 경남 성주군에 사는 생존자인 임광자씨 일가도 시모키타에서 일

하다가 우키시마호에 탔다.

⑨ 부산에 사는 생존자 신원수씨는 시어머니, 시숙, 남편, 아들, 딸, 조카 등 15명의 가족과 가족 유해 2구가 우키시마호에 탔다.

⑩ 부산에 사는 생존자 김봉선씨의 경우 6명의 가족이 우키시마호에 탔다.

⑪ 전북 진안군에 사는 생존자 김종호씨 형과 함께 우키시마호에 탔다.

⑫ 이 밖에도 같은 책 140쪽과 161쪽에 명시된 바 생존자들의 증언에 가족생활자가 있었다는 근거가 있으며, 조선인 일본헌병이었던 南(미나미)헌병도 그의 부인과 함께 귀국하여 살다가 언제 세상을 떠났는지 모르겠으나 그의 부인은 1985년까지 서울에서 살았다고 장영도씨가 증언하였다.

⑬ 아오모리현 시모키타반도에는 많은 가족생활 조선인이 있었으나 자료의 불충분으로 확인할 수 없으므로 앞으로 더욱 상세한 조사가 요망된다.

(5) 하청업체에 소속돼 일했던 조선인 자유노동자

① 스가와라조에는 조선인 자유노동자들이 많았는데(같은 책 147쪽) 태평양전쟁 당시 시모키타반도는 군사요충지였기 때문에 비행기격납고, 항만도크, 방공호, 지하탄약고, 터널, 제방, 비행장활주로, 철도용 터널들과 같은 군사시설과 식량과 석탄들과 같은 군수품 하역작업을 위한 많은 인력이 필요했는데 이 같은 일을 모두 조선인이 해냈다.

② 조선인이 식당에서 도시락을 싸들고 출퇴근하며 일했던 경우를 "자유노동자"라 불렀는데 이들은 공사가 중단된 현장에서 군부나 하청업체의 통제를 받지 않고 풀려났으나 귀국의 길은 막혀있고, 다른 지역으로 이동할 여력도 없어, 끼니를 이어야할 형편인지라 인근 공사장에 무작위로 흡수되었는데 그 중에서도 해군군부에서 관할하는 공사장에

가장 많이 흡수된 것으로 조사되었다.

(6) 미사와비행장과 가바야마비행장에서 일했던 조선인 노무자

① 충청북도 영동군 일대에서 연행된 조선인들은 모두 미사와해군시설부에 군속으로 배속되어 비행장활주로, 비행기격납고, 지하탄약고를 만들었는데 해군13부대와 14부대(같은 책 135쪽)에서 6~7백 명의 조선인이 일했다.

② 충청남도 청양군 일대와 충청북도 보은군에서 연행된 조선인들은 모두 가바야마비행장에서 미사와비행장과 똑같은 일을 했는데 서봉구씨의 경우는 징용영장에 「아오모리현 시모키타반도 오미나토해군시설부 군속」이라 적혀 있었으며 가바야마9부대 3중대 5소대 2반에 배속되어(같은 책 153쪽) 각종 군사시설 공사에 동원되었었다. 충남 청양군의 정헌설씨와 청양군과 공주시에서 연행된 조선인들의 경우에도 가바야마비행장 활주로공사 등과 같은 군사시설 공사에 투입되었다. (같은 책 168쪽).

(7) 해군군속으로 기업과 군부에서 일했던 조선인 노무자

① 충청남도 천안시에서 강제연행된 사람들은 오미나토항만에서 군수품하역을 하청받은 일본통운주식회사에 군속으로 배속되어 일했다. (같은 책 159쪽)

② 충청남도 공주시 유구읍 녹천리 117번지에 거주하고 있는 조귀성씨의 경우는 아오모리현 시모키타군 오미나토 해군시설부 23부대 9중대에 배속되어 일했다. (같은 책 162쪽).

(8) 오마철도공사장의 다코방 노무자

① 시모키타의 오하타에서 오마까지 49.7Km에 달하는 군사용철도공사장 주변에는 타코방이 있었다. (같은 책 92~93쪽). 타코방이란 굶주

린 문어가 나중에는 제발을 뜯어 먹는다는 데서 온 말인데 굶주린 조선인 노동자들의 최후를 잘 표현해 주는 말이기도 하다. 이 같은 타코방은 북해도에서도 스가와라조, 세자키조들과 같은 청부업체가 이용하던 수법이다.

(9) 시모키타반도 외 지역에서 오미나토로 와 우키시마호에 승선한 조선인

① 1944년 일제가 패전이 짙어짐에 따라 북해도에서는 연행되었던 조선인들이 일본군의 통제를 받을 겨를도 없이 남하하기 시작하였는데, 북해도에서 밀항선을 타고 오미나토에 도착하여 우키시마호를 탄 조선인이 1백여 명에 달하고 있다. (같은 책 174쪽).

② 충북 충주시 김창식씨는 이와테현 채석장에서 일하다가 오미나토로 와 우키시마호를 탔다.

4) 승선과정의 문제점과 승선자 수

(1) 승선과정의 문제점

① 승선자 명부를 작성하지 않았다. －조선인 생존자 김동연씨는 8월 18일에 스가와라조 소속 조선인 516명의 명단을 오미나토 해군본부에 제출했다. 오미나토해군시설부는 9개 토건업체와 산업보국연합체, 일본건설공업통제조합, 일본통운주식회사 그리고 해군 각 부대에서 조선인 명단을 제출받았을 것이므로 또는 해군시설부에 자료가 있었을 것이므로 이를 승선자 명부로 대신할 수 밖에 없는 전후 사정이었을 것이다. 승선자 명부를 작성하지 않음으로서 가족생활자, 자유노동자, 미사와비행장 소속 노무자, 북해도에서 내려온 조선인, 이와테현에서 온 조선인들의 수가 누락되었다.

② 강제승선 우키시마호 해군승무원들 다수는 배가 항해 중에 위험한 일이 발생한다는 것을 미리 알고 승선을 거부했으나 장교들이 칼을 뽑아 들고 "승선하지 않는 자는 군법에 회부하겠다. 군법은 아직 살아있다"고 위협하며 승선 명령을 내렸고, 조선인 가운데 일부 인사층에서도 "배가 어딘가에 가면 위험하다. 부산으로 직접가지 않을지도 모른다."는 의구심이 상당히 짙어 "안전귀국보장"을 요구하며 승선을 거부(꺼려)했으나 "배를 타지 않는 자는 급식을 중단한다. 이번에 타지 않는 자는 영원히 돌아갈 수 없다."고 협박하면서 승선을 강요했다.

③ 정원초과 생존자들의 증언에 따르면 승선자는 7천명 이상에 이른다. 어린이, 유아, 부상자를 포함한 무작위 승선은 안전항해를 고려하지 아니했을 뿐만 아니라 정원초과이다.

(2) 승선자 수

① 위 3항 "시모키타반도와 그 주변지역의 조선인 분포 실태" 참조

② 승선자 수는 시모키타반도에서 토건업에 종사하던 9개 하청업체와 (주)일본통운, 해군 각 부대에 소속되었던 조선인, 미사와비행장 해군부대에 배속되었던 조선인, 그 밖 지역인 북해도에서 내려온 조선인, 이와테현에서 온 조선인, 가족생활자 가족이 모두 포함되어야 한다.

③ 생존자의 증언과 조사·연구·분석에 따르면 승선자 수는 7천명 이상으로 추산된다.

5) 출항과 항해의 문제점

① 승선이 완료된 뒤 출항 절차는 통상 3~4시간이면 충분하다. 그럼에도 24시간 동안 오미나토항만에 정박해 있었다. 대본영, 군령부총장, 해군운수본부장, 각 함장들 사이에서 벌어진 "출항 관련 명령과 지시"가 의혹을 받기에 충분한 시간이다.

② 직항로를 택하지 아니하고 일본 본토의 해안선을 따라 남하하다가 마이즈루항으로 돌연 회항했다. 8월 24일 오후 6시 이후에는 행해중인 선박은 가까운 항구로 입항하라는 연합군 측의 명령에 따라 마이즈루항을 택했다고 주장하고 있으나 이 때 만약 직항로를 택했다면 가장 가까운 항은 부산항이 되는 것이다.

6) 마이즈루만으로 회항한 이유

① 회항한 이유는 명분이 없을 뿐만 아니라 분명치 않다. 물이 부족하여 물을 실으려고 마이즈루항으로 간다고 했으나 식당 물통에는 물이 충분히 있었다는 목격자가 있고, 물을 실으려 간다던 해군들이 구명보트를 내리고 탈출한 것으로 보아 다른 계획적인 일이 있었음을 시사하는 것이다.

② 우키시마호가 굳이 마이즈루만까지 들어간 것은 미군이 부설한 기뢰에 의해 침몰했다는 명분을 확보하려 한 것이다. 다른 해상에서도 해군이 탈출한 다음 폭파해 조선인을 한꺼번에 대량 학살할 수 있었으나 미군이 뿌린 기뢰가 없다는 점이 마이즈루만을 택하게 한 것으로 분석한다. 마이즈루만은 촉뢰설을 주장할 만한 조건을 갖추고 있었다. 이것이 오미나토해군경비부의 치밀한 전략이었다.

7) 마이즈루만 입항과 정선 당시 상황

(1) 우키시마호와 마이즈루만 항로 주변 상황

① 그 날 우키시마호는 군함기를 앞세우고 천천히 입항하기 시작했습니다. 이 때 우키시마호 앞에는 두 척의 호위정이 조용히 전진하고 있었습니다. 그 호위정이 앞으로 나가는 항로를 따라 그대로 우키시마호도 미끄러지듯 진입해 들어갔습니다. 마이즈루항에 입항할 때 《소해

완료》라는 신호를 받고 입항을 시작했던 것입니다. (같은 책 53쪽. 와지마 사다오. 우키시마호 항해사 해군 대위).

② 입항할 때 마이즈루 방비대와 수기(手旗)로 연락을 취한 바 《소해완료》라는 신호를 받고 입항했습니다. (같은 책 54쪽. 사이토 쓰네지. 전 해군 상등병).

③ 입구에서 일본 해군이 나팔을 불었다. 일본 해군들이 회의를 한다고 갑판 아래로 선실로 내려가라고 소리쳤다. (같은 책 142쪽. 한세열).

④ 갑판에 올라가서 오래간만에 육지를 구경하고 있었습니다. 배는 항구를 향해 속도를 늦추기 시작했습니다. 그 때 나는 우리가 탄 배보다 작은 두 척의 배가 앞으로 나가면서 항구로 들어가는 것을 보았습니다. 그러나 우리가 탄 배는 속도가 더 떨어지더니 완전히 멈춰섰습니다. (같은 책 152쪽. 장영도).

⑤ 우키시마호가 마이즈루만에 들어갔을 때는 늦은 오후 5시쯤이었다. 그 날 오전부터 수척의 배가 들어왔으나 다른 배는 미군이 부설한 기뢰에 부딪치지 않았다.

(2) 정선 당시 해군승무원들의 행동 불량

① 갑판위에서 앞뒤로 왔다 갔다 하는데 뒤쪽에서 작은 보트를 내리고 해군 몇 명이 나가 길래 「왜 나가느냐」고 물었더니 「배에 실을 물 때문이다」라고 말했다. 그러고 나서 10분이 채 안되어 폭발소리가 나며 침몰하였다. (같은 책 153쪽. 서봉구).

② 해군들이 긴 막대기를 휘두르며 빨리 아래층으로 내려가라고 채찍질하였고 군함에 달린 작은 배들이 일제히 물위에 떠 육지로 나간 뒤 벼락같은 소리가 진동하고 배가 공중으로 튀어 올랐다가 반쯤 부서지니 사람은 다 피에 섞여있고 다시 쾅! - 하는 소리가 나더니 군함은 모두 물속에 가라앉고 남은 것은 돛대 뿐이었다. (같은 책 169쪽. 정헌설).

③ 생존자들의 증언에 따르면 배의 앞뒤 좌우에서 해군승무원이 구명보트를 타고 모선을 탈출한 것이 확실하다.

8) 일본 해군들의 소행(패전 전후 사할린/오미나토항/마이즈루만)

(1) 퇴각하던 일본 해군들의 살인행각

가. 치시마학살

① 사할린에 거주(강제연행된)하는 그들(조선인) 대부분은 치시마 비행장 건설공사장으로 동원되어 지옥과 같은 고통을 경험하였으며, 더욱 군사기밀을 보호한다는 이유로 공사가 완료되면 배에 사람을 태운 채 바다 가운데로 끌고 가 가라앉혔다는 증언도 있다. (사할린은 통곡한다. 11쪽. 하야시에이다이).

② 니시샤코탄에서 지시마로 갔다가 가와카미 탄광으로 돌아갔을 때에는 숫자가 반으로 줄어 있었습니다. 사고사를 당했던가 그렇지 않으면 살해된 것인지도 모르지요. 군의 비밀공사였기 때문에 그 증거를 인멸하려고 돌아오는 배를 침몰시켰다는 소문도 있었습니다. (사할린은통곡한다. 107쪽. 하야시 에이다이).

나. 카미시스카경찰서학살

1945년 8월18일 일본헌병들이 사할린에서 조선인을 마구 구타하고 카미시스카 경찰서 유치장에 몰아넣고 밖에서는 헌병이 권총을 들고 지키며, 밖으로 나오는 사람이 있으면 즉시 총을 쏴 사살했고, 경찰서 건물에 기름을 붓고 불을 붙여 집단학살한 사건이다. (사할린은통곡한다. 107쪽. 하야시 에이다이).

다. 미즈호학살

1945년 8월19일부터 일어난 사건으로 경찰서장, 면장, 민방위대장, 역장이 모여 조선인 처리 방안을 구체적으로 논의하였던 바 미즈호에 있는 조선인 남자들을 전부 체포하여 냉동창고에 집어넣은 다음 얼어 죽으면 배에 싣고 나가 바다에 던져버린 사건이다. (사할린은통곡한다. 107쪽. 하야시 에이다이).

라. 우키시마호폭침학살

1945년 8월24일 오후 5시20분 쯤 일본 교토부 마이즈루만에서 의문스런 폭침으로 귀국하던 조선인 3천7백35명 가운데 5백24명(일본 정부 공식발표)이 사망한 사건이다. (같은 책 265쪽).

마. 일제 패전 후 일본 해군들의 조선인에 대한 감정

일제의 패전 직후 사할린에서 퇴각하던 해군들이 조선인을 대하던 행동은 오미나토항에 정박한 우키시마호 승무원들과 일치하고 있는 바 퇴각하던 일제 해군과 우키시마호 승무원들은 다음과 같은 공통적인 감정이 있었음을 찾을 수 있다.

-. 조선인이 폭동을 일으킬지 모른다는 점.
-. 조선인이 소련군을 안내하고 있다는 소문.
-. 소련군이 들어오게 되면 일본인이 저지른 죄악상을 소련군에게 폭로할 것이라는 점. (사할린은통곡한다. 하야시 에이다이)

(2) 오미나토항에서의 해군들의 행동

① 패전 방송을 들은 다음날 해군은 전투기로 "우리는 전쟁에서 지지 않았다. 전쟁은 끝나지 않았다"는 격문을 뿌렸다.
② 우키시마호 해군 승무원들은 승선을 거부했다.

③ 장교들은 칼을 빼들고 부하들에게 승선할 것을 요구하며 반항하는 자는 군법에 회부하겠다고 위협했다.

(3) 조선인 승선자들이 증언하는 해군 승무원의 행동거지

① 마이즈루만에서 폭발소리가 나기 바로 전에 무슨 목적인지는 몰라도 고무보트를 내리는 것을 보았습니다. 또 일본 해군들은 대낮부터 위스키를 마시고 있었으며, 갑판위에 있는 조선인은 모두 배안으로 들어가라고 말했고, 배안에 있는 해군들에게는 회의가 있으니 밖으로 나와 갑판위로 올라오라는 것이었습니다. (같은 책 137. 박재하)

② 우키시마호가 오미나토항을 떠나 항해할 때 승무원이었던 군인들이 어린이들에게 과자를 나눠주며 「오늘을 무사히 넘기면 부산에도 무사히 갈 수 있을텐데.....」라고 여러 차례 지껄이고 다니는 것을 보았는데 그 말이 무슨 뜻인지 모르고 이상하게만 생각하고 있었다. (같은 책 145쪽. 이재석)

③ 우키시마호가 오미나토를 떠나 항해할 때 해군들이 자신들의 소지품을 모두 바다에 버리는 것을 보고 내가 묻기를 「왜 물건을 바다에 버리느냐?」하니 「해군은 전쟁에 항복하지 않았다. 가다가 적을 만나면 싸워야 한다. 적을 만날 수 있으므로 그 때는 싸워야 한다. 뒤에 폭탄도 많이 실었다.」고 대답했다. (같은 책 148쪽. 김동연)

④ 배 아래쪽을 보니까 구명보트가 내려지면서 일본 해군 너댓명 정도가 보트를 타고 모선을 떠나는 것을 보았습니다.(같은책 152쪽. 장영도)

⑤ 첫째는 우키시마호 함장이 해군 장교들에게 배에 승선할 것을 강요하며 「일본 정부는 항복했으나 해군은 항복하지 않았다. 군법은 살아있다. 네 목을 바쳐라. 명령에 따르지 않는 자는 군법대로 처리하겠다.」라고 호통치는 것을 두 눈으로 직접 보았다. 둘째는 폭발소리가 나기 10분 정도 앞서 우키시마호를 세워놓고 해군들은 보트를 타고 우키시마호에서 빠져나갔다. 셋째는 물을 싣겠다고 마이즈루만으로 들어간다

는 일은 있을 수 없는 일이다. 넷째는 해군들이 소지품을 모두 바다에 던져 버렸다. 파산을 미리 알고 필요 없으므로 버렸을 것이다. (같은 책 154쪽. 서봉구)

⑥ 우키시마호가 항해를 시작하여 하루쯤 지났을 때 해군들에게서 이상한 말을 들었다. 조선인 여성이 아이에게 젖을 먹이는 광경을 본 해군 병사 두 명이 「어린아이에게 무슨 죄가 있느냐? 태어나 피어보지도 못하고 사라지겠구나!」라고 말하였다. (같은 책 161쪽. 정기영)

⑦ 어느 일본인이 나에게 「너희들이 만약 무사하게 3일을 지낸다면 물건을 주는 것이 어찌 아깝겠는가!」라고 말한 것을 생각할 때 일본인의 흉계가 있었음을 짐작하고 있었다. (같은 책 169쪽. 정헌설)

⑧ 마이즈루만에서 배가 폭발하기 앞서 해군들이 헤엄쳐 나가는 것을 보았다. 이상하다고 생각하고 있는데 폭발소리가 나면서 배가 두 동강이 나 가운데부터 가라앉기 시작했다. (같은 책 177쪽. 김용원)

⑨ 우키시마호가 항해할 때 내가 일본 해군에게 「왜 당신들의 물건을 우리에게 주느냐?」고 물었더니 「우리는 부산으로 가면 돌아오지 못한다. 그래서 다 주는 것이다」라고 말하였다. 배가 마이즈루만에 입항할 때는 「왜 마이즈루만으로 들어가느냐」고 물었더니 해군이 말하기를 「물을 실으려고......」라고 말하였다. 그 때부터 의심나기 시작했는데, 폭파까지는 생각 못했다. (같은 책 179쪽. 박신우)

⑩ 민간인 어선이 다가와 타고 뭍으로 나왔는데, 헌병 남씨가 「배 밑 부분까지 전기선이 늘어져 있는 것을 보고 절단하려 했으나 기구가 없어 절단하지 못했는데 잠시 뒤 폭발했다」고 말하였다. (같은책 179쪽. 주윤창)

9) 폭발과 침몰 상황

① 완전히 멈춘 상태에서 폭발소리가 두번 들리더니 가운데부터 꺾이면서 가라앉기 시작했습니다. (같은 책 149쪽. 김동연).

② 나는 물기둥을 보지는 못했습니다. 그런데 분명한 사실은 물기둥이 공중으로 높이 솟았다면 그 물이 어디로 떨어지겠습니까? 당연히 갑판위로 떨어지면서 사람들이 모두 바닷물에 젖는 것이 상식인데 갑판 위나 사람들은 바닷물에 젖지 않았습니다. 그래서 《물기둥은 없었다.》 고 생각합니다. (같은 책 149쪽. 김동연).

③ 우키시마호가 침몰한 뒤 바다에서 허우적거리던 사람들이 배에 달려있는 로프를 잡고 있는 것을 일본 해군들이 보고 그들을 구조하기는커녕 오히려 로프를 칼로 잘라버려 더 많은 사람을 죽게 했다. 모든 일이 잔인하게 계획적으로 자행된 것으로 생각한다. (같은 책 146쪽. 이재석).

10) 침몰 원인

(1) 인양한 선체 분석 결과

① 오사카에서 발간되고 있는 국제신문은 1954년 10월 9일자 신문에 《8월 22일 오미나토항을 출발할 예정이었는데, 황급히 8월 21일에 출항한다고 선전하면서, 이 배에 승선하지 못한 사람은 귀국을 보장할 수 없다며 승선자들을 배 안에 둔 채 하루 밤낮 동안 다이나마이트와 총포류를 배 밑바닥에 실어 넣었다》 라고 보도하였다. (같은 책 229쪽).

② 1954년 10월........... 이노사루베지가 스크랩을 목적으로 우키시마호를 해체하는 작업을 하였다. 이 때 오사카에 있는 국제신문사 사진기자가 선체의 밑 부분을 촬영하는데 성공하여 두 장의 사진을 1954년 10월 9일자 신문에 게재하였다. 공개한 사진에 대해서 "촉뢰라면 배의 안쪽으로 구멍이 나 있어야 하는데 바깥쪽으로 부풀어 있어 배 안에서 생긴 폭발에 따른 것이라는 추측을 배제할 수 없다"고 설명하고 있어 촉뢰설에 중대한 의문을 던지고 있다. 또 같은(10월 9일자 신문) 신문은 "생존자 증언에 따르면 침몰 직전에 폭발음을 세 번 들었다고 한다. 만약 촉뢰라면 이 같은 현상은 없다"고 보도하고 있다. (같은 책 232쪽).

(2) 촉뢰 주장에 대한 반론

① 우선 기뢰와 관련된 정보와 이론이 공개돼야 한다. 감응기뢰이든 부유기뢰이든 두 경우 모두 배가 멈춰 선 상태에서는 폭발하지 않는다.

② 우키시마호 승무원들의 증언에 따르면 우키시마호가 마이즈루만에 입항하기에 앞서 기뢰를 제거했다는 신호를 받고 입항했다는 것이므로 기뢰에 따른 침몰이라고 볼 수 없다.

③ 폭발소리가 세 번 들렸다면 세 발의 기뢰라는 것을 의미하는데, 이럴 경우에 아무리 크고 튼튼한 우키시마호라 해도 풍비박산되므로 일본군 자신들의 희생을 감수할 수 밖에 없는데 자신들의 희생을 자초하면서까지 입항 절차를 소홀히 하지는 않았을 것이다.

(3) 미군이 부설한 기뢰에 부딪친 폭침이 아니라는 논거

① 우키시마호는 마이즈루만에 입항할 때 안전항로를 항해했다. 우키시마호가 군함기를 앞세우고 마이즈루만으로 항진해 들어갈 때 앞에는 두 척의 호위정이 전진해 들어갔으나 조용했을 뿐 기뢰에 닿지 않았으므로 우키시마호는 안전항로로 입항한 것이다.

② 「소해완료」라는 신호를 받고 입항했다.

당시 우키시마호 해군승무원이었던 와지마 사다오(倭島定雄, 항해사, 해군 대위)가 「소해완료」라는 신호를 받고 입항을 시작했다고 증언하고 있으므로 우키시마호는 미군이 부설한 기뢰가 없는 안전항로를 항해한 것이다.

③ 우키시마호가 폭파당할 때는 배가 이미 완전히 멈춘 상태였다. 배가 폭파되기 10여분 앞서 해군승무원들이 구명보트를 내리고 탈출하며 「물이 부족하여 실으려 간다.」고 말했다. 이 때 이미 배는 멈춰있는 상태였으며 해군들이 탈출하자 곧 폭파되었다.

④ 물기둥은 없었고 폭발음이 2~3회 연속성이었다.

- 폭발음이 2~3회라는 것은 세 번의 폭발을 의미하는데 만약 세발의 기뢰에 닿았다면 아무리 큰 우키시마호라도 제대로 남아나질 못했을 것이라는 게 전문가들의 분석이다. 우키시마호가 완전히 침몰하기 까지는 한 시간 정도 걸린 것으로 증언하고 있는 바 이는 기뢰의 파괴력이 아님을 증명하는 것이다. 또한 배가 멈춰있는 상태에서 기뢰가 폭발하는 수압, 진동, 음파가 발생하지 않는다.
- 김동연(경기도 안양시 거주, 한국인 생존자)씨 증언
  나는 물기둥을 보지는 못했습니다. 그런데 분명한 사실은 물기둥이 공중으로 솟았다면 그 물이 어디로 떨어지겠습니까? 당연히 갑판 위로 떨어지면서 사람들이 모두 바닷물에 젖는 것이 상식인데 갑판 위나 사람들은 바닷물에 젖지 않았습니다. 그래서 「물기둥은 없었다.」고 생각합니다.

⑤ 폭파장치를 제거하려한 조선인이 있었다.

조선인 일본헌병 미나미(南)씨는 사고 당시 구조되어 시모사바가 해변에서 말하기를 「배의 갑판에서 기관실까지 전기선이 늘어져 있는 것을 보고 절단하려 하였으나 기구가 없어 자르지 못했는데 배가 곧 폭파되었다」고 하였는데 이 말을 조선인 생존자들이 듣고 지금도 증언하고 있다.

⑥ 폭발물이 폭파된 곳은 우키시마호의 기관실 내부로 밝혀졌다.

11) 사망자 수

(1) 일본정부의 공식발표는 승선경험칙에 비춰 볼 때 설득력이 없다. 일본 정부가 공식 발표한 내용에 따르면 우키시마호 조선인 승선자 3천7백35명 가운데 5백24명이 사망했다고 발표하였다. 이 때 몇 명이 살았다(생존자 수)는 언급은 회피하였는데 일본 정부의 발표대로 계산해 보면 3천7백35명 가운데 3천2백11명이 구조되어 살아났다는 셈이다. 그런데 3천7백35명이라는 숫자는 일본정부의 주장대로라면 우키시마호가

출항하기 앞서 오미나토에서 해군의 감독과 지시 그리고 살벌한 강제 승선 아래 3일 동안 우키시마호에 승선한 숫자이다. 여기서 먼저 마이즈루만의 상황을 살펴보면, 우키시마호는 8월 24일 5시20분쯤에 폭파당하여 침몰하기 시작하였는데 이 때는 해군의 감독이나 지시도 없었고 해군들이 구조에 나서지도 않았다. 더욱 8월 24일(음력 7월17일)의 일몰시간은 19시13분(서울기준)이므로 구조할 수 있는 시간은 침몰시간부터 계산해 보면 2시간이 채 안되는 짧은 시간이었다. 특수구조장비도 없었고 해상구조훈련을 받지 않은 어촌의 민간인들이 기름으로 뒤덮인 마이즈루만 바다위에서 두 시간도 채 안되는 시간에 3천2백11명을 구조했다는 것은 오미나토에서의 승선경험칙상 설득력이 없다.

(2) 일본 정부가 발표한 조선인 사망자 524명은 축소와 조작

① 사건 발생 일주일 만에 우키시마호 함장이 사건의 전말을 발표하였다. 이 때 사망자 수는 조선인 524명과 해군승무원 25명 총 549명이었고 생존자 수는 언급하지 않았다.

② 사건 발생 3일 뒤에 조선인 시체를 한데 모아 불태워 해병단 뒷산 골짜기에 매립하였는데 그들의 신원이 밝혀지지 않았다. 뿐 만 아니라 침몰한 우키시마호 선실에는 얼마나 많은 수의 시체가 갇혀 있는지 조사조차 하지 않았다. 즉 침몰한 배를 인양하지 아니하고 사망자 수를 확정 발표한 것은 어불성설이다.

(3) 사망자수는 승선자수와 승선자의 성상에 따라 가변적인 수

① 승선자 수는 앞서 언급한 바 있음.

② 여기서 "승선자의 성상"이라 함은 승선자의 연령, 성별, 신체조건, 건강상태, 재난에 대한 대처 능력을 말한다.

③ 생존자 대부분이 3천5백명 이상 사망했다고 증언함.

〈표 5〉 우키시마호 조선인 승선자 성상

구 분	승선자 성상
성별	남녀노소, 유아
연령	유아, 13세 이하 어린이, 20대, 30대, 40대, 50세 이상 장년이 모두 승선함.
신체조건	젖먹이, 부상자, 아녀자, 장애인 (유골 편승)
건강상태	몇 년 또는 몇 달간 굶주림에 시달려 체력이 최저로 떨어짐.
재난에 대한 대처 능력	유아와 13세 이하 어린이는 재난에 대해 무방비 상태였을 것이며 부녀자는 거의 수영을 못하므로 역시 대처 능력이 전무한 것으로 판단함. 청장년들도 건강상태가 불량한데다가 기름으로 덮인 바다위에서는 재난에 대한 대처 능력이 떨어짐.

12) 북쪽에도 피해자가 있음.

(1) 남쪽의 서울에 거주하는 생존자 김달수씨의 증언에 따르면 천신만고 끝에 부산에 도착하여 상행선 기차를 타려고 기다리는데 이 때 황해도 사람이 있어 '먼데까지 가니 먼저 기차에 타라'고 했음.

(2) 아오모리현 시모키타반도 일대에서 일본 헌병으로 일하던 남(南)이라는 사람은 고향이 평양이었다고 남쪽의 생존자 모두가 증언함.

(3) 마이즈루시의 우키시마호순난자추도실행위원회가 발행한 "우키시마호사건 기록" 151쪽에는 다음과 같이 기록되어 있음.

…	……	…	………
職種	氏 名	年齡	本籍地
土工	李 康 仁	38	京畿道 開城府 德岩町
	長谷川炳玉	31	京畿道 開城府 滿月町
	森山承權	24	京畿道 開城府 大平町
…	……	…	………
	林 信 夫	24	(平北)博州郡 博州面 笠村里
…	……	…	………

13) 우키시마호 사건 발생 뒤 문제(사후처리의 부당성)

〈다음 각항에 대해 문제제기를 주문함〉

(1) 조선인 사체 유기

(2) 사건 발생 후 조선인 생존자 후송 외면

(3) 사건 발생 일주일 만에 사건 전말을 발표함.

(4) 침몰한 우키시마호를 즉시 인양하지 아니함.

(5) 사망자 수를 축소 발표하고 명단을 제시하지 아니함.

(6) 생존자 수와 명단을 제시하지 아니함.

(7) GHQ측이 재일조선인연맹 아오모리현 본부(위원장:손일)의 소를 기각함.

① 우키시마호가 폭침당하고 4개월이 지난 1945년 12월7일자로 재일조선인연맹 아오모리현 본부 손위원장이 「일본군에 의한 계획적이고 잔인한 폭거이다」라고 일본정부를 진주군사령관에게 고발했다.

② 손위원장의 고발내용에 대해 총사령부 법무국 검찰과는 지금까지 입수된 정보는 신빙성이 없으며 확실한 범행 사실이 밝혀진 것이 없다며 사건제소 자체를 기각하고 1946년 1월에 사건조사를 중단했다. (같은 책 60쪽).

14) 1965년 한일협정으로 청구권과 공소시효가 소멸되었다고 주장함

15) (가칭)남북공동조사·대책위 결성

16) 일본정부에 관련 자료 공개 요청〔21장 참조〕

16-2-2. 2003년도 일제하 강제연행피해자 실태조사 정형보고

한국정신문화연구원 특별연구원, 문학박사
일제강점하강제동원피해진상규명등에 관한 특별법제정추진위원회
조사연구실장 정 혜 경

보건복지부의 의뢰에 따라 한국정신문화원구원은 2003년도에 「피강제동원 생존자 생활실태조사연구」(연구자: 권희영 교수, 김광열 교수, 정혜경 박사, 노영종 학예사)를 수행했다. 이하에서는 「피강제동원 생존자 생활실태조사연구」내용 가운데 일부를 소개하기로 한다.

《2003년도 강제연행 피해자의 생활실태조사 결과》

연구 프로젝트 「피강제동원 생존자 생활실태조사연구」가운데 하나인 생활실태조사는 국내 거주 180명의 피해자(평균 연령, 77.3세)를 대상으로 실시되었다.

〈생활실태조사의 과정 및 내용〉

◈ 조사 원칙 및 범주

- 강제연행 피해자에 대한 생활실태조사
- 범주별・지역별 대상자 선정
- 관련 피해자 단체의 협조를 통해 조사 실시
- 간략하면도 실제 생활실태를 파악할 수 있도록 진행
- 방문 조사를 원칙으로 함

◈ 조사 대상 및 협조기관

- 전남지역: 노무동원(태평양전쟁희생자광주유족회)

- 경북: 원폭피해자(원폭피해자와 함께하는 시민모임)
- 서울 · 경기: 노무동원(태평양전쟁피해자보상추진위원회)
- 경남: 노무동원(미츠비시중공업한국인징용자재판지원회)
- 강원도: 노무동원 · 군인동원(태평양전쟁한국인희생자유족회)

◈ 조사기간

* 준비기간: 2003년 3월 24일 ~ 31일(현지 방문, 조사원 교육 실시)
* 조사실시: 2003년 4월 1일 ~ 4월 30일

◈ 준비물

* 디지털 녹음기, 일반녹음기, 노트

◈ 조사방법

- 파견된 조사원이 피해자의 진술을 청취하고 질문지에 기재(질문지 제공)
- 조사원 1인당 1지역 당 20회 기준
- 1회당 최소 조사대상자: 2인 내외

◈ 조사 후 작업: 조사원

1. 질문지 작성 및 제출
2. 질문지 제공
3. 출장보고서 작성 및 제출(조사대상자 1인당 원고지 3매 정도)

* 필수기재 내용: 방문지, 조사대상자, 방문일시, 조사자, 간단한 방문 내용(조사내용의 약술)

조사 단체	조사 인원수	총조사 기간	조사 종류	결과물 제출시기
태평양전쟁한국인희생자유족회	77명	27일	군인, 군속, 노무, 근로정신대	4월28일
원폭피해자와함께하는시민모임	16명	16일	원폭피해자	5월 7일
태평양전쟁희생자광주유족회	48명	40일	군인, 군속, 노무. 근로정신대	4월30일
미츠비시중공업한국인징용자재판지원회	3명	2일	노무	5월 4일
태평양전쟁피해자보상추진위원회	27명	15일	군인, 군속, 노무, 근로정신대	5월 6일
	171명	100일		

조사 결과 나타난 특징은 다음과 같다.

1) 연행 당시 거의 대부분이 농촌의 빈농 출신으로서 경제기반이 취약
2) 경제적 어려움으로 정규교육을 받지 못한 경우가 압도적(압도적 다수가 초등학교 이하의 교육)
3) 연행기간 동안에 청년시기에 필요한 교육이나 기술을 배울 기회를 상실하였고, 귀환 당시에 임금을 받지 못함으로서 해방 이후에도 경제적 상황은 개선될 수 없었음.
4) 경제적 어려움으로 자녀들에게 충분한 교육의 기회를 제공할 수 없었음.
5) 자녀들이 사회적으로 안정되거나 경제적 기반을 확립한 경우가 드믄 결과 노인이 된 피해자들을 부양할 능력을 갖추지 못함.
6) 연행기간 중 현장에서 받은 후유증으로 인해 육체적·정신적 고통에 시달리고 있음.
7) 유가족의 경우에는 이들을 보호해 줄 사회안전망이 갖추지 못한 상황에서 경제적·사회적 어려움 속에서 유년시기와 청장년시기를 거침, 이로 인한 경제적인 어려움과 사회 부적응 현상이 더욱 심한 상황.

《강제연행 피해자 추정》

* 연행자 총수: 7,941,101명
* 희생자 총수: 250,650명(노무동원 6.4%, 군인 49.4%, 군속33.6%)
* 현재 생존자: 41,245명(생존율 0,0270%. 매년 1,5000명 가량 사망하는 것으로 추정)
* 희생자 유가족: 125,326명(현지 또는 귀환 도중에 사망한 사람의 유가족, 배우자 및 직계존속)

〈표 1〉 식민지시대 국내외 강제동원의 추정 (단위:명)

노무동원	계	병력동원(군인,군속)	계
조선내 도내 동원	5,782,581	육군특별지원병	20,723
조선내 관알선	382,537	육군	186,980
조선내 현원 징용	260,145	해군	22,299
조선내 국민징용	43,679	군속(육군)	70,724
		군속(해군)	84,483
소 계	6,468,942	조선내 군요원	55,404
해외 징용	724,727	남방 군요원	36,535
일본 국민징용	132,781	일본 군요원	132,781
남방 국민징용	135	중국 군요원	4,587
소 계			
합 계	7,326,585	합 계	614,516

*주: 군위안부를 비롯한 여성 동원자들은 제외.

* 지역별 분포:

국내: 남한 출신은 전 대상자의 77.1%가 해당.

북한: 북한 지역은 황해도 5.2%, 함경남도 4.5%, 함경북도 4.0%, 평안남도 5.2%,평안북도 4.0%이다. 22.9%가 북한 출신이며 이들은 북한이나 혹은 해외에 소재한다고 추정.

해외에 그 소재 가능성이 가장 높은 곳은 사할린과 일본이다. 사할린은 소련에 점령되어 귀환이 불가능하였기 때문이며 일본은 가장 많은 수가 거주하고 있었는데, 생활 여건상 그대로 정착하는 경우가 있었기 때문이다. 사할린에 전 대상자의 0.2%가 존재하는데 귀환할 수가 없었기에 그대로 정착하였다.

이상의 상황을 종합하여 다시 추정치를 제시한다면 다음과 같다.

〈표 2〉 국내외 분포 및 6개월 이상/미만 근무를 기준으로 하여 본 추정통계 (단위:명)

	생존자 a	6개월 미만 근무자 b=a*0.3	6개월 이상 근무자 c=a-b	희생자 유가족 d	6개월 미만 근무자 유가족 e=d*0.3	6개월 이상 근무자 유가족 f=d-e	귀환후 사망자 유가족 g
남한60.9%	17,179	5,154	12,025	66,913	20,073	46,840	544,796
북한18.1%	5.106	1,532	3,574	19,887	5,966	13,921	161,918
사할린0.2%	56	17	39	219	66	153	1,789
일본20.8%	5,867	1,760	4,107	22,854	6,856	15,998	186,072
소 계	28,208	8,463	19,745	109,873	32,961	76,912	894,575
도내동원	13,037	13,037	0	15,452	15,452	0	386,269
총 계	41,245	21,5000	19,745	125,325	48,413	76,912	1,280,844

* 남한, 북한, 사할린, 일본은 항시동원의 지역적 분포임. 기타 지역의 수치는 생략.

* 6개월 미만 동원자는 전 대상인원의 30%로 추정함. 단 도내동원은

전원 6개월 미만으로 간주,

* 일본으로부터 미귀환자는 전 대상의 41.5%로 추정.
* 남북한의 수치는 강제동원 당시의 동원비율 남한 77.1% 북한 22.9%에 일본에 약 반수 정도를 미귀환으로 간주하고 이것과 사할린을 제외한 승수 0.79를 곱하여 산출함.
* 생존자 추정은 강제연행 당시의 연령을 평균 23세로 계산하여 2002년 6월 현재의 생잔률 0.0310을 적용한 것임. 연간 사망률 13%를 계산하면 2003년 6월 현재의 생잔률은 0,02700(생잔률은 「일제징병-징용 보상대상 추정」.한국보건사회연구원, 2001.6을 참고)

《강제연행 피해자 산출 관련 자료》

〔I〕 공출 측의 통계(조선총독부 자료) - 보낸 지역의 각 '道'로부터 보고를 집계한 것. 각 도는 관내의 군·면사무소로부터의 보고를 집계했다고 생각됨.

【조선총독부 자료】

A. ① 조선총독부 재무국 작성의 제85회 제국회의(1944. 9) 설명자료 「내지, 樺太, 남양, 이입조선인 노무자 도항 상황」

② 조선총독부 재무국 작성의 제85회 제국회의(1944. 12) 설명자료 「내지, 樺太, 남양, 이입조선인 노무자 도항상황」(①은 우방협회 조선근대사료 조선총독부 관계 중요문서 선집⑵. 「태평양전쟁 종말기조선의 치정」〈조선사료편찬회, 1961년〉에 수록. ②는 조선근대사료 조선총독부 관계 중요문서 선집⑻ 태평양전하의 조선⑸, 〈우방협회, 1964년〉에 수록. 모두 원 사료는 학습원 대학 동양문화연구소의 「우방협회·중앙일한협회」문고에 소장)

B. 「일본인의 해외활동에 관한 역사적 조사」(대장성관리국, 1947년 고, 1950년 인쇄)

① 통권 제8책, 조선편 제7분책 중 「제16장 금융의 발달」「내지를 향한 노무자 송출표」

② 통권 제10책, 조선편 제9분책 중 「제21장 전쟁과 조선통치」「조선인노무자 대 일본 동원수조」

(총독부측의 자료를 사용하고 있다고 생각되는데 구체적인 자료출처에 대한 기록은 없음. 전권의 복각판은 한국 서울의 고려서림이 1985년에 간행. 「제21장 전쟁과 조선통치」를 포함한 부분적 복각판이 호복사로부터 「조선에서의 일본인 활동에 관한 조사」라는 제목으로 1977년에 간행)

C. 조선총독부경무국 「고등외사월보」

제3호(1939년 9월), 제4호(1939년 10월), 제6호(1939년 12월 · 1940년 1월합병호), 제12호(1940년 7월), 제14호(1940년 9월)의 각호 게재 조선인 노동자 내지 이주상황에 관한 통계표.

(현재 「고등외사월보」는 초기의 호수 밖에 없고, 「15년 전쟁 극밀 자료집 ⑥ 고등외사월보」〈不二出版, 1988년〉에 복각되어 있는 것 밖에 볼 수 없다. 박경식 「조선인 강제연행 기록」〈未來社, 1965년〉 62~63페이지에 「고등외사월보」제51호(1944년)부터 인용한 숫자가 보여 지는데 이것은 원 자료의 내용이 명확하지 않고, 후술하는 듯한 숫자의 취급이 잘못되어 있다고 생각된다. 또한 김한길 「현대조선사」〈평양, 외국문출판사, 1979년〉 147페이지에 「고등외사월보」 제46호, 제49호, 제51호로부터 인용이 보이기 때문에 북한의 어딘가에 원본이 소장되어 있는 것이라 생각된다)

〔Ⅱ〕 이입 측의 통계(기획원 자료, 후생성 자료, 내무성 자료)-받아들인 지역의 각 「府縣」에서의 보고를 집계한 것. 각 부 현은 관내의 노무자를 할당받은 사업장으로부터의 보고를 집계했다고 생각됨.

【기획원 자료】

D. 기획원 제3부 「쇼와 17년도 국민동원 실시계획 책정에 관한 건 참고자료」(1942년 5월) 「노무동원계획상의 조선인 노무자 이입계획수 및 총족수」

E. 기획원 제3부 「쇼와 18년도 국민동원 실시계획 책정에 관한 건 참고자료」(1943년 4월) 「쇼와 17년도 조선인 노무자 집단 이입상황」(쇼와 18년 3월 31일 현재)
(상기 D, E 모두원 사료는 일본 국립공문서관에서 소장)

【후생성 자료】

F. 후생성 건국민 작성의 제86회 제국회의(1943) 참고자료
「제2편 국민생활의보호지도, 제10장 협화사업, 제5 이입조선인노무자」중의통계표(「재일 조선인사연구」제17호 1987년에 자료로서 수록. 원 사료는 일본 국립공문서관에 소장)

G. 「미국전략폭격조사단 최종보고서(태평양전쟁)」(1945～47년 간행)
제42권 「일본의 전시 생활표준과 인적자원의 활용」
표 FFF 「연도별, 할당직종별의 일본에 이입된 조선인 계약 노동자 수」
제53권 「전략폭격이 일본의 전쟁경제에 미친 영향」
대표C-9 「연도별, 할당직종별의 일본에 이입된 조선인 계약 노동자수」
(어떤 표나 내용은 완전히 같고, 후생성 노동국으로부터의 제공자료에 의한 것으로 되어있다. 원 자료가 어떠한 것이었는지는 불명. 正本千東・역 「아메리카합중국 전략폭격 조사단 일본전쟁경제

붕괴-전략폭격의 일본전쟁경제에 미친 제효과」〈일본평론사, 1950년〉에 소개되어 있다.)

H. 「조선경제통계요람 (1949년판)」
「일본에 수출된 조선노무자수」(1945년 3월말 현재)
한국에서 간행된 통계자료집이고, 원본에는 판권이 없고, 편자·발행사·발행 연월일의 기재도 없다. 「일제의 경제 침탈사」〈서울, 민중서관, 1971년〉의 인용주에는 조선 경제통신사 발행이라고 되어있다. 이 통계표의 비고에 「일본 후생성 조사 자료에 의함」이라고 기록되어 있는데 그 원자료가 어떠한 것이었는지는 불명. 또한 치기벽 편 「일제의 한국식민지통치」〈서울, 정음사, 1985년〉 348쪽에는 참고문헌으로서 조선경제사편「조선경제통계요람」〈1948년〉이라는 것이 기록되어 있다)

I. 후생성 작성의 제88임시의회(1945. 9) 배포자료
「대동아전쟁하에서의 근로상황」
(「종전기록」〈조선신문사, 1945년〉, 외무성 편찬 「종전사록」〈신문월감사, 1952년〉, 외무성 편찬 「일본의 선택 제2차세계대전 종전사록」〈山手書房新社, 1990년〉 등에 수록)

J. 후생성 사회국 「내지 재주 조선인 귀선 희망 예상수 (쇼와 20.9.25)」
(미군접수문서 마이크로필름 「협화회 관계 회의 서류」, 국회도서관 헌정자료실 「大野緣一郎 관계문서」등에 원 사료가 있다. 「철수 원호의 기록」〈철수 원호청, 1950년〉의 55쪽에 이 귀국 희망자 추정수의 계산은 사회국에 의한 것이라는 기술이 있다.)

【내무성 자료】

K. 내무성 경보국「사회운동의 상황」(쇼와 14년, 15년, 16년, 17년판)
「노무(국민)동원계획 실시에 따른 이입 조선인 노무자의 상황」

(복각판은 「사회운동의 상황 1～14」〈三一書房〉, 1971, 72년)

L. 내무성 경보국 「특고월보」(쇼와 14년 11, 12월～쇼와 19년 2월)
「노무(국민)동원계획 실시에 따른 이입 조선인 노무자의 상황」
(복각판은 「특고월보」〈정경출판사, 1973년〉)

M. 坪江油二(坪井豊吉)「재일조선인 개황」
「종전시의 징용 알선 모집 노무자 상황 조사표(내무성 경보국)」
(원저는 1949년 「특심자료제1집」, 복각판은 〈巖南堂書店, 1965년〉)

N. 내무성 관리국 작성 「조선 및 대만의 현황」(1944년 7월)
「참고 쇼와 14년도 이후 노무자 계획 이입수」
(우방협회, 조선 근대사료 조선총독부 관계 중요문서 선집⑴ 「태평양전쟁하의 조선 및 대만」〈조선사료연구회, 1961년〉 원 사료는 일본 학습원대학 동양문화연구소의 「우방협회·중앙일한협회」문고에 소장되어 있는것이라 생각된다.)

O. 각의결정 「내선경찰기구정비에 따른 증원에 관한 건」(1943년 12월) 부속자료. 「노무동원 실시에 의한 이입 조선인 노무자수조」「노무동원실시 조선인 이입 상황조」(쇼와 18년 5월말 현재)

P. 각의결정 「내무부내 임시직원 등 설치 외 5혁령중개정의 건」(1944년 12월)부속자료「쇼와 19년도 신규 이입 조선인 노무자 사업장별수조」「조선인 취노사업장수조」
(상기 O, P 모두 원 사료는 일본 국립공문서관에 소장)

Q. 입관집무자료조사 제8호 「숫자로 본 재일조선인」(법무성 입국관리국, 1958년)「조선인노무자 이입수」「이입 노무자·도망자 및 사업장 현재수」 森田芳夫 「전전에 있어서의 재일 조선인의 인구통계」(「조선학보」제48집, 1968년) 「일본내지에의 노무동원」(1939～45년)
(입관집무조사자료도 森田芳夫씨의 집필로 추측된다. 조선총독부 통계, 후생성 통계, 내무성 통계의 차이, 회계년도와 역년도를 의

식적으로 구별하고 있다. 「조선학보」의 논문에는 구체적인 출처 표기는 없지만 내무성 통계로서, 1945년 3월까지의 동원수에 대한 구체적인 숫자가 나타나 있다).

16-3. 해외 발표문

16-3-1. 일본정부가 련합국에 제출한 우키시마마루

폭침사건 보고서

조선인강제련행진상조사단 중앙본부

사무국장 홍 상 진

⇧ 일본정부가 연합국에 제출한 우키시마호폭침사건 보고서의 잘못된 문제점에 대해 발표하는 홍상진 사무국장(오른쪽 첫번째)

일본정부가 1950년 2월 28일에 일본을 점령했던 련합국최고사령관 총사령부(이하 GHQ라고 표기함)에 제출한 우키시마호폭침사건에 관한 보고서를 조사단이 일본 외무성 자료에서 발견했다.

1950년 당시 일본 정부는 진상규명도 피해자의 유골수집도 못하면서도 벌써 GHQ에 "조선측이 배상요구를 제기해도 이를 용인할 수 없다."고 보고하고 있었다.

(*는 필자의 설명. 선인(鮮人)이란 차별용어이지만 원문에 의거해서 사용한다)

1) 자료에 대하여

(1) 입수경위

이 보고서는 2000년 12월 20일에 일본 외무성이 제16회 외교기록 공개 자료 중의 하나인 「태평양전쟁 종결에 의한 구일본 국적인의 보호 인양관계 잡건」이란 전8권 약1만 페이지에 달하는 문서 속에 포함되어 있었다. 그런데 그 차례에는 「특설운송함 우키시마호 조난 사건」이란 기록은 있었는데 그 자료만이 공개대상 이외문서라고 하였다. 조사단은 이 문제점을 명확히 지적하여 정보공개법에 근거해 개시청구를 거듭하여 자료를 입수하여 오늘 이 모임(옮긴이 주: 평양토론회)에서 처음으로 발표하게 되었다.

이 자료는 이 사건의 주관부서인 일본후생로동성이 아니라 외무성 자료에서 발견했다. 당시 후생성이 우키시마호사건의 경위와 정부의 방침 등을 외무성에 통보하고 있었으며 이 통보자료를 외무성이 보관하고 있었기에 발견할 수 있었다. 즉 응당 이 자료와 함께 더 상세한 자료를 주관부서인 일본 후생로동성이 가졌다고 추축된다. 그런데 일본 후생로동성은 우키시마호 피해자와 유가족이 일본 정부에 사죄와 배상을 요구한 일련의 재판에서 자료는 아무것도 "없다"고 하였다.

(2) 특징

지금까지 우키시마호폭침사건에 관한 일본 정부의 유일한 보고서는 1953년 12월 「수송선 우키시마호에 관한 자료」(우키시마호순난자추도실행위원회 「우키시마호 사건기록」1989년 수록)였다. 그러나 이번 자료에는 1953년의 정부 보고서를13페이지를 포함한 105페이지에 달하며 일본 정부의 배상책임 등의 중대한 방침이 포함되어 있다.

2) GHQ에 제출한 보고서

(1) 관련 부처에 송부한 설명

「우키시마호의 조난 및 이후의 처리에 대하여」(통지)
1950년 3월 2일(복2 제139호) 인양원호청 복원국 잔무처리부(引揚援護 局復員局第二復員局殘務處理部)로부터
외무성 정무국장, 해상보안청 차장, 마이즈루 지방복원잔무처리부장 앞.

표제의 건에 대해 별지와 같이 련합군총사령부 및 극동미해군사령부에 보고서를 제출했다(별지 일 · 영 량분첨) (영문생략).

(2) GHQ에 제출한 보고서
「우키시마호 조난 및 이후의 처리에 관한 보고」
1950년 2월 28일 인양원호청 제2복원국 잔무처리부장으로부터
Assistant Chief staff, G-2, GHQ, Scap. 앞
Cmmunder, Naval Forces, Far East. 앞
*위 영문 번역: GHQ참모부 제2부 및 극동미해군사령부 앞(참모부 제2부란 첩보, 보안, 검열 등을 담당한 점령정책의 결정에 큰 역할을 한 부서. (복사 송부처: 외무성 정무국장, 해안보안청 차장)

(별지)「우키시마호에 便乘한 조선인의 조난사건에 관한 설명 자료」

가. 경위

(a) 우키시마호의 행동 개요 (발취)
종전 직후 大湊지구에 있던 구해군군속 조선인 工員 다수는 련합군의 進駐를 극도로 무서워하며 歸鮮의 열망을 호소해 不穩한 기색이 나타났다. 일본 해군으로서는 이미 解員수속을 완료한 元工員에 대해서 이를 歸鮮시킬 의무는 없었지만 사태의 不穩한 해결을 바랐으므로 특히 특설 운송함 우키시

마호(4,730톤)에 그들을 便乘하게 하고 이를 南鮮에 수송 할 준비해(이하 생략)

(b) 遭難者救助와 전후의 숙박給養, 加療等의 조치 (생략)

(c) 조선측과의 그 후 爾後折衝狀況 (생략)

나. 今後의 日本政府의 自主的인 處理方針

(a) 人事處理

(b) 朝鮮側과의 交涉

① GHQ 및 조선대표로부터 공식적인 것으로 당연히 외무성 소관이 관찰하는 사항을 제외해서 그 외는 제2복원국 잔무처리부장이 이를 담당한다.

② 조선측의 정식 대표는 조선대표 (*2월 14일 문서에서는 「한국사절」이라고 표기됨) 의 추천있는(옮긴이주:추천인) 또는 조선인 민단(*한국민단)의 책임자가 아니면 안되며 이외의 사람의 제기에 대해서는 다른 성격과 권한으로 응하고 機宜善處한다.

③ 조선측이 구해군의 책임을 추궁해 배상요구를 제기해도 이를 용인하지 못한다. 뭐라고 하면(옮긴이 주:왜냐하면) 鮮人의 편승 수송은 해군의 의무는 아니고 완전한 호의에 근거하는 것이며 아울러 조난사건은 완전히 불가항력에 기인한 것이기 때문이다.

④ 便乘者의 員數에 관해 日鮮兩者의 조사에는 상당한 차이가 있는 것이지만 二復으로서는 當部調査의 성과를 현 단계에 있어서 최선의 것이라고 확신하기 때문에 鮮人측의 6천 수백 명 또는 8천 수 백 명 등과의 망언에 대해서는 특히 명확한 근거를 요구하지 않으면 안 된다.(이하 생략).

(c) 기타 (생략)

3) 분석

〈표 1〉 1950년까지의 교섭

	피해자측의주장	일본 정부의 주장
①교섭대상자	재일본조선인련맹	第二復員省
②폭침원인상	「自爆」	「触雷」
③피해자총수	6000名~8000名	3.735名
④배상등	• 배상해야 한다. • 피해자의 총수도 더 많다	• 所要資料全部の寫を朝鮮側に供　し. • 死沒者に對しては再び海軍工員に還元して身分取扱い　びに諸給　金を支給することに決定し. 多額の金錢を準備して之が領收　びに配分も聯盟側に委任する腹案を以て(以下略)

〈표 2〉 1950년 이후의 일본 정부의 방침

①교섭대상자	「在日朝鮮人聯盟」으로부터《조선측의 정식 대표는 조선대표(*2월14일 문서에서는 「한국사절」이라고 표기됨)의 추천있는(역자주:추천인) 또는 조선인 민단(*한국민단)의 책임자가 아니면 안돼....,》 라고 변경함.
②배상 등	「賠償要求等は之を容認することが出來ない」라고 명확히 거절하면서 그 리유를 「旧海軍の絶大な好意に基づく便乘被許可者の送上に於ける全くの不可抗力に起因する災難」라고 규정했다.
③수송 경위	《조선인 공원 다수는 련합군의 진주를 극히 무서워 하며》 우리 동포들은 첫 시기 미군의 본질을 몰라 일본 주둔을 환영하였다. 미군의 일본 감정에 공포심을 가진 것은 우리 동포가 아니라 일본 정부와 군부들이다. 완전한 왜곡.

4) 결론

(1) 자료공개와 진상규명:

(2) 교묘한 책임회피 방침

- 앞뒤가 다른 이중보고
- 각개격파전술

(3) 유골문제등

16-3-2. 일제가 해군수송선 〈우키시마호〉를 폭침시켜 조선인민을 학살한 만행의 본질과 교토부조선인강제련행조사단의 활동에 대하여

조선총련・교토부조선인강제련행진상조사단
상임고문(이전단장) 류 구 채

저는 조선민주주의인민공화국 창건 55돐 기념행사에 앞서 진행된 최고인민회의 제11기 제1차 회의에서 변함없이 국방위원장으로 높이 추대된 경애하는 김정일 장군님께 이 뜻 깊은《평양토론회》개최에 따뜻한 배려를 돌려주신데 대하여 마음속으로 감사를 드리는 바입니다.

저는 올해 5월 남조선의《우키시마호폭침진상규명회》의 초청으로 전재진 회장, 유가족과 생존자 여러분들의 상봉, 8월 24일 교토 마이즈루에서의 우키시마호에 탄 동포 희생자들의 추도모임에 참가한 남조선 광주시의 각계인사와 대학생들과의 상봉을 어제처럼 회고하면서 조선반도의 북과 남, 재일동포들이 이 자리에 함께 모여 모임을 가지게 된 것을 기쁘게 생각합니다.

저는 6.15평양공동선언의 정신에 립각하여 우리 민족끼리 힘을 합쳐서 조선에 저지른 일제의 죄악을 더욱 철저히 규명하고 온 세상에 폭로해 나가도록 전력을 다하겠습니다.

여기서는 일제에 의한《우키시마호폭침사건》의 본질과 조선총련 교토부조선인강제련행진상조사단의 활동을 개괄하여 말씀드리고자 합니다.

1) 《우키시마호》 폭침은 일제의 계획적인 만행

일제는 강제련행된 조선사람을 군사적 로동력으로 독점자본의 전시 초과리윤을 최대한 보장하는 소모품으로 일본 각지에 배치하고, 아오모리현 시모키타반도에 강제로 끌려간 수많은 동포들은 《오미나토해군시설부》의 통제하에 비행장 건설, 굴파기, 항만, 도로, 철도, 댐등의 건설장에 위험한 로동을 강요당하고 비참한 처지에서 허덕이였습니다. 8.15 조국광복을 들끓는 환희로 맞이한 동포들은 그리운 조국으로 귀국하느라고 오미나토항에 모여 들었는데, 일본 관헌 당국은 제반 범죄증거의 은폐와 변명, 책임회피로 궁지에 빠졌고 일본 해군내에 배를 낸다니 안 낸다니 심한 대립 가운데 4,730톤의 《우키시마호》가 동포 유골 19구, 3,735명의 동포들을 태워 8월 22일 밤 10시에 출항했다고 하며 일본 해군 255명이 승선했다고 합니다. 배는 부산항으로 향하지 않고 마이즈루만에 들어서자 폭발하여 침몰했습니다. 일본해군의 계획적인 폭파였습니다.

미군 B29 폭격기가 투하한 기뢰에 접촉했다는 것은 근거가 없으며 거짓말입니다. 일본 당국이 1954년에 침몰 9년만에 배를 인양(引揚)하는 작업을 실시하였는 바 당시 일본 신문 일간지 《고쿠사이신문》 1954년 10월 9일호 제1면에 《해저에 유체를 9년간 방치! 조사단이 규명하여 밝힘》 이란 표제로 관련 사진과 함께 대서특필의 기사를 실었습니다.

조사단 성원인 타무라 유키오(田村敬男) 일조협회교토부련 리사가 조사보고서에서 《…배의 선저의 파괴상태는 내부폭파의 물적증거》를 명시함을 지적하였고, 1975년 조총련의 동북지방(東北地方) 조선인 강제련행 조사활동 때에 아사히신문 도쿄도 본사 발행의 기사는 일본 헌병 미나미가 마이즈루의 《타히라해병단》(平海兵團)의 림시수용소에서 《자기는 전에 기뢰를 당한 경험이 있지만은〈우키시마호〉는 기뢰에 인한 폭침이 아니다》 라는 발언을 인용하고 있었습니다. 또한 올해 5월 초순 남측의《우키시마호폭침진상규명회》의 초청으로 충남의 천안시에 가서 관계자들과 구사일생으로 살아난 생존자 분들과 상봉, 교류를 하였습니다만은《일제 해군들이 침몰 직전에 보트를 타고 도망가는 것을 목격했다》는 분노의 증언을 직접 들었습니다. 그리고 폭침 현장 가까이의《시모사바가》란 어촌의 일본 주민들과 마이즈루항만 관계자들의 증언에 의하면《바다의 소해작업이 추진되고 〈우키시마호〉가 통과한 십 수분전에 같은 해로(海路)에 수척의 배가 입항한 목격 증언도 있습니다.》

이와 같이 물적증거, 상황의 목격증언의 가지가지의 사실을 일제 군인들에 의한 야수적인 학살만행 행위로서 절대로 용서 못합니다. 조선예술촬영소가 주체89(2000년)년에 제작한, 이 사건을 주제로 한 영화《살아있는 영혼들》은 진실을 사실주의적으로 묘사하고 있었으며 저는 몇 번이나 감상하면서 울고 울었습니다.

2) 재일동포들의 투쟁과 일본 인민들과의 련대활동

이어서 언급되여야 할 것은 재일동포 조직과 동포대중의 일본 당국과의 투쟁 및 일본 국민 각계각층의 교류활동입니다. 1945년 11월초 재일조선인련맹 대표가 일본 해군차관들과 면단교섭에서 배의 승선자는 6천명을 넘었다고 지적하고 폭침의 원인구명(究明), 인도주의적 처리, 배상을 요구하였으며 현지 동포들도 일본 당국의 비인도적 처사에 대하여 항의투쟁에 나섰습니다. 재일본조선인해방구원회 교토부 본부는 일본국민구원회 교토본부와 련대하여 마이즈루지방복원잔무처리부와 관계당국에 침몰원인의 구명, 사망자수의 확인 및 보상, 희생자의 유골을 인도주의적으로 대하는 문제 등을 요구하여 매일과 같이 투쟁하고 일본 인민들과의 진정한 친선련대를 깊이하면서 1960년부터 매년 8월 24일에는 일본인 단체가주최하는 추도집회에 조선총련조직 대표와 동포들과 학생들이 적극 참가하여 깊은 추모와 력사적 사실의 교훈을 강조하였습니다.

당시 조선인민에 친선의 정을 두터이 하는 진보적 인사 오야마 이쿠오 국회의원, 스에가와 히로시 리츠메이칸 대학총장을 비롯한 각계각층 인사들의 성의있는 활약을 잊지 않습니다.

《전후풍화》가 운운되고 있을 때 조선민주주의인민공화국에 방문한 바 있는 사다니 마이즈루 시장을 회장으로 한《우키시마호희생자추도의 비석건립실행위원회》가 1976년에 설립되어 조선총련과 동포들의 적극적인 협력으로 1978년 8월 24일 사건의 33돐을 즈음하여 건립된 비석의 제막식이 300여명의 참가자로 엄숙히 거행되였습니다. 잔디가 깔린 100평의 공원에 선 비석은《어린아이를 안고 선 저고리를 입은 어머니상》으로 다섯명의 군상조각입니다. 이것을 만들기 위해 많은 사람들의 성의있는 행동이 있었습니다. 마이즈루 조선초중급학교의 녀성 선생을 모델로 하여 주먹밥을 먹어가면서 밤늦게까지 조각 만드는 작업을 한 일본 중학교 미술교원, 동포상공인 토지정비공사의 헌신 등이 있었습니다.

총련 교토본부가 기획하고 재일본조선문학예술가동맹 교토지부가 작사·작곡한 추도가를 우리 조선학교 학생들이 출연하여 1985년부터 매년 부릅니다. 저희들은《우키시마호》가 출항한 곳인 오미나토에서 총련 아오모리현 본부와 공동성명을 1990년에 현지에서 발표한 후 1999년에는 남측《우키시마호폭침진상규명회》와의 공동성명, 올해는 8월 23일에 성명을 내고 경위와 본질적 문제를 밝히고 신문과 텔레비전에 반영하였으며, 매년 추도사도 시기와 정세지적, 우리의 요구, 지향의 올바름을 반드시 언급하였습니다.

저희들은 도쿄도의《우천사》의 희생자 유골 추도, 공양을 하는 추도회 조직과 련대하면서 1993년 8월 유엔인권위원회 제45차 차별방지소수자보호위원회에 출석하여 세계 각국 대표들에게 일제의 야수적 만행을 적극 호소하였습니다.

이 자리에서 꼭 말씀드려야 할 것은 재판문제입니다.

3) 이른바 《재판》 문제

12년 전에 교토지방재판소에 유가족과 생존자들이 제소하였습니다. 일본의 위정자(僞政者)의 잘못된 자세로 하여 찬성하지는 않았습니다만은 재판투쟁에는 견해를 주며 지원하였습니다.

올해 5월 30일 오사카고등재판소에 가서 반청하여 원고자들과 벗들인 일본인 변호사와 담화도 했습니다만은 《판결》은 교토지방재판소가 내린 극일부의 긍정적인 판결마저 뒤집어버리고 이른바 《기각(棄却)으로서 공소심판결(控訴審判決》은 원고의 전면 패소(敗訴)로 크게 보도되였습니다.

일제가 저지른 죄를 반성하지 않은 일본 당국의 태도가 지배적인 상황에서 일본재판소에서 일본법으로 일본재판관이 재판을 진행하는 것이 가소로운 것으로 봅니다. 일본 당국의 근본적인 정책전환이 긴요하게 요구됩니다. 일본재판소에 《공소》 한 원고자들이 남측 재판기관에 《제소》 하면 빠른 시일 안으로 《승소》 할 것으로 봅니다.

4) 조선총련 · 교토부조선인강제련행진상조사단의 활동과 결심

끝으로 교토부 조선인강제련행진상조사단에 관하여 말씀드린다면 1991년 6월 25일 100명의 조일 관계자들이 모여서 결성하였습니다만은 ’73년 홋카이도, ’74년에 큐슈, ’75년에 도호쿠 지방, ’79년 히로시마와 나가사키현에 조사활동의 귀중한 경험, 1980년대에 앞선 각 부 현들의 경험을 배워가며 교토부내에 9개소의 조선인강제련행, 강제로동, 학대한 장소 중에 마이즈루를 비롯한 3개소에 집중조사사업을 진행하여 조사기록인 소책자 1호, 2호를 발간하고 신문, 텔레비전, 라디오, 잡지 등

에 보도되도록 힘을 썼으며 조선인강제련행진상조사단 전국교류집회에 매년 참가하는 한편 대외적 강연회, 동포들을 위한 강좌에 적극 출연하였습니다. 아직 부족한 것이 많고 할 일이 많다는 것을 깊이 명심하고 있습니다. 일본에서는 반조선, 반총련, 반조선인의 반동놈들의 비렬한 책동의 바람이 불고 있습니다. 총련시설에 대한 폭발물 투입, 동포들과 조선학교 학생에 대한 폭행 등의 억압행위가 발생하고 있습니다. 그러나 우리는 절대로 굴하지 않고 민족 자주성과 존엄, 민족적 긍지를 고수하며 끝까지 투쟁하여 승리하겠습니다. 《우리는 일본과 계산할 것이 너무도 많습니다.》

16-3-3. 일본 도쿄 유텐지(우천사)의 유골과 일본 정부의 책임에 대하여

東京 조선인강제령행진상조사단

고 문　이 일 만

일본 동경에서 벌리고 있는 浮島丸폭침사건과 관련한 운동에 대하여 보고하겠습니다.

사건이 일어난 지 58년 세월이 흘렀습니다. 북측의 기조보고와 남측 전재진 회장의 보고 등에서 명백한 바와 같이 이 사건에 대해서는 진상을 비롯해서 밝혀야 할 점이 많습니다.

예컨대 귀국하는 우리 동포들을 태운 제1차선은 1945년 9월 16일에 떠난 雲仙丸인데, 浮島丸는 어째서 일본의 패전 일주일 만에 서둘러 출항했는가? 왜 부산으로 곧바로 안가고 舞鶴만에 입항하였는가? 그 다음으로는 폭침한 원인과 승선자 및 희생자 수입니다.

저는 오늘 유골문제를 중심으로 보고하려 합니다.

東京 23區 한복판에 자리잡은 目黑區에 祐天寺(우천사)라는 절이 있습니다. 1718년 江戸막부시기에 지어진 유서깊은 우천사에 浮島丸폭침으로 희생된 우리 동포들의 유골이 납골되여 있습니다. 해마다 8월 22일이면 이 절에서 "조선인전쟁희생자추도회"가 진행됩니다. "浮島丸폭침희생자추도회"라고 하지 아니하고 "조선인전쟁희생자추도회"라고 하는 것은, 높이가 2m, 둘레가 3m나 되는 큰 단지에 東京국제재판에서 B・C급 전범이 되어 처형된 사람들과 神風특별공격대 및 ブラウン섬에서 개죽음당한 구일본군 군인, 군속들의 유골이 한데 뒤섞여 들어있기 때문입니다.

납골당 위패에는 "태평양전쟁 조선반도출신 구일본군 군인 군속 전몰자의 령"이라고 쓰여 있습니다. 이것은 일본 정부가 조선인 희생자들을 태평양전쟁의 구일본군 군인, 군속으로서 추모하고 있다는 것을 의미합니다. "조선인전쟁희생자추도회"는 지금으로부터 15년 전인 1989년부터 시작되였습니다. 추도회는 東京 立教대학의 後藤均平 교수가 중심이 되여 준비하였는 바 그들은 추도회 날짜를 8월 22일로 정하였습니다. 8월 22일은 배가 폭침한 날이 아니라 부산을 향해서 青森 大湊항을 떠난 날입니다.

어째서 8월 22일로 정했는가 하면 그 날은 일본이 우리 조선을 불법적으로 "합병"한 날, 우리가 말하는 "국치일", 일본이 만대에 씻을 수 없는 죄를 지은 날입니다. 추도회 준비인들은 "가해자인 일본의 가해책임을 온 천하에 밝히기 위하여" 8월 22일로 잡았던 것입니다.

浮島丸 희생자들의 유골이 東京《우천사》에 안치된 것은 1971년 6월입니다. 사건 당시 현장에서 회수된 유골은 舞鶴해병단에 가매장되였으며 배와 함께 가라앉은 유골은 회수되지 않았습니다.

1953년 3월 선미부분(옮긴이: 배 뒷부분)을 인양했는데 그 때 103구의 유골이 회수되였습니다. 이 유골은 사건 당시 가매장되였던 유골과 함께 화장되였습니다.

1954년 1월에 선수부분을(옮긴이: 배 앞부분) 인양했는데 그 때도 245구의 유골이 회수되였습니다. 이 유골들은 舞鶴의 東本願寺 別院에 보관되었다가 1965년 일본 정부 후생성인양원호국을 거쳐 1971년 6월 東京《우천사》에 옮겨졌습니다.

일본 정부 외무성 및 후생성 간부들과 친교가 있었던 당시 우천사의 주지, 현재 주지의 부친이 정부가 관리를 매우 곤란해 하고 있다는 것을 알고 "자기 집에 안치하겠다."고 한 것입니다. 그래서 폭침당한 京都 舞鶴가 아니라 東京에 오게 된 것입니다. 주지스님은 불교도의 량심으로 보관을 맡았는데 일본 정부는 책임을 회피한 것입니다.

지금도 유골의 관할권은 일본 정부 후생성에 있습니다. 유골을 스스로 수집・회수하려 하지 아니한 일본 정부의 무책임한 립장은 안치된지 서른 두 해가 되는 오늘까지 정부 후생대신이 우천사를 찾은 것이 단 한번 밖에 없다는 데서도 뚜렷이 나타나고 있습니다. 물론 우리 추도회에는 나오지 않습니다.

1971년 6월 현재 2,231주 있었던 유골이 오늘은 1,140주, 그 중 浮島丸 희생자가 280주, 어린이 유골이 54주가 계속 무주고혼으로 남아 있습니다. 이 대부분은 이북 출신 사람들의 유골입니다.

왜냐하면 이남 출신자들의 유골은 1971년 11월 20일에 38주, 1974년 12월 8일에 198주, 1976년 10월에 5주가 남측 유가족들에게 반환되였으며 일부는 유가족들이 직접 찾아갔기 때문입니다.

유골이 든 함의 이름은 "창씨개명"된 거짓이름이였다는 것과 유골의 인도는 유가족들에게 직접 전해진 것이 아니라 김포와 부산공항에서 정부 관계자한테 넘긴 것으로 알려져 있습니다. 어떤 유가족은 유골이 아버지 것인지 아닌지 알 수 없 때문에 받기를 거절했다고 합니다.

後藤均平 교수는 1998년에 세상을 떠났습니다. 지금은 小林喜平, 鈴木公一씨들이 그 뒤를 이어 추도하고 있습니다. 우리 총련과 민단 측에서 대표가 참가하고 있습니다. 오늘 본 보고는 추도회실행위원회의 위임에 따라 보고하는 것입니다. 그들은 유골을 유가족들에게 넘겨드리는 그 날까지 유골을 지켜나가겠다며, 올 여름 일본 국회에서 성립된《유사관련3법》이 일본을 다시 전쟁으로 내모는 악법이라면서《다시는 죄스러운 가해자가 안 되기 위하여》"조선인전쟁희생자추도회"를 대를 이어 계속해 나가겠다고 말하였습니다.

이북 출신의 수많은 《살아있는 령혼들》이 해방된 조국, 새 생활이 활짝 꽃피는 고향에 돌아오지 못하고 있습니다. 조·일국교가 정상화될 때 우천사에서 구천을 떠도는 모든 령혼들은 세기를 넘어서 제 고향에 돌아올 것입니다.

작년 9월 17일 력사적인《조일평양선언》이 발표되었습니다. 그러나 일본에서는 이른바《랍치》문제를 놓고 반공화국, 반총련, 반조선인 광풍이 휘몰아쳤습니다.

浮島丸가 떠난 青森현에는 齊藤作治 선생을 중심으로 무어진 "下北지역문화연구소"가 있고 齊藤 선생이 그 대표를 맡고 있습니다. 齊藤 선생은 "랍치도 문제지만 우리 일본이 과거 조선과 조선사람들에게 무슨 짓을 했는가? 조고생들 앞에 서겠다."고 작년 11월 2일 눈 오는 青森에서 東京조선중고급학교에 나와 주셨습니다.

강연에서 선생은 왜 青森에 그다지도 많은 조선사람들이 있었는가? 그들이 그 곳에서 어떤 강제로동에 시달렸는가? 浮島丸 폭침의 의문점들을 언급하면서 이 사건의 진상규명은 일본 정부가 책임지고 해야 한다는 것, 자기 여생을 다 바쳐서 이 운동을 하는 것은 일본이 과거를 옳게 청산해야 민족의 긍지가 생기기 때문이라고 말하였습니다.

올해도 8월 22일에 추도회가 진행되였습니다. 참가자들은 이구동성으로 "浮島丸사건을 망각해도 안 되고 풍화시켜서도 안 된다." "무슨 랍치문제를 떠들기 전에 일본은 자신이 저지른 과거를 똑바로 보고 모든 사실을 다 밝혀야 하며 사죄와 보상도 해야 한다"고 말하였습니다.

유골과 관련해서 또 하나 중요한 문제가 있습니다. 앞서 언급한 바와 같이 과거에 일본은 두 차례에 걸쳐 가라앉은 浮島丸 선체를 인양한 일이 있습니다. 인양의 목적은 물론 폭침 원인의 구명이나 유골의 수집, 회수가 아니였음은 자명한 일입니다. 쇠가 필요했던 것입니다.

이남의 월간잡지 "남북이 함께하는 민족21" 창간호(2001. 4) 특집에 의하면 오늘도 舞鶴만 사건 현장에는 浮島丸의 밑바닥 부분이 그대로 남아 있으며 그 안에 엄청나게 많은 유골이 가득하다고 보도했습니다. 이것은 현재 여기저기서 이야기 되고 있는 승선자 및 희생자 수가 정확하지 않다는 것을 웅변으로 말해줍니다.

우리는 앞으로도 계속 현대사의 한 페이지를 이악하게 파헤쳐 浮島丸 폭침사건의 진상을 규명하며 일본 정부에 대하여 사죄와 보상을 요구해 나갈 것입니다.

특히 유골의 완벽한 수집과 회수, 승선자 및 희생자들의 명부를 완성시켜 나갈 것입니다.

浮島丸 사건의 진상을 밝히기는 커녕 도리어 무마해 온 일본이 과연 국가의 모랄, 민족의 품위가 있겠습니까?

자신의 반성은 제쳐 놓고 남을 함부로 중상비방하는 것은 국가와 민족의 타락입니다. 일본은 해외 침략에 나선 구일본군 군인들의 유골을 찾으려 이미 100번 이상 현지답사를 하고 있으며 600억엔이 넘는 막대한 자금을 쓰고 있습니다.

과거를 청산하지 않는 일본은 "전후처리"를 깨끗이 못하고 있는 것으로 계속 패전의 그 날, 그 자리서 벗어나지 못하고 있는 것입니다. 우리 민족에 대한 과거청산이 끝나는 날 일본의 전후도 끝납니다. 일본은 성의있고, 의미있는 사죄와 배상을 하여야 진짜 책임을 다 하는 것이며, 일본의 패전에 결착을 짓고 쓸만한 교훈을 찾을 수 있습니다. 우리는 그 날까지 계속 전진할 것입니다.

16-3-4. 오늘도 계속되는 일본의 식민지주의
-〈강제련행〉문제는 바로 오늘의 문제이다-

전쟁과 여성에 대한 폭력 일본네트워크
조사위원　김　영

재일조선인 2세인 제가 조국을 방문하여 이렇게 뜻깊은 토론회에 참가하여 보고를 할 수 있게 해 주신 〈조선일본군《위안부》및 강제련행 피해자보상대책위원회〉에 먼저 진심으로 감사 인사를 드립니다.

1) 〈치마저고리 폭행사건〉

작년 9월 17일. 력사적인 〈평양선언〉이 발표되고 새로운 조일관계시대의 대문이 열리기로 되여 있었는데 일본에서는 그 〈랍치문제〉만이 크게 보도되고, 그것을 구실삼아 반공화국 캠페인을 전개하였던 것입니다. 그 날부터 일본 전국 각지에 있는 조선학교와 총련 각 기관에 대한 협박과 조선학교 학생에 대한 폭행사건이 일어나기 시작했습니다. 그러다가 올해 1월에 도쿄조선중고급학교 녀학생의 교복인 치마저고리가 칼로 찢기는 사건이 일어난 것입니다. 오늘 토론회장 뒤편에 사진이 전시되어 있는데 저것은 1994년의 피해사진입니다.

이런 〈치마저고리 폭행사건〉은 1989년부터 4~5년에 한번씩 되풀이 되었습니다. 1989년 〈빠징고〉 의혹, 그리고 1994년은 〈핵의혹〉, 1998년은 〈미사일 의혹〉, 2002년 소위〈랍치문제〉 때에 조선학교 학생들이 많은 피해를 입어 왔습니다. 저고리의 소매를 찢기거나 〈조선인은 죽어라〉라는 말을 들으면서 치마를 60센치미터나 찢기던 사건, 전차 안에서 가위로 머리카락을 잘랐던 사건, 초급학생의 학교가방을 칼로 찢긴 사건, 칼로 손에 상처를 입은 사건 등 일련의 사건은 어린 학생들에게 덤벼드는 비겁하고 용서 못할 사건들이였습니다.

또한 직접적인 폭행사건은 아니지만 몇 개월이나 매일같이 협박전화가 계속되였는데 〈조선학교 녀학생을 랍치하여 강간했다〉등 일부러 잔인한 내용으로 협박함으로서 피해자들에게 더욱 큰 공포심과 불안감과 큰 스트레스를 준, 이 역시 비겁한 사건들이 일어났던 것이였습니다. 즉 직접 폭행을 당하지 않은 학생들도 언제 자신도 그런 일을 당할지 모른다는 공포심에 떨고 있습니다. 일본 각지에서 일어난 이와 같은 조선학교와 총련기관에 대한 협박을 포함한 일련의 사건은 60건 혹은 100건이나 되였는데, 이번에는 작년 9월부터 올해 3월까지 실로 300건 이상이나 되였습니다.

그러면 이와 같은 〈치마저고리 폭행사건〉과 협박 등은 일본의 어떤 상황 속에서 일어났는가? 다음은 그 배경에 대하여 살펴보도록 하겠습니다.

2) 군사주의 국가를 만들자는 일본

〈치마저고리 폭행사건〉이 일어난 약 10년간은 일본이 우익화를 심화시킨 10년이였다고 말할 수 있습니다. 량심적인 일본인들이 조선학교 학생들의 인권을 보호하고 〈치마저고리 폭행사건〉을 철저히 규탄하는 운동도 벌였으나 이러한 폭행사건은 계속 되풀이되였습니다. 특히 1998년부터 오늘까지 일본은 과거처럼 아시아 나라를 위협하는 군국주의 나라가 될 준비를 해 왔다고 볼 수 있습니다. 1998년 8월 31일. 일본 신문에는 일제히 공화국에서 〈대포동〉이란 미사일이 발사되고 일본을 위협한다는 내용이 게재되었습니다. 그 다음 날부터 〈조선사람을 죽인다.〉등으로 협박행위가 시작되였는데 일본신문보도는 〈미사일의 위협〉 일색이 된 것입니다. 그러나 실은 그 전날까지 〈주변사태법안〉은 일본의 자위대를 군대화 할 수 있게 만드는 법안이라고 말할 수 있기 때문에 신문상에서도 많은 론의가 전개되고 있었습니다. 그 같이 〈미사일 위협〉이 지면의 많은 부분을 차지하게 되자 어느 새 〈주변사태법안〉 론의가 없어지고 다음 해에는 법제화 돼 버린 것이였습니다.

그 후 일본 정부는 천황을 받들자는 〈국기・국가법〉, 국민을 철저히 관리하고 군사주의 국가를 만들자는 〈주민기본대장법〉이나 〈테러대책방지법안〉, 〈유사관련 3법〉등을 모두 성립시키고 말았습니다.

일본 정부는 공화국 적대시 정책을 펼치고 일본 사람들에게 공화국에 대한 편견을 심고 그것을 이용하면서 아시아에 위협을 주는 군사주의 국가가 될 준비를 해 온 것입니다.

3) 피해자를 계속 괴롭힌 또 하나의 죄

올해가 우키시마마루 폭침사건 58주년이라는 것은 즉 일본의 침략전쟁과 식민지정책이 망한 지 반세기 이상이 지나갔다는 것입니다. 그런 오랜 시간이 지나갔음에도 불구하고 아직도 일본에 사는 우리 동포들은 민족적 차별과 편견에서 완전히 해방되지 않았습니다. 식민지 정책이였던 〈창씨개명〉이나 동화교육은 조국의 해방과 동시에 없어졌음에도 불구하고 지금도 재일조선인의 80% 이상이 〈창씨개명〉된 일본이름으로 살 수 밖에 없다는 것이 현실입니다. 조선사람으로서 당당하게 살아가기가 힘든 일본의 차별적 상황은 역시 이 10년여 동안에 더욱 심해졌습니다.

〈새 력사교과서를 만드는회〉라고 해서 식민지를 긍정하고 일본군 〈위안부〉의 존재나 강제련행 등의 일본의 력사적인 범죄행위를 은폐하고 내용을 왜곡하려는 모임이 생긴 시기부터 조선사람들을 비롯한 외국인 배제사상이 더욱 만연하게 되였습니다.

한편 일본 정치가들도 식민지 지배를 긍정하는 발언을 거듭하고 있는데 그에 대한 항의의 목소리가 잘 나오지 않는 것이 지금의 일본인 것입니다.

일본 정부는 우키시마마루 폭침사건의 진상을 감추고 조사도 하지 않은 것에서 전형적으로 나타나고 있는 것처럼 식민지 범죄의 사실을 조사하기는커녕 오히려 이미 밝혀진 력사적인 범죄 사실도 적지 않게 부정해 온 것입니다. 이는 바로 반세기 이상의 오랜 시간에 걸쳐 피해자를 계속 괴롭히고 정신적인 고통을 주어 왔다는 것이며 그런 의미에서 또 하나의 죄를 범하고 있다고 말할 수 있는 것입니다. 그런 일본에서 사는 재일동포는 그 정신적 상처를 직접 입게 되는 존재로서 이런 문제들이 결코 과거의 문제가 아니고 일본의 식민지주의가 8.15 이후에도 계속 남아 있었던 것을 잘 알고 있는 증언자들입니다.

저는 그 증언자인 재일조선인의 한 사람으로서 앞으로도 일본의 식민지주의를 반대하고 규탄하며 우리는 진상을 규명하기 위하여 더욱 노력해야 할 것입니다.

Organization of Fact-finding Investigation
of the Wookishimaho Sinking
by an Explosion

16-4. 유엔인권판무관대리에게 보내는 편지

유엔인권고등판무관 대리 베르트란드 쥐. 람차란 선생. 우리는 세계적 범위에서 인권 보호증진을 위하여 많은 노력을 기울이고 있는 선생

⇧ 평양토론회에서 채택한 문건과 성명서를 발표하는 장면

에게 경의를 표하는 바입니다.

우리들, 일본의 과거청산을 요구하여 활동하는 조선의 북과 남, 해외의 단체 대표들과 연구자, 피해자 및 유가족들은 오늘 조선민주주의인민공화국의 수도 평양에서 《우키시마마루》 사건의 진상규명을 위한 토론회를 진행하고 선생에게 이 편지를 보내게 됨을 기쁘게 생각합니다.

토론회에서는 제2차세계대전이 종결된 직후에 일본의 마이즈루만에서 있은《우키시마마루》 폭침사건이 일본정부에 의하여 저질러진 우리 인민에 대한 대학살 범죄였다는 것이 자료적으로 광범위하게 폭로 단죄되었습니다.

간단히 상기시켜 드린다면 1945년 8월 24일 일본군은 마이즈루만 앞바다에서 해군수송선《우키시마마루》에 대한 고의적인 폭침사건을 조작함으로서 광복을 맞이하여 그립던 고향으로 돌아갈 수 있게 되었다는 기쁨을 안고 그 배에 올라탔던 수 천 명의 조선사람들을 살해하는 만행을 저질렀습니다.

당시《우키시마마루》에는 일본에 강제로 끌려가 오미나토 해군기지를 비롯하여 아오모리현과 홋카이도의 죽음의 고역장에서 강제노동을 강요당하다가 구사일생으로 살아남은 수 천 명의 조선사람들이 타고 있었습니다.

일본군은 군사기지건설에 동원되었던 조선인 노동자들을 모조리 죽여 없애버림으로서 군사기지 비밀을 지키고 저들이 저지른 비인도적 학대행위와 살인범죄를 영원히 묻어버리며, 침략전쟁에서 당한 쓰디쓴 패전의 앙갚음을 하기 위하여 이와 같은 잔인한 대학살만행을 저질렀던 것입니다.

이것은 일본군이 패전 직후에 일본 당국의 비호 아래 감행한 극악한 조선인 집단학살사건으로서 응당 사건 직후에 그 진상에 대한 철저한 조사와 책임자 처벌, 희생자들에 대한 보상이 실시되었어야 하였을 것이었습니다.

그럼에도 불구하고 일본 당국은 사건 발생 당시부터 철저한 보도관제를 실시하여 저들의 범행이 내외에 알려지는 것을 막으려 하였으며 전후 반세기가 훨씬 지난 오늘까지도 엄연한 이 범죄사실에 대하여 전면 부정하면서 진상규명과 피해보상을 위한 그 어떠한 실천적 조치도 취하지 않고 있습니다.

전체 조선인민은 인간의 생존권을 무참히 유린말살한 일본군의 치떨리는 반인륜범죄에 대한 진상조사를 회피함으로서 피해자들과 그 유가족들에게 2중, 3중의 고통을 강요하고 있는 일본당국의 반인륜적 처사를 준렬히 단죄규탄하고 있습니다.

선생도 아는 바와 같이 지난 기간 여러 국제기구에서는 과거 일본이 감행한 강제노동범죄와 성노예범죄를 중대한 국제법 위반행위로 규정하고 일본정부에 그에 대한 보상 조치를 취할 것을 권고해 왔습니다.

그러나 일본 당국은 반인륜적인 과거 죄행에 대해 한사코 부정하면서 국제사회의 정당한 요구와 권고를 어느 하나도 받아들이지 않고 있습니다.

이러한 조건에서 우리는 유엔을 비롯한 권위있는 국제기구들이 일본정부로 하여금 과거죄행에 대한 진상규명과 보상을 위한 실천적인 대책을 취하도록 보다 강력히 요구해야 한다고 인정하면서 선생에게 다음과 같이 요청하는 바입니다.

첫째로, 유엔인권고등판무관 사무소가 유엔인권에 관한 위원회로 하여금 《우키시마마루》 사건의 진상을 전면적으로 조사규명하기 위한 국제조사단을 조직파견하고 일본정부에 《우키시마마루》사건의 진상 규명과 피해자들에 대한 사죄, 보상을 요구하는 조치를 취하도록 하며,

둘째로, 일본정부가 지난 기간 유엔을 비롯한 여러 국제기구들이 일본의 과거범죄와 관련하여 채택한 결의와 권고들을 존중하고 그 이행을 위한 실천적인 조치를 취하도록 각방으로 영향력을 행사해 줄 것을 정중히 제의합니다.

우리는 일본이 과거 조선인민에게 감행한 반인륜적 범죄들을 철저히 규명하고 그에 대한 사죄와 보상을 받아냄으로서 억울한 희생을 강요당한 모든 피해자들의 존엄과 명예를 회복하기 위하여 끝까지 노력할 것입니다.

끝으로 인권옹호를 위해 활동하고 있는 유엔의 여러 기구들이 과거 일본이 조선인민에게 저지른 중대 인권침해행위들을 추궁하는 정의의 활동을 계속 벌려 주리라는 기대를 표명하면서 귀하의 책임적인 사업에 보다 큰 성과가 있을 것을 바랍니다. 경의를 표하면서

북측 조선 일본군《위안부》 및 강제련행피해자보상대책위원회
일제의조선강점피해조사위원회
남측 우키시마호폭침진상규명회
일제강점하조선인강제동원피해진상규명등에관한특별법제정추진위원회
해외측 조선인강제련행진상조사단

2003년 9월 29일

평 양

16-5. 일본정부에 보내는 편지

우리들, 일본의 과거청산을 요구하여 활동하고 있는 조선의 북과 남, 해외의 단체 대표들과 연구자들, 피해자 및 유가족들은 조선민주주의인민공화국의 수도 평양에서 《우끼시마마루》 사건의 진상규명을 위한 토론회를 진행하고 귀 정부에 이 편지를 보낸다.

이번 토론회에서는 수 천 명의 무고한 조선사람들이 살해된 《우끼시마마루》 사건의 진상이 반세기가 훨씬 지난 오늘까지도 올바로 규명되지 않은 채 흑막 속에 묻혀 있는데 대해 심각한 우려가 표명되고 지금까지 조사된 자료들에 기초하여 이 사건의 비극적인 피해상과 범행동기, 범죄의 엄중성과 그 해결책이 집중적으로 논의되었다

우리들은, 《우끼시마마루》 사건의 책임이 전적으로 일본정부에 있다는 것을 확신성있게 주장하면서 이를 안받침하는 몇 가지 심중한 문제점들에 대하여 상기시키는 바이다.

우선 《우끼시마마루》 사건은 귀 정부가 표방하는 것처럼 그 어떤 우발적인 사고가 아니라 명백히 사전에 계획되고 조직적으로 감행된 조선인대학살범행이라는 점이다.

일본이 패망한 직후 1945년 8월 22일 구 일본해군은 홋카이도와 아오모리현의 군사기지건설장에서 노예노동에 내몰았던 조선인 강제연행자들을 고향으로 보내준다고 속여 4,730톤급 해군수송선 《우끼시마마루》 에 태운 다음 8월 24일 마이즈루 앞바다에서 폭침시켜 수 천 명의 무고한 조선 사람들을 학살하였다.

이 대학살만행이 사전에 치밀하게 계획된 범행이라는 것은 조선사람들을 노예처럼 학대하던 구 일본군이 갑자기 선심을 쓰며 고향에 보내준다면서 거의나 강제로 승선시킨 사실, 처음부터 항로를 목적지인 부산이 아니라 폭침 장소인 마이즈루항으로 정한 사실, 폭발 직전에

《우끼시마마루》에 탔던 일본인 해군 장교들과 사관들이 전마선를 타고 급히 탈출한 사실 등을 통하여서만도 명백히 알 수 있다.

그럼에도 불구하고 일본 정부는 지금까지 이 사건이 기뢰에 의한 우발적인 사고인 것처럼 묘사하면서 사건의 진상규명을 고의적으로 회피하여 왔다.

다음으로《우끼시마마루》사건은 일본 당국의 지시와 묵인 하에서 감행되었으며 따라서 일본 정부는 사건 해결의 책임에서 절대로 벗어날 수 없다는 점이다.

당시 일본 정부는 패전과 함께 저들의 침략전쟁수행을 위하여 강제연행하여 간 수많은 조선사람들을 무사히 귀국시켜야 할 도덕적, 법률적 책임을 지고 있었으나 구 일본해군의 복수주의적인 살인만행을 묵인 조장하였다.

그것은 당시 연합군의 명령으로 일본 영해에서 100톤급 이상의 선박들의 운행이 중지되어 있다는 것을 알면서도 해군성 운수본부가《우끼시마마루》의 출항을 승인한 사실이 여실히 실증해 주고 있다.

다음으로 문제시 된 것은 《우끼시마마루》사건의 진상규명과 사후처리에 대한 일본 정부의 비인도주의적이며 심히 무책임한 태도이다. 일본 정부는 사건 발생 당시 승선하였던 사람들을 구조하기 위한 아무런 대책도 취하지 않아 수많은 사람들이 억울하게 생죽음을 당하게 하였으며 사건의 진상규명을 위한 사업도 매우 형식적으로 불충분하게 《결속》함으로서 이 사건을 영원히 역사의 흑막 속에 덮어 버리려 하였다.

이 모든 사실은 일본이라는 나라가 얼마나 죄악으로 가득 찬 과거를 가지고 있으며 수 천 명의 다른 나라 사람들을 죽이고도 사소한 죄의식도 느끼지 않는 뻔뻔스럽고 후안무치한 나라인가를 잘 보여주고 있다.

일본 정부는 지난 40여년에 걸치는 조선에 대한 식민지 통치기간 일제가 저지른 학살과 약탈, 강제연행과 강제노동, 성노예제등 모든 죄행과 함께 《우끼시마마루》 사건에 대해서도 우리 인민이 절대로 용납할 수 없다는 것을 똑똑히 알아야 한다.

죄 많은 과거를 그대로 안고 있는 나라와 국민은 절대로 편안할 수 없고 밝은 미래를 기대할 수 없다. 일본 정부는 이제라도 같은 제2차세계대전의 전패국인 도이칠란드 정부의 모범을 따라 과거청산문제에 성근하게 임해야 한다.

다 아는 바와 같이 도이칠란드 정부는 오래 전부터 나치스의 피해자들에 대한 보상을 꾸준히 해 옴으로서 국제사회의 신뢰를 얻고 있다.

지금 세상 사람들은 이와 상반되게 가해자로서 피해자에게 사죄, 보상하는 것을 마치 체면이 깎이는 것처럼 여기는 사고방식이 얼마나 졸렬하고 유치한 것인가를 모르는데 일본의 비극이 있다고 한결같이 말하고 있다.

우리들은 일본 정부가 우리민족과 국제사회계의 목소리에 귀를 기울이고 《우끼시마마루》 사건을 비롯한 과거의 반인륜적 범죄에 대한 진상규명에 지체없이 달라붙어야 하며 그 올바른 해결을 위해 진심으로 노력하므로서 가해자로서의 법률적, 도의적 책임을 다해야 할 것이라고 주장하면서 다음과 같이 강력히 요구한다.

첫째, 일본 정부는 역사의 흑막 속에 묻혀있는《우끼시마마루》 사건의 진상을 조사규명하기 위한 조치를 각방으로 취하며 조사 자료를 전면 공개할 것.

둘째, 일본 정부는《우끼시마마루》 사건 희생자들의 신분확인사업과 유골 인도문제를 성의있게 해결할 것.

셋째, 일본 정부는 조사 확인된 자료에 기초하여 책임있는 자들을 법적으로 엄격히 처벌하며 피해자들과 유가족들에게 진심으로 사죄하고 납득할만한 보상을 할 것.

넷째, 일본 정부는 가해자로서의 죄의식과 책임감을 가지고 피해자인 우리 민족을 적대시하는 온갖 행위들을 당장 중지하며 과거청산을 공약한 조일평양선언의 기본정신을 존중하고 성실히 이행하기 위한 실천적인 조치들을 취할 것.

우리들은 이상의 문제해결이 일본의 도덕적, 국제적 영상을 개선하는데서 중요한 의의를 가지게 될 것이라고 인정하면서 차후 일본 정부의 대응에 예리하게 주시할 것이다.

《우키시마마루》 사건의 진상규명을 위한 평양토론회 참가자 일동

2003년 9월 29일

평 양

16-6. 북과 남, 해외단체들의 공동성명

역사적인 6.15공동선언의 기치 밑에 자주통일을 위한 민족공조의 기운이 날로 높아가고 있는 가운데 일본의 과거청산을 요구하는 북과 남, 해외의 단체 대표들과 연구자들, 피해자 및 유가족들은 평양에서 《우끼시마마루》 사건의 진상규명을 위한 토론회를 진행하였다.

지금으로부터 58년 전인 1945년 8월 24일 망국노의 설움을 안고

일본에 강제로 끌려가 가혹한 노예노동을 강요당하다가 구사일생으로 살아나 광복의 기쁨을 안고 귀국의 뱃길에 올랐던 수 천 명의 무고한 우리 인민이 한꺼번에 이역의 바다에 수장되어 억울하게 생죽음을 당한 몸서리치는 《우끼시마마루》 사건이 발생하였다.

일본 당국이 이 대학살만행의 진상을 가려 보려고 온갖 비열한 수를 다 써도 역사의 진실은 결코 감출 수 없다.

일제에 무참히 유린당하였던 민족의 존엄과 명예를 되찾기 위한 줄기찬 투쟁 속에서 그리고 우리 인민에 대한 일제의 과거 죄행의 진상을 파헤치기 위한 오랜 기간의 꾸준한 노력에 의하여 《우끼시마마루》 사건의 진면모는 날이 갈 수 록 더더욱 적나라하게 드러나고 있다.

《우끼시마마루》 사건은 철두철미 우리 민족의 말살을 노린 일제의 악랄하고 뿌리 깊은 민족배타주의와 범죄적인 침략정책의 산물이며 국제법상 대량학살죄에 해당되는 중대한 인권유린범죄이다.

지금까지 조사 확증된 모든 자료들은 일제가 제2차세계대전에서 패망한 직후 저들의 침략전쟁 수행을 위하여 일본으로 강제연행해 갔던 수 천 명의 무고한 우리 인민들을《우끼시마마루》에 태운 다음 고의적으로 배를 폭파, 침몰시키는 귀축 같은 만행을 감행하였다는 것을 만천하에 고발하고 있다.

역사는 일제와 같이 다른 나라 인민들을 수 백 만 명이나 납치, 연행하여 노예처럼 마구 부려먹고도 성차지 않아 저들의 범죄적 죄행을 은폐하고 패전의 화풀이를 위해 단꺼번에 수 천 명이나 바다에 처넣어 죽인 치 떨리는 인간 백정들에 대해 알지 못하고 있다.

그럼에도 불구하고 일본 당국은《우끼시마마루》 사건이 있은 때로부터 반세기가 훨씬 지난 오늘까지도 이 대학살참상의 전모를 조사공개하지 않고 있으며 그 책임을 한사코 회피하려 하고 있다.

우리들은 수 천 명의 무고한 우리 인민들을 무참히 학살하고도 추호의 양심상 가책을 느끼지 않고 사실왜곡과 책임회피에 매여 달리고 있는 일본 당국의 파렴치하고 비열한 행위에 치솟는 민족적 분노와 혐오감을 금할 수 없다.

우리들은 일제가 저지른《우끼시마마루》사건을 우리 민족에 대한 참을 수 없는 모독행위로, 가장 잔인하고 야만적인 행위로 통렬히 단죄규탄하면서 민족의 단합된 힘으로 이 사건의 진상을 규명하고 일본 정부의 사죄 보상을 받아내기 위하여 끝까지 투쟁할 확고한 의지를 담아 다음과 같이 성명한다.

첫째, 우리들은 서로 긴밀히 연대하고 단합하여 하나된 힘으로《우끼시마마루》사건의 진상을 철저히 규명하고 그를 온 세상에 낱낱이 공개하기 위하여 모든 노력을 다할 것이다.
수 천 명의 무고한 우리 인민들을 한꺼번에 참혹하게 학살한 일본의 천인공로할 죄행은 절대로 묻어 둘 수도, 용납할 수 도 없다.

우리들은 우리 민족 특유의 완강한 의지와 인내력, 슬기와 지혜를 발휘하여 그리고 온갖 가능성을 다 동원하여 사건의 진상을 반드시 해명하고야 말 것이다.

둘째, 우리들은 일본 정부가《우끼시마마루》사건을 포함하여 과거 일제가 우리 민족에게 감행한 모든 반인륜범죄에 대해 우리 민족앞에 사죄하고 보상할 때까지 결단코 투쟁을 멈추지 않을 것이다.

일제가 감행한 모든 과거 죄행의 진상을 규명하고 철저히 청산하는 것은 반만년의 유구한 역사와 찬란한 문화를 가진 우리 민족의 존엄과 명예를 지키고, 억울하게 희생된 피해자들의 원한을 풀어주기 위한 중대한 민족사적 과제이다.

우리들은 민족과 역사 앞에 지닌 숭고한 사명감을 다시금 깊이 자각하고 일본이 감행한 중대인권유린범죄 사건들의 진상을 밝히기 위한 정의의 투쟁을 힘있게 벌임으로서 우리 민족, 우리 겨레의 기대에 반드시 보답할 것이다.

북측 조선 일본군《위안부》 및 강제련행피해자보상대책위원회
일제의조선강점피해조사위원회

남측 우키시마호폭침진상규명회
일제강점하조선인강제동원피해진상규명등에관한특별법제정
추진위원회

해외측 조선인강제련행진상조사단

2003년 **9**월 **29**일

평 양

16-7. 페막연설문

조선 일본군《위안부》및 강제연행피해자보상대책위원회
부위원장　　황 호 남

친애하는 대표 여러분!

저는 여러분들이 오늘까지 훌륭한 내용의 연설들과 또《우키시마마루》사건의 진상규명에 도움이 되는 생동한 증언들을 하여 준데 대하여 감사를 드립니다. 토론회의 전 과정이 보여주는 바와 같이《우키시마마루》폭침사건은 철저히 일제가 저들의 범죄적 죄행을 은폐할 목적으로 그리고 복수적인 패배의식에 사로 잡혀 고의적으로 감행한 조선인대학살만행입니다. 이러한 특대형 살인범죄가 아직까지 그 진상조차 규명되지 않은 채 58년이라는 오랜 세월이 흘러 왔다는 것은 법률적 견제에서 보나 민족적 자존심의 견지에서 보나 통탄할 일이 아닐 수 없습니다.

이번 토론회에 참가한 북과 남 그리고 해외의 여러 단체 대표들과 피해자, 유가족들은《우키시마마루》사건의 진상규명에 아직도 달라붙지 않고 있는 일본 정부의 비인도적이고 파렴치한 태도에 치솟는 격분을 표시하였으며 앞으로 사건의 진상을 기어이 해명하고 그 대가를 받아낼 확고한 의지를 표명하였습니다.

다 아시는 바와 같이 지금으로부터 1년 전 일본의 당국자는 력사상 처음으로 평양을 방문하여 일본의 죄 많은 과거를 사죄하고 그를 청산하려는 의지를 표명하였습니다. 그러나 일본 당국은 조일평양선언의 정신에 부합되게 과거 일제가 조선인민에게 감행한 100만명의 학살만행과 강제련행범죄 그리고 20만 일본군《위안부》문제를 비롯한 중대인권피해에 대해 사건별로 진상을 규명하고 그에 대한 사죄와 함께 피해자들과 그 유가족들에게 응당한 보상을 하는 등 과거청산공약을 실천에 옮길 대신 오히려 일본사회에 반공화국 적대의식과 반조선인감정을 고취하고 력사왜곡에 매여 달리면서 조일관계를 극단한 대결 상황에로 이끌어 가고 있습니다. 이것은 일본 반동세력들에게 의연히 국수주의에 기초한 조선민족배타주의와 적대의식이 뿌리깊이 남아 있으며 어떻게 하나 저들의 범죄적인 과거력사를 부인하고 그 책임을 회피해 보려 하고 있다는 것을 여실히 보여주고 있습니다.

이러한 현실은 우리들로 하여금 일본의 과거청산을 촉구하는 운동을 더욱더 광범하게 그리고 전 민족적 운동으로 강력하게 벌려 나갈 것을 요구하고 있습니다.

피해자로서 일본으로부터 과거죄행에 대한 사죄와 보상을 받아내는 것은 그 누구도 시비할 수 없는 우리민족의 신성한 권리인 동시에 민족의 존엄을 지키기 위한 더없이 중대한 민족사적 과제입니다.

북과 남, 해외의 여러 단체, 인사들은 앞으로 서로 긴밀히 련계하고 굳게 련대하면서 일본 정부의 부당한 태도에 대한 국제적 여론을 환기시키는 것과 동시에 과거청산을 촉구하는 우리 민족과 국제사회의 압력을 더욱 강화하기 위한 활동을 백방으로 벌려 나가야 할 것입니다.

저는 끝으로 대표 여러분들이 이번 토론회의 성과적 진행을 위하여 성의있는 노력과 협력을 제공해준데 대하여 충심으로 되는 감사를 드리면서 본 토론회의 폐회를 선언합니다. 감사합니다.

16-8. 평양토론회 참가보고서

민족적 항일운동을 민족통일의 기반으로 하자
우키시마호폭침진상규명회
회 장 전 재 진

“이번에 남측에서 적은 인원이 방문하셨지만 지금까지 가장 큰 성과를 올렸습니다. 우리도 이렇게까지 각방에 좋은 반응이 있을 줄을 예상하지 못했습니다.” 이 말은 조선 일본군《위안부》 및 강제련행피해자보상대책위원회 홍선옥 위원장이《우키시마호사건 진상규명을 위한 평양토론회》에 참가했던 남측 대표단을 환송하던 인사말이다.

지난 9월 29일 남과 북 그리고 해외동포가 참가한 가운데 평양 인민문화궁전 1층 원탁회의실에서 일제의 잔악한 아시아침략을 규탄하고 과거청산을 촉구하는《우키시마호사건 진상규명을 위한 평양토론회》가 열렸다. 북측에서는 조선 일본군《위안부》 및 강제련행피해자보상대책위원회, 일제의조선강점피해조사위원회 성원들과 연구자, 역사연구소 연구원, 교수들이 참가했으며, 남측에서는 우키시마호폭침진상규명회 관계자와 일제강점하조선인강제동원피해진상규명등에관한특별법제정추진위원회 조사연구실장과 민족21 편집부 기자와 YTN 사진취재기자 참가했고, 해외에서는 재일 조선인강제연행진상조사단 관계자가 참가했으며, 강제연행 피해자와 그 유가족들도 자리를 함께 했다. 우리는 여기서 북측 단장의 기조보고를 시작으로 “우키시마호폭침사건의 진상에 대하여” “일제가 해군수송선 우키시마마루를 폭침시켜 조선인민을 학살한 만행의 본질과 교토부 조선인 강제연행진상조사단의 활동에 대하여” “일본 도쿄 유텐지(우천사)의 유골과 일본 정부의 책임에 대하여” “우키시마마루 사건의 사회적 배경에 대하여” “우키시마호폭침사건의 책임회피를 위해 일본정부가 연합군에 보냈던 새 자료 발굴과 문제점에 대하여" "일제강점시기 강제연행 피해자 실태와 관련한 2003년도 조사 정형보고" "조선 광복 직후 일본이 실시한 강제동원 노동자들에 대한 일본의 귀환정책과 실태" "우키시마마루 사건은 일제의 조선인 강제징발의 산물" "일본의 과거청산문제는 긴급한 과제-오늘도 계속되는 피해자 후손들에 대한 폭행과 테러 행위"에 대하여 열띤 토론을 벌였으며 실천적 방안도 수립했다. 실로 민족은 하나라는 것은 말할 나위도 없었거니와 확인할 이유도 없었다. 그저 핏줄이 같기에 서로의 가슴속에는 마냥 뜨거운 동맥이 굵게 흐르고 있었다.

이렇게 우키시마호폭침사건을 놓고 남과 북, 해외동포가 한자리에 모이기는 처음이다. 그러나 이번 평양토론회에서 얻은 성과는 그 여늬 토론보다도 성과가 컸다는 것이 참가자들의 한결같은 목소리다. 우리는 유엔인권판무관 대리에게 보내는 편지에서 유엔인권고등판무관 사무소가 유엔 인권에 관한 위원회로 하여금 우키시마호폭침사건의 진상을 전면적으로 조사·규명하고자 하는 국제조사단을 일본에 직접 파견할 것을 요구했으며, 일본 정부가 지난 기간 유엔을 비롯한 국제기구들이 일본의 과거범죄와 관련하여 채택한 결의와 권고들을 존중하고 그 이행을 위한 조치를 취하도록 각방으로 영향력을 행사해 줄 것을 정중히 제의했다.

또한 일본 정부에게 보내는 편지를 통해 역사의 흑막 속에 묻혀있는 사건의 진상을 규명하기 위한 조치를 취하고, 조사 자료를 전면 공개할 것과, 희생자들의 신분을 확인하고 유골을 정중하게 인도할 것과, 책임자 처벌은 물론 피해자와 유가족에게 진심으로 사죄하고 그들이 납득할만하게 보상할 것을 요구했다. 따라서 우리는 일본이 가해국으로서 죄의식과 책임감을 가지고 피해자인 우리민족을 적대시하는 갖은 행위들을 당장 중지하고 과거청산을 공약한 《조·일평양선언》의 기본정신을 존중하고 성실히 이행하기를 촉구했다.

남과 북, 해외측 대표 세 명이 함께 낭독하고 채택한 "북과 남, 해외 단체들의 공동성명"은 이번 평양토론회의 성화였다. 남북공동조사단이 공식적으로 출범하지는 못했으나 일본이 우리민족에게 감행한 반인륜적 범죄를 철저히 규명하고 그에 대한 사죄와 보상을 받아냄으로서 억울하게 희생당한 모든 피해자들의 존엄과 명예를 회복하기까지 중단없는 노력을 아끼지 않기로 약속했다. 뿐만 아니라 이번 평양토론회는 우키시마호폭침사건에만 국한하지 아니하고 일본의 대륙침략으로 인한 피해 즉 대일본 과거청산문제를 민족 공조 속에서 대응해 나가야 한다는데 뜻을 같이했다는 점에 주목할만하다. 이 같은 성과는 성숙된 민족정신을 발휘한 평양 시민들의 가열찬 의식이 큰 힘이 되었다고 생각한다. 일본과의 과거청산문제에 대해 북측의 연구가나 활동가 그리고 역사전문가들이 던지는 문제제기는 한치의 흔들림없이 확고했기 때문이다.

여기서 우리는 지구상에서 강대국의 패권주의와 제국침략주의와 맞서 싸우는 민족은 우리 민족 밖에 없다는 사실에 주지해야 할 필요가 있다. 또한 민족주의를 국수주의로 평가하면서 막연한 글로벌시대를 추구하는 망상에서 벗어나야 한다. 우리민족은 일찍이 한반도 안에서 협약(狹弱)한 민족주의가 아니라 동양평화와 세계평화를 지향하는 정신을 발휘해 왔다. 일본에 대해서 "과거청산"이란 말은 일제가 우리나라를 침략한 산물이다. 우키시마호폭침사건 또한 일제침략의 산물이다. 그러므로 우리가 해결코자 하는 우키시마호폭침사건이 해결되지 않는 한 반일·항일·반제국은 그칠 수 없는 시대적 사명임을 명심해야 한다. 이 사명은 삼천리 강토는 물론 해외에서도 만주벌판에서도 들불처럼 번져 나가야 한다.

우리민족끼리 만나서 현실을 직시하고 미래를 걱정한 평양토론회는 성공적이었고, 평양에서 서울로, 서울에서 동경으로, 동경에서 다시 평양으로 이어나갈 것을 다짐했고, 이 항일정신을 통일의 길로 이어가야 한다고 진솔하게 약속했다. 이제 우리는 통일조국을 내다보면서 하나의 민족, 하나의 가족, 하나의 이웃으로 민족 공조의 축으로 삼아야 할 때임을 알자.

17. 한 · 일공동성명서

〔이 공동성명서는 2002년 3월 1일 종로기독교연합회관(구관)에서 발표함〕

공 동 성 명 서

우키시마호폭침사건 57년째에 부쳐

1910년 8월 22일 일본제국주의가 조선을 무력 · 협박으로 합병을 강행한지 92년이 지났고 그 강점기와 조선총독부의 혹독한 민족말살정책에서 조국 광복을 찾은 지 57년이 지났다. 그럼에도 아직도 해결되지 않은 우키시마호폭침사건 57년째를 맞이하여 우리는 공동성명을 발표하고 일본 정부에게 이 사건을 실질적으로 해결할 것을 엄중히 촉구하는 바이다.

일제의 조선에 대한 식민지 지배는 명치정권 때부터 사전에 준비된 침략론으로 정치, 경제적 수탈은 물론 타민족문화말살책략이 참혹하기 짝이 없었으며, 설상가상으로 태평양전쟁이 겹치면서 조선인 강제동원이라는 사상 유례없는 비극의 역사가 점철되었던 것이다. 일제에 의해 구금, 투옥, 강간, 방화, 수탈, 대량학살이 금수강산을 뒤덮고 고통의 나날이 계속되면서 일제가 저지른 전쟁터에 강제연행당한 동포들은 군수공장,군사시설현장, 탄광등지에서 노예와 같은 생활을 강요당했고 태평양전쟁터에서는 자폭을 강요당하는 처참한 지경이었다.

그 가운데 아오모리현 시모키타반도 일대에서 해군 군속, 징용공, 토공으로서 오미나토해군경비부 관장 아래 비행장, 방공호, 항만접안시설, 사루가모리탄광, 오마철도, 터널, 비행기격납고들의 공사장에서 하청업체 감독과 헌병과 해군들의 뭇매에 시달리며 참혹한 나날을 보내야 했다.

그러던 1945년 8월 15일 일제의 패망과 함께 동포들은 감격과 환희에 넘치는 가슴으로 조국광복을 맞이했다. 이처럼 감개무량함을 가슴에 안고 귀국의 기쁨에 넘쳐 있는 동포들에게 일본 해군들은 "이 배에 타지 않으면 돌아갈 수 없다. 배에 타지 않는 자에게는 배급을 중단하겠다."라고 위협적으로 선전하면서 "조선인이 폭동을 일으킬 징조를 보인다."는 유언비어를 날포하였다. 이 같은 행위는 태평양전쟁 당시 시모키타반도에서 자행한 조선인 학대를 은폐할 속셈으로 "조선인 즉각 강제송환" 문제를 군부가 독단적으로 "조선인을 내보내자"고 결정하고, 패전 직후의 혼란스런 상황이었음에도 불구하고 8월 22일 밤 10시에 부녀자를 포함한 3천7백25명의 조선인이 승선한 해군특무함 우키시마호가 부산을 향하여 오미나토를 출항했다.

그런데 8월 24일. 돌연 교토부 마이주루만으로 들어간 이 배는 사바가 근처 바다에서 폭파 침몰당하여 동포 524명이 사망하였고 수많은 부상자를 낸 대참사였다. 승선자수와 사망자수는 일본정부가 조사도 제대로 하지 않은 상태에서 발표한 것이므로 신빙성이 전혀 없다. 그간 57년 동안 강제노동현장과 폭침현장 조사 그리고 생존자들의 증언을 분석해 보면 그 피해 정도는 가히 상상하기 힘든 반인륜적 범죄에 이른다. 따라서 우리들은 이 역사적인 사건이 해결되지 않은 채 57년이 지난 지금에 이르러 일본정부에게 다음과 같이 촉구한다.

- 일본 정부는 폭침 당시 희생당한 동포 고인과 그 유족에게 충심어린 애도의 뜻을 표하고 피해자(사망자, 실종자, 생존자, 유족)에게 사죄하라.

- 일본정부는 내무성과 후생성이 보유하고 있는 조선인 강제연행과 우키시마호폭침사건 관련 자료를 즉각 공개하라.
- 일본 정부는 우키시마호폭침사건의 원인과 진상을 규명하는데 정면에 나서라.
- 일본정부는 우키시마호 침몰 당시 사망한 조선인의 유해를 완전하게 발굴·수습하여 송환하고 추모사업을 시행하라.
- 일본정부는 피해자가 납득할만한 수준에서 실질적으로 배상하라.
- 조선식민지 통치에 대한 일본 정부 당국자의 단순한 "불행한 시기" "통석의 념"이라는 애매모호하고 불성실한 태도와 자세는 한마디로 이 사건을 무책임하게 대처하는 일이므로 강력하게 비난한다.

《우키시마호폭침사건과 관련하여》

- 우리들은 사건 발생 당시 구조에 나섰던 마이즈루 시민과 일본 시민단체 각계에서 실행위원회를 구성하여 추모사업과 조사와 진상발굴에 성의를 가지고 노력해 온 각계 인사들에게 진심으로 감사의 뜻을 표한다.
- 우리는 피해자가 남북에 분포되어 있음을 주지하고 사건과 관련하여 공동사안 또는 그에 준하는 제반문제를 상호 협의해 나간다.
- 우리는 일본정부의 비인도적 처사와 역사왜곡 사실을 전 세계에 알려 국제여론화에 힘쓸 것이다.
- 우리는 전쟁과 억압, 사회적 불공평에 반대하고 조국통일과 평화를 추구하며 남·북과 일본의 우호친선 발전에 한층 더 노력할 것을 다짐한다.

2002. 3. 1

조선인강제련행・강제로동진상구명/우키시마호희생자진상구명위원회 대표 리 병 만
재일조선인사회과학자협의회 상임고문/교토재일조선인역사조사회 회장 류 구 채
우키시마호사건피해자배상추진위원회 위원장 한 영 용
우키시마호폭침진상규명회 회장 전 재 진

*참가단체: 태평양전쟁희생자보상추진위원회, 자주평화통일민족회의, 민족문제연구소, 일제강점하조선인강제동원피해진상규명등에 관한특별법제정추진위원회

18. 대통령께 보내는 호소문

우키시마호폭침사건 한국인 피해자에 대한
실질적인 해결 호소

◈ 호소하는 취지와 내용

존경하는 대통령 각하!

국가의 민주 발전과 민족의 궁극 염원인 민족통일을 위하여 늘 노고가 많으심에 감사드립니다.

지난 50년의 정치사를 뭐라 탓할 생각은 없습니다. 다만 정부와 이 민족이 꼭 해결했어야 할 일이 아직도 역사의 한 모퉁이에서 그 통탄스러움을 잊지 못하고 있어 이를 실질적으로 해결하는데 도와달라는 부탁의

말씀을 드리고자 함입니다.

우리 민족에게 그 어느 것 보다도 꼭 집고 넘어가야 할 것은 일본이 우리나라를 강제로 지배하고 우리민족에게 입힌 모든 피해문제를 청산하는 일이 아닌가 생각합니다. 그러나 가슴이 찢어지다 못해 이제는 녹아버린 종군위안부문제(일본군성폭력문제)가 해결되지 않고 있으며, 남방과 태평양전선에 흩어진 원혼들과 독립운동으로 조국과 민족에 목숨을 바친 독립투사들의 유해들 그리고 일제의 패망 직후 사할린에서부터 일본 본토에 이르기까지 일본 군인에 의해 집단학살당한 한국인들이 반세기가 넘도록 조국에 돌아오지 못하고 비통한 역사의 뒤안길에서 서성대고 있습니다. 이들 수많은 고혼 앞에 머리 숙여 삼가 명복을 빌며 지구상 최대 해난사고인 우키시마호폭침사건에 대해 말씀드리고자 합니다.

일제가 도발한 태평양전쟁 당시 수백만의 한국인이 일본의 본토와 만주, 시베리아, 북해도, 사할린, 치시마, 캄차카반도, 남태평양전선으로 강제연행되어 일제의 전쟁 수행 수단으로 이용당했습니다. 그 가운데 본위원회에서는 일본 본토의 최북단인 아오모리현 시모키타반도의 군사시설 공사장에서 그야말로 참혹한 노동에 시달리다가 해방을 맞은 한국인들이 적어도 7천여 명이 있었던 바 이들의 비극적인 생애에 대한 문제를 실질적으로 해결하는데 도움이 되고자 지난 4년여 동안 일본 현지조사와 생존자 증언조사를 벌여왔습니다. 당시 일본의 군사요충지였던 시모키타반도로 강제연행되었던 우리 동포들은 철도, 항만, 광산, 비행장, 비행기 격납고, 방공호, 터널, 지하탄약고들과 같은 군사시설 공사장에 투입되었습니다. 먹을 거라고는 주먹밥에 청어 한 토막과오징어 삶은 국물이 전부였습니다. 입을 것도 겨울과 여름을 구별하지 아니하였습니다. 이러한 비참한 생활을 짧게는 16개월에서 길게는 3년5개월 남짓 동안 일본의 북쪽 차가운 땅에서 지내야 했습니다. 그러다가 1945년 8월 15일 해방을 맞이했는데 이 때 마침 우키시마호라는 배가 남쪽으로 가니 모두들 배에 타라고 했습니다. 물론 일본 해군 장교들의 명령이었습니다. 배를 타지 않으면 고국에 돌아갈 수 없을 것이며 남아있는 자에게는 배급도 중지한다는 소문에 시모키타반도 전 지역에 흩어져 일하던 한국인들과 북해도에서 남하하던 한국인들이 모두 우키시마호에 승선하기에 이르렀는데 무려 사흘이 지나서야 승선이 완료되었습니다. 이렇게 많은 한국인들을 태운 우키시마호는 부산항으로 안전하게 도착하는 것이 지당한 이치였는데, 이 배는 부산항으로 향하지 않고 교토부의 마이즈루만으로 들어가기 시작했습니다. 항해 도중 의혹이 난무했고, 의심스런 행동을 보이던 해군 승무원들은 우키시마호가 마이즈루만 바다 한 가운데에 멈춰 서자마자 구명보트를 타고 모선을 탈출하였고, 배는 곧 폭파・침몰 당하였는데 그 날이 1945년 8월 24일 오후 5시20분이었습니다.

본 우키시마호폭침진상규명회에서 지금까지 조사한 자료와 증언을 분석해 보면 이 사건으로 사망한 한국인은 적어도 5천명 이상에 이를 것으로 추산할 수 있습니다. 이것이 바로 역사 속에서 풍화될 위기에 놓여 있다가 가까스로 세상에 알려진 우키시마호폭침사건입니다.

이처럼 끔찍한 폭침사건을 저질러 무고한 외국 양민을 집단학살하고 일본 정부가 지금까지 취해 온 자세는 참으로 비정하기 짝이 없습니다. 일본 정부는 사건에 대해 제대로 조사도 하지 않고 미군이 부설한 기뢰에 부딪쳐 침몰했다고 주장하면서 사망한 한국인은 5백24명이라고 축소 발표했습니다. 사고 발생 다음날에는 시모사바가의 해안가에 밀려드는 시체를 갈퀴로 긁어모아 밧줄로 줄줄이 엮어 바닷가에 매어 놓았다가 산골짜기에 집단으로 매립했으며, 침몰한 배도 즉시 인양하지 않고 9년 뒤에야 인양하면서 역시 산더미 같은 유해들을 또 다시 포크레인으로 집단 매립했습니다. 그리하고도 지금까지 피해자에 대한 배상문제는 아예 거론조차 하기 싫어하고 있으니 어찌 이 같은 일본 정부를 우리가 함께 교류하며 살 수 있는 이웃나라라고 여길 수 있단 말입니까? 이 사건에 대해서 일본 정부는 눈을 꼭 감은 채 귀도 완전히 꽉 틀어막고 있습니다. 더구나 지난 1995년 4월에는 유엔 인권위에서 종군위안부 문제에 대한 배상금 지급 결의문을 채택하고자 할 때 금전을 살포하여 결의문이 채택되지 않도록 로비를 일삼았으며 駐제네바 日대표부의 문건 가운데에는 "日정부의 고위당국자들은 기회가 있을 때마다 심심한 사과와 후회의 뜻을 표했다"면서 1992년 미자와 총리와 1993년 고노 관방장관, 1994년 무라야마 총리와 서로 떠밀기 식으로 배상책임의무를 교묘하게 모면해 가고 있습니다. 더욱 비열한 것은 일본에게는 "법적 책임"이 없을 뿐 만 아니라 "국제법상 개인은 권리나 의무의 주체가 될 수 없다"고 주장하고 있다는 점입니다. 종군위안부문제 등 과거청산문제의 핵심은 "사과와 후회"가 아니라 "법적 책임"입니다.

여기서 본 위원회는 종군위안부 문제와 우키시마호폭침사건은 같은 맥락에서 해결되는 것에 무리가 없다고 봅니다만 우키시마호폭침사건 문제 해결이 종군위안부 문제 해결에 걸림돌이 되지 않기를 바랍니다. 그래서 종군위안부 문제가 조속히 해결되기를 원하지만 사건 발생의 시기가 다르다는 점은 확인될 필요가 있다고 생각합니다. 즉 우키시마호폭침사건은 전쟁시기가 아닌 평화시기에 일어났다는 점입니다. 그리고 무고한 양민을 집단으로 학살할 이유가 없었는데도 비인도적이며 반인륜적인 행위를 서슴없이 저지른 것에 대해서는 인권 차원에서 다뤄야 할 문제라는 것입니다.

문제는 또 더 가까이에 있었습니다. 이 우키시마호 사건과 같은 민족적인 문제를 우리 정부는 1965년 한일 수교 당시 사건 자체를 인지하지 못했었으며 그 뒤 50년 동안 어떻게 대처해 왔는지 그 의문을 던지지 않을 수 없습니다. 잠시 지난 역사를 거슬러 올라가 보면 1882년 6월 9일 임오군란으로 서대문 밖 청수관의 일본공사관은 소실되고 40여명의 공사관 직원 가운데 13명의 사망자를 낸 채 본국으로 철수한 일이 있었습니다. 임오군란 발생 두 달 뒤인 8월 12일 하나부사(花房義質)공사는 육해군 1천2백 명을 이끌고 인천에 상륙하여, 조선의 국법을 무시한 채 50명의 호위병을 이끌고 4대문 안으로 진입, 남산 아래 금위대장 이종승의 집에 가(假)공사관을 차렸고, 8월20일에는 남은 병력 1,150명이 현 을지로 입구에 있었던 장악원에 주둔하였었습니다. 이들 일본군은 청수관 사고 경위를 따진 다음 같은 해 8월 30일 무력적으로 제물포조약을 맺어 임오군란 때 사망한 일본인에 대해 장례비와 위로금과 배상금들의 지급을 약정했습니다. 당시 임오군란으로 사망한 일본인은 13명에 불과했으나 일본 해군들의 항명사건으로 볼 수 있는 우키시마호폭침사건으로 사망한 한국인은 5천명 이상에 이르고 있습니다. 그런데도 일본은 1백14년 전에도 두 달 만에 모든 배상문제를 종결하였는데 우리 정부는 5천명 이상이나 되는 동포의 죽음을 50년이 지나도록 해결하지 못하고 방치하고 있는 큰 문제를 안고 있는 것입니다. 종군위안부 문제 역시 지난 50년 동안 해결코자 발 벗고 나서는 정치인이 없었습니다. 일본제국주의가 한국인에게 저지른 만행이 제대로 해결된 문제가 하나도 없다고 단언하면서 지금까지 이 같은 민족문제를 수수방관한 자세는 당장 버려야 한다고 주장하는 바입니다.

한일간에 과거청산 문제가 제기될 때마다 일본 정부는 한일기본조약 당시 모두 종결되었다고 오히려 큰소리를 칠 때 우리 정부와 정치인 가운데 그 누구 하나 확실하게 반박하는 목소리 한번 들어보지 못했습니다. 목소리를 내지 못한다는 것은 이미 실질적으로 해결하였다는 결론에 도달할 수 있다는 자세로 밖에 볼 수 없는데 일본정부한테 배상금을 받았다면 어디에 어떻게 사용했는지 의심하지 아니할 수 없는 것입니다.

존경하는 대통령 각하!

이제 우키시마호가 폭파 침몰 당한지 51년에 접어들었습니다. 17·8세의 어린 나이에 끌려가야 했고, 늙은 부모와 어린 처자식을 등 뒤에 두고 강제연행되어 차가운 낯선 땅에서 마음에도 없는 온갖 고초를 다 견뎌내고 살아 돌아오신 분들도 이제 70세가 다 되었고, 고희를 넘겨 팔순에 이르고 있습니다. 이 분들은 군사시설 공사장에서 얻은 부상과 지독한 강제노동환경에서 얻은 질병과 사고 당시 허리가 부러지고, 눈을 다치고, 귀를 다치고 또 폭발충격으로 건강이 악화되어 평생을 고통으로 살아왔습니다. 또한 사랑하는 처자식을 모두 잃고 그 억울함을 호소 한 번 제대로 해 보지 못하고 한평생을 가슴에 못이 박힌 채 살아오고 있습니다. 그래서 생존자와 사망자의 유족들에게는 이 사건이 하루빨리 실질적으로 해결되는 것이 간절한 소망인 바 그 해결의 올바른 방향을 다음과 같이 호소하오니 힘써 주시기 바랍니다.

첫째, 일본 정부는 우키시마호폭침사건이 고의적이었으며 계획적인 사건이었음을 시인해야 합니다.

지난 50년 동안 일본 정부가 관련 자료를 공개하지 않고 있어 사건 자체가 베일에 싸여 그 진상을 파악하기에는 대단히 어려운 일이었습니다. 그러나 해군 승무원들의 증언과 아오모리현 주민들의 증언과 한국인 승선자들의 증언 그리고 언론 보도 자료에 따르면 우키시마호폭침사건은 고의적이며 계획적인 사고임이 분명합니다. 그러므로 일본 정부는 이 사건이 일본 해군승무원들 즉 대본영의 공무원들이 저지른 고의적이며 계획적인 사건이었음을 시인해야 합니다.

둘째, 일본 정부는 사건의 제반문제에 대해 사죄해야 합니다.

2차대전이 끝난 뒤 독일은 자신들이 저지른 전쟁으로 피해를 당한 개인에게까지 배상금을 지급한다는 특별법을 만들어 지금까지 배상금을 지급하고 있으나 일본은 한국인에게 입힌 피해에 대하여 어떤 보상과 배상을 시행하지 않고 있을 뿐 만 아니라 제대로 된 사죄의 말 한마디 없이 기억에서 조차 지워버리려는 태도로 일관해 왔으므로 지금부터라도 마음에서 우러나오는 자세로 절절히 사죄해야 합니다.

셋째, 일본 정부는 사건의 진상을 명확하게 밝혀야 합니다.

일본 정부는 우키시마호폭침사건에 대하여 진상조사를 제대로 실시하지도 않았고, 침몰한 우키시마호의 선체조차도 9년 동안 바다 속에 방치했다가 인양했으며, 관련 자료를 공개할 것을 요청하여도 이를 묵살하고 있을 뿐 만 아니라 사실을 철저하게 은닉해 왔습니다. 이제부터라도 이와 관련된 모든 자료를 공개하고 사건의 진상을 밝히는데 자발적으로 나서야 합니다.

넷째, 일본 정부는 사건 당시의 사망자와 9년 뒤 인양 당시의 유해를 완전하게 반환해야 합니다.

일본 정부는 우키시마호가 침몰한 다음날부터 마이즈루만의 시모사바가 해안가에 밀려드는 시체를 수습하여 개인의 신원을 파악하는 일은 하지 않고 집단으로 산골짜기에 매립하였으며 9년 뒤에 인양한 유해들도 마찬가지로 신원을 파악한다거나 한국정부에 인도하지 아니하고 집단으로 매립하였습니다. 그러므로 당시 사망한 한국인들의 유해를 모두 찾아 완전하게 반환해야 합니다.

다섯째, 일본 정부는 피해자와 그 유족에게 실질적인 배상금을 지급해야 합니다.

1965년 한일기본조약 당시에 한국정부는 이 사건 자체를 인지하지 못한 실수를 범했으며 이로 인하여 우키시마호폭침사건 해결에 대해서 거론하지 않은 것으로 드러났습니다. 그러므로 일본정부는 본 사건의 피해자와 그 유족들에게 그들이 인정하고 납득할 수 있는 실질적인 배상금을 지급해야 합니다.

여섯째, 일본 정부는 우키시마호폭침사건으로 희생당한 한국인을 위한 추모사업을 해야 합니다.

아시아침략전쟁과 태평양전쟁의 잘못을 반성하고 사죄하는 차원에서 모든 피해자들을 위한 추모사업단을 발족하여 그 사업을 시행하는 일은 일본이 아시아에서 진정한 평화공존의 길을 걷는 순서가 될 것입니다.

특히 최근 일본정부가 주장하고 있는 "법적책임이 없다."는 부분에 대해서는 이미 국제법상 배상해야 할 책임규정이 마련되어 있을 뿐 만 아니라 유스코겐스 논리에도 맞지 않고 있습니다. 국제법상으로는 인도에 대한 죄, 기본적 인권의 침해, 강제노동 금지조약 위반, 식민지 지배 자체의 불법성, 패전국으로서 카이로선언 수락에 따른 원상회복의 의무, 신의칙상 의무와 조리상 의무들과 같은 범죄와 위반을 근거로, 비인도적이며 반인륜적인 전쟁범죄 행위라고 단정되므로 이에 대해서는 세계 어느 나라에서라도 전범재판소를 열어 재판할 수 있는 제도가 있습니다.

뿐 만 아니라 대한민국 국가배상법 제1조에서 16조에 명시된 각 조항과 민법 제750조와 제751조, 제752조 그리고 해상운송법 제780조에서 제842조를 근거로 살펴보면 우키시마호폭침에 따른 민간인 집단학살 죄는 낱낱이 처벌받게 되어있습니다. 일본국의 국법 또한 대한민국의 국법과 크게 다를 바가 없을 것입니다.

또한 유엔총회는 1968.11.28「전쟁범죄와 인도에 대한 죄의 시효부적용에 대한 협약」을 채택(1970. 11. 11 발효)하였고 1974. 1. 25 유럽이사회는「인도에 대한 죄와 전쟁범죄와 인도에 관한 죄」에 대하여 공소시효를 폐지하는 입법조치를 하였습니다. 따라서 일본이 진정으로 한국에 대한 불법적 침략식민지 지배를 뉘우치고 사죄한다면 독일처럼 스스로 시효배제를 내용으로 하는 입법을 제정하고 피해를 배상하려는 노력을 해야 할 것이며 반면 피해국은 이를 요구해야 합니다.

모름지기 굽은 자 펴주고 쓰러진 자 일으켜주는 것이 정치라 하였습니다. 우키시마호사건희생자유족회와 생존자들 그리고 본 진상규명회는 대한민국 정부가 우키시마호폭침사건을 실질적으로 해결해 줄 것을 간곡히 바라는 바입니다.

1996. 11. .

우키시마호사건희생자유족회

우키시마호폭침진상규명회

우키시마호폭침사건생존자 일동

19. 조선예술영화촬영소가 제작한 영화

- 우키시마호 폭침사건 다룬 〈살아있는 령혼들〉 -

우키시마호와 함께 수장된

조선인들의 꿈과 사랑

⇧ 조선예술영화촬영소가 제작한 영화《살아있는 영혼들》광고지와 주인공 림해연

"조금 있으면 추석이야. 고향에 도착하면 아버님 산소에 벌초부터 해야겠어."

"떠나올 때 아들이 어린애였는데, 지금은 장정이 되어있겠지."

"어머니가 끓여주시던 토장국 생각에 벌써부터 군침이 도는구먼."

1945년 8월 22일. 일본 오미나토항에서 출항한 귀국선 제1호. 우키시마호에는 그 동안 일본에서 강제노역으로 시달리던 조선인 노동자들이 타고 있었다. 모두들 고향에 두고 온 처자식 생각에 가슴이 설레어 잠을 이루지 못했다. 피곤한 줄도 모르고 저마다 기구한 사연, 기다리고 있을 가족들에 대해 밤새도록 이야기꽃을 피우고 있었다. 하지만 자신들이 탄 배가 부산항으로 가는 희망의 항선이 아니라 곧 폭파될 죽음의 항선이라는 사실을 아는 사람은 아무도 없었다. 작년 10월 북에서 제작한 영화 〈살아있는 령혼들〉(감독:공훈예술가 김춘송)은 1945년 8월 24일에 있었던 일본 군함 우키시마호 폭파 사건을 소재로 한 것이다.

우키시마호폭파사건이란 일제 때 징용으로 끌려갔던 조선인들이 해방 직후 일본 군함 우키시마호를 타고 귀국하던 중 교토 부근 마이즈루항에서 폭파돼 5천명 이상의 조선인들이 수장된 사건이다. 생존자들이 "우키시마호가 목적지인 부산항이 아니라 일본 해안선을 따라 남하했고 폭발이 있기 전 일본 해군들이 미리 배를 탈출했다."고 증언함으로서 일본 측에서 고의로 배를 폭파시켰다는 의혹이 제기되기 시작했다. 당시 승선했던 조선인들 대부분은 일본의 군수공장에서 노역한 사람들이었고, 군 위안부로 끌려갔던 조선 여성들도 다수 포함돼 있다. '우키시마호폭침진상규명회' 등 많은 시민단체들은 군수공장의 기밀과 비인도적 강제노역 참상들이 폭로되는 것을 방지하기 위해 일본 정부가 폭파를 강행했을 것이라고 주장하고 있다.

– 컴퓨터 그래픽으로 재현한 우키시마호 사건 –

〈살아있는 령혼들〉은 7만여 명의 엑스트라가 출연했고 통상 북측 영화 제작비의 3~4배가 투입되었다. 또 최초로 컴퓨터 그래픽이 동원된 초대형 작품이라는 점에서 내외의 주목을 받아왔다. 지난 6월 모스크바

영화제와 홍콩영화제에 출품된 바 있는 이 영화는 올 11월 남쪽에서 개봉될 예정이다. 북쪽 영화로는 〈불가사리〉에 이은 두 번째 작품이다. 영화는 우키시마호 폭침설에 입각해서 전개된다. 폭파사건을 계획하는 작전회의, 배에 폭약을 장치하는 장면, 미리 준비해 둔 보트에 일본 선원(옮긴이:해군승무원)들을 태우고 탈출하는 장면 등 배가 폭파되기까지의 과정이 구체적으로 그려져 있다. 대폭발로 배는 두 동강이 나고 차가운 밤바다에 빠져 허우적대는 조선인들의 비명소리가 밤하늘을 가른다.

주인공 차명진(공훈배우 김철)에게는 앞날을 약속한 약혼녀 림해연이 있었다. 차명진은 자신을 친아들처럼 돌봐 준 약혼녀의 아버지를 대신해 일본으로 끌려온다. 뒤이어 해연도 처녀공출로 일본 노역장으로 끌려오게 된다. 천우신조로 탈출에 성공한 해연은 명진이 있다는 공장들을 찾아 헤메고 다닌다. 그러던 중 명진에게 데려다주겠다는 일본 장교의 오토바이에 타게 되는데, 이것이 그녀가 한쪽 다리를 절게 된 원인이 되었다. 해연을 속여 겁탈하려던 장교가 자신의 뜻을 이루지 못하자 오토바이로 그녀의 다리를 짓뭉개 버린 것이다.

배고픔처럼 목마름처럼 서로를 그리워하던 두 사람은 우키시마호에서 재회하게 된다. 마음은 벌써 명진에게 가 있지만 불구가 된 해연은 그에게 다가서지 못하고 그저 눈물만 흘릴 뿐이다.

"이제부터 평생 해연의 지팡이가 되어 주겠어."

명진은 그녀에게 다가가 약속한다. 하지만 배의 폭발로 해연은 명진이 손수 매주었던 붉은 댕기만을 남기고 깊은 바다 속으로 사라져 버리고 만다. 우키시마호폭침사건은 조선인들의 목숨만 앗아간 것이 아니라 두 연인의 사랑과 꿈도 함께 빼앗아간 것이다.

이외에도 영화에는 일본군의 단도에 혀를 잘린 리이춘, 자신의 아버지를 구해준 인정 많은 리이춘을 사랑한 일본 여인 도미에, 군위안부로 필리핀까지 끌려갔다가 정신병을 얻은 남숙의 사연들이 등장한다. 일본에 와서 죽도록 고생하면서도 그들이 삶을 포기하지 않았던 것은 언젠가는 고향에 돌아갈 수 있으리라는 한가닥 희망 때문. 그러나 그들의 간절한 희망은 이루어지지 않았다. 우키시마호와 함께 그들은 이국땅 깊은 바다 속으로 끝내 수장돼 버린 것이다.

56년이 지난 지금까지도 우키시마호 사건의 진실은 밝혀지지 않고 있다. 지난 8월 소송제기 9년 만에 일본 법원은 사건 원인도 미군 기뢰에 의한 사고로 규정해 버렸다. 지금도 마이즈루만 바다 속에는 우키시마호 밑바닥 부분이 그대로 남아있으며 그 안에 희생자들의 유골이 가득하다고 한다.(본지 2001년 4월호 43면 참조). 〈살아있는 령혼들〉은 우키시마호 사건의 진상규명이 제대로 이루어지지 않는 한 민족의 비극적인 역사는 계속될 수 밖에 없다는 진실을 다시 한번 상기하게 한다.

문숙희/자유기고가 〈남북이함께하는 민족21. 2001년 11월호 130~131쪽〉

20. 조사 결론

20-1. 조선인 징용과 징병은 납치였다

20-1-1. 식민지 지배 자체가 불법임이 자명한 가운데 1939년 국가총동원법을 공포하여 조선인을 자국의 전쟁감행 목적으로 강제 투입한 것 그 자체가 불법이다.

20-1-2. 미성년자를 강제로 연행하여 그들의 체력으로 감당하기 어려운 중노동을 그들의 의사와 관계없이 강요한 것은 국제노동기구가 규정한 강제노동금지 규약을 위반한 범죄이다.

20-1-3. 일본은 조선인을 연행하여 아오모리현 시모키타반도 안에 있는 광산, 각종 군사시설공사장, 철도, 도로, 항만 등의 공사장에 투입하

고, 기업의 노동인력충당 요청을 승인하고 하청업체 노무자로 배속하고, 국영기업인 철도공업과 개인기업인 (주)일본통운에 배속시킨 것은 모두 공갈 · 협박 · 강제였다.

20-1-4. 일본은 조선인을 강제징용하여 아오모리현 시모키타반도 일대와 미사와비행장에 있는 해군부대에 배속시켜 준군인으로 군법을 적용하며 노동을 강제로 시켰다.

20-1-5. 조선인 피연행자들은 자신의 의사와는 전혀 관계없이 가족이 사는 고향에서 일본의 아오모리현까지 강제 · 협박 · 강압으로 끌려갔기 때문에 순전히 납치(拉致)였으며, 납치는 대본영이 허가하고 지시 · 지령하였다.〈앞 장 3-7. 통상적인 연행 수법. 참조〉

20-2. 강제연행은 가정파괴와 국가붕괴로 이어졌다

강제연행은 화목한 가족과 생이별이었다. 외아들일 경우 가문의 손(子孫)이 끊어질 위기에 놓였었고, 가장인 경우에는 가정을 돌 볼 수 없었으므로 가족의 생계에 큰 어려움을 겪어야 했다. 농사일이나 사업을 할 수 없어 가계가 파탄지경이었고, 마을공동체의 일손이 끊겨 농사일에 큰 차질을 초래할 수 밖에 없었다. 이 같은 일본의 조선인 강제연행은 다른 나라 국민을 무차별 강타했고, 국민이 파탄지경인 사회는 국가를 지탱하기 어려운 결과로 이어졌다. 곧 국가 구성 요소인 국민과 국토가 만신창이가 되어 가정파괴와 국가붕괴로 이어졌다.

20-3. 강제배치 · 강제노동 · 임금갈취였다

20-3-1. 조선인들을 군사시설공사현장인 일본 아오모리현 시모키타반도 일대와 미사와비행장 등에 강제로 배치했다.

20-3-2. 이와테현 채석장에서 일한 조선인과 홋카이도에서 남하한 조

선인도 우키시마호에 탔으므로 홋카이도와 이와테현도 우키시마호 승선 조선인 노동현장으로 이 곳에서 강제배치, 강제노동, 임금갈취가 자행되었다.

20-3-3. 강제연행한 조선인을 대본영의 전략에 따라 주로 해군 부대에 배치하였으나 군사시설공사 원청업체인 기업에도 강제배치했다.

20-3-4. 하청업체로는 세자키조, 아이자와조, 고야나기조, 스가와라조, 우사미조, 사이토조, 사사키조, 하기와라조, 지자키조, 다케우치조들과 국영기업체인 철도공업과 민영기업인 (주)일본통운이 있었던 바 이들 하청업체와 국영기업체와 민영기업에서 노예적 노동생활을 강요했다.

20-3-5. 조선인은 노동조건이 일본인 노무자와 큰 차이가 있었는데 난이도가 높거나 사고 위험이 높은 탄광 막장이나 암벽 발파장에 투입되었고, 특히 조선인에게는 도급제를 적용하여 노동량과 임금을 강제로 적용했다.

20-3-6. 조선인들의 임금은 일본인에 비해 절반 수준이었으며 그나마 국민저축 명목으로 급여에서 제외하고 반환하지 않았으므로 임금 착취에 해당된다.

20-3-7. 타코방식 운영 즉 일명 "문어방살이"이다. 항아리 안에 갇힌 굶주린 문어가 나중에는 제 발을 뜯어 먹게 된다는 것으로, 노동조건이 최악이었던 홋카이도의 광산촌에서 시작된 노무자 운영방식이다. 처음에는 임금을 선불로 지불하고 먼저 지급한 임금에서 이자와 원금을 상환하는 방식인데, 월급이 적은데다가 이자가 높아 달마다 상환하여도 원금이 줄지 않는다. 원금이 점차 많아져 선불을 받았던 노무자들에게는 오히려 빚이 늘어나 노동현장을 빠져 나가지 못하게 된다. 이들에게 빚 채무의 독촉이 노동의 강요와 구타로 이어졌다. 아무리 일해도 갚을 수 없는 상황에 이르러 탈출을 시도하지만 잡혀 들어오면 갖은 매질과 불고문으로 죽기도 했다.

20-3-8. 강제연행한 조선인을 고용한 하청업체는 우키시마호 승선자들의 노동현장과 직접 관련된 지역인 시모키타반도의 오미나토, 오마, 오하타, 시모후로, 시모키타후도, 키노푸, 타나부, 구와하타, 쓰리야하마, 노헤지, 잇본마츠, 가바야마, 가마부세산 등지와 미사와비행장과 이와테현 채석장들에서 군사용에 해당되는 일을 강요하였다.

20-3-9. 강제연행한 조선인들에게 땅파기, 둑쌓기, 축대쌓기, 방공호파기, 구릉지대 평탄작업, 비행장 활주로 만들기, 비행기격납고, 돌격용 특수정격납고, 터널공사, 지하탄약고, 지하저장창고, 포대시설, 군수품 상하역, 석탄채굴, 비철광채굴, 도로공사, 철로공사, 항만 수리, 택지정리들과 같은 일을 강제로 시켰다.

20-3-10. 해군부대나 기업에 배속된 초기에 헌군복, 모자, 지카다비, 담요를 지급하였고 내복이나 양말은 없었다. 추가로 지급하지 않았기 때문에 겨울에도 여름옷을 입고 그대로 일터에 드나들었다. 식사로는 주로 밀밥에 오징어를 삶은 물이나 된장국이었고, 부식으로는 청어 한 토막과 삶은 오징어 정도였다. 배가 고파 바닷가에서 까마귀물고시를 캐 먹기도 하고 고사리를 꺾어다 소금을 넣어 삶아 먹었다. 숙소는 판잣집에 마루바닥도 판자였으나 다다미도 없이 담요 한 장을 깔고 뒤집어 쓴 상태로 집단수용 형태였다.

20-3-11. 군사시설 공사현장 감독들은 전쟁터에서 실전 경험이 있었던 장교들이어서 그들의 몽둥이와 채찍과 고문은 상상하기 어려울 만큼 참혹했다.

20-3-12. 강제노동 금지조약 위반이다. 국제노동기구가 1930년 총회에서 채택한 강제노동금지조약은 제2조에서 "처벌의 위협 아래이거나 혹은 자의에 의하지 않은 일체의 노동과 용역"을 강제노동이라고 정의하고 제1조에서 여성에 대하여 강제노동은 허용하지 않음을 선언하고 있다. 일본은 1932년에 이 조약에 가입하였다. 위의 1항에서 11항까지 지적한

강제징용, 강제징병, 노동강요, 임금갈취 등의 행위는 조약위반에 해당되므로 일본은 국제법상 배상책임이 있다. 〈인권보고서, 대한변호사협회, 1992. 제7집. 314쪽 참조〉

20-4. 노동현장에서 다수의 조선인이 사망했다

20-4-1. 〔4-12-2. 참조〕 오미나토 해군 전용 부두는 2만톤급 대형 순양함이 드나들 수 있을 만큼 크고 넓은 도크였습니다. 일본에서 해군 전용 도크는 동경을 기점으로 볼 때 북쪽지역에서는 시오가마(鹽釜)의 도호쿠 도-크, 하코다테 도-크 그리고 무로란(室蘭)에도 도-크가 있었습니다만 오미나토와 같은 큰 규모의 도-크는 당시에는 물론 지금도 없습니다. 〈중략〉 공사는 해군시설부에서 관할하고 있었으므로 공작부에서는 관여하지 않았는데 공사를 맡아 일한 사람은 대부분 조선인이었습니다. 〈중략〉 잘은 모르겠으나 이 공사 도중에 조선인 20명 정도 사망했는데, 공사장 뒤편에 돌을 쌓아놓고 그것을 위령표시로 삼고 있었습니다. 지금은 그 곳을 방위청에서 사용하고 있기 때문에 쉽게 들어갈 수 없지만 아마도 현장에 가보면 아직도 그 때의 모습이 남아 있을지 모릅니다. (우키시마호폭침사건진상, 가람기획, 109쪽).

20-4-2. 굶주려 영양실조로 병들어 죽은 자, 부상으로 각종 염증질환에 감염되어 죽은 자, 심한 구타로 죽은 자, 낙반사고로 죽은 자, 안전사고로 죽은 자, 탈출을 시도하다가 잡혀와 죽음을 당한 자, 고문에 못 이겨 죽은 자가 있다.

20-4-3. 위의 20-4-2항으로 죽은 조선인들은 산골짜기에 집단 매립되기도 하였고, 조선인이 직접 화장하기도 하였으며, 무츠시 관할 관청이 화장하여 임시 보관하다가 2002년 현재는 무명 조선인 유골로 무츠시에 있는 대안사 납골당에 안치되어 있다. 하지만 일본인들은(대안사 주지는) "유골의 주인공이 일본인이라면 저토록 방치하지는 않았다. 그 무명 유

골이 조선인인지 아닌지는 모르겠다."고 일본인 특유의 애매모호한 입장을 보이고 있다.

20-5. 출항준비는 조선인 학살책동이었다

20-5-1. 전쟁이 끝난 뒤였을 뿐 만 아니라 외국 민간인을 송환하는 배이므로 목적지까지 안전하게 도착하려면 폭발 위험이 있는 포탄이나 폭발물은 모두 배에서 내려야 했다. 그러나 우키시마호 선창(선내창고)에 쌓여있던 포탄을 내리지 않았고, 기관실 옆 창고에 폭발물을 장치한 것으로 드러났다.(본 보고서 5-4-3 참조).

20-5-2. 페인트를 칠해 우키시마호 배 이름을 지웠다. (본 보고서 5-4-3 참조)

20-5-3. 승선자 명단를 작성하지 않았다. (본 보고서 5-4-3 참조)

20-5-4. 조선인에게는 처음에는 호의였으나 승선에 임박해서는, 호의도 위장술이었음이 드러났고, 협박과 공갈로 승선토록 했고, 해군승무원에게도 군법적용이라는 위협적인 명령을 내렸기 때문에 승선할 수 밖에 없었다.

20-5-5. 출항은 대본영이 지시하고 해군성이 집행하고 우키시마호 승무원이 실행했다.

20-5-6. 일본정부가 GHQ에 제출한 보고서《「우키시마호 조난 및 이후의 처리에 관한 보고」〈발신: 인양원호청제2북원국 잔무처리장. 수신: GHQ참모부제2부 및 극동미해군사령부〉「(별지) 우키시마호에 편승한 조선인의 조난사건에 관한설명자료」》를 통해 사건경위를 밝히고 있는데, 그 보고서 안에 있는 「우키시마호의 행동 개요」에는《특히 특설운송함 우키시마호(4,730톤)에 그들을 편승하게 하고 이를 남선(南鮮)에 수송할 준비해〈이하 생략〉》라 보고했다. 일본의 일부 연구・조사자들은 우키시마호가 원래부터 부산항으로 가지 않고 마이즈루만 까지만 갈 계획이었

다고 주장하고 있으나 일본정부가 GHQ에 제출한 보고서에 나타난 것처럼 우키시마호는 부산항으로 갈 계획이었음을 명확하게 진술하여 기록되어 있다.

20-6. 승선자 성상

20-6-1. 일반 노무자: 기업의 요청으로 대본영이 해군성에 승인하고 조선총독부가 알선하여 징용된 조선인들이 대본영의 전략대로 시모키타반도 안의 군사시설공사를 하청받은 하청업체에 배속되었던 조선인을 말한다.

20-6-2. 군인 · 군속: 대본영의 전략에 따라 공문으로 지령한대로 강제징용 · 징병되어 시모키타반도 일대와 가바야마비행장과 미사와비행장 등의 해군부대에 배속되어 준군인으로서 군사시설공사장에서 일한 조선인을 말한다.

20-6-3. 가족생활자: 태평양전쟁 말기에 조선인들은 귀국하려던 중이거나 일거리를 찾아 본토 또는 일본의 다른 지역(홋카이도 등 지역)에서 시모키타반도로 이동 · 이주하였다. 이 때 2인 이상 가족이 함께 생활한 조선인을 가족생활자로 정리했다. 한세열씨의 경우는 피연행자로서 일본 아오모리현 미사와비행장 군용식당에서 일하면서 알게 된 조선인과 결혼하여 장인, 장모와 함께 가정을 이룬 경우이다.

〈표 6〉 우키시마호에 승선한 가족생활자

가족생활자	김봉선	김수득	배경자	신원수	오상필	임광자	장영도	최억조	한세열
가족수	5	7	3	17	5	4	5	6	4
생활터	오미나토항 주변 지역/미사와비행장/시모키타반도 일대								

20-6-4. 홋카이도에서 남하한 조선인: 일제의 패전 직후 귀국의 길을 따라 홋카이도에서 남하한 조선인을 말한다. 이들은 하코다테 근처에서 민간인 어선을 빌려 타고 아오모리항으로 이동하였는데 마침 오미나토에서 우키시마호를 타면 귀국할 수 있다는 소식을 듣고 오미나토항으로 이동한 조선인이다.

20-6-5. 이와테현에서 온 조선인: 원래 미사와비행장에서 일했는데 항의와 반발이 심하다 하여 이와테현 채석장으로 재 배치된 조선인을 말한다. 이들은 우키시마호를 타면 귀국할 수 있다는 소식을 듣고 일본인 감독의 인솔 아래 오미나토로 이동하였다.

20-7. 출항이 불법 · 부당했다

20-7-1. 일본 정부는 9월 중순부터 조선인을 송환할 계획이었다. 그럼에도 시모키타반도에서 조선인을 서둘러서 내 보내려 한 것은 대본영이든 해군성이든 오미나토해군경비부든 8월 22일의 출항 자체는 9월 송환 계획과 관계없었으므로 불법 · 부당한 출항이다.

20-7-2. 대본영의 출항 승인 없이 해군성 단독 출항은 불법이다. 8월 19일 오미나토 주변에 모여든 조선인을 우키시마호에 승선하도록 지시했으나 출항 명령과 계획은 어디에도 없었다.

20-7-3. 비밀리에 일본 정부의 출항 승인이 있었다 해도 출항 전에 해군들이 직접 배이름을 지운 점이나 폭탄을 내리지 않고 되레 폭발물을 장치한 것은 불법이다.

20-7-4. 1945년 8월 24일 오후 5시까지 부산항에 도착하지 못한다 해도 출항에는 문제가 없었으나, 최종 목표를 부산항으로 하지 아니하고 중간 기착점을 마이즈루항으로 정하고 출항한 것은 사전에 조선인 송환을 부정한 것이므로 불법적 출항이다.

20-8. 왜 서둘러 출항했나?

20-8-1. 보복설(報復說): 일본이 전쟁에서 진 반면 한국은 독립되어 비록 일본 땅이지만 조선인이 자유를 찾았다. 이 때 오미나토해군경비부는

〈표 7〉 우키시마호 출항과 관련된 지시 · 공문

내용 / 날짜	발신자	수신자	지시공문형태	지령·지시공문내용
1945년 8월19일~20일	밝혀지지 아니함	밝혀지지 아니함	밝혀지지 아니함	19일 승선지시·명령·개시 20일 승선
8월21일	천황	군부령 총장	대해령52호	8월24일 오후6시 이후 항해중인 선박을 제외한 선박은 항해를 금지함.
8월22일	군부령 총장	해군운수 본부장	대해지533호	8월24일 오후6시 이후 항해중인 선박을 제외한 선박은 항해를 금지함.
8월22일 19:20	해군운수 본부장	각 함장 <浮島丸, 聖川丸 長運丸>	전보(電報)	8월24일 오후6시 이후 항해중인 선박을 제외한 선박은 항해를 금지함.

〔위 표 내용은 동경고등재판소 판결문 41~42쪽에 있음〕

수 년 전부터 고향에서 강제 연행당한 이후 해방되기까지 시모키타반도 일대에서 일본군한테 당한 억압과 핍박과 노예적 학대에 대한 보복이 두려웠다. 자유와 독립을 주장할 수 있게 된 조선인들이 소요사태(騷擾事態)로 이어지기 전에 서둘러 시모키타에서

⇧ 일본 현지에서 우키시마호사건에 대해 간담회를 가짐. 오른쪽부터 나루미 켄타로, 아키모토 료지, 와시오카 코쇼, 전재진, 〈아오모리현 무츠시 1994.8.8〉

축출해야 한다고 주장하였다.

20-8-2. 폭로설(暴露說): 일본은 조선인을 납치와 다를 바 없이 강제연행했던 점, 노예처럼 참혹스럽게 노동을 강요했던 점, 조선인으로 하여금 직접 만들게 한 군사시설이었으므로, 인권유린과 군사기밀에 해당되는 모든 것을 알고 있다는 점으로 미루어 이 같은 사실을 미군에게 폭로하면 일본이 전후협상에서 불리해진다는 판단으로 서둘러 조선인을 시모키타반도에서 축출해야 한다고 주장하였다.

20-8-3. 적군설(敵軍說): 일왕이 대본영에서 항복방송을 한 8월 15일보다 훨씬 전부터 사할린에서 소련군에게 밀리던 일본 해군은 퇴각 명령을 받는다. 이 때 해군들은 "조선인이 소련군을 안내하고 있다. 조선인은 일본군의 정보를 소련군에 제보하는 스파이다."고 단정했다. 1945년 패전 직전에는 중국의 동북지방 일대에서 전투하던 일본군으로서는 그럴 만한 이유가 있었다. 책 《해방초기의 연변》에는 다음과 같이 적혀있다.

사실상 우리들이 일본이 투항하였다는 소식을 듣기 전에 연안총부의 지도자들은 언녕(옮긴이: 벌써, 이미) 8월 9일에 소련 홍군이 동북에 진입하였으며, 일본제국주의가 곧 망하게 된다는 소식을 알고 있었다. 이런 정세에 비추어 연안총부에서는 1945년 8월 10일과 11일에 소속 각 부대에 련달아 투항접수명령과 소련군에 협력하여 작전하라는 등 일곱 가지 명령을 발포하였다. 그 중 제6호 명령은 다음과 같다.

《"소련홍군이 중국 및 조선 경내에 진입하여 작전하는데 배합하며 조선인민을 해방하기 위하여 나는 명령한다. 지금 화북에서 대일작전 하고 있는 조선의용군 사령원 무정, 부사령원 박효삼, 박일우는 즉시 소속부대를 거느리고 팔로군 및 원 동북군의 각 부대와 함께 동북으로 진입하여 적들을 소멸하며 동북에 있는 조선인민을 조직하여 조선을 해방하는 과업을 완수하도록 하여야 한다." 총사령 주덕 1945년 8월 11일 12시〈《해방초기의 연변》 270쪽 7줄~22줄〉》

중국 동북지방에서 정보수집 전략이 교묘했던 일본군이 이 같은 연안 총사령부의 명령을 모를 리 없다. 1919년 3월 13일 용정 서전서숙에서 일어난 대규모 반일시위에 이어 청산리전투에서 패배한 일제는 1920년 경신년대학살(간도대학살)을 감행했다. 그 뒤로 동북에 거주하는 조선인과 독립운동단체들은 무장투쟁만이 일제를 몰아낼 수 있다는 결의를 다지게 되었다. 이 무장투쟁은 일제가 패망하기 직전까지 계속되었을 뿐 만 아니라 일본군도 조선인에 대해 그 같은 생각을 떨쳐버릴 수 없었다. 이런 상황에서 연안총부에서는 조선의용군한테 소련홍군과 협력하여 적(일본군)을 소멸하라는 명령을 내린 것이다. 동북에서 조선인은 모두 일본군의 적이었으나 본토에서는 제놈들의 전쟁놀이에 협력한 셈이 된 각종 군수공업, 군사시설공사장에서 일하던 조선인들은 적이 아니었다.

〈표 8〉 패전 직후 일본해군이 감행한 조선인 집단학살사건 비교

<table>
<tr><th colspan="2">사건명 / 제원</th><th>카미시스카경찰서 학살사건</th><th>미즈호항 학살사건</th><th>우키시마호 폭침학살사건</th></tr>
<tr><td colspan="2">발생년월일</td><td>1945. 8. 18</td><td>1945. 8. 19</td><td>1945. 8. 24</td></tr>
<tr><td colspan="2">발생 장소</td><td>카미시스카 경찰서</td><td>미즈호항</td><td>마이즈루항(만)</td></tr>
<tr><td rowspan="6">공통점</td><td>발생시기</td><td>일본 패전 직후</td><td>일본 패전 직후</td><td>일본 패전 직후</td></tr>
<tr><td>소행집단</td><td>퇴각하던 일본해군</td><td>퇴각하던 일본해군</td><td>퇴각하던 일본해군</td></tr>
<tr><td>학살형태</td><td>집단몰살</td><td>집단몰살</td><td>집단몰살</td></tr>
<tr><td>학살수법</td><td>조선인화염살해</td><td>조선인냉동살해</td><td>조선인수장살해</td></tr>
<tr><td>조선인 동향</td><td>광복·환희·비무장</td><td>광복·환희·비무장</td><td>광복·환희·비무장</td></tr>
<tr><td>발생동기</td><td colspan="3">①조선인이 폭동을 일으킬지 모른다는 불안감.
②조선인이 소련군을 안내하고 있다는 소문(소련군 스파이)
③소련군이 들어오게 되면 일본인이 저지른 죄악상을 소련군에게 폭로할 것이라는 점.</td></tr>
</table>

그러나 최후에 연안총부의 명령이 떨어진 뒤부터는 조선인이 모두 적으로 바뀐 것이다. 일본군이 비무장 상태의 조선인을 적으로 간주했음은 1945년 8월 15일 직후부터 사할린에서 퇴각하던 해군들이 조선인을 무차별 학살한 데서 잘 나타난다. 8월 18일 사할린의 카미시스카경찰서 학살사건과 그 다음 날인 19일 미즈호항학살사건이 바로 그것이다. 이처럼 적으로 바뀐 조선인을 본토인 시모키타반도에 오래 머물게 한다는 것은 허용할 수 없는 일이었다. 특히 수년 동안 전쟁터에서 인간 살상을 일삼던 일본군들의 눈앞에 오래 머물게 한다는 것은 그들의 자존심을 건드리는 꼴이었다. 실제로 오미나토 주변에 있던 해군들은 "어떻게 적을 눈앞에 두고 방아쇠를 당기지 않을 소냐?"고 했다. 해군들의 이 같은 행동은 당시 군의 지휘체계로서는 하극상이 벌어지는 비정상적인 소행으로 서둘러 조선인을 축출해야 한다고 주장하게 된 것이다.

20-9. 회항에 문제가 있었다.

20-9-1. 일왕, 군령부총장, 해군성, 해군운수본부, 오미나토해군경비부 등 어떤 상부에서도 우키시마호 함장한테 마이즈루만으로 들어가라는 명령의 공문은 없었다. 〈앞 장 6-3-2. 참조〉

20-9-2. 우키시마호는 부산항이 아닌 원산항으로 갈 것도 검토했다는 설이 있는데 오미나토항을 빠져 나오면서 부산항도 원산항도 아닌 일본 본토 해안선 측방 3~4km를 따라 남하하였다. 부산이든 원산이든 직항로를 택했다면 8월 24일 오후 5시 이전에 일본 연안에 투하한 기뢰지역과 연합군의 통제지역을 완전히 벗어났을 것이므로 기 접수한 공문 내용과 관계없이 항해할 수 있었다. 더구나 대해령 52호는 "항해중인 선박을 제외한 나머지 선박의 항해를 금지한다."는 것이었으므로 우키시마호처럼 이미 항해중인 선박은 부산을 향해 항해할 수 있었다.

20-9-3. 수 십 개의 기뢰가 투하된 마이즈루만으로 들어간 점도 의혹

의 대상이다. 수 천 명의 외국 민간인을 태운 만큼 연안에 정박하여 연합군의 통제에 따르는 것이 마땅했다. 그러나 우키시마호는 기뢰가 깔려 있다는 마이즈루만 안에서 해안 300미터 지점까지 접근하였다.

20-10. 마이즈루만 입항 정황

① 날씨는 쾌청했고 바람도 불지 않았다.
② 호위정의 뒤를 따라 안전항로로 입항했다.
③ 기뢰가 소해되었다는 신호를 받고 입항을 시도했다.
④ 도리시마와 헤비지마 두 섬 사이에서 완전히 멈춰 섰다.
⑤ 우키시마호가 폭침되던 날 다른 함정들은 모두 무사했다.
⑥ 대다수의 해군승무원들이 술에 취해 있었다.
⑦ 해군들은 회의가 있다면서 조선인들을 선실 안으로 들어가라고 몽둥이를 휘두르며 아래층으로 몰아넣었다.
⑧ 앞 장 6-3-2 참조.

20-11. 조선인들의 정황

① 이틀 동안 육지를 가까이에서 보지 못하여 갑갑했다. 갑판으로 나와 마이즈루만 주변의 산을 바라보며 '육지가 보인다. 야! 이제는 부산인가 보다!' 하며 즐거워했다.

② 해군승무원이 몽둥이를 휘두르며 선실 안으로 들어가라고 소리칠 때 조선인 대부분이 선실로 들어갔으나 갑판에서 이리저리 피해 다니면서 선실로 들어가지 않은 사람도 많았다.

③ 미나미(南)헌병이 갑판위에서 기관실 쪽으로 이어진 전기선을 끊으려 하였으나 기구가 없어 끊지 못했다.

④ 오미나토에서 출항 전에 해군들의 언행을 목격했거나 '이 배를 타

지 말고 다음에 돌아가라.'는 출항지 인근 주민들의 권유를 받았던 조선인들은 뭔가 이상한 낌새를 알아차리고 불안해했다.

⑤ 항해 도중에 해군승무원들의 난폭한 행동에 많은 의문을 안고 있던 조선인들은 해군들의 행동을 주시하고 있었다.

⑥ 갑판위에 있던 조선인들은 해군승무원들이 구명보트를 타고 모선을 탈출하는 광경을 보고 "어딜 가느냐?" "왜 나가느냐?" "무슨 일이냐?"고 물으며 의혹의 눈길을 늦추지 않았다.

20-12. 침몰 상황

① 배가 완전히 멈춘 상태에서 해군 승무원들이 배의 좌우와 전후에서 구명보트를 내려 타고 모선을 빠져 나갔다. 해군승무원들은 폭발진동으로 배 갑판 밖으로 튕겨나간 조선인을 구조하지 아니하고 바다에 뛰어 내려 헤엄쳐 뭍으로 빠져나갔다. 이 때 해군들이 뛰어내린 위치가 목격자(생존자)에 따라 다르게 증언하는 것은 목격자가 있던 위치가 배 갑판 위의 앞, 뒤, 왼쪽, 오른쪽, 중간으로 각각 다르기 때문이다. 배의 오른쪽에서는 왼쪽이 보이지 않고, 왼쪽에서는 오른쪽이 보이지 아니하며, 앞쪽에서는 뒤쪽의 상황을 모르고, 뒤쪽에서는 앞쪽의 상황을 알 수 없기 때문에 해군승무원들이 모선을 탈출하려고 구명보트를 타거나 바다로 뛰어내린 위치를 증언하는 데는 서로 다를 수 밖에 없다. 결론적으로 해군들은 이미 배의 좌우 전후에서 모선을 탈출했다.

② 해군들이 빠져 나간 뒤에 폭발소리가 났다.

③ 기관실 옆 선실에 있던 사람들은 몸이 공중으로 높이 튕겼다.

④ 갑판에 있던 사람들은 바다로 튕겨나가 떨어졌다.

⑤ 바다는 온통 기관실에서 쓰는 기름으로 덮였다.

⑥ 배의 앞뒤가 들렸고 가운데가 안쪽으로 구부러지면서 가라앉았다.

⑦ 아래층 선실에서는 위쪽으로 빠져 나오려고 서로 엉켰다.

⇧ 북측 조선예술영화촬영소가 제작한 영화 "살아있는 영혼들"의 한 장면. 우키시마호가 폭파 침몰 당하여 마이즈루만 기름바다위에서 아비규환 지옥에 빠진 조선인들. 〈홍콩고선필름 장주성 대표 제공. 2001.6.29〉

⑧ 아래층 선실에서 위로 올라오는 출입구 사다리가 부러졌다.

⑨ 입구에 설치한 나무사다리에 사람이 너무 많이 올라 타 사다리가 부러져 나오지 못했다.

⑩ 사람들이 물에 빠진 개미떼처럼 바다 물에 잠기며 죽어갔다.

⑪ 기름바다위에서는 사람이 서로 엉켜 물속으로 빨려 들어갔다.

⑫ 조선인이 바다 속으로 빨려 들어가는 광경을 일본 해군승무원들이 갑판 위에서 내려다보고 있었다.

⑬ 갑판에서는 마스트에 묶인 밧줄에 사람이 줄줄이 매달렸다.

⑭ 물에 빠진 사람이 매달려 있는 밧줄을 해군이 칼로 잘라 미끄러

지듯 물속으로 빨려 들어갔다.

⑮ 사고 현장 옆을 지나던 군용 선박들은 구조에 나서지 않았다.

⑯ 사람들은 기름을 뒤집어 써 눈만 뒤룩거렸고, 밧줄이 끊기면서 사람들이 바다로 다 떨어져 팽개쳐졌다.

⑰ 민간인 어선이 구조하려 다가왔다.

⑱ 민간인 구조선은 몇 명만이 태우고 나갔다.

⑲ 죽어가는 사람은 구조하지 아니하고 우선 헤엄치는 사람만을 배에 끌어 올렸다.

⑳ 물에 빠진 사람들은 떠다니는 판자나 보따리를 부여안고 물에 떠 있다가 구조되기도 했고 헤엄쳐 나오기도 했다.

㉑ 골절상을 입은 부상자는 물속으로 사라졌다.

㉒ 민간인 구조선에 오르지 못한 아이들은 다 죽었다.

㉓ 자식을 구한다던 아버지가 물속으로 사라졌다.

㉔ 그 날의 아비지옥과 규환지옥은 말로 다 형용하기 어렵다.

20-13. 침몰지점

⇧ 위 사진은 필자가 마이즈루만 시모사바가 해변에 세운 위령비 앞에서 촬영한 것으로 사진 속에 있는 왼쪽 섬이 도시마이고 오른쪽 섬이 헤비지마이다. 시모사바가 해변과 섬 사이에 떠 있는 부유물은 인근 어민들이 설치한 가두리 양식장이다. 가두리양식장 너머 섬과 섬 사이에서 우키시마호가 침몰하였다

20-13-1. 우키시마호가 일단 멈춘 상태에서 해군승무원들이 구명보트를 타고 모선을 탈출한 뒤에 폭발했으므로 그 지점을 침몰지점으로 한다.

20-13-2. 침몰지점은 마이즈루만 안에 있는 헤비지마와 도시

마 두 섬 사이이다.

20-13-3. 침몰지점의 수심은 15m~16m 정도이고 시모사바가 마을 해안에서 300m 정도 떨어진 곳이다.

20-13-4. 침몰지점 바다 밑에는 우키시마호의 선저(배 밑창)가 돌에 눌려 남아있으므로 그 현장을 확인할 수 있다.

20-14. 촉뢰 주장에 대한 반론

〔생존자와 해군승무원의 증언을 토대로 함〕

20-14-1. 우키시마호가 군함기를 앞세우고 마이즈루만으로 항진해 들어갈 때 앞에는 두 척의 호위정이 전진해 들어갔으나 안전했을 뿐만 아니라 기뢰에 부딪치지 않았으므로 우키시마호는 안전항로로 입항했다.

20-14-2. 당시 우키시마호 해군승무원이었던 와지마 사다오(倭島定雄, 항해사, 해군대좌)가 「소해완료」라는 신호를 받고 입항을 시작했다고 증언하고 있으므로 우키시마호는 미군이 부설한 기뢰가 없는 안전항로를 항해했다.

20-14-3. 배가 폭파되기 10분 남짓 앞서 해군승무원들이 구명보트를 내리고 여러 명씩 동시 다발적으로 모선을 탈출하였는데, 이 때 이미 배는 완전히 멈춰있는 상태였기 때문에 기뢰 폭발 조건인 수압, 음파, 진동이 발생하지 아니하므로 기뢰가 폭발하지 아니한다.

20-14-4. 폭발음이 2~3회 연속성이었다. 폭발음이 2~3회라는 것은 두 번 이상의 폭발을 의미하는데, 촉뢰였다면 이 같은 현상은 없다. 그러므로 기뢰에 닿아 폭발한 것이 아니라 폭발물이 연속적으로 폭발하는 현상이다.

20-14-5. 물기둥은 없었다. 기뢰에 닿아 폭발했다면 수면위로 물기둥이 높이 60미터까지 솟아오르는데 그런 현상은 없었다. 물기둥이 솟았다면 그 물이 갑판위로 떨어지는 것이 상식인데 갑판위에 있던 조선인

들은 옷이 물에 젖지 않았다고 증언했다.

20-14-6. 폭파장치를 제거하려 한 조선인 남(南, 미나미)씨가 배의 갑판에서 기관실까지 전기선이 늘어져 있었다고 말한 점으로 미루어 그것을 사실로 판정한다.

〔다음은 전문가와 조사자의 분석을 토대로 함〕

20-14-7. 1954년 10월 (주)이이노중공업에 의해 선체가 인양될 때 찍힌 사진에서 밝혀진 대로 폭발물이 폭발한 곳은 우키시마호의 기관실 내부로 판정했다. (중략)사건을 추적·조사해 온 「國際新聞」(大阪新聞夕刊)은 1954년 10월 9일자에서 「浮島丸에는 만 하루 동안 〈다이나마이트〉와 〈총포류〉를 실었으며 침몰한 배의 船底를 水中 촬영한 결과 爆破口가 外部를 향해있는 것으로 미루어 船內에서 폭발이 있었던 것 같으며 폭발음이 세 차례나 들렸다는 증언을 들었다.」(중략) (1973년 5월 25일 중앙일보 第2376호)

20-14-8. 기뢰가 수중에서 선박 물체에 반응하여 폭발할 때 직경 30미터의 구멍을 내기 때문에 한 장소에서 두개 이상 연속적으로 터지면 아무리 큰 우키시마호라 해도 남아나질 않는다는 것이 전문가의 분석이다.

20-14-9. 1945년 8월 24일부터 2007년 7월까지 우키시마호가 "촉뢰"냐 "자폭"이냐의 논란만 보도되었다. 이는 일본정부가 "촉뢰" 또는 "자폭"이라고 증명할만한 정확한 근거자료를 제시하지 못하기 때문이다.

20-14-10. 일본 정부는 "촉뢰"라고 확정할 근거자료를 제시하지 못하고 있다. 사건 발생 해역인 마이즈루만 인근에 있는 일본군 전쟁인양기념관에도 어떤 근거자료도 제시하지 못하고 있다. 만약 미군이 투하한 기뢰에 부딪쳐 침몰했다면 일본인 특유의 정서로 보아 이런 현상은 없다.

20-15. 침몰 원인

20-15-1. 「일본정부」는 해군승무원이나 조선인 생존자의 진술을 듣지 아니하였고, 침몰해역을 조사하지 아니하고 "미군이 투하한 기뢰에 닿아 침몰하였다."고 일방적으로 발표하였다.

20-15-2. 「우키시마호사건 진사와배상을 촉구하는 재판을 추진하는회」는 "폭침의 가능성은 촉뢰일 가능성이 높다고 생각한다. 사고 현장에는 유효 기뢰가 다수 있었고, 승무원이 우키시마호를 폭파시킬 이유가 없었고, 물기둥의 존재 여부나 선체의 파열구는 전문가가 아니면 감정이나 판단할 수 없기 때문에 촉뢰일 가능성이 높다고 생각한다."고 하였다.

20-15-3. 아오모리현 "시모키타지역문화연구소」는 "관련자의 증언이나 사고 당시 상황 등으로 보아 촉뢰라고만 생각하지는 않는다. 다만 자폭이라는 명확한 근거가 확보되지 않았을 뿐이다."고 하였다.

20-15-4. 「해군승무원」들은 "우키시마호는 기뢰에 닿아 침몰했다. 자폭장치를 알았다면 그 배를 타지 않았을 것이다."고 하였다.

20-15-5. 「한국인 생존자」들은 "해군승무원들의 소행과 침몰 전후의 상황으로 보아 계획적이며 의도적으로 조선인을 몰살하려고 폭파 침몰시킨 것이 틀림없다."고 하였다.

20-15-6. 「재일조선인강제연행진상조사단」은 "미군의 B29기가 투하한 기뢰에 부딪쳤다는 근거가 없으며 선체 파괴상태로 보아 촉뢰가 아니라 야수적인 폭파침몰이다."고 하였다.

20-15-7. 북측 「조선일본군《위안부》및 강제련행피해와보상대책위원회」는 다음과 같은 이유에서 "기뢰에 의한 우발적인 사고가 아니라 일본군부당국이 계획적이며 의도적인 조작에 따라 감행된 폭침사건으로 단정한다."고 하였다.

① 출항은 일본정부의 지시와 허가로 진행되었다.

② 승선과 출항은 군부당국이 강제로 했다.
③ 처음부터 부산항이 아니라 마이즈루만으로 향했다.
④ 마이즈루만에서 입항 항로는 기뢰해제가 끝난 안전항로였다.
⑤ 기뢰폭발 때 일어나는 현상이 없었다.
⑥ 선체 내부에서 폭발하였다.
⑦ 오미나토항 출항을 전후하여 의도적인 폭침과 관련된 소문이 자자했다.

20-15-8. 남측 「우키시마호폭침진상규명회」는 "피해자와 해군승무원의 증언, 침몰 당시 정황과 사후 일본 정부의 태도로 보아 촉뢰가 아니라 해군승무원이 기관실 옆 창고에 폭발물을 장치하여 계획적으로 자행한 폭파침몰로 단정한다."고 하였다.

20-16. 외국양민 집단학살사건이다

20-16-1. 가족이 함께 탄(가족생활자) 조선인이 많았다. 이들 어린이, 부녀자들까지 학살한 사건이다.

20-16-2. 퇴각하던 해군들이 저지른 카미시스카경찰서학살사건과 미즈호학살사건이 발생할 때 일본 해군이 조선인을 소개(疏開)해야 할 이유에서 공통점을 찾을 수 있는 바 "조선인은 소련군의 스파이다." "조선인이 폭동을 일으킬 우려가 있다"고 주장하였으나 당시 조선인은 모두 비무장 상태였기 때문에 폭동을 일으킬 만한 여력이 없었다. 특히 시모키타반도 일대와 오미나토 주변 분위기로 보아 조선인들은 오직 조국으로 돌아갈 수 있다는 감격에 부풀어 있었을 뿐이었다. 그러므로 본 사건은 선량한 외국인을 집단으로 학살한 즉 다른 나라 종족의 씨를 말리려한 인간대학살(Genocide)이다.

20-16-3. 충북 영동군에 본사를 둔 영동신문(1991년 9월 23일~29일)은 다음과 같이 게재했다.

"징용자 중 공사기밀에 관한 공사에 징용된 사람들은 군사기밀을 지킨다는 이유로 공사가 끝난 후 집단학살했는데 평양의 미림비행장에 징용된 노동자 8백 명은 4년간 혹사하다 공사가 끝날 무렵 집단학살했고, 천도열도에서도 5천명의 징용된 노동자를 역시 기밀누설 방지를 핑계로 학살했다고 하며, 유구 섬에 끌려간 조선인 노동자 약 1천7백 명은 배에 태워진 채 미군의 폭격 앞에 내던져서 전원 사망했고, 이 섬에 미군이 상륙할 무렵 조선인 노동자가 도망 혹은 투항할 것이라 하여 모두 동굴 속에 가두어 학살했다. 우키시마호 사건도 그러한 만행의 하나로 보인다."

20-17. 승선자 수

20-17-1. 승선자 수는 시모키타반도의 공사현장 분포와 각 하청업체에 배치한 인력, 해군부대 규모, 가바야마비행장과 미사와비행장에 투입한 조선인 수, 홋카이도에서 남하한 조선인의 수, 이와테현에서 와서 탄 조선인 수, 가족생활자를 감안하여 계산해야 한다. 각 하청업체의 추산인원을 400명으로 명기한 것은 스가와라조에서 노무관리를 맡았던 조선인 생존자 김동연씨가 8월 17일 오미나토해군경비부에 제출한 스가와라조 조선인 노무자명단이 516명이라는 점과 1944년 4월에 발행한 특고월보(特高月報)에 기록된 사사키조의 조선인노무자 인원수가 644명이라는 점을 감안하여 최소 인원으로 계산하였다.〈참조: 16-2-1.평양토론회 남측발표문 전재진편. 표4 시모키타반도 군사시설 참여업체와 조선인 고용실태〉

20-17-2. 해군 전용인 가바야마비행장 공사를 맡은 해군부대는 10개 중대로 편성되어 있었다. 이 부대 편성은 분대, 소대, 중대로 구분되는데 1중대는 4소대로, 1소대는 6분대(반)로, 1분대(반)는 14명으로 편성되었다. 그러므로 1소대는 84명(14명×6), 1중대는 336명(84명×4)이다. 가바야마비행장 해군부대는 10개 중대로 편성되었으므로 336에 10을 곱하면 3천3백60명

(336명×10개중대=3360명)이 된다. 또 가바야마비행장 주변에는 자유노동자가 상당수 있었다. 생존자 정헌설씨가 마이즈루만에서 구조되어 수용소에 있을 때 가바야마 본부 부대장이 와서 대기하고 있는 조선인들에게 「……바다에서 죽은 자 4천명에게……」라고 말한데서도 가바야마비행장 공사장으로 연행한 조선인 인원수를 계산할 수 있다.

① 〈증인-77. 조규헌〉 가바야마비행장에서 일했는데 1개 반이 14명이었고 1개 소대는 6개 분대(반)으로 편성하여 84명이었다. 중대장과 소대장은 일본인이었고 분대장은 조선사람이 맡았다.

② 〈증인-35. 정헌설〉 이 때 가바야마 본부 부대장이 와서 '바다에서 죽은 사람 4천명에게는 3백원씩 본가로 부쳐주고 여기 살아있는 사람들에게는 여비로 40원씩 나눠 줄 것인데 누가 맡아서 처리하겠느냐?'하여 국본(國本)이 맡아 처리하도록 하였다.

③ 〈증인-80. 정홍기〉 해군 군복을 입고 오미나토 해군 군부에서 의무과 보조원으로 일했다. 잇본마츠 근처에 3천3백명의 조선인이 일했다. 나는 선생이라는 대우를 받았다.

20-17-3. 1944년 4월에 발행한 「특고월보(特高月報)」를 시모키타지역 문화연구소 연구자인 나루미 켄타로씨가 일본 정부 내무성자료를 입수하여 이를 1992년 8월 14일자 아사히신문에 공개했다. 이 신문보도에 따르면 "조선인 노동자 319명이 폭동"을 일으켰다고 했다. 당시 조선인 노동자들은 식사량을 반으로 줄인데 대한 불만으로 궐기했다. 이 날 궐기대회에는 오미나토해군시설부 관할 하청업체인 사사키조(佐佐木組)에서 일하던 644명 가운데 319명이 시위에 참가했다. 이처럼 조선인을 몇 백명씩 고용한 하청업체가 10개 업체였고, 이 밖에도 일본통운, 철도공업, 각 지역별 해군부대에 배속된 조선인 노동자가 있었다.

20-17-4. 〈증인-1. 박재하〉 …1개 분대가 19명이었는데…내가 소속된 14부대에는 6개의 숙사가 있었는데, 1개 숙사에서 50명에서 60명이 합숙

1992年8月14日
「朝鮮人労働者319人が'暴動'」と報告
旧海軍大湊施設部
食糧減らされ決起
むつ市の鳴海さん 内務省資料を入手
特高月報

일제말 강제연행된 조선인 노동자 인원수가 기재된 《특고월보》 내용을 소개한 1992년 8월 14일자 《아사히신문》.

⇧ 1944년 4월호 특고월보에 조선인 노동자들이 폭동(집단 시위)을 일으킨 사실이 있었음을 밝힌 아사히신문.(1992년 8월14일자)

했습니다. 14부대와 가까운 곳에 13부대가 있었고 역시 같은 규모였지요. 모두 징용된 조선인들이었는데, 13부대와 14부대에서 일한 조선인이 6백 명에서 7백 명은 되었던 것 같습니다.

20-17-5. 우키시마호폭침진상규명회는 위 각항에서 분석한 것을 토대로 우키시마호 승선자 수를 추산한 결과 승선자 수는 최소한 7천5백 명 이상으로 결정한다.

20-17-6. 일본 해군승무원 기모토 료이치씨는 "우키시마호 승선 당시 승선자 명단을 작성할 수 없을 정도로 사람이 많았다."고 증언하였다.

20-17-7. 1950년 2월 28일 일본 인양원호청제2복원국 잔무처리장이 GHQ참모부제2부와 극동미해군사령부에 제출한 보고서 별지 《「우키시마호에 편승한 조선인의 조난 사건에 관한 설명자료」 2항 「금후의 일본정부의 자주적인 처리방침」4항》에는 "편승자의 원수(員數)에 관해 일한(日韓) 양자의 조사에는 상당한 차이가 있지만 제2복원국으로서는 당부조사(堂部調査)의 성과를 현 단계에 있어서 최선의 것이라고 확신하기 때문에 선측(鮮側)의 6천 수 백 명 또는 8천 수 백 명 등의 망언에 대해서는 특히 명확한 근거를 요구하지 않으면 안 된다."고 했다. 이처럼 승선자수를 파악하는데서 되레 한국 측에 자료를 제시하라는 것은 일본인 특유의

“닭 잡아먹고 오리발 내밀기와 적반하장”이다.

20-18. 사망자 수

20-18-1. 사망자는 승선자 수에서 생존자 수를 빼는 공식으로 계산한다. 〈20-17-1. 참조〉.

20-18-2. 생존자가 1천명이 채 안되므로 5천명 이상의 사망자를 추산할 수 있다. 〈증인-76 김복도 참조〉.

20-18-3. 사망자는 최소한 3천명이고, 생존자가 1천5백명을 상회하지 않을 것을 감안하여 5천명 이상으로 추산한다. 〈증언-35. 정헌설 참조〉.

20-18-4. 앞 장에 기술한 6-4-4항, 15-11항, 15-12항 참조..

20-19. 선체 수중 방치는 사체유기

20-19-1. 사망한 조선인의 시체가 가라앉은 선체 안에 존재한 것이 분명했던 만큼 9년여 동안 선체를 수중에 방치한 것은 조선인 사체유기로서 중대한 범죄행위이다.

20-20. 사건 발생 직후 시신처리

20-20-1. 《증인-56. 배경자》 일본 군인들이 바다에서 시체를 꺼내 여러 군데에 모아 놓기도 하고 또 한꺼번에 태웠다.

20-20-2. 《증인-52. 김응석》 사고가 나고 3일 뒤의 일이었다. 밖으로 나와 바닷가를 가보니 공무원인 듯한 사람들이 밀려든 시체를 몇 구씩 밧줄로 꿰매어 바닷가에 있는 말뚝에 매놓고 있었다. 차마 눈뜨고 볼 광경이 아니었다.

20-20-3. 《증인-68. 김옥희》 다음 날 아버지는 가족들의 시신이라도 찾는다고 바닷가에 나가셨던 모양입니다. 아버지가 말씀하시기를 ‘죽은

사람들의 목을 줄로 엮어 끌어다 바닷가에 늘어 놨는데 시체 허리에 차여 있는 돈을 일본사람들이 풀어가더라'는 것이었어요. 아마 근처 사람들은 큰 부자가 되었을 것이라고 말씀하셨습니다.

20-20-4. 《증인-75. 소중규》 마이즈루에서 배가 폭파되는 사건이 발생한 다음 날 조선인 시체를 고구마밭 이랑에 넣고 묻었는데 나도 조선인 시신을 내 손으로 직접 묻었다. 또 시체를 끌어다 해안가에 줄줄이 묶어 놨는데 그 시신은 일본사람들이 처리했다. 아마 같은 방법으로 집단 매립했을 것이다.

20-20-5. 《증인-82. 신환철》 그 때 일본 군인인 듯한 사람이 시체를 줄줄이 꿰기도 하면서 헤비지마(?)쪽으로 옮기더라구요. 그 때 섬 이름을 알았어요. 헤비지마에는 바닷가에 굴이 있는데 그 굴속에 다 집어넣은 게 아닌가 생각돼요. 시체는 마이즈루 인근 굴속에도 많이 있을 겁니다.

20-20-6. 《증인-76. 김복도》 다음 날 수용소를 빠져 나와 바닷가에 가 보았는데 죽은 사람을 모두 매장하더군요. 살아남은 사람은 1천명도 채 안된다는 말이 자자했습니다.

20-20-7. 《신동아 1985. 3월호. 543쪽》 청림사 주지 오쿠다 겐슈(淸林寺 住持 奥田健宗)》 사고 후 아마 거의 매일 사체들이 떠올라 왔을거요. 물위에 떠있는 우키시마호의 마스트에 사체들을 매어뒀다가 많아지면 마츠자키(松々崎)해병단에 옮겨 빈터에 구덩이를 파고 화장을 했지요. 사체들을 한꺼번에 구덩이에 몰아넣은 뒤 기름을 부어 태우는 것을 나도 여러 번 봤지… 우키시마호 희생자들의 시신은 일단 마이즈루 해군부대에서 거둬들여 松々崎해병단의 빈터에서 화장한 뒤 그 곳에 묻었는데 나중에는 그 곳 빈터도 부족하여 타히라 해병단의 부지에도 매장했다고 주지는 설명했다.

20-20-8. 사건 발생 일주일만인 당해 9월 1일 일본 정부가 발표한 사망자 524명 외에 수 천 명에 이를 다른 사망자는 사건 발생 직후부터

9년여 동안 바다에서 이리저리 밀려 다녔고(水中漂流), 바다 밑 돌과 바위틈과 개흙에 묻혀 있고(海底埋沒), 침몰하여 파괴된 우키시마호 선실 안에 쌓여 갇혀있는 상태이고(船室積滯), 60여년이 지난 지금도 마이즈루만 바다 밑에 방치돼 있고(遺棄放置), 해병단 공터와 고구마밭과 뒷산 골짜기에 묻혀있다.(集團埋立) 그런데도 한국 정부는 9백 년 전 고려시대에 남해안에서 개성으로 가던 조공운반선이 서해 해상에서 강풍으로 침몰하여 바다 밑에 묻혔던 접시와 밥그릇은 수 십 억원을 들여 건져 올려도, 60년 전 원한과 고통으로 덧칠된 일본땅 마이즈루만 바다 밑에 있는 선조들의 유해는 거들떠보지도 않는다. 아마도 수 백 년이 지나면 그 때 건어 올리는 것이 도리인가 보다! 참으로 해괴한 일이 아닐 수 없다.

20-21. 유골은 동경 우천사에 안치

〔2003. 9. 29 평양토론회 해외측 발표자 리일만 편 참조〕

20-21-1. (20-18 참조)

20-21-2. 1953년 3월 우키시마호 1차 인양 당시 배의 뒷부분에서 103구의유골을 회수하였다.

20-21-3. 1954년 1월 우키시마호 2차 인양 당시 배의 앞부분에서 245구의 유골을 회수했다.

20-21-4. 회수할 때 두개골 1개에 1명으로 하고, 대퇴골이 3개인 경우에는 2명으로 계산했다.

20-21-5. 한데 모아 태워 9년 전에 발표한 사망자 수인 524명에 맞춰 유골함을 만든 것으로 소위 《분골(分骨)》로 알려져 있다. 처음 발표한 524명과 9년 뒤에 인양한 348명을 합쳐 872명이 사망했다고 다시 발표하면 분골이라고 볼 수 없지만 여전히 524명이라고 하므로 분골이 된다.

20-21-6. 두 차례에 걸쳐 회수한 유골은 마이즈루시 東本順寺에 안치되었다가 1971년 6월 동경 메구로구(東京目黑區)에 있는 우천사에 납골

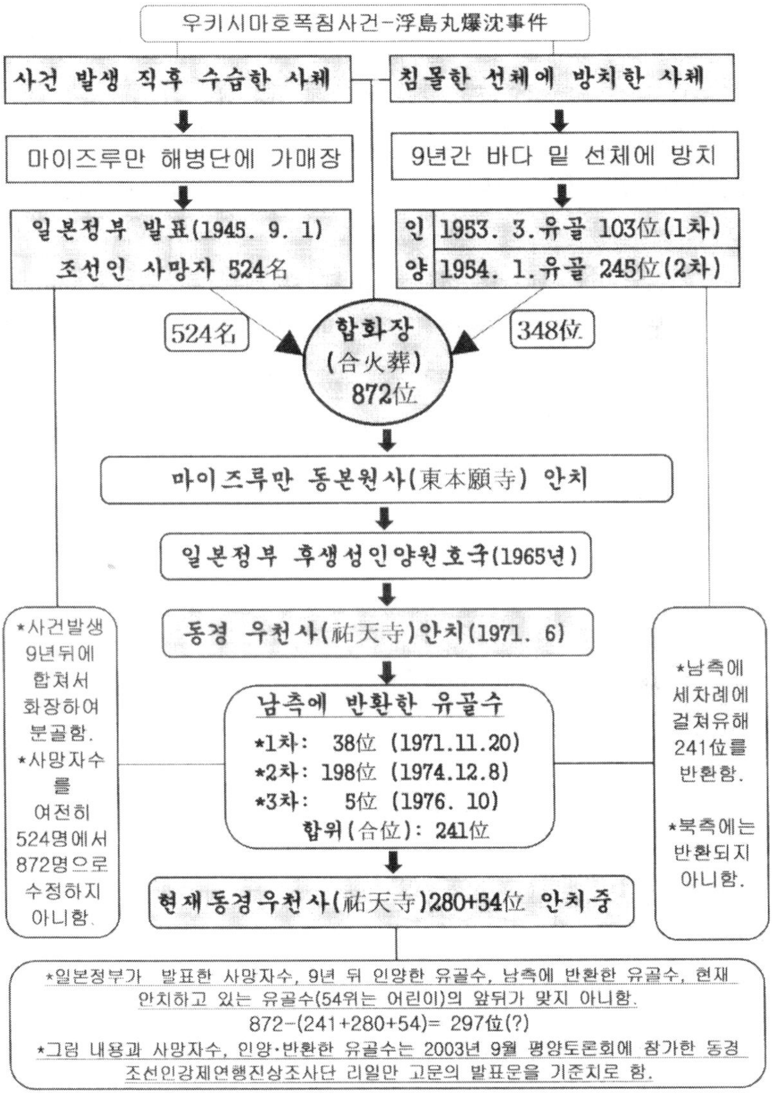

그림3. 조선인 사망자 사체와 유골 처리(흐름)도

로 안치하였다.

20-21-7. 사건 발생 직후 발표한《524명》과 두 차례에 걸쳐 회수한《348위》와 1971년 6월 현재《280위》와 한국으로 반환했다는《241위》가 서로 숫자가 맞지 않는 문제점이 있다.

20-21-8. 우천사에 안치했다는 사실근거는 1996년 8월 24일 마이즈루만 위령제 때 일본 후생대신이 보낸 추도사에서도 확인된다.

20-21-9. 우천사에 안치했다는 유골함은 개인별로 담겨있는지 아니면 큰 항아리에 담겨있는지 확인이 안 되고 있다. 일본 정부측 관련부처인 후생성에서 그 누구한테도 보여주지 않기 때문이다.

> 浮島丸事件殉難者追悼會 會長
>
> 1996. 8. 24
> 厚生大臣 管 直人
>
> 우키시마호사건 추도회가 거행됨에 따라 삼가 추도의 말씀을 드립니다. 우키시마호가 조난당하고 반세기나 되는 세월이 흐른 오늘 우키시마호사건으로 돌아가신 분들에게 이제나마 진심으로 추도의 뜻(「追悼의 誠」)을 올립니다. 우리들은 평화롭고 풍요하게 살고 있으므로 더욱 전쟁의 비참함과 평화의 소중함을 다음 세대에 이어가지 않으면 안 됩니다. 이에 다시(새롭게) 평화를 위한 결의를 다지면서 돌아가신 분들의 명복을 간절히 빕니다. 덧붙쳐 후생성에서 보관하고 있는 유골은 현재 동경의 우천사에 안치되어 있는 상황입니다. 유족들과 관계자들의 건승을 진심으로 기원합니다.

⇧ 일본 후생대신 管 直人가 마이즈루만 위령제 추도사에서 조선인 유골은 동경 우천사에 안치되어 있다고 밝혔다.

20-22. 우키시마호 승선자 피해

20-22-1. 강제연행에 따른 피해

① 강제연행 피해

대본영(일본전쟁총지휘본부)은 태평양전쟁 발발 이후 1943년부터 일본의 아오모리현 시모키타반도 일대와 미사와 비행장 군사시설에 필요한 인력으로 조선인 9천명을 투입하라고 지령하였다. 시모키타반도 일대에는 11개의 민간토건업체와 2개 국영기업, 1개 민간기업, 오미나토해군시설부 관할 해군부대들이 산재해 있었다. 이들 기업과 해군부대는 군사용 시설을 설치해야 했고, 이에 필요한 인력을 조선인으로 충당하려고 징용, 징병, 모집이라는 수단으로 연행해야 했다. 당시 연행 극대화의 수단으로 연행에 따르지 않는 자에 대해 「가족에 대한 공갈, 부모 협박, 개인 협박」을 일삼았는데 면사무소에 잘 정리된 호적등본은 바로 조선인을 끌어가는 인질보증서 역할을 했던 것이다. 이 때 연행업무 수행자로는 군·면사무소 노무계원과 왜발이(일본 경찰과 헌병 앞잡이)와 일본 경찰과 헌병이 동행하며 그 임무를 맡았다. 또한 연행지역은 대도시와 인구 밀집지역을 피하여 산간오지를 우선으로 정했는데 강제적인 연행의 반대급부와 집단소요를 의식했던 것으로 풀이된다.

* 11시가 넘은 심야에 갑자기 찾아와 불문곡직하고 끌어갔다.
* 논에서 일하는 사람을 끌어갔다.
* 식사 도중에 끌어갔다.
* 다짜고짜 신체검사를 받도록 하고 끌어갔다.
* 미성년자를 끌어갔다.
* 일본에 가지 않으려면 감옥으로 가라고 협박하여 끌어갔다.
* 부모를 협박하고 끌어갔다.
* 한사람을 3회 이상 끌어갔다.
* 홀어머니를 모시는 외아들도 끌어갔다.
* 직장에 근무 중인 사람도 끌어갔다.
* 직장에서 휴가 중인 사람을 끌어갔다.
* 연행해 갈 인원이 다 찰 때까지 여관에 대기시켰다가 인원이 다 차면 끌어갔다.

② 어떤 피해를 입었나?

* 외아들일 경우 가문의 손(子孫)이 끊어짐.
* 가장인 경우 가정을 돌볼 수 없었음.
* 처자식과 생이별로 가족이 생계유지에 어려움을 겪음.
* 근무 중인 자가 직장에 복귀하지 못하였음.
* 농사일이나 사업을 할 수 없어 가계가 파탄지경에 이름.
* 마을 공동체의 일손이 끊겨 농사일에 큰 차질을 초래함.

20-22-2. 강제노동 피해

① 1919년 창설된 국제노동기구(ILO)가 노동의 조건과 노동자의 지위를 개선할 목적으로 정한 규정에 따르면 개인의 의사가 무시된 노동은 모두 강제노동이라고 명시했다. 그러므로 일본이 조선인을 강제연행하여 전쟁 감행 목적으로 노동을 강요한 것은 모두 국제노동기구가 정한 국제법 위반이다. 우키시마호에 승선했던 조선인들에게 아오모리현 시모키타반도 일대의 군사시설 공사장에 투입하여 노동을 강요했기 때문에 국제법 위반임과 동시에 그 신체적 고통과 정신적 손상을 입혔다. 따라서 인권유린과 명예훼손이라는 피해를 주장할 수 있다.

20-22-3. 노예적 혹사 피해

① 왜 노예적 혹사인가?

◈ 임금착취: 아오모리현 시모키타반도에서 일하던 조선인은 일본인 임금의 절반 수준이었거나 아예 지급하지 않았다. 그나마 국민저축이라는 명목으로 30%를 공제하면 일본인 임금의 1/3 수준에도 못 미쳤다.

◈ 노동시간 초과: 오전 6시에 나가 오후 6시 혹은 10시에 숙소로 돌아오는 사례가 많았고 하루 12시간 노동은 흔한 일이였다.

◈ 개인의사 무시: 출퇴근 자유가 보장되지 않았고 휴게의 자유가 인정되지 않았으며 휴일도 없었다.

◈ 참혹한 감독 수단: 공사장으로 나갈 때나 합숙소로 돌아올 때 해군이나 업체 감독들은 바늘몽둥이로 위협하며 인솔했다. 굶주려 허덕이다 쓰러지는 노동자들을 가죽채찍이나 곡괭이 자루를 휘두르는 참혹하고 흉칙한 수단으로 노동을 강요했다.

② 노예적 만행 사례

◈ 합숙소의 타코방식 운영: 토건하청업체에서는 조선인을 모집으로 위장하여 공사장까지 유인한 다음 일정액을 지급하고 매월 이자와 원금을 갚으라고 했다. 그러나 원금보다 이자가 더 비싸 시일이 갈 수록 원금은 쌓여만 갔다. 원금을 적립하지 못하면 식대나 다른 비품대금에서 공제했다. 그러면 먹을 것도 입을 것도 없이 하청업체에 빚만 남게 된다. 이러다가 굶주리면 제 발을 뜯어 먹는 문어꼴이 된다하여 조선인이 합숙한 판잣집을 타코방(문어방)이라 하였다. 이 같은 운영방식은 세자키조가 북해도에서 자행했으며 아오모리현에서는 오마철도 구간 공사장에서 자행되었다.

◈ 장작불 화형: 합숙소에서 탈출하다가 잡혀 온 조선인을 감독실의 천장에 매달아 놓고 밑에 장작불을 피워 천천히 태워 죽였다.

◈ 고문: 오미나토해군시설부 헌병분소 지하실에 거꾸로 매달아 놓고 몽둥이로 온몸을 떡치듯 쳐대는 고문을 당했다.(공주시 신환철씨).

◈ 사체 유기: 군사시설 노동현장에서 현기증으로 졸도하면 몽둥이나 삽자루로 머리를 내려쳤고 죽으면 구덩이에 그대로 매립했다. 시모키타반도 오마철도 구간의 터널 벽속에는 유기된 사체가 있을 것으로 전해지고 있다.

◈ 부상자 방치: 일하다가 다친 상처에 구더기가 우글거려도 치료해

주지 않았다는 것은 보통 있었던 일이다. 가바야마비행장이나 미사와비행장 공사장에서도 손가락 골절상이나 근육 자상 정도는 치료받지 못했다.

◈ 의식주 불량: 일본 해군이 입었던 헌 군복을 한 벌씩 지급한 것이 고작이다. 어느 경우에는 "돼지를 몰아넣고 키우는 꼴이었다."는 증언이 있다. 도저히 사람이 먹을 수 있는 음식이 아니었다. 돼지에게 준 먹이통에서 밥을 건져 먹었다. 오징어나 호박, 무 한 조각이 반찬의 전부였다. 바닷물을 끓여 국이라고 먹으라 했다. 영하 40도를 오르내리는 겨울에도 판잣집에서 담요 한 장으로 잠을 이뤄야 했다.

◈ 항의하는 자를 척살: 노동 조건과 숙박시설에 항의하는 경우에는 북방지역인 치시마열도 해군전용비행장이나 이와테현 채석장으로 강제축출했고 혀를 자르거나 칼로 베어 죽였다.

③ 어떤 피해를 입었나?

◈ 노예적 혹사로 인하여 임금착취와 개인의사 무시는 물론 고문과 처형으로 생명을 잃었으며 의식주 불량으로 짐승과 같은 상태였다. 그야말로 꼬리 없는 짐승이었다.

◈ 사망, 부상, 신체 및 신경 쇠약, 정신이상 등의 피해를 입었다.

20-22-4. 우키시마호 폭침에 따른 피해

① 사망자 피해 : 3,500명～5,000명(추산)

◈ 일본 정부는 우키시마호 함장인 도리우미의 입을 통하여 조선인 524명과 해군 승무원 25명이 사망했다고 발표했다. 그러나 이 발표는 사건 발생 일주일만인 1945년 9월 1일에 침몰한 배를 인양하지 않은 채, 다시 말하면 조사하지 않은 채 발표한 것이기 때문에 일본 정부가 발표한 사망자수는 전혀 신빙성이 없다.

② 실종자 피해: 실종자 수를 계산할 수 없음.

◈ 일본 정부가 사건과 관련된 승선자명부, 사망자명부, 징용자명부 등과 같은 자료를 공개하지 않기 때문에 몇 명이 실종되었는지 파악할 없다.

③ 각종 부상 피해: 팔다리, 손발, 척추, 늑골 골절상, 허리부상, 귀와 눈 부상들이 많았으나 치료를 받지 못하여 일생을 장애로 살아왔다.

④생존자 피해: 계산할 수 없음.

◈ 사건이 발생한 뒤 마이즈루만 해병단에 살아난 조선인을 임시 수용하였다. 수용소에는 8백명 정도의 조선인들이 있었다. 이 때 아오모리현 시모키타반도 가바야마 해군부대 본부에서 부대장이 임시수용소를 찾아왔다. 부대장이 하는 말이 「바다에서 죽은 사람 4천명에게는 3백원씩 본가로 부쳐주고 여기 살아있는 8백명에게는 여비로 40원씩 나눠 줄 터이니 누가 맡아서 처리하겠는가」하여 예산 사람 국본(國本)이라는 사람이 맡아서 처리하도록 하였다. 그런데 국본이 4천명에게 나눠 줄 돈과 살아있는 사람들의 여비를 받으러 간 뒤 돌아오지 않아 돈을 받았는지 아니면 도중에서 피살되었는지 확인할 길이 없었다.(이상 생존자 정헌설씨의 증언록)

일본 정부는 그나마 사건의 전말을 발표하면서 생존자수에 대해서는 언급이 없었다. 그리고 진상규명회에서도 「몇 명 정도가 살았다고 생각되는가?」에 대해 조사해 왔으나 뾰족한 단서를 찾지 못하고 있다. 다만 1946년 봄에 기록한 정헌설씨의 증언록에서 8백이라는 숫자를 확인할 따름이다. 사고 당시 민간인 어선으로 구조되었거나 자신이 헤엄쳐 뭍으로 나온 사람들은 또 다시 임시수용소라는 생지옥에서 콩밥으로 20여일을 머물다가 시모노세키와 하카다, 센자키에서 각각 배를 타고 부산항으로 귀환했다. 부상자는 부상당한 채 그대로 움직일 수 밖에 없었다. 귀환까지의 일정은 참으로 험난했다. 또한 56년이 지난 지금까지 사건의 책임측인 일본 정부한테 사죄의 말 한마디 듣지 못하고 있다. 이러한 일련의 과정은 생존자에게도 정신적, 육체적 피해로 상존해 왔다. 2007년 6월 현재에도 국내에는 사건 발생 당시 살아 돌아온 사람들이 한 맺힌 고통 속에 생활하고 있다.

⑤ 사망자의 유족: 사건 당시 사망자와의 피해 유족은 다음과 같은 유형이 있다.

* 아버지를 잃은 아들과 딸
* 어머니를 잃은 아들과 딸
* 아내를 잃은 남편
* 남편을 잃은 아내
* 아들이나 딸을 잃은 부모
* 시어머니를 잃은 며느리
* 형수를 잃은 시동생
* 형을 잃은 아우
* 누이를 잃은 동생
* 삼촌을 잃은 조카

친구를 잃은 친구들
동포를 잃은 동포들

⑥ 생존자와 유족의 피해 사례

◈ 사례 1.(김봉선. 부산광역시): 나는 아홉 살 되던 해인 1928년에 동생 무경, 복숙과 함께 부모님을 따라 일본으로 갔다. 선친은 나고야에 있는 철공소에 취직하여 일했다. 나는 박우동과 일본에서 결혼했다. 이리저리 돌아다니며 생계를 위한 일이라면 무슨 일이든 다 했다. 전쟁 말기에는 동경지방도 공습이 심하여 우리 가족 모두 아오모리현 오미나토로 일자리를 찾아 이주했다. 큰딸은 병으로 일본에서 저 세상으로 갔다. 그 후 해방되어 남편과 함께 두 딸과 두 아들을 데리고 귀국선인

우키시마호에 탔는데 그만 마이즈루만에서 폭침당하고 말았다. 그 때 남편은 기름바다에 빠진 아들과 딸을 구한다고 바다에 뛰어들었다가 영영 돌아오지 못하고 있다. 나는 두 딸과 두 아들과 남편을 잃고 평생을 혼자 살아왔다. 내 인생이 너무나 억울하고 서글프고 처참했다. 평소에 누군가가 나서서 원수를 갚아주길 기다려 왔다.

◈ 사례 2.(김수득. 경북 상주시): 나는 형님의 가족과 조카들과 함께 우키시마호에 탔다. 형은 아내와 아들을 마이즈루만에서 잃어버리고 나중에 부산에 도착했으나 몇 달 동안 집에 돌아오지 못했다. 처자식을 온전히 거느리지 못하고 일본 땅에서 가족을 모두 잃은 죄가 있어 자식으로서 부모한테 문안드릴 면목이 없었다.

◈ 사례 3.(배경자. 서울특별시): 아버지는 어린 나를 먼저 민간인들이 몰고 온 작은 배에 올려놓고 헤엄쳐 타려는 순간 일본사람이 던져준 밧줄로 가슴을 맞고 물속으로 빠져 들어갔는데 그 때가 아버지와 사별한 순간이었다. 아직도 아버지의 시신을 찾지 못하였다.

◈ 사례 4.(신원수. 부산광역시): 나는 일본에서 살다가 잠시 귀국하여 이화상과 결혼한 뒤 다시 남편과 함께 일본으로 갔다. 남편은 고베 산노미야에서 건축업에 종사하다가 조선인 인부를 모집하여 아오모리현 오미나토로 갔다. 이 때 가족 모두가 이주했다. 가족으로는 시어머니, 남편의 4형제, 시집 조카들로 모두 16명이었다. 남편은 조선인 인부들을 인솔하여 격납고, 활주로, 터널, 방공호와 같은 시설 공사장에서 일했고 나는 식당을 차려 인부들의 식사를 준비했다. 손윗동서는 병환으로 일본에서 해방 전에 세상을 떠났다. 해방되어 인부들은 그들대로 우키시마호에 탔고, 나는 남편과 함께 가족 14명과 손윗동서의 유해를 모시고 우키시마호에 탔다. 일가족 16명이 승선한 것이다. 그런데 마이즈루만에서 폭침당하여 시어머니(박보안), 시숙(이경상), 남편(이화상), 아들(이의웅), 시조카(이징자, 이진치)가 영영 돌아오지 못하고 있으며,

손윗동서의 유해는 잃어버렸다. 56년이 지난 지금까지 돌아오지 못하는 가족들은 그날 그 사고로 죽었음이 틀림없다.

◈ 사례 5.(장영도. 광주광역시): 나는 아버지, 어머니, 형, 누나, 여동생과 함께 일가족 6명이 우키시마호에 탔다. 우키시마호가 마이즈루만에서 폭침당한 그 때부터 어머니, 누나, 여동생을 만날 수도 찾을 수도 없었다. 사건 당시 마이즈루만에서 사망한 것이 틀림없다. 다음 날부터 아버지와 형이 마이즈루 해안가에서 가족들의 시신이라도 찾으려 했으나 찾지 못했다.

◈ 사례 6.(한세열. 충북 영동군): 나는 17세 때 아오모리현 미사와비행장으로 강제연행되어 해군부대 식당에서 일했다. 식당에는 조선인 여성이 일하고 있었다. 나는 그 여성의 부모한테 승낙을 받아 결혼하고 함께 생활했다. 우키시마호에 승선할 때 아내는 임신 만삭인 몸이었고 장인, 장모, 손아래 처남도 같이 승선했다. 우키시마호가 마이즈루만에서 폭파 침몰당하여 아내와 가족 모두를 잃었다. 처가의 주소가 충남 대전이라서 행여 아내와 처가 식구들을 만날 수 있을 거라는 기대감으로 일평생 대전을 오갔으나 아무도 찾지 못했다. 마이즈루만에서 수장된 것이 틀림없다. 너무 억울해서 지금까지 단 한시라도 잊은 적이 없다. 죽어서도 눈을 감지 못할 것 같다.

◈ 사례 7.(한영용. 경남 거창군 거창읍): 내가 세 살 때 아버지가 강제연행되었다. 일제가 패망하던 해에 나는 세 살이었는데 아버지는 돌아오질 않았다. 한영용의 부친 한석희씨와 한 마을에서 같이 연행되었다가 일본의 같은 장소에서 일하다가 우키시마호를 탄 거창군 거창읍에 사는 유경수씨는 "한영용의 부친 한석희씨는 우키시마호를 타고 오시다가 마이즈루만에서 돌아가셨다."고 확정적으로 증언하였다.

◈ 사례 8.(전승열. 전북 전주시): 아버지는 내가 한 살 때 일본으로 강제연행되셨다가 광복 후 우키시마호를 타고 귀국 도중 마이즈루만에서

돌아가셨다. 어머니께서는 늘 아버지에 대한 말씀을 하시며 훌륭히 자라 아버지의 원한을 갚으라고 말씀하셨으나 내게 주어지는 환경은 시련뿐이었다. 일본 정부를 상대로 십 수 년 간 법정 투쟁을 해왔으나 후안무치한 일본한테서는 사죄도 배상도 기대하기 어렵다는 것을 알았다. 한국 정부의 무기력함도 큰 잘못이라고 생각한다.

◈ 사망자의 유족들은 그간 유족회를 조직하여 진상규명과 명예회복, 일본정부에 사죄요구, 유골송환문제, 실질적인 배상과 추모사업들을 위해 온갖 고초를 다 겪으면서 일본 정부를 상대로 투쟁해 왔다. 태평양전쟁희생자광주유족회에서는 일본의 교토지방재판소에 소를 제기하여 투쟁해 온 과정에서 제반비용이 만만치 않게 소비되었다. 이에 소비한 비용도 피해이다.

◈ 분실한 재산과 현금: 생존자 이재석씨(경기도 군포시)는 9년간 모은 현금이 든 대형 가방 2개를 사건이 발생한 바다에 버릴 수 밖에 없었다. 해군 승무원이 지폐가 가득 찬 가방을 버리지 않으면 그나마 배에서 내리지 못한다고 협박하여 바다에 던져 버렸다고 한다. 기름으로 덮인 바다에서 살아나려면 생필품과 돈이 든 보따리나 가방을 버릴 수 밖에 없었다. 이 또한 피해이다.

◈ 아버지가 돈 가방을 챙겨 나가려 하니까 해군들이 "가방을 버리지 않으면 바다에 밀어 넣겠다."고 위협하여 아버지는 돈 가방을 바다에 버렸다. 〈증인-64. 이선우〉

20-22-5. 사후처리 피해

① 구조에 나서지 않았다

◈ 해군들은 구조에 나서지 않았다: 예상치 못한 해상 조난을 당했을 때 항해중인 선박의 승무원들은 조난자들을 구조할 의무가 있는 것이다. 승무원들은 해군 군인으로서 특수훈련을 받았을 뿐만 아니라 전투

요원이었으므로 해상조난에 대비한 훈련도 받았을 것이다. 그러나 해군 승무원들은 우키시마호가 폭발하기 직전에 구명보트를 타고 거의 다 모선을 탈출했다. 모선을 탈출한 해군들은 과연 구조에 나섰는가? 그러하지 않았다. 당시 마이즈루 타히라해병단 소속 함정과 해군들이 구조에 나섰다면 많은 인명을 구했을 것이다. 그러나 구조에 나서지도 아니하고 오히려 여러 명의 조선인들이 로프를 잡고 침몰하는 우키시마호에 매달려 있을 때 로프를 칼로 잘라 기름이 덮인 바다 속으로 줄줄이 떨어져 나갔다. 따라서 구조에 나서지 아니하고 칼로 로프를 잘라 사망자는 늘어났고 그 피해는 가중되었다.

◈ 수용소 불량: 기관실에서 터져 나온 기름이 온몸에 묻은 상태로 신발도 신지 않은 채 맨발로 밤길을 걸어 마이즈루 타이라해병단과 마츠자키해병단에 임시 수용되었으나 수용소에서도 증기폭발이 일어나 부상자가 또 발생했다. 이 증기폭발도 의혹이 규명되지 않았다. 급식도 불량했고 물도 부족했고 비누도 없었다. 이처럼 수용소에서 증기폭발로 부상당하는 피해와 수인성질환이 가중되는 피해를 입었다.

◈ 사체유기: 우키시마호가 폭파 침몰당한 다음 날부터 마이즈루만 해안가에는 수없이 많은 조선인들의 시체가 떠 밀려들었다. 일본 해군들은 밀려든 시체를 밧줄로 줄줄이 꿰엮어 바닷가에 매놨다가 중장비로 한데 모아 기름을 붓고 태워 마츠자키해병단 공터와 타이라해병단 뒷산 골짜기에 집단으로 매립했다. 바다에 떠 있는 시체는 갈퀴로 끌어다 인근 무인도의 자연동굴에 넣었다는 증언도 있다. 뿐만 아니라 침몰한 우키시마호의 선실 안에는 헤아릴 수 없는 숫자 미상의 시체가 있었던 것이 확실한데도 이를 수습하지 않았다. 일본 해군들의 이 같은 행위는 대본영이나 해군성의 명령이 아니면 사병으로서는 할 수 없는 행동인데 모두 사체유기에 해당된다. 따라서 가족을 찾으려는 사람들의 희망은 사라지고, 영원히 가족의 시신을 찾을 수 없는 피해를 입었다.

◈ 사후 송환 의무를 다하지 않았다: 우키시마호 폭침 당시 살아난 조선인들은 동마이즈루와 서마이즈루에 있었던 임시수용소에서 10일여 동안 외출이 금지된 상태였다. 그런 다음 동마이즈루 역에서 기차로 오사카, 시모노세키 쪽으로 후송할 셈이었다. 이 때 후송 도중 폭풍우가 일고 철로가 유실되어 또 다시 혼비백산 지경에 처하였다. 사실상 이 때부터는 인솔자도 없이 고향사람들끼리 몇 명씩 어울려 뿔뿔이 흩어질 수 밖에 없었다. 사람들은 제각기 시모노세키항, 하카다항, 센자키항으로 가서 부산행 배를 기다리거나 각각 돈을 5원 또는 10원씩 거출하여 어선을 전세 내 부산행을 시도했다. 당초 대본영이 아오모리현 오미나토항에서 우키시마호로 송환하려던 일련의 과정은 이 때부터 무산된 것이다. 우키시마호에 승선했던 조선인들은 마이즈루만에서 수장당할 위기를 당한 뒤에도 증기폭발로 부상당하고, 폭풍우로 부상당하고, 먹을 것이 없어 허리가 앞뒤로 붙도록 굶주렸고, 귀국하기 위해 자신들이 돈을 걷어 배를 전세내야 하는 피해를 입었다.

② 사체의 사후처리 문제점과 피해

◈ 유해 방치: 침몰한 배를 즉시 인양하여 유골을 수습하는 것은 지극히 마땅한 도리였다. 그러나 배를 인양하지 아니하고 9년간 방치한 것은 중대한 사체유기에 해당된다. 이로 인하여 유족은 가족의 유해를 영원히 찾을 수 없게 된 것이다.

◈ 합화장(合火葬)과 분골(分骨): 사건 발생 후 9년만인 1954년에 인양한 우키시마호의 선체는 고철로 분해되어 기업(인양회사명:이노중공업)의 이윤으로 챙겼다. 이 때 선체와 선실에서 수습한 유골은 한데 모아 태워 9년 전에 발표한 524명이라는 숫자에 맞춰 나눠 납골함에 담겨 동경의 우천사에 안치된 것으로 밝혀졌다.(?) 하지만 2007년 현재까지 이 사실여부가 확인돼지 않았다. 일본 정부가 우천사 납골당을 철저하게

통제하기 때문이다. 분골함은 피해자 유족 선친의 정결한 유해일 수 없다. 이것은 일본이 우키시마호폭침사건과 관련하여 피해자를 최후의 순간까지 잔혹하게 압살한 행위이다.

20-22-6. 일본 정부의 사건 은폐와 비도덕적 태도 피해

① 미국의 잘못된 전후정책 피해

◈ 2차대전 승전국인 연합군국의 대표국인 미국은 다른 연합국의 의사를 거의 무시하고 독단적인 정책을 감행했다 해도 과언이 아니다. 미국은 1945년 8월 15일 이후 즉시 대일본 점령정책 실시기관인 GHQ (General Head Quarters: 연합국최고사령관)를 일본에 설치하고 맥아더를 사령관으로 임명하여 전후 점령정책 시행에 들어갔다. 당시 미국은 동북아시아에서 러시아와 중국의 사회주의 팽창을 우려하여 이를 저지하려는 전략으로 한반도에 군사력을 강화해야 했다. 그러나 한국은 일본의 식민지 수탈로 정치력과 경제력이 전무했고, 사회적 혼란이 가중되어 패전국인 일본을 강하게 만드는 편이 나았다. 그리하여 히로히토를 비롯한 2만2천여 명의 전범자를 처벌하지 않았으며, 전후협상에서 연합국과의 협상에서도 일본이 유리하도록 전략을 감행한 사실이 다분하였다. 그 가운데 하나가 지상 최대의 해상사건인 우키시마호폭침사건을 묻어버린 것으로 평가·해석된다. 한반도의 군사력 강화보다는 즉 한국을 강하게 하는 것보다는 패전국일망정 일본을 강하게 하는 것이 미국의 군사전략상 유리했다는 해석이다. 이런 맥락에서 우키시마호폭침사건 해결 문제에 대해 미국에게도 책임이 주어지는 것이며, 미국이 사건을 은폐함으로서 피해자들의 정신적, 육체적, 경제적 피해가 가중돼 왔다.

② 명예훼손과 인명 피해

◈ 일본 정부의 비도덕성으로 아시아 민중과 한국인에게 끼친 피해

는 어제 오늘의 문제가 아니다. 삼국시대에서 임진왜란에 이르기까지 왜구의 출몰과 침략은 접어두더라도 1867년 침한론(侵韓論)을 의결하고 무츠히토, 요시히토, 히로히토에 이르기까지 저지른 대륙침략범죄는 사상 유례없는 반인륜적 범죄이자 인류 모반죄에 해당된다. 몇 가지 대표적인 예를 들어보면 정치적으로는 고종황제의 외교권을 강탈하여 조선을 식민지로 만들었고, 경제적으로는 한국의 인적·물적 자원을 무자비하게 수탈했고, 동남아시아의 황금을 모조리 약탈(황금백합작전=삼광작전)했다. 뿐만 아니라 사회적으로는 조선동학농민군 학살에서부터 시작하여 명성황후 시해, 관동대지진 학살, 남경대학살, 731부대인간생체실험학살, 일본군성폭력(군위안부문제), 우키시마호폭침학살들로 이어지는 이른바 일제가 저지른 외국양민학살(Genocide)은 인류 역사에 엄연히 존재하고 있다. 그럼에도 초현대적 기술과 경제를 보유한 일본은 자국의 수탈과 침탈로 만신창이 된 타국의 피해에 대해 일말의 양심을 보이기는 커녕 군사대국화를 완료하고, 해외에 군대를 파견함으로서 재침략을 시도하고 있다. 이 같은 일련의 비도덕성과 전쟁론자들의 침략근성은 일본과 아시아 민중 사이에 얽힌 과거사 문제 해결의 장애물이자 역사의 암적 폐해로 남게 될 것이며, 날이 갈 수 록 피해국과 피해자들에게 고통과 원한을 가중시킬 것이다. 따라서 이 같은 일본이 비도덕적 태도로서 아시아의 맹주국으로 자리잡겠다는 것은 황야에서 굶주린 줄무늬 하이에나가 초원에서 평화롭게 풀을 뜯는 가젤사슴 사냥에 나선 꼴과 다름 아니다. 앞으로도 아시아 민중의 정의구현과 평화운동에서 가장 큰 난적은 일본 정부의 비도덕성일 것이다.

20-23. 사건 실체의 인정 여부

20-23-1. 1945년 9월 1일 우키시마호 함장이 사건의 전모를 발표한 것은 사건 자체의 존재를 인정한 것이다. 또한 후생성이 사건 발생 당

시 사망한 해군승무원의 가족에게 사망통지서를 보내면서 사망원인을 "우키시마호사건"이라고 표기함으로 사건 자체의 존재를 인정했다.

20-23-2. 일본 동경고등재판소는 판결문에 유족인 한영용의 부친 한석희씨가 우키시마호에 승선했다가 마이즈루만에서 사고로 사망했다고 판결함으로서 일본 정부는 본 우키시마호폭침사건의 실체를 인정했다.

20-23-3. 본 사건의 피해자 유족들로 구성된 원고단이 교토지방재판소에 소를 제기하여 2002년 현재 원고 일부 승소 판결함으로서 일본 법정에서 사건의 실체를 인정했다.

20-23-4. 1998년 8월 24일 일본 후생성장관이 마이즈루 시민이 주관한 위령제에서 추도사를 통해 유감을 표시함으로서 우키시마호 침몰 사건의 실체를 인정했다.

20-24. 미조사 · 미확인 · 진상규명 의지

20-24-1. 우키시마호폭침사건은 일본 정부 차원의 조사가 이뤄지지 않았다. 일본 정부가 미공개로 조사를 마쳤다하더라도 일반에게 공개하지 않았다.

20-24-2. 따라서 본 사건의 진상이 규명되었다고 볼 수 없으므로 연합군사령부 대표국가였던 미국의 입회 아래 가해국과 피해국은 미조사, 미확인된 사항을 규명해야 한다.

20-24-3. 인권유린에 관한 범죄는 공소시효가 없으므로 인도적인 차원에서 일본정부 최고책임자의 지시에 따라 재조사해야 한다.

20-24-4. 1945년 12월 7일 재일조선인연맹이 GHQ에 제소한 일을 시작한 일본의 시민단체와 남북의 관련 단체가 그 동안 조사한 결과물을 일본 정부는 인정해야 한다.

20-24-5. 한일 양국 정부는 특별법을 만들어 우키시마호폭침사건 진상규명위원회를 가동하여 하루속히 해결해야 한다.

20-25. 피해자란 누구인가?

20-25-1. 피해자는 우키시마호 폭침 당시 사망자, 실종자, 부상자, 생존자, 사망자와 생존자와 실종자와 부상자의 유족이다.

20-25-2. 피해자는 일본의 아오모리현 시모키타반도 등지로 강제연행되었던 조선인과 미성년자 남녀노소로서, 강제연행되었던 자와 가족생활자들을 포함하여 우키시마호에 탔던 조선인 모두이다.

20-26. 우키시마호는 폭파 침몰 당했다

20-26-1. 사전 작전으로 본 계획성

① 폭탄 장치: 《아이고 바다, 시모키타지역문화연구소 편》 저희 아버지는 오미나토해군공작부 조기과(造機科)에 소속되어 보일러와 관계되는 일을 했었습니다. 1946년 말에 있었던 일인데, 선원이 되고 싶다는 나를 만류하는 애기를 하던 도중에 갑자기 깜짝 놀랄 애기를 하였습니다. 우키시마호라는 말은 없었으나 조선인을 태운 배 이름을 공작부 기관구에서 모두 페인트를 칠해 보이지 않게 하고 자폭장치를 부착했다는 것이었습니다. 아버지는 자신이 직접 개입했다고는 말하지 않았지만 배에 장치한 것이 자폭장치라는 것을 확실하게 알고 있다고 말했습니다.

② 선명 삭제: 위 ①항 참조

③ 유언비어 유포: 일본이 패전 직후 사할린에서 퇴각하던 해군들이 한국인을 대하던 행동은 오미나토항에 정박한 우키시마호 승무원들과 일치하고 있는 바 퇴각하던 해군과 우키시마호 승무원들은 조선인에 대해 공통적인 감정이 있었다. 《조선인이 폭동을 일으킬지 모른다는 불안감, 조선인이 소련군을 안내하고 있다는 불안감, 소련군이 들어오게 되면 일본인이 저지른 죄악상을 소련군에게 폭로할 것이라는 불안감》은 조선인에 대한 감정으로 돌변하여 오미나토항 주변의 분위기를 악

화시키는 데 결정적으로 작용했다. 이 불안감이 감정으로 바뀌면서 조선인을 곧 적으로 간주하게 되고 살상의 대상으로 섬멸계획을 세운 것으로 분석된다. 그래서 사전에 유언비어를 퍼뜨려 일본 해군으로 하여금 조선인을 적으로 인식토록 했다.

20-26-2. 해군승무원들의 언행으로 본 고의성

① 《증인-57. 김창식》 배가 마이즈루만으로 들어가 멈췄는데 해군들이 '쾅! 하면 그만이다. 마지막이다' 고 말했는데 잠시 뒤에 폭발했다.

② 《증인-60. 허호》 배가 마이즈루만으로 들어가는데 해군들이 '이 배는 부산에 가지 아니하고 폭파시킨다.'고 말하는 소리를 들었다.

③ 《증인-02. 한세열》 걔들이 깼어요. 깼어! 그 때 걔들 일본 해군 놈이 그러더라구요. 뭐냐면. 바다 한가운데다 배를 띄워놓고 조선 사람을 죽일 수도 있고 살릴 수도 있다. 또 보낼 수도 있고 안 보낼 수도 있으니........, 그러능겨. 한마디로 날뛰지 말라는 거였어. 날뛰면 다 죽인다는 겨.

④ 《증인-09. 서봉구》 내가 해군에게 묻기를 '니가타 아니냐! 왜 니가타로 가느냐?' 하니까 갑판위에서 해군들이 자기들의 소지품을 모두 바다에 던지는 거예요. 또 내가 말하기를 '너 미쳤느냐?' 하니까 '모르면 가만있어라'하는 거예요. 그래서 그 때 '야! 뭔가 계획적인 일이 있다'는 생각이 들었습니다.

⑤ 《증인-10. 이재석》 우키시마호가 오미나토항을 떠나 항해할 때 승무원이었던 군인들이 어린 아이들에게 과자를 나눠주며 '오늘을 무사히 넘기면 부산에도 무사히 갈 수 있을텐데.......,' 라고 지껄이고 다니는 것을 여러 차례 보았는데 그것이 무슨 뜻인지 이해를 못하고 이상하게만 생각하고 있었습니다. 그러고 나서 얼마 지나 우키시마호가 마이즈루만에 들어서자 폭음과 함께 두 동강으로 갈라지며 침몰하였습니다.

⑥ 《증인-11. 김동연》 미나미가 오미나토 해군시설부 소속인지 어쩐지는 모르겠습니다만 헌병 파견대장 이름이 '미나미' 이니까 꼭 일본이름 같거든. 그러니까 일본 사람인 줄 알고........, 그 때 참모장 이름이 시미즈, 청수(淸水)라고 했는데 그 사람이 미나미 헌병에게 '이 배에 내일 모두 승선시키는데 배가 가다가 도중에 어느 곳인가 귀항하면(들어가면) 거기서 어떤 모종의 사건이 있을 것이다.'고 귀띔하였는데 그 사실을 미나미 헌병이 장영도 아버지한테 말한거여. 미나미 헌병도 조선사람이니까 배를 같이 타고 나오려고 나중에는 군복을 벗고 사복으로 갈아 입었어.

⑦ 《증인-63. 이재우》 오미나토항에서 배를 탔는데 승선하기 전에 '이 배가 무사하게 한국까지 갈 수 있을지 모르겠다.'고 일본사람들이 말하는 것을 옆에서 들었다.

⑧ 《증인-64. 이선우》 해군들이 자신들의 소지품을 마구 버리면서 '이 배를 없애기 때문에 조선사람들한테 물건을 주는 것이다'고 말했다. 어쨌던 일본 군인들이 배를 없앤다는 말을 하고 다녔다.

⑨ 《증인-79. 윤재로》 항해 중에 해군 승무원들이 담요와 군복을 바다에 던지는 것을 보고 우리 조선 사람들이 달라고 하니까 '바보같은 놈들 너희가 죽을지도 살지도 모르면서 뭘 달라고 하느냐.'고 말했다. 나는 갑판 위에 서 있었다. 해군들의 행동이 수상쩍다고 생각하고 있었는데 갑자기 폭발소리가 나더니 사람들이 내팽개쳐지고 바다 속으로 튕겨 떨어져 나갔다. 오미나토에서 배를 타기 전에 있었던 일이다. 홍성사람 소대장에게 일본 여자가 있었는데 그 여자가 '당신은 이 배를 타지 마세요. 심상치 않아요.'라고 말했다. 그러나 우리들은 '이것도 운명이니 타자.'고 결정하였다.

⑩ 《증인-35. 정헌설》 사람들은 의복과 생활용품들을 서로 가지려고 다투어 난리를 이뤘는데 어느 일본인이 내게 '너희들이 만약 무사하게

3일을 지낸다면 물건을 주는 것이 어찌 아깝겠는가!"고 말한 것을 생각할 때 일본인의 흉계가 있었음을 짐작하고 있었다.

⑪《증인-20. 정기영》갑판 위 한 귀퉁이에서 조선인 여성이 아이에게 젖을 먹이고 있었습니다. 이 광경을 본 해군 병사 두 명이 '어린 아이에게 무슨 죄가 있느냐? 태어나 피어보지도 못하고 사라지겠구나!'고 말하는 것이었습니다. 이 말을 들은 내가 해군들의 뒤를 좇아가며 '무슨 말인가?'고 물으니까 해군 병사들은 '아무 말도 아니다'며 다른 곳으로 사라졌습니다.

⑫《증인-74. 윤기중》배가 폭파되기 직전에 해군 승무원들이 몽둥이를 휘두르며 '조선인은 모두 아래층으로 내려가라'고 소리쳤다. 해군들의 이 같은 행동으로 보아 배가 폭파당한 것은 사전에 계획이 있었지 않은가 생각된다. 7천6백여 명이 승선했다가 반 이상이 죽었다.

⑬《증인-70. 김달수》배가 항구 쪽으로 들어가다가 멈춰섰다. 배 앞쪽에서 해군들이 작은 보트를 내리고 모선을 빠져 나가기에 '왜 나가느냐?'고 물었더니 '물이 부족해서 물을 실으려 간다.'고 했다. 의아스럽게 생각하고 있었는데 갑자기 쾅! ― 하는 굉장한 폭발소리가 났다. 사람들이 폭발소리에 놀라 우왕좌왕할 때 또 다시 두 번째 폭발소리가 났다. 배가 가운데가 꺾여 가라앉기 시작했다.

⑭《증인-68. 김옥희》그 때 또 무슨 얘기가 있었냐면요. 일본에 있으면 일본 사람한테 죽을기고 한국에 오면 한국사람한테 죽을기고......, 누가요? 누가 죽는다구요? 배 선장이 죽었다구요. 그러니까 누구인지는 몰라요. 자신이 배를 파산해 놓고 '칼로 자기 배를 찔러 자살했다'는 그런 말이 있었어요. 이 얘기는 아버지한테 들은 얘기예요. '어차피 죽을 사람이니 자살했을 것이다'고 말씀하셨어요.

⑮《증인-41. 김용원》마이즈루만에서 배가 폭발하기 전에 해군들이 헤엄쳐 나가는 것을 보았다. 이상하다고 생각하고 있는데 폭발소리가

나면서 배가 두 동강으로 꺾이면서 가운데부터 가라앉기 시작했다.

20-26-3. 퇴각하던 해군의 소행으로 본 만행성

① 《카미시스카경찰서학살사건》 1945년 8월 18일 퇴각하던 일본 해군과 헌병들이 사할린에서 조선인을 붙잡아 마구 구타하고 카미시스카경찰서 유치장에 몰아넣고 밖에서는 권총을 들고 지키며 나오는 사람이 있으면 즉시 사살했고 경찰서 건물에 기름을 붓고 불을 붙여 집단학살했다.

② 《미즈호학살사건》 1945년 8월 19일 경찰서장, 면장, 민방위대장, 우체국장, 역장이 모여 조선인 처리방안을 구체적으로 논의하였던 바 미즈호에 있는 조선인 남자들을 전부 체포하여 냉동고에 집어넣은 다음 얼어 죽으면 배에 싣고 나가 바다에 던지는 방식으로 집단학살했다.

③ 《우키시마호폭침사건》 본 사건은 1945년 8월 18일과 19일에 이어 대본영의 명령여부가 확인돼지 않았지만 일본 해군들의 소행으로 저질러진 조선인 집단학살사건이다.

④ 패전 직후 사할린에서부터 퇴각하던 해군은 6일 동안 세 차례에 걸쳐 조선인을 집단 학살했다. 1920년 만주 경신년대학살 때와 다를 바 없이 무자비하게 저지른 연속적인 만행이었다.

20-26-4. 군부의 천황에 대한 맹종성

① 사무라이 정신: 명령을 완수하지 못하면 할복자살하는 일본인의 군인정신이 작용했다.

② 군부의 전쟁 패배감: 조선인 강제연행과 강제노동에 이어진 노예적 실상의 증거를 인멸할 수단이었다.

③ 적으로 바뀐 조선인 섬멸: 전쟁에서 참패를 당한 일본 군인이 보

복할 데는 눈앞에 있는 조선인 뿐 이었다. 내선일체, 황국신민이었던 조선인은 일본 패전과 동시에 일본인이 아니었다.

20-26-5. 천황의 항복에 대한 항명성

천황의 항복연설이 방송으로 나간 뒤 이틀간 시모키타반도 오미나토 주변에서 일부 해군이 전투기로 "우리는 전쟁에 지지 않았다. 계속해서 싸워야 한다."는 전단을 뿌렸다. 이들 해군은 북방에서 퇴각하던 해군인지 아니면 오미나토해군경비부 소속 해군인지는 밝혀지지 않았다. 전투기로 전단을 뿌린 이들 해군들은 천황의 항복에 반발했던 것이 분명하다. 그래서 전쟁은 계속되어야 했고 '눈앞에 적을 두고 어찌 방아쇠를 당기지 않을 소냐!'며 눈앞의 적에게 총알을 아낄 수 없었다. 1945년 8월 22일 우키시마호가 출항하기 전부터 이미 '소련군의 스파이'로 단정한 조선인은 모두 적으로 간주되었으므로 적의 대량살상 전략을 세워야 했고, 그 수단으로 우키시마호를 이용했다고 분석할 수 있다.

20-26-6. 우키시마호 해군승무원 부산행 거부설: 일본 해군승무원들은 「부산에 가면 모두 총살당하고 배도 몰수당할 것이니 차라리 부산에 가기 전에 자폭시키겠다.」고 하였다. 이 같은 현상은 오미나토항에서 출항하기에 앞서 나타났다.

20-27. 사건은 종결되지 않았다

〔사건 종결〕

20-27-1. 1965년 한일기본조약 체결 당시한일과거문제 청구권에 포함되지 않았다.

20-27-2. 남측의 우키시마호사건희생자유족회 원고단이 교토지방재

판소에 제소한 재판이 2001년 현재 계류 중에 있다는 점으로도 본 사건은 종결되지 않았다.

20-27-3. 해당국가의 시민단체와 피해자 유족이 공개 요구하는 자료를 일본 정부는 제공한 바 없으며 진상규명을 위한 행동도 없었으며 피해자에게 배상금을 지급한 사실이 없기 때문에 본 사건은 종결되지 않았다.

〔**사죄와 진상규명**〕

20-27-4. 본 사건에 대해서는 사죄 또는 사과의 표시를 보이지 않았다.

20-27-5. 본 사건과 관련된 조선인 강제연행, 노예적 강제노동, 사전계획없는 부당한 승선과 출항, 폭파 침몰, 승선자 수, 사망자 수, 실종자 수, 사후처리의 부당성, 사건은폐들과 같은 제반문제의 진상을 규명하기 위한 조사를 실시하지 않았으며 피해자들이 관련 자료를 공개할 것을 요구해 왔으나 2007년 6월 현재까지 거부하고 있다.

〔**유해송환 문제**〕

20-27-6. 유골 수습 과정 문제점 : 1954년 10월 (주)이노중공업에 의해 우키시마호의 선체가 인양되면서 선체에 갇혀있던 조선인의 유골이 수습되었다. 이 때까지는 몇 명, 몇 구의 시체를 처리했다는 발표는 없었으며 유해를 안치한 일도 없었다. 그러다가 1954년 10월 선체 인양 당시 수습한 유골을 한데 모아 태워 9년 전에 발표한 사망자 524명의 숫자에 맞춰 나눠 담은 것으로 전해지고 있다. 이름하여 분골(分骨)이라 한다.

20-27-7. (주)이이노중공업이 우키시마호 선체를 해체 인양하면서 수거한 유해는 현재 동경의 우천사(祐天寺)에 일부 안치되어 있다.

20-27-8. 본 사건 관련 조선인 사망자 유해는 그 유족이 납득하고

승낙할 때 송환이 가능하다.

20-27-9. 유족들은 유해가 분골로 보관되어 있어 순수한 조상의 유해가 될 수 없으므로 받아들이지 못하고 있다. 피해자의 정서로는 당연한 이치이다. 그러므로 우키시마호폭침사건으로 사망한 조선인 유해송환문제는 종결되지 않았다.

〔**피해자에 대한 배상**〕

20-27-10. 피해자 배상은 단 한 푼도 없었다. 그러므로 다음 각항의 피해자 배상문제는 일본 정부가 적극적으로 배상하겠다는 의사를 국제사회에 공표하고, 피해자(사망자 법적대리인, 생존자, 사망자와 생존자의 유족)와 관련 단체와 전문가가 참여하는《배상대책기구》를 결성하여 관련 국가의 입회 아래 피해자와 협상하여 배상해야 한다.

① 사망자에 대한 배상(死亡者 賠償)

② 생존자에 대한 배상(生存者 賠償)

③ 실종자에 대한 배상(失踪者 賠償)

④ 사망자와 실종자와 생존자의 유족에 대한 배상(死亡者, 失踪者, 生存者 遺族 賠償)

⑤ 피해자 명예훼손에 대한 보상(被害者 名譽毁損 賠償)

20-27-11. 위 각항의 피해배상은 2007년 6월 현재 종결하지 않았다.

21. 일본 정부가 제공해야 할 자료

1) 우키시마호 국적증서
2) 아오모리현 지역 조선인 송환계획서

3) 우키시마호 출항계(오미나토항 출항절차에 필요함)
4) 우키시마호 입항계(마이즈루만 입항절차에 필요함)
5) 우키시마호 승선 조선인 명단
6) 우키시마호 해군승무원 명단
7) 우키시마호 침몰로 인한 조선인 사망자, 실종자, 부상자, 생존자 명단
8) 당시 사용된 연합군 부설기뢰의 종류와 제원
9) 우키시마호 승무원들의 최근 현황
10) 우키시마호 항해일지
11) 아오모리현으로 연행된 조선인 명단
12) 아오모리현 군사시설에 참여한 민간업체와 국영기업체 현황
13) 민간인 하청업체와 국영기업체의 조선인 고용 현황
14) 가바야마비행장과 미사와비행장에 투입한 조선인 현황
15) 일본통운주식회사가 고용한 조선인 명단
16) 우키시마호 폭침 뒤 임시수용소에 수용되었던 조선인 명단
17) 우키시마호 폭침 뒤 마이즈루만 시모사바가 해안에서 시체를 수습하여 매립처리한 조선인 명단
18) 1954년 10월 우키시마호 인양 당시 찾아낸 조선인 유해에 대한 명단과 유해 현황
19) 1954년 우키시마호 인양 당시 남북 정부 참가요청통보서
20) 홋카이도로 연행한 조선인 명단
21) 우키시마호 폭침사건 뒤 최종송환자 명단

22. 사건 해결 방안

22-1. 해결 방안

22-1-1. 본 우키시마호폭침진상규명회가 지금까지 조사한 내용과 증언을 분석해 보면 이 사고로 사망한 조선인은 적어도 3천5백명 이상에 이른다. 이처럼 끔찍한 폭침사건을 저질러 무고한 외국 양민을 집단학살하고도 일본 정부가 지금까지 취해 온 자세는 국제사회에서 비인간적이라는 비난을 면치 못할 것이다. 일본 정부는 사건에 대해 조사도 제대로 하지 않고 미군이 부설한 기뢰에 부딪쳐 침몰했다고 주장하면서 사망한 조선인은 5백24명이라고 축소 발표했다. 더구나 GHQ에는 조선인 사망자수를 260명이라고 축소·조작하여 보고했다. 사고 발생 다음날에는 시모사바가의 해안가에 밀려드는 시체를 갈퀴로 긁어모아 밧줄로 줄줄이 엮어 침몰한 우키시마호의 마스트와 바닷가에 매어 놓았다가 산골짜기에 집단으로 매립했으며, 침몰한 배도 즉시 인양하지 않고 9년 뒤에야 인양했다. 인양할 때도 유해의 원형보존을 묵살하고 고철을 건질 목적으로 다이나마이트로 선체를 폭파하였다. 이로써 마이즈루만에서 사망한 조선인을 재차 폭탄 속에 묻어버린 것이다. 그리하고도 지금까지 피해자에 대한 배상문제는 아예 거론조차 철저하게 외면하고 있으니 어찌 이 같은 일본을 우리가 어찌 이웃나라로 여길 수 있단 말인가? 이 사건에 대해서 일본 정부는 눈을 꼭 감은 채 귀도 완전히 꽉 틀어막고 있다. 더구나 지난 1995년 4월에는 유엔 인권위에서 종군위안부 문제에 대한 배상금 지급 결의문을 채택하고자 할 때 금전을 살포하여 결의문을 채택하지 못하도록 비겁한 짓을 일삼았으며, 駐제네바 日대표부의 문건 가운데에는 "일본 정부의 고위당국자들은 기회가 있을 때마다 심심한 사과와 후회의 뜻을 표했다."면서 1992년

미자와 총리와 1993년 고노 관방장관, 1994년 무라야마 총리가 서로 떠밀기식으로 배상책임의무를 교묘하게 모면코자 발악해 왔다. 거기다가 일본에게는 "법적책임"이 없을 뿐 만 아니라 "국제법상 개인은 권리나 의무의 주체가 될 수 없다."고 주장해 왔다. 우리민족을 얼마나 무시하고 경멸하는 태도인가 말이다. 이렇게 일본이라는 나라는 삼국시대부터 지금까지 우리민족에게는 골치덩어리다.

종군위안부 문제의 핵심은 "사과와 후회"가 아니라 "법적 책임"이다. 여기서 본 진상규명회는 종군위안부 문제와 우키시마호 폭침사건은 같은 맥락에서 해결되는 것에 무리가 없다고 보지만 우키시마호 사건 문제 해결이 종군위안부 문제 해결에 걸림돌이 되지 않기를 바란다. 그래서 두 사안은 사건 발생의 시기가 다르다는 점은 확인할 필요가 있다고 생각한다. 즉 우키시마호폭침사건 발생시기는 전쟁시기가 아닌 평화시기였다는 점이다. 그리고 귀국하는 외국양민을 집단으로 학살할 이유가 없었는데도 비인도적이며 반인륜적인 행위를 서슴없이 저지른 것에 대해서는 국제법등을 적용하여 다뤄야 할 문제라는 점이 있다.

문제는 또 더 가까이에 있다. 이 우키시마호폭침사건과 같은 민족적인 문제를 과연 우리 정부는 1965년 한일 수교 당시 사건 자체를 알지 못했었는가? 우리 정부도 알고 있었던 것으로 판단된다. 그렇다면 그 뒤 60년 세월이 흐르는 동안 어떻게 대처해 왔는지 질문을 던지지 않을 수 없다. 이제는 달라져야 한다.

잠시 지난 역사를 거슬러 올라가 보면 1882년 6월 9일 임오군란으로 서대문 밖 청수관의 일본공사관은 소실되고 40여명의 공사관 직원 가운데 13명의 사망자를 낸 채 본국으로 철수한 일이 있었다. 이 때 임오군란 발생 두 달 뒤인 8월 12일 하나부사(花房義質)공사는 육해군 1천2백명을 이끌고 인천에 상륙하여, 조선의 국법을 무시한 채 50명의 호위병을 이끌고 4대문 안으로 진입, 남산 아래 금위대장 이종승의 집에 가

(假)공사관을 차렸고, 8월 20일에는 남은 병력 1,150명이 현 을지로 입구에 있었던 장악원에 주둔하였다. 이들 일본군은 청수관 사고 경위를 따진 다음 같은 해 8월 30일 무력적으로 제물포조약을 맺어 임오군란 때 사망한 일본인에 대해 장례비와 위로금과 배상금들의 지급을 약정했다. 당시 임오군란으로 사망한 일본인은 13명에 불과했으나 일본 해군들의 항명사건으로 볼 수 있는 우키시마호폭침사건으로 사망한 조선인은 3천명이상에 이르고 있다. 그런데도 일본은 1백14년 전에도 두 달 만에 모든 배상문제를 종결하였는데, 우리 정부는 3천5백명 이상이나 되는 국민의 죽음을 60년이 지나도록 해결하지 못하고 방치하고 있는 큰 문제를 안고 있다. 종군위안부 문제 역시 지난 60년여 동안 해결코자 발 벗고 나서는 정치인이 없었다. 일본제국주의가 조선인에게 저지른 만행이 제대로 해결된 문제가 하나도 없다고 단언하면서 지금까지 이 같은 민족문제를 수수방관해 온 정치인들은 당장 정치권과 여의도를 떠나 집으로 또 집으로 가야 한다.

한일간에 과거청산 문제가 제기될 때마다 일본측은 한일기본조약 당시 모두 종결되었다고 오히려 큰소리를 칠 때 우리 정부는 그 누구하나 확실하게 엄연히 존재하는 국제법에 따라 목소리 한번 높이지 않았다. 우리 정치인이 목소리를 내지 못한다는 것은 이미 우키시마호폭침사건을 종결했다는 자세로 밖에 볼 수 없다. 과연 그럴까?

이제 우키시마호가 폭파 침몰 당한지 62년에 접어들었다. 17~8세의 어린 나이에 끌려가야 했고, 늙은 부모와 어린 처자식을 등 뒤에 두고 강제 연행되어 차가운 낯선 땅에서 마음에도 없는 온갖 고초를 다 견뎌내고 살아 돌아오신 분들도 이제 80세가 다 넘었다. 이 분들은 군사시설 공사장에서 얻은 부상과 지독한 강제노동에서 얻은 질병과 사고 당시 허리가 부러지고, 눈을 다쳐 보지 못하고, 귀를 다쳐 듣지 못하고 또 폭발할 때 충격으로 건강이 악화되어 평생을 고통으로 살아왔다. 또한 사랑하는 처자식을 모두 잃고 그 억울함을 호소 한번 제대로 해 보지 못하고 한평생을 가슴에 못이 박힌 채 살아오고 있다. 그래서 생존자와 사망자의 유족들에게는 이 사건이 하루빨리 실질적으로 해결되는 것이 간절한 소망인 바 그 해결의 올바른 방향을 다음과 같이 제안한다. 먼저 두 사건을 비교한다.

〔2007년 7월 17일 사회봉사활동을 목적으로 한국을 떠나 아프가니스탄으로 자진 출국했던 한국인 23명은 현지 도착 이틀만인 7월 19일 아프가니스탄 반정부 무장세력인 탈레반에게 인질로 납치당했다. 이에 한국 정부는 자국민의 생명을 보호하고, 국가위상을 유지하고, 정부의 임무를 다하려고 현지에 대통령 특사를 파견하는 한편 국가정보원 고위책임자를 파견하여 사건이 마무리될 때까지 상주토록 했다. 불행하게도 23명의 피납자 가운데 2명이 탈레반 세력에게 피살되기는 하였으나 21명이 무사 귀환했다. 이 사건 발단의 주인공들은 아프가니스탄으로 갈 때 한국 정부에 공식적인 보고없이 자발적으로 간 것이고, 현지 봉사활동도 한국 정부나 아프가니스탄 정부가 강요하거나 권유하지 않았다. 사건이 발생하자 한국 정부는 세계의 이목을 집중시킨 가운데 막대한 자금과 외교력으로 피납 한국인을 구출했다. 아프가니스탄 탈레반이 저지른 외국인 인질피납사건과 일본 해군이 저지른 비운의 우키시마호폭침사건을 비교해 보겠다.〕

〈표 9〉 아프가니스탄인질피납사건과 우키시마호폭침사건 성상 비교

사건명 / 적 요	외국양민인질납치사건	외국양민집단학살사건
발생년월일	2007. 7. 19	1945. 8. 25
발생장소	아프가니스탄 가즈니주(육상)	일본교토부 마이즈루만(해상)
출국 사유	사회봉사활동. 자진 출국	일본전쟁터로 강제징용 · 징병
사건명	탈레반인질피납사건	우키시마호폭침사건
사망자 수	2명	3,500～5,000명 이상

사건규모	외국양민피납 지상최대사건	외국양민학살 지상최대사건
가해자 국적	아프가니스탄	일본
가해자 신분	반정부무장세력(탈레반)	공무원(해군, 해군성)
피해자 국적	대한민국	한국(남과 북)
가해 목적	자국내 한국군 철군	적으로 간주한 조선인 살해
당시 피해자 상황	버스를 타고 지역간 이동 중	광복을 맞이하여 우키시마호를 타고 귀국하던 중
상대국 정세	사실상 내전 상태	태평양전쟁 패전 직후
참여 시민사회단체	한국내 기독교단체	남과 북, 해외 동포 사회단체, 일본시민단체, 홍콩시민단체
한국정부대응	*대통령특사 파견함. *국가정보원 고위책임자 파견하여 현지에 상주토록 함. *자금과 외교력을 최대한 동원함. 의약품, 식품 지원. *피해자의 몸값을 지불함(?).	*협상단, 조사단 파견 없음. *대통령 특사, 정부 고위급 파견하지 아니함. *조사·활동·자금지원 없었음. *사건을 심층 조사할 경우 일본과 외교적 마찰을 우려함.
피해자 유해처리	완전수습하여 공수. 교회장	60년여 간 방치, 위령사업전무
결론(2007년 10월)	완전해결	무관심, 방치, 외면, 미해결

22-1-2. 대한민국 정부는 1965년 한일협정에서 우키시마호폭침사건이 마무리되지 않았음을 분명히 해야 한다. 1994년 한일의원연맹 22차 합동총회에서 일본 외무성은 「한일협정으로 보상문제가 총괄적으로 마무리된 만큼 정부출연자금으로 개별보상은 할 수 없다.」고 말했다. 일본 외무성이 주장하고 있는 이 「총괄적 마무리」는 1945년 8월 15일 이전의 전쟁피해문제이지 8월 15일 이후의 피해문제는 포함하지 않았다. 그러므로 대한민국 정부는 우키시마호폭침사건을 가해자인 일본정부에 피해 당사자의 요구에 따라 배상을 청구해야 한다.

22-1-3. 대한민국 국회는 대일과거청산문제(對日過去淸算問題) 중

국제법상 공소시효가 영구히 적용되지 않는 인권침해 사안에 대해 피해자가 명예회복과 실질적인 배상을 받을 수 있는 특별법을 만들어야 하고, 대한민국 정부는 국회가 비준한 특별법을 바탕으로 일본 정부 앞에 정면에 나서서 직접 해결하는 것이 가장 좋다.

22-1-4. 대한민국 정부는 우키시마호폭침사건을 남과 북 공동으로 국제사법재판소에 즉시 제소해야 한다. 이 때 소장(訴狀)은 피해자 단체인「우키시마호사건배상추진위원회」와 비정부기구(NGO)인 「우키시마호폭침진상규명회」와 「조선 일본군 《위안부》 및 강제연행피해보상대책위원회」 와 공개적인 협의를 거쳐 작성해야 한다.

22-1-5일본정부는 우키시마호폭침사건이 고의적이었으며 계획적인 사건이었음을 시인해야 한다. 지난 60년 동안 일본 정부가 관련 자료를 공개하지 않고 있어 사건 자체가 베일에 싸여 그 진상을 파악하기에는 대단히 어려운 일이었다. 그러나 해군 승무원들의 증언과 일본 국민들의 증언과 한국인 승선자들의 증언 그리고 조사하고 활동한 시민단체와 연구가들의 분석에 따르면 우키시마호폭침사건은 고의적이며 계획적인 사고임이 분명하다. 그러므로 일본 정부는 이 사건이 일본 해군승무원들 즉 대본영의 공무원들이 저지른 고의적이며 계획적인 사건이었음을 시인해야 한다.

22-1-6. 일본정부는 우키시마호폭침사건의 제반문제에 대해 사죄해야 한다. 2차대전이 끝난 뒤 독일은 자신들이 저지른 전쟁으로 피해를 당한 개인에게까지 배상금을 지급한다는 특별법을 만들어 지금까지 배상금을 지급하고 있으나 일본은 조선인과 아시아인에게 입힌 피해에 대하여 어떤 보상과 배상을 시행하지 않고 있을 뿐 만 아니라 제대로 된 사죄의 말 한마디 없이 기억에서 조차 지워버리려는 태도로 일관해왔으므로 지금부터라도 마음에서 우러나오는 자세로 절절히 사죄해야 한다. 그렇지 않으면 일본과 일본인의 미래는 다시 스스로 자아내는 침

략의 포화 속으로 떨어지고 말 것이다.

22-1-7. 일본정부는 우키시마호폭침사건의 진상을 명확하게 밝혀야 할 것이며 이에 관련된 자료를 모두 공개·제공해야 한다. 일본 정부는 우키시마호폭침사건에 대하여 진상조사를 제대로 실시하지도 않았고 침몰한 우키시마호의 선체 조차도 9년 동안 방치했다가 인양했으며, 피해자가 관련 자료를 공개·제공할 것을 요청하여도 이를 묵살하고 있을 뿐 만 아니라 사실을 철저하게 숨겨 왔다. 이제부터라도 이와 관련된 모든 자료를 공개하고 사건의 진상을 밝히는데 자발적으로 나서야 한다.

22-1-8. 일본정부는 우키시마호폭침사건 발생 당시의 사망자와 9년 뒤 인양 당시의 유해를 완전하게 수습하여 반환해야 한다. 일본 정부는 우키시마호가 침몰한 다음날부터 마이즈루만의 시모사바가 해안가에 밀려드는 시체를 수거하여 개인의 신원을 파악하는 일은 하지 않고 집단으로 산골짜기에 매립하였으며 9년 뒤에 인양한 유해들도 마찬가지로 신원을 파악한다거나 한국정부에 인도하지 아니하고 집단으로 매립하였다. 그러므로 당시 사망한 조선인들의 유해를 모두 찾아 완전하게 반환해야 한다.

22-1-9. 일본정부는 피해자 모두와 그 유족에게 실질적인 배상금을 지급해야 한다. 1965년 한일기본조약 당시에 한국정부는 이 사건 자체를 인지하지 못한 실수를 범했으며 이로 인하여 우키시마호 폭침사건 해결에 대해서 거론하지 않은 것으로 드러났다. 그러므로 일본정부는 본 사건의 피해자와 그 유족들에게 그들이 인정하고 납득할 수 있는 실질적인 배상금을 지급해야 한다.

22-1-10. 일본정부는 우키시마호폭침사건으로 희생당한 조선인을 위한 추모사업을 해야 한다. 아시아침략전쟁과 태평양전쟁의 잘못을 반성하고 사죄하는 차원에서 모든 피해자들을 위한 추모사업단을 발족하여

그 사업을 시행하는 일은 일본이 아시아에서 진정한 평화공존의 길을 걷는 순서가 될 것이다. 이 사업을 하지 못한다면 마이즈루시에 있는 전쟁인양기념관은 아시아를 다시 침략하자는 교육훈련장에 지나지 않을 것이다. 전쟁기념관을 "침략전쟁사죄와반성관"으로 바꿔야 한다.

22-1-11. 특히 최근 일본정부가 주장하고 있는 「법적책임이 없다. 총괄적으로 마무리 되었다.」는 부분에 대해서는 이미 국제법상 배상해야 할 책임규정이 마련되어 있을 뿐 만 아니라 유스코겐스 법칙에도 맞지 않는다. 국제법상으로 인도에 대한 죄, 기본적 인권의 침해, 강제노동 금지조약의 위반, 식민지 지배 자체의 불법성, 패전국으로서 카이로선언 수락에 따른 원상회복의 의무, 신의칙상 의무와 조리상 의무들과 같은 범죄와 위반을 근거로, 비인도적이며 반인륜적인 전쟁범죄 행위라고 단정할 수 있으므로 이에 대해서는 세계 어느 나라에서라도 전범재판소를 열어 재판할 수 있는 제도가 있다.

22-2. 사건 해결이 갖는 의미

먼저 사건을 이 사건을 바르게 알아야 한다. 1945년 8월 15일 일제의 억압과 핍박의 쇠사슬에서 벗어난 조선인들은 귀국선인 우키시마호를 타려고 오미나토항으로 모여들기 시작했다. 멀리는 북해도에서 남하하여 오미나토에 도착했고 미사와비행장을 비롯한 시모키타반도 전지역에 흩어져 강제노동에 시달리던 사람들 모두가 구름처럼 모여들었다. 이 때 우키시마호에 승선하는 과정에서 「자발적인 승선이냐」 「강제승선이냐」 또는 「전후의 미묘한 사회적 혼란 속에 승선할 수 밖에 없었던 상황이었다.」는 여러 가지 주장이 있으나 남의 나라 전쟁터에서 추위와 배고픔과 노동에 시달리던 조선인들로서는 귀국이란 그 자체가 바로 부모형제 품으로 돌아가는 것이었기 때문에 우키시마호 승선을 거부할 이유가 아무것도 없었다. 그러나 조선인을 가득 태운 그 우키시마호는 부산항으로 향하지 아니하고 일본 해안선을 따라 남하하다가 8월 24일 오후 5시20분에 마이즈루항에 입항하는 과정에서 갑자기 원인모를 폭발을 일으키며 침몰하고 말았다. 이 사건이 발생한 지 62년이 지났지만 일본 정부는 눈을 딱 감은 채 사건의 진상을 규명하지 아니하고 있으며 희생자들의 요구사항을 받아들이지 않고 있다. 당시 일본 정부는 이 사건을 조사도 아니하고 발생 일주일 만에 조선인 3천7백35명이 승선했다가 524명이 죽었으며 폭침원인은 미군이 투하한 기뢰에 닿아 폭발 침몰했다고 발표했다. 그 후 한국에서 이 사건을 조사한 시민단체는 일본 정부가 발표한 내용의 잘못을 지적하면서 7천5백명 이상의 조선인이 승선했다가 5천명 이상이 사망했을 것이라는 조사 결과를 발표하여 세간의 주목을 끌고 있다.

이 사건은 전쟁시기가 아닌 평화시기에 일어났다는 점과 외국인 집단학살사건이라는데 더욱 그 범죄가 가중되는 것이며, 반인륜적인 인권유린이며, 강제연행과 강제노동 금지라는 국제법을 위반하였다. 특히 이 사건은 동아시아에서 일제가 저지른 양민학살(Genocide)의 하나로 규정되고 있으며 중국과 대만등지에서 자행된 일제의 제노사이드는 일본 대본영의 지시가 아니고서는 감히 누가 저지르지 못한다. 그럼에도 이 사건은 진상규명이 이뤄지지 않고 있으며, 사죄하는 말 한마디 없고, 배상금도 한 푼 없다.

한국의 우키시마호폭침진상규명회와 관련시민단체는 "일본의 반인륜적 범죄를 국제사회에 널리 알려 인간학살범죄의 재발을 방지하고자 한다. 따라서 미국의 책임 아래 한·일 양국 정부는 인도적인 차원에서 조속히 해결해야 할 것이며 특히 일본은 인류사회 앞에 겸허히 고개숙여 사죄하고, 내무성과 후생성이 보관하고 있는 관련 자료를 정보공개법에 따라 모두 공개해야 한다."고 역설하는 바이다.

일본의 관련시민단체는 "우키시마호폭침사건은 반드시 인도주의 정신을 바탕으로 해결되어 평화의 성채로 삼아야 한다. '그 전쟁은 침략 전쟁이었다.'고 인정하는 일본일 때 민족차별을 없애고 전쟁 재발을 방지할 수 있다."며 한국의 우키시마호폭침진상규명회가 일본 현장조사를 갈 때마다 토론회를 준비했고 협력과 지원을 아끼지 않았다.

⇧ 한국의 우키시마호폭침진상규명회를 협력하고 지원한 시모키타반도 무츠시 우키시마호친구회 회원. 이 단체는 시모키타지역문화연구소를 모체로 조직함. 〈타나부교회 강당. 1997.1.17〉

본 사건은 진상규명과 더불어 제반문제가 해결되지 않음으로서 한일 과거청산문제와 관련하여 양국간은 물론 양국 국민 사이에 62년이 지난 지금도 언제나 불편한 관계, 어정쩡한 관계, 가깝고도 먼 나라 관계, 진정한 우호가 아닌 위선관계, 속마음이 따로 있는 관계, 차별과 반목의 관계로 남게 하는 일련의 사건으로 남아 있다. 특히 본 사건은 일제의 패전 후에 일어난 사건으로 세간의 이목과 관심을 집중해 왔다. 그러므로 본 사건의 해결은 막연한 한일관계개선이라든가 2002년 세계컵 축구 공동개최 등과 같은 일로 어정쩡하게 무마할 문제가 아니라 이 같은 문제를 먼저 해결함으로서 한·일 관계를 진정한 우호관계로 발전시켜 나가는데 이바지한다는 의미를 갖는다.

23. 한국정부기관이 확인한 피해자 명단

23-1. 행정자치부가 확인한 피해자

〔확인 경위〕

(1) 우키시마호사건피해자배상추진위원회(위원장:한영용)가 일본의 "우키시마호사건순난자추도회"가 발간한 "우키시마호사건기록"에 수록한 조선인 사망자 명단을 행정자치부에 통보하고 각 시·도에 행정 절차상 불편함이 없이 처리하여 사망자의 인적사항과 유족의 연락처를 본회에 송부할 수 있도록 행정지침을 하달할 것을 요청하였다. 관련공문은 《문서번호: 우키시마호제2001-001호, 시행일자: 2001.11.15. 수신: 행정자치부 장관, 제목: 우키시마호사건 사망자 인적확인에 대한 협조지시 요청》 임.

(2) 위(1)항의 관련공문과 관련하여 행정자치부는 "사망자의 유족 여부는 개인(가족)의 출생에서 사망에 이르기까지의 호주와 가족간의 신분관계와 가족 상호간의 신분관계를 파악할 수 있는 호적업무를 관장하는 부서에서 처리할 사항으로 법원행정처로 하여금 적절한 조치를 취하고 그 결과를 귀하에게 회신토록 하였으니 그리 아시기 바랍니다"고 회신하였다. 관련공문은 《문서번호: 주민13207-1375, 시행일자: 2001. 12, 수신: 우키시마호사건배상추진위원회, 제목: 우키시마호사건 피해자 유족확인 관련 질의 회신》 임.

(3)위(2)항의 관련공문과 관련하여 우키시마호사건피해자배상추진위원회는 사망자 인적사항과 유족을 확인한 명단을 각 시, 도에서 통보받았으므로 행정자치부의 시행 업무로 간주한다.

〔피해자 유족의 주소를 공개함에 양해를 구합니다. 유사한 진상규명단체의 회비요구 등의 거짓말에 속지 않도록 주의하시기 바랍니다〕

우키시마호사건피해자배상추진위원회

☞일본 정부는 우키시마호사건 관련 자료를 공개하라—

㉾670-800 경남 거창군 거창읍 상림리 142-10 쌍방울대리점 2층. 한영용 011-809-2145

문서번호 : 우키시마호제2001-001호

시행일자 : 2001. 11. 15

경 유 :

수 신 : 행정자치부장관

참 조 :

제 목 : 우키시마호사건 사망자 인적확인에 대한 협조지시 요청

---

1. 어려운 경제난 속에서도 국민이 안심하고 살아 갈 수 있도록 국가행정을 수행하심에 얼마나 노고가 많으십니까?

2. 본회는 우키시마호폭침진상규명회와 함께 사망자 명단을 입수하여 사망자의 유족을 찾을려고 각 시・도에 별지와 같이 명단을 공개했습니다.

3. 각 시・도에서 행정절차상 불편함이 없이 처리하여 사망자의 인적확인과 유족의 연락처를 본회에 송부할 수 있도록 행정지침을 하달하여 주시면 감사하겠습니다.

붙임 : 참고 서한 1쪽.
우키시마호사건사망자명단 37쪽.
사망자 확인 결과표 양식 1쪽

우키시마호사건피해자배상추진위원회

〈표 10〉 각 시·도에서 확인한 피해자 명단

※피해유형 : 폭파침몰당시 사망자					
피해자 관련사항			피해자 유족 관련사항		
일련번호	일본이름 본 명	당시나이	성 명	관계	주 소
001	金澤臣福 金 臣 福	35	김남준	子	충북 충주시 이류면 대소리
002	韓 錫 凞	29	한영용	子	경남 거창군 거창읍 대동리
003	金光贊中 金 贊 中	27	김선화	子	전남 장흥군 관산읍 송천리
004	원 걸 상		원용덕	조카	강원도 원주시 행구동 건영Ⓐ
005	손 세 영		손세진	子	서울 종로구 숭인동 304
006	허 육		허태성	子	제주도 제주시 연동 253-4
007	김 영 록		김용안	子	경기도 안성시 대동면 도동리17
008	柳 東 源	75	유장춘	孫	경기도 양주군 은현면 봉암리 385
009	柳 充 万	39	유장춘	조카	경기도 양주군 은현면 봉암리 385
010	柳 上 和	66	유장춘	孫	경기도 양주군 은현면 봉암리 385
011	金成福京 金 福 京	17	김자야	子	부산시 남구 대연동 901-1
012	村井又烈 朴 又 烈	18	박상열	弟	울산시 울주군 상북면 궁근정리
013	岩城孝植 閔 孝 植	19	민은식	弟	경기도 수원시 장안구 화서1동 184-191
014	高本永泰 高 永 泰	유골편승	정갑임	母	전북 장수군 장계면 송천리 454-1
015	新 本 鐘 朴 學 鐘	26	박정숙	子	부산시 사상구 모라동 1357
016	崔 性 祚		최영태	子	경남 김해시 주촌면 선지리 산345-1
017	姜 相 燮	32	강용욱	孫	전북 전주시 덕진구 우아동2가853-1
018	李 永 珍	31	이관동	조카	경기도 광명시 가학동 941-4
019	田村玉秀 田 玉 秀	22	전수웅	弟	경남 의령군 낙서면 여의리 80
020	文岩鶴述 文 鶴 述	유골편승	문양웅	子	경북 영덕군 강구면 금호리 700-27 17/4
021	林原馬山 林 馬 山		임순택	子	전북 남원시 대산면 금성리 272-4

022	神農圭熙 姜 圭 熙	26	김순덕	弟의妻	경남 의령군 가례면 381
023	神農允洙 姜 允 洙	24	강대호	조카	부산시 서구 부용동2가 7
024	松山大淑 鄭 大 淑	유골 편승	정귀효	子	울산시 남구 신정1동 700-1 동화Ⓐ
025	孫 富 出	20	손영석	子	서울시 금천수 시흥동 220-95 5/2
026	松原基泰 張 基 太	20	장월섭	子	서울시 마포구 망원동 404-32
027	東原明模 鄭 明 模	24	정진배	조카	광주시 북구 문흥동 1005-3
028	東 茉 洙 정 수 학	25	정수봉	弟	충북 단양군 대강면 올산리 187
029	長谷錫夏 張 錫 夏	유골 편승	장용학	조카	충북 단양군 대강면 신구리 202
030	木田炳宇 李 炳 宇	27	이종원	孫	경북 포항시 북구 두호동 919 우방Ⓐ
031	天野亭在 金 屈 萬	21	김수만	弟	전남 장흥군 관산읍 부평리1구
032	溪本原元 趙 平 元	30	조병길	子	서울 관악구 봉천5동 1712-1 관악드림타운
033	泰川成渕 변 성 연	32	변상숙	子	전북 고창군 부안면 용산리 산 60
034	孔部忠烈 孔 忠 烈	38	공재규	조카	전남 장성군 북일면 성덕리 442
035	河東正鑛 鄭 正 鑛	34	정업순	子	전남 강진군 강진읍 동성리 424
036	木本均燮 朴 均 燮	26	박연숙	조카	서울시 종로구 청운동 38-1
037	宮田五得 田 五 得		전만옥	조카	전남 화순군 남면 벽송리 176
038	渭川英珠 姜 英 秀	27	김부덕	妻	전남 영광군 영산면 상계리 230
039	安本成万 安 性 萬	23	안창원	조카	대구시 달성군 화원읍 성산리 492-13
040	張 世 万 張 世 萬		장세정 장강익	弟 조카	경남 거창군 남상면 임불리 1270 대구시 달서구 도원동 나래마을808

041	金山鐘万 金 鐘 萬	22	김만선	조카	경남 마산시 회원구 양덕동 7-50
042	延春三吉 金 三 吉	42	긴정애 김경애	장녀 차녀	광주시 광만구 신기동 1019-1 전남 장흥군 장흥읍 건산리 739-16
043	鄭 券 平 鄭 泰 平	35	정진건	子	대전시 서구 괴정동 89-9
044	西田學光 曺 學 先	24	조기석	子	경기도 연천군 전곡읍 전곡3리
046	金井玉培	24	강만임	형수	서울시 성북구 장위3동 163-6
047	白川鐘國 趙 鐘 國	27	조휘동	孫	경기도 광명시 철산동 449 주공Ⓐ
048	鈴木重洙 崔 重 洙	33	최병옥	子	충남 천안시 동면 수남리 577
049	吳原相煥		박상애	제수	전남 영광군 영광읍 도동리 106-25
050	白木南小 白 南 琦		백종진	子	경기도 수원시 장안구 조원동 773-10
051	林 承 天		임유광	子	충남 청양군 화성면 수정리 555
052	松山鐘鑛 崔 鐘 先		최정희	子	충남 보령시 죽정동 646
053	新井宅壽 表 宅 壽		표상구 서정한	孫 子婦	경기 부천시 소사구 심곡본동 599-5 충남 청양군 정산면 송학리 241
054	河本昌俊 河 昌 俊		하영수	조카	충남 청양군 비봉면 녹평리 82
055	岡山弘吉 姜 弘 吉	29	강애리	子	
056	千原榮哲 千 榮 哲	31	천상기	子	경기 성남시 분당구 정자동 한솔마을
057	杉山哲徵 李 哲 徵	24	정낙희	妻	인천시 부평구 산곡동122-6 백마연립
058	金本弘泰 金 弘 泰		김영채	子	서울시 용산구 보광동 3-298 19/6
059	梁原益先		양이선	弟	경기도 의정부시 신국1동3-298
060	重光求道 辛 永 道		신영상	弟	충남 예산군 대술면 송석리 171
061	金本元植 金 元 植		김광웅	子	서울 구로구 고척1동 49-49 5/3

062	權登赫載		권수란 권혁철	子 弟	인천시 계양구 효성1동 현대Ⓐ 충남 아산시 용화동 53
063	新本元敦 朴 元 敦		박갑수	曾孫	서울시 영등포구 영등포동 631-31
064	山本善一 裵 先 一		배화자 배관수	子 養子	충남 천안시 성거읍 모전리 214 충남 청양군 목면 지곡리 187-1
065	松村壯緖 朴 壯 緖		송해분	妻	충남 청양군 청양읍 교월리 85-100
066	國本學成 李 學 成		이창성	弟	충남 서천군 서천읍 화금리 5
067	平山昌燮 申 昌 燮		신재원	子	대전시 중국 중촌동 주공Ⓐ
068	丘本老郞 丘 老 郞		구재신 구재정	弟 弟	충남 서천군 시초면 선암리 104 충남 서천군 시초면 선암리 12
069	임 만 복		임서운	子	서울시 성북구 길음3동 481-80 15/2
070	柳村英錫 柳 英 錫		유제근	조카	충남 천안시 광덕면 대덕리 318
071	慶山仁花 李 仁 花		유순례	妻	충남 당진군 신평면 거산리 46-1
072	岩 村 揮 許 揮		허순례	子	충남 당진군 신평면 운정리 366
073	西原洪申 韓 洪 申		한순세	子	경남 고성군 대가면 신전리 656
074	전 갑 진	39	전용덕	조카	경남 창원시 신월동 신월주공Ⓐ
075	심 영 순	28	전용덕	조카	경남 창원시 신월동 신월주공Ⓐ
076	전 용 상	6	전용덕		경남 창원시 신월동 신월주공Ⓐ
077	전 정 자	3	전용덕		경남 창원시 신월동 신월주공Ⓐ
078	전 옥 자	1	전용덕		경남 창원시 신월동 신월주공Ⓐ
079	김 준 학		김태현	孫	충남 공주군 정안면 내촌리 199

□ 알림: 피해자 유족들에게 진상규명회를 빙자한 사기성 접근이 있을 수 있사오니 유념하시기 바랍니다. 저희 진상규명회에서는 피해자나 유족들에게 절대로 회비나 그 어떤 비용도 요구하지 않습니다.

23-2. 충남도청이 확인한 피해자

〔충남일보 1993년 8월 15일자에는 충남도내 우키시마호폭침사건 관련 사망자 103명의 명단을 공개하였다. 명단의 출처는 밝히지 않고 "浮島丸死沒者명부(施設部以外의分)"이라 했다. 이에 《우키시마호폭침진상규명회》는 일본 정부가 명단을 작성했다면 이 103명의 명단에 「오기」가 있거나 「허위 작성」되었을 가능성이 있다고 판단하고 충남도청에 실제 거주자(연행 당시 거주자) 확인을 의뢰했다. 충청남도는 각 읍・면 사무소에 공문을 하달하여 조사・확인한 명단을 본회에 통보해 왔다. 예상했던대로 사망자 명부는 103명 가운데 27명만 확인되었다. 나머지 80명은 일본정부가 발표한 본적지가 피해자의 호적과 맞지 않다는 결론을 얻었다.〕

◈ 충남도청이 진상규명회에 보낸 공문

*문서번호 행정 13207-942

*시행일자 1996. 5. 15

*수신 우키시마호폭침진상규명회

*제목 우키시마호폭침사고 한국인 희생자 신원확인 결과통보

〈표 11〉 충남도청이 확인한 희생자 인적사항 확인결과

희생자(사망자)			가족(직계존비속)				
한국성명 일본성명	생년월일	본 적	성명	관계	주민번호	주 소	전화번호
趙 鐘 國 白川鐘國	1892.12.30	천안시 동면 죽계리 340	趙彙東 조휘동	손	431105- 1066614	광명시 철산동 449 주공A 1218-207	
崔 中 洙 鈴木中洙	1916. 6.29	천안시 동면 수남리 577	崔秉玉 최병옥	자	400304- 1478710	천안시 동면 수남리 577	(0417) 569-9701
李 相 舜 李村相舜	1926.10. 6	천안시 동면 수남리 8	李相益	형	210202- 1478710	서울 관악구 봉천동 181-6	

李 明 珪 韓山明珪	1915. 3. 7	천안시 광덕면 신흥리 383	李昌求	질	430301- 1478112	천안시 성환읍 성환리 399-11	(0417) 581-9502
吳 治 中 山本治中	1913. 2. 5	공주시 계룡면 구왕리 570	吳光子	자	421215- 2452716	공주시 상왕동 403	(0416)85 6-8162
金 允 實 金田允實	1897.10.18	청양군 화성면 장계리 265	김동규	자	360818- 1465129	청양군 화성면 장계리 265	(0454) 42-4554
林 承 天 林 承 天	1915. 8.20	청양군 화성면 수정리 555	임유광	자	430215- 1464116	청양군 화성면 수정리 555	(0454) 42-4767
崔 鐘 先 松山鐘先	1921.12. 1	청양군 남양면 매곡리 56	최정희	자	400918- 1465017	보령시 죽정동 646	(0452) 32-2508
表 宅 壽 新井宅壽	1920. 9.20	청양군 정산면 송학리 239	서정한	자부	460204- 2464617	청양군 정산면 송학리 241	(0454) 43-0402
			표상구	손	691005- 1464611	부천시 소사구 심곡본동 599-5	(032) 353-7303
			표상옥	손	721214- 1464611	청양군 비봉면 녹평리 82	
河 昌 俊 河本昌俊	1923. 9.10	청양군 비봉명 녹평리 190	하영수	질	450814- 1465216	청양군 비봉명 녹평리 82	(0454) 42-5630
姜 弘 吉 岡山弘吉	1917. 6. 3	논산시 강경읍 중앙리 20	姜愛里	자	411012- 2000000		
千榮哲 千原榮哲	1916. 2.20	논산시 강경읍 중앙리 190	千相基	자	361226- 1019511	성남시분당구정자동 102한솔마을411-602	
李 哲 徽 松山哲徽	1923. 7. 1	논산시 성동면 월성리 184	정낙희	처	270902- 2057615	인천시부평구산곡동 백마연립B-104	
金 弘 泰 金本弘泰	1918. 3.25	예산군 신암면 조곡리 431-2	金榮彩	자	450329- 1057120	서울용산구보광동 3-298 19/6	
梁 益 先 梁原益先	1922. 8. 8	예산군 대술면 시산리 157	田泰任	모	940626- 0173614	경기 의정부시 신국1동 571-24	(0351) 846-7931
			梁二先	제	281218- 1173613	경기 의정부시 신국1동 571-24	(0351) 846-7931
辛 永 道 重光永道	1922. 8. 4	예산군 대술면 송석리 171	辛永相	제	461120- 1468619	예산군 대술면 송석리 171	(0458) 33-5712
金 元 植 金本元植	1921. 2. 4	아산시 둔포면 염작리 185-5	金光雄	자	440325- 1058216	서울구로구고척1동 49-49 5/3	(02) 614-9070
權 赫 載 權登赫載	1920.12.17	아산시 송악면 강당리 447	權水蘭	자	441216- 2149113	인천계양구효성1동 현대A 201-2001	(032) 542-4125
			權赫哲	제	230317- 1475719	아산시 용화동 53	(0418) 44-7309

朴元敎 新本元敎	1923. 5.22	서천군 비인면 남당리 13	朴甲洙	증손	600614- 1461018	서울영등포구 영등포동 631-31	
裵善一 山本善一	1911. 6.10	청양군 청남면 청소리 383	배화자	자	420920- 2478917	천안시 성거읍 모전리 214	
			배관수	질	390801- 1464812	청양군 목면 지곡리 187-1	(0454) 42-7551
朴壯緖 松村壯緖	1923. 1. 7	청양군 청양읍 벽천리 298	송해분	처	341225- 2464314	청양군 청양읍 교월리 85-100	
李學成 國本學成	1922. 5. 9	서천군 서천읍 화금리 5	이창성	제	270102- 1459910	서천군 서천읍 화금리 5	(0459) 953-1586
申昌燮 平山昌燮	1915.12.26	서천군 서천읍 동산리 272	申亨燮	제	380310- 1459929	서천군 서천읍 둔덕리 226	(0459) 953-1459
			申載元	자	410910- 1408531	대전시중구중촌동 주공A 6-403	(042) 283-5155
			申載文	자	440710- 1459914	대전시중구문화동 463-10	(042) 522-8902
丘老郞 丘本老郞	1910. 8.14	서천군 시초면 선동리 214	구재신	제	200728- 1460510	서천군 시초면 선암리 104	(0459) 952-4802
			구재정	제	260728- 1460511	서천군 시초면 선암리 12	
柳英錫 柳村英錫	1911. 1.14	천안시 광덕면 대덕리 318	柳濟根	질	260820- 1478111	천안시 광덕면 대덕리 318	(0417) 567-0473
李仁花 慶山仁花	1921. 2.20	당진군 신평면 초대리 163	兪順禮	처	170810- 2474418	당진군 신평면 거산리 46-1	(0457) 362-7879
許揮 岩村揮	1916. 1. 7	당진군 순성면 옥호리 53	許順禮	자	380515- 2474621	당진군 신평면 운정리 366	(0457) 362-8138

23-3. 본 진상규명회가 조사한 생존자 명단

(1) 앞서 기술한 증인편의 증인으로 함.

(2) 증인은 1995년 12월 이후 본 진상규명회가 접수한 생존자임.

(3) 본 진상구명회가 작성한 "우키시마호폭침사건생존자개인기록부" 원본은 독립기념관에 기증함.

23-4. 미확인자에 대한 분석

(1) 아오모리현 오미나토해군시설부에 배속되었던 징용, 징병, 군인, 군속자 명단이 소각되었을 경우에는 명단 대조가 불가능하다.

(2) 아오모리현 시모키타반도 일대에 산재했던 하청업체에 배속되었던 조선인 명단이 소각되어 신원확인이 불가능하다.

(3) 폭침사건이 일어난 다음날부터 해안에 밀려든 시체는 기름으로 덮여 가족들도 분별하지 못할 정도였다. 해군들이 시체의 신원을 확인하지 아니하고 무작위로 태웠으므로 확인이 불가능하다. 따라서 일주일만에 만들어 발표한 524명의 사망자도 신원확인이 안되었으므로 인정할 수 없다.

(4) 본적지 호적 훼손으로 신원확인이 불가능하다.

(5) 우키시마호 폭침 당시 사망했거나 실종된 사람의 경우 대부분 신분증이 없었으므로 일본 정부가 발표한 희생자 명단은 잘못 작성된 것이므로 이미 공개한 명단으로도 신원확인이 불가능하다.

24. 일본 법정 투쟁 경과

*제소일을 기준으로 순서를 정함.

24-1. 제소건 1.

◈ 고소인: 재일조선인연맹 아오모리현 본부장 손일
◈ 피고소인: 일본 정부

◈ 수신인: 진주군사령관

◈ 고소취지: ◇우키시마호 침몰은 일본군이 저지른 계획적이고 잔인한 폭거이다.

◈ 범죄사실: ◇기뢰에 닿아 폭발한 것이 아니라 계획적인 폭파이다.

◈ 고소이유:

◇우리들이 탄 배는 안전하였고 또 안전수역에 정박하였다.

◇육지에서 헤엄쳐 10분 정도면 도달할 수 있는 가까운 거리에 기뢰를 설치할 이유가 없다.

◇위험을 알리는 신호기인지는 몰라도 바다 가운데 2개의 빨간 깃발이 있었다.

◇침몰한 우키시마호보다 두 배나 큰 대형선박도 아무런 지장을 받지 않고 침몰한 배와 같은 코스로 유유히 출입하고 있었다.

◈ 제소일: 1945년 12월 7일

◈ 판결: 기각

◈ 기각사유: 증거불충분

〔참고: 아이고의 바다 편역본 우키시마호폭침사건진상, 가람기획 60쪽〕

24-2. 제소건 2.

한국의 「태평양전쟁 일본군 군인·군속 당사자와 그 유족, 군대위안부관계자」는 1991년(平成3年) 동경지방재판소에 《피해배상과 미지급채권과 우편저축채권 등》에 대한 보상을 요구하는 소를 제기했다. 그러나 원심에서 피해자의 청구소송에 대해 상식 이하의 판결을 내려 한국의 피해자 소송단은 동경고등재판소에 항소했다. 그 항소인(공소인)이 바로 「태평양전쟁 일본군 군인·군속 당사자와 그 유족, 군대위안부관계자」로서 이에 우키시마호폭침사건 희생자 유족으로 경상남도 거창군

한영용씨가 포함되었다. 2001년《平成13年(ネ)第2631号各アジア太平洋戰爭韓國人犧牲者補償請求控訴事件》으로 한국 희생자들의 항소를 접수한 동경고등재판소는 2003년 3월 4일까지 구두변론을 종결하고, 공소인들이 "보상청구권이 소멸되었는데도 마치 청구권이 있는 것처럼 주장하고 있다."고 비아냥대면서 원심 《東京地方裁判所平成3年(ワ)第17461号, 平成4年(ワ)第 5809号》에 대한 항소를 기각했다. 2003년 7월 22일 언도한 동경지방재판소 판결문에는 다음과 같은 내용이 들어있다.

◈ 공소(항소)인: 구일본군 군인·군속 및 그 유족 군대위안부관계 공소인

◈ 공소취지:

(1) 原判決を取り消す。

(2) 被控訴人は,控訴人らに対し,それぞれ２０００万円を支払え。

(3) 控訴費用は、第1, 2審とも被控訴人の負担とする。

◈ 사건명: 아시아태평양전쟁한국인희생자보상청구공소사건

◈ 공소 판결언도일(言渡日): 2003년 7월 22일(평성15년 7월22일)

◈ 판결 (주문): (1) 本件控訴をいずれも棄却する

(2) 控訴費用は控訴人らの負担とする。

◈ 공소 취지에 대한 답변: 主文と同旨.

◈ 판결문 37쪽 4줄~10줄에 희생자 유족 한영용씨에 대한 기술은 다음과 같다.

「공소인 한영용의 아버지 한석희는 대정5년 12월1일 경상남도 거창군 마리면에서 출생했다. 소화12년 3월15일 신반달과 혼인신고하고 그 간 공소인 한영용이 출생했다. 소화20년 5월. 군의 지사명의로 된 징용영장에 따르면 해군군속(공원)으로 채용된 뒤 아오모리현 오미나토해군시설부에 배속되어 비행장 지하창고와 터널 파는 일에 종사하였다. 한석희는 종전됨에 따라 우키시마호에 승선하여 오미나토에서 부산으로 향하던 도중 소화20년 8월24일 마이즈루항에 이르러 우키시마호가 침

몰하여 사망하였다. －원문: ヒ 控訴人韓永龍の父韓錫熙(創氏名韓山錫熙)は, 大正5年 12月1日, 慶尙南道居昌郡馬利面 で生まれた. 昭和12年 3月15日, 愼牛達と婚姻の申告をじ, その間に控訴人韓永龍が出生した. 昭和20年 5月ころ, 郡の知事名の徵用令書により海軍軍屬(工員)として採用された後, 青森県の大湊海軍施設部に配屬され、飛行場の地下倉庫トンネル掘りに從事した. 韓錫熙は, 終戰により浮島丸に乘船して大湊から釜山に向かう途中, 昭和20年 8月24日, 舞鶴港において, 浮島丸の沈沒により死亡した(甲42の1ないし4,6, 控訴人韓永龍).」

◈ 동경지방재판소가 판결문에서 밝힌 우키시마호사건 개요

〔동경지방재판소 판결문 40쪽~43쪽〕

(三) 浮島丸の事故の經過について

証拠(乙51, 56, 58ないし74)及び辯論の全趣旨を綜合すると, 次の事實が認められる。

⑴ 日本国政府がポツダム宣言を受諾した後, 日本本土に動員された朝鮮人軍属及び徵用工を歸還させるため, 海軍當局は, 昭和20年8月15日, 各鎮守府, 警備府に対し「戰爭狀態終結ニ伴ウ緊急措置」として「作業庁ノ徵用者ハナルベク速ヤカニ解傭転業セシメル如ク措置スル」ことを指示し, 更に海軍省は, 同月20日, 部内一般, 內地朝鮮関東州滿洲国所在各所屬長官関係各所轄長に対し、官衙及び作業庁雇員傭人工鑛員の整理について「速ヤカニ徵用ヲ解除ス。半島人, 本島人, 中華人, 工礦員ニツイテハ(略)各所属長官所定ニヨリ帰郷セシム.」ことを指示した (海軍省・機密第202134番電). 大湊警備府は, 同月18日, 海軍運輸本部 (昭和18年6月25日に新設された海軍大臣直隷の機関)に対して電報を発信し, 海軍に徵用され, 当時は青函連絡船の代替船として青函航路に就航していた浮島丸(4730總トン)による朝鮮人搬送行爲の許可を求め, 同月19日ころ, 海軍運輸本部からの返電を受けて了承を得て, 同日ころ, 浮島丸艦長鳥海らに対し, その

搬送行爲を命じた. なお, 終戰直後, 內務省警保局保安課長は各県知事, 警察部長に対し, ソ連の対日參戰, 敗戰等を契機に, 朝鮮人の間で不穩策動が起こることを警戒し, 朝鮮人に対する指導取締りを强化することを指示する通達を何度となく発していた.

(2) 同月19日ころから, 大湊周辺の朝鮮人民間徵用工には, 雇用先から, 浮島丸に乘船するよう指示がされた. 徵用工の中には, 浮島丸で朝鮮に歸らなければ, 今後は配給は受けられないとか, その後は帰国船は出ないなどと言われた者もおり, また, 一般在住朝鮮人にも同樣の話が伝えられ, 朝鮮人徵用軍屬に対しても浮島丸に乘船するよう指示された. 同月20日ころから乘船が開始されたが, 出航が遅れ, 乘船はいったん中斷した. 集合場所には帰れることを喜ぶ大勢の朝鮮人が大声で歌を歌い,「マンセー」「マンセー」と何度も叫んでいた. 結局, 同月22日に出航が決定し, 野宿しながら待機していた朝鮮人らに, 急いで乘船するようにとの命令が下った. 浮島丸に乘船したのは, 乘組員255名, 朝鮮人3735名(徵用工2838名, 民間人897名)であり, 他に正規の手續を終了せずに乘り込んだ者が小數あった. 韓錫熙は、朝鮮人徵用工の1人として, 所属していた中隊長から指示を受けて乘船した.

同月21日, 天皇は, 軍令部總長を通じ, 連合艦隊, 各鎭守府等の司令長官に対し, 同月24日18時以降, 特に定めるもののほか, 航行中以外の艦船の航行を禁止するなどの命令をした(大海令52号). また, 軍令部總長は, 同月22日,「8月24日以降, 現ニ航行中ノモノノ外, 艦船ノ航行ヲ禁止ス」との指示した(大海指533号). 海軍運輸本部長は, 浮島丸のほか, 聖川丸, 長運丸の各艦長に対し, 同月22日午後7時20分, 大海指533号と同內容を指示する至急電報を発した.

(3) 浮島丸は, 同月22日午後10時ころ, 大湊港を出航し, 朝鮮の釜山港に向かい, 本州の沿岸に沿って, 南西に進んだ. なお, 出航当時, ソ連軍は,我が国のポツダム宣言受諾とは関係なく，北海道の北部を占領する計画の下，南樺太及び千島列島に侵攻して，旧日本軍と激戦を繰り広げており，大湊警備府が警備を管轄する海域の北海道以北の海域では、我が国の引揚船に対しても，ソ連軍の攻撃がされるなど，状況は戦争状態にあった.

⑷ 海軍運輸本部長は，浮島丸及び長運丸の艦長に対し，同月23日午前0時40分に発電した緊急電報により，①8月24日午後6時以降，100総トン以上の船舶は航行を禁止されたので，その時刻までに目的地に到達するように努力すること，②到達の見込みのなきものは，最寄りの軍港又は湾港に入港することを命じた(以下｢機密第221935番電｣という). これを受けて，浮島丸は，同月24日午後6時までに釜山港に到達する見込みがなかったため，日本海側における唯一の軍港で，相当の規模の施設と人員を有していた舞鶴港に入港することとした.

⑸ 浮島丸は，同月24日午後5時ころに，舞鶴湾内に入った. 当時，舞鶴湾など日本海側の主要な港湾には，米国が敷設した機雷が多数あったが，舞鶴港には毎日のように浮島丸と同じ港路を通って船舶が入港しており，特に同月24日は，同日午後6時までに入港するように入港命令が出ていたため，入港する船舶は多かった。浮島丸は，舞鶴港に入港するに際して，舞鶴湾の入口にある舞鶴防備隊の信号所と手旗で交信を交し，信号所から｢水路，掃海ズミニテ安全ナリ｣との信号を受けて入港を開始し，前方300メートル位のところをやっくりと進んで入港して行く２隻の海防艦の後を航行して入港して行ったが，同月午後5時10分過ぎころ，下佐波賀沖に着し掛かったところ，米国が敷設した機雷に触れて，突然船底付近で爆発が起こり，沈没した. この沈没により，乗船していた韓錫熙は死亡した.

24-3. 제소건 3.

◈ 고소인: 태평양전쟁희생자광주유족회/광주천인원고단 대표 이금주 서기 1992년 분류번호 제2075호 외 2건 각 공식사과 등 청구사건

- 판 결 요 지-

1. 공식사과 청구에 대하여

원고 등의 공식사과 청구의 취지는 구체적으로 몇 명에 의한 어떠한 행위를 요구하는 것은 명확하지 않고 그 특정내용이 빠졌으므로, 그 소송은 부적법하다.

2. 안전배려의무위반을 이유로 하는 손해배상청구에 대하여

1) 원고들 중에서 승선자 본인으로서 손해배상을 청구하고 있는 20명 중에서 5명에 대하여는 본건에서 제출된 증거를 보면, 우키시마호에 승선하고 있는 것이 인정되지 않으므로 그 5명의 청구는 이유가 없다.

2) 우키시마호에 승선하고 있던 자의 유족이라고 주장하는 원고들은 대다수가 피해자의 친족으로서 고유의 위자료를 청구하고 있다. 그러나 원고들의 안전배려의무위반을 이유로 하는 손해배상의 청구는 승선자와 피고와의 운송계약 및 유사한 법률관계의 채무불이행에 기초한 손해배상청구에 해당하므로, 법률관계의 당사자가 아닌 사람은 그 채무불이행에 기초한 위자료의 청구를 하는 것은 불가하다. 따라서 이들 원고의 안전배려의무위반을 이유로 하는 청구는 이유가 없다.

3) (우키시마호에 승선하고 있었던 것이 증명된 15명의 원고들의 안전배려의무위반을 이유로 하는 손해배상청구에 대하여)

가. 이들 원고는 대다수가 군 소속이었지만, 승선이전에 해제되었으므로 우키시마호 승선에 대해서는 피고와의 사이에 여객운송계약 및 유사한 법률관계가 성립된다.(민간징용공원, 일반의 조선인에 대해서는 같은 법률관계가 성립되어 있다) 피고는 이 법률관계에 기초하여 이들 원고들에 대하여 부산항까지 안전하게 운송할 의무, 이것이 불가능할 경우에는 안전하게 가장 가까운 항구까지 운송하고, 또는 출발항으로 되돌아와야 할 의무를 지고 있지만, 우키시마호가 폭파침몰 되었으므로 그 의무를 이행하지 않았다. 그래서 징용으로 일본에 끌려갔던 이들 원고를 안전하게 조선으로 보내야할 상기의 피고에 요청되었던 것, 오미나토(大湊)경비부가 포츠담선언 수락 직후의 혼란기에 우키시마호로 조선인을 귀환시키려고 했던 것은 오미나토(大湊)지구에 살고 있던 조선인들이 폭동을 일으킬 것을 우려하였던 것 등을 참작하고 우키시마호의 승선이 무료이라고 하더라도 피고의 의무가 경감되는 것은 아니다.

나. 우키시마호는 소화 20년(1945년) 8월 22일 오후 10시경 오미나토(大湊)항을 출항했지만, 출항을 전후하여 해군군수본부장으로부터 오미나토(大湊)해군경비부 및 우키시마호 선장에게 같은 달 24일 18시까지 목적 항까지 도착할 가능성이 없을 경우, 그 일시까지 가장 가까운 항구에 입항할 것을 명령하는 내용의 전보가 도착하였다. 우키시마호의 선장과 오미나토(大湊)해군경비부 사령장관 등은 목적지인 부산항까지의 거리, 우키시마호의 속도 등을 감안하여 상기 일시까지 목적지에 도달할 가능성이 없어서, 그 경우, 미군 기뢰가 다수 부설되어 있는 동해바다 쪽의 항구에 입항할 수 밖에 없는 것을 알고, 또는 결국 알게 되는 사실이므로, 우키시마호의 출항을 미루었고(상기 전보가 출항 전에 도착했을 경우), 혹은 안전한 오미나토(大湊)항으로 되돌아오는(강제로 되돌아오게 하는)(상기 전보가 출항 후에 도착했을 경우) 등의 방법

으로, 기뢰로 위험한 마이즈루(舞鶴)항 등의 동해 쪽의 항구에 입항하는 것을 피하는 선택도 가능하였다. 따라서 피고가 상기의 의무를 이행 불가능하였다는 것은 불가항력이라고는 할 수 없다.

또한 폭발의 원인에 대하여 군인에 의한 자폭이라고 할만한 뚜렷한 증거도 없고, 본 판결에 있어서는 기뢰에 의한 폭발이라는 전제로 한다.

다. 따라서 피고는 이들 15명의 원고에 대하여 상기법률관계에 기초하여 책무불이행(가.항 기재의 안전하게 운송하는 의무위반)으로서 그 손해를 배상하는 책무가 있다. 그 위자료의 액은 일률적으로 300만엔에 상당하는 것이다.

3. 국가 도의적 의무위반을 이유로 하는 손해배상청구에 대하여

원고들의 주장은 헌법전문자체를 직접 근거로 하는 것으로 해석하지만, 헌법전문을 직접 근거로 구체적인 법률상의 청구는 불가하다. 또, 국가배상법시행전의 공무원의 행위에 대하여 명문에 반하여 동 법을 소급 적용하는 것은 불가하다.

4. 명치헌법 27조(내지 헌법 29조 3항의 유추적용)에 기초한 손실보증책임에 대하여 손실을 보상하는 내용의 구체적인 법률이 존재하지 않기 때문에 , 직접 명치헌법 27조에 기초하여 손실보상청구가 가능하다고 해석하는 것도 불가하다. 또 헌법시행전의 본 건 폭파침몰사건에 대하여 헌법 29조 3항을 유추 적용하는 것은 불가하다.

5. 입법부작위를 이유로 하는 손해배상청구에 대하여

입법의 부작위가 국가배상법의 적용상 위법이라고 하는 것은, 어떤 법률을 입법하지 않는 것이 헌법의 일의적인 문장과 말에 위반하는 듯

한 예외적인 경우에만 적용한다. 본 건의 폭파침몰사건의 피해자는 앞에 기술한 대로 피해에 대한 손해배상청구가 가능하고, 그 유족도 피해자의 손해배상청구권을 상속한 자는, 손해배상을 청구할 수 있는 길이 있으며, 그 이상 피해자의 유족의 고유의 피해를 배상 또는 보증하는 입법을 하지 않는 것이 헌법의 일의적인 문장과 말에 위반한다고는 볼 수 없다.

6. 유골반환 청구에 대하여

피고가 우천사(祐天寺)에 보관하고 있는 280기에 해당하는 유골 중에서 원고들이 반환을 요구하고 있는 유골이 포함되어 있는지는 분명하지 않으며, 피고가 그 유골을 점유하고 있다는 것을 인정할 만한 증거도 없다.〈원문번역 선문대학교 신녕목, 본회 회원〉

25. 피해자 요구사항

〔다음 피해 청구 내용은 1996년 3월 16일 《우키시마호폭침사건 한국인 피해배상요구에 대한 토론회》 에서 얻은 결론이다. 이 토론회에는 생존자, 시민단체 대표, 회원, 본회 법률위원인 한종술 변호사가 참석했다.〕

25-1. 일본 정부에 다음 각항을 요구한다

25-1-1. 사건의 전모를 시인하고 사죄할 것.

25-1-2. 사건의 진상을 규명할 것.

25-1-3. 사건의 책임자를 처벌할 것.

25-1-4. 희생자의 친척, 친구, 증언자를 보호할 것.

25-1-5. 사망자 유해를 완전하게 송환할 것.

25-1-6. 피해자가 납득하도록 실질적 현금으로 배상할 것.

25-1-7. 희생자의 인권회복을 위한 추모관과 기구를 설립할 것.

⇧ 우키시마호폭침사건 피해자 배상청구토론회에 참석한 생존자, 시민단체 대표, 회원들

25-2. 다음 각호에 대하여 실질적인 배상을 청구한다

25-2-1. 강제연행에 따른 배상

25-2-2. 강제노동에 따른 배상

25-2-3. 인권유린에 따른 배상

25-3. 살인죄와 인도죄에 대한 실질적인 배상을 청구한다

25-3-1. 사망자에 대한 배상

① 일본정부가 1945년 9월 1일 공식 발표한 524명의 조선인 사망자에 대한 배상

② 오미나토를 출항하기에 앞서 오미나토해군경비부가 시모키타반도 안에 산재해 있었던 원청업체, 하청업체, 청부업자, 해군부대에게서 제출받은 명단을 근거로 그 사망자에 대한 배상

③ 위의 ②항에 명시된 오미나토해군경비부가 접수한 명단에 포함되지 아니한 조선인 사망자에 대한 배상

④ 오미나토해군경비부에 접수되지 않은 조선인 가족생활자 사망에 대한 배상

⑤ 북해도에서 남하하여 우키시마호를 타고 귀국 도중 사망한 조선인에 대한 배상

⑥ 사망한 조선인을 조선인이 직접 화장한 바 그 사망자에 대한 배상

⑦ 우키시마호 폭침 당시 타히라해병단과 마츠자카해병단 빈터에 집단으로 매립한 조선인에 대한 배상

⑧ 위의 ①항에서 ⑦항까지의 배상금 계산은 다음 각호를 전제한다.

ⓐ 사망했다고 전제한다.

ⓑ 사고 당시 사망자의 연령별로 계산한다.

ⓒ 임금은 일당을 받고 일하는 옥외근로자의 임금을 기준으로 하고, 당시 조선인들이 아오모리현에서 일한 기간은 한달에 평균 28일을 일한 것으로 계산해야 하며, 1996년 3월 16일 현재 일본인 옥외근로자의 임금을 기준으로 한다. 그 이유는 한국인에게는 강제적인 노동이었으며 당시는 일본제국주의가(불법적으로 주장하지만) 주장한대로 황국신민이었기 때문이다.

ⓓ 당시의 사고가 없었다면 모두 60세까지는 생존했을 것이고 계속하여 옥외일용근로자로 일했을 것임.

ⓔ 60세까지의 임금은 일당을 받고 일하는 옥외근로자의 임금

을 기준으로 하고 한달에 평균 28일을 일한 것으로 보고, 1996.3.16 현재 근로자의 임금을 기준으로 한다.

ⓕ 생존했다면 생계비(생존을 위한 필요비)로 급여 수익의 3분의1 을 소비했을 것임.

ⓖ 사망자가 아오모리현에서 일한 기간의 일당을 지급한다.

ⓗ 위자료는 1996. 3. 16 현재 일본국 법원 관례대로 일본화폐로 계산한다.

25-3-2. 생존자에 대한 배상

① 폭침사건 당시 생존하여 귀국한 뒤 사망한 조선인에 대한 배상

② 1995년 10월 30일 현재 생존하고 있는 조선인에 대한 배상

ⓐ 치료비: 이 건 사고로 인해 부상을 입은 사람의 치료를 위해 들어간 실제비용.

ⓑ 일실이익: 이 건 사고로 신체적 장애가 있는 사람은 그 장애 정도에 따라 일실이익을 청구함. 그 계산은 사망자의 일실수익에 장애비율을 곱한다.

ⓒ 장래치료비: 아직도 병 치료를 계속하고 있는 사람의 경우 사망시까지 들어갈 치료비의 추산액.(전문가의 감정이 필요함)

ⓓ 위자료: 피해자 본인이 사고로 인해 입은 정신적 피해배상

25-3-3. 사망자와 생존자 유족에 대한 배상

① 피해자 가족들이 이 사고로 인해 입은 정신적 배상

② 지난 50년여 동안 진상규명 활동에 소요된 일체의 경비 배상

25-3-4. 사건 발생 뒤부터 부당한 사후처리에 대한 피해배상

① 침몰한 우키시마호 선체를 9년 동안 방치함에 따라 살인하고 사체를 유기하고 오욕한 죄를 적용한 피해배상

② 사망한 생존자가 마이즈루만에 버릴 수 밖에 없었던 물품과 현금에 대한 배상

〔**피해배상 청구의 예**〕

ⓐ 생존자 장영도씨의 경우 그의 부친이 청부업체를 운영하여 벌어들인 돈을 그의 모친이 가지고 있다가 모두 마이즈루만에서 잃었으므로 그 금액을 모두 배상해야 한다. 모친과 누나와 여동생이 사망한 피해도 동시에 배상해야 한다.

ⓑ 생존자 이재석씨의 경우는 그가 9년 6개월 동안 일본 안에서 광산과 터널과 같은 공사장 발파작업에 종사하면서 받은 일당의 2/3를 배상해야 한다.

ⓒ 기타 생존자와 사망자들은 자신이 가지고 있던 돈을 모두 마이즈루만에서 다른 물건과 함께 버릴 수 밖에 없었으므로 그들이 일한 만큼의 일당을 계산하여 배상해야 한다.

③ 50년여 동안 사건을 종결하지 않음으로서 사망자 유족과 생존자들에 대한 정신적 고통과 재산상 피해를 배상해야 한다.

④ 사망자와 생존자 그리고 그 유족에게 통상관례에 따르는 피해를 배상해야 한다.

25-4. 한·일양국은 《한일 재산 및 청구권문제 해결과 경제협력에 관한 협정》 제3조 제2항과 제3항의 규정에 따라 본 우키시마호폭침사건진상규명과 배상을 실현코자 하는 과정에서 그 소를 제기한 피고와 원고 사이에 특별법을 제정할 수 있을 것이므로 배상특별법을 만들어 실질적으로 해결할 것을 청구한다.

25-5. 피해자 배상에 대한 우키시마호폭침진상규명회의 입장을 밝

힌다. 일본 아오모리현 시모키타반도 일대와 홋카이도 등지에서 강제노동에 시달리다가 일제의 패망과 동시에 광복을 맞이하여 귀국하려고 우키시마호에 승선했다가 일본 교토부 마이즈루시 마이즈루만 해상에서 발생한 우키시마호폭침사건 당시 사망한 한국인 사망자 각각 1인에게 일본 돈으로 1억엔을 배상금으로 지급해야 한다. 왜냐하면 일본 정부는 일본 정부의 실책 또는 자국 국민이 저지른 살인사건으로 일본 시민이 무고하게 죽음 또는 죽임을 당했을 경우 보상금으로 1억엔을 지급하는 것이 통상관례이기 때문이다.

26. 희생자 유해 관련 국회청원서

청 원 서

◈ 제목: 우키시마호폭파침몰사건 실질적 해결과 희생자 유해 발굴·수습·봉환 청원
〔浮島丸爆破沈沒事件 實質的 解決과 犧牲者 遺骸 發掘·收拾·奉還 請願〕

1) 청원 취지

1945년 8월 15일 일본에서 광복을 맞이한 우리 국민이 귀국선인 우키시마호를 타고 귀국하던 도중에 일본의 교토부 마이즈루시 마이즈루만(日本 京都府 舞鶴市 舞鶴灣)에서 일본 해군이 계획적이고 고의적으로 폭파 침몰시켜 수 천 명이 죽은 사건이 있었습니다. 이름하여 “우키시마호폭침사건”입니다. 이 사건으로 귀국하던 우리 국민 524명이 사망

했다고 당시에 일본 정부가 발표했으나 본 우키시마호폭침진상규명회가 수년간 조사한 결과 적어도 3천5백명 이상이 사망한 것으로 나타났습니다. 이것은 타민족 대량학살(Genocide)입니다.

이 때 사망한 우리 국민은 마이즈루만 인근 마츠자카해병단과 타이라해병단 빈터와 뒷산 골짜기에 집단 매립되어 있습니다. 또한 침몰 지점 인근 자연동굴에 방치돼 있고, 지금도 우키시마호 선실 안에 갇힌 채 귀향의 몸부림으로 울부짖고 있습니다. 뿐 만 아니라 아오모리현 시모키타반도 일대와 동경 우천사에도 우리 국민의 유해가 널려 있는 것이 확인되었으므로 이들의 유해를 모두 발굴 · 수습 · 봉환해야 합니다.

"우키시마호폭침사건"은 이미 일본이 카이로선언 수락에 따른 원상회복의 임무가 있고, 일본 패전일인 1945년 8월 15일 이후에 발생한 사건이고, 1965년 한일협정에 포함되지 아니하였고, 국가간 수교상에서 인권문제는 공소시효가 적용되지 아니하므로 반드시 해결해야 합니다. 특히 일본이 국제법상으로 책임져야 할 근거는 "노예적으로 취급당하지 않을 자유와 같은 중대한 인권에 대해서는 이것을 소멸시키고자 하는 국가간 협정 조항은 －그러한 효과를 발생시키는 부분에 대해서는 － 국제법상의 강행법규(유스 코겐스/JUS COGENS) 위반이므로 무효다." "중요한 인권을 소멸시키려는 조약은 국제사회의 공공질서와 양속에 위반되어 무효다." 로 되어 있습니다. 세계인권선언 전문에서는 인권을 "인류사회의 모든 구성원이 갖고 있는 고유의 존엄"과 "평등하고 양도할 수 없는 권리" 로서 승인하고 있습니다.

일본이 저지른 태평양전쟁 때 일본으로 강제연행되었던 우리국민은 남과 북을 포함한 전 지역에서 일본의 아오모리현 시모키타반도 일대로 강제연행되어 참혹한 노예적 강제노동에 시달렸습니다. 그러므로 일본으로 강제연행되었던 우리국민들은 노예로 취급당하지 않을 자유를 빼앗긴 것이며, 안전하게 귀국할 자유를 군사무력으로 박탈당한 채 마이즈루만에 수장된 것입니다. 동방예의지국이라 조상을 우러러 섬기기를 덕으로 알고 살아온 우리민족이 이 시대에 분단된 국토를 하나로 합치지 못하고, 정치적 혼란과 경제적 곤란과 교육의 문란과 문화적 교란 즉 4대란이 끊이지 않는 것은 해외에서 떠도는 원혼들이 쉴 곳을 찾지 못하고 구천을 헤매고 있기 때문입니다. 이들의 원혼을 조국의 품으로 불러들여야 합니다.

2) 청원 내용

(1) 사건의 실질적인 해결
(2) 마이즈루시 마츠자카해병단과 타이라해병단 빈터와 뒷산에 매립한 유해 발굴 · 수습 · 봉환.
(3) 침몰 지점 해저 수색 발굴 · 수습 · 봉환.
(4) 침몰 지점 인근 자연동굴 탐사 발굴 · 수습 · 봉환.
(5) 시모키타반도 대안사에 있는 유해 확인과 발굴 · 수습 · 봉환.
(6) 강제연행 증거물 입수(수거)
(7) 강제노동 증거물 입수(수거)
(8) 사건 발생 증거물 입수(수거)
(9) 마이즈루만 침몰해역 수중위령비 건립
(10) 위(1)항 실질적인 해결을 위한 민 · 관합동 대책위 결성
(11) 민 · 관합동 유해봉환위원회 결성

◈ 청원인: "우키시마호폭침사건 진상규명과 피해자가 납득할만한 실질적인 배상"에 동의하는 시민사회단체와 개인은 모두 청원인이 된다.

27. 일제가 저지른 인간대학살-Genocide

※ 다음에 열거하는 대학살사건은 ①일본 대본영이 지시하였고 ②군부의 명령으로 자행했고 ③군과 경찰이 직접 가담했다. 다시 말하면 일본의 전쟁총지휘본부인 대본영의 지시와 일본군이 감행했다는 공통점이 있다.

27-1. 조선 동학농민혁명군 학살

1894년 동학농민들의 제폭구민, 보국안민, 척양척왜 혁명의 불길이 전국으로 확산될 조짐을 보이자 6월 3일 조선정부는 중국정부에 정식으로 청원문서를 전달하였다. 중국 주한외교대표인 원세개(袁世凱)는 청원서를 전달받은 후 이홍장에게 긴급전보를 타전하였다. 이홍장은 수사제독(水師提督) 정여창(丁汝昌)에게 함정을 인천과 한성으로 나누어 파견하여 화교상을 보호하도록 하는 한편 직예제독(直隸提督) 엽지초(葉志超)에게 회군(淮軍) 1500명을 이끌고 서해를 건너 조선으로 가서 아산(牙山)에 주둔하도록 하였다. 동시에 주일공사 왕봉조(汪鳳藻)에게 전령을 보내 일본 정부에게 알리게 하였다. 6월 6일 왕봉조는 일본 외무대신 육오종광(陸奥宗光)에게 각서를 보내 중국이 조선의 출병 요청에 응하였으며 사건이 종식 되는대로 곧 철군할 것이라는 중국측의 원칙을 전달했다. 그러나 일본은 중국측이 파병하기 훨씬 전인 6월 2일 내각회의를 개최하였는데 육오는 조선정부가 이미 중국정부에 청원하였다는 삼촌준(衫村湙)의 전보를 회의석상에 올려놓고 있었다. 6월 4일 육오는 주한일본공사 오오토리 게이스케(大鳥圭介)에게 독자적으로 처리할 수 있는 전권을 부여하고 선박과 군수품을 징집하고 대조의창(大鳥義昌) 소장이 이끄는 혼성여단을 편성하였다. 일본은 이튿날 전시조례에 근거하여 최고군사지휘부 즉 대본영이 성립된 것이다.〈동학농민

혁명의 21세기적 의미/동학농민혁명기념사업회 107주년 기념 국제학술대회 자료집 29쪽〉

조선의 동학농민군을 무력 진압한 군대는 일본군과 일본군의 지휘를 받았던 조선정부군이었다. 진압과정에서 특히 중요한 문제는 1894년 10월 27일 일본 히로시마 대본영이 내린 동학농민군 「살육=학살」명령이다. 1894년 10월 27일 오후 9시30분 히로시마 대본영 병참총감 가와카미 소로쿠(川上操六)의 명령이 전신(電信)을 통해 인천의 일본군 병참사령부에 전달되었다. 「…동학당(=동학농민군)에 대한 처치(處置)는 엄열(嚴烈)함을 요함. 향후(이제부터) 모조리 살육할 것」이라 하여 일본군 대본영은 이제부터 동학농민은 전원 살육(殺戮)하라고 명령했다. 살육명령이 내려진 다음날(10월 28일) 오후 7시 경상도 낙동병참지부에서 「상주(尙州) 동학 간부(수령)으로 보이는 2명을 체포했다. 조사했으나 자백하지 않음. 그들의 진술 내용으로는 간부라고 생각되지 않음. 이 같은 인물을 낙동병참지부에서 "참살(斬殺)-칼로 베어 죽임"해도 좋은가」라고 물었다. 이에 인천병참사령부는 「참살」을 시행하라고 명령하였다. 이처럼 일본군에 의해 본격적으로 동학농민군 대진압작전이 개시된 것은 살육명령이 내린 지 약 20일 뒤, 진압전담부대 즉 미나미 코시로(南小四郎) 소좌가 지휘한 일본군 후비보병(後備步兵) 제19대대가 서울의 용산을 출발하는 11월 중순부터였다. 이 때부터 일본군은 천안 세성산, 예산, 홍성, 공주 우금치, 호남지역으로 내려가면서 30~40만명의 사상자와 수 만 명의 동학농민군을 학살하였다.〈동학농민혁명의 21세기적 의미/동학농민혁명기념사업회 107주년 기념 국제학술대회 자료집 51~52쪽〉

27-2. 관동대지진학살

1923년 9월 1일 오전 11시 58분 44초. 리히터 지진계로 7.9의 강진이 간토(關東)지역 일대를 기습했다. 요코하마와 동경 일대 도시는 순식간에 화염에 휩싸였고 집들이 무너지고 지붕은 춤추었으며 담장은 순식간에 무너지고 길 위의 사람은 비틀거리며 몸을 가누려 몸부림쳤다. 그야말로 땅이 갈라지며 건물과 인간이 지하로 빨려 들어가는 생지옥이었다. 이처럼 지진이 가져다 준 자연 재앙이었음에도"조선인이 지진 재해를 이용해 방화, 폭행, 약탈을 멋대로 자행한다." 는 유언비어가 난무하기 시작했다. 이것은 순전히 일본인들이 퍼뜨린 유언비어였는데 이 유언비어로서 "조선인 폭동설"이 대두되었고 따라서 "조선인을 모두 죽여야 된다."는 당위성에 귀착시킨 것이다. 지진의 재해 상황을 직감한 일본 정부는 즉시 계엄령을 선포하였고 일부 시민들은 "조선인 사냥"을 주목적으로 자경단을 결성하였다. 자경단의 살상 방법은 극악무도하고 잔학하기 그지없었다. 살상의 도구는 일본도, 총검, 권총, 쇠파이프, 쇠갈고리, 죽창, 철사들을 이용했다. 학살 장면을 실제로 목격한 사람들의 이야기를 통해 그 실상을 알아보면 "4-5명의 조선인 남자의 손발을 꽁꽁 묶어 가시덤불 위에 큰대자로 눕힌 뒤 그 밑에 불을 지폈다. 불에 그을리면 피부가 갈색으로 변하면서……" "죽창, 일본도, 갈고리 등 살상이 가능한 모든 무기가 피해자의 머리에 내리 꽂히고, 귀를 찢었으며, 눈을 후벼내는 공동분담식의 살해가 자행되었다." "조선인을 철사로 전주에 묶어둔 채 '조선인입니다. 차거나 두들겨 주십시오.' 라고 쓴 푯말을 붙이고 옆에 곤봉을 놓아두었다." 는 식이다. 이 밖에도 글로 표현하기 어려운 살상이 자행되었다. 이 같은 처참한 생지옥 속에서 6천 수백 명의 조선인이 관동지방에서 발생한 지진 때 일본인 군인과 경찰, 자경단에 의해 학살, 도살, 척살 당했다. 당시 일본주재 미국대사는 "이처럼 경악스러운 대학살이 대낮에 공공연히 일어나고 있는 일본이라는 나라는 결코 문명국이라 할 수 없다. 특히 그것을 태평스럽게 바라보며 제지하지 않는 일본 정부는 세계 속에서도 으뜸가는 야만정부이다." 고 기술하였다.〈조선인의 죽음/강덕상지음, 홍진희 옮김, 동쪽나라〉

27-3. 난징대학살

일본 천황은 자신의 숙부인 아사카 공작에게 특명을 내려 중국 남경을 공격하는 상해파견사령관을 맡도록 하였다. 남경을 공격하여 함락시킨 후 주둔한 다음 학살 책임자로 황족을 임명한 것이다. 이 때가 1937년 12월 13일이었다. 천황의 명령을 받은 아사카는 "돼지 같은 중국인을 교육시키겠다." 며 무장을 해제당하고 군장을 벗어버린 중국 군인들을 무참히 소탕하기 시작했다. 남경대학살의 규모는 세계적으로 일찍이 없었던 일이었으며 유태민족에 대한 독일의 박해를 훨씬 뛰어넘은 사건이었다. 일본군은 중국의 수도 남경에서 6주 동안 30만여 명을 도살하였으며, 수많은 건물과 고궁을 파괴하였고, 20만여 명의 여성이 성폭력적으로 유린당했으며 창고안의 재화는 깡그리 강탈당했다(〈일본인도 모르는 천황의 얼굴/스털링 시그레이브, 페기 시그레이브 著,(주)신영미디어〉〈동학농민혁명의 21세기적 의미/동학농민혁명기념사업회 107주년 기념 국제학술대회 자료집 55~56쪽〉).

27-4. 대만인 학살

1895년 중일(中日) 시모노세키조약(下關條約)에 의한 대만 할양은 대만인으로서는 청천벽력이었다. 그러나 대만 관민들은 대만민주국 수립운동에 만전을 기하면서 일본의 상륙을 저지할 계획을 세웠다. 이른바 항일정치운동과 대일전쟁(臺日戰爭)이었다. 이때부터 대만은 전 국민이 일어나서 일본과의 전쟁에 돌입하게 된 것이다. 이 전쟁은 일본군이 5월 29일 대만 북단에 상륙, 이 날부터 11월 22일의 「대만 평정 선언」에 이르는 약 5개월 동안 대만 각지에서 항일군의 저항을 받음으로서 국가 전체가 전쟁에 몰입했다. 이 때 일본군은 근위사단을 중심으로 원조군으로 제2사단, 혼성 제4여단 및 해군 함대가 증파되어 합계 장병

49,835명과 군부·용역 26,214명을 투입하였다. 대일전쟁은 일본군이 대만에 상륙하여 타이페이를 점령할 때까지의 결전과 북부전선, 중부전선으로 나눌 수 있다. 이 전선에서 일본군은 초토화 작전으로 모조리 불태우고 모조리 해치우는 「二光作戰」을 전개하여 수천의 민가를 불태웠고 수많은 민중을 학살하였다. 일본의 대만평정선언 이후에도 더욱 치열한 농민 항일무장투쟁이 일어났는데 그 때마다 지역 소탕작전을 전개하여 3,899호의 민가가 불타고 무수한 민중이 학살당하였는데 그 수가 3만 명을 넘어 난징대학살을 방불케 할만한 사건이다.〈동학농민혁명의 21세기적 의미/동학농민혁명기념사업회 107주년 기념 국제학술대회 자료집 69~70쪽〉.

27-5. 귀국하려는 조선인 학살

대표적인 예로 우키시마호폭침사건이 있다. 우키시마호 폭파 침몰은 일본 해군이 계획적으로 획책한 외국양민대량학살사건이다.

일본이 포츠담선언을 정식으로 수락하고 연합국 측에 무조건 항복함으로서 아시아침략전쟁과 태평양전쟁 그리고 조선총독부의 패망을 가져온 것이 1945년 8월15일이다. 그 역사적인 날부터 겨우 일주일 뒤인 8월 22일 오후 10시에 일본 아오모리현 시모키타반도의 오미나토항에서 일본 해군 특설 군함인 우키시마호(4,730톤)가 닻을 올리고 출항을 감행하였다. 그 임무는 일본이 포츠담선언을 수락함과 동시에 광복을 찾은 조선인 징용·노동자와 그 가족들을 포함한 3천7백35명과 유골 19구를 조국으로 귀환하기 위해 부산으로 가는 것이었다.

우키시마호 갑판위에 멈춰 선 조선인들은 정말 감개무량함이 가슴에 넘쳐흐르고 있었다. 왜냐하면 그것은 36년이란 오랜 세월에 걸친 일제의 지독한 식민지시대도 끝났고 해방되었을 뿐만 아니라 카이로회담에서 조선인에 대해 자유와 독립을 보장하는 결의를 기조로 독립을 약속받은 경사스런 날이었기 때문이다. 이처럼 경사스런 날에 귀국의 희망에 가득찼던 조선인들은 귀국선인 우키시마호를 타기 위해 오미나토항 근처로 모여들기 시작했다. 멀리는 북해도에서 남하하여 오미나토에 도착했고 미사와비행장을 비롯한 시모키타반도 전지역에 흩어져 강제노동에 시달리던 사람들 모두가 구름처럼 모여들었다. 이때부터 우키시마호에 승선하는 과정에서 "자발적인 승선이냐" "강제승선이냐" 또는 "전후의 기묘한 사회적 혼란 속에 승선할 수 밖에 없었던 상황이었다."라는 여러 가지 주장이 있으나 일본 땅에서 추위와 배고픔과 노동에 시달리던 한국인들로서는 귀국이란 그 자체가 바로 부모형제 품으로 돌아가는 것이었기 때문에 우키시마호 승선을 거부할 이유가 아무것도 없었다.

그런데 그 우키시마호는 부산항으로 향하지 않고 일본 해안선을 따라 남하하다가 8월 24일 오후 5시20분 쯤 일본 교토부 마이즈루만 바다 한 가운데에 멈춰서서 원인모를 폭발을 일으키며 침몰하였다.

한국의 우키시마호폭침진상규명회와 우키시마호희생자배상추진위원회는 이 사건에 대한 최종보고서를 작성하였다. 일본 정부는 공식적으로 조선인 3천7백35명이 승선했다가 524명이 사망했다고 발표했으나 생존자들의 증언과 현장조사를 분석한 결과 최소한 7천명 이상이 승선했다가 5천명 이상이 사망한 대참사였다.

이 밖에도 일본이 아시아를 침략하여 양민을 학살한 예는 비일비재하다는 것은 주지의 사실이다. 몇 가지 예로서 일본군대 성폭력 범죄인 종군위안부문제를 비롯한 731부대의 인간생체실험, 히로히토 일왕의 친동생인 치치부가 앞장서서 지휘한 「金の ゆり、황금백합작전」 약탈작전들을 전개하면서 아시아 각처에서 학살한 외국양민의 수는 3천만 명에 이른다.

우키시마호폭침진상규명회 활동경과표
(浮島丸爆沈眞相糾明會 活動經過表)

년	월	일	활 동 내 용
1993	6	30	"아시아의 하늘에는 핵이 필요 없다"는 기치 아래 반핵아시아포럼을 주창한 전재진은 반핵아시아포럼 한국위원회 위원으로 제1회 반핵아시아포럼(일본 요코하마)에 참석하여 「일본의 플루토늄 대량장기비축계획, 자위대 해외파병, 핵발전소 수출계획, 군사대국화」를 저지할 것을 주장·발표하고, 일본의 핵관련집중시설단지인 아오모리현 록카쇼무라와 북해도의 하코타테 해군기지, 다치마치 미사키를 답사하였다.
	7	1	*태평양전쟁 당시 일본인(군인, 경찰, 헌병)에 의해 강제연행되어 일제의 군사시설에 투입된 조선인들의 강제노동실태를 조사하기 위해 노동현장(유적지)을 답사하고 사건의 진상을 규명하기 위한 상호교류를 약속하였다. *이행사의 토론회장에서 전재진은 시모키타지역문화연구소 사이토 사쿠지 회장을 만나게 되었고, 이 자리에서 민간운동단체로서는 처음으로 우키시마호폭침사건에 대해 논의하였다. ◇ 노동현장 답사지 : 우키시마호 출항지, 기구치 잔교, 니마이바시, 야케야마 터널, 북해도 하코타테 해군기지(항만), 다치마치 미사키,
		30	우키시마호폭침진상규명회 창립 준비위원회 발족
※			평소에 우키시마호폭침사건에 대해 관심이 많았던 아키모토 료지(秋元良治)씨를 중심으로 와시오카 고쇼(鷲岳公彰), 나루미 켄타로(鳴海健太郞)씨들이 1968년에 결성한 그룹에서부터 사건의 배경과 진상이 추적하기 시작했다. 그 뒤 마이즈루와 시모키타반도를 오가며 사건을 취재한 김찬정(金贊汀)씨는 「우키시마호 부산항으로 향하지 않고」를 저작하여 많은 의혹을 풀었다. 또한 사건 발생 35년만인 1978년 8월 24일 일본 시민단체들이 마이즈루만 해안가에 순난추모비를 세웠다. 일본에서 법적 투쟁을 지원하기 시작한 단체로는"조선인에게 공식적으로 사죄하고 배상할 것을 요구하는 재판을 추진하는회" 약칭「진상과배상을추진하는회」—회장 송두회—가 결성되어 남쪽의 희생자유족회 원고단과 교토재판소에 제소했다. 한편 아오모리현 시모키타반도에서는 사이토 사쿠지(齊藤作治)씨가 시모키타지역문화연구소를 결성하여, 우키시마호폭침사건의 발상지에서 살고 있는 시민의 한사람으로서 그 책임을 대해야 한다는 의무감으로 조선인 강제연행과 강제노동에 대한 실태를 조사하기에 이르렀고 많은 증언과 자료를 발굴하였다.
1994	1	10	◇증언집 「아이고 바다」—사이토 사쿠지 편저— 한글 번역 시작. 〈공동 번역자 : 전재진. 무카이 미도리〉
	8	3	◇강제노동 현장조사 실시 우키시마호에 승선했던 조선인들이 일하던 현장을 조사하여 「강제노동의 실태,

연도	월	일	내용
		11	군사시설의 규모, 의식주 실태, 증언 취재, 승선자수 추산, 승선 당시 분위기」들을 파악할 수 있었다. ◇ 일본 연구가들과 간담회 ○일본측 참석자 : 아키모토 료지(秋元良治), 와시오카 고쇼(鷲岳公彰), 나루미 켄타로(鳴海健太郎), 사이토 사쿠지(齊藤作治), 〈통역:向井 翠〉 ○한국측 참석자 : 전재진(田在鎭) ○토론 내용 : 우키시마호폭침사건의 진상과 배상문제 ◇ NHK-TV 아오모리현(青森縣) 방송국에서 8월3일부터 실시한 조선인 강제노동 현장조사 활동 내용을 20분간 방영함
	9	20	*충북 영동군 심천면 고당리 거주 생존자 박재하씨 취재(전재진)
	10	25	*「아이고의 바다」한글판 단행본 편집 완료. 각 출판사에 출판 의뢰.
1995	4	25	*태평양전쟁희생자광주유족회 방문. 이금주 회장 면담. 생존자 찾기와 교토지방재판소 지원 및 대응책 논의. 진상규명회(주비위)는 계속해서 조사활동으로 생존자를 찾고, 유족회는 재판을 이끌어 갈 것. 향후 지속적으로 연대키로 함.
		29	*우키시마호폭침사건 국내 취재단 결성 (취재단: 우희창, 한경희〈이상 동양일보〉 박현서<조선인강제연행강제노동실태조사위원회>전재진, 무카이 미도리<아이고의 바다 공동번역자> *남쪽 거주 생존자를 중심으로 증언을 취재하고 우키시마호폭침사건의 발상지인 일본 아오모리현 시모키타지역의 강제노동 현장조사에 중점을 두기로 함.
	5	14	*충청북도 영동군을 시작으로 전남 광주지역, 전북 전주 진안지역, 충남 청양지역, 대전지역, 충남 천안지역 순으로 취재를 시작함
	7	4	*우키시마호폭침사건 증언집 「아이고의 바다, 사이토 사쿠지 편저」연재 시작—동양일보(본부 청주): 진상규명회(전재진, 무카이 미도리) 회원들이 공동 번역한 원고를 동양일보에서 매일 연재키로 함.
		6	*일본민간단체(“영화상영을성공시키는회, 아시안블루—우키시마호사건”)와 증언교류회 개최 (제목 :우키시마호폭침사건은이렇다, 동양일보 회의실) 〈생존자 참석자: 박재하, 김태석〉
		26 30	*우키시마호 출항지인 오미나토와 강제노동현장인 시모키타반도 일대 현장 답사취재 (김홍균, 강석철, 무카이 미도리, 전재진) 일본 시모키타지역문화연구소 회원의 환영회가 성대했으며 교류회 개최. NHK-TV 아오모리방송국의 취재가 적극적이었으며 현지주민들의 접대가 호의적이고 인상적이었음.
	8	6	*우키시마호폭침사건 홍보 시작(천안역광장, 주최: 본회) 폭침사건의 전모를 알리는 전단배포, 사건설명.
		10	*KBS-TV 대전방송국 목요프로그램 대전스튜디오 출연. (출연자: 박재하, 전재진, 무카이 미도리) 전재진이 조선인 강제연행 강제노동 현장 사진을 설명하고 우키시마호폭침 당시의 상황을 박재하씨가 생생하게 증언하였으며 일본인으로서 우키시마호폭침사건과 관련하여 민간교류가 중요하다고 주장하였음.

		11	*증언집「아이고의 바다」5면 전면 연속 31회 연재 마침
		13	*대전역 광장에서 사건 홍보 실시. 생존자 정기영씨와 조귀성씨와 처음 만남으로 천안지역(9명)과 청양지역(8명)의 생존자를 찾게 되었음.
		14	*SBS-TV 대전방송국(TJB) 영동지역 생존자와 유가족 출연 (출연자: 김태석, 이건태, 정헌설〈이상3명 생존자〉 신원호, 나대찬〈이상2명 유족〉)
		15	*독립기념관에서 홍보활동 실시(참가자: 임창문, 지홍석, 이철우, 정기영〈이상 4명 생존자, 전재진, 무카이미도리, 송지영, 김명욱〈이상4명 본 위원회 회원〉)
		19	*영동역 광장에서 홍보활동 실시(참가자: 김태석, 박재하 〈이상2명 생존자〉 송지영, 김명욱, 전재진〈이상3명 본 위원회 회원〉)
		24	*우키시마호폭침사건 50년을 맞이하여 희생자 진혼제<1회>를 청주 광복회관에서 지냄. (주관:동양일보) 청주시장과 청주시의회 의원 그리고 시민 1백여명이 참석한 가운데 진혼제를 지내고 청주대학교 무용과 강혜숙 교수의 진혼무가 있었음.
		25	*충남 천안지역 생존자 취재. 지홍석. 이철우, 임창문, 고종환, 원종봉, 정기영 - 강제연행, 강제노동, 일본에서의 의식주실태, (주)일본통운, 우키시마호 침몰 당시 상황 등에 대한 증언이 있었음.
		26	*천안역 광장에서 홍보활동 실시(참가자: 정기영, 이철우, 임창문 〈이상3명 생존자〉 송지영, 김명욱, 전재진〈이상3명 본 위원회 회원〉)
	9	3	*광주광역시 역광장에서 홍보활동 실시. 태평양전쟁희생자유족회와 공주천인 원고단 회원들이 참여하였음(참가자: 송지영, 김명욱, 홍현찬, 무카이 미도리, 전재진).
		17	*청주 중앙공원에서 홍보활동 실시(참가자: 홍현찬, 김장환, 전재진)
	10	1~10	*10월1일부터 8일까지 9일간 전국 생존자 방문 취재 실시(전국에서 36명의 생존자를 직접 방문하여 면담하고 증언을 취재 채록하였음 〈취재: 전재진〉) □10/1 -〈구례군〉김용원, 강용섭 10/2 -〈장흥군〉김유성〈광주〉장영도, 주윤창 10/3〈영암군〉박신우 10/4 -〈김제군〉이재영〈진안군〉손동배, 김종호, 안종열 10/5 -〈영동군〉박재하, 박이용, 이기출, 이건태, 김동천, 김태석, 지윤식, 한세열 10/6 -〈공주시〉정헌설 10/7 -〈청양군〉윤화수, 임석빈, 김성태, 김동섭, 유영열, 이경환, 최춘봉, 문창수, 김의동 10/8 -〈천안시〉임창문, 고종환, 원종봉, 강태철, 오희용, 정기영, 지홍석, 최수강.
		16	*우키시마호폭침진상규명위 창립주비위에 대책회의 촉구 *각종 증거자료를 확보하여 관계기관에 접수토록 해야 한다.(접수처: 일본정부, 청와대, 한국 외무부, 국회, 기타 관련부처) *확보해야 할 관련(증거)자료로서 ①우키시마호폭침사건 생존자개인기록부 ②우키시마호폭침사건 희생자 유족회 고소장과 그 관련자료 ③일본과 국내 관련 보도 자료 ④일본어판 증언집 ⑤한국어판 증언집 ⑥생존자 증언 내용집 ⑦조선인

			강제연행·강제노동과 관련하여 우키시마호폭침사건까지 사진자료집 ⑧생존자 증언 비디오테이프 ⑨일본에서 만든 증언테이프 ⑩대정부 탄원서 ⑪일본정부에 보내는 배상청구서 *현재 진행되고 있는(태평양전쟁희생자 광주유족회/천인원고단 제소건) 재판이 이길 수 있도록 힘써야 함. 일본 정부를 사건 발생 당시 연합국 사령부측인 미국정부에 제소하는 것을 검토해야 함. 일본정부를 유엔인권판무관실에 제소할 것을 검토해야 함. 진상규명위원회를 하루속히 창립하여 실무능력을 향상시켜야 하며, 재정확보를 위한 사업과 활동을 시행해야 할 것.
		17	*생존자 방문 취재, 이재석〈의왕시〉 배경자〈서울시 평창동〉
		25	*생존자 방문 취재. 서봉구〈부천 가톨릭성가병원에 대장암으로 입원중일 때 김동천씨와 함께 방문함〉
	11	5	*공주시 금성동 정헌설씨 방문 취재〈일망후상담경력사 사본 입수〉
		9	*공문발송. 제95-1호, 우키시마호폭침진상규명위원회 창립대회 관련 경비 지원 요청〈수신 : 충남도지사, 천안시장, 충남도의회의장, 천안시의회의장〉
		14	*공문발송. 제95-2호, 우키시마호폭침사건 해결 여부에 관한 질의 〈수신:자유민주연합 김종필총재〉 제95-3호, 위의 2호와 같은 내용임 〈수신:보건복지부장관〉
		15 ~ 16	*공문발송. 제95-4호, 우키시마호폭침사건 전국생존자 합동증언대회 개최 통보 〈수신: 진상규명위원회 회원, 전국생존자, 충남도지사, 천안시장, 천안경찰서장, 충남도의회의장, 천안시의회의장, 천안서부지역노인회장〉 제95-6호, 우키시마호폭침사건 해결 여부에 대한 질의 〈수신: 외무부장관〉 *광덕면 생존자 모임.〈광덕면 신흥리〉
		18	*공문접수. 제95-1호에 대한 충남도지사 회신. 창립대회와 생존자 합동증언대회 소요 경비 지원 불가 통보
		24	*KBS라디오 천안방송국에 출연. 사건 설명과 증언 (정기영, 전재진)
		27	*공문접수. 발송공문 제95-3호에 대한 보건복지부 회신. 사건에 대해서는 외무부에 문의하기 바란다는 내용임
	12	2	*우키시마호폭침진상규명위원회 창립대회와 전국생존자합동증언대회 개최 (천안시민회관). 창립총회에서 전재진 회원이 위원장으로 선출됨. 집행부 추후 구성키로 함. 전국에서 생존자 22명 참가. 동양일보 발행 증언집「우키시마호 수수께끼」에 대해 제목과 편집 내용에 문제가 많아 생존자들이 문제를 제기함에 따라 본회에서 심의하여 발간 중지와 회수 조치 결의함.〈참석하신 생존자: 안종열, 김종호, 지윤식, 김태석, 장영도, 임창문, 원종봉, 김동섭, 최수강, 오희용, 강태철, 이기출, 주윤창, 윤화수, 전우영, 박재하, 정기영, 이재석, 이철우, 김동연, 김동천, 지홍석(이상23명). 박현서, 이수갑 고문 참석〉
		28	*제1차 위원회 회의 개최. 본회 정관 심의
1996	1	2	*제2차 위원회 회의. 정관 심의하여 확정함. 대통령에게 보내는 글 완성. 일본 정부에 요구할 배상청구 범위는 다음 회의로 넘김.

		5	*공문발송. 제96-7호, 우키시마호폭침사건 진상규명 도움 요청〈수신: 대통령〉 제96-8호, 내용은 7호와 같음. 〈수신: 정부종합민원실장〉
		15	*공문접수. 민조이07000-10034. 정부합동민원실장
		20	*공문발송. 제96-9호, 외무부 관계자 면담 요청 〈수신: 외무부장관〉
		30	*증언집 「우키시마호폭침사건진상, 가람기획, 사이토 사쿠지/전재진 · 무카이 미도리」출간
	2	2	*출판기념회의: 책 보급에 관한 토론.
		8	*공문발송. 제96-10호, 우키시마호폭침사건 관련자료 제공 요청 〈수신: 일본국 수상, 일본대사관〉 제96-11호, 내용은 10호와 같음〈수신: 외무부장관〉
		29	*공문발송. 임시회의 개최 통보. 우키시마호폭침사건 조선인 피해자 배상요구에 대한 토론회 개최 통보〈수신: 전회원〉
	3	16	*우키시마호폭침사건 조선인 피해배상청구에 대한 토론회 개최〈장소: 천안 동천 안로타리클럽 7층회의실〉
	4	1	*천안시을지구당 함석재 국회의원 면담: 집권당으로 우키시마호폭침사건의 실질적인 해결을 위한 국회특별위원회 구성을 요구함. 이날 함석재 의원은 협조할 것을 약속함.(결의서에 서명함)
	5	11	*민족정기수호협의회 창립 10주년 기념식에 참석하여 우키시마호 사건과 관련하여 국회청원 동참단체 연대서명 받음.
		21	*신한국당, 새정치국민회의 중앙당사 민원실 방문하여 우키시마호폭침사건 관련 자료를 접수하고 민원실측과 대담〈김동연, 전재진〉
		26	*전국교직원노동조합 창립 7주년 기념행사 참석(서울 보라매공원) 우키시마호폭침사건 관련 홍보물 3천장 배포
	6	3	*올바른 한일관계 재정립 토론회에서 우키시마호폭침사건 발제 〈대전시민회관 소강당; 전재진〉
		10	*탄원서 발송 〈수신: 대통령〉
		12	*배상청구서 전달. 문서번호 제96-15호. 〈접수자: 주한일본대사관 2등서기관 高田正道〉 참가자: 김동연, 이재석, 정기영, 이철우, 임창문, 박재하, 김동천, 김태석 이상8명 생존자, 전재진, 무카이 미도리, 정대협 회원들 다수. 종로경찰서측의 통제를 받지 않음. 침묵시위를 계속했으며 위원장이 배상청구서를 구체적으로 설명하고 일본측에 전달하였으며 KBS-1TV 〈일요스페셜팀〉 에서 방영을 위해 촬영하였음. ※한국방송공사 별관으로 이동하여 생존자 인터뷰하고 8월11일 일요스페셜에 방영키로 약속함.
		22	*국회사무처에 청원서 접수. 문서번호:제96-16호. 〈국회입법민원실 황은택〉
		24	*공문발송. 제96-13호. 한국인피해자 배상청구에 대한 실질적인 해결 촉구〈수신: 외무부장관〉

	7	16	*공문발송. 제96-17호. 한국인 피해자 조사 의뢰 〈수신: 전회원〉
		23	*천안시민단체 대표자회의 월례회의에서 우키시마호폭침진상규명위원회의 사업에 동참키로 함.
		26	*한국인강제연행·강제노동실태조사위원회 대표 박현서 교수와 일본 시모키타지역문화연구소 소장 사이토 사쿠지 토론〈참가자: 정기영, 이철우, 한종술, 전재진〉
		28	*시모키타지역문화연구소 회원 초청 증언(토론)대회 개최〈천안 신라한정식〉 한국인 강제연행강제노동 수탈과 우키시마호폭침사건—시모키타에서 증언하다— (참가자: 사이토 사쿠지, 사사키〈이상2명 일본시모키타지역문화연구소〉 생존자 17명과 60여명의 시민이 참석한 가운데 열림. KBS-1TV에서 촬영·취재함.
	8	11	*KBS-1TV 일요스페셜 —우키시마호 부산항으로 향하지 않았다 — 60분간 방영. 방송이 끝난 뒤 전국에서 신고전화가 여러 군데서 걸려옴.
		14	*일본 시모키타지역문화연구소 회원 방한〈야나기 코자부로 목사, 무라카미 준이치 회원, 사토 미도리 사무국장, 야나기 타에코 회원〉 천안교회(목사: 임상배)에서 교류회를 갖고 생존자 신환철, 김일권씨와 면담.
		15	*8월17일까지 일본 방문단 관광안내. 8월15일: 독립기념관, 유관순추모관, 유관순생가, 우금티전쟁기념탑. 8월16일: 생존자 임창문씨와 강태철씨를 방문하고 장영도, 김동연씨와 점심을 같이하며 환담. 8월17일: 주한일본대사관에 방문하여 우키시마호폭침사건과 관련하여 4개항의 요망서 제출. 명성황후 시해장소, 서대문형무소, 안중근의사기념관, 종군위안부사진전 관람. 〈안내: 박현서, 이진견, 전재진, 무카이 미도리〉
		24	*우키시마호폭침 희생자 합동위령제〈2회〉. 천안종합터미널 광장. 위원장 인사. 일본 시모키타에서 온 메세지를 무카이 미도리씨가 대독. 생존자 대표〈김동연〉 인사. 유족대표〈오병춘〉 인사. 헌화하며 잔을 올림.
		26	*공문발송.제96-18호, 외무부장관과 통일·외무위원회 위원장 면담요청
	9	7	*「일본 해상자위대 소속 함대 부산항 입항을 철퇴하고 사죄하라」전단 배포.<천안역 광장>
		8	*생존자 방문 취재. 경북 상주시 흥각동 김수득, 김옥분씨 〈참가자: 이진견, 무카이 미도리, 전재진〉
		10	*생존자 방문 취재. 경기도 시흥시 철산동 김옥희씨 〈취재: 박현서, 전재진〉
		15	*생존자 방문 취재. 김응석, 오상필, 이상운〈이상3명 서울〉 김현조〈안양〉 〈취재: 박현서, 전재진〉
		21	*생존자 방문 취재. 이창식〈사망자의 아들 추정, 부산〉 김복도(통영)
		22	*이순연(진주)〈이상2명 생존자〉 (참가자; 전재진, 이창식)
		24	*외무부 동북아1과 이주흠 과장 면담〈김동연, 전재진〉. 1965년 한일수교 협상 당

			시 한국 정부에서는 우키시마호폭침사건을 인지하지 못했던 것으로 밝힘. 일본측에 관련자료를 요청한 바 사건 자체를 인정하고는 있으나 쉽사리 자료를 내놓지는 않을 것으로 판단되나 계속해서 추궁하여 자료를 제공 받겠다고 함. ◇생존자 방문 취재. 배경자〈서울 종로구 평창동〉
		14	*충주 MBC「꽃피어 물든 아리랑 언덕」8.15 특집방송으로 생존자, 박현서, 전재진 전화 인터뷰 〈담당: 류해창 PD〉
	10	20	*생존자 방문 취재. 김창식, 정동완〈이상2명 충주〉 (참가자: 홍현찬, 전재진, 류해창 PD 〈충주MBC〉)
		30	*공문발송. 제96-18호, 우키시마호폭침사건 당시 사망자 명단 통보 요청 〈수신: 부산시장〉
	11	3	*생존자방문취재. 김예호, 허호, 이쾌영〈이상3명 충주〉(전재진, 홍현찬)
		12	*충주MBC「꽃피어 물든 아리랑언덕」우키시마호폭침사건 2회째 방송
		14	*정부합동민원실 고충처리위원회 위원장과 면담 요청(전송)
		21	*정부합동민원실 민원조사과 방문하여 사실을 호소하였으나 해당과에서 처리사안이 아니므로 외무부에 이첩하겠다는 것이었음. ◇외무부 동북아1과 김완중 사무관과 면담 (참가자: 김동연, 김동천, 이재석, 김응석〈이상 4명 생존자〉 전재진) *외무부 질의내용: 1.승선한 경위 2.마이즈루항 입항 경위 3.조난의 원인과 사망자 수. ※일본정부가 한국 외무부 질의에 답신한 내용을 본회에서 접수.
		23	*공문발송 제96-21호 〈수신:외무부장관〉 내용:국가간 문서표기용어 수정 요청 「한반도 출신 전 해군군속」을 「일본군에 징용된 조선인 해군군속」으로 수정할 것을 요청함
	12	2	*정기총회 개최 〈천안 녹원한식 19:00〉 경과보고 결산보고 임원선출 *사업계획: 생존자 증언 녹취 공증 완료. 조직확대강화특위 구성에 관한 건, 조직의 내실화와 진상조사의 구체화, 일본정부 주장에 대한 우리의 견해 채택, 강제노동현장체험 실시. 97년 상반기 동경토론회 개최 건에 대한 제안이 있었음.
		5	*국회조찬기도회(회장:박세직) 참석하여 한국기독교개혁교단협의회 총회장과 총무단에게 우키시마호사건 관련 자료 배포함 〈임상배 목사, 전재진. 장소: 국회 의원회관 강당〉 ◇자료접수자: *한국대학생선교회 회장 *새정치국민회의 정희경 부총재 *한국기독교개혁교단협의회 대표회장 *한국기독교장로회 총회장 *기독교한국침례회 천안침례교회 담임목사
1997	1	3	*공문접수 (발신:국민고충처리위원회) 본회가 민원으로 접수한 「우키시마호 폭침사건 해결문제」를 외무부에 이첩함
		5	*강제연행(징용·징병:1943년)현장조사. 충남 예산군 신양면 녹문리 최옥현(崔玉賢)(남, 85세, 사망)씨를 중심으로 조사. (참가자:임상배, 최순화, 전재진)

		17	*일본 아오모리현 무츠시 방문. 다나부교회의 야나기 코자부로 목사를 중심으로 한 시민들과 교류회 (참가자 : 이진견, 한종술, 무카이 미도리, 전재진) ◇17일:우키시마호폭침사건의 법적 책임배상에 대해 발표(한종술 변호사) ◇18일:대안사(大安寺)를 방문하여 이름없는 유골앞에 참배하고 강제노동현장인 야케야마터널 입구에서 일함. (참가자 전원) ◇18일 : 생존자들의 증언이 담긴 비디오 상영
		24	*신한국당 중앙당(여의도) 항의 방문. (김동연, 이재석, 김동천, 정기영, 이철우, 지홍석, 전재진, 무카이 미도리) 현수막(한일양국은 우키시마호 폭침 사건을 해결하라)을 내걸고 홍보유인물을 배포함. *새정치국민회의 김대중 총재 면담 요청
		31	*일제(日帝) 징용조선인 강제노동 현장 체험 보고회 개최 (장소:천안문화원) 김지철 회원의 사회로 30여명의 회원과 시민이 모인 자리에서 ◇우키시마호 폭파침몰 경위와 향후 대책(전재진 회장) ◇조선인 강제노동현장조사와 일본 시민단체와 토론회 (한종술 자문변호사) ◇버려진 조선인의 유해(이진견 사무국장) ◇한일과거문제에 대한 일본시민단체의 시각 (무카이 미도리 위원) ◇한일기본조약 체결의 문제점 (유희만 前 배재대학교 정치학 강사)에 대해 상세한 발표가 있었음.
	3	13	*공문발송〈문서번호:제97-24호. 수신:전회원. 제목:3월 월례회의 개최 통보. 제목 : 우키시마호 폭침사건 동경토론회 개최 건〉
		25	*질의서 발송 〈수신:일본 전우동지회 회장 키모토 요이치(木本與一)〉 ◇우키시마호폭침사건 당시 해군승무원들에게 당시의 상황 증언과 사후처리에 대한 견해를 물음. 질의서 30부를 키모토 회장에게 발송→기모토 회장이 회원들에게 배포하여 답변 작성한 다음 수합하여→본회에 회신토록 함.
		29	*3월 월례회 개최 〈장소:신라한정식(천안). 참가자:박현서, 무카이 미도리, 이영민, 류해창, 홍현찬, 전재진, 최수환, 정순희 (이상 8명)〉 *우키시마호폭침사건진상규명 국제심포지움을 일본 동경에서 개최키로 결의함. *주요내용 ①개최 필요성 : ◈홍보효과, ◈양국 정부 양심두드리기, ◈체계적인 조사・연구 발판 ◈증거물과 증언 발굴. ◈가해자(해군승무원)와 피해자(생존자)의 만남 알선 ②대회명칭 : 우키시마호폭침사건진상규명심포지움 ③국내 사무국 설치〈연락처 : 이진견, 박현서, 무카이 미도리〉 ④기금 조성〈일일호프 운영(서울). 일일주점 운영(천안)〉 ⑤참가자 지원 범위 : 생존자 4명, 사물놀이패 4명, 통역 1명.
	5	15	*서울 역삼동 하로동선(夏爐冬扇) 식당에서 전직 김원웅 의원, 현직 제정구 의원과 우키시마호폭침사건에 대해 대담.(김동연, 이재석, 전재진) 동료의원들의 동의를 얻어 국회에 청원하겠다는 의사를 밝힘.
		23	*본회 활동기금마련 일일주점을 열다. (장소:천안시 성정동 옛마을호프)오후 2시부터 시작하여 밤 11시20분에 모든 일정을 마침. 생존자 김동연, 박재하, 전우영, 이재석, 정기영, 이철우씨와 대담. 주점 문앞에 대형 현수막을 설치하였고 실내에는 관련 사진을 전시하였음. 3백여명의 시민이 다녀간 것으로 집계되었으며 3백16만원의 순수입을 올렸음.

	6	18	*일본의 관계자와 우키시마호사건 한일심포지움 개최에 대하여 여러 차례 논의하였으나 준비기간이 짧은 관계로 1998년도 사업으로 넘기기로 결정함.
	7	30	*천안지역 생존자와 주간 내일신문 취재단과의 대담.
	8	2 ~ 8	*방일 일본활동가 면담 〈한일심포지움 관련건〉 (전재진, 무카이 미도리) 김찬정씨와 재정 및 기타 문제 논의, 다나카 후미에: 활동가들의 협조문제 논의. 생활쓰레기소각장과 자원회수시설, 시민복지관 노인복지관, 종합체육관 견학
		24	*전국합동위령제 올림(천안문화원 〈3회〉) 전국 각지에서 15명의 생존자와 50여명의 시민이 참석한 가운데 치러진 이날 위령제는 놀이패신바람의 진혼굿거리와 진혼가가 울려퍼져 참석자들의 심금을 울렸으며 영혼을 위한 박건순 목사의 기도가 있었다. 생존자 대표로 김동연씨가 추모사를 하였고 오키나와에서 온 니시오 이치로 목사의 사죄인사도 있었다. 본회 회장은 인사말을 통하여 폭침범죄자들을 처벌할 것과 한일 양국 정부가 자발적으로 나서서 해결해야 할 것 그리고 위령제도 정부 차원에서 치를 것을 촉구했다.
		28 ~ 31	*28日: 일본 우키시마호사건 시모키타친구들의회(浮島丸事件下北の友の會) 회장 야나기 코자부로(柳 幸三郞) 목사와 함께 천안지역 생존자들을 탐방 (생존자:정기영, 참석자: 전재진, 통역:무카이 미도리) ◇29日: 서울 경기지역 생존자 탐방 (야나기, 박현서, 생존자:오상필, 이상운, 김동연, 김현조) ◇30日: 충북 영동지역 생존자 탐방(야나기, 생존자: 박재하, 이건태, 김태석, 지윤식) ◇31日: 서울지역 생존자 탐방(야나기, 전재진, 무카이 미도리)
	9	7	*광주지역 방문 조사 -태평양전쟁희생자유족회 광주지회 회장과 면담. (내용:우키시마호폭침사건 교토심포지움 개최와 교토지방재판소에 계류중인 재판의 원고단 추가문제에 대해 논의한 바 일본측의 사무국장인 아오야기(靑柳 敦子)씨와 협의키로 함.)
		12	*천안지역 생존자들과 간담회.
		27	*서울, 경기, 생존자 방문취재(생존자:오상필, 이상운, 김동연, 이재석)
	10	21	*한일공동심포지움 참가(전재진, 김동연) 〈주최:민주주의민족통일전국연합, 장소:서울지방변호사회관 대강당〉
	11	12	*공문발송(문서번호 제97-31호) 수신:부산시장, 제목:우키시마호폭침사건 한국인 사망자 명단 통보 요청. 희생자(사망자)의 직계존비속을 찾아 그들에게 배상청구권이 주어질 수 있도록 조치코자 함에 있음.
		25	*생존자 증언모임 (천안) 참가자 : 이토 다카시(伊藤孝司). 박현서, 이철우, 정기영, 전재진, 안선원, 전병규) 전병규 새정치국회회의 충남 천안 을지구당 위원장의 考證을 聽取함. (天一旅館과 西洋旅館의 옛터 探問取材)
		26	*생존자 證言 取材. 公州시 정안면 사현리1구에 居住하는 申煥鐵氏(85歲) 訪問 취재 (박현서, 이토 다카시, 전재진)
		28	*일본인 변호인단과 만남:우키시마호폭침사건진사와배상을 위한 재판을 추진하는

			회 소속 변호사들이 한국인 생존자들의 진술을 들음〈변호사:中田 政義(나카다 마사요시), 新谷正敏(신타니 마사토시), 池上哲朗(이케가미 츠로우)〉 한국측 진상규명회 참가자: 박현서, 전재진, 무카이미도리
		30	*생존자 증언 편집과 일본어 번역 시작(전재진, 무카이 미도리)
	12	7	*생존자 증언 취재 〈최초 연락일 12월 4일〉 아산시 신창면 신갈리1구 이동우(李東雨)씨 취재(참가자: 정기영, 배선길, 최순화, 전재진)
		18	*김학순(金學順)씨 장례식 참가 (발인:서울중앙병원영안실, 장지:천안망향의동산) 김학순씨는 일본군에 의한 종군위안부 만행을 세상에 알렸음.
		21	*생존자 증언 취재 : 아산시 신창면 이동우(李東雨)씨 취재. 12월7일 조사 내용이 불충분하여 연행시기, 일시귀국시기 등을 확인 보충하였음.
		31	*공문발송 (문서번호:제97-32호. 제목:우키시마호폭침사건의 실질적인 해결을 위한 정책 수립 요청. 수신:김대중 대통령 당선자) 본 사건의 실질적인 해결을 위하여 특별기구를 설치하여 조사·연구·배상촉구해 나갈 것과 1998년 1월 15일까지 정책수립 여부를 본회에 통보해 줄것을 덧붙임.
1998	1	4	*생존자 방문 취재. 충남 공주시 정안면 사현리1구 신환철(申煥鐵)씨 방문(참가자: 정기영, 이진견, 전재진) 아오모리현 시모키타군(무츠시)의 잇본마츠 (一本松)에는 10개 중대 2천7백여명의 조선인이 해군군속으로 수용되었음이 처음으로 발굴·확인 되었음.
		8	*공문발송(문서번호:제98-33호, 수신:전회원, 제목:정기총회 개최 통보)
		10	*한일심포지움 개최에 대한 간담회(박현서, 무카이미도리, 전재진)
		17	*제3회 정기총회 개최. 우키시마호폭침사건 한일 심포지움을 한국에서 개최키로 잠정 결의함.
	2	10	*국회 통일외무전문위 김익만 위원과 면담 (전재진, 김동연)
		19~22	*일본 교토부 마이즈루만 방문 취재. (전재진, 무카이 미도리, 이토 다카시, 기타 관계자) 우키시마호 폭침 지점확인, 순난자추모비 참배와 점검, 폭침 당시의 현지인 목격자와 면담, 추모실행위원회 스나가야스로(須永安郞)씨와 면담, 우키시마호 사건 진사와배상을 촉구하는 재판을추진하는회 사무국장 아오야기야스코 (青柳敦子) 씨와 나카다마사요시(中田政義) 변호사와 면담, 도이류이치(土肥隆一) 중의원 의원과 면담. 도이류이치 의원 재임기간 동안 최대한 협조키로 함.
	3	3	*궐기대회 참가 (장소:탑골공원 주관: 태평양전쟁희생자광주유족회, 우키시마호폭침진상규명회, 광주천인원고단) 탑골공원에서 결의대회를 마치고 종로 거리에서 가두시위하며 일본대사관까지 도보행진하여 일본대사관측에 항의서한을 전달함.

		25	*도이류이치(土肥隆一) 日 중의원과 간담(서울). 우키시마호폭침사건과 관련된 의문사항에 대해 일본측이 답변해야 할 점에 대해 적극 협조하겠다고 약속함.
	4	15	*공문발송. 제목:우키시마호폭침사건 관련 면담 요청, 수신:새정치국민회의 정책위원장, 한나라당 정책위원장, 자유민주연합 정책위원장.
	5	1	*새정치국민회의 정책위 방문. 김익만 위원과 면담. 참가자: 김동연, 박재하, 이철우, 정기영, 김태석, 이재석, 이기출 (이상 7명 생존자), 전재진, 결론: 우키시마호폭침사건에 대한 외무부의 입장, 국민회의 입장, 생존자의 입장, 진상규명회의 입장을 밝히는 기자회견을 국민회의 측에서 마련키로 함.
	6	13	*자주평화통일민족회의 의장단회의 참석. 민족회의 산하기구로서 특위구성 요청. 결과: 일본문제대책위원회에서 검토・대응키로 함.
	8	24	*"우키시마호 희생자 한일(동시)공동위령제"〈4회〉개최, ◇장소: 천안역 광장 ◇내용: 추도사, 일본에서 보내온 메시지 낭독, 강제연행 증언, 헌화와 참배, 강제연행 재현, 사건관련 비디오 상영 ◇참가인원: 연인원 500명 참가. *일본 마이즈루 위령제 참가(참가자: 전재진) ◇행사내용: 연극공연, 심포지움, 아시안블루 영화상영, 위령제, 교류회. 마이즈루아리랑.
	9	4	*사무실 개소식 초청장 발송 〈생존자, 유족회, 회원, 각 기관장〉
		18	*사무실 개소식. 주소: 충남 천안시 쌍용1동 1158-1번지 천안서부신협4층 ◇생존자와 회원들이 참석한 70여명이 가운데 성대하고 엄숙하게 진행되었으며 일본측에서 연대메세지를 전해옴. 서울 자주평화통일민족회의 간사의 사업 발표가 있었음.(향후 사업 계획: 생존자 남북공동조사단과 희생자 위령탑 건립추진위원회를 구성키로 함) ◇한국케이블TV천안방송국 방송과에서 생존자 증언 취재〈취재:이은주 기자, 촬영:임승걸 기자〉: 천안지역을 중심으로 생존자들의 증언을 다큐멘터리 제작을 위한 취재로 천안지역외에도 영동군 박재하씨도 증언함. 〈증언: 정기영, 이철우, 박재하, 김동천〉
	10	19	*"우키시마호사건 강연과 토론"—일터사랑참일꾼회 회원 8명 참석. 50분간 강연하고 일요스페셜 상영. 뒷풀이 시간에 질의문답.
		20	*"우키시마호폭침사건의 실질적인 해결을 촉구하는 탄원서" 발송(문서번호제98-39호) 〈수신: 김대중 대통령 참조: 청와대 비서실장〉—김대중 대통령의 방일결과 후속조치로 조선인 희생자에 대한 실질적인 배상을 촉구하는 6쪽짜리 탄원서로 6개 사항의 해결 방안을 제시하였음. ◇10월 월례회의 개최 통보(문서번호제98-40호)
		30	*10월 월례회의 개최 〈장소: 본회 사무실〉 안건: ①조선인 생존자 남북공동조사단 구성에 관한 사항 ②희생자 위령비 건립추진위원회 구성에 관한 사항 ⊙회의결과: 안건이 만장일치로 통과됨.
	11	6	*한국 케이블 TV천안방송에서 생존자 증언 다큐멘터리(25분) 방영하고 그 뒤로도 여러 차례 방영하여 많은 홍보에 기여하고 있음.

		14	*생존자 방문취재(문삼진, 79歲, 경기도 의정부시 가능동 644-8호) *북해도에서 탄광, 해군비행장, 도로공사장에서 10년간 일함.
		15	*생존자 방문취재(김달수, 70歲, 서울 중랑구 면목1동 505-18호) ◇경기도 이천에서 17세 나이로 강제연행되어 일본에서는 평안도와 황해도 사람들과 한 장소에서 함께 일함. ※북한에서도 일본 아오모리현으로 강제연행되어 강제노동에 시달렸고 우키시마호에 승선했다가 사고 당시 살아난 생존자가 현존할 것이라는 증언이 발굴됨.
	12	9	*12월 월례회 개최 〈장소: 본회사무실〉 안건: ①북측에도 생존자가 현존할 것이라는 증언이 발굴됨에 따라 우키시마호사건조선인생존자남북공동조사단 구성에 대해 토론함.-회의결과: 공동조사단을 구성해야하는 이유를 정리해 내고 남측조사단을 구성하여 북측에 통보하고 동의를 얻어내는 방식을 채택하기로 함(북측에서는 이미 조사가 완료되었을 가능성도 배제할 수 없으므로 우선 남측의 사정을 통보하고 차후에 협의하는 방식을 채택하기로 함) ②조선인 희생자 위령탑 건립추진위원회 구성의 건-회의결과:일단 유보키로 함. ③조직활성화에 관한 사항 - 회의결과: 다음 월례회의 안건으로 상정함.
1999	1	20	*1월 월례회 개최 〈장소: 본회사무실〉 안건: ①우키시마호희생자 남북공동조사단 구성에 관한 사항-회의결과: 북한측의 초청장이 있으면 개인도 교류가 가능하므로 북한주민접촉승인을 얻는 방법에 있어서 북한측한테서 직접 초청장을 받아내는 방법과 민족화해 협력위원회의 통로를 이용하여 북한에서 초청장을 받아내는 방법을 동시에 추진하기로 함.②조직활성화에 관한 사항-회의결과: 사무국을 설치하고, 사무국장과 총무 선임(사무국장: 이채만, 총무:김영옥) -임기는 1년으로 함. 사업추진위원회를 구성하여 '독립기념관바로세우기 사업'에서 주체를 정하는 문제가 논의됨, 다음 월례회에서 다시 논의하기로 함.
	2	10	*우키시마호폭침사건 제1회 학습하다. 〈본회 사무실 4명 참가〉 "기본제목: 조선인 강제연행에서 우키시마호 폭침까지" *학습내용: 소제—일본제국주의는 조선인의 노동력을 이렇게 수탈했다— ①강제연행의 역사적 배경 ②강제연행된 형태 (일제의 조선인 노동력 수탈 연표) ③시모키타반도를 중심으로 본 강제노동 실태 (시모키타반도에서 일하던 조선인들의 의식주 실태)
		12 ~ 14	*일본 방문〈방문자: 전재진, 만난사람: 류구채, 리병만, 강상균〉 목적 : "조선인희생자남북공동조사단" 구성을 위한 북한주민접촉 접촉근거: 통일부 문서번호 교이31331-41로 승인 받음에 의함. *접촉결과개요: ①폭침 당시 사망한 조선인의 유해가 아직도 마이즈루 해저에 남아 있음이 밝혀짐. ②99년 8월 교토발표회(강연회) 추진 합의<발표자: 전재진 외 0명> ③조선인희생자남북공동조사단 구성키로 합의 ④공동성명서 채택 발표 ⑤공동조사 원칙 합의
		20	*공문접수 〈문서번호: 우키시마호99-40호, 수신:통일부장관〉

			*내용: 북한주민접촉결과보고서 1쪽, 북한주민접촉결과세부내용 7쪽 *접수형식: 통일부교류2과(과장:한홍기, 담당:정소운)를 방문하여 직접 접수함
		24	*2월 월례회의 〈주제: 방일결과보고, 방북단구성에 관한 사항. 장소: 본회 회의실 참석위원: 정연길, 정준채, 한종술, 전재진, 이용길, 배선길, 김영옥〉 *회의개요: 방일결과에 긍정적이었으며 남북공동조사단 구성에 원칙적으로 합의함.
	3	9	*방북단 구성을 위한 2차 회의〈참석위원:정연길, 이화연, 배선길, 이용길. 정준채, 이채만, 전재진 (이상 7명) 장소: 한배가족 연주실〉 *회의개요: 남북공동조사가 국제사회에서 공신력이 인정돼야 하므로 조사를 1회로서 끝내는 것이 아니라 2~3회 이상 실시할 수 있는 계획을 세운다. 1차 방북조사 때는 참신성을 부여하고 남북공동사안으로서 운동을 전개한다. 남측의 생존자가 북측에 가서 강제연행에서 우키시마호 폭침까지 그 전모를 증언하는 프로그램을 갖는다.
		20	*오부치 케이오 일본 수상 방한에 대한 항의집회 참가.〈탑골공원 집회→일본대사관 가두시위〉
		29	*방북관련자료 발송〈수신: 재일조선인역사조사회 회장 류구채〉 *발송자료: 방북희망요청서, 방일결과정리내용, 남북공동성명서
	4	18	*충북 영동군 거주 생존자 방문 (박재하, 김태석, 지윤식, 김동천) — 우키시마호 해군승무원 면담과 관련하여 질문내용 검토(토의)
		20	*4월 월례회의 — 우키시마호 해군승무원에게 질문할 내용을 검토함.
		23~25	*일본 동경에서 해군승무원 면담하고 36개항을 질문하여 답변을 받음. *해군승무원: 기모토 료이치(木本 與市), 하세가와 나오시(長谷川 是) 후쿠하라(福原) 〈사건 직후에 도리우미 해군함장이 요코하마 연합군사령부에 불려가 사건에 대해 진술한 바 있음이 처음으로 밝혀짐〉
	5	16	*나눔의집(경기도 광주군 퇴촌면 원당리 366번지) 방문. 일본군성폭력피해 할머니 위문공연〈주관: 우키시마호폭침진상규명회〉 사물놀이와 대금산조, 가야금병창 공연〈한배가족〉-우키시마호폭침사건 소개.
	6	6	*생존자 방문취재〈신종양, 신세리, 전재진〉 KBS-1TV 방송작가 신세리씨의 기획물 제작 관련 취재(생존자:신환철 충남 공주시 정안면 사현리1구)
		7	*공문발송. 문서번호: 우키시마호제99-41호, 수신: 재일조선인역사조사회 회장 유구채. 제목: 수중위령비 건립에 대한 협조 요청 내용:우키시마호 침몰 지점 해저에 위령비를 세우고자 마이즈루 시측의 허가를 얻기 위한 자료 발송으로 위령비의 제원과 건립 방법에 대해 내용임
		19	*공문발송. 문서번호: 우키시마호제99-42호 수신: 외교통상부장관 제목:우키시마호 침몰 당시 사망자 유해봉환과 발굴수습에 대한 협의회 구성 요청 *내용: 진상규명회, 생존자, 유족회, 정부가 유해봉환과 발굴수습에 대해 논의할 수 있는 (가칭)협의회를 구성할 것을 요청함.

	7	20	*공문접수. 문서번호:아일2200-592. 발신:외교통상부장관. *내용:우키시마호 희생자의 유해발굴과 봉환에 대하여 구체적으로 정부의 지원이 필요한 사항을 적시하여 요청하면 지원 가능 여부를 검토하겠다는 것임.
	8	13	*대전KBS-1TV 충청패트롤에서 사건 관련 방송「정노인의 끝나지 않은 귀환 —우키시마호폭침사건—」천안시에 거주하는 정기영옹은 연행 당시 미성년으로 일제의 "국민징용영장"이 부당함을 강력하게 항의하였던 기억에서부터 우키시마호 폭침까지 구체적인 증언을 행사하는 분임.
		17	*생존자 신고접수 : 공재완(76세, 부천) 정홍기(81세, 공주)
		24	*전국합동위령제/한일공동위령제〈5회〉 (한국청년회 천안지부 회의실)
		26	*생존자 정홍기씨 증언 채록〈충남 공주시 사곡면 가교리〉(전재진, 정회웅)
	9	2	*수중위령비 건립 관련 회의(송경민, 허명, 전희근, 김동욱〈이상 4명 솔티〉, 전재진) 10월 16일 마이즈루만에 수중위령비 건립키로 함.
		3	*공문발송: 문서번호 제99-43호 수신:재일조선인역사조사회 유구채 회장 제목: 우키시마호사건 희생자 수중위령비 건립 협조 요청
		4	*공문발송: 문서번호(제99-44호) 수신: 주한미국대사 제목: 우키시마호사건 처분내용 공개 요청
		6	*공문발송: 문서번호(제99-45호) 수신: 보건복지부 장관 제목: 우키시마호사건 한국인 사망자 유골봉환에 관한 정보 공개 요청
		7	*공문발송: 문서번호(제99-46호), 수신: 주한일본대사, 제목:우키시마호사건 배상청구에 대한 회신 요청
		22	*마이즈루만 수중위령비 건립 무기한 연기. 〈사유: 애초 KBS-1TV 수요기획 시간에 방영키로 하고 제작에 착수했으나 방송사측에서 방송불가를 통보해 옴으로서 연기함. TV에 방영이 안 되면 위령비 건립의 목적을 달성하기 어렵다고 판단되었음〉
	10	13	*우키시마호폭침시건 사진전 개최 (장소: 독립기념관 겨레의집) 개천절을 맞이하여 천안민주단체협의회 주관으로 실시함.
		8	*외신에 사건 개요 통보(AP, AFP, UPI, 로이터, 한국방송프로듀서연합회, 서울외신기자클럽, 한국기자협회)
		11	*국회의원회관 방문. 이신범 의원 비서관(이순모)과 면담. 국정질의에 반드시 반영토록 할 것을 약속함. 증인으로 채택해 줄 것을 신청함.
		22	*국회 국정감사 때 외교통상부에 사건 문의와 문제제기(한나라당 이신범의원)
		26	*이신범의원이 대정부질의〈총리 답변내용: 속기록 요청함〉
		30	*태평양전쟁희생자유족회 강원도지회(춘천시 소재) 김경석 회장 방문. 우키시마호

연도	월	일	내용
			사건 제소에 대한 문제와 향후 연대 방안에 대해 논의하고 춘천시 학곡리에 있는 납골당을 찾아 향을 올림.
	11	1	*공문접수. (문서번호: 지원65230-667 발신: 보건복지부장관) 국립망향의동산에 우키시마호 사건 사망자 유골 안장을 승인함.
		14	*전주 회동 (이금주 태평양전쟁희생자광주유족회장, 전승열 우키시마호희생자유족회장, 전재진)— 유골봉환문제와 향후대응에 관해 논의. 유골봉환이 진행중인 교토재판에 악영향을 미칠 우려가 있어서는 안된다는 의견에 동의하고 변호인단과 협의토록해야 할 것이며, 유족들의 동의에 따라 시행토록 해야 함. 대통령에게 실질적인 해결을 시행하는 한일공동조사단(가칭)을 구성할 것을 3회 이상 촉구하고 조치가 없을 경우에는 행정소송제기를 고려키로 함.
		25	*집행위원회 회의<천안민주단체협의회 회의실>: 자주평화민족회의 산하에 우키시마호폭침사건 특별위원회 구성 결의
	12	10 13	*일본 동경 방문 : 리일만 (재일조선인총연합회 동경도메구로지부 상임위원회 위원장)씨 일행과 우키시마호폭침남북공동조사단 구성건에 대해 협의하고 마츠시로 대본영 탐방함. 결과 : (향후 계획 협의) ①우키시마호폭침사건 남북공동조사단 구성 추진키로 함. ②본 사건 관련 동경심포지움 개최를 추진키로 함. ③상호 교류를 점진적으로 발전시켜나갈 것을 다짐함. ④마츠시로대본영 강제노동 실태 조사에 협조키로 함.
		15	*방일 결과 보고 (수신:통일부장관, 제목:북한주민접촉결과보고서 제출)
2000	2	9	*미국 로펌 대표 변호사인 마이클 최(MICHAEL CHOI)씨와 상담. (정기영, 전재진) — ①우키시마호사건을 미 연방법원에 소송을 제기하기로 약속하고 ②마이클 최 변호사와 한국의 우키시마호폭침진상규명회가 피해자 조사를 공동으로 시행키로 함. ③전재진이 미국의 변호사 단체에 본 사건을 설명하는 자리를 마련키로 함. 마이클 최 변호사가 전재진을 초청키로 함.〈을지로 입구 롯데호텔〉
		14	*집행위원회 회의. ◇안건: 교토지방재판소 증인 출석에 관한 건 ◇회의 결과: 우키시마호사건 재판 법정증인으로서 답변할 내용을 검토한 결과 답변내용에 동의하고 이의 없음을 확인함.
		24	*교토지방재판소 법정 증인 출석(증인 출석 : 전재진) ◇요구사항: -사건의 시인과 사죄. -진상규명. -유골반환. -실질적인 배상. -추모사업.
	3	1	*제2회 3.1문화제에서 사건 해결 촉구 연설.(주관: 천안민주단체협의회)
		30	*공문발송(문서번호: 우키시마호2000-51호. 수신: 리일만 재일본조선인총연합회 동경도 메구로지부 상임위원회 위원장. 제목: 남북공동조사단 구성에 관한 건) 남북공동조사단 구성 제안서 첨부하여 발송(제안서 내용: 구성 목적, 의의, 구성을 요구하는 이유, 구성절차)

	4	10	*답변접수(발신: 리일만 재일본조선인총연합회 동경도 메구로지부 상임위원회 위원장〈무카이 미도리 대필〉) 주요 내용: 4월 8일 본회가 제공한 조사자료 일부를 북쪽의 대외문화연락협회에 보냄. 공동조사단 구성에 적극적으로 동의함. 북에서도 생존자를 찾겠다는 것임.
	5	19	*생존자 신고접수. 성명 : 윤재로 주소: 대전광역시 서구 월평3동 다모아㉴ 110동 711호 〈생존자 본인이 서신으로 통보해 온 바 생존자임에 틀림없음〉
	6	24	*생존자 윤재로씨 방문 취재 〈대전, 전재진〉
	7	7	*태평양전쟁희생자유족회서울지부 방문(지부장:이희자, 사무국장:김은식): 전국합동위령제에 실행에 관한 사항 논의→위령제를 서울 종묘공원에서 태평양전쟁희생자유족회와 연대행사로 지내기로 함.
		14	*일본 구마모토현민회 회원 접견(주관:천안시민포럼, 천안민주단체협의회): 우키시마호사건에 대해 강연. 질의문답→일본인 방문단이 일본에 가서 이 사건을 알리겠다는 입장을 밝힘.
		21	*자주평화통일민족회의(상임의장:배다지, 사무국장:고정호) 방문: 우키시마호폭침조선인희생자 전국합동위령제 추진에 관한 사항으로→범민족적인 행사로 끌어올리기로 합의. 민족회의 주최로 위령제를 추진하고 실무는 고정호, 김은식, 김재규, 방학진이 맡기로 함.
		31	*자주평화통일민족회의(상임의장:배다지, 사무국장:고정호) 방문: 우키시마호폭침희생자전국합동위령제 시행 원칙 합의함.(고정호, 김은식, 전재진)
	8	17	*자주평화통일민족회의(상임의장:배다지, 사무국장:고정호) 방문: 우키시마호폭침희생자전국합동위령제 시행 제반사항 합의함.(고정호, 김은식, 김합묵, 전재진) *영화「아시안 블루-우키시마호사건」시사회 개최. (장소:서울 창천교회 참가인원:5백여명) 우키시마호폭침사건을 주제로 한 영화를 국내에서 시사회를 갖다. 영화제작감독과 관계자 4명이 함께 관람하였음.
		24	*우키시마호폭침희생자합동위령제〈6회〉(주최: 자주평화통일민족회의, 주관: 우키시마호폭침희생자위령제추진위원회, 장소: 서울 종묘공원 앞 종로국악정, 참가인원: 1천여명) ◇주요내용: 일본국왕에게 항의서한 전달, 살풀이춤사위, 사물길놀이, 성명서 발표, 사건관련 사진전. *천안 출신 비전향장기수 홍경선 선생 환송식 참가(천안문화원) : 우키시마호폭침사건 관련자료 전달하고 북쪽에도 피해 동포가 있으므로 공동대처할 것을 당부함. ←홍경선 선생도 적극적으로 피력하겠다는 의지였음.
		26	*기독교방송국 출연 : 진행자(정태인 경제평론가)와 우키시마호 폭침사건에 대해 25분간 대담 방송.
	9	7	*천도교관 우리땅 독도찾기 행사 참가 : 폭침사건 홍보물 배포
		9	*우키시마호폭침사건 강연회 — 대상 : 천안 복자여자고등학교 청소년 평화봉사단. 주관 : 천안 YMCA 청소년교육위. 강연:전재진

		21	*희생자위령제 행사 정례화에 대한 토론(장기수. 권오길. 고정호. 전재진)〈천안시 쌍용동〉
	12	28	*생존자와 간담회〈천안, 정기영, 이철우, 임창문, 최수강, 지홍석(이상 생존자) 김지형(민족21 기자, 전재진〉 : 향후 대책 논의(정부에 촉구, 지속적인 조사, 생존자 신고접수, 언론보도, 위령제 행사 등)
2001	1	19	*임시회의 개최. 일본 현장순례 일정에 대한 토의.
	2	3	*CBS(기독교방송), EBS(교육방송)과 15분간 전화 인터뷰 방송
		4 ~ 10	*본회 전재진 회장 일본 현지답사. 민족21 김지형 기자 동행 취재.—아오모리현 시모키타반도 일대→동경 우천사, 재일조선인총연합회 메구로지부와 교류회, 조선신보 인터뷰→교토 마이즈루시 일대(우키시마호희생자진상구명회 대표:리병만)를 탐방함. *주요내용: 하청업체인 사사키조(佐佐木組)가 644명의 조선인을 고용했음이 일본 국회도서관에 보관된 문서에서 드러남.〈문서: 특고월보 1944년 4월호〉 (가칭)남북공동조사단 결성 가시화. 마이즈루시 일대의 조선인 강제노동 실태 조사 필요.
		13	*일본 현장답사 보고회〈천안사랑시민모임〉
		14	*간담회. 우키시마호폭침사건 향후 대책에 대한 토의. 제반문제는 남북공동조사단이 구성된 다음에 남북이 함께 논의하는 것이 바람직한 것으로 결의.(민족회의 사무국장 고정호, 한국청년연합회 천안지부장 장기수 외 3명)
		26	*방일 결과보고(천안민주단체협의회)〈출항지에서 침몰지점까지 순례답사, 남북공동조사단 구성 공식 제안, 조선인 고용인원 발굴, 민족21 동행 취재〉
	3	1	*KBS1라디오〈안녕하세요 박찬숙입니다〉 전화로 출연. 방송 종료 즉시 생존자 3명에게서 신고 연락이 와서 새로이 접수함. *3.1문화제 집회에서 한일 양국 정부에 대하여 우키시마호폭침사건의 조속한 해결을 촉구 연설함.〈전재진. 천안역 광장〉
	5	10	*조선인강제연행강제노동실태조사위원회〈동경〉측과 재일동포와 동경에서 비공식 논의.→일본은 정보공개법에 따라 요청하는 자료를 제공해야 함에도 불구하고 이행하지 않는 것은 일본의 양심이다.
	6	29	*홍콩국제영화제 참가〈전재진〉: 우키시마호폭침사건을 소재로 북측에서 만든 영화 "살아있는 령혼들"을 관람하고 북측 홍콩주재 송일혁 영사관, 고선필름 장주성사장과 함께 기자회견 함. 기자회견에서 남북공동대책위 구성을 공식 제안했으며 북측 영사관한테 "개인적으로 동의하지만 내가 결정할 일은 아니다. 본국의 해당기관에 자세히 전달하겠다."는 답변을 받음.
	7	7	*"2차대전 일본의 만행을 고발하는 홍콩연대"가 주관한 일본침략만행규탄대회(홍콩)에 참가하여 우키시마호폭침사건 만행에 대해 호소하고(연설하고) 일본제국주의에 의한 동아시아양민학살을 규탄하고, 아시아민중이 일본을 국제사법재판소에 제소하여 천황을 전범처리할 것을 주장함.

		16	*7월 월례회의〈천안민협 대표자회의〉: 홍콩 활동 결과 보고.
		21	*서대문형무소역사관 "일본역사왜곡전" 개막식 참가. 우키시마호폭침사건 진상자료를 전시함.← 〈전시기간: 7. 21~8. 15〉
		25	*KBS-1R 8.15특집 제작 취재: 우키시마호폭침사건 (작가: 유환숙, 증언: 정기영, 이철우)
		29	*부산 KBS-TV 특집 "돌아오지 못한 부관연락선" 제작 취재 (PD:유태진. 촬영:김중석)- 생존자 참가(정기영, 임창문, 지홍석, 이철우)
	8	15	*홍콩 "2차대전 전몰자 추모제" 참가→홍콩주재일본영사관 항의방문
		16	*홍콩주재조선민주주의인민공화국총영사관 송일혁 총영사와 이성남 부영사와 만남. 북측에서 제작한 영화 "살아있는 령혼들"의 국내 상영의 성공을 희망한다는 점에 동감. 이미 남측에서 제안한 "남북공동조사단(대책위원회)"구성에 대한 북측의 진행에 대해 논의.→남측의 진상규명회에서 제시한 조사자료가 역사적 가치기 높기 때문에 본국의 전문가에게 발송했다는 설명.
		24	*일곱 번째 우키시마호폭침희생자 전국합동위령제〈7회〉(서울 남산영화감독협회 시사실)와 "살아있는 령혼들" 특별시사회→기가회견〈정기영, 이철우, 지홍석, 소중규(이상 생존자) 전재진〉
	9	1	*YTN(케이블 TV) 40분간 사건 관련 대담(김재홍 경기대 교수, 전재진)
		3	*진상규명회 긴급월례회의(교토지방재판소 판결에 대한 입장, 국회 청원서 제출에 관한 사항)
		7	*생존자 방문 취재. 조규헌〈천안시 원성동〉
		※	*우키시마호폭침진상규명회 홈페이지 등록(http//www.wookishimaho.org) 문서자료, 사진자료, 자유게시판, 사건개요, 활동경과표등을 등록함.
		14	*생존자 방문 취재. 김봉선, 신원수, 이정자〈부산〉
		15	*한영용 위원장과 회동〈거창읍〉 *생존자 방문 취재: 유경수〈거창읍〉 임광자, 임길자-〈성주군 대가면 옥련1동〉 정명섭〈대전시〉(참가: 한영용, 전재진)
	10	5	*피해자배상추진위원회 출범(위원장:한영용) 피해배상 청구에 대해 대한민국 정부에 구체적으로 건의 촉구할 방침으로 함. 외교통상부와 국회를 방문하여 사건 해결을 촉구함.
		16	*생존자 방문 취재. 이봉열, 강이순, 홍종명〈전재진〉
	11	9	*생존자 방문 취재. 윤기중〈경기도 양주시:전재진, 김지성〉
	12	22	*생존자 방문 취재. 소중규〈서울시: 전재진〉

		27	*천안민주단체협의회에서 진상규명회 결산보고.
2002	3	1	*전국생존자합동증안대회(자주평화통일민족회의, 태평양희생자전쟁유족회, 일제강점하조선인강제동원피해진상규명등에관한특별법제정추진위원회 협찬)
		30	*생존자 방문 취재(천안 삼룡동 김영준씨. 참석:정기영. 오정균. 전재진)
	4	9	*생존자 방문 취재(천안 원성동 송명출씨. 참석: 정기영. 전재진)
	7	25	*중국 연변대학 민족연구소에 우키시마호폭침사건관련 자료 전달(박창욱교수)－연변대학연구소에 기증하여 연구생들이 볼 수 있도록 하겠다 함.
	8	24	*전국합동위령제〈8회〉(서울 종로3가 종로국악정)
	10	7	*국회에 청원서 제출.(10. 17 행정자치위원회에 접수함)
	12	20	*진상규명회 후원회 발기인 회의(천안시 성정동)
2003	1	20	*국민제안센터(대통령직속기관)에 우키시마호사건 해결 촉구
		22	*대통령직인수위원회에 사건 관련자료 발송 (발신: 한영용, 우키시마호사건피해자배상추진위원회 회장)
		25	*김원웅의원과 간담회. 주문사항: 국회 차원의 우키시마호사건 해결 촉구. 대통령면담 협조 요청, 유해봉환 정책 입안 건의 *우키시마호폭침진상규명회 후원회 발족·현판식(회장:홍현찬, 총무:엄종현, 간사:김형복, 회원: 이경규, 신석호, 김병한, 황간모, 박재근, 이세열, 최은자, 심효섭, 지재설, 이완재, 고은섭, 강남석, 김장환, 최선묵, 김인애, 최기성, 최규만, 최일권, 김중석, 정원기, 최성묵, 김현희, 정순희, 최수환, 신종양, 정상복, 전갑진.)-30명.
		29	*중국 길림성 용정시 방문(전재진)—목적 : 3.13의사기념사업 협력과 민족운동의 향후 방향 그리고 일제강점하 조선인 강제연행 피해자 조사에 관한 건.
	2	8	*일제 말기 강제연행한 조선인 송출과정에 대한 세미나 참석(군산대학교)－우키시마호폭침사건 전모 발표.
	3	2	*남북역사학자 학술토론회 참가.(서울 워커힐 호텔)-우키시마호사건 관련 자료 북측에 전달.
		5	*우키시마호폭침진상규명회 후원회 3차회의: 중국 용정 3.13의사릉 성역화 사업 지원키로 함
		19	*천안시장 면담: 중국 방문 결과보고－용정3.13의사기념사업 지원 요청
		29	*천안 읍내 장터 만세운동 기념식 참석〈천안 제일교회〉
	4	3	*제6기 자주평화통일민족회의 정기운영위원회 참석.〈전재진 특별위원장〉우키시마호사건 경과 보고

		11	*일제강점하조선인강제동원피해진상규명등에관한 특별법 제정추진위원회 회의 참석(역사문제연구소). 국가보훈처 기념선양과 방문〈3.13기념사업 지원 요청〉
		28	*우키시마호폭침진상규명후원회 4차 회의〈재일동포 활동가 초청에 관한 건〉
	5	4	*재일동포 활동가 리일만, 류구채, 정군자 선생을 초청하여 간담회 개최. 〈생존자와 대화의 자리-전재진 회원 집〉
		21	*용정3.13기념사업 지원금으로 삼백만원(3,000,000-) 송금함.
	6	25	*우키시마호사건 생존자개인기록부 원본 80부, 증언 녹화테이프 26개를 독립기념관 자료실에 기증함 〈독립기념관 관장실. 김형복, 백승명, 이영우, 전재진, 독립기념관 연구원 다수〉
	8	13	*광복 58주년 및 독립기념관 개관 16주년 기념 특별기획전 개막식 참가. 일제말기 조선인강제연행에 관한 기록으로 "잃어버린 청춘 · 떠도는 원혼" 이란 주제로 개막한 전시장에 우키시마호 사건 내용 전시하고 자료집에 우키시마호사건 2면 게재됨.
		24	*우키시마호희생자전국합동위령제〈9회〉.〈쌍용동, 생존자 정기영옹, 이철우옹, 유족으로 오정균씨 참석. 회원 다수 참석〉
	9	29	*"《우키시마마루》 사건 진상규명을 위한 평양토론회" 개최. 대회에 참가하려고 27일 인천공항을 출발. 당일 재일동포 대표단과 함께 고려항공편으로 평양 도착. 〈장소: 인민문화궁전 1층 원탁회의실〉 #남측 참가자: 전재진. 정혜경, 백수인, 김지형, 한원상. #북측참가단체-조선일본군《위안부및강제연행피해자보상대책위원회》, 일제의조선강점피해조사위원회 #남측 참가단체-우키시마호폭침진상규명회, 일제강점하조선인강제동원피해진상규명등에관한특별법제정추진위원회. #해외참가단체-재일 조선인강제연행진상조사단. #일본참가자: 역사문제연구소, 《전쟁과여성에대한폭력》 일본네트워크. *주요인사: 북측-홍선옥, 황호남, 손철수, 공명성, 리철홍, 정명수, 안영희, 리하진. 재일동포측-홍상진, 류구채, 리일만, 김부자, 김영. 일본측-안자코 유카. *채택 문건-유엔인권고등판무관 대리에게 보내는 편지, 일본정부에 보내는 편지, 북과 남 해외단체들의 공동성명.
2004	11	10	*일제강점하강제동원피해진상규명위원회 발족(위원장:전기호)
2005	01	10	*우키시마호폭침사건 조사 결과 정리 착수.(본 진상규명회장 전재진)
2005	2	1	*일제강점하강제동원피해신고 및 진상조사 신청 접수 개시.(국가 진상규명위원회)
2007	3	5	*폭침사건 조사결과 제목을 "우키시마호폭침사건진상보고서"로 전환.
2007	10	31	*"우키시마호폭침사건진상보고서－마그마－" 정리·구성·편집 완료.

후 기

우키시마호폭침사건을 알게 된 15년여 전부터 지금까지 이 사건이 단 하루도 뇌리에서 떠난 적이 없습니다. 피해자들의 원한과 고통과 배신감과 박탈감과 분노와 반항심은 곧 제가 등에 짊어져야 할 짐이었기 때문입니다. 누구든지 이 민족의 아픔을 직접 체험해 볼 기회를 가졌으면 좋겠습니다. 일제 강점기에 우리민족이 당한 억압과 핍박과 설움이 한 세기가 지난 지금도 잊혀지지 않는 것은 그 가해당사국인 일본이 거만스레 웅크리고 앉아 있기에 더욱 그런 것입니다. 그래서《우키시마호폭침사건진상보고서》를 작성하면서 곳곳에 나의 견해를 밝히기도 했습니다. 사실 알고 보면 저의 견해는 제 개인의 견해가 아니라, 역사적 사실이요, 민족의 아픔이요, 피해자가 같은 혈육이기에 그들이 할 말을 대변한 것에 지나지 않습니다. 우리에게는 이 사건의 진상을 후세에 전할 의무가 있습니다.

지금도 일본 교토부 마이즈루시 인근 바다 마이즈루만에는 선조들의 유해가《수중표류(水中漂流), 해저매몰(海底埋沒), 선실적체(船室積滯), 집단매립(集團埋立), 유기방치(遺棄放置)》된 상태입니다. 한국 정부만이 발굴하여 수습할 수 있는《유해봉환(遺骸奉還)》을 언제 하려는지요? 9백 년 전에 서해 항로를 따라 개성으로 가던 조공선이 강풍을 만나 침몰하면서 가라앉은 밥그릇과 접시는 잘도 건지는데, 왜놈들한테 전쟁터로 강제연행 당해 죽을 고생을 하다가, 광복을 맞이하여 귀국하려던 중 왜놈들의 집단학살만행으로 돌아가신 선조들의 유해는 건지지 않는군요? 아마도 세월이 9백년쯤 지나야 가능할 일인가 봅니다.

이 보고서를 내면서 가장 어렵고 난감했던 부분이라면「원전자료가 있어야 진상을 규명할 수 있고 법적 근거가 확보된다.」고 주장하는 무리가 있다는 점이 하나이고, 또 하나는 「우키시마호가 기뢰에 닿아 침몰했느냐 아니면 일본 해군이 계획적으로 저지른 폭거냐를 과학적으로 증명해야 한다.」고 주장하는 일부 무리가 있다는 점이었다. 하지만 필자로서는 원전자료와 과학적 근거를 필요로 하는 거대한 권력과 역사의 기득권을 장악한 한일 양국 정부기관(일본기관에서는 요구 조차도 없었음)과 간담회 자리를 거부해 왔다. 그럴 수 밖에 없었던 이유가 있다. 왜냐하면 일본정부는 우키시마호폭침사건과 관련해서 『낯가죽이 두꺼워 부끄러움을 모르는 파렴치한 자들이 판치는 형세』이고, 한국 정부기관은 『우키시마호폭침사건(은)도 일본과 외교적 마찰이 우려되는 부분은 조사하지 않는다.』는 방침이기 때문이다. 앞서 말한 두 가지 경우를 모두 《우키시마호폭침사건》을 적당히 무마하려는 작전세력들의 소행이라고 본다. 이 작전세력한테 묻고 싶다. 정말로 생존자의 증언은 원전자료로서 가치가 없는 것인가?

일본은 후생성과 내무성 주무인 인양사업(태평양전쟁 때 전쟁터로 싸우러 간 일본군과 해외에서 살던 일본인 안전귀국조치)에 600억엔을 쓰면서 조선인 피해자에게는 사죄와 배상을 철저하게 외면하고 있고, 한국정부는 조사하는 데만 3백50억원 이상을 쓰면서도 진상규명위원회 운영규정에 『일본의 전쟁범죄와 우리 국가와 민족에게 입힌 피해에 대한 배상을 청구하는 조항이 없다.』고 한다. 어느 쪽이 피해자이고 어느 쪽이 가해자인지 구분이 안 된다. 이 작전세력들은 우키시마호의 침몰원인이 과학적으로 분석돼야 해결이 가능하다고 주장하고 있을지 모른다. 그래서 침몰원인을 과학적 논리로 분석해 보고자 한다.

*우키시마호가 촉뢰가 아닌 폭발물 폭파침몰이라는 과학적 논리

《기뢰는 감응기뢰, 음향기뢰, 부유기뢰라는 성상과 기전으로 폭발한다. 감응기뢰는 수압이나 직접접촉으로 폭발하고 음향기뢰는 기관소리

즉 음파의 세기로 폭발하고 부유기뢰는 떠 있으면서 부딪쳐 폭발한다. 우키시마호가 폭파 침몰당할 때는 배가 완전히 멈춰 서 있었기 때문에 위 세 분류 기뢰의 폭발 기전에 맞지 않는다. 마이즈루만에 미군이 투하한 기뢰가 다수 있었다고는 인정되지만, 배가 완전히 멈춘 상태에서 2백25명의 해군승무원이 구명보트를 타고 모선을 다 빠져 나간 뒤에 "촉뢰"란 있을 수 없다. 배가 멈춘 상태에서는 수압이 작용하지 않고, 기관소리도 없고, 직접 접촉도 일어나지 않기 때문이다.》

또 이 보고서를 내면서 두 가지를 숙제로 남겨야 했다. 바로 승선자 수와 사망자 수를 확정하지 못한 점이 그것이다. 승선자 수를 확정하지 못한 원인과 이유는 오미나토 항에서 승선 당시에 배를 타려는 조선인이 너무 많아 그처럼 혼잡한 상황에서는 명단을 작성할 수 없었고, 출항 직전에 오미나토해군시설부에 제출한 조선인 노무자 명단도 군부가 소각했기 때문이다. 마이즈루만에서 우키시마호가 폭침당한 뒤 사망자 수를 확정하지 못한 원인과 이유도 일본 정부가 배를 인양하여 사망자 수를 조사해야 했는데도 사건 발생 일주일 만에 조선인 사망자수를 524명이라고 발표했고, 더구나 연합군총사령관(GHQ)에 보고한 사망자 수도 260명이라고 축소 조작하였기 때문이다. 물론 일본정부는 제대로 된 승선자 명부나 사망자 명부를 제공하지 않았다. 그럼에도 본 보고서에서는 우키시마호 승선자 수를 일본 아오모리현 시모키타반도로 강제 연행되어 11개 토건하청업체에서 일한 조선인 4천4백여명, 오미나토해군시설부 관할 공사장인 가바야마비행장에 배치한 조선인 10개 중대 2천7백여명, 미사와비행장에 배치한 조선인 7백여명, 가족생활자 50여명, 홋카이도에서 내려와 우키시마호를 탄 조선인 1백20여명, 이와테현 채석장에서 일하다가 광복을 맞이하여 우키시마호를 탄 조선인을 포함하여 7천5백에서 8천여명이 우키시마호에 승선한 것으로 추산하였다. 따라서 사망자 수는 오미나토항에서 승선경험으로 분석하여 계산할 수 밖에 없는 실정이다. 이 근사치는 모두 생존자들의 증언에서 나온 것이다. 하여 앞으로 필자는 일본 정부가 나서서 이 보고서가 잘못되었다고 할 만한 자료를 제시하기를 바란다. 지금까지 그러하지 않았으니 말이다. 피해국 민간사회단체에서 조사한 결과가 사실과 다르다는 문서나 자료를 제공받거나 발견하지 못했다. 이것은 참으로 이상한 일이다. 미군이 투하한 기뢰에 닿아 침몰했다면 그 관련 자료나 서류를 왜 단 한 장도 내놓지 못하고 있는가 말이다. 조선인 사망자수가 524명이 틀림없다면 왜 그 명단을 제시하지 못하는가? GHQ에는 왜 260명이라고 축소 조작하여 보고했는가? 이처럼 어이없는 갖가지 의혹 속에서 필자는 일본의 활동가들이나 연구자들이나 정부관계자가 이의를 제기해 오기를 기다리겠다. 이의를 제기해 오기만 한다면 국제무대에서 혹독하게 맞서 토론하고 결론을 내려 사건 전모를 정설화 할 수 있는 계기가 마련되지 않을까 생각한다.

한 가지 분명한 사실은 《우키시마호폭침사건》은 1945년 8월 15일 그 뒤에 일어난 사건이라는 점이다. 일본은 포츠담선언을 수락하고 연합군에 무조건 항복하였으므로 전쟁 피해를 원래 상태로 회복해야 할 의무가 주어졌다. 특히 외국인 인권과 생명에 대해서 말이다.

그 동안 한국과 일본 사이에 과거문제를 정치적으로 완전히 해결한 것으로 알려졌다. 일본정부는 쾌조를 부를지 모르지만 한국 정부는 "굴욕적이었다."라든가 "친일행각이었다."는 비난을 아직도 면치 못하고 있다. 1965년 6월 22일 조인한 한일기본조약으로 과거 불법식민통치 문제를 마무리했다고 한다. 불미스런 식민통치관계를 청산하고 국교를 정상화하고자 한 조약을 체결하는 일은 누구든 했어야 할 일이었다. 문제는 이 한일기본조약으로《우키시마호폭침사건》을 해결하지 않았다는 점이다. 다시 말하면 한일기본조약은 대한민국과 일본국 사이에 "역사적 식민통치관계를 청산하고 국교를 정상화하기 위한 조약"이었지 식민통치 이후에 발생한 《우키시마호폭침사건》을 해결하고자 한 것은 아니었다는 점이다. 1976년 12월에 부총리겸 경제기획원장관 남덕우의 이름으로 발행한 "대일청구권자금백서" 에도 1945년 8월 15일 이전의 사안에 대해서만 청구한 것으로 명시되어 있다. 더구나 이것 한일기본조약은 경제에 관한 것이지 인권에 관한 조약이 아니다. 만약에 인권에 관한 조약을 이미 체결했다 해도 그 조약으로 피해자의 인권이 회복되지 아니하였다면 모두 무효라는 강제규범이 국제법에 존재하고 있다. 그러므로 1945년 8월 15일 이전에 일본이 저지른 강제연행, 강제노동, 일본군이 자행한 여성성폭력, 양민학살(Genocide)은 모두 인권문제로 공소시효가 적용되지 아니하기 때문에 지금도 미국과 유럽국가에서 의회 상정과 비준이 가능한 것이다.

일본해군특설운송함 우키시마호가 폭파 침몰당한 1945년 8월 24일부터 2008년 현재까지 그 엄청난 사건이 해결되지 아니한 것은 순전히 일본 정부의 개수작 때문이었으므로 그 책임이 모두 일본 정부에 있음을 엄중히 경고하면서 이에 대한 항의서한을 일본 국왕에게 보낸다. 〈이 항의서한은 2000년 8월 24일 우키시마호사건희생자위령제 때 채택함〉

《일본 국왕에게 보내는 항의서한》

귀국은 태평양전쟁을 일으켜 수 천 만 명의 아시아 민중의 생명을 무참히도 짓밟았음에도 한 세기가 지나도록 사죄와 배상을 외면하고 있으므로 지구상에서 가장 지독한 살인마이며 침략적 범죄국가임을 밝힌다. 더욱 귀국이 그러하다는 것은 1868년 메이지유신(明治維新) 각의에서 의결한 침한론을 지금까지 철폐하지 않았고, 태평양전쟁총지휘본부였던 대본영을 해체하지 아니한 상태에서 군사대국화와 자위대 해외파병을 획책하고 있으며, 인간을 대량으로 살상할 수 있는 플루토늄을 대량으로 비축하고 있기 때문이다.

이러한 반인륜적 범죄가 몇 세기에 걸쳐서 반복됨으로서 귀국은 자멸하게 될 것이며, 귀국민에게 불행을 가져다 줄 것이라는 점을 알아야 한다. 특히 아시아를 향해 피 묻은 이빨을 깨끗이 닦지 아니하면 또 다시 아시아 평화에 혼란을 가져올 것이다. 그러므로 독일 국민이 반성과 사죄와 배상을 실천하여 국제사회에서 신뢰를 회복하고 피해국가와 평화적 우호관계를 다져나가듯, 귀국도 태평양전쟁의 지독한 전범국임을 시인하고 한반도의 남북을 비롯한 아시아 모든 나라의 민중에게 실질적으로 사죄하고 배상할 것을 충고하는 바이다.

여기서 귀국이 침략적 국가임을 증명하는 사례를 간단히 밝히겠다.

귀국은 미우라 공사 일당에게 지시하여 조선의 국모를 시해하고 그 시신을 유기했으며, 강제적 을사오조약으로 조선의 외교권을 박탈했으며, 1910년에는 조선의 궁궐을 총칼로 에워싸고 살인적 위협 속에서 소위 한일합방조약을 체결하여 조선을 식민지로 했다. 그 후 귀국은 조선에 총독부를 설치하여 정치적, 경제적 수탈은 물론 타민족문화말살정책을 획책하다가 급기야 태평양전쟁을 일으켜 조선의 수백만 선남선녀들을 전쟁터에 몰아넣었다. 그 전쟁 감행 수단 또한 악랄하기 짝이 없었던 바 조선인 강제징용, 강제연행, 강제노동, 집단학살, 자폭강요, 귀국 군인에 의한 성폭력인 종군위안부 문제 등 지구마을에서 사는 인간이라면 도저히 해서는 안 될 행위가 헤아릴 수 없이 많다. 특히 귀국이 연합군에 무조건 항복하여 전쟁이 끝난 1945년 8월 24일, 귀국의 해군에 의해 수 천 명의 조선인이 한순간에 죽임을 당한 우키시마호폭파침몰사건을 오늘날까지 철저하게 외면하고 있어 그 반인륜적 범죄가 가중되고 있음을 알아야 한다.

그리하여 우리는 귀국의 해군이 저지른 우키시마호폭침사건(이하 "폭침사건")에 대해 다음과 같이 진상과 입장을 밝힌다.

– 폭침사건은 미군이 투하한 기뢰에 부딪친 침몰이 아니라 귀국의

공무원이 계획적이며 의도적으로 저지른 외국양민집단학살 사건이다.

- 귀국이 이미 밝힌 바 있는 조선인 사망자수 524명은 오미나토항에서 승선 경험칙상 신뢰할 수 없다. 뿐 만 아니라 GHQ에 제출한 보고서도 조작된 것이므로 귀국의 조사 결과는 모두 거짓이다.
- 폭침사건은 우키시마호에 7천명에서 8천명의 조선인이 승선했었으며 3천명에서 5천명 이상의 조선인이 마이즈루만에서 죽은 사건이다.
- 폭침사건은 대본영의 지령(대해령52호)에 따라 시모키타반도 군사시설 공사장에 강제로 투입되었던 조선인들을 집단학살하였으므로 모든 책임은 귀국에게 있다.
- 폭침사건은 조선인 강제연행, 강제노동, 강제승선, 부당한 출항과 회항, 폭파침몰, 재난구조태만, 사후처리의 부당, 사건 은폐, 사죄와 배상 외면 등 제반 문제의 진상이 규명되어야 한다.
- 폭침사건은 엄연히 존재하는 만큼 특정 지방재판소의 후안무치한 판결에 따를 것이 아니라 가해국인 귀국의 왕이 직접 나서서 피해자가 납득할만한 수준에서 배상해야 한다.
- 귀국 정부는 1996년 6월 12일 한국인 피해자가 주한일본대사관에 접수한 피해자배상청구서에 따라 피해자와 협상하여 사건을 해결할 것을 조속히 착수해야 한다.

따라서 피해자들은 전쟁범죄와 반인도적 범죄를 저지른 개인을 형사처벌하기 위한 "로마규정"에 의해 설립 추진 중인 국제형사재판소 신설을 지지한다. 그러므로 귀국은 인권존중을 중시·강화하는 21세기를 맞이하여 인간의 양심으로 돌아가 폭침사건 해결에 성실하게 임해야 할 것이며, 재발방지대책을 마련해야 할 것이다.〈2000. 8. 24〉

그릇에 담긴 물이 넘치면 주변을 적시게 된다. 담긴 물의 성상에 따라 유해 여부가 가늠된다. 초원에 유익한 물이 되어 백성에게 이로울 수 있을 것이지만 하천오염과 지하수를 더럽히는 해로운 물일 수 있다. 일본이 지금 그릇에 담고 있는 물은 군사대국화와 플루토늄과 대륙침략을 노리는 전쟁총지휘본부인 대본영이다. 곧 넘칠 제국의 물은 절대로 초원이 필요로 하는 단비가 될 수 없다. 또 다시 한반도를 까맣게 색칠하게 될 것이다. 이 보고서를 쓰면서 나의 전율을 강하게 흔든 대목이다. 그래서 한국의 정치인들이 《우키시마호폭침사건》을 해결하고자 정면에 나서기를 바란다. 물론이거니와 일본은 《침한론》과 《전쟁총지휘본부 대본영》과 《대동아공영론》을 인류의 이름으로 걷어 치워야 한다. 인류평화에 있어서는 안 될 고약한 물건이기 때문이다. 반면에 한국의 정치인들은 일제의 대동아공영론을 안중근의 동양평화론으로 전환하는 일과, 메이지유신의 침한론을 대륙침략철폐론으로 전환하는 일과, 일제 대본영을 전쟁피해배상실행본부로 전환하는 일들을 민족의 이름으로 성실하게 맡아 처리해야 한다.

2003년 9월 29일 평양인민문화궁전 1층 원탁회의실에서 남과 북, 해외동포가 혼연일체로 개최한 《우키시마호사건 진상규명을 위한 평양토론회》가 서울토론회와 도쿄토론회로 이어지지 못한 점에 관계자 여러분께 죄송하다는 말씀을 드립니다.

이 《우키시마호폭침사건진상보고서-마그마》가 널리 활용되어 사건해결에 기초가 될 것은 물론 국민 여러분의 성원 속에서 역사의 한 쪽에 남기를 바랍니다. 또한 이 보고서를 남측 정부기관인 《국무총리소속 일제강점하강제동원피해진상규명위원회》에 상정하고자 합니다.

한국내 항일민간단체가 다 그러하듯 필자가 15년여 동안 운영해 온 "우키시마호폭침진상규명회"도 재정적으로 상당히 어려웠다. 이 같은 어려움은 조사를 한계에 부딪치게 했다. 마이즈루만 해저에 수중위령비를 세우고자 했으나 돈이 없어 세우지 못했고, 평양토론회에 이은 서울

토론회도 돈이 없어 개최하지 못했고, 일본 정부를 상대로 법적 투쟁을 계획했으나 결국 돈이 없어 못했다. 더더욱 시민사회단체로서 돈이 없어 할 수 없었던 일은 유해를 찾아 봉환하는 일이었다. 지금도 마이즈루만 해저와 해병단 공터에 남아 있을 선조들의 유해를 발굴하고 수습하여 그 분들의 고향으로 모셔야 한다. 이제 "국무총리소속 일제강점하강제동원피해진상규명위원회"는 시민사회단체가 겪어온 재정적 어려움은 없을 것이므로 유해를 완전하게 받들어 모심은 물론 본 보고서에 담지 못한 부분을 조사하여 보완해 주길 당부드린다.

이《우키시마호폭침사건진상보고서-마그마》가 완성되기까지 협력해 주신 일본의 활동가와 시민단체 관계자 여러분, 남측의 피해자와 활동가와 학계, 법조계, 유관단체, 천안민주단체협의회 13인 대표자와 회원 여러분, 북측의 조선일본군《위안부》 및 강제연행피해자보상대책위원회 홍선옥 위원장과 관계자 여러분, 홍콩의 관계시민 여러분, 중국 동포사회 사학자이신 박창욱 교수님과 필자의 중국사무실 직원 그리고 평소 물심양면으로 도와주신 우키시마호폭침진상규명회 후원회원 여러분께 진심으로 감사의 말씀을 드립니다.

이 《우키시마호폭침사건진상보고서-마그마》에 담긴 고난의 역사는 백성의 고통으로 만들어졌으므로 그 백성에게 돌려드리고자 합니다.

2007년 11월

중국 산동성 위해시 적산법화원에서 전 재 진

〔1200년 전 장보고시대에 신라인은 중국에서 중국 상인들한테 유괴당하여 노예로 팔렸다. 2008년 오늘의 조선인은 민족교육을 받지 못하여 유기민족으로 전락할 우려가 있다. 이 같은 현상은 국경 없는 사회를 건설하려 한 장보고정신에 어긋난다. 민족교육중흥을 꾀하고자 적산법화원을 자주 찾는 이유이다. 〈*적산법화원은 중국 산동성 위해광역시 석도시에 있습니다.〉〕

마그마
MAGMA

저　　자 | 전재진(田在鎭)
펴 낸 이 | 육낙현
인　　쇄 | 동아인쇄

1판1쇄 인쇄 | 2008. 3. 7.
1판1쇄 발행 | 2008. 3. 13.

등록번호 제2-1125호
등록일자 1991. 2. 11

펴낸곳 | 백산자료원
㊐100-193 서울시 중구 을지로 3가 334-2 청호빌딩 211호
전화 (02)2268-8668 팩시밀리 (02)2267-7710
http://www.paeksan.com
E-mail : pss1966@kornet.net

값 28,000원
ISBN 978-89-6194-005-4 03910

* 파본은 교환하여 드립니다.